차탕조선 Chaatang Choson

유목몽골 뿌리를 캐다

차탕조선 Chaatang Choson
유목몽골 뿌리를 캐다

주채혁 지음

2017년 8월 30일 초판 1쇄 발행

펴낸이 오일주
펴낸곳 도서출판 혜안

등록번호 제22-471호
등록일자 1993년 7월 30일

주소 [04052] 서울시 마포구 와우산로 35길3(서교동) 102호
전화 3141-3711~2 **팩스** 3141-3710
E-Mail hyeanpub@hanmail.net

ISBN 978-89-8494-589-0 03910

값 30,000 원

차탕조선
Chaatang Choson
유목몽골 뿌리를 캐다

주채혁 지음

혜안

순록의 주식인 희고도 푸른빛이 감도는 툰드라의 광대한 이끼
(蘚 : Lichen) 떼, 오른쪽은 순록 뿔에 말 몸을 한 스키타이(鮮族)
의 "Siberian GOLD"

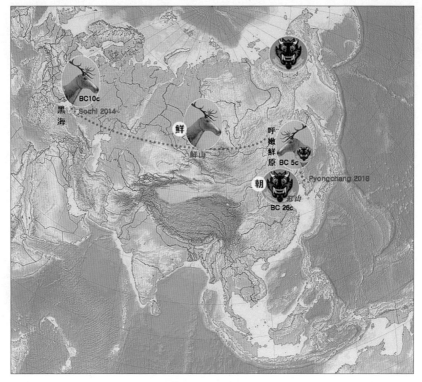

朝(Chao)族 주도 鮮(Soyon)族 통합, 한(寒)겨레 빙무비천도(氷舞飛天圖)

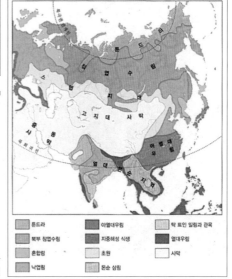

▲ B·G Holt et al의 『지구 생명체 유전자지도』

수림 툰드라(타이가) 이끼(蘚)의 길과
스텝 양초(羊草)의 길

야쿠치아 한디가 자예치아 삐뜰레 수림 툰드라 순록 겨울 유목지대의 목초지

아리랑 고개로 추정되는 다싱안링 북부 근하시(根河市) 아룡산(阿龍山)

순록방목지의 "鮮"과 순록들. 사진 안은 순록의 모피

생태적응적 진화를 거듭해온 것으로 보이는 Chaabog-순록의 기이한 발굽

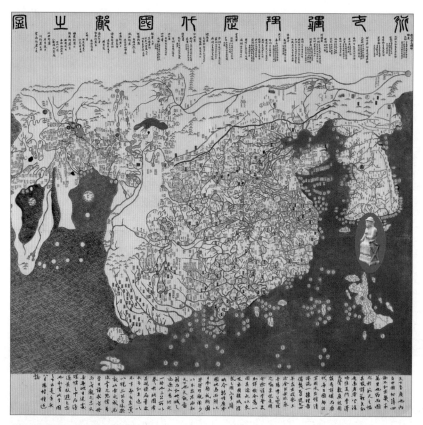

혼일강리역대국도지도(조선1402년)

쿠빌라이 대칸의 龍興之地(쿠데타 한 땅) 上都 古城址 성벽 밖 석궁왕들과 고올리칸 훈촐로

왼쪽은 홍산문명권 서북단 다리강가 스텝 목마장 고추 훈촐로-하르방. 오른쪽은 제주 서귀포시 하원동 왼쪽 석궁왕 몸통(사진 안은 쿠빌라이로부터 내려오는 石弓王像)

왼쪽 위는 다리강가 스텝의 파괴된 훈촐로, 왼쪽 아래는 다리강가 목초지의 석궁왕상과 제주도 돌하르방의 첫 상견례 모습, 오른쪽은 제주도의 돌하르방

바이칼 호 똔다 마을 조상들의
공동묘지 "부르칸(不咸)동산"
돌무지무덤들

바이칼 호 올콘섬 부르칸 바위

카라코룸의 귀부 유물

통구사신총 널방 북벽 현무도

합천 황매산 영암사지 서귀부

처용탈 칼라 복원도, 1972

1972년 「거북신앙과 처용가」 논문 탈고 기념인

① 헤름트. 칭기스칸과 발해의 훌란 공주가 초야를 지냈다고 전해지는 곳이다.
② 충선왕 이질부카의 어린 시절(「고려미인도」 중)
③ 기황후 영정(행주기씨 대종중 전래 소장품). 오른쪽은 타이완 국립고궁박물관 소장 초상

가셴둥(嘎仙洞). 단군신화의 무대로 추정되는 훌룬부이르시 오룬춘기(鄂倫春族) 다싱안링 분수령 바로 동쪽 嫩江 최상류에 있다. 오른쪽은 에벵키 민족박물관에 전시된 솔롱고스 박제. 한국인의 원류와 관련이 되어 있는 긴요한 실물 자료다.

울란우데역의 반달곰 세 식구(2001년 여름). 사진 안은 아기를 안고 있는 곰녀상(다마스쿠스 박물관 소장)

1990년대 중반 홍산문명권 서북단 다리강가 몽골스텝 고올리 돌각담 무덤 발굴장의 손보기 단장님

왼쪽으로부터 저자, 저자의 제자인 칭기스칸 아우 조치 카사르 후손 보르지기다이 에르데니 바타르 내몽골대 교수, 윤은숙 강원대 교수, 김동길 스승님. 사·제·손제자 3대가 2000년 초입에 김 교수님 자택에서.

한국바이칼 포럼 창립 멤버들:앞줄 오른쪽부터 저자·이홍규·이길주 교수, 뒷줄 맨 오른쪽이 정재승 봉우사상연구소장(2004년)

1994년 8월 다리강가 스텝 고올리 돌각담 무덤. 왼쪽으로부터 아.오치르 역사연구소장, 체벤도르지 고고학연구실장, 저자

제1회 『몽골비사』에 관한 한몽 심포지엄에서 주제발표 중인 저자(몽골과학아카데미 강당 1991년 8월 5일)

2000년 8월 8일 훌룬부이르 시청(現) 강당에서 개최된 「가셴둥에 관한 한·중 합동특별담론회」에서. 가운데 저자의 오른쪽 두번째 좌정한 이가 米文平 선생

2009년 10월 18일 두만강포 럼에서 정순기 교수(오른쪽) 와 함께한 저자

1990년 12월 14일 한국몽골 학회 창립기념회장의 담소(서 울역앞 대우재단 소강당). 왼 쪽으로부터 정수일 교수, 저 자(초대 한국몽골학회장), 임 봉길 교수(뒷모습), 조오순 교수

경향신문 60주년 기념 북방 탐사 '칸 코리안 로드' 노정

이 책을 추천하는 까닭

나도 40년이라는 긴 세월 대학 강단에 서서 젊은 후배들을 가르쳤습니다. 학문 연구에 큰 뜻을 품고 학업에 전념하는 젊은이들이 여럿 있지만 그런 정열을 한 평생 유지한 그런 후배를 찾아보기는 어렵습니다.

많은 후배들이 석사·박사학위까지 얻어내고 어렵게 대학에 취직한 뒤에는 따분한 교수 생활을 하는 경우가 대부분입니다. 그런 이들 중에 특이한 창의적 능력이 있어 자기 전공 분야에 있어서도 새로운 것을 찾아나서는 그런 열정의 소유자는 더욱 적습니다. 내가 가르친 학생 중에는 주채혁 교수가 유일한 존재라고 할 수 있습니다.

20세기 최대의 역사가로 인정받는 토인비(Arnold J. Toynbee)가 그리스 땅에 널려 있는 문화유적을 관심 있게 답사하다가 새로운 세계문명사를 쓰게 되었다는데, 주 교수는 몽골 땅을 헤매이다가 한민족의 뿌리를 찾기 시작하였습니다. 그는 물론 대학에 자리를 가지고 이 일에 전력투구를 하였지만 그의 열정은 심상치 않았습니다. 그것이 하도 획기적인 연구였기 때문에 여러 가지 반론에 부딪혀 고생도 많이 하였지만 그는 초지일관 '단군 이래 이 겨레가 어디서 어떻게 출발하여 여기까지 왔는가' 하는 문제에 누구보다 새로운 의견을 많이 제시하였습니다. 근자에는 성숙한 학자 입장에서 자기 업적에 대하여 스스로 비판적이기도 합니다. 그러나 나는 인생 선배 중의 한 사람으로 그의 그런 학자적 양심에 대하여 경의를 표하는 동시에 초지일관할 것을 당부하면서 자진하여 추천의 글 한 편을 쓰기로 하였습니다.

그의 연구는 다소 난삽하여 상식적인 일반인들이 쉽게 읽어 내려갈 수 없는 경우도 있지만, 이 겨레의 기원에 대해 한 줄기 빛을 던져준 사실은 의심할 여지가 없습니다.

2017년 7월 김동길

발제칼럼

가셴(嘠仙) 화강암 동굴,
선족 단군(鮮族 檀君) 생가 성지 제단일지도! [2016.3.7]

다싱안링 대선비산 오룬춘기 소재 거대 화강암 동굴명인 '嘠仙'을 오룬춘족 원주민은 토박이말 발음으로 정확히 「가셴」으로 음독(音讀)합니다. '알선'은 분명한 오독(誤讀)이지요. 전설적인 오룬춘겨레 구세주 청년영웅의 이름인 고유명사이어서입니다. 현지에 오룬춘인들이 현재 아직 엄존하니 언제든지 현지조사를 하면 재확인이 가능하답니다. 몽골유목사란 한 오랑캐 지대 인국사(隣國史)를 공부해온 저자가 보기에는 그만큼 Korean의 정체성을 천착하는 아주 중요한 한 핵심인명일 수가 있다고 보아서 이에 새삼 상기시켜둡니다.

아프리카 언어를 연구하고 평생 비엔나 대학에서 재직했던 시미즈 기요시(淸水紀佳) 교수가 고구려어 연구를 위해 2007년 7월 9일~8월 1일에 걸쳐 24일간 다녀온 경향신문 60주년 기념 북방탐사 '칸 코리안 루트' 노정에 동참하던 중에, 모음과 모음 사이에 있는 'g'가 탈락되는 현상에 따라 Qorunchun에서 'q'가 탈락돼 Orunchun이 된 Orunchun語가 Owongku語보다 음운발전사에서 앞서 있음을 보여주어 Orunchun의 선진성을 방증할 수 있다는 언급을 해 주목받기도 했습니다. Orunchun-Qorunchun은 많은 시대 차이에도 불구하고 槁離-Qori와 직관될 가능성이 있다고 보아서지요.

'코리'는 물론 소급해 올라가면 부여로, 다시 부여에서 순록유목태반 기원(起源)이라 할 조선 곧 'Chaatang朝鮮'에 이르는 까닭입니다. 여기가 추위를 견디는 범의 생존가능 생태가 갈리는 분계선이 되는가 하면, 예서부터 더 남하하면서는 개구리와 함께 거북이도 살 수 있는 생태계를 이루고 있지요. 그래서 단군신화 탄생이 가능한가 하면,—쑥과 마늘 먹기 경쟁을 시킨 것은 서로

米文平·周采赫 교수 : 「가셴둥에 관한 한·중 합동특별담론회」 훌룬부이르 시청(現) 강당(당국 주최) 2000년 8월 8일 오후 2시 [주교수, 동굴 석각축문 발견·해독자와의 直對 토론 중]. 사진꾸미기(박윤희 컴師)

다른 범과 곰의 식성으로 보아 무리한 데가 있겠지요. 하지만 굳이 변명해본다면 이는 순록치기(Chaatang)가 시원농경민을 압도하는 당시의 경쟁력 대비를 암시했을 수 있을지도 모릅니다— 무엇보다도 예가 바로 현지에서 한겨레와 더불어 같은 선족(鮮族, Soyon tribe)이라고 불리는 몽골족의 기원지(起源地)이기 때문이랍니다.

저자는 1982년 이 동굴 석벽 석각축문을 처음 발견해 비교·고증해내 세계 몽골사학계의 저명연구자로 일약 발돋움한 미웬핑(Mi Wenping, 米文平) 전 훌룬부이르시 국립박물관장님과 2000년 8월 8일에 훌룬부이르시(현) 시청주도로 '가셴둥에 관한 한·중합동특별담론회'에서 서로 공개토론을 하기도 했습니다. 담론후 선양(瀋陽)이 태생지인 그이는 "가셴둥과 고구려 국동대혈(國東大穴)을 비교연구하자"는 제안을 하기도 했었지요. 현지답사에 동행한 장쥐허(張久和) 내몽골대 몽골사학과 교수님은 담담하게 "역사는 역사일 뿐"이라며 이런 화기애애한 분위기를 긍정적으로 평가하는 듯했습니다.

1982년 당시에, 바로 이 가셴둥 동굴 석벽의 돌에 새긴 축문(祝文)에서

'칸(可寒 : Хаан)'과 '카툰(可敦 : Хатан-칸비)'이라는 몽골어가 미웬핑 전 관장에 의해 확인되고 이 글의 내용이 『위서(魏書)』(「세조」조, 443년) 관계기록의 그것과 일치돼서, 이곳이 몽골-탁발(拓跋-Topa)선비의 기원지임이 세계몽골학계에서 공인되기에 이르렀습니다. 탁발선비의 선비(鮮卑)가 다싱안링 대선비산의 원조인 사얀산(鮮山) 투바(拓跋 : Tuva)에선 그대로 '선(鮮)'으로만 읽히고 조선(朝鮮) 또한 그러해서, 이는 바로 조선겨레의 조상 제사터이기도 할 수 있다는 것이 당시 저자의 지론이었답니다. 1999년 7월 25일에 이곳에 400일 유적탐사 캠프를 치러 떠날 적에, "가서 단군을 찾아보시오!" 하셨던 김용섭 교수님의 너무나도 엉뚱한(?) 당부를 새삼 상기해서이기도 했지요.

선족(鮮族 : Soyon tribe) 몽골의 조상제사 동굴 가셴둥 앞을 흐르는 아리허(亞里河)를 거슬러 80km 정도 올라가면 다싱안링 북단의 Yilehuli(伊勒呼里)산 주봉(主峰) "대백산"(大白山, 太白山 : The big white ; 해발 1528.7m, 지하에 氷河가 흐름)에 이르는데, 여기가 아리허의 발원지입니다. 최근에 백두산 답사를 집요하게 오래 해온 양대언 교수(연변 과기대)님과 백두산 천지 관련담론을 벌이는 중에 우연히 「과연 환웅(桓雄)이 하느님(환인)의 뜻을 받들어 부하 3천 명을 거느리고 해발 2000~3000m에 이르는 태백산의 신단수 아래로 내려와서 신시(神市 : God City)를 열 수가 있었을까? 그 지대엔 그런 대지가 없다. 차라리 백두산 천지 물이 쑹허 강·눈 강이나 아무르 강으로 수맥이 이어지는 Yilehuli산 주봉(主峰) "대백산"(해발 180~1528m) 수원지 일대가 그 정답이 아닐까? 다싱안링지대엔 산중 드넓은 분지도 있게 마련이니까. 『흠정만주원류고』에도 이 일대가 만·몽 제족의 기원지대일 수 있다고 암시하지 않았던가? 더군다나 이곳은 순록의 주식 이끼(蘚)가 자라는 순록의 유목초지 Sopka(鮮 : 小山 : Sugan)지역이 아닌가? 朝鮮·鮮卑의 그 "鮮"말이다」라는 문제가 제기됐습니다. 담론이 이에 이르자, 군출신인 양 교수님은 즉석에서 올여름 이 지대 답사를 결심했습니다.

만주가 콩의 원산지라는 사실은 널리 알려져온 터이지만, 새색시를 부르는 '아씨'(阿西) 호칭 토박이 발음이 너무나도 우리와 흡사하고 그 아씨가 돼지뼈 우린 국물에 끓인 쑥된장국(大醬)이 어찌나 우리 입맛에 딱 맞던지 놀라울 정도였습니다. 다른 이웃부족 관광지들과는 달리 우리에게 거저 숙식을 베푸는 오룬춘 고을의 후한 온정마저 그렇게 정다울 수가 없었습니다.

무슨 특별한 생각이 있어서가 아니라 당시에 날 보고 한국인은 물론 조선인이라고도 부르지 않고 오로지 '鮮語'를 말하고 '鮮文'(한글)을 쓰는 '鮮族'이라고만 부르는 이곳 원주민들이 너무나 내겐 해괴하게 느껴져서 심심소일로, 관심을 두고 알아보기 시작한 이 Chaatang朝鮮 문제였지요. 그런데 뜻밖에 어느 순간부터 주류 조선겨레의 유목태반 역사적 본질이 여기에 감추어져 있음을 알고 크게 경악케 됐습니다.

그래서 그런지 1960년경 조·중 이 지역 고고학 합동발굴의 결과에 관한, 한 조선고고학자의 위약(違約) 공개발표문제를 둘러싸고 일어났던 저우언라이(Chou Enlai : 周恩來) 당시 수상의 대노사건은 그 파장이 여전히 무시 못할 압도적인 무게를 가지고 아직도 유적 현지에 작용하고 있는 듯했습니다. 그러나 광개토대왕 비문이나 홍산문화유적 문제가 이미 학계에 알려진 터에 당시에 조·중 양국 고고학자들이 하필 이 지대 호눈(呼嫩 : 훌룬부이르·눈강) 선원(鮮原 : Sopka & Steppe) 유적합동발굴을 추진했던 것 자체가, 바로 이에 유목 주도 농경통합틀이라 할 동북아시아 모든 유목제국(Pastoral nomadic empires)의 태반 기원문제의 핵심 키가 감추어져 있음을 진작에 암시하고 있었던 게 아니었을까 하는 생각이 들었습니다. 저자 개인 나름으론 이 지대를 사반세기 이상 탐사해오는 과정에서 저자가 이런 낌새를 확실히 알아챘다고 여기고 있습니다.

비록 후기빙하기 이후 서서히 점진적으로 진행돼온 해빙현상의 북상이 다싱안링 남부 홍산순록유목민[Chaatang] 문화권에서 북부 호눈선원(呼嫩鮮原) 기마 양유목민(Honichin) 혁명권으로 중심이 이동해가는 거대 적응적 진화과정의 추정-연구라는 과제를 염두에 두어보긴 했지만, 혹시 이런 가상단계가 시원유목제국의 석기~청동기에서 철기수용에로의 진입단계[Scythia 기마 양유목혁명기]일지도 모른다는 어림짐작을 해보기도 했던 것이 사실입니다.

1990년 한·몽수교시에 이미 일착으로 대한민국에 입성한, 이런 사정을 꿰뚫어본 홍산문화권 서북단이 고향인, 베. 수미야바타르 교수(1950년대 후반 김일성대 유학)님과 타계한 하르누드 운 하칸추르 교수(당시 타이완 국립정치대)님이 이미 그 정답을 가지고 들어왔었기 때문입니다. 1990년대 우리 한국몽골학회의 고올리 돌각담무덤 한·몽합동발굴지대가 바로 이곳 동몽골대스텝지대이기도 했지만, 이이들에 뒤이어서 1990년대 후반에는 역시 홍산문화권 출신인 보르지기다이 에르데니 바타르 내몽골대 교수(칭기스칸의 아우 조치 카사르의 후예)가 '팍스 몽골리카와 고려'라는 논제를 가지고 들어와 저자의 문하에서 학위논문을 쓰기도 했습니다. 홍산문화권 서북단 고올리 돌각담무덤 발굴(손보기 단장님, 장덕진 대륙연구소장님 후원)시에는 현장에서 몽골과학 아카데미 역사연구소장-국사편찬위원장 테. 아. 오치르 교수님과 고고학연구실장 체벤도로지 교수님이 저자에게 몽골의 뿌리는 조선·부여~고구려·발해(Boka)라고 해서 저자를 어리둥절하게 했지요. 이런 「몽골의 Chaatang朝鮮起源論」은 제 오랜 상식을 정면으로 뒤엎는 견해여서입니다.

몽골족의 조상제사터 가센 화강암 동굴 부속 오룬춘민족박물관에서 너무나도 우연히 1999년 8월 11일 오전에 아. 아르다잡 다구르족 몽골사학교수님과 유물들을 관람하다가 문득 조선(朝鮮)은 중국어로 Zhaoxian(아침의 나라, The Land of Morning Calm)으로 읽어서는 안 되고 Chaoxian(순록유목민의 나라, The Land of Pastoral Nomadic Reindeer)으로 읽어야 한다며, 그 까닭은 조선명칭이 Chaabog(순록)을 치는 Chaatang(순록치기)에서 비롯되었기 때문이라고 함께 결론을 내려보기도 했습니다.

곧바로 조선족 교포를 비롯한 십수억 중국인이 지금도 그렇게만 읽고 있음을 실증자료로, 난 이미 2000년 전후시기에 이를 공식 논증해 관계학계에 정식으로 발표했습니다. 차탕의 차Chaa는 물과 풀을 '찾아'서나 '쫓아'서란 뜻이고 조선의 '朝'가 바로 이에서 비롯됐으며, '鮮'(Soyon~Scythia, Sugan=母馴鹿 ; Sopka=小山)은 Chaabog(순록)의 주식 이끼(薛 : Niokq)가 나는 순록유목 목초지를 지칭하는 것임을 마침내 논증해내본 것입니다.

'조선'(朝鮮)이 중국말 한자(漢字)가 아닌 시원유목태반 기원(起源) 「조선 토박이 말 '한글'이름」일 따름이라는, 이 놀라운 금세기의 경천동지할 준엄한 선언을 제 자신도 모르게 이제 정보화~유전체학 시대 온누리에 감행해버린 셈이지요.

유목 주도 농경 통합 유형이라 할 주류 북유라시아 시원 유목제국 개념을 바탕에 깐 '차탕조선' 명명은 근·고조선 호칭보다 더 구체적일 수 있기도 합니다.

'조(朝)'가 순록유목민을 가리키는 몽골말 차탕(Chaatang)의 몽골어 Chaad의 '차아(Chaa)'나 축치어 차오추(Chaochu)의 '차오(Chao)'에서 온 것이기 때문에, 압록강~두만강만 넘으면 조선족은 물론 십수억 중국인이 누구나 「조선(朝鮮)」의 「朝」를 '아침 朝'자 자오(Zhao) 1성으로 읽지 않고 '찾을 朝'자 차오(Chao) 2성으로 읽고 있지요. '아침의 나라' 조선은 없고 순록치기 태반 기원 「차탕조선(朝鮮: Чосон)」만 있다니, 참으로 기가 막힐 일입니다. 인공위성이 우주를 떠다니는 정보화시대·유전체학 시대엔 이제 심정 정화 차원의 '푸른 하늘 「은하수」 하얀 쪽배'와 우주과학의 눈으로 보는 「은하수」는 다를 수가 있고, 명백히 차별화해 가려봐야 하리라 봅니다.

유라시아 순록유목사에서도 석기시대~철기시대를 거치면서 발전과 분화가 이루어졌는데, 특히 철기혁명이 이루어지면서 순록방목민 선족(鮮族)과 순록유목민 조족(朝族)의 분화가 두드러졌던 것으로 보입니다. 물론 양자의 통합 조선족(朝鮮族)도 출현했겠지요. 생태환경으로 보아 동북부에서는 「조족」이, 서북부에서는 「선족」이 주류를 이루고 기동력과 타격력 및 정보력이 뛰어난 조족 주도 선족 통합형의 '조선'이 초기에는 주류를 이루었으리라 봅니다.

당연히 朝鮮도 특정 혈족명이나 국명이기보다는 본래는 논벼농사꾼이나 밭벼농사꾼처럼 특정 유목업종 집단을 지칭하는 명칭이었음에 틀림이 없었겠지요. 순록유목민이냐 순록방목민이냐에 따라 같은 순록치기들이라도 호칭이 상이할 수도 있었겠고요.

진실로 가셴(嘎仙) 화강암 동굴유적사는, 유라시아의 동북아시아 일국사(一國史) 차원에서가 아니라 유라시아유목발전사 차원에서 이곳 역사를 연구해 세계사(世界史)의 일환이자 그 심장부의 역사로 써내야 하고 또 그럴 수밖에 없는 지구촌 인류역사학의 특정 생태적응적 진화가 이내 이루어져 가리라고 저자는 짐작해봅니다. 가셴 동굴 소재지 대선비산의 몽골족·선비족(鮮卑族)은 물론 조선족(朝鮮族)까지 싸잡아 모두 투바(拓跋: Tuva)의 사얀산맥(鮮山脈)에서

간 '소욘족'(鮮族)이라고 보는 투바 사학자들의 주장에 접하고 보면, 더욱 더 그러합니다. 이에 관한 한 눈감고 아웅 하는 식의 일시방편 일국사만 쓸 겨를이 도저히 없는 앞날이, 저마다 인류 모두의 코앞에 직접 다가오고 있는 지금일 수도 있어서입니다.

레나 강변 오이마아콘
희푸른 이끼(薜) 바다(鮮海)는 만년설원으로
끝도 없이 꼬리를 감추어가건만,
이끼를 찾고 쫓는 시원 유목민 朝族·鮮族 씨알조차도
너나없이 한눈만 파는데야
붉은악마 조적(朝赤, Chaochi:慈烏支 桓雄) 치우천황(蚩尤天皇)인들…

하기는 팍스 몽골리카 구축기(1206~1289년)를 온전히 살다 간 일연 스님의 '고조선' 기록도 여말선초(1351~1450년?)나 일제강점기(1910~1945년) 전후라 는 모진 국난기의 「탈조선반도」 개방공간 하에서 다소간에 가까스로 주목되기 는 했던 터입니다. 이런 세계사적인 시련이, 조선반도의 상대적인 소수인 우리 조상이 특정역사생태 속에서 세계사적인 문화유산들을 남기게 했고 Pax Koreana 지향적 DNA를 타고나게 오늘의 우리를 프로그래밍해냈는지도 모릅니다.

글싣는 차례

쿠빌라이 대칸의 탐라도 구상과 돌하르방　233

Gooli(高麗), Boka(渤海), 조선(朝鮮)　267

기황후, 오랑캐, 에벵키, 거서간 337

알타이산과 일연의 『삼국유사』 427

'대원 주자학'과 충선왕, 안향 466

황금빛 양(羊)유목생산 혁명과 황금마두 순록뿔 탈 517

들어가는 말

별들의 고향 스키토 시베리아 사반세기 답사메모 반추(反芻)
—육안으로도 보고 망원경으로도 관찰하며 [2015.8.10]

이 책은 1990년 북방 유라시아권 개방이후 20여 년간 주로 몽골-시베리아 순록·기마 양유목 유적 현지답사를 하면서 수집해온 비교적 방대한 자료를 정리하던 차에, 2011년 말 '주채혁 닷컴(chuchaehyok.com)' 월요유목몽골사칼럼 집필을 맡아 쓰면서 저술이 시작되었습니다. 그간의 기나긴 현지답사 길에, 철저히 문제를 풀고 발견하는 데만 초점을 맞추고 접근방법이나 답사팀 구성은 해체와 재구성을 서슴지 않았으며 탐사비 조달은 때로는 마이너스 통장 긁기를 서슴지 않기도 했지요. 그런 가운데 주로 나와 문제만이 이 길을 동행하며 다소 험하고 외로운 탐사 길을 시행착오를 거듭했지만 운 좋게 나름대로 무사히 헤쳐 왔습니다. 때와 장소를 가리지 않고 심지어는 시베리아 백야의 차창 아래서도 늘 메모하고 그리고 사진 찍으며 메모광이라 할 만큼 주로 유목사료 채집에 고집스레 집착해왔나 봅니다. 오로지 나만의 질문을 던지고 내 나름의 해답들을 모색해 보았죠.. 누구의 눈치도 안 보고 일점 일획도 놓치지 않고 집요하게 따지고 대들면서 말입니다. 문제 천착 모색에서는 티끌만한 흥정도 용납되지 않았습니다. 그렇지만 북유라시아

장도를 오가며 다양한 만남들이 이루어지는 가운데 소탈하게 주고받은 담소내용들을 내 나름으로 다듬질한 이야기들을 중심으로 이 글을 비교적 여유롭게 적어보았습니다.

북방 유목몽골로이드지대 개방과 함께 단국대와 국제한국연구원 최서면 원장님의 주선으로 홍산문화권 태생인 하칸추르 교수님과 베. 수미야바타르 교수님이 동참한 우리 한국몽골학회가 맨 먼저 주목한 것은, 제주도 돌하르방과 밀착된 역사관계를 가진 것으로 뵈는 홍산문화권 서북단의 유명한 기마 양유목초지 다리강가 돌각담무덤 유적소재지대였습니다. 그래서 이내 이 유적지를 발굴(손보기 단장님, 부단장 주채혁, 대륙연구소 장덕진 회장님 후원)을 시작했습니다. 그런데 고고학적 발굴로는 당시에 정작 유목제국사 복원에 기여할만한 발굴성과는 별로 이루어지지 않아 1990년 후반에 마침내 다리강가 스텝 발굴현장을 떠나 몽골 기원지 에르구네 소재지대인 유명한 유서 깊은 순록·기마 양유목목초지대 호눈선원(呼嫩鮮原 : Honun Sopka & Steppe)으로 뛰어들었습니다. 그리고 그로부터 유목초지, 유목목초, 유목가축과 유목민의 유적현장을 구체적으로 천착해보려는 헤맴 자체라 할 내 나름의 북방 순록-기마 양유목 유적지 답사라는 좀 긴 역정이 비롯됐지요.

1990년 북방개방 후 사반세기를 오로지 틈나는 대로 그렇게 이에 몰입해온 터에 농경지대에서 종전에 상상도 못해본 유목사 관계 사료들을 꽤 많이 모아왔지요. 사계의 대가가 되겠다는 포부나 관계 역사학 발전에 크게 기여하겠다는 거창한 꿈 같은 건 별로 생각해보지 않았던 듯하고, 너무 단조롭기만 한 일상사에 지친 몸과 맘을 공활한 유목목초지를 맘껏 치달리며 힐링하는 차원에서 그냥 기뻐서 그래왔던가 봅니다.

그렇지만 그간 수집해온 유목사료를 분류·분석해서 논리적인 체계를 세워 막상 글로 써내는 데는 내 자신이 역부족임을 절감하고 오래 방황해오던 차에, 이런 토막글을 월요일 마다 써서 투고하는 너무나도 벅찬 일을 맡게 됐습니다. 유목사와 농경사의 소통을 실험해야 하는 참으로 생소한 독창적 작업이 전제돼서지요. 그런데 신통한 건, 그 난마처럼 뒤얽혀 좁은 내 거주공간에 쌓인 사료더미들을 뒤적이며 내 나름으로 글을 쓰느라고 허우적이는 헤맴이 세월을 거듭할수록 어떤 희미한 가닥을 잡아오다가 월요 역사칼럼 집필을 시작하기 3~4년이 되어가자 저마다 어지럽게 따로만 놀던 이 메모광의 메모들에 뼈와 살이 생겨나고 기맥이 통해 한 이야기 목숨으로 숨쉬기 시작하면서, 미처 예상치 못했던 놀라운 이야깃거리들을 거두고 있다는 직감이 들기 시작하더라는 겁니다.

그제야 2011년 12월 5일 월요유목몽골사칼럼 집필 과제를 착상케 계기를 만들어 주신 이의 속뜻이 따로 있을 수 있었음을 어렴풋 깨닫게 되었습니다. 진실로 어쭙잖은 글이긴 하지만, 이렇게 저서급 책으로 어엿이 출간될 수 있으리라고는 출발 당시엔 미처 상상도 못했습니다.

흔히들 한국몽골학회가 몽골 학자들의 견해에 추종해 '조선의 몽골 기원론'을 선창하고 있는 줄로 착각하고 있지만, 그건 사실이 아니지요. 실은 1990년 몽·한수교 당시 애초에 몽골이 발해(Boka)-고구려-부여-조선에서 기원(起源)했음[몽골의 조선기원론]을 첫 만남부터 주장해온 쪽은 한국인 몽골사학자들이 아니고 몽골의 국사편찬위원장 격인 몽골국 과학아카데미 아. 오치르 역사연구소장님과 체벤. 도로지 고고학 연구실장님이었습니다.

그에 앞서 실로 1990년 몽·한수교시에 문화사절단 일행으로 당시의 김포공항으로 첫 입국한 1950년대 북한유학생 출신 베. 수미야바타르 교수님이 훌룬부이르 몽골스텝 몽골기원지 언저리에 좌정한 고올리칸(동명성왕) 석인상이 몽·한공동조상이라는, 우리가 생전 처음 접해보는 생경한 첫 역사정보를 전했고, 이어서 작고하신 타이완의 하칸추르 교수님이 탐라도(耽羅都) 유적지를 답사하시곤 "한국과 몽골이 함께 팍스 몽골리카를 이룩했다!"고 선언해 고려의 대몽항쟁사만 귀에 익은 한국인들을 어리둥절하게 하기도 했지요. 이이들은 아. 오치르 소장님이나 체벤. 도로지 실장님의 선배-스승격인 분들로 모두 통칭 홍산 문명권에서 태어난 분들이기도 했습니다. 베. 수미야바타르 교수님은 이이의 동고향 후학이겠지요.

물론 당시엔 아직 「몽골(蒙古)의 차탕조선(朝鮮) 기원론(起源論)」에 구체적으로 접목된 차원의 견해는 아니었습니다. 주요한 사실은 몽골의 조선 기원 문제를 먼저 제기한 건 처음부터 모두 몽골 학자들이었다는 거지요.

당시엔 아직 유목 현지에는 발도 들여놓아본 적이 없는 극소수 우리 한국몽골사학 연구자들은 나이의 고하를 막론하고, 몽·한수교를 전후해 중·고 국정교과서에서 종래의 '한민족 시베리아·몽골 기원설'을 날쌔게도 삭제해버린 그이들처럼, 우리도 도리어 그런 주장을 펴는 몽골사학자들을 다소 광기어린 미친 사람쯤으로 알고 경계하며 내심 따돌려놓기가 일쑤였습니다. 게다가 칭기스칸의 위광에 기대려는 공명심이 잠재한 '몽골사대주의'가 중국사대주의 못지않게 우리에게 몽·한관계 역사를 「한민족 몽골기원」류로 거꾸로 읽는 오류를 범하게 부추기는 그 당시 이 땅의 분위기였던 것도 사실이었지요.

더군다나 당시까지만 해도 한민족 주류 비(非)유목지대 한반도 유입 이후부터 한민족의 북유라시아 유목태반 기원사를 거의 다 상실해온 우리가, 13~14세기 사상 초유의 세계유목제국인 몽골의 근백년 지배기를 거치면서 비로소 이소사대(以小事大)의 사대사관이 영속되는 기틀을 고착시켜왔다는 사실을 절실하게 자각하는 사람은, 우리 중 아무도 없었기 때문이기도 했습니다. 김부식의 『삼국사기』가 「본기-열전」이란 독립자존의 역사편찬체제를 고수해온 데 대해, 근백년 몽골-고려 주종관계사 체험 이후 조선조 김종서·정인지 등의 『고려사』는 마침내 「세가-열전」이란 주종적 사대사관으로 전락돼 편찬케 되고 말았지요.

진실로 한족(漢族)에 대한 사대가 아니라 국사편찬에선 몽골족(蒙古族)에 대한 사대로 시발한 우리의 식민사관인 셈입니다. 그래서 외교관계 상의 생존을 위한 도생수단이 아닌 속으로 골수에 사무친 우리 식민사관 고질병의 근치는 실은 '몽골에 대한 사대(事大)', 몽·한관계사의 인과역전(因果逆轉) 인식틀을 바로잡아 『몽골의 차탕조선 기원사』를 유목제국사 인식틀 차원에서 제대로 복원시켜내는 데서 그 시동(始動)을 걸어내야 하리라 보는 겁니다. 어려움이 전제되리라 예상은 되지만, 이제 우리에겐 그런 인식틀을 거세한 안이한 북방유라시아사 유목유적 현지 읽기는 철이 지나도 한참 지난 것이라는 느낌이 듭니다.

이런 발상이 가능케 된 건, 아이러니컬하게도 깨어있는 소수 몽골인 유목사학자들의 뜨거운 몽·한관계 역사 본질 부활 소명감에 힘입어 북방유목몽골리안 유목사 현장 탐사를 그이들과 함께 감행할 수 있었던 1990년 노태우 정부의 북방정책 감행 이후의 정세 격변 중에서였습니다. 막상 공활한 한랭고원 건조지대 유목초지에 우리가 직접 들어가 숨 쉬게 되어, 우리에게 본래의 '유목감각'이 되살아나기 시작하면서부터는 점차로 당시에 우리가 몽·한관계사 인식에서 아주 딴사람으로 바뀌어 가고 있음을 저절로 실감케 됐던 터였지요.

우리가 그 당시에 미친 사람이라고 보던 「몽골의 조선기원론」자인 그이들이 미친 게 아니라, 도리어 그렇게 보는 우리의 눈이 색맹 같은 유목사맹(遊牧史盲)임을 우리가 마침내 몸소 깨우치게 된 겁니다. 그것도 몽골족의 조상제사터 가셴 화강암 동굴 부속 오룬춘민족박물관에서 너무나도 우연히 1999년 8월 11일 오전에 문득 한 탐사 미치광이를 통해, 朝鮮(조선)을 Zhaoxian-The Land of Morning Calm으로 오독해 그간 조선겨레를 환부역조하는 부랑아로 스스로 전락시켜온 우리가 Chaoxian-The Land of Pastoral Nomadic Reindeer-이란 제 참뿌리를 소생·부활케 해낸 이 성스러운 한어발음(漢語發音)의 하해와 같은 은총에 힘입어서 이룩한 깊디깊은 깨우침이지요. 인두겁을 쓴 대한(大韓)사람으로 어찌 이한사한(以韓事漢)하지 않을 수가 있단 말입니까!

지구에서 해와 달의 운행을 육안으로 관찰하고는 천동설을 신앙차원에서 압도다수가 맹신하던 우리가, 천체망원경을 통해 똑같은 현상을 다시 보고는 지동설로 격변하는 인식혁명을 불과 수백 년 전에 이룩해냈습니다. 이처럼 스텝·타이가·툰드라란 공활한 순록·양유목누리를 들어만 오며 상상만 하던 터에 우리가 최근의 정보화~유전체학시대에 들어 직접 답사하고 체험해내면서 사반세기를 지내온 오늘날의 우리가 몸소 유목사안(遊牧史眼)을 뜨고 '조선의 몽골기원설'을 「몽골의 조선기원설」로 거꾸로 뒤집어 보게 되는 역사인식혁명이 조금도 이상할 것이 없는 터에, 아직도 깊고 깊은 백일몽에서 깨어나지 못한 채 잠꼬대나 하고 있는 우리가 있다면 참으로 한심하다 하지 않을 수가 없겠지요.

천동설이 압도다수의 지지로 주류를 이루던 시대권에서 숨쉬며 지동설은 숨통조차 트기 힘들었겠지요. 육안으로 보는 우주가 천체망원경으로 관찰하는 우주누리를 뒤덮었으니까요. 생일축하 만능의 시대에 회임일 기억의 반추는 망측한 일로만 뒷전에 처박혀졌겠고요. 그렇지만 깨우쳐 다시 보면 그게 진실과 원리를 터득해내는 제대로 된 접근 길이 결코 아니었습니다.

당시로서는 실로 준비가 전무하다시피 한 우리에게 당시의 우리가 도저히 감당키 어려운 이런 몽·한역사인식 격변요구가 아주 돌연히 우리를 엄습해온 셈입니다. 그러나 그 후 사반세기가 지난 지금은 가공할 유목사 정보 쓰나미에 우리 모두가 휩쓸리는 가운데, 깨어 있는 이들에겐 그 상황이 아주 신속히 딴판이 돼가고 있는 중이지요. 격변하는 시류의 와중에 선, 계기(繼起)하는 신흥유목세력들과 오래 화전(和戰)을 거듭하는 가운데 비(非)유목지대 농경정 착민화해온 지 오래인 우리 자신이 스스로 그걸 자각키란 거의 불가능할 수도 있긴 합니다. 차라리 곁에서 오랜 이웃인 누가 그렇게 객관적으로 바라보아줄 수는 있겠지요.

조선(朝鮮)은 중국어로 Zhaoxian(아침의 나라)으로 읽어서는 안 되고 Chaoxian(순록유목민의 나라)으로 읽어야 한다며, 그 까닭은 조선명칭이 Chaabog(순록)을 치는 Chaatang(순록치기)에서 비롯되었기 때문이라고 했습니다. 조선족 교포를 비롯한 십수억 중국인이 지금도 그렇게만 읽고 있음을 실증자료로 난 이미 2000년 전후시기에 공식 논증해냈습니다. 차탕의 차Chaa는 물과 풀을 '찾아'서나 '쫓아'서란 뜻이라는 거지요.

너무나도 어이가 없었던 일은, 『Chaatang朝鮮』이란 책 제목을 들고 이 시대 첨단분야서적 출간에 앞장선다는 어느 출판사 편집장님과 소통을 시도했더니 "그 책제목이 저자가 새로 꾸며낸 개념어로 새로 창작한 거냐?"는 반문이 이내 돌아왔다는 겁니다. 진서(眞書) 농경 중국사료에 근거하지 않은 북방 유목원주민의 토박이말 사료는 까마득하게 모르고, 있어도 물론 거들떠보려고도 않는 우리의 세태를 반영하는 단막극이었나 봅니다. 그이 개인만이 아니라 대부분의 강단사학자든 이에 항의하는 『환단고기』 연구그룹을 내포하는 재야 사학자든 이러고서야 천년세월이 더 흐른들 제대로 된 시원유목태반 주류 한겨레사 정통성 물꼬가 조금이라도 트일 기미가 보일 수 있을까 하는 생각이 들었습니다. 하기야 무덤을 도굴해 얻은 고려청자를 이토 히로부미가 고종황제에게 보여드리니 "그게 어느 나라 제품이요?" 했다는 판이니까, 그후 천지개벽이 없었다면야….

그런데 몽골은 건조한 상대적인 고원고지대인 기마 양유목 유목초지 스텝으로, 비교적 다습한 상대적인 고원저지대 아주 공활한 타이가-툰드라를 생태지대로 삼는 차탕조선이 예서 기원됐다는 건 말이 안되지요. 몽골고원이 문제시된 건 북방 유목몽골로이드가 철기를 수용해 황금빛 스키타이 스텝 기마 양유목 대혁명을 성취한 이후이므로, 석기시대에 이미 고원저지대에서 순록의 유목생산을 감행했던 시원조선이라 할 차탕조선이 몽골민족에게서 기원했다는 건 유목주류 발전단계로 보아도 어불성설(語不成說)입니다.

흔히들 이런 엉뚱한 문제를 제기하다니 "지금이 다수결 시대인데 겁도 나지 않느냐?"고 하지만, 그렇다면 단호히 "어디 $E=mc^2$이 다수결로 결판난 원리더냐!"고 들이댈 만큼 이젠 확신이 솟구쳐나지요. 유목제국(Pastoral nomadic empire)의 인식틀로 몽·한의 역사를 바로잡아 읽어낼 수 없다면, 이제 이 디지털 노마드시대엔 유구한 우리의 혼백(魂魄 : 넋얼)이 더는 서로 소통해 숨통을 틀 길이 없다는 겁니다. 진정 막다른 돌파구 찾기 식으로 자민족사 독파와 독창적 개척을 요하는 유목사 황야에, 맨몸으로 뛰어든 지금의 우리일 수 있습니다.

본서는 일반 논저와는 달리 특수 개척분야라는 특성 상 서론 부분과 테마별 칼럼 부분 및 기축논문 부분으로 나누어 썼습니다. 그중 테마별 서술 위주의 대부분의 칼럼들 간에는 같은 토막글들이 불가피하게 자주 반복해 쓰일 수밖엔 없었지요. 칼럼의 경우에는 관계 문제의 제기와 해석 시도를 테마별로 간략히 다루어 보았으므로 저마다의 필요에 따라 각각 골라서 읽어야 하겠지요. 그렇지만 그런 중에도 유목의 철기 수용과 함께 이루어지는 순록유목의 기마 양유목화라는 '스키타이 혁명' 문제-가능하다면 유목사회의, 모계유목사회의 부계유목사회화 경향 유무도 챙겨보며-에 초점을 맞추어 몽·한 관계사 광맥 찾기에 늘 골몰했고, 진위나 흑백을 가르는 과학적 냉엄함에 실족하지 않으려고 무던히도 나름대로 힘써보았습니다.

유목의 철기 수용과 순록유목의 기마 양유목화라는 스키타이유목혁명을 줄거리로 삼아 주로 여러 테마들을 각각 서술해 보아서, 일부러 관계 기축논문

2편을 곁들여 실었습니다. 칼럼으로 쓴 글이니까 특히 한국 내 독자시장을 독파하는 난제가 도사리고 있어서 공활한 유라시아 유목현지사 발로 읽기 20여 년에 이어, 아주 낯선 분야인 내수 독서시장을 읽어내야 하는 어려움도 있었습니다. 일단 미지의 유목사 황무지에 몸을 내던지면서 길을 찾아온 접근방식으로, 나름으로 이를 어설픈 대로 직접 돌파해봤습니다.

그래서 보기에 따라 글에 오락가락 한 흔적이 있어 뵐 수도 있습니다. 그렇지만 그런 중에도 몽·한관계사 광맥 찾기에 늘 골몰했고, 진위나 흑백을 가르는 과학적 냉엄함에 실족하지 않으려고 무던히도 나름대로 힘써왔습니다. 물론 결론이라기보다는 당연히 문제 제기 차원에서이긴 하지요. 아직 우리 독서시장에선 너무나도 낯선, 설익은 용어들이 많은 글들이 대부분이어서 적지 않은 유적 현지 사진들과 '찾아보기'도 굳이 덧붙였습니다. 육지와 바다나 농경과 유목 사이를 오가는 특별한 실험이랄 아주 희귀한 첫 접근 시도이므로 재검토돼야 할 구석들이 많을 수 있을 것입니다. 독불장군과도 같은 무모한 도전투성이일 수도 있겠지만 그러나 한술 밥에 배부르랴! 우선 참된 작은 물꼬를 터 내봅니다.

고구려 고분벽화 현무도는 북벽에 모셔져 있고 북벽은 신성공간 조상신주를 모시는 지성소입니다. 현무신주가 바로 조상신주지요. 그게 왜 북벽에 있어야 하나요? 북극성과도 관련될 수도 있겠지만, 북방이 우리가 주로 북방유라시아 유목몽골로이드로 제대로 탄생하기 이전의 시원 불함(不咸 : Burqan) 종산(宗山) 유래처 쪽이어서일 수도 있다고 봅니다. 그 미지의 공활한 동토대가 툰드라 차탕조선 주류 소생처란 겁니다. 허스키와 어울려 순록을 치는 만년설의 순록유목민 차탕(Chaatang) 발생지대 말입니다.

철기혁명 이래 기마 양유목 주도 시대권에 들기 이전 북유라시아 공활한 유목생산권의 장구한 순록유목 주도 시원유목시대가 엄존했음을, 우리가 몸소 복원해봐야 할 디지털 노마드 시대권에 든 지금입니다. 그런 시각에서 난 누구도 우리 말고는 따라잡아 해낼 수 없어 보이는 유연하게 바람결을 타고 피겨스케이팅 춤사위 온갖 몸짓 신기를 연출하는 김연아 빙판요정은, 어느 날 뜻밖에도 개체 천재로만 돌출한 게 아니고 유구한 치탕조선~기마 양유목사의 집체DNA에서 그게 그렇게 집약·응축돼 연출된, 차탕유목태반이 잉태해낸 열매들이라 할 실체라고 보는 겁니다. 그 속에서 신출귀몰한 고구려~몽골기병의 곡마(曲馬)몸짓도 아스라이 내 눈 앞을 스쳐지나가고 있음을 아련히 감지해서지요. 물동이 이고 작두날 타는 조선 무당의 신기(神技)와 홍산 옥문화 세공이나 다뉴세문경(多紐細汶鏡)이란 결실들은 과연 예외이기만 할까요?

숙녀가 되어가는 김연아 스타의 모습도 선녀처럼 아름답지만, 밴쿠버 올림픽에서 금메달을 목에 걸던 다부지고 맹랑한 앳된 김연아는 차탕조선 코리안의 한겨레사 원형(原型, Archetype) 얼굴 그 자체였습니다. 그래서 「소치~평창 "노마드 김연아의 길" 길 가르기-몽골리안 네트워크 눈높이로」를 머리글로 아래 적어봤습니다.

실은 이 유목몽골사 월요칼럼의 마지막 글이 바로 가셴 화강암 동굴 선족(Soyon鮮 tribe)조상제단 발제 칼럼이지요. 순록유목·기마 양유목과 농경이 갈리는 가파른 분계지대의 역사를 복원해보는 경우에서조차도 양자를 엄밀히 갈라보고 비유목지대 T자형 백두대간 지대에서 다·샤오·와이싱안링지대를 바라보거나 그 반대의 경우가 기나긴 우리역사 상 우리 사가들 중에는 거의 없다는 사실에 깜짝 놀랐습니다. 백두대간 쪽은 조족(朝族)이라는 순록유목권 후예들이 주로 살고 싱안링 쪽은 선족(鮮族)이란 순록방목권 유목민들이 많이 살아왔는데 양자 간의 소통이 거의 단절됐던 셈이라 하겠습니다. 왜일까요? 이런 상황 속에서는 주류북방 유목태반 차탕조선(朝鮮)의 정체가 거의 드러날 수는 없겠지요. 특이하게도 민중의 백정영웅 임꺽정이 대두된 우리 역사를 새삼 상기하게 됐습니다. 너무 낯설고 어설프게 보이더라도 이런 손가락질 정도로는 이 글을 치부해주시고 널리 양해해 주시기 바랍니다.

이처럼 유목과 농경이 갈리는 가파른 분계지대의 역사를 복원해보는 경우에서조차도 양자를 엄밀히 갈라보아 비교분석해 보려는 시도가 거의 전무하고 그런 경향은 이른바 재야사학계가 강단사학계보다 더 덜하지도 않습니다. 저자의 어쭙잖은 이런 깨우침이 있어서 본서에서 머리말 앞뒤에 뒷날의 칼럼을 굳이 꺼내와 싣게 되었지요. 너무나도 오랜 시원유목 디아스포라인 우리의 자기시원유목정체 소외를 일깨워보려는 절절한 소망 때문입니다.

　진실로, 평창 동계올림픽은 3수로 가까스로 기적처럼 건져 올려 성사시켜낸 이 땅 강원도 '평창2018'의 글로벌 겨울잔치판이지만, 이 하늘이 준 기회에 대내외로 유목태반 주류 빛나는 한겨레사를 제대로 자각해 만천하에 알리라는 천명이 우리에게 때맞춰 이른 것이기도 하다는 게, 훈장일생 중 강원대 사학과 교수를 가장 오래 역임한 유목몽골사학도인 저자의 사심 없는 믿음이랍니다. 이를 계기로, 속사람 새누리를 여는 작은 물꼬라도 감히 터볼 수 있기를 거듭 기원드려 봅니다. 기축논문 2편은 본서의 틀에 맞추어 조금 손질해 실었습니다.

　그간 3대가 한 배를 타고 기나긴 해직교수 살이 거친 풍랑을 함께 헤쳐온 가족과 사제 동료께 각별히 감사드립니다. 난마와 같이 얽힌 조잡한 원고를 이만큼 정리해 출간해 내준 도서출판 혜안의 오일주 사장님께도 재삼 심심한 감사의 뜻을 표합니다. 그간 관계 사진 꾸미기에 뛰어난 예술성을 발휘해 도와준 박윤희 컴퓨터 강사님(경기 용인시 상현 2동)과 바쁜 중에도 수시로 컴퓨터 작동을 점검해준 신광조 선비에게도 고마움을 전합니다.

소치~평창 "노마드 김연아의 길" 길 가르기-몽골리안 네트워크 눈높이로

　1949년에 마오쩌둥이 집권해, 산둥성의 한족(漢族)들이 대거 만주로 진입하기 이전에 지린(吉林) 일대에 살던 원주민들은 조선족(朝鮮族)을 「조족(朝族)」이라고 부르고 조선어를 「조어(朝語)」라고만 말했으며, 싱안링(興安嶺)지대에서는 조선족(朝鮮族)을 「선족(鮮族)」이라 부르고 조선어를 「선어(鮮語)」라고만 했다고 합니다. 후자의 경우에는 지금도 여전히 그러합니다. 유적현지에서 사시사철을 살아보며 몸소 확증해냈습니다. 당연히 대학과 관계 연구기관 전공 교수나 연구자와 토박이 원로들을 수시로 만나 담론을 펼쳐봤습니다.

　물론 그럼에도 그 후 10수년 연구인물의 현지 출입이 없지 않았는데도 아직껏 후속 연구가 전혀 이루어지지 않고 있는 게 한국판 기적이라면 기적이겠지요. 근래의 놀라운 압축성장의 결과에도 불구하고, 19(日) : 0(韓)이라는 노벨

과학상 수상자 일·한 대비 스코어를 기록한 기형적 성적표를 받아들곤 망연자실(茫然自失)하지 않을 수 없었습니다. 인문학 영역에 주로 발을 딛고 있는 사학이지만, 특히 정보화시대에 들어선 과학의 골조가 허물어지면 하루아침에 폐허만 남을 수도 있는 엄연한 역사과학이기도 해서랍니다.

진실로 나는 1990년대 중반 이런 사실을 현지에 가서 직접 확인하고는 이내 경악했습니다. 도무지 외지에서 온 이들 말고는, 한국여권으로 은행에서 돈을 찾을 수 없을 정도로 한국(韓國)은 아예 몰랐고 날 보고 조선족(朝鮮族)이라는 이도 없었지요. 동북아 유목제국의 자궁이라고 세계 유목몽골사학계에 두루 알려진 이곳 호눈선원(呼嫩鮮原)에선 오로지, 날 선어(鮮語)를 말하고 선문(鮮文)을 쓰는 선인(鮮人)이라고만 했어요. 그렇다면 이 지역을 헤매며 독립투쟁을 하던 애국지사와 조선민족사학자 신채호나 정인보 선생님 같은 어른들은 왜 그걸 모르셨단 말인가요? 연변에서 나서(1934년생) 자라 중학교까지 다닌 정수일 교수님조차도 이를 뚜렷이 분별해 알지는 못했던 것 같습니다.

이에는 참으로, 본질적이고도 거대한 한국 상고사의 내밀한 사맥(史脈)의 진실이 숨겨져 있을 수 있다는 직감이 들었습니다. 좋은 게 좋다지만 쇼비니즘적인 정서에 휩싸여 적당히 그냥 얼버무려 넘길 일이 절대로 아닌, 참으로 무서운 큰 문젯거리가 아닐 수 없어 보였지요. 이미 일정 하에서부터 이런 낌새를 눈치 채고 있는 극소수의 첨예한 연구자들도 계셨던 듯은 합니다.

순록 방목지 선(鮮)은 글자 그대로 순록의 주식 이끼(蘚 : Niokq)가 나는 소프카(Sopka)이고 이는 철기시대에 들면서 스텝(原 : Steppe)으로 진출해 기마양치기로 발전했으니 곧 선원(鮮原) 순록·양유목지대를 일컫고, 본래의 순록유목지 조(朝)는 대체로 지금은 농경화한 조족(朝族)의 기지인 탈(脫)유목권 T자형 백두대간 지대 북쪽쯤일 수 있다 하겠지요.

당연히 2000년대 들어 석유자원이 몽·중 국경지대 홀룬부이르 일대에서 대거 치솟아 오르면서 이처럼 막대한 이권을 따라 휘몰아쳐드는 새로운 거대 인파 속에서 희석돼갈 수밖엔 없는 이런 금싸라기 같은 소중하고도 희귀한 유목사료(遊牧史料) 정보의 갈무리는, 이를 주요 태반으로 삼아온 우리에겐 어떤 자원보다도 더 목숨처럼 고귀할 수밖에 없는 유·무형자원 수호사업의

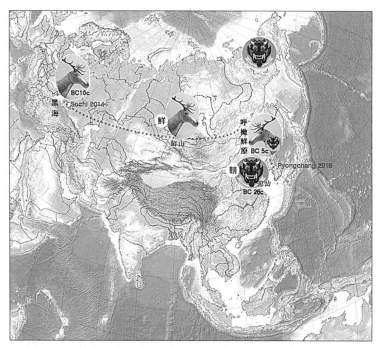

朝(Chao)族 주도 鮮(Soyon)族 통합, 한(寒)겨레 빙무비천도(氷舞飛天圖). 사진꾸미기(박윤희 컴師)
편의상 황금태양 마크는 기마 양유목(忽必烈) 상징이고 붉은태양 마크는 순록유목(蚩尤)으로 삼아보았다.

핵심이어야 마땅하게 됐습니다.

　다싱안링 대선비산의 원조(元祖)가 있다는 투바(拓跋 : Tuba)에는 거대한 타이가인 동·서 사얀(Sayan : 鮮)산이 있는데, 역시 이 '선산(鮮山)'지대 원주민들도 조선족을 Soyon(鮮)족이라고 부르며 우랄알타이지역 원주민들은 아예 소얀(鮮)족이나 그 문화가 흑해나 카스피 해 쪽에서 왔다고 대수롭지 않게 증언하고 있습니다. 심지어 투바대학교 사학과 스키타이사 전공 헤르테크 여교수님은 스키타이나 소온(鮮)이 모두 순록유목민에게 주식 젖을 주는 어미(암)순록 수간(Sugan=Сагаан)에서 유래한 이름이라고 서슴지 않고 지적한답니다.

　시기가 분명치는 않지만 언제부턴가 바이칼 호 서북쪽이 높아지고 동남쪽이 낮아져오게 되면서, 북극해 쪽으로 흐르던 예니세이 강과 레나 강 중 레나 강의 흐름이 막히게 되었답니다. 짐작컨대 이에 따라 레나 강 유역의 조족(朝族) 중심 순록유목문화보다 압도적으로 예니세이 강 유역의 선족(鮮族) 중심 순록방목문화가 몽골과 만주 지역에 크게 영향을 미치게 됐던 것 같습니다.

그 연속선상에서 서아시아지대의 철기와 결합되어 일약 기마 양치기로 도약한 순록유목민의 극적인 적응적 진화는 스키타이~소욘 족의 일대 동류라는 주류를 이루게 되면서, 몽골-만주 일대의 동북아시아에 본격적인 고대 유목제국들을 창업하기 시작케 했던 것이라 하겠습니다.

선족(鮮族)의 '선(鮮 : Sopka)'이란 순록의 주식 선(鮮 : Niokq)이 나는 순록유목목초지이고 '원(原 : Steppe)'은 초원으로, 초원은 당연히 농경지대 가축이 뜯는 꼴밭과 분별돼야 하는 양의 유목목초가 자라는 스텝을 일컫습니다. 눈강(嫩江)과 훌룬부이르 선원(鮮原)에서 순록유목초지와 기마 양유목목초지가 서로 교차하고 있는 터이지요. 그래서 생태변화와 철기문화의 도입-유목생산력의 비약적인 발전을 통해, 순록유목이 기마 양유목으로 변혁되는 유목사상의 일대 황금빛 기마 양유목생산 혁명이 여기서 일어난 것입니다.

군사적으로도 이들은 스키타이 제철기술과 결합되어 무서운 궁사전력집단(弓士戰力集團)을 이루는가 하면, 스텝에 진출해 기마사술(騎馬射術)이라는 가공할 당시의 최첨단 유목무력(遊牧武力)을 확보했습니다. 이렇게 해서 훌룬부이르 몽골스텝(原 : Steppe)이라는 드넓은 기마 양유목지대와 눈강 소프카(嫩江 鮮 : Sopka)라는 거대한 순록유목(鮮 : Sopka)지대를 통합해 역사적인 순록·기마 양유목[鮮原]제국 태반지대를 모두 지배하면서, 이와 더불어 거대하고 비옥한 곡창지대 만주평야의 생산력이 점차 직·간접적으로 주요 경제적 배경 토대로 작용하게 되자 치열하게 사회분화가 일어나 고대 동북아시아유목제국이 창업되게 됐다는 사실은, 관계 학계에서 이미 공인된 터입니다.

'사슴(Bog=鹿 : Deer)'이 「식량채집」단계에만 주로 관련되었던 것과는 달리 '차아복(Chaabog=馴鹿 : Reindeer)'은 중·신석기시대 이래로 「식량생산」단계와 주로 밀접하게 관련돼 있었다는 사실을 지적하면서, 「조(朝)」가 순록유목민을 가리키는 몽골말 차탕(Chaatang)의 몽골어 Chaad의 '차아(Chaa)'나 축치족말 차오추(Chaochu)의 '차오(Chao)'에서 온 것이기 때문에, 압록강만 넘으면 누구나 조선(朝鮮)의 「조(朝)」를 '아침 조(朝)'자 자오(Zhao) 1성으로 읽지 않고 '찾을 조(朝)'자 차오(Chao) 2성으로 읽는다는 점을 나는 그 한 보편적인 증거로 들었습니다. '조선'의 경우에는 '아침'이 아니라 '좇다(從) 찾다(向)'의 뜻으로 '朝'가 읽혀야 한다는 것이지요.

Chaochu가 '순록을 가진 자'라는 말이지요. 여기서 '조(朝)'는 순록방목민 '선(鮮)'에 대해, 순록유목민을 주로 지칭하는 것으로 보입니다. 조족(朝族)과 선족(鮮族)의 주된 차별성은 순록의 유목(遊牧)이냐 방목(放牧)이냐에서 쪼개져 갈리는 것으로 보이는데 유목생산의 선진성은 선족의 방목에 방점이 주어지지만, 강인한 조직적인 기동성과 전투력은 조족의 유목에 주목되게 마련이지요. 그래서 순록유목주도 순록방목 통합이란 유목제국 본질의 원형은 그 후 순록·양유목 일반의 농경통합이라는 거대 유목제국유형으로 발전케 된 것이라 하겠습니다.

그래서 순록유목제국집단인 조선의 시원 씨눈은 조족+선족의 기본구조를 가졌던 것으로 보입니다. 조족은 산악지대인 레나 강 쪽을 위주로, 그리고 선족은 평원지대인 예니세이 강 쪽을 위주로 발전해오며 각각 때로 통합하기도 하고 분리하기도 하며 적응적 진화를 거듭해왔겠지요. 그 때문인지 전자는 대체로 체형이 뭉뚝하고 후자는 길쭉한 특징을 갖는 듯합니다.

그 유목제국 본질원형은 태생 생태환경 상 중원 쪽보다는 연해주와 한반도 백두대간에 주로 응어리져온 것으로 보입니다. 섭씨 40도 이북 극한지대 유라시아 순록·양유목사의 주류가 아이러니컬하게도 오묘한 생태환경과 특히 순록유목민 조족 주도 유목주류의 항(抗)유목적 생존과정사를 통해 유목지대가 아닌 한반도 동부 백두대간 쪽에 주로 그 정수가 응축돼왔다는 겁니다.

조족(朝族)과 선족(鮮族)의 혹한 유라시아사가 기묘하게도 연해주에서 백두대간을 타고 한반도 쪽에 정착한 셈이고, 그래서 선족조상 헌제성지(獻祭聖地) 「가셴 동굴」의 석각축문(石刻祝文)에는 대한민국의 한(韓)-칸을 카한(可寒 : Khan)이라고 '나라이름 한(韓)'자 대신 '찰 한(寒)'자로 각인해 있는지도 모릅니다. 그렇다면 겨울연가의 눈꽃나라 한국(寒國)이라고 잠시 편의 상 표기해 봐도 되지 않을까요.

북위 30도대 평창(PyeongChang)은 북위 40도대 소치(Sochi)보다 더 차디찬 오래고 거대한 북방유라시아 한랭대의 역사를 응축했고, 한족(可寒族, 可汗의

汗이나 韓이 아닌 또 다른 금석문 표기 "寒") 김연아의 소치2014 비천빙무(飛天氷
舞) 지구촌 차원 신기(神技) 연출로 열매 맺은 것이라고 하겠지요. 나는 진작에
Sochi 2014~PyeongChang 2018 북방유라시안 루트를 "노마드 김연아의 길"로
명명할 것을 제안해오고 있습니다.

　금세기에 들어서야 Science紙[2013]에 등재된 '지구 생명체 유전자지도'(이홍
규 교수님 검색)의, 중·일과는 명백히 차별화되는 그 문제의 신묘한 지구
생명체 유전자 분포지도는 과연 구대륙-유라시안사 상 어떤 의미를 갖는
걸까요? 다싱안링 중북부 스텝 아주 후진 광야를 치달리는 검붉은 북방몽골인
들이 제법 기다란 지렁이인양 가소롭게 치부했던 만리장성을 제쳐놓고, 몽골을
비롯한 역대 유목무력들이 이이제이(以夷制夷)라는 간교하고도 잔인스런 내간
(內間)구사전법이 아니고는 어쩔 줄을 몰라 했던 유서 깊은 T자형 한족(寒族)의
백두대간 주축 산성·해도 의거 유구한 항(抗)유목 유목무력 타격의 총체적
「유격」전술전략은 진정 어떤 것이었나요?

　이런 제목으로 아주 낯선 내용의 글을 감히 쓰게 된 동기는 이러합니다.
삼국창업기에 각각 외부에서 도래한 것으로 보이는 한민족 주류의 맥락으로
짚어보아서 붕어빵에는 붕어가 없고 조선반도(朝鮮半島)에는 「조선」(朝鮮)이
없을 수 있는 주류 북방 유목태반기 우리 상고사를 일깨워 상정해보려는,
당장은 어림도 없어 뵈는 시도를 감행하려 해서입니다. 실은 서기 1500년
그 이전의 오늘날의 미국사를 1천년 후에 쓴다고 가정해보면, 조금도 이상할
일이 아닐 수도 있기는 합니다. 스텝제국도 바다제국도 서로 닮은 구석이
많이 있는 결과체일 수 있어서겠지요.

　문제 제기의 가장 큰 반석은 바로 B·G Holt et al의 지구 생명체 유전자지도이
지요. 당연히 유전체학 대두 후 근래의 놀라운 연구의 소산인 이 유전자지도에
는 반갑게도 연녹색으로 색칠된 Sino-Japanese와는 달리 연한 하늘색으로
칠해진 북유라시아와 북대서양 북방해양권을 잇는 Palearctic ecozone(舊北亞區)
으로 한반도가 또렷이 그려져 있습니다. 뜻밖에도 대체로 한국이 중·일과
확연히 차별화되는 걸 이내 우리가 자각케 해준다는 겁니다.

B·G Holt et al의 『지구 생명체 유전자지도』[Science紙 2013].
사진꾸미기(박윤희 컴師)

우리 학부시절의 은사 홍이섭 교수님은 늘 연구실 벽에 중·한·일 범종(梵鐘)의 비천문(飛天紋)을 탁본해 표구한 벽걸이 작품을 나란히 걸어 놓으시곤 제자들에게 "왜 3나라 작품이 이렇게 풍취가 서로 다른가? 중국 건 투박하고 일본 건 얄팍한데 한국 비천문은 은은한 맛이 감돌지 않나. … 왜 이런 독특한 개성이 생겨났을까? 그 겨레사 배경이? …" 이렇게 끝없이 질문을 던지며 담론을 펼치시곤 하셨지요.

서여(西餘) 민영규 스승님은 "13~14세기 팍스몽골리카를 겪고 나서 서구에 저승을 주제로 하는 소설이 본격적으로 생겨났던가? 단테의 『신곡』, 괴테의 『파우스트』 … 그밖엔 별로 잘 생각나는 게 없는데, 동북아시아 전통소설의 주제는 2/3가 저승을 무대로 등장시키거든. 그것도 이승에서 못 이룬 사랑을 저승에서 이루는 … 사람의 진정성을 섬겨 아끼는 심정의 사무침이 이승과 저승을 넘나들었던 것 같은데, 어떤 겨레사가 그 태반이 돼 태어난 정서였을까? 사람이 임종을 앞두고 마음이 가장 허탈할 적에 저승살이까지 진정으로 축복해 주는 위로를 받는다면 얼마나 푸근한 귀천(歸天)이 될까? 한·중·일이 저승을 둔 정서가 서로 같은 듯하다. 그렇지만 저마다의 개성이 특이한데, 한겨레의 그것이 더욱 더 절실한 것도 같고 … 우리 이야기여서 그렇게 느껴지는 걸까?" 역시 꼬리를 잇는 질문과 담론으로 『삼국유사』의 원전을 강론해 가셨습니다.

말은 등에 안장을 놓고 타지만 순록(Chaabog : Цаа бугга)은 목과 어깨부위에 안장을 얹고 탄답니다. 게다가 순록 목초지에는 눈밭과 이끼밭이 뒤섞이며 이끼와 풀뿌리가 흙에 뒤엉켜 생겨난 당라순(Danglasun)들이 거대한 떼를 이룬 얼음물 위 늪지대가 있기도 합니다.

당라순은 툰드라의 빙수 늪에 생긴 작은 디딤돌 같은 것이어서 잘못 디디면 차디찬 얼음물에 빠지기 일쑤지요. 이런 풍토에 적응한 순록의 발가락은 당라순을 움켜쥐고 걷게 진화돼 왔습니다. 손가락을 닮아간다고나 할까요?

고도의 균형 감각이 없으면 순록을 타고 달리며 활을 쏘아 늑대나 곰과 같은 야수들과 겨루며 목숨을 걸고 사냥해먹거나 유목가축을 기르며 살아 낼 도리가 없겠지요. 우리 조선무당이, 그것도 물동이를 머리에 이고 시퍼런 작두날을 타고 걷는 기(氣)의 집중과 균형미를 특이하게도 기적처럼 연출해내는 것은, 긴긴 세월 이런 특수한 생존생태를 용케도 버텨내면서 비롯된 건 아닐까 하는 생각이 문득 들었습니다.

정녕 Paleartic ecozone에 직접 접맥되는 한반도의 이 B·G Holt et al의 지구 생명체 유전자 지도는 우리 겨레만의 특이한 개성을 두고, 하고많은 생각들을 하게 합니다. 형언키 어려운 한국범종 비천문의 선경(仙境), 김연아의 신묘한 빙무비천(氷舞飛天) 연출, 온통 지구를 들썩이게 하고 있는 싸이의 기이한 말춤 … 그런데 이게 어떤 생태 모태의 소산이냐를, 이 공활한 생명체 유전자지대를 넘나들며 집요하게 물어 그 원형-원리를 드러내 뵈고야 말겠다는 집요한 애착을 보이는 아인슈타인 같은 역사과학도는 눈을 씻고 봐도 찾기 힘든 듯합니다. 저 자신이 이미 정보화시대-디지털 노마드시대 우주누리에 깊숙이 들어와 있는 줄도 까마득히 모른 채, 이유야 어떻든 무언가에 계속 쫓기며 숨차게 숨만 몰아쉬고 있는 건 아닌지요.

그 생태태반 Paleartic ecozone이 너무 드넓어 한민족사를 개입시키는데 현기증을 느낄 만하기는 합니다. 하지만 우주를 꿰뚫어보는 객관적인 원리를 집요하게 캐 들어가서 천착해내어, 근래에 본격적으로 세상을 바꾼 아인슈타인의 위대한 $E=mc^2$을 일상으로 응용해 누리며 사는 지금의 우리입니다. 구대륙 북방 유목유라시아史 시공간쯤이야 지구촌 디지털 노마드가 번갯불처럼 시공을 종횡으로 넘나드는 오늘날엔 이는 실로 가소로운 일이 되겠지요. 비(非)유목지대 T자형 백두대간 심심산골에서만 하늘을 보며 숨쉬기를 1~2천년 해왔다고 순록·기마양치기 일만 년 유목DNA 속 생명까지 지워질 수 있는 게 아니라면, 정보화시대에 들어 그 잠재 가능성을 한껏 일깨워내 볼만 하지 않을까요?

주류 유목태반 기원(起源) 한(寒)겨레사 복원 중생·부활의 이런 호시절, 생태정보화 만발의 계제에도 쇠귀에 경읽기나 마이동풍(馬耳東風)격으로 우리에게 주어진 이토록 금싸라기 같이 소중한 생명체 유전자지도 정보를 우리가 그냥 흘러버린다면 반드시 그 죄를 되돌려 벌을 받게 되리라 봅니다.

2014년 소치동계올림픽에 이어 2018년 동계올림픽이 열리는 평창에서, 2004
년 12월 1일에 평창리조트 제2회 몽골리안 세계평화연합 세계대회가 열렸습니
다. 세계각지 몽골리안 100명이 모인 자리에서 나는 「Lichen road(蘚路)와 유목몽
골리안의 모태회귀신앙 Burqan(不咸)ism」이란 주제로 특강을 했지요.

Chaabog(순록)의 주식 이끼(蘚 : Niokq)가 자라는 鮮(Sopka : 小山)으로 이어
져 북유라시아대륙에서 북미대륙으로 내뻗고 T자형 백두대간에 와 닿기도
하는 그 길, Sochi 2014~PyeongChang 2018의 동계올림픽 길입니다. 베이징2022
동계올림픽과 재미있게 대비될 것으로 예상되는 터이지요. 물론 2004년 당시에
2018년에 있을 이런 세계적 대행사를 예감하고 미리 이 제목을 잡은 건 아니지
만, 2014년 10월 23일에 이곳 평창 알펜시아 리조트 컨벤션센터 그랜드 볼룸
포레스트 홀에서 「소치2014에서 평창2018 동계올림픽까지 — 조선·몽골의 유
목DNA試探記(시탐기)」라는 제목으로 발표를 하는 동안 나는, 내내 2004년
당시에 이미 세계몽골리안 디아스포라 정보화 네트워크의 센터로 평창을
주목한 당시 주최 측의 거시적인 안목에 새삼 감격하게 됐습니다.

몽골리안의 시원태반은 주로 구대륙 북방유라시아(Paleartic) 일대인데, 저습
지대와 고원지대로 대별되는 순록·양유목 생태지역[鮮原]으로 구성돼 있습니
다. 목초의 생태적 특성 상 이들은 대체로 넓은 지대를 이동하며 생존케
마련이고, 그래서 그 생존관행 상 지구 전역에 걸친 유목디아스포라로 살아오
지 않을 수 없어서 늘 연어의 모천(母川)과 같은 모태를 갈구하며 살게 마련이었
답니다. 그런 연유로 2004년 당시 몽골리안세계연합 특정프로젝트의 일환으로
우리 유목몽골리안 디아스포라들은 세계 각지의 디아스포라 몽골리안으로
이 자리에 되돌아와 서로 만나, 혹한의 죽음의 땅 공활한 툰드라에 오랜
나날을 태어난 생태에 매양 감사하며 적응적 진화를 감내해내는 과정에서
마침내 유목태반 모태를 다시 타고나게 한 너와 나의 그 경이로운 기적적
원형공유를 더불어 공감하고는 크게 감격케 됐습니다. 평창은 그 구심점인
유목몽골리안의 응축된 원형모태인 홍류(紅柳)동산-Burqan인 셈이지요. 그래
서 스텝의 바다에서 바다의 스텝으로, 바다의 스텝에서 하늘우주로 치닫는

디지털 유목몽골 노마드의 확산기지로 지금, 무섭게 치솟아 오르고 있는 겁니다.

그런데 이 연어의 모천(母川)이라 할 부르칸(不咸 : Burqan-紅柳동산=宗山)은 본래는 바람이 거센 개활지 고원지대에 자리 잡게 마련이어서 그 땅의 원주민은 정도의 차이는 있지만 대개 습기가 적어 수분의 섭취가 필수적이고, 그것도 한랭한 고원지대에서 설계된 한 목숨이어서 보통 음주숙취 후 뜨거운 국물을 마셔야 해장(解酲)이 되었음에 틀림없습니다. 그래서 이이들은 화산지대의 온천수에 몸을 담그고는 어이없게도 "아 시원하다!"며 마냥 즐기기도 합니다. 식탁에 앉아 식전에 물부터 마시는 우리이기도 하지요. 유달리 코리안들에겐 구강건조증이나 안구건조증이 많아서 그 치유제도 적지 아니 개발돼 있다네요. 오랜 민족이산의 폐허 '통곡의 벽'은 아니라지만, 첫 최고지도자 생존시에 그의 행렬을 우러르며 흐느껴 울었던 사회주의권 북한주민들의 특이한 행태도 유별나게 북한에서만 볼 수 있었습니다.

물론 해장이 돼 속이 풀려야 혈류가 원활하게 마련이고 그래야 제대로 잘살 수 있게 되겠지요. 때때로 지금 나는 몽골고원이 아닌 '태평양 바다 가운데'인 남한 평창에서 한여름 폭염 중에 숨쉬고 있는데도, 한 잔 마시고 잔 날 아침이면 뜨거운 해장국물이 못내 그립습니다. 북방 유목몽골로이드 태생이어선가 봅니다.

모진 생태에서 마디게 살아내다 보니 생명과 생명, 특히 사람과 사람 사이의 소통도 메마르고 얼어붙기 쉽지요. 심정이 막히면 실핏줄부터 혈류도 막혀 소통이 원활치 않게 되고, 그래서 북방 유목몽골리안의 주치의는 이걸 녹여 소통시키는 무의(巫醫)가 되게 마련인가 봅니다. 몸과 마음의 원활한 소통을 위해서는 피와 마음을 데워야 하는데, 그게 환자를 흐느껴 울게 하는 무의의 신통한 본질 주치처방전이라네요. 그래서 그 힐링센터 간판이름이 어떠하든 유목몽골리안 기원(起源) 디아스포라들의 구급치병 비방은, 환자들을 더불어 눈두덩이가 붓도록 한껏 흐느끼게 울리는 거랍니다. 부흥하는 모든 한겨레 신앙집단의 밑바탕에는, 이런 먼저 무언가가 가슴에 북받쳐 우러나 사람을 흐느끼게 하는 무의 주치처방전이라 할 오열유도(嗚咽誘導)가 본질로 깔려

붉은악마 패찰 찬, 치우(蚩尤)천황의 군견 Siberian Tundra Husky!?
사진꾸미기(박윤희 컴師)

있게 마련이라네요.

짖는 소리가 목이 쉰 듯하고 탁해서 허스키로 명명되었답니다. 에스키모 개의 일종으로 내겐 추코트카(Chukotka)반도 축치(Chukchi : 朝赤[Chaochi])의 개썰매상여(喪輿) 끄는 차탕(Chaatang : Reindeer herding nomad)의 개가 매우 인상 깊게 남아 있습니다.

2007년 7월경 춥기로 지구상에서 가장 매섭게 맹위를 떨치는 사하의 오이미아콘 언저리 한 순록방목장에서 며칠간을 보내고 돌아오며 깨달은 게 있답니다. 겉보기에는 꼭 넉넉하게 널찍한 한반도 시골 마을 같은 모습을 한 순록 여름방목장이었지요. 뻐꾸기도 울고 선선한 바람이 부는 동안은 그 악머구리 끓듯 하는 순록의 천적 모기떼의 맹습도 없어서 참 아늑하고 평안했습니다. 날이 어두워져 몸을 뉘고 자려는데 스티로폼 여나무장을 깔고 자도 냉기 때문에 잠을 이룰 수가 없었지요. 자연생태의 섭리란 너무나도 오묘해서 순록이나 곰가죽 한 장만을 천막 속 맨땅에 깔고 자도 한기가 사라지더군요.

자고 일어나니 목이 착 가라앉아 허스키 보이스가 됐지요. 험난한 귀로를 거쳐 와 바이칼 호반에 이르니 목이 좀 풀려 부드러운 허스키 보이스가 됐고요. 만주벌판의 바람이 스치는 다싱안링 북부 훌룬부이르 몽골스텝에 이르니 마침내 허스키 보이스가 사라졌습니다. 가수 허스키 보이스의 개성을 잃어버린 셈입니다.

특히 시베리아 북동극부 특산의 허스키 보이스구나! 얼굴이나 몸, 목소리나 개체사(DNA?)조차도 성형만능이 된 세련된 선진 첨단미학의 시대에, 이토록 쉰 듯하고 탁한 소리가 우리에게 신묘한 그리움을 자아내게 하는 건 왜일까요?

양(Sheep)치기 개가 셰퍼드(Shepherd)라면 순록(Chaabog)치기 개는 시베리안 허스키(Siberian Husky)라 하겠지요. 축치(朝赤 : Chukchi)족이 순록치기 개로 길들여 내온 순록치기-차탕(Chaatang)의 반려로 번견(番犬 : 집지키는 개)으로도 부렸답니다. 그런데 축치란 Chaabog(朝鹿)을 치는 Chaabogtang(순록치기)을 일컫는 명칭으로, 실은 이들은 인류유목사상 기마 양치기보다 너무나도 더 넓고 긴 시공간을 누벼온 터이지요. 다만 북극 같은 극한지대에서 살아와서 역사의 오지에 너무 깊숙이 아주 오래 소외돼왔을 따름이라네요. 다소 비약을 한다면 이 시베리안 허스키는 붉은 악마 치우(蚩尤 : Chaochi=朝赤)가 부리는 군견(軍犬)으로, 디지털 노마드 시대에 이내 역사학의 전면에 크게 부각될 만한 무서운 존재인지도 모른다는 겁니다.

2004년 8월 8일 점심 때쯤 야쿠츠크(Saxa) 민속촌 무녀에게 붉은 악마 머리띠를 매어주었더니 선홍색 홍조를 띤 함박웃음을 짓던 그 황홀한 모습이 지금도 눈에 선합니다.[이지욱 사장님과 이홍규 교수님 기획 답사] 1995년 연말 경 한겨울에 적응과정도 생략한 채로 이곳을 몇 차례 답사하고는 돌연사한 조선 무가연구의 첨병 김태곤 교수님의 생사를 초월한 몰입경을, 2006년 여름에 순록방목장 현지를 다시 답사하고 나서야 비로소 어렴풋이 체감케 됐지요. 몽골스텝보다는 만주 벌판이, 만주 벌판보다는 사하 대벌판이, 거리에 상관없이, 지금 우리를 놀랍게 막강한 흡입력으로 빨아들이고 있다는 걸 몸소 체험케 됐던 겁니다.

2002년 세계를 진감케 했던 그 유명한 붉은 악마 상징 응원판을 연출한 실질적인 배후 주역의 한 분이라 할 박정학 장군(육사출신 : 조선상고사 박사, 초대 치우학회장)과 어느 날 저녁 종로 3가 한배달 회의실 언저리 해장국집에서 해장술을 나누며 가볍게 즐겨본 담론입니다.

그런데 정작 오늘 내가 하고픈 얘기는 아시아 북동극부 벌판을 널리 퍼져가는 구슬픈 허스키 개 짖는 소리의 속 깊은 울림이랍니다. 고구려 고분벽화에도 백제 고대사에도 등장한 듯한 이 허스키는 실은, 죽은 축치인의 시신을 실어나르는 개썰매상여의, 그 만가와 함께 우리의 가슴을 울리기도 한다는 겁니다. 살아서 많은 뭇 생명을 잡아 뜯어먹고 살아온 이 몸-Chaatang朝鮮人(조선인)인 내 막 숨거둔 육신을 뭇 생명이 뜯어먹게 툰드라 벌판에 차려놓는다는 축치겨레의 장례식을 이끄는 한 주역으로, 이 시베리안 허스키는 개썰매상여를 끌고

가는 배역을 도맡아 한다고 합니다. 뭇 생명을 잡아먹으며 살아올 수밖에 없는 비정한 사냥-유목생태계의 한 몸이 뭇 생명에게 잘 먹히는 수장(獸葬)이 제대로 치러지면 그게 망자가 하늘나라에 편히 잠드는 거라는, 좀 으스스하지만 투박한 양심이 묻어나는 축치(朝赤 : Chaochi)의 사생관이지요.

주로 사람이 그 젖을 마시고 고기를 먹는, 순록이 뜯어먹고 사는 이끼(Niokq : 小山인 鮮의 蘚) 풀포기 밑에 내 주검이 거름으로 썩어주기를 기원하는 순록치기 차탕-시원조선(始原朝鮮)겨레의 사생관은, 과연 야만스럽기만 할까요? 그 연장선상에서 시베리안 허스키의 만가를 허심하게 흐느끼며 감상하는 건 디지털 노마드시대 영장류 인간에겐 절대로 안 되는 일이기만 한지요? 단군과 단군의 선왕계열일 수도 있어 뵈는 치우천황, 그이들은 애니미즘(Animism) 차원의 허심한 만가를 시베리안 허스키와 어울려 목멘 소리로 부를 줄 아는 진정으로 참다운 속사람살이를 했었는지도 모릅니다.

요즈음엔 인의(人醫)보다는 수의(獸醫)인 한인식 수의사님(서울대 수의학 전공 수료)께 건강검진을 받으며 심정의 힐링을 더 많이 받고 있습니다. 사람보다 짐승은 거짓말을 잘못해 치유가 더 쉽다는 데요. 주(周) 아무개는 짐승-순록·양치기역사를 공부해와선지 그래도 치유가 덜 힘들다는 겁니다. 좀 "뜨끔"하는 구석이 아주 없진 않지만, 죄다 농담만은 아닌지도 모르겠습니다.

홍익인간(弘益人間)이라지만, 그리고 그 인간도 개아의 인권이라는 극도로 세련된 근대적 개념이 아니라 도리어 '누리'라는 뜻일 수도 있다는 해설이 덧붙는다면 석가나 공자가 태어나기 수천 년 전의 그 의미는, 보통사람이 감잡기도 힘겨운, 너무나도 고차원적인 이른바 근대적 인간개아 존엄개념이기보다는 그냥 소박한 양심인, 사람이든 사람도 내포하는 중생(衆生)이든 세상에 단 하나밖엔 없는 소중한 나를 비롯한 그 뭇 생명을 하늘같이 아끼는 양심적인 진순한 참심정을 뜻하는 게 아니었을까요? 홍익중생이랄까요,

어차피 미라로 처리되거나 화장을 하지 않는 한은 미생물에게라도 먹힐 운명인 내 주검일 바엔, 단군(檀君 : Tatar khan=水獺임금)과 그 선왕계일 수도 있을 치우(蚩尤 : Chaochi=朝赤)천황이 나처럼 너무나도 모진 지금 우리의 참 조상님으로 섬겨져야 할 진정한 소이가 이에 있을지도 모릅니다. 이 수장(獸葬)

은, 사냥꾼이자 순록치기인 그이들에게는 내 주검의 의대 연구용 기증에 못지않은, 회개와 보은(報恩) 차원의 또다른 거룩한 보시(布施)여서랍니다. 그래서 그래저래 한어(漢語)와는 달리 엄연한 우리말(韓語) 어순(語順)으로 말을 주고받으며 살아남아 축치(Chukchi〈朝赤〉: 순록치기)와 함께 어울려 울고불고 정붙이며 더불어 조율해온 시베리안(鮮卑利亞的)-조선산(朝鮮産) 허스키의 그 만가가락이, 첨단 정보화시대인 지금도 아직껏 새삼 내게 이토록 사무치게 그리워지는지도 모릅니다.

무한개방, 무한경쟁, 그리고 유일 승리자를 지향할 수밖에 없는 유목몽골리안 내지는 바이킹의 생존누리지만, 잡아먹었으면 잡아먹힐 줄도 알고 이런 거대 원형생태 흐름에 순응하는 회개와 보은의 보시(布施)로 수장(獸葬)을 감수할 줄도 아는 축치(朝赤)를 위시한, 시원 조선인들은 본래 그 나름으로 달관(達觀)한 하늘 뭇 생명의 한 갈래일지도 모릅니다.

이처럼 축치(朝赤)는 시원 조선에 끈이 와 닿아있을 수도 있겠는데, 이는 진정 축치의 애니미즘 본바탕에서 울어나는 속사람살이의 참된 심정향기일 수가 있겠지요. 이승에서 못 이룬 사랑을 저승에서라도 이루게 배려하려는 『심청전』이나 『겨울연가』, 그리고 우리 말곤 누구도 흉내내기 어려운-물론 유전자 이식 수술을 하거나 그런 차원의 혹독한 훈련을 하면 가능할 수야 있겠지만-송소희의 '홀로 아리랑' 가락의 초월적 속목숨 모심 심정누리가 이승을 넘고 저승을 건너서도 만개하는 예술세계에서만, 노마드 김연아의 빙무비천(氷舞飛天)이라는 신비스런 선경이 베풀어질 수 있나봅니다.

근래 문화텔러 조윤호 기자님(월드마스터위원회)과 함께 무대 공연이나 영상 문화체험을 해오면서 놀라운 비교문화 차원의 생생한 문화사를 다시 읽어보게 되었습니다. 몽골과 만주, 만주와 사하, 사하와 한반도, 한반도와 카자흐스탄 무대공연을 같은 무대에 대비해 올리면서 일깨워온 입체적이고 영적인 문화체험이랄까요. 그래서 북극해 쪽과 태평양 쪽, 지중해 쪽과 북극해 쪽, 그리고 북극해 쪽도 북서시베리아의 예니세이 강 쪽과 동북 시베리아 쪽의 레나 강 쪽 및 동북아시아도 황토빛 서북풍이 동남으로 불어대는 권역과 맑은 태평양 바람이 서북쪽으로 불어제치는 지대의 문화를 비교문화 차원에서 같은 무대에 동시에 올리고 실험차원의 색다른 문화체험을 할 수 있는 신비스러운 공연판을 더불어 구상해보려 합니다.

우선은 평창 2018동계올림픽을 앞두고 동북아시아 북극해권과 태평양권의 문화를 그런 실험무대에 올려 허스키 보이스 보컬그룹을 창단하고 그걸 오늘날의 한류 배경으로 깔며 우리가 할 수 있는 실험공연판을 더불어 추구해보려는 겁니다. T자형 백두대간에 집약된 수조전설(獸祖傳說)이 스민 순록·양유목 문화대를 입체적 시공으로 펼치면서 복원해 되살려 보기로 구상하는 거랍니다.

동계올림픽은 물론 신묘한 각종 빙상경기가 기본 판을 이루겠지요. 하지만 큰 하나로 온통 소통되고 회귀되는 유목코리안 디아스포라의 속사람 참 삶의 향기가 한껏 풍겨날 수 있는 중생의 참누리 부르칸(紅柳) 동산으로 거듭나는, 부활할 '빙무비천'몽(夢)을 한껏 꿈꿀, 한(寒)겨레 물심정보소통 네트워크 핵심판을 자아내기도 할 글로벌 겨울 축제이기를 간절히 축원해봅니다.

단군조선의 줄기세포(Stem cells) 차탕치우(蚩尤)조선
-광복70주년 기념칼럼 [2015.8.10]

거듭거듭 강조해 마지않습니다. 너무나도 중차대한 한겨레사 핵심 판 가리 역사정보여서랍니다. 1949년에 마오쩌둥이 집권해, 산둥성의 한족(漢族)들이 대거 만주로 진입하기 이전에 지린(吉林) 일대에 살던 원주민들은 조선족(朝鮮族)을 「조족(朝族)」이라고 부르고 조선어를 「조어(朝語)」라고만 말했으며, 싱안링지대에서는 조선족(朝鮮族)을 「선족(鮮族)」이라 부르고 조선어를 「선어(鮮語)」라고만 했다고 합니다. 후자의 경우에는 지금도 여전히 그러합니다.

순록 방목지 「선(鮮)」은 글자 그대로 순록의 주식 이끼(蘚 : Niokq)가 나는 소프카(Sopka : 小山)이고 이는 철기시대에 들면서 스텝(原 : Steppe)으로 진출해 기마 양치기로 발전했으니 곧 동북아시아 유목제국 역사권에서는 다·샤오·와이싱안링 안팎의 선원(鮮原 : Sopka & Steppe) 순록·양유목지대를 일컫고, 본래의 순록유목지 조(朝)는 대체로 지금은 농경화한 조족(朝族)의 기지인 탈(脫)유목권 T자형 백두대간 지대일 수 있다 하겠지요.

「조(朝)」가 순록유목민을 가리키는 몽골말 차탕(Chaatang)의 몽골어 Chaad 의 '차아(Chaa)'나 축치어 차오추(Chaochu)의 '차오(Chao)'에서 온 것이기 때문 에, 압록강~두만강만 넘으면 조선족은 물론 십수억 중국인이 누구나 「조선(朝 鮮)」의 「朝」를 '아침 朝'자 자오(Zhao) 1성으로 읽지 않고 '찾을 朝'자 차오(Chao) 2성으로 읽고 있지요. '아침의 나라' 조선은 없고 순록치기 태반 기원 「차탕조선 (朝鮮)」만 있다니, 참으로 경천동지할 일입니다. 인공위성이 우주를 떠다니는 정보화시대엔 이제 심정 정화 차원의 '푸른 하늘 은하수 하얀 쪽배'와 우주과학 의 눈으로 보는 은하수는 다를 수가 있고, 명백히 차별화 돼야 하리라 봅니다.

Chaochu가 '순록을 가진 자'라는 말이지요. 여기서 '朝(조)'는 순록방목민 '鮮(선)'에 대해, 순록유목민을 주로 지칭하는 것으로 봅니다. 조족(朝族)과 선족(鮮族)의 주된 차별성은 순록의 유목(遊牧)이냐 방목(放牧)이냐에서 쪼개져 갈리는 것으로 보이는데, 유목생산의 선진성은 주로 예니세이 강 유역 대평원 지대 선족의 방목에 방점이 주어지지만, 강인한 조직적인 기동성과 전투력은 주로 레나 강 유역 동북 조족의 유목에 주목되게 마련이지요.

그래서 순록유목 조족(朝族) 주도 순록방목 선족(鮮族) 통합이라는 「차탕조선 (朝鮮)」이란 유목제국 본질의 원형은 그 후 순록·양유목 일반의 농경통합이라는 거대 유목제국유형으로 발전케 된 것이라 하겠습니다. 이른바 단일민족 朝鮮 (Zhaoxian)얘기가 아니고 유목산업사 논제 Chaoxian(朝鮮)을 말하는 중이며, 물론 역사과학 과제이니 시류를 잽싸게 잡아타고 위선적인 거대 담론을 등에 업은 선전·선동에 힘입어 다수결로 풀 수 있는 문제는 결단코 아니라고 봅니다.

다싱안링 대선비산의 원조(元祖)가 있다는 투바(拓跋 : Tuba)에는 거대한 타이가인 동·서 사얀(Sayan : 鮮)산이 있는데, 역시 이 '선산(鮮山)'지대 원주민들 도 조선족을 Soyon(鮮)족이라고 부르며 우랄알타이지역 원주민사가들은 아예 소얀(鮮)족이나 그 문화가 흑해나 카스피 해 쪽에서 왔다고 대수롭지 않게 투바공화국사 개론서 류에도 서술하고 있습니다. 스키타이(Scythia)나 Soyon (鮮)이 모두 순록유목민에게 주식 젖을 주는 어미(암)순록 Sugan(Сагаион)에서 유래한 이름이라고 적고 있는데 우리에게만은 그 부문 전공자들에게 조차도 금시초문일 뿐입니다. 이에 관한 한 우리는 오늘날의 정보화시대-디지털 노마드 누리에 진입해서도, 세상 돌아가는 판세를 외면한 채로 아직 망국 직전의 조선조말 어느 지성인 실세들의 쇄국상태를 고수하고 있는 셈이지요.

선족(鮮族)의 '선(鮮: : Sopka)'이란 순록의 주식 선(鮮 : Niokq)이 나는 순록유목 목초지이고 '원(原 : Steppe)'은 초원으로, 초원은 당연히 농경지대 가축이 뜯는 꼴밭과 분별돼야 하는 양의 유목목초가 자라는 스텝을 일컫습니다. 눈강(嫩江)과 훌룬부이르 선원(鮮原)에서 순록유목초지와 기마 양유목목초지가 서로 교차하고 있는 터이지요. 그래서 유목권 생태변화와 철기시대 도래로 먼저 기원전 8~3세기에 걸쳐 비슷한 생태조건을 갖춘 흑해와 카스피 해 연안 대스텝에서, 순록유목에서 기마 양유목에로 스키타이(Scythia)의 일대 황금빛 유목생산 혁명이 일어났습니다.

그리고 이내 그 기세가 유라시아 스텝루트를 따라 도래해 싱안링 만주벌판 쪽에도 기원전 5~4세기경에 이와 같은 일련의 유목생산 혁명이 일어나, 순록유목이 생산성이 그보다 10여 배나 높은 기마 양유목으로 변혁되는 유목사상의 일대 황금빛 유목생산 혁명이 여기서 마침내 완성된 것입니다. 동북아시아 유목제국의 자궁으로 이곳 호눈(呼嫩) 선원(鮮原 : Sopka & Steppe)이 세계유목사학계에서 공인 받아온 지 상당히 오래됐습니다. 공활한 북방유라시아 유목권과, 그동안 열강 각축의 희생양으로 '동북아시아 유목제국사' 분야 연구과업 파산상태에 처해, 너무나도 오래 상호소통이 차단돼온 우리만 이런 세계유목사학계의 거대 사조를 까맣게 몰라왔을 뿐이지요,

물론 기마 양유목도 주체인 유목가축 '양'은 제쳐놓고 「기마유목」이란 기형적 학술용어가 판을 치는 제국주의사관이 극성했을 따름이고 더 장구하고 훨씬 더 공활한 기마 양유목의 뿌리라 할 「차탕朝鮮(조선)」-순록유목 누리는 그 판국에 아예 역사의 심연으로 묻혀버렸지요. 순록유목에서 기마 양유목에로의 너무나도 확연하고 유구한 승계역사가 거의 다 소멸돼오다시피 된 터이지요. 그러다가 근래 팍스 아메리카나 하 정보화시대-디지털 노마드 시대에 이르러서야 이제야 비로소, 겨우 그 역사적 본체를 조금씩 드러내고 있을 따름이랍니다.

시기가 분명치는 않지만 언제부턴가 바이칼 호 서북쪽이 높아지고 동남쪽이 낮아져오게 되면서, 북극해 쪽으로 흐르던 예니세이 강과 레나 강 중 레나 강의 흐름이 막히게 되었답니다. 짐작컨대 이에 따라 레나 강 유역의 조족(朝族) 중심 순록유목문화보다 압도적으로 예니세이 강 유역의 선족(鮮族) 중심 순록 방목문화가 몽골과 만주 지역에 크게 영향을 미치게 됐던 것 같습니다.

바로 이들이 스키타이 제철기술과 결합되어 무서운 궁사전력집단(弓士戰力集團)을 이루는가 하면, 스텝에 진출해 기마사술(騎馬射術)이라는, 당시의 가공할 만한 최첨단 유목무력(遊牧武力)을 확보했습니다. 이렇게 해서 훌룬부이르 몽골스텝(原 : Steppe)이라는 드넓은 기마 양유목지대와 눈강 소프카(嫩江 鮮 : Sopka)라는 거대한 순록유목(鮮 : Sopka)지대를 통합해 역사적인 순록·기마 양유목[鮮原 : Sopka & Steppe]제국 태반지대를 모두 지배하면서, 이와 더불어 거대하고 비옥한 곡창지대 만주평야의 생산력이 점차 직·간접적으로 주요 배경토대로 작용하자 치열하게 사회분화가 일어나 마침내 「고대 동북아시아 유목제국」이 창업되었다는 겁니다.

아울러 이 시기 이 일대에서 싱안링지대의 알탄게렐(黃金天)겨레와 T자형 백두대간지대의 동북아시아 토박이 부르칸(紅柳天 : 不咸=Burqan)겨레간 상호 융합이 주로 이루어졌으리라 추정됩니다. 그런 다·샤오·와이 싱안링을 주축으로 내리고 오르면서 발전해 「차탕조선(朝鮮)」 유목제국이 창업돼 나왔다는 거지요. 순록유목제국이든 기마 양유목제국이든 싱안링과 만주지대를 기층 유목제국 기지로 삼아 북유라시아 거대 유목제국의 역사를 주로 써내려왔던 것으로 보려는 터입니다.

한마디로 이 문제는 단군조선-고조선의 태반에 직관되는 과제이어서, 이대로 묻어버리고 가면 국망보다 더 본질적인 역사적 자아인식 차원의 치명적인 착각이 이내 자초될지도 모르지요. 팍스 몽골리카 하에서 이규보, 일연이나 이승휴 같은 선각자가 그랬듯이, 팍스 아메리카나 하에서도 그런 글로벌 차원의 자국사 인식을 물꼬 틀 선각적 지성들이 깨어나야 살아남아 팍스 몽골리카 차원의 금세기 세계사적인 시련을 극복하는 미증유의 고난을 통해 한겨레가 또다시 인류생존에 크게 보탬이 되는 인류사 상의 일대위업을 이룰 수 있으리라 봅니다.

열강 각축의 회오리바람을 헤치며 세계사적인 난국을 슬기롭게 돌파해내기만 하면, 그때나 지금이나 우리는 기적과 같은 세계성을 띤 독창적 문화를 일구어낼 수도 있다는 겁니다. 세계사적인 시련을 몸 받아 극복해내면서만이 세계사적인 금속활자, 한글과 거북선이 독창적으로 나왔음을 제대로 보아낼 수 있어야 하겠지요. 무릇 세계사 차원의 시련극복 없는 세계사적인 독창결과유산 창출 기대는 모두 허상일 뿐이라 하겠습니다. 이런 차원에서의 세계사적인 시련은, 이와 같이 바라보는 시각에 따라 도리어 비할 데 없는 일대의 축복으로 다가올 수가 있겠지요.

그런데 말은 등에 안장을 놓고 타지만 순록(Chaabog : Цаа буга)은 목과 어깨부위에 안장을 얹고 탄답니다. 게다가 순록 목초지에는 눈밭과 이끼밭이 뒤섞이며 이끼와 풀뿌리가 흙에 뒤엉켜 생겨난 당라순(Danglasun)들이 거대한 떼를 이룬 빙수 위 늪지대가 있기도 합니다. 당라순은 툰드라의 빙수 늪에 생긴 작은 디딤돌 같은 것이어서 잘못 디디면 차디찬 얼음물에 빠지기 일쑤지요. 이런 풍토에 적응한 순록의 발가락은 당라순을 움켜쥐고 걷게 진화돼 왔습니다. 발가락이 손가락을 닮아간다고나 할까요?

고도의 균형 감각이 없으면 순록을 타고 달리며 활을 쏘아 늑대나 곰과 같은 야수들과 겨루며 목숨을 걸고 사냥해먹거나 유목가축을 기르며 살아낼 도리가 없겠지요. 우리 조선무당이, 그것도 물동이를 머리에 이고 시퍼런 작두날을 타고 걷는 기(氣)의 집중과 균형미를 특이하게도 기적처럼 연출해내는 것은, 긴긴 세월 이런 수림툰드라~툰드라나 스텝지대라는 특수한 생존생태를 용케도 버텨내면서 비롯된 기적과 같은 신비스런 몸짓 덕이 아닐까 하는 생각이 문득 들었습니다. 인류사상 타의 추종을 불허하는 기마 양유목 몽골리안들의 가공할 신묘한 기마사술 또한 그렇다 하겠지요. 거세찬 바람을 가르며 작은 스텝말을 날렵하게 타내는 다부진 자그마한 몸집의 그들의 몸짓은 정말 놀랍습니다.

B·G Holt et al의 「지구 생명체 유전자지도」(Science 2013, 74~78쪽)를 이에 가져와 봅니다. 당연히 유전체학 대두 후 근래의 놀라운 연구 소산인 이

유전자지도에는 반갑게도 연녹색으로 색칠된 Sino-Japanese와는 달리 연한 하늘색으로 칠해진 북유라시아와 북대서양 북방해양권을 잇는 Paleartic ecozone(舊北亞區, European-Siberian region)으로 한반도가 또렷이 그려져 있습니다. 뜻밖에도 북유라시아 유목모태와 접목되는 한국이 대체로 중·일과 확연히 차별화되는 걸 이내 우리가 자각케 해준다는 겁니다.

눈 있는 자는 볼지어다! 휘황찬란한 스키타이 황금예술의 꽃 중의 꽃 금관문명은, 그 잘난 중·일을 죄다 제쳐놓고 왜 하필 대한민국 경주에서 한류로 만개했는지를.

유목민들은 상대적으로 농경민과 차별화되어 조직된 「광역소수」의 기동력·타격력과 정보네트워크로, 생태적응과정에서 상대적인 「협역다수」의 높은 농업생산력을 지닌 농경민과 안보와 교역이나 생산과 저축으로 크게 분업-협업 관계를 이루어오게 됐던 것으로 보입니다. 호한(胡韓~胡漢)체제가 그것이지요. 다수결(多數決) 만능시대에 창조적인 핵심의 소수결(少數決)로 결실을 보는 단군조선의 씨눈 공활한 「차탕朝鮮(조선)」태반 순록-기마 양유목 유목제국(Pastoral nomadic empire) 속사람 혼맥이 디지털 노마드시대에 이젠 제대로 다시 깨어 일어나게 해야겠지요!

불과 며칠 후에 모기소리만한 외침으로 메아리도 없이 영멸(永滅)한다 해도 시류라면 그냥 달게 받아들이리니. 팍스 몽골리카 하 일연 선사의 『삼국유사』 「고조선」 기록조차도 백여 권 저서 중 겨우 살아남은 한두 권 책 속의 여적(餘滴)일 뿐임에랴. 다만 팍스 아메리카나 하 시골 시묘막골 오두막집 골방에서 이 글을 끄적여 볼 수 있는 축복을 누림만도, 죄많은 이 고희 속인에겐 오로지 천행일 따름입니다.

70년 만에, 700여 년 만에 빛이 다시 뵙니다.

그런데 그래도 공활한 시베리아-"조선(朝鮮)의 땅"고원 건조지대 유목누리 부르칸(不咸 : Burqan)동산-종산(宗山)의 햇빛이, 예보단 더 휘황찬란하네요. '차탕조선(朝鮮)' 모태의 그 포근한 눈빛이 더!

백두산 불함 동산과 차탕조선

백두산 천지 '쑹허 강' 물줄기, 한겨레 유목태반 젖줄!

[2011.12.26]

백두산(최고봉 2774m)은 휘몰아쳐 내리는 북극해-바이칼 호-몽골스텝의 서북풍과 치솟아 오르는 태평양의 북서풍이 마주치는, 만주벌판을 에워싼 몽골 한반도의 최고봉으로 우뚝 선 산이지요. 동해안 시호테알린 산맥(최고봉 2078m)-싱안링(최고봉 대략 小-1000m, 大-1000m, 外-2500m)이 이보다 다소간에 모두 낮기 때문입니다. 이런 사실을 우리는 대체로 까마득하게 모르고 있는데, 그런 한은 주류 한겨레 북방시원유목태반 기원-'탈한반도 사관' 복원은 영원히 불가능하게 마련이겠지요.

백두산 불함(Burqan : 육당-'붉은'의 음역, 神明이란 뜻. 주채혁-紅柳-홍태양. 순록치기 조선의 삼신 하나님) 동산 천지에서 발원하는 유일한 강이 쑹허(松花, 쑹가리) 강이고 두만(豆滿, Tumen) 강은 그 지류입니다. 압록강은 백두산에서 기원해 서남류해 황해로 들어가지만, 지류 두만 강을 비롯한 쑹허 강 주류는 모두 동해로 흘러듭니다. 쑹허 강 주류는 길림성 북서단에서 남류하는 눈(嫩) 강과 합쳐 동북류하면서 아무르 강이 돼 동해로 흘러들지요. 그래서 이 땅은 백두산 불함(不咸=紅柳) 동산 소재 성지의 3강원류지대로,

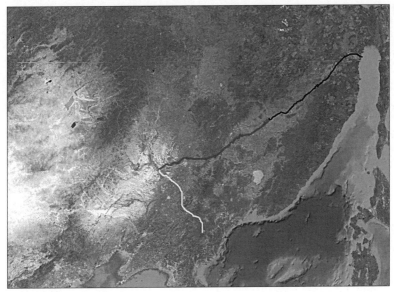

한겨레 유목태반 젖줄 쑹허 강. 백두산 천지의 물은 쑹허 강으로만 흘러들어 몽골기원지 에르구네 강으로 접맥되고, 아무르 강과 합류해 타타르 해협 쪽으로 주입된다.

한겨레 유목태반의 주맥 쑹허 강이 한겨레의 젖줄 지성수(至聖水)로 의연히 엄존해오는 터입니다.

눈 강 상류는, 철기시대 이래로 훌룬부이르 몽골스텝으로 진출한 몽골로이드 순록치기가 기마 양유목으로 발전하면서 당시의 최첨단 유목무력인 기마사술을 확보하고 유목제국을 창업하는 유목 주도 목·농통합형 북방몽골로이드 모든 유목제국의 자궁이 됩니다. 몽골 기원지 에르구네(多勿)시도, 2000여 년 전부터 천신(薦新)을 거듭하며 전승돼왔다는 고올리칸-동명(Tumen)왕 석상도, 이 호눈선원(呼嫩鮮原)에 있지요. 몽골, 카자흐스탄과 한국인이 그 옛적 에르구네 일대에서 공동의 지도자 고올리칸(弓王)을 중심으로 살아왔던 몽골로이드 활겨레들이라면, 이 석상은 이들 모두에게 인류사상 누구도 갖기 어려운 가장 고귀한 성상(聖像)일 수 있습니다. 이 민족사적 중심인물이 폭풍노도 생태 중에 큰 닻으로 내려질 위대한 잠재력을 가진 때문입니다.

그런 눈 강 물줄기가 백두산 천지 기원의 유일한 강인 쑹허 강과 합류합니다. 뿐만 아니라 칭기스칸의 탄생지인 헨티산 부르칸 동산 발원의 3강 중 헤를렝 강물과 오논 강물도 아무르 강 물줄기를 이루어 눈 강·쑹허 강물을 아우르며 동해로 흘러들지요. 3강 중 톨 강은 셀렝게 강과 합류해 바이칼 호를 거쳐 북류해, 공활한 순록유목의 본거지인 북극해 쪽 예니세이 강~레나 강 지대의 수림툰드라~툰드라의 순록의 주식 선(蘚 : Niokq)이 나는 선(鮮)의 바다를 이룬답니다. 이런 순록치기의 흐름과 교류는 와이싱안링인 스타노보이(Stanovoy) 산맥을 넘어 제야 강 물길 등을 따라 아무르 강 쪽으로 연계되면서 북방유목 몽골로이드의 장구하고 드넓은 본질적 시원유목태반을 이루고 있습니다.

이들 강해(江海)루트의 권역은 유목태반기원 활겨레의 젖줄로, 쑹허 강을 주맥으로 삼아 순록의 목초지 선(鮮 : Sopka)이 없는 조선(朝鮮)반도 비유목지대에 수유(授乳)되고 있습니다. 요컨대 이들 유목문화 본질은 역사적으로 쑹허 강 줄기로 집약되면서 강해루트를 타고 주로 백두대간 이동의 영동 지역에 중국과 다른 그 나름으로 적응적 진화를 이루어와, 쑹허 강 지류 두만 강 일대를 창업기지로 삼은 이성계의 조선조가 고조선의 '조선(朝鮮)'이라는 국명을 무려 1500여 년 만에 르네상스해낼 수 있었던 것입니다.

이런 우리의 유목태반사가 깊게 배어든 주된 물줄기인 쑹허 강물이 우리의 심령속에서도 한결같이 흘러야 순록양 유목태반 기원 깨우침을 심령의 주식으로 삼고 살아낼 수밖에 없는 지금의 우리지요. 13~14세기까지는 유목주도의 목·농통합제국인 팍스 몽골리카를 지향해 발전해온 세계사인데, 우리도 그 주류대열에 동참해온 터입니다.

다물도(多勿都), 몽골의 기원지 '에르구네'시
[2011.12.12]

『삼국사기』「고구려 본기」 제1권의 기록에 따르면 「다물」은 옛 영토를 '되물린다'는 뜻인데, 놀랍게도 훌룬부이르 몽골스텝 몽골의 기원지 에르구네(Ergüne)시가 바로 「되돌아와 되물린다」는 뜻을 갖는 에르게흐(Ergeh)라는 동사에서 파생된 이름이지요. 다물도는 고구려가 '솟은 땅'이므로 13세기의

몽골은 '유목형 후고구려'요, 원(原)고구려는 바로 맥고올리(貊高麗 : Mongol)로
이 맥고올리가 본(本)몽골이라는 말이 됩니다.

만·몽을 아우르는 고대제국은 순록치기든 양치기든 유목무력이 주도하는
목·농통합형 유목제국(Pastoral nomadic empire)에서 비롯됐고 그것이 주로
다싱안링 북부 훌룬부이르(呼倫貝爾)·눈 강(嫩江) 선원(鮮原 : Sopka & Steppe)을
병합해 씨눈을 이루는 데서 솟아났다는 동북아시아 유목제국 호눈선원(呼嫩鮮
原) 태반 기원설은, 이제 유목사학계에서 상식이 된 지가 오래랍니다. 고주몽은,
철기를 먼저 수용해 생산성이 높은 양치기로 최첨단 '기마사술'을 확보해서
차탕조선 말기의 열국시대를 수습해 차탕조선의 고토 수복에 성공한 고올리칸
=놈온한인 활겨레 임금입니다. 그래서 부이르호반 숑크(紅) 타반(五) 톨로고이
(頭)에 그 석상이 수천년간 대를 이어 모셔져온 터지요. 진실로, 몽골침공기
이규보 선비님과 일본침탈기 신채호 투사님의 참담한 혼백이 이에 안긴 연유를
가히 짐작케 한다 하겠습니다.

몽골 고올리칸 석상 코리족 공동조상
[2011.12.5]

비록 수천 년 세월에 대를 이어 다시 세워오는 경우라도 아직 조상의 석인상
을 어떤 겨레가 공유하고 있음은 크나큰 축복이겠지요.

북방몽골로이드 유목태반기원지인 다싱안링 북부 몽골국령 부이르 호반
숑크(紅) 타반(五) 톨로고이(頭)에 우리는 그런 거룩하고 고귀한 유산을 물려받
고 있습니다. 실은 카자흐스탄 몽골로이드 원주민은, 팍스 몽골리카 이래로
실질적인 중앙아시아의 몽골국이라 할 수 있어서 몽골국민들과 이런 조상신을
모심에서 별로 다름이 없게 마련이지요.

여러 부족을 통일한 유목군주 칭기스칸이 그러하듯, 이 고올리칸-활임금
고주몽 또한 같은 유형의 이들 유목몽골로이드의 공동조상입니다. 몽골기원지
인 이곳에 가면 문맹인 원주민들조차도 다 알며, 아직도 그런 의례를 계승해

몽려 활겨레 유목태반 훌룬부이르 몽골스텝-에르구네 동명루트 비정도(批正圖)

이 시대 기념비적인 걸작 몽·한 공동조상 Goolikhan huncholoo(東明聖王 : 石弓王) 사진을 유작으로 남긴 석인상 연구자 도 바예르(D. Bayer) 교수 [1995.8 다리강가 몽골스텝, 중간 모자쓴 이]

베풀고 있지요. 그 지존의 공동 족조(族祖)가 바로 고구려의 고주몽 석인상입니다. 나는 그곳에 20여 년 몸소 답사하고 때로 직접 살아보기도 하면서, 그런 역사기별을 해준 1950년대 후반 북한유학생 출신 베. 수미야바타르 교수님이 눈을 제대로 떠온 선각자라는 것을 비로소 알게 됐습니다.

근래에 박창범 서울대 교수님은 고구려 일식기록 분석 결과에서 그 최적 관측지가 압록강 일대가 전혀 아니고 바이칼 호 남동쪽 몽골지역이라고 밝혔습니다. 이것이, 놀랍게도 이 지역 원주민들의 "몽골과 한국의 부이르 호반 할힌골 언저리 분족(分族)" 증언과 맞아 떨어져 마침내 몽·한 공동 족조 고주몽 석인상의 계대 천신(薦新) 실체의 엄존을 지금 확인케 됐답니다. 우리 활(Kor)겨레 후예들은 언제나 철이 들어 가슴을 활짝 열고 이 기쁜 소식을 기뻐 뛰며 영접케 될까요?

몽골국 동명(Tumen)성왕 석상께 첫 세배를!

[2012.1.2]

임진년 새해가 밝았습니다. 어제는 몰라뵀고, 오늘이라도 다싱안링 북부 몽골과 중국 국경 몽골 측 부이르 호반스텝 송크(紅) 타반(五) 톨로고이(頭)에 계신 단 한 분, 고올리칸 동명성왕 석상께만 세배를 올리려 합니다.

2000여 년 만의 세배일까요? 천신(薦新)을 거듭해온 터에 오늘에 이른 석상이라지만, 인류역사상 기적과도 같은 전승 사례랍니다. 다싱안링 북부인 이곳에서 장대한 다싱안링 산맥을 타고 내려와 남부인 홍산문화권에 이르면 7~8천 년 전의 석인상들도 출토되고 있는 만큼, 동명성왕 석상의 현존은 이런 유구한

동북아시아 유목태반 훌룬부이르 몽골스텝 송크 타반 톨로고이에 좌정한 고올리칸(동명-Tumen성왕) 석인상. 1992년 8월 도. 바예르 교수 소촬

돌 문화 전통의 맥락에서 읽어본다면 별로 이상할 것이 없지요. 한겨레 역사와 하늘이 특별히 우리에게 내려준 크나큰 축복임이 분명합니다.

원주민들은 이 땅이 몽골의 기원지 에르구네(多勿) 일대이고 몽·한 겨레가 갈려나간 곳이라 하는가 하면, 아직도 몸소 일정한 관계의식들을 행하고 있습니다. 중앙아시아의 몽골국이라 할 카자흐스탄에서도 그러하다고 하네요. 박창범 교수님은 고구려의 일식기록 분석결과로 그 관측지역이 압록강 일대가 결코 아니고 굳이 바로 이 지역 일대임을 입증합니다. 구릉 위에는 아주 큰 거북이 모양의 돌무지무덤도 보이고요.

10대들의 아우성, '루돌프 순록코' 차탕조선(Choson : 朝鮮) 만세!
[2012.1.9]

Chaabog-순록을 치는 순록유목민 Chaatang 朝鮮人(조선인)

지난해라야 보름 전 이야기긴 하지만, 그 밤 크리스마스이브를 보낸 일을 되새겨보렵니다. 철지난 이야기로 철들게 하는 게 사관(史官)의 소임이라 했으니까요.

'자니 마크스'가 1929년에 작곡한 크리스마스 캐럴의 노랫말 영어원문은 분명히 "Rudolph the red-nosed Reindeer"입니다.

그런데 이 영문가사를 1900년대 중반에 우리말로 옮길 적에 옮긴이 박순양님은 Reindeer(순록)를 Deer(사슴)로 굳이 오역해 보급했답니다. 공활한 수림툰드라와 툰드라에서 놀라운 집단 기동력을 보이면서 유목하며 사는 순록을 본 한국 사람이, 당시로서는 아주 없다시피 해서지요. 어린이들은 더 그랬습니다. 어쩔 수 없는 차선책이었지요. 그러나 그 후 반세기 여의, 그 결과는 너무나도 엉뚱했어요. 마소가 끄는 마차를 호랑이가 끈다고 한 것처럼, 유목가축 순록이 끄는 썰매를 사냥감인 야생사슴이 끈다거나 시베리안 허스키가 끄는 썰매를 늑대가 끄는 꼴이 돼서입니다.

지금은 박순양님이 크리스마스 캐럴을 우리말로 옮기던 광복 직후의 문화공간이 이미 아닙니다. 그간 반세기만에 아날로그 시대가 디지털 시대로, IT·NT·BT 발달의 가속화로 급변해오는 터에, 순록유목지대 수림툰드라도 툰드라도 아닌 태평양에 몸을 담그고 있는 농목지대 한반도도 순록과 사슴의 영상을 수시로 접할 수 있는 문화공간으로 돌변해서지요. 이제 이런 대열에 유전체학까지 가세하여, 망원경과 현미경의 발명으로 천동설이 지동설로 뒤바뀌던 서기 1600년 전후보다 더 본질적이고 놀라운 인식혁명을 잉태하고 있는 이 시대입니다.

그뿐이 아닙니다. 우리는 지금 지구 온난화와 조선(造船)-항해기술의 놀라운 발전으로 북방항로의 개척을 눈앞에 두고 있어서, 그간 그토록 멀고 험난하기만 하던 북극해지대의 우리 순록유목태반 탐사가 뜻밖에도 놀라우리만큼 쉽고 값싸게 이루어질 수 있게 될 것으로 보입니다. 그럴 수도 있고 그렇게 해야 할 절박한 역사적 상황도 바로 우리의 눈앞에 펼쳐지고 있지요. 눈길을 주어 자각만 하면 됩니다. 그러나 작지만 우리에겐 지극히 큰 인식공간의 시대적 일대 성업입니다.

한자를 우리보다 더 많이 쓰는 일본인은 크리스마스 캐럴가사 속의 Reindeer 를 진즉에 토나카이[となかい·tona-kai('Ainu'어)]라는 일본 토박이말로 옳게 번역해 쓰고 있고, 중국은 근래에 우리처럼 사슴(鹿)으로 오역했다가 한두해 안에 재빨리 순록(馴鹿)으로 바꿔 노래하는 유연한 순발력을 발휘하고 있지요. 유독 동북아시아의 기독교 대국인 순록치기 태반 기원 「차탕조선」 태반 태생인 한국만 '마르고 닳도록' 이 오역가사를 절망적이리만큼 그대로 고수해 오고 있었습니다.

그렇지만 인터넷에서 관계항목을 클릭해 열어보면, 우리 유소년 네티즌들이 벌떼처럼 일어나 이 오역 교정을 거침없이 요구해대고 있음을 확인케 돼, 정녕 '서광이 보이는' 다음 세대 주역들의 희망찬 몸짓들이라며 무릎을 치고 감격해오던 터입니다. 마침내 해내고야 말았습니다. 눈여겨보면 보입니다. 언론매체들이 '루돌프 순록'을 모두 슬며시 읊조리기 시작하고 있는 겁니다. 물론 그간 선각자들의 눈띠움 배려가 늘 보이지 않게 이들과 함께 하고 있었겠지요. 순록, 그렇지요. 조선(朝鮮 : Chaoxian)은 순록치기, 한민족 유목태반 시원모태의 그 차탕(Chaatang)의 순록(Chaabog)이지요.

눈치 안 보고 거침없이 진실과 사실을 드러낼 것을 어른들에게 막무가내로 요청해대고 있는 이 철부지 태자-공주족들에게, 버릇없는 아이들이라며 한숨을 내쉬는 나이든 어른들도 계십니다. 그렇지만 케이-팝이며 한류 드라마며

우리 10대들은 제 갈 길을 제 나름으로 잘들도 열어가고 있습니다. 사실과
진실 앞에, 여·야와 보수·진보의 편 가르기가 도대체 무슨 소용이 있습니까?
생명의 본질을 눈여겨보며 진정어린 사랑의 눈길로 우리 사회가 격려만 보내주
시면 됩니다. 그러면 조선무당이 물동이 이고 작두날 타듯 기막히게 몸을
가누어가며 타고난 제 신명을 주어지는 생태 속에서, 우리 유소년들은 제
나름으로 한껏 세계만방에 펼쳐가며 화동(和同)의 꽃동산을 피워낼 것입니다.
애초에 '순록유목'태반 기원 조상님네들이 그랬듯이.

붕어빵에는 붕어가 없고 '조선반도(朝鮮半島)'에는 '조선(朝鮮)'이 없다!
[2012.1.16]

"Morning Calm"(조선)은 KAL기 기내지 이름이지요. 2009년 10월 중순 남·북과
중·일의 학자들이 동참한 연변대 두만(Tumen)강포럼에서 「조선(朝鮮)은 기원
전 7세기 초에 저술된 『관자(管子)』에 '발조선(發朝鮮)'으로 처음 사서에 등장하
고, 『산해경(山海經)』에도 기재됐다. 이처럼 한족(漢族)이 한자(漢字)로 제대로
써준 우리 국명 조선이다. 그후 언제부터인가 이를, 한문(漢文)에 서투른 한겨레
학자가 잘못 읽어 "아침의 나라"로 오인돼 오고 있다」는 사실을 아주 열심히
연구보고하고 돌아오는 길이었습니다. 그런데 여기서, 이 기내지 제목을 보고
나는 아주 무서운 절망감에 빠져들었지요. 차라리 노을 지는 석선(夕鮮, Evening
Calm)이면 얼마나 좋을까? 제 겨레 유목태반 기원사를 제 손으로 누구보다도
더 치명적으로 앞장서서 목을 비틀어 놓지도 않고, 지친 이 몸이 이 저녁
편히 잠들 수도 있겠으니 말입니다.

연구자의 학문은 "왜?"를 묻는 데서 비롯된 학문(學問)이지 글(文)을 배운다는
뜻의 학문(學文)이 아닙니다. 학문하는 지성인이 이리도 많은 오늘의 한국인데,
제 겨레 나라 이름 "조선"을 14억 중국인이 무슨 뜻으로 써서 불러왔는지를
어쩌면 그렇게 단 한 사람도 지금까지 묻지 않았단 말인가요? 순록양유목태반
을 떠난 이후부터 지금까지로 그 기간이야 줄여 잡는다고 해도 그렇습니다.

정녕, 아침 조"Zhao"자 고을 선"Xian"자로 조선을 읽는 중국인은 지금 아무도 없지요. 우리 한겨레 중에는 중국어를 쓰는 중국 국적 조선족만이 '朝鮮'(Chao Xian)을 바로 읽는 셈입니다. 물론 그 뜻은 모릅니다. 그게 '시원조선 토박이말' 이름으로 순록치기에서 비롯됐음을 안다는 건 더군다나 기적 중의 기적이겠지요. 이는, '조선'의 역사적 정체성을 밝히는 흑암 중의 등대역을 도맡을 국보 중의 국보인 최귀의 민족사 유산인데도 말입니다! 정작 이건 거들떠도 안 보고 남들 탓만 할 수 있겠는지요? 조선은 우리 토박이말 이름이라는데도, 그렇게 엄존하는 사료가 허구한 세월을 내 속에서 절규해오고 있는데도!

한랭고원 건조지대 시베리아와 몽골고원의 동녘 아침하늘이 오히려, 온난다습한 저습지대 만주나 조선반도의 동녘 아침하늘보다 훨씬 더 신선해 보이고 더 맑고 밝은 게 사실이기도 합니다. 지구촌시대에는 이 정도의 비교·분석은 당연히 상식이 되어야겠지요. 그래서 동명(東明)도 실은, "동방의 등불"이 함의(含意)하듯이 동쪽이 더 밝다는 식의 시적인 이름이 아니고 이 유목지대의 상식대로 "주몽"과 함께 백발백중의 명사수 Tumen의 음사(音寫)이어야 합니다. 실은 방글라데쉬가 본향 조국인 시인 타고르는 내심 위대한 '차탕조선' Golden Age를 깊이 유념하면서 밝아오는 온누리에 화생(和生)의 찬연한 황금빛 '동방의 등불'을 찬송해 읊었는지도 모르지요.

이른바 재중 한국교포들도 마찬가집니다. 우리 교포에게 굳이 따져대고 물으면 "정말 그런데요! 찾을 조'Chao'자와 말씀하신 대로 작은 산(小山 : Sopka) 선'Xian'자네요!" 하고 깜짝 놀라기가 일쑤지요. 도대체 남이 써준 제 겨레 이름조차도 똑바로 못 읽고 그 유래도 까마득하게 잊어버리고는 우리가 얼마간을 이렇게 살아왔단 말인가요? 조선겨레는 죄다 부모도 모르는 전쟁고아, 집단 입양아 후손 디아스포라이었던가 봅니다. 내 주제에 "제기랄 바쁜 세상에 따지긴 뭘 따져? 아무리 대학엔 따질 강(講)자 뜻 의(義)자 '강의'가 있어야 한다지만, 좋은 게 좋은 거라고. 무슨!" 아무튼 우리 대학에서 조선 이름뜻 바로 알고 읽기를 본격적인 문제로 제기하고 집요하게 따져본 이가 아직은 없지요. 우연인가요? 필연인가요? 조선 역사를 그릇되게 만들려는 일본의 무슨 왜곡과 중국의 무슨 프로젝트를 매도하는 지성층 자체의 핏발선 여론들이 겉으론 빗발치는데도 불구하고 어이없게도.

하기는 순국한 민족사가 신채호 선비님만이 그래도 『흠정만주원류고』(건륭 21년, 1778)를 읽으면서 조선은 '고요한 아침의 나라가 아니고 주신(珠申)에서 온 이름'이라는, 한국고대사학계에서 영원히 왕따 당할 만한 견해를 거침없이 쏟아 내어놓으셨지요. 몽골사 공부하는 내가 아주 엉뚱하게도 2001년 2월 22일자 『한겨레신문』 「학술」란에 "조선은 순록유목민의 나라"라는 「차탕朝鮮論」을 내어놓기 70년 전의 일입니다. 북방몽골로이드의 국명을, 무엇보다도 먼저 한어(漢語)가 아닌 그들 자신의 고유어 북방유목몽골로이드 활겨레말(弓族語)인 여진-만주어로 이해해보려는 시도는 아주 지당한 일이겠지요. 그럼에도 그 학설은 묘하게 재야사학계에서만 아직도 비눗방울처럼 맴돌고 있다는데, 왜 그럴까요?

'두만강(朱蒙江)포럼'에서 조선이 아침의 나라가 아니고 순록유목민의 나라라는 논문을 발표하자, 학술회의 뒷풀이 자리에서 어떤 소장학자는 날 보고 눈을 부라리며 "정인보 선생님의 『조선사』를 읽었느냐?"고 다그쳤습니다(실은 난 연세대 사학과 출신이니, 공부는 제대로 안 했는지 모르지만, 정인보師 직제자에게 배웠다). 그 무례함에 좀 어이가 없었지만 "그럼 동쪽 바다에서 솟아오르는 홍태양이 혹시 해의 뿌리-일본(日本)의 해는 아니냐?"고 반문했네요. 말이 도무지 안 통해서, 유목태반 기원 북방몽골로이드 활겨레(弓族)의 태양은 한랭고원 건조지대라서 저습지대의 홍태양이 아니고 더 찬란한 '황(금)태양'이라야 하기 때문이라는 부언은 생략했어요.

비판적인 사학을 자부하는 일부 사학자는 『흠정만주원류고』를 만주족 집권기의 뻥튀기 엉터리역사서라고 막무가내 재야사학자의 사서쯤으로 폄하하기도 합니다. 그렇지만, 요즘 중화문명의 기원지라고 야단 맞게 발굴결과를 서둘러 선포하고 있는 홍산문명권이 이런 엉터리 비판의식을 무색하게 하고 있는 건 아닌지요? 신채호 선생님이나 정인보 선생님이 지사적 선비학자임은 백 번이고 천 번이고 인정해야 하겠지만, 그이들이 사대부가문 출신 선비여서 중인인 역관이나 할 수 있는 중국 구어(口語)를 못 했을 터이고 보면 2성의 Chao(朝)나 3성의 Xian(鮮)을 당연히 읽어내실 수가 없었겠지요. 유목목초지

선(鮮) 위에서 나는 유목목초가 바로 순록의 주식인 선(蘚 : Niokq)입니다. 선비가 조선국명 천착에서 백정이나 꿈에 볼 짐승을 꿈엔들 떠올리려 하셨겠습니까? 누구에게나 자기 한계가 있게 마련이지요.

물론 그 난국에 여유롭게, 1949년에 마오쩌둥이 산동인들을 대대적으로 만주로 이주시키기 전까지는 다·시아오싱안링에는 순록방목민 선(鮮)족 출신들이 주로 살아왔고 장백산맥-동서·남북 T자형 백두대간에는 순록유목민 조(朝)족 출신들이 주로 살아왔다는 사실을 아직 답사해 밝힐 여지도 없었겠구요. 그래서 조(朝)족-Chaatang겨레 주도로 선鮮)족- Soyon겨레를 통일한 상고시대 시원순록유목제국이 바로 조선(朝鮮)일 수 있다는 가설의 제기는, 더군다나 엄두도 내시지 못했겠지요. 러시아어를 터득 못했다면 동서·남북으로 뻗은 T자형 백두대간지역에는 없고 시베리아지역에는 편재하는 소산(小山)-Sopka 곧 선(鮮)의 존재를 깨달아 보실 수도 없었을 겁니다. 선은 투바공화국에서 Soyon이라고 하는데. 유목민의 주식인 순록의 젖을 주는 어미(암)순록이란 다구르어 Sugan(터키어 Caкaион)에서 온 말이랍니다.

유목민의 주식 선이 없는 동서·남북 T자형 백두대간에서 살아오기 2000여년, 우리가 우리의 유목태반 기원을 모르는 게 오히려 당연하지요. "붕어빵에는 붕어가 없고, 고려계 몽골군벌가문 출신인 이성계 조선조의 조선(朝鮮)땅에는 선(鮮 : Sopka)이 없으니까요!"

그래도 "몽골리안루트를 가다"(SBS TV, 1995)와 "몽골리안 루트"(KBS TV, 2001) 및 "최후의 툰드라"(SBS TV, 2010)에서 순록유목 문제를 우리의 뿌리를 암시하면서 끈질기게 다루어왔지만, 아직 조선이란 겨레 및 나라이름과 직결시켜 다루지는 않았지요. 하지만 그 나름으로 영상물의 파격적인 역량으로 정태적인 조용한 아침의 나라 조선이 결코 아니라, 동태적인 순록-기마 양유목 태반 기원의 나라 조선으로 파격적인 이미지 혁명을 암암리에 결정적으로 수행하고 있는 터였습니다. 중국보다 너무 신중해 좋다고 해야 할까요? 이제 루돌프 "순록코"도 본격적으로 제자리를 잡아가고 있으니까 때가 무르익은 듯도 합니다만, 몽골리안 루트가 실은 순록유목 목초의 길인 비옥한 천산북로 이끼길(蘚路, Lichen Road)과도 상당히 맞물릴 수가 있어 보여 더욱 그러합니다.

메마른 사막 빈약한 천산남로 비단길(Silk Road)보다 훨씬 더 본질적이며 본격적이고도 오랜 그 유목목초-모피(Fur)의 길이지요.

유목과 농경 두 지역의 생태권은 바닷물 생태권과 민물 생태권처럼 판이하게 다른 측면이 분명히 있는데도, 상호간의 비교·분석이 없이 서로 상대의 허상만을 보는 비극이 있습니다. "왜?"를 끝까지 끊임없이 물어대는 진지한 학문(學問) 본질이 우리 사회에서 전반적으로 퇴색해가는 까닭인지도 모르겠네요. 그게 그대로 고질화해와선지 아주 치명적인 우리의 허점은 그걸 모르는 게 아니라, 모르고 있다는 사실조차도 모른다는 것입니다. 고려, 발해, 솔롱고스, 불함. … 전문이나 비전문을 막론하고 우리가 어떤 전거(典據)나 그에 대한 아무런 치밀한 상호 비교·분석과 검증도 없이 어설픈 애국심에서 멋대로 그럴 듯하게 마구 부풀려 즉흥적으로 해석해보고 읽어낸 것이, 모두 가짜일 수가 있습니다. 한겨레사의 성형수술이 너무 극심한 까닭이지요. 이는 국외의 다른 이들의 한민족사 왜곡보다 더 본질적으로 치명적인 해독을 끼칠 수 있음을 자각하면서 유목태반 기원 겨레의 사안(史眼)을 제대로 뜨고, 반드시 모두 바로 다시 읽어내야 할 문제들임에 틀림없겠지요.

20여 년 아무 별난 의식도 없이 그냥 좋아 미친듯이 힐링차원에서 마냥 내달려본 그 공활한 스텝·타이가·툰드라 유목태반! … 이 지대의 유목제국은 놀라운 기동력과 타격력 및 정보력을 갖춘 조직된 소수 유목민이 주로 다수 농경민을 아우르며 창업한 것이고, 그 절정이 팍스 몽골리카이며 당시까지의 세계사는 이를 지향해 발전해온 터입니다.

물론 우리도 그 한 중심에서 주류로 동참해왔구요. 그래서 설날을 앞두고 굳이 이 너무나도 낯설고 낯선 우리 유목태반 뿌리를 이야기꺼리로 삼아, 이런 스토리 텔링을 해봤네요. 소감은 문맹, 컴맹. … 그리고 무엇보다도 우리 유목태반 기원 한겨레는 지독한, 구제할 길 없는 순록~기마 양치기 씨눈 아맹(我盲)! 이 점에서는 남북이 이미 확실히 통일돼 있다는 거지요. 이스라엘민족은 팍스 로마나의 동족 메시아 예수는 안 믿고 지금도 2000여 년 전의 다 허물어진 짜투리 '통곡의 벽'(the Wailing Wall)에서 흐느끼며 조상님네에게와 조상신 여호와에게만 경배드린다는데, 우리는 우리의 다물도(多勿都)

아리랑 고개 추정 阿龍山 사진(아리랑 고개 비정 다싱안링 북부 근하시(根河市) 아룡산(阿龍山); 순록 바위그림).
사진 속 인물은 민영규 師.

아리랑[阿龍嶺(아룡령) : 몽·한 이별고개 의식 상존(尙存)-SBS TV 홍성주(洪性周)
"송년특집다큐멘터리 유목민의 땅 몽골을 가다" 1992 참조. 아리수 : Arig-Usun,
흑수(黑水)는 염수(鹽水)에 대한 담수(淡水)라는 뜻. '아리령(阿里嶺)' : 원천담수
가 흐르는 불함(不咸) 종산(宗山)l 몽골의 기원지 에르구네 시내 언저리 부이르
호반의 조선의 후예 그 시절 고올리칸 동명성왕 석상께 설날 멀리서라도
세배만 드려도 좋으련만. … 기마 양유목민으로 서·남 몽골스텝을 향하는
몽골과 농경화해가는 동명성왕 고올리(高句麗)의 영원한 유목 디아스포라로의
석별의 정을 나누던 애절한 천년 한이 서린 아리랑 순록그림바위고개 현장이어
서 말입니다.

'황태양'과 홍태양 해오름

[2012.1.23]

설은 몽골어 "사르"(月 : 달)의 변형표음일 수가 있겠지요. 달력이 월력(月曆)이고 설이 몽골어로는 차간사르(白月)라서 그 가능성이 자못 높아 뵙니다. 예상 외로 몽골 유목민은 한국 농경민의 정초 귀성대열 뺨치게 위험천만인 설중 스텝 정초 귀성길에 한사코 집착하지요.

한랭고원 건조지대에는 황금빛 태양이 솟고, 태평양권의 온난 저습지대는 홍옥빛 해가 뜨지요. 보통 황(金)태양은 유목태반 기원 한겨레를, 홍(玉)태양은 농경태반 기원 한족을 상징한다고 봅니다. 카자흐스탄 유목민들은 건조한 황금스텝을 늘 찬양하는데 황금태양은 유목민의 칸을 상징하고, 다습한 농경지대 홍옥태양은 농경민의 왕을 상징한다고 보아도 좋을 듯하고요. 그래서 칭기스칸의 Altan urug-황금씨족이나 누르하치의 애신각라(愛新覺羅)-황금겨레가 모두 천손족-황금용손인 황손(皇孫)을 지칭하는 보통명사랍니다. 유목지대에서는 김씨(金氏)가 농경 한국에서처럼 고유명사가 아니고 "임금님 핏줄"-천손족(天孫族)이라는 보통명사란 거지요.

애신각라(Aisngiorro=황금 Aisn＋겨레 Giorro)를 두고 자신들이 "신라임을 깨닫고 사랑하라"는 뜻이냐 아니냐가 이야깃거리로 종종 등장하기도 한다지만 실은, 음역과 의역을 동시에 하는 한어권의 관행상 이는 있을 수 있는 일이라고 봅니다. 금(金)은 Gold라는 귀금속을 가리키고 신라(新羅)-샤르(Шap, 몽골어·페르시아어, 김정위 교수님 지적)는 "금빛(金光=黃色)"을 지칭하기 때문에 신라와 금은 실은 "신라=금"으로 같은 이름의 다른 표기일 수 있으니까요. 알타이산(金山)이나 신라에서 금이 많이 채굴된다는 소문은, 이런 표기에서 비롯된 상징적 입소문일 가능성이 큽니다. 시베리아 일대에 금산이나 "서라벌(황금벌판, Seoul)" 같은 이름이 많지만 꼭 금광이 많이 있는 것은 아니니까요.

올 설날엔 알타이공화국뿐만 아니라 만주의 신라-옛 금나라(Altan ulus) 땅이나 한반도 금나라-옛 통일신라 땅에도 유목태반 기원 사안(史眼)으로만 볼 수 있는 황태양이 찬란하게 떠올라, 유목몽골로이드 활겨레(弓族) 천손으로 온 겨레가 다시 나면서 홍태양을 살포시 품어주게 하소서. 낯설고 어설프더라 도, 유목목초와 유목가축, 순록-기마 양치기와 소수 유목민의 다수 농경민 통합 "유목제국(Pastoral nomadic empire) 개념"-비트포겔이나 에가미 나미오 등에 의한 (기마민족)정복왕조(Dynasnty of conquest)라는 개념용어가 상용되 기도 했으나, 기순록(騎馴鹿) 순록유목-기마 양유목(羊遊牧)이란 주류 유목의 발전사를 소외하고 기마전쟁(騎馬戰爭)이란 정복전쟁에만 주목해 주객이 전도 된 감이 있어 1·2차 세계대전의 영향 소산물에 불외(不外)한 것으로 보인다-에 도 눈길을 주어 한겨레 유목모태 회귀 길을 물꼬 트게 하소서!

제주도 돌하르방, 몽골의 궁왕(弓王)석상으로 첫 접견!
[2012.1.30]

1990년 몽·한 수교가 이뤄지고 몽골문화사절단의 한국방문에 이은 답방형식 으로 1991년 여름 8월 5일 한국몽골학회[한국『몽골秘史』연구회]가 몽골에 와서 처음으로 몽골 측에 건넨 선물이 태평양의 제주도 돌하르방입니다. 상견례를 치르는 공식석상에서 게렐 도르지팔람 몽·한친선협회장(현 주한몽골대사)에 게 증정했지요.

그로부터 하르방·훈촐로오(석인상)에 관한 유적 현장의 비교연구가 활발히 이루어져, 이름이 할아버지를 뜻한다거나 목초장 파수꾼(Haraadag-Haraavang) 을 의미한다는 명칭 해석이 나오기도 하고 몽골의 십부장(Arban : 13세기경에 는 Harban이라고 쓰였음)이라는 군관직에서 비롯된 이름이라는 견해도 발표됐 습니다.

그런데 나는 내 저서『몽·려 활겨레문화론』(혜안, 2011)에서 돌하르방이나 "고올리(高句麗)"칸 훈촐로오를 활의 왕(弓王) 석상으로 내 나름으로 논증해봤습 니다. 고올리~코리(高麗)가 "활"이라는 고증에 뒤이어 이에 칸(王)이 덧붙여지면 궁왕이 되기 때문이지요. 내친 김에 베. 수미야바타르 교수가 고주몽 석인상으 로 비정하고 있는 부이르 호반의 고올리칸(弓王) 석상과 태평양의 제주도

1991년 8월 홍산문명권 서북부 다리강가 몽골스텝 석궁왕(石弓王)-돌하르방과 탐라도 돌하르방의 재상봉. 주채혁 초대 한국몽골학회장 집례. 서재철 기자 소촬.

돌하르방을 연계시켜 하르방을 "활의 왕"(弓王 : XapBax＋vang=Harbavang)으로 그 본령을 천착해 명실공히 저자 나름으로 복원해보기도 했답니다. XapBax는 "활을 쏘다"라는 동사의 원형이고 Vang은 "王"의 몽골어 음사(音寫)라는 것이지요. 활을 가장 잘 쏘는 명사수를 "활의 임금"으로 추앙하는 북방유목몽골로이드의 관행에 토대를 두는 "하르방" 명칭 해석입니다.

13·14세기 몽골·고려관계사에서 실은 몽골은, 고려에서 탐라(耽羅)를 해방시켜 몽골의 직할 분봉국으로 삼아 태평양의 탐라국을 고려국 밑이자 일본국 윗자리의 독립국으로 만들었지요. 그러니까 『원사』 「열전」에는 엄연히 고려국 -탐라국-일본국으로 기록돼 있습니다. 그런 후에 몽골은 몽골군 목마장이라는 당시의 해상 최첨단 군사기지이자 해상무역전진기지로 이를 운영하고 있었지요. 그래서 마침내는 말기의 위기상황 하에서이기는 하지만 원(元)나라의 탐라천도(耽羅遷都) 시도마저도 있었다는 점에서, "궁왕(弓王)"으로 상징되는 돌하르방의 태평양 탐라도 궁궐 언저리 좌정(坐定)이 몽골세계제국 궁궐건축 관행상 있었던 것으로 봅니다.

그러니까 몽골-"탐라국"이 몽골-"고려국"보다 더 팍스 몽골리카 체제에
직결되면서 육지의 송도(松都 : 개경)보다 해도(海島)인 탐라도(耽羅都)가 중심
이 된 역사상의 유일한 시대권에서, 육지를 능가하는 세계적인 태평양 제주도
돌하르방 문화가 이룩될 수 있었다는 것입니다. 결국은 북원(北元)의 카라코룸,
이성계의 화령국(和寧國)과 상도(上都 : Dolon Nor) 및 남원(南元)의 탐라도로
유흔(遺痕)을 끼친 것이었을지도 모르지요.

성형의 세계, 칭기스칸 초상화
[2012.2.6]

세계에 널리 알려진 칭
기스칸 초상화가, 몽골유
목세계제국 황제 몽골인
칭기스칸의 진영(眞影)초
상화가 아니고 명나라 한
인궁정화가들이 칭기스
칸 제후왕으로 한인화해
꾸며 그려낸『중국역대제
후상』에 수록한 한인 대

일칸 진영에 고올리칸 석상 합성, 칭기스칸 진영 복원 시도. 사진꾸미기(박윤
희 컴師)

명천자의 신하 "제후 칭기
스칸"의 초상화라 합니다.
부끄럽지만 나도 실은 최근에야 이를 확인했지요. 14~15세기에 한인 초상화가
가 그린 것으로 추정되는 현존 유일본인, 이 초상화는 지금 타이완 국립고궁박
물관에 소장돼 있습니다. 몽골유목세계제국 궁정정사인 몽골글본『몽골비사』
도 없어졌습니다. 실로 인류사상 사람의 역사를 사람이 가장 파격적으로
뒤바꾸어 놓은 몽골인들이지만 몽골 화가가 그린 칭기스칸 초상화조차 없는,
무엇보다도 몽골은 "세계사"라는 개념을 처음 만들어내게 한 그 놀라운 명성에

도 불구하고 상대적 "역사 최빈국"이라 할 수 있지요.

칭기스칸 초상화가 한인제후로 축소 조작된 채로 성형돼 남았으니, 세계사를 처음 쓴 칭기스칸의 몽골유목세계제국사는 얼마나 무섭게 성형 수술돼 기록됐을까요? 소름이 끼칩니다. 그래서 그런지 고려계 몽골군벌가문 출신인 이성계 조선 태조의 초상화는 온존하고 세계기록유산으로 유례를 찾기 힘든 위대한 독창품인 『조선왕조실록』을 빈틈없이 기록해 남겼으며, 만주족제국 청조도 『사고전서』 편찬과 『흠정만주원류고』 저술로 세계사적인 방대한 기록유산을 남기고 역대황제의 초상화 또한 상당히 보존해 냈지요.. 팍스 몽골리카의 거대 유목태반 기원인 활겨레(弓族) 유목몽골로이드 주도 역사유산은, 이렇게 변증법적 과정을 거쳐 그 나름으로 적응적 진화를 하면서 오늘에 이르기까지 전승되고 있습니다.

조용진 교수님은 순록·양유목을 하면서 늦가을에 살찐 유목가축을 잡아 발효시키며 말린 질긴 고기를 기나긴 겨우내 씹어 먹느라고 생긴 저작근 보관창고가 광대뼈라서, 북방유목몽골로이드는 그것이 튀어나온 게 특징이라고 했습니다. 근래에 한국에 유학 와서 공부하고 『팍스 몽골리카와 고려』라는 저서를 남긴 보르지기다이 에르데니 바타르 내몽골대학교 교수님은 요즈음 몽골 여대생들이 미용 때문에 초식을 하는 경향이 많아지고 있다고 귀띔해 줍니다. 건강을 위해서는 다행한 일이라고 보는 이들도 있지요.

광대뼈의 크고 작음이 오늘날의 유목지대 몽골인과 농경지대 한국인을 차별화하는 두드러진 특징이고 보면, 실은 기마 양유목민인 칭기스칸도 순록유목민일 단군도 모두 다 부이르 호반 현존 고올리칸 동명성왕 석상의 얼굴처럼 광대뼈가 툭 튀어나온 좀 우악스런 얼굴을 해야 정상일 수 있겠지요. 마치 흑인종이 흑인종 불상(佛像)을, 그리고 황인종이 황인종 불상을 조각해내는 식으로 둘 다 제 나름으로 각각 성형 수술해 다듬어낸 농경민의 임금 단군이고 한인세후 칭기스칸인 그런 초상화는 아닐까요? 유목몽골로이드 태반 기원 고대 유목제국으로 그 시원사를 열었을 조선-고구려의 순록·기마 양 유목태반 사적 정체가 내게 아직도 까마득히 아른거리기만 하는 것이 행여 칭기스칸 초상화의 한인제후식 성형수술 영향과 어떤 상관이 있을지도 모른다는 생각

때문에, 근래에 나는 밤잠을 곧잘 설치곤 합니다. 본질적으로 어떤 유일신상조차도 DNA 차원 소망이 투영된 다양한 환영일 수가 있다는 결론이 도출될 수도 있어서지요.

K-POP, 아니 땐 굴뚝에 연기 날까?

[2012.2.13]

역사는 철지난 얘기로 사람들을 철들게도 하지만, 실은 저마다 제 나름의 역사 열매 아닌 존재는 언제 어디에도 있을 수가 없습니다. 현실에 이렇게 숨쉬고 있는 나도 그 핵심실체는 현실생태 나름으로 숨 고르는 내 유전자-개아사(個我史) 결실실체일 따름이니까요. 그래서 조작된 내 중국역대제후상에서 누구나 참 나를 제대로 알려면 내 개아사 복원이나 복기(復棋)가 전제되기 마련입니다. 넋과 얼, 혼(魂)과 백(魄)의 상호작용―특정 DNA와 그 특정생태적 응적 진화과정의 소통이 있어야 한다는 거지요. 그렇다면 이런 차원에서 천착해본 K-POP의 역사적 정체는 과연 무엇일까요?

사실상 작은 섬나라에 지나지 않는 한반도 남부 남한에서 불씨가 지펴져 온누리에 번지는 K-POP 한류 열풍 핵심실체들의 개아사를 복원해 낸다면, 주로 어떤 마력을 품어온 역사적 정체가 드러날까요? 개아사에서 지피지 않은 불길이 들불처럼 번지며 마냥 연기를 내뿜을 수 있을 리가 만무합니다. 어떤 일본 평론가는 K-POP이 한국정부가 문화수출을 조직적으로 지원 육성한 결과라고도 보지요. 물론 현실적으로 그를 가능케 하는 천재적인 독창성을 지닌 제작자, 기획사와 연출자가 그 배후에 있습니다. 그렇다면 그 구성원 자신들은 각각, 어떤 역사실체 열매로서의 특정 정체라는 틀에서 벗어날 수 있을까요?

환경의 영향은 어디까지나 유전자가 깔아놓은 멍석 위에서만 벌어집니다. 환경의 영향보다는 아무래도 유전의 영향이 먼저지요. 유전자에 없는 일이 나타날 수는 없습니다.[최재천, 「자연과 문화 145」, 『조선일보』]. 여기서 유전자는 주어져온 생태사에 적응적 진화를 거듭하며 영근 개아사의 열매라 할 수 있겠습니다.

나는 감히 한겨레 주류의 순록·기마 양유목 모태에서 그 기원을 탐사해보려 합니다. 쿠빌라이 대칸은 칭기스칸의 1/3 몽골세계제국을 명실 공히 3/3 몽골세계제국으로 이룩해낸, 팍스 몽골리카를 완성한 엄연한 핵심인물입니다. 사실상의 대원제국 몽골태조라 하겠지요. 그는 무한개방 무한경쟁 생태권사의 흐름을 예리하게 꿰뚫어보고 말과 활의 스텝세계제국 Pax Mongolica에 이어 함선과 함포의 바다세계제국 Pax Americana까지 어렴풋이나마 예견하면서, 운하로 태평양과 소통시킨 연경(燕京)을 대도(大都)로 삼았고 태평양의 탐라도(耽羅都)를 해상전진기지 몽골 바다수도(海都)로 설계했었음에 틀림이 없어 뵙니다.

요하문명권 통료(通遼)지방에서 태어난 하르누드 운 하칸추르 타이완 국적 몽골교수가 "몽골과 고려는 함께 몽골세계제국을 이룩했습니다!"라며 1990년 여름 한국 입국 일성을 외쳤듯이, 우리도 그 한 중심에서 유목몽골로이드 활겨레사의 주류로 아주 오래 이에 동참해왔지요. 첨단 과학을 재빨리 활용해 놀라운 타격력을 지닌 기동성이 빼어난 조직된 소수 유목집단을 그 중핵으로 삼고 있으면서 유목제국은, 성격상 다민족·다문화를 늘 주체적으로 포용해내지 않으면 곧잘 도태되게 마련이었습니다.

돌이켜보면 인류사는 늘 더 질 높은 세계사 창조를 지향해 발전해왔으며, 그 큰 중간 결실이 700~800여 년 전 "스텝의 바다"에 열린 팍스 몽골리카와 오늘날의 "바다의 스텝"에 결실되고 있는 팍스 아메리카나라고 봅니다. 바로 그 양대 축을 비빔밥처럼 혼용해 버무려 발효시켜내며 천지를 아우르는 치열한 심정으로 지금 제3의 세계사-팍스 코리아나사를 쓰고 있는 역사의 한 주체가 코리안일 수도 있다는 생각도 해봅니다. 감히 코리안이? 그러나 13세기 당시, 몽골이 애초에 통일된 거대한 인구 최다국이었나요? 경제와 과학의 최첨단 선진국이었나요? 가진 것이라곤 당시로서는 무한 우주로 탁 트여 있는 유구한 순록·기마 양유목사적 결실이라 할, 그이들 나름의 유별나게 강인하고 독창적인 유전자뿐이었습니다.

어떤 이가 지중해 연안 조선제국설을 내세우다가 한국고대사학계에서 간접적으로 쇼비니스트로 매도돼 따돌림 당한 사례가 있기도 하지만, 이는 왜 "조선"이 저 멀리 그곳에서까지 문제시될 수도 있느냐를 꼼꼼히 따져 묻지 않아서 생긴 오해이기도 합니다. 농경제국과 유목제국의 영역권 차원은, 정착 농작물과 이동 유목가축만큼이나 서로 아주 판이하게 다를 수밖에 없는 게 오히려 당연해서지요. 그러니 서로 소통하게 유목사와 농경사의 다양한 생태 적응적 진화를 지금의 우리가 서술한다는 게 얼마나 지난한 일인가를 새삼 절감할 수밖에 없습니다.

북방유목몽골로이드 활겨레는 13~14세기에 팍스 몽골리카를 이룩했고 그것이 상당히 해체된 이래로 17세기에 들어 다시 만주제국 청을 크게 재건하면서, 그만큼 자기네들의 뿌리를 집요하게 캐들어가며 『흠정만주원류고』라는 노작을 창출해냈지요. 이를 뒤이어 청대의 지리학자 정겸은, 몽골·만주족 유목몽골로이드 활겨레(弓族) 선조의 역사태반이 유명한 가셴둥(嘎仙) 동굴이 있는 다싱안링 대선비산만이 아니고 더 그 근원을 더 추적해 올라가면 궁극적으로는 투바(拓跋)공화국의 동·서 사얀(鮮)산에 이르렀음을 지적했습니다[丁謙, 浙江圖書館叢書 第1集, 『後漢書烏桓鮮卑傳 地理攷證－仁和丁謙益甫之學』(淸) 7쪽].

그리고 그 문화와 제국창업의 주체는 소욘(鮮 : Soyon)족으로, 내가 2001년 8월 몸소 현지답사를 통해 더 추적·확인해보니 우랄알타이산지대 원주민들은 거침없이, 주민도 문화도 흑해와 아랄해 쪽에서 왔다고 했지요. "왜 왔을까요?" 하니까 "유목민이니까 더 생산성이 높은 유목가축과 그 유목목초를 찾아왔겠지요!"라고 아주 쉽게 곧장 응답했습니다. 주유소가 없는 황야를 자동차가 마냥 내달리지 못하듯이, 유목민은 유목목초가 없이는 공활한 벌판을 한껏 이동해갈 수 없지요. 이처럼 유목가축과 유목민은 오로지 유목목초를 찾아 길을 내며 오가고 또 더 개척하며, 일만여 년 세월에 걸쳐 머나 먼 몽골리안루트를 닦아냈습니다.

재레드 다이아몬드가 지적한대로 동서축으로 가로 놓여 등온대(等溫帶)를 이룬 유라시아 대륙은, 남북축으로 세로 놓인 아프리카나 아메리카 대륙과는 달리 사람과 기술의 이동이 상대적으로 용이했지요. 뿐만 아니라 천산북로는 순록의 주식인 선(鮮=小山 : Sopka)의 이끼(蘚 : Niokq)와 스텝의 양초(羊草)가 비교적 풍족한 벌판으로 이루어져 특히 식량생산단계 이후로 유목적 기동력이 이에 가세하면서, 북방유목몽골로이드 활겨레사(弓族史)가 산업혁명시대에 들기 이전까지 유라시아 대륙의 주도세력으로 군림해올 수 있게 했습니다.

이처럼 그 장구한 도로공사로 열려온 길이 유목목초의 길-모피의 길인 몽골리안루트고, 그 길을 닦으면서 부른 노래가 K-POP의 주된 뿌리이며 그런 가락을 따라 춤춘 몸짓과 지은 표정들이 어우러져 종합 예술을 이루어 봇물 터지듯 터져나가는 게 지금의 종합예술이랄 K-POP 한류라는 겁니다. 물론 유목가축과 직접 마주치며 가는 유목루트여서 만남엔 추임새가 자연스럽게 곁들였겠지요. 이른바 중원유목제국사 상 유일하게 대원제국기 원곡(元曲)에만 추임새가 스며들었다는 것은 무엇을 의미하는 걸가요? 이렇게 지구촌을 휩쓸 수밖에 없는 역사적 정체성을 이미 타고난 한류인 셈이지요. 진실로 "바다의 스텝"에 솟구치는 팍스 아메리카나 시대 태평양의 K-POP 한류열풍이, 그래서 제 철에 부는 이 시대를 뒤흔들 인류사상 일대의 계절풍임을 감지할 수 있어야 한다고 봅니다.

조선의 "선(鮮)"이 스키타이, Sugan(어미순록)이라니?
[2012.2.20]

고대농경사학 쪽에서 보면, 비전공자인 내가 스키타이사라는 남의 분야를 건드렸다고 골내는 이가 있을 수도 있습니다. 하지만 상고대유목사학 쪽에서 보면 그런 고대사 연구자가 그렇다고, 내가 되레 화를 낼 수도 있지요.

그렇지만 나는 그러지 않기로 했습니다. 어차피 투바대학교 스키타이사 전공자 헤르테크(Hertek Liubov Kendenovna, 투바족) 여교수를 만나 차 한 잔 들면서 심심풀이로 전혀 기대 않고 조선을 화두로 삼아 이야기를 나누다가, 이 분야에 문외한 중의 문외한인 내가 얻어낸 아주 뜻밖의 소득일 따름이어서지요. 실은 2001년 8월 중순 당시에는 스키타이사 전공교수가 있다는 것도

금시초문인 터였거든요.-특히 한국의 경우엔 강단사학이든 재야사학이든
사학계가 죄다 북방 순록·양유목민족사 역사정보조차도 오로지 주로 농경
한족(漢族)의 한문사료(漢文史料)에만 의존할 뿐, 정작 유목 원주민의 구비사료
는 거들떠도 안보는 해괴한 대한족주의(大漢族主義) 학풍이 만연해오는 터에
이런 결과는 도리어 지극히 당연한 것이었는지도 모르기는 합니다-그러니
이에 관한 한, 전공과 비전공이나 문외한의 경계가 모두 허물어진 차원에서,
아주 가볍게 이야기를 나눠가야 할까 봅니다. 기나긴 유목태반 기원 조선(朝
鮮)·선비(鮮卑)사 유목현지 탐사노정 상의, 단순한 조사-보고에 지나지 않아서
이지요.

　그러나 이 연구정보가 유구한 한겨레 유목태반사를 천착해 가는 데도 끝내
그런 수준에만 머물 수 있을는지 아닐지를, 나는 아직 잘 모릅니다. 헤르테크
여교수는 아주 대수롭지 않게, 스키타이(Scythia)라는 명칭은 유목민의 주식인
'젖과 꿀이 흐르는'의 그 젖을 주는 암순록 Sugan이라는 다구르어에서 나오고
이는 바로 조선(朝鮮)의 Soyon(鮮, Sopka=순록의 주식 蘚[Niokq]이 나는 小山)이
된다고 했습니다. 그렇다면 신라고분에서 출토되는 휘황찬란한 스키타이
황금유물들은, 그들이 전해준 것이 아니고 자기가 스키타이인 Soyon(鮮)족조
선인 자신이 직접 가지고 들어온 것일 수도 있지요. 참으로 놀라운 사실이
아닌가요?

　그리고 이 Sugan이 터키어로는 사가이온(Сагаион)이었답니다. 그런데 이는
13세기경에 모음과 모음 사이에 있는 "게(г)"가 탈락하는 바람에 소욘(Соян,
사얀)이 되었다고 하는군요. 투바역사 전공자 엔. 베. 아바예프 교수(투바족)가
-그후 학술회의 참여하러 한국에 다녀감- 곁에서 구체적으로 이렇게 논증하
며 거들기도 했습니다.

　알타이산맥~바이칼 호 사이에 있는 시베리아 최대의 타이가인 동·서사얀
(鮮)산맥에 자리 잡은 투바란 탁발선비(拓跋鮮卑)의 탁발(拓跋 : Tuva, 언덕이라
는 뜻)을 음사(音寫)해 적은 것이어서, 그는 그대로 선비사 전공자라고 해야겠지
요. 그래서 그는 당연히, 순록치기-Chaatang 조선사(朝鮮史)에 대해 관심이
지대했습니다. 선비(鮮卑)나 조선(朝鮮)이 모두 선족(鮮族)이니까요. 다싱안링

북부에 들면 원주민들은 한국인을 그냥 선족이라고만 부릅니다. 1949년 마오쩌 둥의 산동성민 이민정책이 있기 이전의 동서 백두대간 권에서는 우리를 조족(朝族)이라고만 불렀던 것과는 퍽 대조적이지요.

이즈음 어느 해 여름에 당시의 서길수 한국고구려연구회장님이 셀렝게 강변 탐사길에서 우연히 그와 마주쳐 이를 간파하고는, 2004년 고구려연구회 제10회 국제학술대회에 그이를 초청해서 한국에 다녀가기도 했습니다. 그는 "주교수가 내 친구"라고 자신을 서회장님에게 처음 소개했다는군요. 그런데 스키타이가 조선의 선(鮮)이라면, 아주 자연스럽게 흑해~아랄해 일대 조선사가 그대로 동북아시아 한국의 고조선사와 직관된다는 말이 됩니다. 박용숙 교수님의 「지중해연안 조선제국사」 언급이 지당하다는 이야기이지요. 우리가 모두 유목사안(遊牧史眼)이 열린다면, 이는 당연히 IT·BT·NT·유전체학 시대인 오늘날에는 유목태반 기원 조선역사 담론으로 동참할 수도 있는 큰 주제가 되리라고 봅니다.

터키—투바—사하로 이어지는 언어대의 터키계 고대방언이, 몽골고원의 그것보다 더 압도적으로 고대조선어의 밑바탕을 이루었을 수 있다고 보는 이도 있습니다. 그렇다면 이는 몽골의 기마 양유목 이전에 이미 북극해로 열려온 장구한 몽골리안 루트-라이켄 로드(Lichen Road, 이끼의 길=蘚路)를 통해 계속해서 수혈돼온 순록유목 태반사가, 그 기틀을 이루는 애초의 한민족 유목태반기원사일 수 있다고 하겠습니다. 따라서 시원 조선(朝鮮)은 The Land of Morning Calm이 결단코 아니고, 당연히 The Land of Nomadic Reindeer이어야 한다는 것이지요.

'Chaatang의 나라 모태 조선(Chaoxian) 만세!'입니다. 물론 지금의 동서·남북의 백두대간에는 조선의 조(朝, Chao)도 선(鮮, Xian)도 없지만.

"백의민족", 조선~메카의 "젖빛"신앙 성도들!

[2012.2.27]

다 잘 아는 대로 『삼국지』 「위서」 "동이전" (부여)조에 흰색을 숭상한다(尙白)는 기록이 첫 전거입니다. 남이 우리를 보고 적어준 글이지요. 내가 보아도 시공을 초월해 우리가, 흰색을 신성하고 소중한 빛깔로 섬겨온 것은 사실입니다. 지금도 백의대중 속에 들면 주로 그런 예사롭지 않은 의식 심층의 어떤 성스러운 흐느낌을 선뜻, 우리는 누구나 공감하게 마련이니까요. 이견이 없지는 않지만, "백의"에 붙는 수식 어구들을 예서 재론할 생각은 없습니다.

북방개방 이후 20여 년에 걸쳐 유라시아 유목현지 답사를 퍽 많이 한 이들 중의 한 사람으로, 내겐 한 가지 꼭 지적해두려 하는 사실이 있습니다. 현지 원주민 박물관장들이 그들의 제례에서 쓰이는 흰색을 일관되게 "젖색"이라고 증언해주는 인터뷰 내용은, 왜 국내에만 들어오면 모두 언론에서 삭제 당해야 하는지를 도무지 이해할 수가 없다는 점입니다. 자료를 찾다보니, 심지어는 일본천황이 가미가제 특공대 출정자를 축도해 보내줄 때 뿌리는 것도 흰색 젖이었음을 알게 됐지요. 부끄럽지만, 그도 북방유목몽골로이드의 후예라고 합니다.

백의대중을, 지금도 메카에 가면 아주 많이 만날 수 있지요. 흔히들 유목민의 주식은 고기로 착각하고 있지만, 젖이 맞습니다. 그래서 유목생태계에서는 생존에 필수적인 당분이 꿀밖엔 거의 없으니, "젖과 꿀이 흐르는 땅에 이르게 하시거든"(출 13:5)이라는 구절이 나왔다는 겁니다. 물론 시베리아에 오면 눈빛이 희고 장엄하게 펼쳐지지요. 그렇지만 눈이 목숨을 먹여 살려 주지는 않습니다. 해의 색깔은 흴 수가 없어서 "백태양"은 애당초 없고요. 고원건조지대 황태양(Tengri)과 저습지대 홍태양(Burqan : 不咸)이 있을 따름입니다.

모태에서 태어나자마자 어미의 흰 젖을 빨면서 첫 울음을 멎고, 순록이나 양과 마소의 흰 젖을 주식으로 먹고 사는 유목민족입니다. 목숨을 살리는 밥이자 병을 고치는 '어미의 젖'(母乳)이 "차간 이데"(Цагаан идээ : 흰 먹을거리)지요. 세상을 뒤바꾼다는 혁명들이 참 많기도 많지만, 생명과 그 진실 존엄의

눈높이로 보아 난 제 아기 낳아 젖(齧食) 물리는 내 딸아이 주혜원이의 모성화
혁명만 숭앙합니다. 모든 어미중생의 모유는 다 흰빛이지요. 영육의 생명을
영원히 살리는, 모정으로 버무린 그 모유의 젖빛 말입니다.

그래서 유목목초의 길-몽골리안 루트를 따라 메카와 서울은, 시원사상 그
"젖빛"신앙 성도들의 백의대중으로 이어집니다. 지금은, 마소의 달구지에
정보를 실어 나르던 시대가 이미 아닙니다. 백의민족의 역사적 정체도 이젠,
IT·BT·NT시대에 어울리도록 제대로 격에 맞게 읽어내야 옳습니다.

바람에 이리저리 떠도는 부평초(浮萍草)도, 실낱같은 줄기와 뿌리를 땅에
박아야 목숨을 부지합니다. 한겨레 유목태반 기원사의 복원이라는 역사의
대지에 뿌리를 내리고서만, 백의민족 한겨레의 목숨도 온갖 풍상 속에서
제대로 소생·부활하지 않을까요?

영국의 몽·만 공략, 인도도 중국도 없었다!
[2012.3.5]

영국이 멸망시킨 것은 칭기스칸과 티무르를 표방한 몽골제국(Mongol
Empire)-무굴제국(Mughul Empire, 1526~1858)이었습니다. 1차(1839~1842)~2차
(1856~1860) 아편전쟁을 통해 영국이 사실상 항복을 받아낸 것도 그런 만주제국
(Manchu Empire)-대청제국이었습니다.

몽골제국-무굴제국을 멸망시키고 1877년에 영국 국왕이 인도 황제를 겸하는
대영식민지 인도제국을 성립시키기까지는, 그나마도 인도제국이라는 이름조
차 없었지요. 신해혁명으로 만주제국-대청제국을 뒤엎고 1911년 중화민국이
성립되기 이전까지는 물론 한족사(漢族史) 상에 중국이라는 이름이 있었을
리가 없습니다.

그러므로 해양제국을 대표하는 대영제국이 정면으로 공략한 상대는 스텝
기마 양유목제국 기원의 몽골-무굴제국과 만주-대청제국이었을 뿐, 엄밀히
말해서 전혀 인도-영국 식민제국일 수도 이른바 중국일 수도 없었습니다.

아직 태어나지도 않은 실체들을 상대로 당시 천하의 대영제국이 결전을 치렀을 리가 만무해서지요.

인류사란 요컨대 좀 더 질 높은 세계제국 창업을 지향해 발전돼왔고 또 그렇게 전진해가고 있다 하겠습니다. 그러니까 사안(史眼)으로 좀 더 크게 본질을 꿰뚫어 멀리 내다보면 이즈음의 동·서결전은, 해양제국 팍스 아메리카나(Pax Americana)와 스텝유목제국 팍스 몽골리카(Pax Mongolica)의 패권 교체 전쟁이었다고 보아야 할 것입니다.

그런데 인류사상 첫 세계사 유산의 청산과 계승이라는 역사적 과제가 이들 사이에 순리대로 이루어져야 했음에도 불구하고 그럴 여지도 거의 없이 패권교체가 이루어지자마자 반(反)식민지-근대화투쟁이라는 협공 쓰나미 속에서 이내 유명무실해진 후자는, "유목제국사"라는 개념마저 상실케 되고 말았지요. 엄연히 전자가 대두하기 이전까지 수천 년간 역사발전을 주도해오던 유목세계제국 발전사임에도 불구하고, 이런 역사인식상의 불상사는 이 시대 인류역사 주류를 치명적으로 왜곡하고 있다는 생각이 듭니다.

유목제국(Pastoral nomadic empire)이란 주로, 소수 유목세력이 주도해 다수 농경세력을 통합한 제국입니다. 순수한 유목민만이 세운 유목제국은 역사상 존재해본 적이 없지요. 가능한 일이 아니어서입니다. 중원지대의 "호한(胡漢)체제"도 물론 그런 류의 유목식민제국이지요. 그러니까 무굴제국은 팍스 몽골리카의 여세가 구축한 지금의 인도지대 유목식민제국이고, 만주-대청제국 또한 중원에 이룩한 그런 성격의 유목식민제국이었을 따름입니다. 그런데도 한사군의 위치가 요서냐 요동이 아니냐가 지금 우리에게 그렇게도 중요합니까? 유목제국사안으로 들여다보면 수도 없이 호한체제(胡漢體制)~한호체제(漢胡體制)가 순환하면서 중원과 스텝의 지배주체가 뒤바뀌어온 장구한 동북아시아 유목제국 역사판인데 말입니다. 지금은 차라리 유목과 농경의 판가리 경계선이 요서냐 요동이냐에 주목하는 게 더 시급한 급선무일 수도 있겠지요.

있지도 않았던 인도와 중국이라는 유령을 태어나기 이전부터 얼버무려 역사무대에 한 주역으로 등장시키는 역사의 왜곡된 서술이야말로, 몸서리쳐지는 본질적인 역사왜곡이 아닐까요? '영·미 : 인·중'이 아닙니다. 적어도 「영·

미·몽·만,이라는 역사적인 양대 세력의 쟁패 승부를 판 갈라 인류사상 일대의 패권을 교체하기까지는, 엄연히 그러했으니까요. 그때까지는 아직 인도든 중국이든 태어나본 적조차도 전혀 없었습니다. 뜻밖에도 공돌이를 자칭하시는 이민화 교수님의 「몽골리안 네트워크론」이 이런 사실을 명징하게 논급해내고 있어 매우 놀랐지요.

역사는 역사일 뿐입니다. 그렇지만 역사를 바로 파악해 정리하는 것은 앞날의 역사를 헛발 딛지 않고 제대로 발전케 하는 기본 전제가 된다고 보아, "유목제국의 개념"을 차제에 분명히 되짚고 넘어가려는 것입니다.

"황금벌판", 서라벌−샤르탈라!
[2012.3.12]

서울이 지구촌에 정식으로 얼굴을 내놓기 시작한 것은 88서울올림픽이 개최되면서부터입니다.

그런데 "서울이 왜 서울이고 그게 무슨 뜻을 함의하며, 지금 우리에겐 무엇인가?"를 진지하게 우리 자신에게 자문해본 적은 거의 없었지요. 기껏해야 "새로운 벌판"이고 새 우주를 열어갈 희망의 땅처럼, 역사적 뿌리가 없는 '고요한 아침의 나라 조선'처럼 구시대적 부풀림으로 떠올려보는 잔영조각들만이 회상되곤 합니다.

당연히 그런 경향의 역사적 배경은 구체적으로 실존하겠지만, 그걸 엄밀히 천착해보려는 절절한 애착 같은 것을 보인 적도 우리에겐 별로 없었습니다. 경이로운 올림픽 상위(종합 4위) 등극 영광의 황홀감에만 도취해 맴돈 탓일지도 모릅니다. 기왕이면 "우뚝 솟은 나무들에 더 깊은 뿌리를 내리게 해서 지금쯤은 온 누리에 무궁화가 만발케 했더라면 더 좋았을 것을 …"하는 아쉬움이 있지요.

근래에 어느 학술회의 뒤풀이 자리에서 한국에서 고구려어를 연구하고 있는 시미즈 기요시(淸水紀佳 : 전 오스트리아 빈 대학, 아프리카어 전공) 교수가 신라의 수도 「경주」는 본래 금성(金城)으로 일본어로는 「시라기(しらぎ)」인데

"시라(しら)"는 황금색["샤르(шар)" 웅구 (өнгө) : 몽골어. 그후 페르시아사 전공 자 김정위 교수님은 페르시아어로도 동 일하다고 제보함]이란 뜻이고 "기(き)"는 성(城)이라는 뜻이라며, 신라벌판ー서 라벌ー서울의 "새벌판"이라는 지명해석 에 이의를 제기했지요.

이즈음에 동북아시아 유목제국의 자 궁이라고 일컬어지는 싱안링 북부 훌룬 부이르 몽골스텝 하일라르에서 "샤르탈 라" 실위(室韋)무덤 발굴 보고서(2006년) 가 나왔는데, 그 샤르탈라(謝爾塔拉)가 바 로 "황금빛 벌판"이란 뜻이랍니다. 탈(Ta ㄲ)은 "들"이라는 몽골어지요.

황금 '엘' 신상[다마스쿠스 박물관 소장;아시리아(BC. 2400~605경?) 김영우 교수 제공]. 흉노의 제천금인 (Golden Man)을 상기시킨다. 왕이나 귀족을 상징하는 발 디딤돌(발등상)이 있고, 몽골의 일부 기마 양유목민 들에게서 보이는 버선코 신발을 신은 점이 주목된다. 진작에 한국 김씨조상 神位에 모셨더라면…

때마침 학술회의 참가를 위해 내한한 자오아핑(趙阿平 : 헤이룽쟝성 만주-퉁 구스어학회) 회장이 이런 새 정보들을 놓고 한·몽·일 연구자들이 담소하는 자리에 끼어들어, 금나라(金國 : Altan ulus)의 초기 수도 아성(阿城)도 "알추카"(阿勒楚喀 또는 阿什)라는 여진어 금 (Gold)에서 나온 이름으로 「금성」의 뜻을 가진다고 부추겼습니다. 참고로 다·샤오·와이싱안링의 접점을 중심으로 아성에 이르기까지 그 일대가 알려진 사금(沙金)채취지대라는 점을 고려할 필요가 있음을 첨언해 둡니다.

1990년 몽·한수교 직후에 싱안링 북부 "부이르 호반의 고올리칸 석인상이 고주몽 석상!"이라는 주장을 내어 놓아, 한국학계에서 그간 완전히 따돌림 당해오던 베. 수미야바타르 교수님이었습니다. 그런 그가 손뼉을 치며 "바로 그겁니다. 몽골-시베리아 고원의 햇빛은 황금색이고, 그래서 해와 결혼해 낳은 고주몽도 천손(天孫)인 알탄우룩(Altan urug=黃金氏族 : 김씨)이지요. 칭기 스칸도 그렇고 애신각라(愛新覺羅 : 황금겨레) 누르하치도 그렇습니다. 천손족

임금이 강림해 머무는 땅이 바로 신라벌판—서라벌—'시라기'—금성이지요.
대한민국 수도 서울(Seoul)이 그대로 황금빛 벌판의 '황금성'이라 이겁니다!"라
고 일갈했지요.

진실로 이 시대가 북방 유목몽골로이드 태반 기원사 연구에서도, 역시
지구촌시대요 정보화시대임을 절감케 하는 순간이었답니다. 이내 아주 가볍
게 진(辰)·진(震)·진(秦)·금(金)·서울·신라—"황금빛 : Шар"를 화두로 묵상
하며, Scythia 기마 양유목혁명의 완성이 신라 금관일 수도 있겠다고 중얼거
려 보았지요.

불함(不咸)은 "붉음", 홍류(紅柳)동산 "보드마마" 모태!
[2012.3.19~3.26]

불함(不咸)은 밝음이 아니고 "붉음"입니다.

백두산이나 태백산의 백(白)을 "밝"(Park)이라 읽어, 하늘과 해에 연결시키며
제천(祭天) 지성소(至聖所) 불함(不咸 : Burqan-紅柳, 神明)이라고 해석해보는 데
도 일리가 있기는 하겠지요. 그러나 경우에 따라서는 차라리 만년설이 덮인
북방의 흰머리산(白頭山, Цагаан толгой уул : 몽골어)을 떠올리는 것이 합리적
이라고 보아서지요. 유목민의 주식인 젖도 흰색이 아닌가요? 천지광명의
상징으로 해신앙을 거론키도 하지만 북방스텝 기마 양유목몽골로이드의 해는
흰(白)태양이 아니라 황(金)태양이기도 하고 순록유목몽골로이드의 해는 붉은
(紅) 태양이기도 합니다.

일제 하처럼 많은 걸 모두 해에다 이끌어대는 "마구잡이 해신앙"이 우리
지성사에 난무하던 시대가 일찍이 없었지요. 해중(海中) 홍태양 일장기(日章旗)
에 대응하느라고 그랬는지는 알 수 없지만, 매우 혼란스럽고 한민족 유목
태반 기원사를 복원하는 데는 아직도 치명적인 인식장애를 유발케 합니다.
특히 있지도 않은 흰(白)태양의 경우가 그렇습니다.

북방스텝 기마 양유목몽골로이드의 경우에는 한랭고원 건조지대에 뜨는

바이칼 호 뜬다 마을 조상들의 공동묘지 "부르칸(不咸)동산" 돌무지무덤들. 원형은 물이 흐르고 물길을 따라 홍류가 번창하는 아늑한 宗山(종산)이었단다. 2005년 8월 한·러 유라시아 대장정 추진위원회 주관 "광복60주년 기념 한·러 유라시아 대장정" 동참시 所攝(소촬)

해를 황금빛 태양으로 보았고, 그 황태양 빛을 받아 회임해 낳는 생명을 천손-칸이 될 황손(Altan urug) 곧 황금용손(龍孫)이라고 받들어 모셨습니다. 하느님은 제천금인(Golden Man)이나 황금"엘"신상(Damascus 박물관 소장, 흉노의 제천금인(祭天金人) ; 김씨 유래 : 『한서』 권68, 「藿光 金日磾(제)」전)이고 요. 이들의 천주는 "늘 움직이는" 유목민의 하느님 '엘'이지요. 따라서 '엘'천주님 을 모시는 성당은 당연히 '이동교회'가 되었을 겁니다. 물론 뭇 생명이 부회할 수 없는 절대 유일한 지존으로 독존하는, 하늘이 낸 늘 움직이는 분입니다. 장차 서라벌-서울 황금성에 들 지극히 존귀한 분이니까요.

  우리의 경우에는 1920년경에 『산해경』「대황북경」 17의 "불함유숙신지국(不 咸有肅愼之國)"을 최남선 선생님[당시 30대]이 어떤 계기로 떠올려 백산(白山)에 부회하며 구체적인 엄밀한 천착도 없이, 불함을 자의적으로 어림잡아 "밝"(Park)이라 해석해 일반화하는 바람에 불함(不咸)='밝음(天地光明)'으로 그 의미표기가 고착돼 버렸지요. 그렇지만, 실은 몽골여시조 알랑 고아의 경우에는 Burqan(『몽골비사』9절)으로, 만주족 시조전설에는 포고리(布庫里 :『흠정 만주원류고』) 등 여러 음사(音寫)표기로 적어내고 있습니다.

순록·양치기 유목몽골고로이드들, 특히 주식인 젖과 직관된 암순록을 뜻하는, 늘 움직이는 유목민족 조선의 선(鮮 : Soyon)족이 삶의 족적을 남긴 곳에는 유라시아~북아프리카나 아메리카 대륙까지도 그런 신앙의 흔적이 묻어나 있는 것은 사실입니다. 그렇지만, 그간 수십 년 정보를 모으고 답사해본 결과로는 한국 말고는 어디에서도 이를 "밝"(Park)이라고 해석하는 경우가 없었지요.

내게 가장 충격을 준 것은, 1992년 가을 몽골과학원 고고학연구소 휴게실에서 연구원들이 함께 차를 마실 적에 부르칸 이야기가 나온 김에 "한국에도 불함산이 있어요"라고 했더니 "돌아가서 발굴해 보시라!"고 그이들이 입을 모았던 사건이지요. 이유는 그곳이 「조상들의 공동묘지」(宗山)이어서라고 했습니다. 그래서 칭기스칸도 당연히 부르칸산에 묻혔다고 믿는 그이들이지요.

마땅히 부르칸 중의 부르칸은, 코리(弓)족 시조전설지인 바이칼 호 올콘 섬의 "부르칸 바위"입니다. 북극해권의 거대한 순록목초지를 예니세이 강과 레나 강을 통해 끌어안고 남으로 몽골스텝의 셀렝게 강물을 받아들이는, 시베리아 유목몽골로이드의 허브 역할을 맡아 하기 때문이지요. 2005년 8월 한·러유라시아 대장정 답사에 동참해 그 언저리 호반 톤다마을 부르칸에 들어가 돌무지들을 뒤지며 유물을 찾다가, 한 노교수 답사대원이 송장의 유골을 들어 올리고는 기겁을 하기도 했습니다. 앞이 트이고 빙 둘러 물이 흐르는 야산으로 싸인 아늑한 버드나무 동산인데 아직도 그대로 돌무지 종산으로 쓰이고 있었던 터이지요.

실은, 주시경님과 거의 같은 시대를 살다가 간 몽골의 거물 몽골언어학자 베. 에린친님은 불함(不咸)의 몽골 토박이말 표기인 Burqan을 상천(上天)이나 상제(上帝)-「하느님」, 또는 "버드나무"의 뜻으로 새겼다고 1993년 여름에 그의 막내 제자 체. 샥달수렝(몽골국립대) 교수가 귀띔해주었지요. 본래 북방 삼림 민족이었던 몽골족의 오보도 처음에는 돌 위주로가 아니라 버드나무로 만들어서 버드나무 오보(Borgasan oboo : 몽골어)라고 했습니다. 특히 조선류(朝鮮柳)라고 불리기도 하는 붉은 버드나무(紅柳 : Purkan=不咸?) 오보는 제천(祭天)과 유관한 당집이라는 점이 주목되기도 해서, 보드마마-성모(聖母) : 유화(柳花)를 상기시키기도 했지요.

알타이산구 주민들이 러시아정교의 탄압에 대항하여 그들 자신의 샤머니즘 신앙을 은밀히 부활시켜 냈는데, 그 신흥종교 「부르칸이즘」의 "부르칸"(不咸 : Burqan)을 "사람의 영혼을 자라게 하는 곳"이라고 해설하는 신도들의 말에서 나는 또 한 번 더 충격을 받았습니다(SBS-TV 홍성주·홍순철 PD "몽골리안루트를 가다", 1995). 연어(鰱魚, Salmon)의 모천(母川)을 떠올리게 해서랍니다.

정녕코, 「불함」은 "붉음"이지요

허저(赫哲 : 러시아 나나이족의 별파)족 사전에 부르칸(Purkan)이라는 말이 그대로 "버드나무"로 되어 있는 것(憂志賢·傳萬金 편저, 「허저문고」 총서 "簡明赫哲語·漢語대조독본", 헤이룽장 성 민족연구소, 1987, 113쪽)으로 보아, 역시 이(不咸 ―布庫里―Burqan)는 버드나무와 직관된 것으로 보아야 하겠다고 우리는 결론을 지었습니다. 2000년 늦봄, 다구르족 문헌사학자 아. 아르다잡 교수(내몽골사회과학원 역사연구소)와 헤이룽장 성 현지 동행답사 토론 중의 일이지요.

물론, 신앙의 대상이 되는 붉은 가지 버드나무와 직관되겠고, 이는 원주민들에겐 조상의 탄생지, 곧 모태의 땅과도 직통됩니다. 예족(濊族)의 생태지역인 저습지대의 붉은 가지 버드나무라는 홍류 떼(Krasno talinik berba : 로어)는, 맥족(貊族)의 생태지대인 고원지대의 자작나무 떼와 함께 그들에게 신앙의 대상이 됩니다. 눈이 덮인 드넓은 설원(雪原)의 잎이 진 홍류 떼는 복사꽃 핀 마을이나 피어오르는 불꽃을 연상케 하고, 눈보다 더 흰 자작나무 줄기 떼는 소름이 끼치도록 장엄한 신비감마저 자아내지요. 황금빛 햇살을 받아 타오르는 동토 툰드라나 수림툰드라의 붉은 불길 같은 홍류 떼를 인격신화 한 것이 부르칸-유화성모(柳花聖母 : 『삼국유사』 왕력 제1 기이 제2 「고구려」조)일 터입니다.

1990년 중반에 알타이·사얀산맥 지역에서 오지전도를 하고 있는 이철성 목회자님이 보낸, 자기는 현지 목회에서 하느님을 "부르칸"이라고 부른다는 이-메일보고를 받고 크게 놀라고 감격했습니다. 그간 오랫동안 유목현지를 너무나도 어렵사리 마냥 헤매 돌던 내가, 그 머나먼 후진지역의 아주 희귀한 정보를 이렇게 쉽사리 방안에 앉아서 얻을 수 있었기 때문입니다. 오지탐사자인 내가 정보혁명-인식혁명의 시대권에 이미 진입했음을 직감하는 순간이기도 했습니다. 이에 즉시 IT공부를 새삼 서둘러, 본격적으로 재개했습니다.

부르칸이 하느님은 하느님이되 그 원형은 황색신인(黄色神人)의 금빛햇살을 받아 천손(天孫)을 회임하는 보드마마(柳花聖母)임을, 같은 시기에 최희수(연변대 : 「조선신화와 만주신화의 비교연구-주몽신화를 중심으로」,『한민족』제4집, 한민족학회, 1993, 96~112쪽) 교수님이 내한해 밝혀주어 알게 되었습니다. 어미의 젖가슴에 접맥되는 흰쌀 독에 붉은 버들가지를 몇 개 꽂고 하는 "보드마마 굿"에 관한 내용이었어요. 연변시내를 관류하는 강이 "부루하퉁하"-버드내이고 조선버들의 별명이 홍류(紅柳 :『길림성야생식물지』, 장춘, 1926)이며 버들이 푸르칸(Purkan)-부르칸이라면, 이미 답이 나온 터이지요. '부르칸 신앙'은 순록치기 조선 선(鮮)족의 '모태회귀' 신앙입니다.

태어난 곳으로 되돌아 갈 때 목숨들은 안식할 수 있게 마련인데, 이는 자기의 태반(DNA)대로 제 목숨이 설계되었기 때문입니다. 그걸 받들어 모시는 게 붉은 모태 홍류(紅柳 : Burqan)동산 회귀신앙이지요. 홍산(紅山), 적산(赤山), 오환산(烏桓山의 「오환」: 몽골어 Улаан〈붉다〉에서 유래. 丁謙, 浙江圖書館叢書第1集,『後漢書烏桓鮮卑傳 地理攷證-仁和丁謙益甫之學』(淸) 3쪽, 「烏桓者烏蘭之轉音也蒙古語紅曰烏蘭[Улаан] 故傳中又稱爲赤山…」)이 그런 부르칸신앙 성지유적이랍니다. -烏桓의 '桓'은 '붉음'이 분명해뵈는데 근래 이를 '환인'과 관련해 '환하다'-'천지광명' 등으로 우주차원의 의미부여로 부풀려 해석하는 경우도 있다. '밝음(不咸)' 'Morning calm(朝鮮)'이나 '무지개Solongos'처럼 한겨레사 유목태반 정통성 왜곡을 빚는 오류가 없었으면 좋겠다. 당연히 '義'를 상기시키는 광명~ '밝음'보다는 뜨거운 생명사랑 심정을 상징하는 '붉음'이 더 본질적인 핵심 가치다. 문제는 원·명·청 등 초역사적인 지상천국을 상기케 하는 제국명 기치를 들고 일어섰으나 예외없이 창업후 시간이 흐르면서 역사의 실제는 지상지옥화를 방불케 전개되기도 하며 흥망성쇠를 거듭해왔다는 사실이다. -고올리칸 석상이 서 있는 훌룬부이르 몽골스텝의 숑크(赤) 타반(五) 톨로고이(頭)란 땅이름도 주목되며, 붉은 악마 치우[蚩尤=Chukchi : 순록치기 임금 추정]

도 박(朴)혁거세(赫居世)-불구내[弗矩內 : 붉은 누리]도 같은 신앙권에 들겠고요. 진실로 사료해석의 엄밀한 역사화-객관화가 절감되는 지금 여기입니다.

홍류동산 회귀신앙권에 "붉은 악마"가요? 그렇지만 몽골의 만다라는 해골 투성이죠. 본래 순록 목초지 선(鮮 : Sopka : 러시아어)이 즐비한 우리의 시원태반 유목생태권에서 지금은 선이 없는 태평양의 한반도 농경권으로, 다시 산업화와 정보화 사회로 우리의 생태권이 질·양 모두 죄다 격변해온 터입니다.

철분(Fe)이 붉은색을 띠고 그래서 붉은 바위산과도 유관할 수 있으며, 붉은 가지 버드나무(Purkan)와도 인연이 있을 수가 있겠지요. 철분은 조혈제고, 잡균을 쫓는다고 무덤 쓸 적에 태아모양의 시신에 붉은 흙(Red Ochre)을 뿌려주는 이들도 서시베리아의 선(鮮 : Soyon)족이 아니었던가요?

백두산이 모두 다 불함(Burqan)산이 아니라, 칭기스칸의 고향인 헨티산맥 중의 부르칸산처럼, 백두산에 부르칸 지성소라는 아늑하고 아담한 홍류동산이 있어야 맞습니다. 한겨울 바람찬 허허벌판의 춥고 배고픈 유목민들에겐, 어미 품 같은 안식극락인양 환각을 불러일으키는 부르칸(不咸)동산이었겠지요. 늘 거기서 떠나며 살아야 하는 모진 팔자를 타고난 유목몽골로이드 소욘족의 태어난 어미 품이자, 자나 깨나 그리는 그런, 돌아갈 홍류모천(紅柳母川)-모태랍니다. 그런 인연 때문인지 뜻밖에 자신의 태생지 충남 세종시 언저리에서 언젠가 홍류동산을 찾아내고는, 매우 감격스러워하던 박석홍 학형의 모습이 새삼 상기되곤 하는 요즘이지요.

그래서 그들의 사제복은 황(黃)금색-젖(白)색-붉은(紅)색이 주류지요. 날 태어나게 하신 하느님-먹을거리-따뜻하고 맑은 피라는 생명의 원천을 상징한 것입니다. 광막한 바다 물결을 헤치며 일생을 살아오던 연어가 돌아와 짝짓기하고 영면에 들고파 하는, "그곳이 차마 꿈엔들 잊힐리야" 하며 그려온 모천(母川)과도 같은 어미 품인 "부르칸 모태동산"입니다. 자연사(自然死)를 하는 이는 대체로 태아의 몸짓으로 돌아가면서 서서히 숨을 거두어들인다고 하네요. 유목민들은 그 모질고 험악한 일생을 이런 부르칸 모태회귀 중생(重生)을 그리며 이겨낸답니다.

조선(朝鮮) 유목몽골로이드 활겨레 선(鮮)족의 복낙원인 "부르칸"(不咸) 회귀

신앙입니다.

그런데도 오히려 지금 우리에겐 대부분이 아주 낯선 남들의 얘기들인양 여겨지지요? 유목태반 기원인 우리가 너무 오래, 수천 년 세월을 하염없이 그 후에 저마다 타고난 대로 실(失)낙원(Burqan)에서만 숨쉬어와서일 겁니다. 유목태반 기원(起源) 디아스포라로 말입니다.

더욱이 육당의 "밝"-백태양론이 판을 치는 흑백사진시대에 우리 초창기 근대지성들이 주로 길들여져온 터에 인식색맹이 되어 총천연색 순수자연계를 직시해 주로 눈도장을 찍던 이전 시대의 관행은 희미해지고 넘치는 컬러풀한 정보화 시대 수용엔 아직 어색해하는 판이어서 본연의 시력회복이 너무 더딘 감이 있어 뵈기도 합니다.

Korean은 "활(弓)잡이", Qorči 활겨레!
[2012.4.2]

토박이 몽골어로 하면 "코르치"(Qorči)이고, 영어식으로 하면 코리안(Korean) 입니다.

한자로 쓰면 고려(高麗)지만, 도리어 중국문헌사료에 유사 이래로 수십 번 계속 나라 이름으로 읽을 적에는 "고리"(Gori)로 읽으라고 강조해왔지요. 부리아드 식으로 하면 "코리"(Qori)이고 몽골식으로 읽으면 "고올리"입니다. 고올리는 본래 고구려를 Gogoli로 읽어오다가 13세기경에 모음 'o'와 모음 'o' 사이의 'g'가 탈락되면서 Gooli가 됐을 수 있다고 보기도 하지요. 언젠가는 고올리의 '리'(麗?)는 「늘 움직이는 성도의 하나님 나라」를 의미하는 아랍어 '엘리'에서 유래한 것인지 아닌지도 천착해봐야 하리라는 정수일 교수님의 도움말도 있었습니다.

공영방송 역사드라마에서 고려(高麗 : Qori)를 "하늘아래 제일 높고 아름다운" 운운해서 너무 기가 막혔습니다. 십대 경제대국이라면서 제 뿌리인식 수준은 세계 최빈국 수준에도 못 미치니까요. 우리의 호칭을 우리 토박이말로

읽어내지도 못한 채로, 제 멋에 겨워 그런 사실조차 외면해버리는 판이어서
입니다.

물론 일차적인 책임은 공적인 자아성찰이 부족한, 안이한 한겨레사 연구기
계인 넓은 의미에서의 우리 사학도에게 있게 마련입니다. 권위나 이권을
둔 목숨 건 패거리 경쟁심을 모두 다 벗어던지고, 진솔하게 나를 되돌아보아야
지요. 누가 한국사 왜곡의 원초(原初)인가를.

티베트어에서 몽골의 뿌리를 밝혀 일컬을 적에 Xor Mongol이라고 하는데,
이는 몽골인들 자신이 그런 경우에 Qalqa Mongol이라고 하는 것과 같아요.
여기서 Xor는 티베트어의 경우에 활(箭이나 矢)을 의미하기 때문에, Qalqa도
바로 활을 뜻하는 것을 알게 되지요. 실제로 몽골왕조실록이라 할『몽골비사』
에 나오는 여러 사례에서도 Qorči는 전통사(箭筒士)로 한역되고 있어서, Qor-Xor
가 활-화살을 뜻할 수 있습니다.

몽·한의 공동 조상인 부이르 호반의 고올리칸 석상도, 몽골국 쪽에서는
Gol(활 : 弓矢)로 부르고 내몽골 쪽에서는 놈온칸(弓王 : Nomonkhan) 곧 "Nom
(弓身)의 임금" 또는 "놈온바아타르"(弓英雄 : Nomonbaatar)식으로 Nom(활몸
통 : 弓身)이라고 일컫지요. 고구려(Qori : 弓)의 후예(後裔)를 자처한 궁예(弓裔)
가 철원 궁(弓)씨의 시조가 됐듯이, 고(구)려는 활(弓 : Qor)의 나라-궁제국(弓帝
國('Qor's empire'-Goolikhan ulus)입니다.

진실로 고려(高麗 : Qori)사람-코리안(Korean)은, 거란(契丹 : Cathey)사람이
'칼잡이'(持劍者)를 뜻하듯이, '활잡이'(持弓者 : Qorči)인 활겨레(弓族)를 일컫지
요.

지난 주에 있었던 한국몽골학회 국제학술회의, 내 기조발표 논문「몽·한궁족
분족(分族)」의 줄거리랍니다.[아울러 몽골어 필명을 '가우리'로 쓰고 있는 류병
균 님의 고올리-까마귀(고구려 고분벽화 三足烏 신앙 : 鳥葬?-김정민 박사 지론?)
지칭론도 이와 함께 여유를 가지고 연구해봐야 하리라 봅니다]

솔롱고스? 아니, 고올리(Gooli) 코리아!

[2012.4.9~4.16]

에벵키 민족박물관에 전시된 솔롱고스 박제. 한국인의 원류와 한·몽 관계의 그릇된 지식을 바로잡을 수 있는 긴요한 실물 자료다. 김문석 기자 제공(2007.7.21)

솔롱고스(Solongos)도 고올리도 몽골인들이 한국을 부르는 이름입니다. 모두 나름으로 역사적인 유래를 갖지요. 그러나 여기서는 그걸 다 다룰 겨를이 없습니다.

다만 솔롱고스에 관한 가장 오래된 사료는 1240년 전후 오고타이칸이 몽골 중북부 카라코룸(和寧)에 자리잡고 있을 적에 편찬된

것으로 보이는 『몽골비사』 274절에 한문으로 'Solongos-사랑합사(莎郎合思)'라고 음역해 적은 것을 명나라 초기쯤에 고려(高麗 : 정확히는 高嚴)로 애매모호하게 곁에 주(註)를 달아 놓은 게, 그 원형으로 뵐 따름입니다.

그러나 분명한 것은, 칭기스칸의 제4황비인 전설적인 미녀 훌란을 쟁취한, 솔롱고스라고 불린 메르키드를 공략했다는 "칭기스칸 고려친정설"은 오류라는 점입니다. 칭기스칸의 생존시(1162~1227)에 그가 한반도 고려에는 발을 들여놓은 적이 전혀 없고 만주도 아직 상당히 여진족의 금나라 치하에 있어서이지요. 그렇다면 1204년경 당시에 셀렝게 강~하일라르 강 일대를 오가던, 그 솔롱고스(Solongos)는 분명히 한반도의 고려(Gooli)는 아닙니다.

다만 몽골의 유일본 왕조실록이라 할 한문으로 음역한 『몽골비사』의 솔롱고스라는 기록을 뒷날에 주석해 고려라고 썼을 따름이니까요.

그러나 당시의 동정(東征)전황을 복원해 보면, 오고타이칸 때(1231)에 고려를 정벌하면서 그 한반도의 고려(高麗 : Gooli)도 솔롱고스(Solongos)라고 한 것은 정말로 사실입니다. 왜일까요? 셀렝게 강 일대의 메르키드-솔롱고스와 한반도의 고려가 그 이전부터 서로 혈맥이 통하는 오랜 역사적 정통성을 지녀온 까닭으로 볼 수 있습니다. 그래서 발해(Boka)에 속하는 전자도 후자처럼 모두

'고려'로 불리기도 했답니다.

솔롱고스는 몽골학의 거장 페. 페리오의 탁견대로 누렁 족제비(黃鼠狼=黃鼬 : 艾虎)들-솔롱고스족이지요. 그리고 솔롱고스 종족의 원주지는 바이칼 호 동남쪽 셀렝게 강~우드 강 및 헨티산맥 일대입니다. 일본 열도나 한반도에서 보면 아니지만, 이곳 바이칼 호에서 보면 '해뜨는 쪽'이지요.

훌란 공주의 고국 셀렝게 강 유역은 비교적 비옥하고 드넓으며 철산지로 유명해 일정한 세력이 대두될 만하기는 하지만, 물이 북극해로 흐르는 찬물지 대여서 기원전후에 스키타이 제철기술을 수용하면서도 고대유목제국을 창업할 수는 없었지요. 주로 오랜 동안 누렁 족제비를 사냥해 시베리아의 모피(Fur) 시장에 파는 수렵 종족으로 남아 있었던 터입니다.

언제부터인가 시베리아 원주민의 기준점은, 코리(Qori)족 조상탄생설화가 서린 바이칼 호 올콘섬 부르칸 제천단이 됐습니다. 시베리아의 황금 모피(Fur) 무역의 중심지에 세워진 중앙제천단이었나 봅니다. 그 동남쪽 곧 "해 뜨는 쪽"의 솔롱고스(наран ургахуй зүг Солонга) 종족은 그대로 사냥감이 많은 셀렝게 강변 원주지를 중심으로 살았습니다. 그리고 그들 중의 선진적인 일부는 더 동남쪽으로 진출해 비교적 온난한 물이 태평양으로 흘러들어 동북아시아 유목제국들의 자궁이라고 공인되는, 다싱안링 북부 홀룬부이르(Hulunbuir) 몽골스텝에 이르게 됐지요.

거기서 그들은 조직된 소수의 유목민 주도로 다수의 목농민을 통합하는 전형적인 고대 유목제국을 창업했습니다. 그 상징이 부이르(Buir) 호반의 유명한 고올리칸(弓王 : Goolikhan) 석상이지요. 이후부터 이들이 몽골고원을 제패하는 유목제국으로 발전해, 솔롱고스라는 종족명은 이 일대에선 대체로 자취를 감추고 주로 고올리(Gooli)－맥고려(貊高麗 : 원Mongol?)－고(구)려라는 이름으로만 불렸나 봅니다.

물론 원조의 멸망을 전후해 다시 중·북·서몽골세력이 극성을 부리고 명조와의 길항 중에 색목인 세력도 일정한 역할을 수행하다가, 후금(淸)의 대두와 함께 중·북·서몽골을 기지로 삼는 몽골국 복원운동이 끈질기게 지속되면서 Solongo-숙량합(肅良合 : 瑣郞哈)과 같은 솔롱고스와 관련된 몽골제국 귀화

고려인들의 몽골 성으로 정착되는 경향도 보이기 시작했습니다. 남자인 경우에는 남성 성씨 접속사 어미인 dai/dei(肅良合+台)가 첨가되기도 했고요. 그래서 카르피니나 루부루크의 저작 중에도 몽골인들이 고려를 Solongga라고 표기했지요.

그러나 대체로 이전에 그 기원지에서 원초적 차원에서 붙어온 "해 뜨는 쪽"의 종족 또는 나라라는 형용구는 상존했습니다. 솔롱고스처럼 맥고려도 그랬지요. 그래서 명사수-신(神)궁수 투멘(T'umen)을 주몽(朱蒙)에서 동명(東明)으로까지 일컫게 된 것으로 볼 수 있습니다. 음역과 의역을 동시에 고려하는 중원 한자문화권의 관행을 보여주는 것이라 하겠습니다. 그런데 과연 동북아시아에서 저습지대 동남쪽이 건조지대 서북쪽보다 더 밝은가요? 천만 뜻밖에도 생태현장의 사정은 정반대이죠.

태평양 쪽은 습기가 많아 더 흐리고, 서북 시베리아 몽골 쪽은 건조해 더 밝은 탁 트인 개활지에 때때로 백야현상까지 있기도 하답니다. 억측은 금물이지요. 시베리아 횡단열차의 겨울차창엔 건조해서 성에가 끼지 않으므로, 놀랍게도 장엄한 신비의 설야(雪夜)를 한껏 누릴 수 있기까지 하니까요. 물론 지구촌 시대에 언제나 이 지대를 비행기로 몇 시간만 날아보면, 무쌍한 하늘색 변화가 이내 이를 실증해 주기도 합니다.

그렇다면 우리 한국이 솔롱고스(Solongos)인가요 "고올리"-코리아인가요? 소련의 지원을 받는 소련에 근접한 중·북·서몽골세력을 위주로 창업됐을 몽골인민공화국이 1921~1924년에 교과서에 한국 국명을 솔롱고스라고 못박아 실어 놓기 전에는, 한반도 고려(高麗)의 소식에 비교적 익숙했을, 물이 태평양으로 흘러드는 드넓은 몽골의 본부인 기원지 동몽골에서는 정작 오로지 고올리(Gooli)가 있었을 뿐, 솔롱고스라는 호칭은 단 한 번도 들어본 적조차 없답니다. 내몽골의 할하몽골인들도 당연히 그렇다면, 이런 현지 원주민-주로 몽골인들의 3/4을 점하는 할하족들의 증언은 과연 무엇을 말해 주는 것일까요? 원주민의 구비사료(口碑史料)도 엄연한 사료로, 문헌사료처럼 엄밀한 사료비판을 거쳐 역사복원에 동원될 수 있는 금싸라기 같은 역사정보원입니다. 특별히 유목 제국사 복원의 경우에는, 이 점을 간과하면 역사전쟁에서 필패하게 마련이겠지요.

우리는 이미 1992년 역사적인 몽·한 동몽골(헨티·도로노드·수흐바아타르 道) 20여 일 대장정을 통해 이에 관한 현지 답사보고서[한몽학술조사연구협회/몽골과학아카데미, 『한·몽공동학술조사』, 1992①, 1993②)를 내었지요. 그런데도 그 후 20여 년이 지나도록, 몽·한 양측 모두에서 왜 반응이 전무한지 모르겠습니다. 이 일이 몽골과 한국의 일정한 문화수준-몽골역사인식도를 반영하는 자랑스러운 일일까요? 아니, 그 정반대일 것임이 분명합니다. 그래서 더러는 "한국몽골학회냐 한몽상호친목회냐?"는 빈축을 사기도 하나봅니다. 몽골은 북유라시아, 특히 공활한 시베리아 스텝·타이가·툰드라지대에 주로 기반을 둔 장구한 유목 본류 중의 하나입니다. 엄정하게 가치중립적인 연구 접근이 이루어져야 할 핵심 천착 대상이지요.

서로 너무 멀리 떨어져 있어서 한반도 "고려"(Gooli)에 관한 정보 소통이 거의 없었던 당시의 중·북·서몽골 카라코룸(和寧)의 오고타이칸 정권이 기초한 『몽골비사』의 부정확한 솔롱고스 호칭기록이, 그후 아주 오랜만에 같은 편에 돌아난 소련의 지원 하에 세워진 중·북·서몽골세력 위주의 몽골정권에 의해 그에 뿌리를 두며, 그로부터 근 700년 만에 다시 되살아나는 악몽이 되풀이된 호칭이 지금의 솔롱고스일 수 있지요. 그때의 솔롱고스가 한반도의 고려(高麗 : Gooli)일 수가 없듯이, 지난 세기의 소련 및 중·북·서몽골세력 주도의 솔롱고스(Solongos) 호칭도 더더욱 정통 대한민국(Korea)의 바른 호칭일 수가 없습니다. 진실로 1921년의 몽골사 교과서에 일방적으로 새로 실린 Korea-Solongos 호칭은, 몽·한관계사 왜곡의 핵심 주범이 된다고 하겠지요.

원래는 동부리아드 몽골과 동내몽골 및 헤이룽장 성까지도 내포했던 동몽골 곧 본 몽골이라 할 몽골의 기원지에서 부른 고올리(Gooli : 高麗)-코리아만이, 당연히 몽골이 우리를 부르는 제대로 된 바른 호칭일 수 있을 따름입니다. 고올리칸 고주몽의 부이르 호반 할힌골 고구려(Gooli) 창업을 기점으로 동북과 서남으로 활겨레 분족(分族)을 이룬 몽골이, 대한민국을 제대로 혈친으로 알고 불러주는 고올리(Gooli)-코리아가 역사적인 정통성을 되살린 당당한 우리의 국명이라는 것입니다.

더군다나 누렁 족제비 "솔롱가"에 무지개니 색동저고리니 하는 가당치도 않은 형용어를 자의적으로 경박하게 덧칠해서 역사의 정통성을 호도하는 일은, 명백한 자발적인 자기 역사왜곡입니다. 어떤 의미에서 창의력이란 사물을 추상적으로 부풀리는 것이 아니라 구체적으로 쪼개는 행위력이라 할 수 있지요. 그런데 지금 이 땅의 북방몽골로이드 유목사학계에는 창의력이 차고 넘치는가요? 아주 그렇지 않습니다.

당시 나는 몽골과학원 역사연구소에서 동료연구자들과 학문적 담론을 펴고 있는 중이었는데, 몽골교수들이 이런 한국 언론의 보도를 듣고 도리어 의아해했지요. 생전 처음 듣는 소리라는 표정들이었어요. 뒤에서 누가 저런 조언을 해주고 있을까를 생각하며 당혹스러워했는지도 모릅니다. 태평양이 있는 동쪽에서 일곱 빛깔의 무지개가 떠서 솔롱고스라고요? 그런데 왜 정작 태평양 쪽 몽골의 본부인 기원지 동몽골의 원주민들은 그 이름을 까마득히 몰라왔고, 지금도 그런 이름에 강한 거부감을 갖게 되는지요?

조선(朝鮮)의 조(朝)는 "아침"의 뜻 Zhao[1성]로도 읽고 "향한다"는 뜻의 Chao[2성]로도 읽습니다. Solongo에는 "무지개"란 뜻도 있고 만주어로는 Solohi인 "누렁 족제비"란 뜻도 있지요. 그런데 왜 우리에겐 아침과 무지개만 선택되고 '향한다'나 누렁 족제비는 버려져야 했나요? 전거가 있든가 현지의 쓰임새가 그러해야 옳습니다.

그런데 앞의 것은 '보고 싶은 대로' 그렇게 보고 자의적으로 그렇게 선택했을 따름이지만, 뒤의 경우에는 상당한 나름대로의 역사적인 배경과 생태사적 근거가 있어요. 조선은 순록유목민-Chaatang 출신이고 솔롱고스는 누렁 족제비 사냥꾼 출신이어서 입니다. 그리고 이들은 비교적 온난다습한 태평양의 바람이 직·간접적으로 영향을 미치는 일정한 생태권에서 적응적 진화를 해왔을 수 있지요.

뿐만 아니라 할힌골(忽本)에서 원몽골-고구려(Gooli)제국이 창업되고 역사적인 몽·한분족이 이루어지면서 몽·한겨레가 세계사에 결정적으로 부각되기 시작한 것은, 우리가 누렁 족제비인 솔롱고(Solongo : 黃鼬, 艾虎)와 수달·산달

(水獺·山獺)을 사냥하던 수렵어로시대가 아닙니다.

이는, 순록치기나 양치기로 순록이나 말을 타고 단궁(檀弓)이나 맥궁(貊弓)을 쏘며 신출귀몰하게 드넓은 시베리아·몽골·만주벌판을 누비어서 그 누리에서 활겨레 Gooli(弓國 : 활나라)로 불린 우리에게 식량생산단계라는 결정적인 격변이 일어나던 동북아시아 고대유목제국이 창업되는 바로 그 시기이지요. 그래서 그런지 헤. 페를레의 현지유적 조사보고서『몽골인민공화국 고중세 성읍지 약사』(울란바토르, 1961)에도 고올리 성읍 유적만 동몽골을 중심으로 몽골 전역에 분포돼 있을 뿐입니다.

그러므로 그 정통성을 물려받은 한 주체인 오늘날의 대한민국은 Gooli-Korea 로 명칭상의 광복이 이제, 반드시 이루어져야 합니다. 한국을 위해서도 몽골을 위해서도, 그리고 당시에 할힌골의 Goolikhan국민으로 각각 분족(分族)됐던 몽골과 한국동포의 몽·한국가연합 프로젝트가 단순한 정치적 구호에서 실천적 사업으로 빈틈없이 구체적으로 착수되기 위해서도 꼭 그래야 한다는 겁니다.

몽골인에게 칭기스칸을 "히틀러 같은 악마"라고 강압교육을 70년간이나 반복해오게 하던 일세의 독재자인 스탈린의 동상은, 이제 땅바닥으로 끌어내려졌지요. 그즈음 우리는 아직도 겁에 질려 주저하는 몽골동포들에게 감히 몽골고원에서 칭기스칸 만세를 외치고 박수를 치며 격려를 보냈습니다. 그런데도 왜 지금 몽골-솔롱고스 관광상품 차원의, 근거 없이 잘못된 구소련 편향인 솔롱고스 호칭 장사는 더 극성을 부리고만 있나요?

감수성이 너무 풍부한 예술인들 덕인가, 포퓰리즘에 민감한 정치인들 때문인가, 아니면 일회성 답사로 성급한 결론부터 대서특필하기 좋아하는 얼치기 몽골학도들 때문인가요? 나 자신부터 처절한 자기성찰을 해야 할 때입니다. 아무튼 이제는, 몽골겨레가 우리의 국명을 몽골과 함께 유목제국 고올리칸국을 창업한 동포이자 동지로 우리의 유서 깊은 그 "고올리"(高麗)-코리아 국명으로 복구하도록 우리에게 우애 깊은 격려를 충심으로 보내 줄 차례입니다.

그래야 몽골 기원지 에르구네시(되물림이라는 뜻의 多勿都)를 위시한 고주몽 고올리칸(Goolikhan)국의 창업루트도 복원되고 몽·한의 할힌골(忽本) 활(弓)겨레 분족(分族)의 역사가 되새겨지면서, 몽·한국가연합 프로젝트도 좀 더 실천적인 구상이 이루어져 본궤도에 오를 수 있을 것입니다.

진정 피상적인 관광상품 차원의 안이한 오락성 "솔롱고스"-몽골보도는, 이 분야에 대한 언론의 막중한 영향력을 염두에 두며 이제부터라도 아주 신중을 기해 엄밀한 학문적 검증을 거쳐서 다시 올바로 고쳐 편성돼가야 하겠습니다. 몽골과 우리가 같으면 왜 같고, 민물생태계와 바닷물 생태계처럼 다르다면 어떻게 왜 다른가? 유목지대 유목목초와 농경지대 목축목초는 성분과 효용성이 각각 어떻게 서로 차별화되며, 그것이 지금 우리에게 목숨 같은 우리의 유목태반 기원사 복원에서 어떤 의미를 갖는가? 그런 기초적인 걸, 우선 밝히자고 연구자들이 모여 만든 한국몽골학회지요.

몽-한라인 항공료가 지나치게 비싸다고는 하지만, 너무나도 치열한 우리의 경쟁사회에서는 우주 같이 탁 트인 몽골스텝 대자연과 그 유목모태 품에 안겨 시원한 바람을 쐬고 기분을 전환하는 일이 매우 중요하긴 합니다. 비교적 넓은 광야, 거기 잠재한 부존자원도 마찬가지입니다. 그러나 이 시대 사활을 가를 수도 있으며 몽골과 만주로 더불어 할 수 있는 우리의 유목태반기원사 정체성의 확립 과업 수행 여하는, 실로 유구하고 장중한 몽·한관계문제의 핵심 중의 핵심이라고 하겠습니다.

한국몽골학도들은 민초들과 소통이 가능한 관계 스토리텔링을, 엄밀한 과학적 몽골학 연구와 함께 시민교육 차원에서 결행했으면 합니다. 누렁 족제비 모피(Fur)시장도 아닌, 몽골의 솔롱고스 호칭 시장이 근래로 맥락도 모르게 너무 어처구니없이 그 본래의 정체성을 허물며 자리매겨 가고 있어서지요.

유목생태 하에서 오래 조직된 소수 핵심 주류 몽골이 북방 유목제국태반 기원이 분명한, 우리의 역사적 정체성과 직관될 수 있어서 입니다. 지금 우리가 장삿속 다수결놀음에 휘말려들어 자칫 잘못하면 겨레태반사가 몽땅 거덜날 판이지요. 정녕, 조선은 순록유목민 기원이고 솔롱고스는 누렁 족제비 사냥꾼 출신 종족입니다. 그리고 철기수용 이후의 고대 기마 양유목제국 고올리(Gooli : 高麗)칸국 창업으로 그 기틀이 확립됐습니다. 한 몸 살아남기도 힘겨운 무한경쟁 생태 판이지만 따지기가 매우 까다롭고 지겨워도 진지하게 모든 걸 걸고 사실(史實)을 일점일획이라도 놓치지 않고 똑바로 밝혀, 우리와 나의 역사적 정체를 바로 깨달아보며, 제대로 된 한민족 유목태반 기원사를 착실히 복원해나가야 하겠습니다. 유목태반은 우리 역사의 시원인 기틀이기도 해서입니다.

그래야 냉엄한 역사적 현실을 직시해, 헛보아 크게 실족하지 않고, 시장경제 발전과정에서 어떤 위기를 당해도 그때그때 강인하고 치밀하면서도 유연하게 이를 잘 극복해낼 수 있을 테니까요.

"헤름트", 훌란공주와 칭기스칸의 초야 성지, 발해 흑수말갈 3인의 기연! [2012.4.23~5.7]

난 역사 공부하는 사학도이니 내 나름으로는 "아주 새로운 역사이야기"를 쓰고 있지요. 그런데 이는, 오래고 드넓은 역사의 황무지를 끝없이 헤매며 유목몽골 사극의 대본을 써서 간추리는 일인 셈인데 지면이 너무 좁으니 촌철살인의 글재주가 모자란 내겐 역불급일 수도 있습니다. 그래도 애써 기도는 드려봐야겠지요. 언뜻 우리와 내 역사 제대로 깨달아 읽기의 결정적인 갈림길에 서있는 지금의 우리일 수 있다는 생각이 들어서입니다.

칭기스칸의 호적상 아버지인 예수게이는, 물이 태평양으로 흘러드는 다싱안링 북부 부이르 호반 할힌골(紇升骨) 지역 처가에서 물이 북극해로 흘러드는 셀렝게 강변 친가로 신부인 후엘룬을 데리고 돌아가는 메르키드족 예케 칠레두 일행을 기습해서 후엘룬을 약탈합니다.─동명성왕(Goolikhan) 흘승골성 지역이 혈연상의 부자인 메르키드(靺鞨)족 예케 칠레두와 테무진의 고향지역이라면 여기가 보카(渤海)-Gooli지역이었던 만큼 이들은 고구려(Gooli)의 혈연적 먼 훗날의 후예일 가능성이 있을 수도 있다.─

북방유목몽골로이드의 관행상 데릴사위제가 있어서 예케 칠레두가 장인가(丈人家)에 들었다가 후엘룬이 시가(媤家)에 돌아가는 길은, 대개 출산을 위한 것으로 현지에서 보지요. 그래서 테무진 칭기스칸의 생부는 몽골족 예수게이가 아니라 메르키드족 예케 칠레두라는 점은, 이미『몽골비사』의 기록과 당시 이들의 관행을 따라 비공식적으로는 그렇게 정리되고 있기도 합니다. 그렇다면 실은 칭기스칸은 "애초에 마누라 뺏긴 놈"(王八蛋)인 애비의 자식으로 세상에 태어난 터이지요.

그리고 역시 당시 그 지대의 보복관행에 따라, 마누라 빼앗긴 메리키드인 예케 칠레두 측에서 20년쯤 후에 칭기스칸 진영을 기습해 칭기스칸의 아내 보르테를 약탈해 갑니다.

이때는 무슨 사정에서인지는 몰라도 당사자 예케 칠레두는 등장하지 않고 그의 아우 칠게르부쿠가 주도해 보르테를 약탈해 소유했지요. 그리고 당시에는 약자이었던 칭기스칸이 노회한 외교전을 구사해 부족국가 연합군을 이루어 아내 보르테를 되찾아옵니다. 보르테가 되돌아와 낳은 자식이 호적상의 칭기스칸 장자 주치지요. 이름의 뜻이 "주치" 곧 손님(Зочин)이듯이, 그는 아내 보르테 자궁의 손님인 메르키드 사생아로 태어나게 됩니다.

그래서 호적상의 장자임에도 불구하고 몽골제국 태조 칭기스칸의 계승자로 칸이 되지 못하고 배다른 형제들이 메르키드의 사생아라고 저주를 퍼붓는 가운데, 우랄알타이산맥을 넘어 후진 황야로 떠나 훗날의 킵착한국을 개창합니다. 몽골의 정사 중의 정사인『몽골비사』에 기록된 내용들이지요.

이런 이야기 줄거리를 주제로 이는, 역사학자 못지않게 사실 고증에 치밀한 유명한 역사소설가 이노우에 야스시(井上靖)의 불후의 명작이라 할『몽골의 푸른 늑대 칭기스칸』(1959)이란 소설로 출간됐습니다.[『소설 칭기스칸 푸른이리』, 정명숙 옮김, 도서출판 삶과꿈, 1995] 뿐만 아니라 2006년에는 칭기스칸 몽골제국 창업 800주년 몽·일합작 기념영화로 출시되기까지 했지요. 몽·일합작 영화이고 보면 몽골에서도 이를 거의 공인하는 셈이라 하겠습니다. 바로 이 영화에서 전설적인 미인으로 알려진 칭기스칸의 제4황비 솔롱고스의 훌란공주 배역에 캐스팅된 여배우가 한국인 고아라로, 일본판 칭기스칸 영화『푸른 늑대(蒼き狼)』에 등장하는 유일한 한국인이 되었지요.

『몽골원류』와『알탄톱치』같은 17세기 사서들에 그녀를 메르키드인, 솔롱고스인이나 보카(渤海)인이라고 썼지요. 그런데 정작 몽골의 기원지 에르구네시

(多勿都) 소재지대인 중국 내몽골에서는 지금도 고올리국 훌란 공주라고만 씁니다. 솔롱고스는 『몽골비사』(274절)에서 Gooli(高麗, 高嚴?)라고도 썼으며 발해도 자칭은 Gooli라고도 했습니다. 당연히 그녀가 한반도의 고올리(고려)인 이라는 기록은 없음에도 불구하고 훌란 공주가 한국인임에는 틀림이 없다고 뭉뚱그려 보아, 몽·일 합작 칭기스칸 영화에서도 그걸 공인해 한국의 고아라 여배우를 그 배역에 굳이 캐스팅한 셈입니다.

이런 이야기 줄거리를 엮어 사극대본을 쓴다면 어떨까하는 생각을 해보았습니다. 이상에서 등장한 3인의 배역이 생부혈통으로 보면 칭기스칸도 셀렝게 강 일대의 오도이드 메르키드인이고 그의 호적상의 장자 주치도 실은 그의 생부의 친동생 칠게르부카를 생부로 하는 셀렝게 강 일대의 오도이드 메르키드인이며, 그가 진정으로 애정을 나누었던, 그녀의 나라 온 국민이 몽골군에게 도륙당하는 판에 적의 수령 칭기스칸에게 사로잡혀 그의 제4황비가 된 훌란 공주도 셀렝게 강 일대의 우와스 메르키드인입니다. 이처럼 상호 악연으로 맺어진 같은 3메르키드족인들이니 이 얼마나 기막힌 인연들인가요?

여기서 3메르키드란 명궁수란 뜻의 Mergen의 복수형 부족명으로, 몽골학자들의 해석들을 모아 정리해보면, 숲의 바다 속에서 반렵반목(半獵半牧)을 하며 사는 활겨레(弓族)-이족(夷族)들의 범칭으로 볼 수 있겠지요. 훌룬부이르 몽골스텝이 고향인 현지 문헌사학자 아. 아르다잡(다구르족) 교수님이나 오윤달라이(에벵키족) 선생님은 이를 보카(Boka : 渤海)의 흑수말갈(黑水靺鞨)족이라고 논증해보기도 합니다. 예서 보카란 이들 지역에서 늑대의 토템어로 유목민을 상징하는 이름이랍니다. 『체벨사전』에는 Booqai라고 써서(이성규 교수님 검색) 늑대의 존칭이라고 설명을 베풀었습니다.

이런 유목몽골로이드의 사극 각본을 쓰게 된다면, 우선 쓰는 과정에서 우리는 관변사가들이 정리한 정사가 아닌 숨겨진 실사(實史)를 천착해내는 아찔한 스릴도 만끽할 수 있을 터입니다. 메르키드=솔롱고스=발해=고려(Gooli)라는 논증사료가 거침없이 던져지고 있기도 하니, 이들의 역사적 사연 속에서 나를 다시 깨달아보는 우리 자존감의 르네상스도 누릴 수 있겠지요. 물론 이런 사료들은 각각 그 역사 배경을 깔고 비판적으로 다시 읽어내야

하긴 합니다.

그간 출시돼온 영화중에 몽·일합작 영화『푸른 늑대』는 그 줄거리 구성면에서 가장 탁월하지만, 오랜 열도역사의 체취가 배어나서인지 일본어 대사가 매우 어색하지요. 중국어판은 우주를 관통하는 듯한 유목의 유장한 맛이 영 가버린 느낌이며, 그래도 영어판이 비교적 무난한 편입니다.

어떤 경우에도 이들의 유목성이야 몽골판 칭기스칸 영화를 따를 수가 없겠지만, 기왕에 한국배우 고아라가 솔롱고스 공주로 몽·일판 칭기스칸 영화에 캐스팅돼 등장한 김에, 그리고 칭기스칸도 메르키드 곧 보카(발해) 흑수말갈일 수 있다는 문제가 제기될 수 있는 터에, 한·몽판 칭기스칸 영화가 한류바람을 타고 세계영화시장에 출시되면 제격 중의 제격이 아닐까 하는 생각을 뿌리칠 수 없네요.

당연히 독창성이 없이 탈만 바꿔 쓴 진부한 작품의 구태의연한 재탕은 별로 의미가 없겠지요. 그래서 문제의 핵심은 단연, 우리 나름의 참신한 시나리오 구상입니다. 그 혈연사를 복원해서 이를 영화대본으로 만드는, 칭기스칸 영화제작을 구상해보는 일은 우리 학계에 몽·한 동원론(同源論)이 새삼 부각되고 있는 지금, 너무나도 흥미진진할 것 같습니다. 이쯤 해서 독창적인 몽·한합작「활겨레(弓族) 보카(Boka) 칭기스칸」영화를 창작해 세계영화시장에 출시해봄직도 하지요.

기왕에 유목성을 더불어 타고나 이미 세계성을 띠고 있는 한류가, 칭기스칸을 어떻게 역사적으로 자기화해 융합하는 스토리텔링을 해내느냐에 작품의 사활이 걸려 있다고 하겠지요. 신상옥 감독의 구상에 이어 근래에 강제규 감독 같은 거물들이 이에 몰두하고 있다는 기별은, 우리의 가슴을 새삼 사뭇 설레게 합니다.

실은 1936년 1월 31일자『조선중앙일보』1면에 만주국군(日)과 몽골군(露) 충돌의 전운이 감도는 "헤름트 스텝" 기사가 실렸습니다.

그렇지만, 당시에는 아마 누구도 이 땅이 600여 년 전에 칭기스칸이 "고올리"의 훌란 공주[몽골 기원지인 중국령 이곳 현지에서는 아직도 "솔롱고스"를

한·몽 관계사의 첫 유적이라고 할 수 있는 헤름트. 칭기스칸과 발해 유민국의 훌란 고올리(槁離) 공주가 초야(初夜)를 지낸 이 성지(聖地)에 지금은 붉은 가지 버드나무로 만든 오보(서낭당)가 서 있다.[2003.,7.13 최낙민 작가 제공])

전혀 모름와 초야(初夜)를 보낸 성지여서 몽·한관계사의 한 축을 이룰 역사유적임을 꿈에도 생각해 보았을 리가 없었겠지요. 남북분단 하의 오늘을 사는 우리의 일상과 별반 다를 게 없는 일정 하의 긴장 정국이었으니까요. 그래서 1999년 시월에 이곳을 손가락질해, 국내의 동포 이상으로 날 반겨 맞아 관계유적을 기꺼이 안내한 진(陳)바르크 소코르 문화담당관(장님이란 뜻의 이름, Sokhor Batmunk)님이 너무나도 고마웠습니다.

셀렝게 강과 오르홍 강이 만나는 지점이 Boka-Gooli의 망명국 훌란 공주의 고향이고 그녀가 칭기스칸에게 사로잡혀 첫날밤을 보낸 자리가 하일라르 강변 헤름트입니다. 헤름트(Хэрэмт)란 "성(城 : 칭기싱 헤름)이 있는"이라는 뜻의 지명이지요. 다싱안링 북부라고는 하지만, 평균 해발고도가 1천미터 정도이니까 2~3천 미터에 이르는 백두산에 비하면 생각보다는 많이 저지대인 셈이지요.

두 지역 간의 거리는 어림짐작으로도 백두산 천지에서 제주도 백록담 가기보다 더 멀 뿐만 아니라 무엇보다도 Boka-Gooli의 망명국 훌란 공주의 고향은 물이 바이칼 호수를 통해 북극해로 흐르는 권역이고, 그 초야성지 헤름트는 물이 태평양으로 흘러드는 다싱안링 북부 하일라르 강변입니다. 북극해의 기류와 태평양의 바닷바람이 마주치는 권역 셀렝게 강변에서 나라(Boka-Gooli 의 망명국)가 망하고 인척부족의 땅으로 보이는 태평양권역 다싱안링 북부 하일라르 강변에 쫓겨와서, 칭기스칸에게 생포돼 첫날밤을 보낸 셈이지요.

그녀의 시어머니인 호엘룬은, 그와는 역코스로 부이르 호반 할힌골 지역에 서 셀렝게 강변의 시집에 돌아가는 길에 오논 강변에서 칭기스칸의 호적상의 아버지 몽골족 예수게이에게 사로잡힙니다. 그래서 자기 본남편 예케 칠레두 의 아들 메르키드족 테무진(Chinggiskhan)을, 종전의 적진영 몽골족 수령 예수 게이의 휘하에서 낳았습니다. 그러니까 호적상의 칭기스칸 장자인 몽골족 주치는, 그의 생부 예케 칠레두의 아우이자, 칭기스칸의 어머니 호엘룬의 시동생 칠게르 부카의 아들로 칭기스칸과는 부자간이 아니라 실은, 메르키드 혈통으로 종형제 간이 되지요.

그런데 다시 칭기스칸은 자기 생부의 종족 셀렝게 강 일대의 3메르키드인을 거의 멸족시키는 과정에서 같은 종족 공주 훌란을 생포해 넷째 황비로 삼은 터입니다. 모두 참으로 기구한 팔자를 타고난 인생들이 아닌가요? 여러 황비들 중에 나이도 가장 어렸지만, 그보다도 자기들의 생부의 고향인 셀렝게 강변을 동고향으로 삼고 있는 동족이어서 더 정분이 깊어, 전쟁터에까지 동행하는 연인사이가 됐을 가능성이 크지요.

13~17세기에 이르는 각종 관계 사서를 점검해 정리해보면 솔롱고스=메르키 드=보카(발해)=고올리(고려)가 되는 것은 사실이지요. 그런데 발해는 고올리 (자칭은 고려, 타칭은 고구려 : 高氏高麗→大氏高麗 : 다고올리-다구르?)라고 자 칭했다고 하나 926년에 이미 망했고, 칭기스칸 당시인 1200년경에도 고올리로 실존하고 있던 나라는 한반도의 고올리(王氏高麗)뿐이었습니다.

그렇다면 분명한 것은 칭기스칸이나 주치는 물론, 훌란 공주도 한반도의 Gooli(高麗)는 말할 것도 없지만 고려를 자칭하기도 한 보카(渤海)의 메르키드(靺 鞨)족일 수도 없다는 사실입니다. 칭기스칸의 생부가 메르키드 예케 칠레두이 고 그의 호적상의 큰아들 주치의 생부가 칭기스칸의 작은 아버지 메르키드인 칠게르 부카라고 해서, 그대로 메르키드=솔롱고스=보카나 고올리를 여기에

대입시켜 칭기스칸이나
주치도 이미 279년 전에
망한 대씨 고려 발해나 당
시에 상존한 왕씨 고려를
모두 Gooli로 범칭해 바로
오늘날의 한국인이라고
주장하는 데는 무리가 분
명히 있지요. 따라서 훌란
공주가 곧 한국의 공주라
는, 내논에 물대기 식의 지
극히 감성적인 주장도 같

1204년에 칭기스칸이 자기의 생부 종족인 3메르키드를 멸족시키다시피
한 이 지역 울란우데의 뒷동산에는, 가까스로 잔존한 그 후예들이 조각해
세운 하늘을 향한 저주의 손바닥 석상이 상존하지요. 울란우데 부리아드족
유적. 칭기스칸이 아내 보르테를 약탈당했다가 되찾아오는 과정에서 처절하
게 도륙당한 메르키드족이 손바닥을 하늘로 향하고는 영세토록 사무친
한을 하늘에 호소하고 있는 석각 조형물이다. 오른쪽이 저자. 2001년 8월
7일 소촬(所撮)

은 이유로 억설일 수가 있습니다.

　다만 칭기스칸 당시에 반렵반목으로 누렁 족제비(Solon) 수렵도 하고 순록이
나 양유목에도 종사하면서 수림 툰드라와 스텝을 들락거리며 수렵~유목적
이동성을 지닌 메르키드족이, 926년 발해가 망한 후에 거란국(916~1125)의
견제가 이완된 틈새를 이용해 태평양의 비교적 온난다습한 해풍이 미치는
지대를 따라 역사적인 역학균형의 변화에 적응하며 헤이룽 강과 셀렝게 강
일대를 옮겨다니는 생활을 했을 수는 있습니다. 소설가 이윤기님이 근래에
기시감(既視感 : Dejavu)이라는 표현을 써가며 이 일대의 생태환경을, 어디서
많이 봐왔던 듯이 감격해 하며 이에 깊이 몰입했던 점을 이해할 만은 합니다.

　이런 역사적 참상이 배어들어 있는 3메르키드-솔롱고스족의 원주지인 바이
칼 호 동남부~헨티산맥지대입니다. 이 일대는 물이 바이칼 호수를 통해 북극해
로 흐르는 찬물 권역이어서 호랑이도 거북이도 못 삽니다. 그렇지만, 올 3월
한국몽골학회 논문발표자로 내한한 부리아드몽골 사회과학원 조릭투에프
교수가 입증했듯이, 반달곰의 서식 지대이고 몽골스텝의 경우와는 달리 샅바를
잡고 하는 씨름이 주류를 이루며 노크하는 소리 흉내를 몽골스텝과는 달리,
"통퉁[모피를 두른 몽골게르]"이라 하지 않고 "똑똑[통나무집]"이라고 해서 이곳
에서 한국의 풍정이 물씬 풍기는 것을 지금도 어느 정도 실감할 수 있습니다.

아리랑 가락이 자기네 가락이라고 우겨대기도 하는 부리아드 코리족 본토박이 들이니까요.

심지어는 1993년 여름에 학회 뒷풀이자리에서 내가 아리랑 민요를 부르자 "경기도 아리랑 가락이 당신네 가락이 아니고 우리 가락!"이라고 흥분하며 들떠서 이를 재삼 강변하는 어느 사모님도 계셨지요. 뒷날 부리아드 몽골지대를 이어내리는 공활한 동몽골스텝을 답사하면서 그 가락이 장가풍 가락임을 확인케 됐습니다.

Boka-Gooli의 망명국 훌란 공주가 전설적인 몽골의 미인이라지만 비교적 온난 다습한, 태평양 바닷바람의 간접적인 영향권에 드는 이 지역 여인들의 피부가 한랭 고원 건조지대인 여타 몽골스텝의 여인들보다 더 고운 것은 당연하기도 하지요. 몽골처녀들이 한반도 한국에 와서 몇 달만 살다 가면 화장품을 별로 안 써도 고운 피부의 미인이 돼서 귀환하는 요즈음의 현실을 보아도 이를 알 수 있습니다.

게렐 바드라크, 최복규 교수님과 내가 동행하며 몽골과 한국의 합동 답사팀이 1993년 8월에 처음으로 시굴한 셀렝게 아이막 오르홍 솜 찬트의 고올리 종이공장터 유적지가 한국의 정취가 흠씬 묻어나는 듯한, Boka-Gooli의 망명국 훌란 공주의 태생지대인 오르홍 강변에 있는 것도 우연이 아닐 수 있지요. 헤. 페를레『몽골인민공화국 고중세 성읍지 약사』(울란바토르, 1961)의 고올리 성읍 유적지 중에서 찾아낸 이 찬트 고올리 종이공장터 유적지 시굴은 당시대의 고려지 유명세에 힘입어 북방개방 후 몽골스텝에서 시굴한 첫 유적지로 크게 부각됐고, 결국 이 유적지 시굴기사가 일본 신문에 먼저 보도되고 그걸 다시 『한국일보』(최성자 기자님)가 되받아 확대 보도해 1990년대 홍산문화권 서북단 다리강가 몽골스텝 고올리돌각담무덤 발굴(손보기 단장님 지도, 부단장 주채혁, 장덕진 대륙연구소 회장님 후원)이 이루어지기도 했답니다.

1990년 몽·한수교 후, 내가 처음으로 몽·한학술조사 관계로 실무접촉을 한 이가 아. 오치르 몽골과학아카데미 역사연구소쟁[한국 국사편찬위원장 격]입니다. 그가 국립 중앙민족박물관장을 거쳐, 지금은 국제유목문명연구소를 차리고 유적발굴에 나섰지요. 원래 17~18세기 몽골문헌사를 전공하던

셀렝게 오르혼솜 고올리 종이 공방터의 연자매

그였지만, 이젠 몽골의 발해-거란관계 유적 문제도 거론하고 있습니다.

2008년 7월 2~3일에 한국 국립중앙박물관에서 열린 "발해와 동아시아"[동북아역사재단 주최]학술대회에서, 그는 발해(698~926)의 후속되는 영향이 몽골지대에도 커서 몽골스텝에도 200여 곳에 달하는 발해유적이 발굴되고 있다고 보고했지만, 아직은 그것이 거란국(916~1125)과 몽골고원 제세력 상호 견제의 틈새를 이용해 나름으로 살아남아 이겨내오는 이런 오랜 역사적 흐름 속에서 헤이룽 강~오논 강~셀렝게 강으로 수렴되는 지대를 중심으로 분포되고 있다는 맥락을 짚어내지는 못한 듯합니다. 그런데 이는, 몽골의 발해와 거란관계사 천착에서 매우 중요한 핵심부분이라고 생각됩니다.

왜냐하면, Boka-Gooli(발해)의 변방인 헤이룽 강 중하류의 광대한 지역에 거주했던 흑수말갈이 태평양 해풍을 따라 다싱안링 북부 저지대를 통해 헨티산맥 북부지대는 물론 바이칼 호 동남부의 붉은 버드나무 산맥과 코산맥을 거쳐 셀렝게 강 일대까지를 오가며 적응적 진화를 해왔을 수 있기 때문입니다.

요컨대 바이칼 호 올콘섬 부르칸 바위 제천단을 기점으로 하는 셀렝게 강변은, 이런 구도로 북극해의 기류와 태평양의 해풍이 마주치는 코리족의 생태태반 본질을 말해주고 있다고 하겠습니다. 그래서 이들을 솔롱고스인이자 카라우스(黑水 : Xap yc, "깨끗한 물"-淡水라는 뜻임) 메르키드-흑수말갈인(黑水靺鞨 : Xap yc Мэркид) 또는 Boka-Gooli(발해)인이라고 발해가 망한 후에도 관행상 그렇게 계속 불렀을 수 있으며, 발해가 자칭 고올리(고려)라고 한 관행을 따라 그냥 고올리인이라고 불렀을 수도 있지요.

그러나 이 기연을 맺은 셀렝게 강 유역의 3메르키드 3인을 직접 고올리인이라고 적은 기록은 아직 찾지 못했습니다. 17세기 문헌에 훌란 공주의 아버지 우와스 메르키드인 다이르 우순을 솔롱고스의 보카 차간한(Солонгуудын Буха цагаан хаан : 渤海白王)이라고 적어 남겼을 따름입니다.

어디까지나 한반도의 고올리(고려)와는 거리가 너무 먼 헨티산맥 이서 중·북·서몽골 정권이나 원주민들만이 솔롱고스=메르키드=보카(대씨 고올리)=왕씨 고올리라는 식의, 이런 애매모호한 호칭을 관행상 써왔을 따름이라고 하겠습니다.

심지어는 쿠빌라이칸이 1260년경 처음 뒷날의 고려(Gooli) 원종(元宗 : 당연히 追增이지만 송-고려와 원-고려 관계 성격의 본질을 가른 획기적인 임금이어서 그리 추증했는지도 모른다)을 태자시절에 만나서도 당태종의 침략을 물리친 고구려의 고씨 고려 태자로, 왕씨 고려 태자인 그를 부를 정도로 관계 정보에 어두웠던 몽골인이었다는 겁니다. 고(구)려가 망하고 그 자리에 자칭 Gooli라고도 한 보카(발해)가 서고, 한반도에 고올리(高麗)가 일어난 역사 변화에 무지했던, 그들은 아주 후진 지역의 Nirun Mongol(순종몽골)인들이었던 것이지요.

그러나 한 가지 분명한 것은, 몽골과 한국은 진작 그 이전부터 순록-기마 양유목 생산태반을 공유해왔던 것을 알게 된다는 점입니다. 조선·선비라는 선족(鮮族)의 공동제사터 가셴둥(嘎仙洞) 화강암 동굴을 역사적으로 태평양 해풍권에서 공유한 순록유목민이 기원전후의 시기에 스키타이의 철기문명을 받아들이면서 기마 양유목민으로 몽골스텝에 진출하는 과정에서, 함께 고올리 칸국을 창업한 후에 동북과 서남으로 분족(分族)한 사실 등이 이를 말해 줍니다.

그들의 유목제국 태반은 훌룬부이르 몽골스텝과 눈강평원 곧 호눈선원(呼嫩鮮原)이었으므로, 몽골인들도 애초에는 태평양 해풍(海風)세례를 받고 성장해 건조한 몽골고원 스텝으로 진출했던 터였습니다.

철의 주요 산지이기도 한 이 솔롱고스 원주지의 3메르키드는 3인의 태생부족이지만 아직 반렵반목 상태이었지요. 그래서 보카의 고급문화와 직·간접적으로 접목돼왔음에도 불구하고, 순록유목보다 생산력이 10여 배나 높고 당시의 최첨단 유목무력인 기마사술을 먼저 익히며 몽골스텝의 기마 양유목민으로 적응적 진화를 앞서 이룬 몽골부족에게 그들은 당시에 정복·종속되는 역사를 써올 수밖에 없었습니다.

칭기스칸은 호적상의 부친인 몽골부족 예수게이의 칸위를 물려받아 몽골부족의 수령으로 몽골세계제국을 창업하면서, 정작 자기의 혈족 흑수말갈(黑水靺鞨 : Хар ус Мэркид) 태생인 제 생부가계를 철저히 부정했습니다. 친족 주치는 물론 친자 훌란의 아들도 예외 없이 모두 중앙의 핵심권좌 계승에서 무자비하게 소외시켰지요.

이처럼 기구한 자기 자신의 출생의 비밀을 감추고 정통 몽골족 수령으로서의 자신의 역사적 정체성을 부각시키기 위해, 부중들이 의심할 겨를도 없게 호랑이 등에 올라탄 사냥꾼처럼 그가 오로지 쉴 새 없이 정복전쟁에 몰입할 수밖에 없었다는 것입니다. 이런 내용으로 중핵 스토리 전개를 한 이노우에 야스시의『몽골의 푸른 늑대 칭기스칸』이란 독창품은, 그래서 그 예리한 시각과 융숭 깊은 통찰력이 더욱 놀랍게 부각된다고 하겠습니다.

『몽골비사』 63절에 나오는 대로 오도이드 메르키드족 생부의 아들인 칭기스칸의 상징조(象徵鳥)는 송골(Šingqor)매고 송골매-해동청의 유명한 주산지는 예맥(濊貊)의 땅인 함경북도와 연해주 쪽이어서, 팍스 몽골리카 체제하에서 고려응방(高麗鷹坊)이 서고 고려 공녀(貢女)풍이 이와 함께 성행했습니다.

결국 이처럼 깊고도 넓은 수렵·어로와 순록-기마 양유목 태반사를 유장한 역사배경으로 더불어 깔고 보면, 이 기연의 솔롱고스부족 원주지의 흑수말갈족 혈맥 출신 3인도 넓은 의미에서 활겨레 코리치(Qorči : 持弓人)-코리안이라고 부를 수 있겠지요.

"몽골", 맥고올리(貊高麗)-원'고구려' 기원 호칭

[2012.5.14]

세계 몽골학자들이 근 천년간 「몽골」을 연구해왔는데도 정작 몽골이 왜 그렇게 이름 지어진지를 밝힌 글은 거의 없습니다.

나무가 없는 나무열매가 없듯이, 세상에는 어떤 구체적인 역사의 열매가 아닌 것이 없지요. 그래서 그 나름의 역사배경이 없는 탈(脫)역사적인 국명해설은 있을 수가 없습니다. 그러면 어떤 역사가 그 이름으로까지 응축돼 승화할까요? 당연히 삶과 죽음을 판갈이하는 생태 생업사입니다. 특정 생태와 그 속에서 무얼 해 먹고 어떻게 사느냐 하는 생업이 그 이름을 주로 좌우한 것으로 보입니다. 안 먹고 살 수 있는 목숨은 없어서지요.

식량채집단계에서 식량생산단계로 진입한 이래로 주류 몽골인은 유목민이었습니다. 고원의 건습지대에서 살던 몽골인은 중석기시대 이래로 수렵과 어로를 하는 식량채집단계를 벗어나, 고원저습지대 타이가와 툰드라에서는 이끼(蘚)를 뜯는 순록을 유목하고 고원 건조지대 스텝에서는 말을 타고 양을 유목하는 식량생산단계에 들게 되지요. 철기시대를 전후해 순록유목이 그 유목생산력이 10여 배나 높은 기마 양유목으로 크게 발전하는 게 대세였습니다.

그래서 몽골인들은 짐승과 직관되는 이름을 주로 가지게 됐는데, 대체로 이는 그 사냥감이나 유목가축과 그들이 뜯는 풀과 풀밭에 직관될 수 있는 이름들이지요. 동북아시아 유목몽골로이드 기원인(起源人)들은 거의 전부 짐승이 조상인 「수조(獸祖)전설」을 갖는다고 꼬집어 지적한 이가 언론인 고 이규태 칼럼니스트입니다.

한마디로 몽골은 '수조전설'과 수렵-유목의 핵심무기 '활'이 결합된 이름이지요. 산달(山獺) 곧 Elbenkü라는 짐승인 너구리 맥(貊)과 활(弓)이라는 뜻을 갖는 Gooli(高麗)가 결합된 이름이라는 코드로 풀어야 풀리는 생태생업사 배경을 가진 것이, "몽골" 명칭이라고 나는 봅니다. Maek Gooli : 맥고려(貊高麗)에서 Mongol이 나왔다는 결론을 짓는 것이지요.

다싱안링 북부 몽골의 기원지 에르구네시(多勿都)가 자리한 훌룬부이르(呼倫

貝爾) 몽골스텝 할힌골(忽本)은, 스키타이의 철기문화를 수용하면서 그 당시의 최첨단 유목무력인 기마사술을 익힌 양치기 고올리칸 고주몽이 기원전 37년에 맥고려-원고구려를 세운 창업기지입니다.

그래서 거기에 활의 영웅(Nomonkhan) 고올리칸 석상이 대를 이어 천신(薦新)을 거듭하며 세워져오고 있지요. 몽·한겨레가 여기서 분족(分族)됐다고 지금도 원주민들은 증언하고 있고, 박창범 교수님의 고구려 일식기록 분석 결과는 그 관측지가 압록강지대가 아니고 바이칼 호 동남 몽골지역인 바로 이 일대임이 분명함을 말해주고 있지요.

1960년경에 훌룬부이르~눈강평원(呼嫩平原) 관계유적 중·조합동 발굴 이후 북한학계가 돌연 맥국(貊國)=고리국(槁離國) 문제를 공개적으로 거론했다가, 당시의 수상 저우언라이(周恩來)에게 직접 차단당했던 일대의 사건이 함의하는 바는, 이래서 우리가 크게 주목치 않을 수 없다고 하겠습니다.

그이 나름으로 최종결론을 내린 맥고려=고구려=원몽골이라는 이런 몽·한 분족사의 핵심문제를 1990년 몽·한수교시에 한국몽골학계에 직접 알려 우리에게 각성을 촉구한 이는, 1956~1960년경에 전란에 휩싸여왔던 당시의 후미진 북한에 일부러 유학했던, 홍산문화권 서북부라 할 동몽골 다리강가 스텝이 고향인 반몽반한인(半蒙半韓人)이라 할 베. 수미야바타르 교수입니다. 우리의 수용 자세에 따라 이는 몽골이 우리 한국에 베푼 금세기 최고로 고귀한 선물이 될 수 있겠지요. 그이는 우리를 만나면 늘 이렇게 절규해왔습니다.

"나는 메가톤급 몽·한관계사 원자탄을 가지고 한국에 왔다. 지금, 부이르 호반 고올리칸석상을 보는 시력과 시각은 남과 북이 서로 다를 수 있지만, 만고불변의 진리는 사실(史實)은 하나라는 것이다. 동북아시아 유목제국 자궁 호눈선원(呼嫩鮮原) 소재, 이 고올리칸 훈촐로(石像) 활의 영웅은 바로 고구려 태조 고주몽 동명성왕이다!"

정녕 Mongol은 맥궁(貊弓)-맥고려(貊高麗) 곧 기마 양유목태반 기원 "원(原)고구려"에서 유래된 겨레이름이지요.

중국어 "Meili"(美麗), 북방유목민의 심미안(審美眼)

[2012.5.21]

메이리(美麗)는 중국어로 아름답다(Beautiful)는 말입니다.

그런데 이 단어는 중원 한족의 심미안이 아니라 도리어 스텝·타이가·툰드라 북방유목민의 그것을 반영한 것이라고 합니다. 유목태반 기원인 몽골인 학자들의 주장이 아니라 근래에 베이징대학교에서 출판된 말뿌리를 다룬 사전에 적힌 자기고백 내용입니다[謝光輝 主編, 『常用漢字圖解』, 北京大學校 出版社, 1997. 38, 472쪽].

척박한 한랭고원 건조지대 시베리아-몽골 벌판에서는 살찐 큰 양이 아름답고, 뿔로 그 젖과 고기의 양과 질이 가름되는 순록(鹿)의 큰 한 쌍 뿔이 아름다워 보일 수밖에 없답니다. 그래서 양(羊)＋대(大)='메이(美)'요 '리(麗)'라는 겁니다.

안보와 정권 때로는 심지어는 재정권까지 틀어쥔 북방유목 지배족의 심미안이 동북아사에 배어난 용어가 '메이리(美麗)'라는 거지요. 유라시아대륙 유목의 두 주축인 '순록'과 '양' 인식을 핵심 주류로 삼아 우러난, 수천 년을 주로 지배적이었던 "'Meili'(美麗)' 심미안(審美眼)인 것입니다. 그간 주도 문화가 대체로 서·북아시아에서 몽골리안루트를 따라 흘러오고 흘러갔었기 때문입니다. 중심무대 유라시아에서 해양제국시대는 바다가 중심이지만, 18세기 이전 스텝 유목제국시대는 스텝이 중심권이었지요.

소수가 문제가 아닙니다. 문제의 핵심은 시대의 주류문화지요. 상대적으로 결코 다수라 할 수 없는 서구인의 미의식이 온통 지구촌을 휩쓰는 듯한 지금의 우리 현실을 보아도 이런 가능성은 충분히 있다고 하겠습니다.

실은, 한(漢)·명(明)왕조 말고 이른바 중원 한족 주도의 변변한 중원의 한족제국이 있었습니까. 모두 조직된 북방 소수유목세력의 압도적인 기동성과 타격력이 주도해 농경지대 중원에 피정복민인 현지인과 함께 세운 유목제국들이 이룩해온 사실상의 "유목제국사"가 중국사의 실체이지요. 본래 순수 유목민만이 창업한 유목제국이란 있을 수가 없었으니까요. 그래서 북방유목민(胡) 주도의 중원농경민(漢) 통합 유목제국(Pastoral nomadic empires)들의 "호한(胡

漢)체제 중원역사"라는, 수천년 이래의 "유목식민제국사"가 소위 중국사의
본질이라는 겁니다.

"Meili"(美麗)라는 중국어 낱말이 늘 이를 웅변해주고 있지요.

5.21 부분일식 관측, 이순신 동상과 동명성왕 석상의 통화!
[2012.5.28]

이순신 장군의 동상은 광화문에 있고 동명성왕(Goolikhan) 석상은 다싱안링
북부 몽골스텝 부이르 호반에 있습니다.

두 분이 각각 실제로 환생하셔서 지난 5월 21일 아침에 있었던 달이 해를
가리는 부분일식을 관찰하고 스마트폰으로 통화하셨다면, 어떤 톱뉴스를
신문 1면에 기사특보로 터트리셨을까요? 두 분이 통화하면서 서로 수시로
변해가는 일식모양을 찍어 보내며 쓰시는 가상 기사를 받아 써보기로 했습니
다.

"여기[다싱안링 북부 몽골스텝 부이르 호반]는 반달모양 해인데 거기[태평양
한반도 서울 세종로]는 그믐달 모양이네"-아침 6시 반경 통화

"여기는 보름달 모양인데 거긴 아직도 반달모양이야! 그럼 압록강변은
반달보단 더 큰 해가 보이겠지?"-아침 8시 반 통화

"그렇다면 여보게 이 장군, 고구려가 예서 일식을 관측한 게 맞지 않아?
박창범 교수 말이 옳다는 말씀이지. 예서 내 때(기원전 37년) 내가 최첨단
유목무력인 기마사술(騎馬射術)을 구사해 창업한 게 원(原)고구려-맥고려(貊高
麗) 유목제국(Pastoral nomadic empires)이지. 난 지금 내 자리에 제대로 좌정하고
있는 게야.

근래엔 소련군과 일본 관동군 아이들이 할힌골전투(1939년 여름)를 예(忽本)
서 치렀다면서. 고얀 놈들 …. 바람이 거세차구먼. 원 세상에, 요즘 세상이
어느 세상이라고 한국 사관(史官)들은 해가 이렇게 솟도록 아직도 늦잠들만
자고들 있는가 쯧쯧."

물론 실제상황은 다를 수 있습니다. 그러나 이번에 우리가 부분일식을 관측하고 있을 적에 일본에서는 금환(金環)일식을 감상하는 것을 보아도, 지역에 따라 서로 차별화되는 일식이 이루어지는 것은 사실이지요.

박창범 교수의 『하늘에 새긴 우리의 역사』(김영사, 2002. 56쪽)를 찾아 읽어보세요. 박 교수님은 신라와 백제도 그 기원지가 한반도가 아니라고 적었네요.

사실(史實)은 오직 하나! 한반도는 유목지대가 아니어서, 한민족 주류 유목태반 기원(起源)이 사실이라면 그게 지당하지요. 개꿈은 선몽(善夢)이 아니랍니다. 진실로 "붕어빵에는 붕어가 없고 조선반도(Чосон)에는 차탕조선이 없다!"고 할 수도 있을 터입니다.

한국은 "유목사 유산의 천국"
-Udo B. Barkmann 교수 [2012.6.4]

몽·한수교 후 나를 어리둥절하게 만든 두 분의 몽골사학자가 있습니다.

한분은 1990년 5월에 서울에 와서 태평양 한반도에서 당시로서는 너무나도 까마득히 먼 땅 다싱안링 북부 훌룬부이르 몽골스텝 부이르 호반에 동명성왕(Goolikhan) 석상이 있다고 처음으로 일러준 베. 수미야바타르 교수님이고, 다른 한분은 1993년 봄에 울란바토르에서 칭기스칸 보드카 한 병을 차고 몽골의 내 집에 와서 한민족 유목태반 기원사 연구에 관해 몽골어로 열변을 토한 베를린대학교 바르크만(Udo B. Barkmann) 교수님입니다.

하루는, 우도 베. 바르크만 교수가 당시의 몽·한친선협회장인 게렐 도르지팔람(Gerel Dorjipalam) 현 주한몽골대사의 집[주몽골 미국대사관 직원 숙소 아파트 단지, 자가발전이 가능했음]에 머물고 있던 나를 찾아왔습니다. [게렐 대사의 부인 멘데 여사는 그 후 어려운 투병생활 끝에 한국에 가서 눈을 감고 싶다고 하여 세브란스병원에서 타계했을 정도로 한국을 지극히 사랑하는 분으로, 몽골여인에게서 전형적인 한국 전통여인상을 일깨워내 주어서 내게 깊은

인상을 남겼음.]

　나와 심포지엄을 한판 벌이려고 작심하고 온 듯, 바르크만 교수는 "유목사안(遊牧史眼)만 뜨고 보면 한국사서(史書)와 관계 유물-유적들이야말로 세계 최고의 기록된 '유목관계 사료의 보고요 진귀한 보물'이다. 우리가 함께 연구할 문제가 태산과 같이 많다!"라며 기염을 토했지요.

　취중에 그냥 한 말이 아닌 것은 분명했지만 이 분야 공부가 태부족(太不足)이었던 당시의 나는 어안이 벙벙하니 멍청하게 그냥 듣고만 있었습니다. 우리도 모르는 것을 저이들이 어떻게 알 수 있을까 라고만 생각했었지요.

　1840년 아편전쟁을 전후해서 저이들이 동북아시아에 진출하면서 중국과 한국의 사료를 마구잡이로 쓸어가 사료를 축적하고 연구하며 관계역사를 오래 공부해온 사실을 미처 알아채지 못했던 터였습니다. 방대한 문헌사료뿐만 아니라 유명한 갑골문 유물도 쓸어 담아 갔다는 군요. 그에 기반을 두고 한 말이었지만, 나는 그런 그의 토로 앞에 그냥 우두커니 앉아만 있었을 따름이었지요.

　그 후 근 20년을 우리가 몸소 직접 오랑캐(持弓者?)의 땅 유목사 유적 현장에서 숨 쉬며 조선(朝鮮)이 '순록유목민의 나라', 고려(高麗)가 '활', 발해(渤海)가 '늑대'의 토템어이며 솔롱고스가 '누렁 족제비', 맥(貊)이 산달(山獺 : 몽골어 Elbenkü)인 '너구리'라고 읽어내볼 수 있으리라고는 그 당시엔 꿈에도 생각을 못하고 있었습니다.

　문제는 그런 보고가 특정인의 괴팍한 학설이 절대로 아니고, 단순한 현장조사 보고일 따름이라는 것입니다.

　중원(黃河 중·하류 유역)에 서야 할 중국 용(龍)의 기원 기념비가 기원후 2000년 경에, 요녕성 서부 유목몽골스텝 부신(阜新) 몽골족 자치현 사해(査海)유적지에 치솟아 오를 줄이야.

　우도 베. 바르크만 교수의 그날, 그 목소리가 사뭇 그립습니다.[물론 당시에 난 다뉴브 강이 독일 남부 산지에서 발원해 흑해로 흘러드는지를 아직 잘 몰랐습니다. 훗날의 산업혁명을 방불케 하는 당시의 스키타이(鮮) 기마 양유목 대혁명이 일어난 흑해북안 대스텝이지요.]

태극기의 뿌리, "현무(玄武)신주"
―요동·한반도의 태평양 거북신앙일 수도! [2012.6.18~6.24]

수정란 난생(卵生) 입태(入胎)-「현무신주(玄武神主)조상」, 그리고 출태(出胎)-탄생

태극기를 다는 기념일을 맞을 때마다 마음에 걸리는 께름칙한 데가 없지 않습니다. 안중근, 유관순이나 윤봉길 열사가 치켜들고 독립만세를 외치며 순국한 그 태극(太極)깃발의 뿌리가 꼭 중원(黄河 중·하류) 한족(漢族)에게만 있다고 알아야 하는 건가 해서입니다. 물론 동이 태호복희(BC.3528~3413)의 하도낙서 관계와 태극기의 출현을 연계시켜 보기도 하지만, 근래 홍산문화유적의 대대적인 발굴로 그 가능성이 제고되기는 해도 아직 구체적인 사실 검증과 그 체계적인 논증이 이루어지지 않은 것이 우리 학계의 현실이지요.

내 나름의 작은 연구 결론으로는 태극기의 뿌리가, 무덤벽그림의 정화로 세계사적인 예술성이 공인된 고구려 고분벽화 북벽의 「조상신주」라 할 현무신주(玄武神主)에 닿을 수도 있지 않을까 하고 추정해보고 있습니다.

근래에 중국에서 유적발굴이 활발하게 이루어지면서, 중국용(中國龍)의 뿌리가 유목제국 조선의 기원지-한겨레 유목태반 "홍산문명권"으로 옮겨오는 경향을 읽을 수 있어서입니다. 예서 동북아시아 고대유목제국이란, 조직된 유목소수의 기동력과 타격력으로 풍요한 농경다수를 아우른 얼개를 가리킵니다.

이제는, 물의 용신 중원 중국용의 기원 기념비가 요녕성 서부 몽골스텝지대 부신(阜新) 몽골족 자치현 사해(査海)유적지(기원전 5600년경)에 새삼 다시 솟아오르고 있기까지 합니다.

그렇습니다. 용은 무한개방공간 바다와 스텝에서 초강풍 회오리바람이 수십미터를 물고기채로 치솟아 올리는 물보라의 환영 이미지일 수 있겠습니다.

북극해의 혹한풍을 휘몰아쳐 내려오는 요서의 서북풍과, 태평양의 태풍을 밀어올려치는 요동의 남동풍이 사해스텝에서 마주쳐 솟구쳐오르는 장엄한 풍경(용오름)일 수 있습니다.

양의(兩儀)를 낳은 태극(太極) 자체가 『주역(周易)』에서 비롯됐고, 그 내용인 낙서(洛書)가 구상(龜象)에서 착상됐음을 우리는 너무나도 잘 압니다.

굳이 구복(龜卜)-갑골문자까지 거론할 게 없지요. 『주역』의 주(周)자가 왕빠단(王+八+蚩="周" : 거북이 알 : 龜卵)에서 나왔다는 속신도 귀에 익어서입니다. 동북아시아 용왕(龍王) 거북이의 고향은 당연히 태평양 바다의 용궁(龍宮)입니다.

그래서 태극문양은, 기록에 남은 황하문명권보다는 조선의 기원지라 할 요동반도 일원을 시원태반으로 다시 나서 한반도 동남해안에서 만개하는 거북(龜)-구룡신앙[龜龍의 '거북선'이 含意 : 含珠한 龜趺 螭首]의 표상일 수 있지 않을까 하는 생각을 해봅니다.

기원전 200년에 있었던 흉노의 선우 묵특이 한고조 유방을 백등산에서 7일간이나 포위했던 유명한 백등산(白登山, 산서성 소재)전투에서 유목 흉노군은, 청룡·백호·주작·현무(玄武)로 말 털색에 따라 군진을 쳤지만 농경 한군에는 그런 흔적이 없다고 사마천이 적고 있습니다.

무릇 5방의 방위를 표시하는 것은, 지형지물이 없는 무한 개활지를 방향을 잡고 이동해야 살아남는 유목민의 관행이지 땅에 뿌리를 박은 농작물에 의해 고착돼 사는 농경민의 그것이 아니지요.

신라 미추왕(262~284 재위)릉 황금보검 칼집에 3태극이 들어있는데 이희수 교수님에 의하면 상감기법과 줄을 감아서 하는 기법들이 페르시아와 중앙아시아에서 많이 사용된 기법으로, 스키타이(Scythia) 자신인 선(鮮 : Soyon)족 신라인이 직접 지니고 온 것일 수가 있습니다.

우랄·알타이지역 원주민들은 소욘(鮮 : 別派인 朝鮮)족의 문화와 종족도 흑해나 아랄해 쪽에서 이동해 동·서사얀산(鮮山 : Soyon)으로 들어간 것이라고 말합니다.

인류사상 무덤벽화의 백미인 고구려 고분벽화의 현무도(玄武圖)는 한반도 북부와 요동반도 일대에 주로 분포돼 있는데, 6세기 말~7세기 초경에 일약 만개한 작품들입니다.

거북선이 바로 거북용선이듯이, 거북(龜)신앙은 용(龍)신앙이랍니다. 9세기 통일신라시대에 들면 대선사(大禪師)의 귀부(龜趺) 용두(龍頭)가 직립해 "여의주"를 물고 등장해 그 절정을 구가하지요. 바로 유명한, "왕빠단(王+八+蛋= "周" : 거북이 알 : 龜卵) 마누라 뺏긴 이"(王八蛋 : 周-龜)의 참회하는 노랫기도가 깃든 처용가(處容歌)의 대두시기이기도 합니다.

지명이나 인명과 민속신앙의 분포가 모두 대체로 이를 증언하고 있지요.

그래서 태극신앙(太極信仰)은, 중원 황하문화권보다는 주로 유목조선의 기원지인 홍산지역 일대에서 재생·부활해 동남 한반도에서 활짝 핀 태평양 거북신앙(龜龍信仰)일 수도 있다는 생각을 더 하게 됩니다.

그런데 세계 각국 국기들 중에서 왜 몽골과 한국의 국기에만 태극문이 주체로 등장하나요? 우연이기만 할까요? 아닐 수도 있습니다.

태극문은 우리의 통념과는 달리, 농경 중원이 아니라 몽골리안 루트를 따라 오가며 꽃피워낸 유목문명의 소산일 수도 있어서입니다. 현무도나 귀부·이수도 고구려권을 핵심으로 삼는 자장권으로 점점 희미해지며 더 멀리 번져나가지요.

몽골과 한국에서 거북이는 "조상신"으로 모셔지고 있지요. 그래서 고구려 고분의 지성소(至聖所)라 할 북벽에 "현무신주"가 모셔졌고, 혈연[族譜]을 유달리 중시하는 유목몽골로이드의 그런 신앙이 무의식중에 태극문 주체의 "태극깃발"로 제때에 표출된 것이 태극문을 공유하는 두 나라의 국기일 수가 있겠지요. 물론 '대원 주자학' 창출과정의 주도적 주체인 대원 만권당 태자태부 심왕 충선(Ijilbuqa)임금의 족적도 일정한 작용을 했겠지요.

동~서와 남~북의 비(非)유목지대 "T자형" 백두대간(白頭大幹) 서쪽 끝이 요동반도(遼東半島)입니다. 나는 근래에 중국용(中國龍)의 기원비가 요녕성(遼寧省) 서부 스텝 유목지대 사해(查海)유적지에 세워지는 것을 보고 쾌재를 불렀지요.

　요동반도에서 재생·부활해 한반도 동남지대에서 만개하는 태평양 구룡신앙의 주맥을 잡을 수 있어서입니다. 구룡(龜龍)이 태평양 용궁(龍宮)을 본거지로 삼는 일은 너무나 지당하니까요.

　거북-구룡신앙의 핵심은, 무덤벽 지성소(至聖所) 북벽의 "조상신" 상징인 현무신주(玄武神主)에 있다고 나는 봅니다.

　조상이 조상인 까닭은 내게 내 유전자를 배합-자기복제해 대를 이어 전해주어서지요. 은유적 기법으로 그려진 내가 태어나는 과정도-조상의 내 목숨 창조도인 현무도인 셈이지요. 나는 그렇게 피조된 내 혈연사의 결과체일 따름입니다. 그리고 생태가 어떻게 바뀌어도, 그렇게 설계돼온 결과체인 내 유전자 밖의 어떤 요소가 전혀 새롭게 돌출하는 법은 없다고 합니다.

　현무도는 한마디로 뱀과 거북이의 짝짓기를 묘사한 고분벽화지요. "거북이류는 타고난 성(性 : Sex)이 수컷이 없어서 뱀을 수컷으로 삼는다"(「龜鼈之類天性無雄 以蛇爲雄」, 『說文解字』當該條, 틀을 갖춘 한자사전엔 다 실린 자료임)는 내용을, 무덤 북쪽벽에 그림으로 그려낸 작품입니다.

　그렇지만 오로지 이병도 교수님만이 일찍이 「현무가 뱀과 상관이 전혀 없는 거북이 단독의 몸(龜身)에서 나왔다」(李丙燾, 「江西 古墳壁畵의 硏究」, 『동방학지』 1, 연세대학교 동방학연구소, 1943, 130쪽)고 예리하게 간파하시고는, 이는 뱀과 거북이가 아니고 실은 거북이 하나를 추상화한 무덤벽그림임을 넌지시 암시하셨지요.

　문제의 핵심을 이미 꿰뚫어보시고도 그렇지만 매사가 제때가 있음을 역사가답게 직시하셨던 게 아닐까 합니다. 학계의 원로로 아직은 때가 아니니, 때(IT시대?)가 이르거든 후학들이 알아서 풀어내 쓰라고 문제로만 제기해 두셨던 듯합니다.

　결국 일남과 일녀(兩儀)가 거북이 모습(龜象)에서 나오고 구상은 곧 음양이 완전히 결합된 상태인 태극(太極)이라면, 이를 소급해 귀납할 경우에 구사복합체(龜蛇複合體)라는 현무(玄武 : 龜象=太極)의 정체는 이내 드러나는 셈이지요.

　대상에게 위협을 받으면 거북이는 모든 것을 구갑(龜甲) 곧 패갑(貝甲)으로 집어넣게 마련이고, 『설문해자』의 거북이 그림문자나 오대호 아메리카 인디안

팍스 코리아나와 태극깃발. 태극기의 뿌리를 동북아시
아 태평양 미르·거북(龜龍)신앙에서 천착해봄. 4掛는
원대에 묘파(描破)해낸 것으로 추정하고 있다.

바위그림의 거북이 그림문자는 그대로 뱀이 구갑-패갑(서양벽화에서는 뱀이 여체를 감기도 함)을 꿰뚫은 모습으로 그려졌지요.

거북머리(龜頭=男莖)와 뱀머리가 같고 뱀머리가 용머리가 되어 여의주(如意珠 : 龍卵?)를 무는 차원은, 추상적인 용궁(龍宮 : 아기집)의 나라에서 상상도로 승화합니다. 현무도란 욕정과 애정을 둔 내 목숨 창조심정 추이문제를 되새김질 해보는, 무덤 북벽 지성소라는 신성공간의 그림기도일 듯도 합니다.

물이 북극해로 흘러드는 바이칼 호 북극해권에서는 너무 물이 차서 거북이(王八蛋 : 龜卵 또는 蛇卵)가 못살고, 물이 태평양으로 흘러드는 훌룬부이르호 이동(以東) 권역에서만 살 수 있지요. 그래서 몽골과 한국의 태극문 공유 국기화(國旗化)의 역사적 인연은, 미상불 싱안링~백두대간권 일대에서 재생·부활해 개화한 구룡신앙에서 비롯됐다고 하겠습니다.

어떤 남녀 둘이 우연히 어느 순간에 눈이 맞았다고들 하지만, 유전자라는 핏줄기 역사로 보면 그 역사 배경이 상상을 초월할 만큼 유구할 수가 있다는 생각을 해야 할 BT·NT·IT시대권—유전체학시대일 수도 있지요.

태극기도 그렇습니다. 태극문의 주위에 4괘—현무(乾)·청룡(坎)·주작(坤)·백호(離)가 더해진 것은, 원(元) 만권당을 중심으로 원조 태자태부(太子太傅, 極品) 몽골황족 이질부카 심왕(瀋王, 고려 충선왕)이 원조 주자학을 팍스 몽골리카 체제 이데올로기로 대두시킨 1314년 이후의 일입니다.

이렇게 태극문이 주체로 등장하는 몽·한 양국 국기의 역사적 배경을 나름으로 정리해보면서, 창조-피조론과 진화론 사이에서 방황해오는 이 시대 연구자이면서도, 내가 나를 태어나게 하는 데 머리카락 한 올만큼도 내가 기여한 게 없음을 비록 뒤늦게지만 진정으로 깨달은 것은 사실이지요.

DNA라는 내 혈연사적 생명 결실체와 그 진실의 존엄이 소외되는 어떤 무엇에도 헛되이 기웃거릴 수 없는 나임을, 내가 내 자신이 치성드려 만든 내가 전혀 아님을 알고 나서부터 비로소 깨우치게 됐던 것이지요. 내 분신인 후손들 또한 이러하리라 예견됩니다. 우리네 태극기의 공덕이고 조상님네의 더함 없이 큰 은덕이라 믿습니다.

역사드라마 『무신(武神)』, 홍복원과 이성계

MBC 역사드라마 『무신』

[2012.6.11]

근래 나는 내 석사논문(1970)을 손질해 출간하고, 블로그 http://blog.daum.net/chuchaehyok/97에 올렸습니다. 『몽·려전쟁기의 살리타이와 홍복원』이지요. 까다로운 고증과 지루한 논증으로 점철되는 그런 내용이어서, 그간 한 번도 조회한 이가 없었답니다.

그런데, 최근에 조회자 수가 폭증하는 바람에 깜짝 놀랐습니다. MBC 주말역사드라마 『무신』 때문이었더군요. 역사드라마의 힘이란 참으로 무섭구나 하고 새삼 감탄했습니다.

1960년 중반에 논문 제목을 정할 적에, 당시에 국내 유일한 몽골사 전공자인 고병익 교수님의 지도를 받았습니다. 일정하 경성제대 사학과 출신으로 1950년대 연세대 사학과에서 첫 교수생활을 시작하신 인연이 있어서이기도 했답니다. 그런데 그 연구주제가 하필 매국노 중의 매국노인 "홍복원 일가"로 정해졌지요. 그 후 한동안 사람들의 놀림감이 됐습니다. 아마도 『무신』 드라마가 종영되고 나면 다시 그 기억들이 되살아나게 될지도 모르겠습니다.

실은 그렇게 지도교수님께 지도를 받는 동안 나는 일평생의 연구 자세를

가다듬게 됐습니다. 썩은 달걀에서
푸른곰팡이를 추출해 페니실린을
만들어 사람의 환부를 치료하면 됐
지, 그 청결과 불결을 문제 삼는 것은
전혀 또 다른 차원의 일이라는 점을
깨우쳤던 것입니다. 그후 내내 역사
를 논할 적에 고병익 교수님은 단
한번도 애국이나 매국을 사실(史實)
과 관련해 언급하신 적이 없었습니
다. 엄정하게 가치중립적인 사실과
사료 접근을 가르치셨던가 봅니다.

몽·려전쟁기의 살리타이와
홍복원

주채혁 지음

해안

석사학위논문(1970) 출간. 표지 사진은 다싱안링 북부 하일
라르 샤르달라 묘지의 실위 무덤(내몽골대 몽골사학과 장쥐
허 교수 제공). 오른쪽은 고병익 전공 지도교수님.

조회자들에 대한 얘기감들을 제
공해주기도 해야겠다는 생각으로, 논문을 쓰며 관계 역사서술을 어떻게 해야
하나 하고 망서려오던 고민의 일단을 털어놓기로 했습니다. 책의 표지 글을
다시 손질해 아래에 올렸지요.

　본서를 집필한 소회의 일단을 요약하면 이러하다. 홍복원(洪福原)일가는 개전
초기에, 이성계(李成桂)일가는 몽·려전쟁 말기에 각각 휘하군병을 거느리고
몽골에 투항한다. 당시로서는 홍복원일가나 이성계일가가 모두 다, 고려 조정을
배반하고 적국 몽골에 투항한 대표적인 고려계 몽골군벌가문이다.

　물론 몽·려전쟁기 당시로 보면, 홍복원 몽골군벌가문이 이성계 몽골군벌가문
을 비교도 안 되게 압도하는 거대세력이었다.

　그 후 결국 전쟁전문가집단인 무신정권의 핵심무력이라 할, 수십 년 항몽전투
의 주체 삼별초를 고려 왕씨 왕정은 문신집단과 연계해 적국 몽골군을 이끌어들
여 제주도 끝까지 추적해 씨를 말리고 왕정복고(Restoration)를 이루어 몽골황실
의 부마-외손국가로 고려말기의 왕실을 견지했다.

　그리고, 원·명교체기에 시류를 재빨리 바꿔타가며 왕씨 고려왕조를 멸망시키
고 이씨 조선왕조를 창업한 신흥세력도 바로 그 고려계 몽골군벌 이성계 가문이

었으니, 실은 몽골제국민 태생 이성계 태조인 셈이다. 실은 1942년생인 저자도 호적엔 한국국민으로 태어난 게 아니었다.

그렇다면 홍복원가문, 왕씨 고려왕가와 이성계가문이 무엇이 같고 무엇이 다른가? 이제 그냥 제삼자의 눈으로 담담하게 바라보고 사실을 냉엄하게 있었던 그대로 복원해, 우리 나름으로 정리는 해보아야 하지 않을까?

홍복원과 이성계
[2012.7.2]

역사에 "만약에~"란 없다지만, 그러나 사실을 객관적으로 바라보려면 그런 역사적 상상력은 절대로 필요한 요소가 될 수도 있습니다.

만약에 이성계 고려계 몽골군벌 일가가 대도(大都 : 몽골제국 수도. 현재의 베이징)권력 자장권의 서해북부지대에 기반을 두고 홍복원 고려계 몽골군벌일 가가 이에서 많이 벗어나 비교적 자유로우면서 몽골리안 루트로 직통하는 동해북부지대에 기지를 확보했더라면 어떠했을까요?

역지사지(易地思之)의 가상역사를 시공을 넘어서 써본다면 이성계 장군이 아닌 홍복원 장군이, 원·명교체기에 이씨조선 아닌 "홍씨조선"을 창업했을 수도 있습니다.

그랬더라면 홍복원 태조의 후손 중에서 이성계 태조 후손 세종대왕과 같은 걸출한 성군이 나와 홍태조의 "매국이력"을 승화시켜 용비어천가급의 홍태조 가문역사를 아주 다르게 썼을지도 모르지요.

한민족사상 전쟁전문가 집단이 이끈 가장 발군한 대외항쟁사로 팍스 몽골리카 하의 고려역사를 써내는 한국사학자도 있지만, "어머니의 나라에 왔습니다. 우리 몽골과 고려가 함께 몽골세계제국을 창업했습니다!"라며 1990년 한·몽수교 후 입국일성을 발한 엉뚱한 하칸추르 교수님 같은, 홍산문명권인 통료시 출생 원로 몽골사학자도 있습니다.

저자가 보기에는 이런 사례가 있기도 하지만 있을 수도 있고 경우에 따라서는 꼭 있어야 할 수도 있지요. 16세기 지동설 혁명을 넘어서 21세기 BT·IT·NT혁명시대로 본격적으로 접어든 지금이랍니다.

역사적 상상력을 무한히 발휘해 사실(史實)을 또 다른 차원에서도 바라보고 제대로 복원해볼 수 있는 여유도 때로는 필요할 수 있겠지요. 격변기일수록 그러합니다. 그럴 자유가 없는 역사과학은 곧잘 어떤 특정 도그마의 역사적 합리화를 추구하는 허구의 역사를 양산해갈 위험이 있어서입니다.

한(韓)·한(漢)족 상쟁사라기보다는 실은 호(胡)·한(韓)-유목과 농경화한 한족간(韓族間)의 전쟁사가 주류를 이루었던 우리의 장구한 생존투쟁사는, 신흥유목세력의 입장에서 보면 한족(漢族)보다 한족(韓族)이 더 제압하기 힘든 적대세력이었을 수가 있습니다. 한족(漢族)의 일자형 만리장성이야 실전용이라기 보다는 정치적 시위용일 가능성이 더 크다는 것이 역사적으로 입증되고 있는 터이지만, T자형 백두대간을 골간으로 하는 특히 한반도의 산성해도(山城海島)는 난공불락의 유목군대를 막는 한족(韓族)의 철벽요새일 수밖에 없었겠지요. 농경화한 유목태반 한족(韓族)의 유목사권 십승지지(十勝之地)로 신흥유목세력의 적대진영이 될 수밖에 없었으리라는 겁니다. 유일한 점령방법은 내간(內間)을 활용하는 이이제이전략(以夷制夷戰略) 활용뿐이었겠고, 이 또한 역사가 증언해주는 엄연한 사실이지요. 민족성 운운하기에 앞서 이런 역사배경을 깊이 진정으로 이해하지 않는다면, 그런 역사적인 악순환의 고리를 영원히 끊을 수 없을지도 모릅니다. 지금도 우리 속에 배어들어 있어 속사람 겨레 통일을 가로막고 있는 핵심요인으로 작용하고 있으니까요.

진실로 애국도 사랑인데 어떤 한 여자가 어떤 한 남자를 사랑하지 않으면 안 된다고 협박해서 마음속에서 우러나는, 대상에 대한 참된 사랑이 싹틀 수는 없겠지요. 나라사랑의 본질을 좀 더 진솔하게 아주 깊이 헤아려볼 필요가 있을지도 모릅니다. 남과 남이 만나서 내가 태어나지만, 실은 내가 없는 그 무엇도 '우리'로서 진정으로 함께 할 이유가 아주 없을 수가 있어서지요.

팍스 몽골리카와 고려계 몽골군벌

[2012.7.9]

뜬금없이 "홍씨조선"이라니 무슨 이야기냐고도 할 수 있겠지만, 두 세력집단의 역사적 생존무대가 뒤바뀌었다는 가정 하에 이씨조선의 창업주역 가문을 바라보면 다시 읽혀지는 부문이 분명히 있을 수 있겠지요.

팍스 몽골리카가 건재했던 동안은 같은 고려계 몽골군벌이라지만, 물론 그 체제 하 대도의 자장권 언저리라 할 만주 벌판의 중핵인 고려 서북 선양(瀋陽) 일대에 기지를 확보했던 홍복원 일가가 험준한 동북면에 터를 닦았던 이성계 일가보다 압도적인 큰 세력을 확보하고 있었습니다.

그런 기반 위에 원말에는 고려 공녀(貢女) 출신으로 제국의 주도권을 움켜쥐고 대권을 장악하는 황태자를 배출한 인류사상 불세출의 여걸 대몽골제국기(奇Ölji-qutug)황후가 출현하기까지 했지만(李龍範 교수님의 필생의 역작 논문 및 Erdenii Baatur, 『팍스 몽골리카와 고려』, 혜안 참조), 그러나 유목태반 기원(起源) 코리안 디아스포라사 상의 이 거대역사가 지금의 우리에게 도대체 무엇인가요?

정권이나 국가의 흥망은 무상하지만, 그것들을 그렇게 만든 역사의 구체적인 내용들인 사실(史實)은 당연히 하나뿐입니다. 이런 사실들을 가능한 한 "있었던 그대로" 냉엄하게 가감 없이 복기(復棋)해 복원하고 해석하는 일은 아주 어렵지만, 그러나 매우 중요하답니다.

1) 백두산 천지에서 쏟아져 내리는 유일한 "쑹허 강 물줄기"는 눈(嫩) 강이나 헤를렌 강~헤이룽 강과 접합되면서 동태평양-동해바다로 흘러든다. 그래서 한반도에 접목되는 유목태반사의 젖줄기일 수 있다. 한족(漢族) 사가의 기름때가 묻지 않은 만주 벌판의 생생한 우리 한민족 유목태반 기원(起源) 사료가 "광개토대왕 비문"은 아닐는지?[금석학자 김덕중]. 태조 이성계-몽골제국 신민 태생-는 이 일대를 누비며 궁술을 연마했다.

2) 단군신화가 몽골침략 하에서 일연이나 이승휴에 의해 백두대간 이동지역에서 주로 정리되고 있다. 한민족사 상의 최대 위기를 맞아 자기의 역사적

인 정통성을 확인하려는 피눈물 나는 자민족사 되새김질의 결실이라고 보지만, 하필 유목몽골 주도의 팍스 몽골리카 시대권에서인가. 그런 작업이 이런 시대, 이 지대에서 이루어진 것은 행여 몽골리안 루트를 타고 계속 이어내린 단군조선(檀君朝鮮)의 유목성 태반 때문은 아닐까? 유목은 수렵의 연장선상에서 대두한 가축생산양식이므로 짐승들의 생존기반인 백두대간을 골간으로 하여 그 역사가 전승됐을 수밖에 없고, 그 태반사가 수조전설(獸祖傳說)로 단장되어내린 것은 이상할 것이 없다 하겠다. 당연히 일연은 시대 배경으로 미루어볼 적에 팍스 몽골리카의 눈으로 고조선을 들여다볼 수가 있다. 그러나 물론 비유목지대인 한반도에서 태어나 자란 일연이, 비록 팍스 몽골리카 하에서『삼국유사』를 집필했다고는 하지만 유목지대나 상대적으로 유목성이 짙은 이들이 편찬한『몽골비사』나『만주원류고』를 뛰어넘을 수는 없었음에 틀림이 없다고 본다.

3) 그렇다면 정보화시대인 신 노마드 주도시대에 유구한 노마드 시원DNA를 타고난 우리는, 우리 나름의 어떤 시대적 소명을 자각해볼 수는 없을까? 거시적으로 보아 팍스 몽골리카의 확대 재생산이 팍스 아메리카나로 볼 수 있다면, 그 소용돌이의 와중에서 몸부림치며 생존해내고 있는 우리에게 주어지는 우리 나름 시대의 독특한 소명이 없을 수가 없다.

상대적으로 소수인 유라시아 대륙 좁은 한반도의 우리입니다. 그런 우리가 압록강~두만강의 넓은 전투정면으로 휩쓸어 들어오는 중원을 아우르는 중의 만주·몽골·시베리아 벌판의 거대 "유목제국" 세력들을, 정면으로 우직하게 맞받아 싸워 자멸을 재촉해왔던가요? 그렇게 하지 않고, 살수대첩처럼 끈질기고 지혜롭게 항전해 끝내 살아남아 기적처럼 이겨내 왔습니다. 그리고 지금은 비록 남북분단 하라고는 하지만 북방유라시아 유목태반사권을 대표하는 최부강국으로 우리 나름으로 엄존하는 터입니다.

인류사상 개방공간의 무한경쟁과정에서 최후 승자로 세계제국을 창업해내본 경우가 스텝세계제국과 해양세계제국입니다.

그런데, 한반도는 이 모두에게 열린 전투마당으로 이들과 도전·응전해 살아남아오며, 그런 가운데 이들이 접목시켜준 각 시대의 세계 주류문화를 수용·발전시켜 인류문화 발전에 이미 놀라운 기여를 해냈고 계속 기여해낼 수 있는 잠재력을 키워가고 있습니다. 그래서 어떤 수모와 난관을 감내하면서도 세계사적 시련을 슬기롭고 끈질기게 극복해내면서 우리 나름의 독특한 세계적인 문화를 독창해갈 것이라 확신케 됩니다. 팍스 몽골리카 하에서 그 지난한 시련극복의 결실로 금속활자와 거북선, 그리고 한글을 독창적으로 발전시켜내 인류사 전진에 가장 위대한 기여를 해낸 유목태반 강소국 우리나라가 아닙니까? 칭기스칸 굴기 초반 몽골의 태초는 얼마나 보잘 것 없는 약소부족이었던지요!

이러한 사실은, 우리 한민족사가 그 모든 곤욕과 수난 중의 험난한 안팎의 생존역사 노정 그 자체임에도 불구하고 때로는 인류역사가 우리에게 베푼 가장 큰 축복일 수도 있음을 새삼 깨우치게 하지요.

몽골 말과 과하마는?
[2012.7.16]

사극 자체가 대체로 당시의 사실을 그대로 복원할 수 있어 그렇게 연출한다고 해도 어차피 현재의 시청자와는 소통이 안 되게 마련이기는 합니다. 7~8백년 전 몽골·고려전쟁기의 "무신"을 그려낸 드라마가 지금의 시청자와는 우선 말이 통할 수가 없게 마련이니까요. 몽골어로든 한국어로든 다 그렇습니다.

그래서 현대판으로 각색해 내는 것은 불가피합니다. 그렇지만 몽골군도 고려군도 모두 로마기사 같은 거구의 백인들이 중무장한 채로 분장해 등장했더라면, 한국 시청자들의 시청률이 지금보다는 많이 떨어졌을지도 모르지요. 북방몽골로이드인 한국인 배우가 몽골·고려 양국군으로 모두 출연하니까 이만큼 공감력을 이끌어내는 것도 같습니다.

그런데 그들이 극중에서 타는 말은 몽골 말도 고려 말도 아닌 승마용 아랍 말입니다. 로마기병이 주로 탔던 것으로 추정되는 아랍계 말을 북방몽골로이드 양 진영 모든 기병들이 타고 한반도 현지에서 출몰하며 수십 년간 전쟁을 벌이고 있네요. 그래도 우리네 시청자들은 별로 눈에 거스른 데가 없이 편히 드라마를 감상합니다.

몽골스텝에는 지금도 아랍 말이 거의 없고 체구는 작고 머리통은 크지만 영리하고 다부진 몽골 말(Mongolian wild horse)들이 판을 치고 있지요. 살리타이 몽골군은 아마도 이런 몽골 말을 타고 왔을 겁니다. 몽골 스텝말은 비유목지대인 한반도에선 당연히 고려의 토종말 과하마보다 그 기동력이 많이 떨어지게 마련이었겠지요.

고려군이 탄 말은 고려의 토종 말인 과하마(果下馬)라는 기록이 당시의 고려 사서에도 나오지요. 과일나무 밑을 말을 타고 지나갈 정도로 작은 말을 전마로 사용했답니다.

이처럼 작은 과하마는 유목지대인 다·샤오싱안링[大·小興安嶺] 대안(對岸) 비유목지대인 동~서와 남~북의 "T"자형 백두대간 지역에서 특히 기동력과 지구력이 우수하여 험산지역 기병들의 움직임을 원활하게 했습니다. 동예(東濊)나 고구려 등지에서 출산됐다고 하네요(『삼국지』 위서 「동이전 고구려」조).

고구려 고분벽화 무용총 수렵도에 나오는 말이 과하마일 수 있습니다. 몽골에서도 물이 북극해로 북류해 너무 추워서 호랑이가 못사는 서북부 만년설이 덮인 산악지대를 오르내리는 산악마는 평지의 스텝 말과는 다르지만, 수렵도에서는 호랑이를 사냥하는 것으로 보아 몽골스텝의 몽골 말은 아닌 듯하니까요.

그 후 아랍 말과의 혼혈도 조금은 이루어지면서 한반도 현지에서 적응적 진화과정을 통해 살아남았을 것으로 추정되는 토종인 과하마는, 1986년 천연기념물 제347호로 지정되었습니다. 2009년 2월 어느 모임에서 만난, 과하마를 키우고 있다는 기인, 장성의 고성규 말치기를 떠올려봅니다.

2000년 6월 26일에는 현지 유적답사 중에 헤이룽장 성(黑龍江省) 사회과학원 역사연구소 맹광요(孟廣耀; 1938년생) 교수를 만나 "고려와 쓰촨 성(四川省)에 몸집이 작은 과하마가 있다고 당지에 알려져 왔다"는 소식을 들었지요. 객지에서 무척이나 반가웠습니다.

【추기】 한국에 고성규 말치기 마니아가 우리와 함께 숨쉬고 있음은 천만다행입니다. 그이가 길러오던 고집 센 과하마가 죽어 관계 연구소에 그 유골을 기증했다는 소식은 2012년 9월 25일 한배달 '미려'유목심미안(美麗遊牧審美眼) 발표 학회 뒤풀이 자리에서 싸이의 '말춤'이야기에 묻어 들려온 슬픈 기별이었지요. 말이 2박 3박의 북소리에 따라 달리기 속도가 조율되고, 그에 수천년 길들어온 인류가 말춤에 온통 휘말려드는 한류 현상은 기마 양유목군단의 살아 숨쉬는 한 주류 한국의 국운 번창과 흐름을 같이 한다는 그이의 해설은 그대로 우주의 광풍노도와도 같은 신바람이었지요. 몽골스텝이 아닌 백두대간 산악지대에서 과하마의 기동력이 몽골 스텝마보다 뛰어난 것은 지극히 당연하지요. 비유목지대에는 몽골스텝양이 못살아 양젖과 양고기로 충당되는 음식을 운반해야 하므로 몽골 말의 기동력은 더 힘을 잃게 마련이었지요. 한배달은 박정학 치우학회장(장군, 한국상고사 박사)님이 주관하는 한국상고사 담론 모임단체입니다.

반세기 항몽전투, 인풍(人風)인가 신풍(神風)인가?
[2012.7.23]

더러는 아직도 몽골군이 강화도를 직접 치지 않은 것을 주로 몽골인들의 "물에 대한 공포" 때문인 것으로 해석해 보려는 경향이 있습니다.

물론 1259년 왕정복고가 이루어지고 여·몽연합군이 편성되는 최악의 상황 속에서도 강도(江都) 삼별초무력의 무서운 저항이 강고하게 계속 이루어지고 있는 것으로 보아, 특히 한반도 남부와 연계되면서 지구전을 벌인 강도 항몽무력의 강대함을 간과할 수는 없습니다. 몽골군이 강도 장악에 총력을 집중한다면 있을 수 있는 고려의 또 다른 후방교란이나 일본과 남송이 연계되는 해상연합전선 결성 가능성도 염려하지 않을 수 없기도 했지요.

그렇지만 이런 시각은 몽골군의 진공방향을 따라 강화도→ 진도→ 제주도→ 일본열도에 이르게 되고, 이에 이르러 마침내는 13세기 여·몽연합군이 일본열도로 침입할 때 연합군의 함대를 격파한 태풍의 이름을 따라 명명한 가미카제

(神風 : かみかぜ) 환영(幻影)으로까지 연계되는 듯도 합니다.

잘못된 사실(史實)인식이 부른 현대사 비극을 연상시켜줄 뿐만 아니라, 상고사로 거슬러 올라가면 몽골족의 뿌리-몽·한 유목태반 기원사에 관한 착각을 빚게도 합니다. 선족(鮮族) 몽골의 태반 제사터 가셴둥(嘎仙洞) 화강암 동굴이 태평양의 온난다습한 해풍이 미치는 다싱안링 북동부에 있고 영북지대의 몽골기원지 에르구네(多勿)지역도 이런 생태조건에서 불외하니까요. 몽골족의 본격적인 건조한 고원지대 스텝 진출은, 철기 수용 이후에 장기적으로 이루어진 후래적인 사실이라는 점을 망각케 하기 쉽습니다.

실은 동정(東征)을 전담한 정동군으로 현장에서 대칸의 권한을 대를 이어 대행하게 된 권황제(權皇帝) 정금(征金)-정동(征東)총사령관 무칼리(木華黎 : Mukhali)나 정(征)고려원수 살리타이(撒禮搭 : Sartai)가 모두 동북아시아 유목제국의 자궁으로 널리 알려진 다싱안링 북부 훌룬부이르 몽골스텝의 잘라이르(札剌兒 Djalar : Dalai)족 태생 장군들입니다. 이 일대는 훌룬호와 부이르호가 자리 잡은 물과 직관된 지대로 "살리타이"라는 이름도 실은 달라이(Dalai)라는 몽골어 "바다"에서 비롯된 것이기도 하답니다.

이들이 대를 이어 동정(東征)을 총지휘했으며 황제(皇弟)나 황자들이 지원을 할 경우에도 이 지대에 봉지(封地)를 받은 황족들이 주로 참전했습니다. 이곳을 벗어나 서쪽 스텝으로 이주해 자리 잡은 칭기스칸을 비롯한 황족 몽골군들은 서정(西征)을 담당해 주로 스텝에서 전투를 했지요. 주도 치밀한 작전을 구사하는 몽골군에게는 지극히 당연한 선택입니다.

그러므로 정동몽골군이 대체로 태생부터가 몽골인들 중에서는 물에 익숙한 군사들이었고 1230년대 들어 본격적으로 고려에 진공해올 적에는 이미 몽골군이 무수한 도하작전(渡河作戰)을 벌이며 유라시아 대륙을 휩쓸고 있었지요. 고려가 투항해 여·몽연합군이 남송과 금의 패잔군과 함께 일본열도를 쳐들어간 1280년경에는, 이미 해양제국시대도 고려하면서 운하로 태평양과 소통되는 연경(燕京 : 현 베이징)에 대도(大都 : Khanbalik)를 정하고 해양 전초기지 제주도를 장악한 후였습니다.

아랍의 최첨단 항해술을 수용하고 아프리카 희망봉을 파악하고 있을 만큼 해양 정보력도 대단했습니다. 고려계 몽골군벌가문 출신 이성계의 조선조 태종 2년(1402년)에 조선인이 작성한, 팍스 몽골리카의 결실이라 할만한, 한반도와 일본열도까지를 내포하는 최고(最古)의 세계지도 「혼일강리역대국도지도(混一疆理歷代國都之圖)」에 놀랍게도 서구보다 86년 앞서 이미 아프리카의 희망봉을 그려 넣고 있을 정도였지요.

그래서 근래에는 일본 정벌과정에서 두 번 모두 계절풍을 만나 변변히 싸워 보지도 못하고 거의 전멸하다시피 해서 어이없이 일본역사에 '가미카제' 신화를 안겨 주고 있는 몽골의 일본 정벌 전역(戰役)도, 어딘가 미심쩍은 데가 있다는 견해조차 대두되고 있는 판입니다.

1270~1280년대라면 몽골 세계제국-팍스 몽골리카가 이미 완성된 단계여서 몽골군의 전략 전술이 최고도로 세련되어 있고 세계항해사상 특기할만한 뛰어난 항해술의 구사자인 아랍인들조차도 몽골군에 동참할 수 있는 마당이어서, 계절풍 정도를 파악하지 못해 두 번씩이나 연이어 참변을 당한다는 것은 말이 안 된다는 것이지요.

따라서 이는 거의 조직을 그대로 유지한 채로 투항해 온 거대한 남송군단(新附軍)의 전후 처리 및 연합군진영 내부에 잔류한 고려군 잔여세력과 옛 금군의 처지를 염두에 두고, 이들을 일본과 철저히 적대관계를 만들어 한반도를 비롯한 점령지들을 더욱 확고하게 장악해 버리려는 쿠빌라이칸의 전략전술의 하나이었을 뿐이라는 것입니다. 마침내 한유림(韓儒林) 교수의 이런 견해(「"원사강요" 결어」, 『원사논총』 1, 베이징 중화서국, 1982)가 나오기까지 했답니다.

그러니까 일본이 그나마 거대한 몽골의 침략 쓰나미(津波)에서 자신을 보존할 수 있었던 것은, 비유목지대 고려의 산성해도를 전장으로 삼는 한은 몽골 스텝마의 기동력을 능가하는 고려 산악지대의 과하마의 그것을 바탕에 깐 탁월한 전쟁전문가집단 고려 무인정권 "무신(武神)"들의 불굴의 반세기 항몽전쟁과 금 및 남송의 항전, 그리고 쿠빌라이 대칸의 음흉한 전략전술에 힘입었다는 것이지요. "가미카제"(Kamikaze)가 아니라 순전히 "히토카제"(人風=Hitokaze : ひとかぜ) 덕분이라는 주장입니다.

유목가축 몽골양의 한반도 진입은?

[2012.7.30]

"어떤 의미에서 창의력이란 사물을 추상적으로 부풀리는 것이 아니라 구체적으로 쪼개는 행위력이라 하겠다"라고, 예리하게 꼬집어 지적한 이가 있지요. 문학평론가 이어령 교수님입니다.

내가 1990년 북방개방 후 20여 년간 유목몽골역사 현장을 연구하는 접근자세를 제대로 가다듬게 이끌어준 가장 귀한 적시어(摘示語)입니다. 그래서 특히 이 시대 한국의 유목몽골사 현지 연구자들이 오늘날 언제, 어디서, 어느 경우에든 늘 예의 주시해야 할 지침이라고 여겨 혼자든 함께든 늘 되새기곤 합니다.

아무리 비행기를 타고 오가는 몽골~한국간의 항공여행이라고 하지만 베이징을 지나면서 오건 가건 하늘 색깔이 확 바뀌게 마련이고, 이는 그게 민물 생태권과 바닷물 생태권만큼이나 다를 수도 있는 유목권과 농경권의 차별화를 너무나도 뚜렷이 보여주는 건데도, 아무도 그걸 쪼개서 비교하며 이야기해보려는 이가 없다면 기적이겠지요.

해의 색깔도 서로 다르고 스치는 바람의 느낌도 매우 다르며, 무엇보다도 가축들이 뜯는 목초(牧草)의 성질이 아주 달라지는데도, 이에 주목하는 한국인 항공 여행자가 거의 없는 판입니다. 아마도 비글호를 탄 20대 찰스 다윈이 보면 놀라 자빠졌을 겁니다. 이는 바로, 독창력을 구호로 삼고 연 사설학원들이 거리에 즐비한, 농경지대 유목태반 기원(起源) 주류 한국인들의 유목몽골현장 인식의 현주소이기 때문이지요.

"솔롱고스가 무지개고 색동저고리를 닮았으며 …, 그렇지만 건조해 습기가 걷힌 맑은 하늘이 주는 맑고 밝은 신선감은 태평양 품안의 조선반도(朝鮮半島)보다 몽골스텝이 몇 배는 더 상쾌한 느낌을 주더라." 이렇게 추상적인 부풀림과 구체적인 쪼갬을 객관적으로 섞어 나누는 이야기는, 거의 좀처럼 들을 수가 없습니다.

태평양의 습기 때문에 조선반도의 아침보다는 건조한 몽골고원의 아침이 훨씬 더 맑고 밝고 신선하게 다가오는 것이 사실이지요. 비바람이 불고 눈보라가 치지 않으면 그 우주적 고요함이란 이루 형언키 어렵기도 합니다. 다수결이 아니고 소수결이라도 진실은 엄연한 진실입니다.

일정 하에서 『흠정만주원류고』를 읽고 조선은 "모닝캄"이라는 인식이 추상적인 부풀림으로 마냥 들뜨기를 주로 즐기는 조선인들의 무서운 인식오류일 수 있다는 점을 지적한, 단재(丹齋) 선생님의 되뇜은 과연 망상이기만 할까요? 모닝캄(朝鮮)이 있으면 이브닝캄(夕鮮)도 있어야 하는 게 상식이라고도 생각해 볼 수 있으니까요. 멋진 형용어는 다 써서 한민족사를 분장하고 성형하는 이런 쇼비니즘이야말로 본질적인 한겨레사 왜곡이 아닐런지요? 제발 '통곡의 벽' 보존 연구차원이라도 좋으니 과학적인 연구접근이 절감되는 지금의 우리 역사연구 현실이라고 절규하고 싶습니다. 그런 자세가 도리어 고귀하고 위대한 한겨레사 정체성을 드러낼 수 있게 되리라고 확실히 믿어서입니다.

왜 그런지는 모르지만 오늘의 우리는 사물을 추상적으로 부풀리기에 능란할 뿐, 구체적으로 쪼개보는 행위력이 너무 부족한 듯합니다. 선진국 따라잡기 단계에서 이젠 주로 독창적인 제품생산과 내 나름의 시장창출의 단계로 비약하지 않고는 살길이 안 보이는 지금의 우리라면, 치명적인 결함이 아닐 수 없지요! 그래서 이어령 교수님의 적시어가 새삼 되새겨지는 오늘입니다.

유목현장 몽골연구살이 20여 년 만에 처음으로 2009년 9월 어느 날, 몽골현대사 전공자 오미영 석사의 기별로 울란바토르 교외의 작은 목회 장소인 참빛교회에 나가 설교를 들었습니다. 신자라기보다는 연구자로 동참했었는지도 모르지요. 기마 양유목지 몽골스텝에서 유목목초 연구 전공인 유기열 목회자님이 "어린 양" 예수에 관한 설교를 하는 경우여서 그런지, 말씀내용이 너무 독특해 사뭇 귀를 기울였지요. 간추려보면 이러합니다.

"대체로 유목목초가 꽃이 피고 열매를 맺기 이전에 유목가축들이 부드러운 풀잎을 다 뜯어먹기 때문에 유목목초지는 저절로 점점 더 황폐화해지게 마련이지요. 그래서 유목목초지 관리 기술이 고도로 발달된 오늘날에는, 유목목초지에 씨를 때때로 굳이 다시 뿌리고 다독거려 이를 가꾸는 작업을 대대적으로 하기도 한답니다.

고원 건조지대 유목목초장이 지력(地力)이 척박해서 풀이 드믄 드믄 나고 작게 자라며 늦게 다시 자랄 수밖에 없는 생태적 조건 말고도 이런 유목목초지의 속성 때문에, 더더욱 유목민이 유목가축들에게 유목목초를 옮겨 다니며 뜯길 수밖엔 없다고 할 수 있겠습니다."

기마 양치기 후예들인 몽골신도들의 눈빛들이 참생명의 빛으로 유난히 생기 차게 빛나고 있었지요. 실은 이스라엘에서 몽골까지 초원의 길 몽골리안 루트를 따라 걷노라면, 양떼 속에 여기저기 성질이 급한 염소를 박아 넣어 발걸음을 재촉케 해서 양들이 유목목초의 뿌리까지 갉아먹지 못하게 초지를 보호하는 방법까지 그 목양방식이 너무나 서로 닮아보여 놀라기도 한답니다. 그래서 이들이 저마다 이미 양치기의 후예인 내 속에 역사적으로 어린 양 예수가 숨쉬어오고 계셨다는 사실을 깨닫게 된 것일까요?

그렇지만 칭기스칸 몽골시대에 고려반도에 과연 유목 몽골양이 진입했을까요? 한 신라왕릉에도 석양석상이 서있는 듯하고 공민왕릉에도 석양(石羊) 2구가 있으며 이를 본따 만든 이태조의 건원릉에 4구가 등장하는 것으로 보아 의례용 몽골양 석상이 있었기는 하지만, 과연 한랭건조지대 유목몽골의 털투성이 양이 온난 다습한 농경지대 한국의 목초생태에 그렇게 빨리 적응적 진화를 할 수 있었을까요?

못했다면 몽골경기병이 산성(山城)과 해도(海島)의 전장(戰場) 고려반도에서는 고려 토종말 과하마의 기동력을 못 당했겠지요. 먹고 마실 군량이 걸어서 따라다녀서 가능한 스텝의 몽골 경기병의 기동력이기도 하니까 말입니다. 만주벌판 목초에는 독성이 있기도 하여 몽골양이 뜯어먹으면 시름시름 앓는다던데, 난 아직 유목몽골 양의 한반도 진입 관계 사료정보를 찾지 못하고 있습니다. 그때나 지금이나 당연히 한랭 고원 건조지대 스텝 몽골양의 빽빽한 양모(Wool)로는 유목용으로 온난다습한 비유목지대인 농목지대 한반도에 몽골스텝양의 진입이 도저히 불가능했을 겁니다.

무엇보다도 우선 싱안링 유목지대와 "T"자형 동~서와 남~북의 백두대간 비유목지대는 구체적으로 쪼개봐야 합니다. 2000년대에 들어, 태평양 중의 농경 한반도 남한에서 싱안링 너머 유목몽골스텝에 어린 양 몽골 유목영혼들을 흔들어 일깨우는 유기열 목회자님(건국대 축산과 수업)이 입성(入城)할 줄이야!

그러나 내겐 무엇보다도 유목목초, 유목가축과 유목몽골겨레 심령과의 참 만남이 있어 마냥 기뻤지요. 몽·한 주도세력의 유목태반 기원(起源)을 확인해 검증하는 성업(聖業), 전공은 못 속이는가 봅니다.

유목목초, 그리고 몽골리안 루트
[2012.8.6]

수림툰드라 툰드라 유목목초 선(鮮)의 선(蘚)과 스텝의 양초(羊草), 그리고 몽골리안 루트.

몽골리안 루트를 주제로 삼은 크고 작은 다큐멘터리 작품들이 꽤 여러 편 나왔지요. 한겨레 주도 주류의 유목태반 기원(起源)을 전제로 삼는 우리라면 이상할 게 조금도 없습니다.

그런데 한 가지 미심쩍은 점은 장구한 세월에 걸쳐 거듭된 몽골리안 루트라는, 구대륙 유라시아에서 신대륙 아메리카 남단에 이른 그 길이 왜 생겼는지에 대한 구체적인 질문이 별로 없다는 겁니다. 제작자도 시청자도 비슷할 듯합니다.

당연히 다양한 요인들이 그때그때마다 작용했겠지만, 그래도 주류가 되는 근본 요인이 있게 마련이겠지요. 추상적으로 사물을 부풀려보기만 좋아하고, 구체적으로 쪼개보고 비교·분석해 그게 왜 다르거나 같은지를 꼼꼼히 캐물어 따지는 행위력은 유목몽골로이드사 연구에서 지금의 우리에게는 너무 많이 부족한 것도 같습니다. 그렇게 된 역사배경과 현실적인 생태조건들이 있겠지만, 이를 밝혀보는 데도 적극적이지는 않은가 봅니다. 아무리 급해도 바늘허리에 실을 매서는 바느질을 할 수 없겠지요. 한민족사 주류의 유목태반사 복원도 마찬가지입니다.

지난 20여 년간 몽·한 양국 관계자분들에게 농경사에는 농토가 기반이듯이 유목사에는 유목목초가 기본이 되니, 양국의 목초를 비교연구해 볼 필요가

선(鮮=Сопка : 소산〈小山〉) : 다싱안링 북부 헤이룽장 성 쿠마河 부근

있다는 제언을 무던히도 여러 번 해왔지만, 아무런 반응이 없었습니다. 양국 전문 연구자들의 다급한 생계전망이라는 현실생태와 직관된 문제가 배경으로 깔린 현상일지도 모릅니다.

　"「기마유목」이라니 그러면 지금은 기(騎)오토바이 유목이냐? 기(騎)헬리콥터 유목이냐? 정작 순록이나 말이든 오토바이나 헬리콥터든 타고 하는 유목의 주체는 유목가축 순록이나 양인데 그들이 뜯어먹고 사는 각각의 유목목초엔 무관심하니 유목현지 답사는 관광객의 오가는 감상적 사치스러움일 뿐, 정작 마음의 중심을 잡는 몽·한 주도 주류의 유목태반 기원이란 정체성 정립과는 무관한 것이 아닌가? 과연 분단 한국민이 이 핵심 문제에 관해 이렇게 한가하기만 해도 되는가! 연구자가 필요 없고 가벼운 관광가이드요원만 소용된다면, 왜 저마다 제 갈 길이 바쁜 우리가 여기서 이렇게 서성대야 하는가?"

　학문도 현실이라는데, 이는 생태현실을 도외시한 시의에는 안 맞는 헛된 되뇜인지도 모릅니다.

　실로 순록의 주식인 선(蘚 : Niokq)과 양의 양초라는 유목목초를 연구하는 것은 유목사 연구의 본질적 토대이지만, 아직 양자를 본격적으로 비교연구하는 한국의 유목사연구자를 만나본 적이 없습니다.

몽골리안 루트가 주로 왜 생겼느냐는 질문에 대한 답변으로 "주유소가 없는 광야를 자동차가 계속 치달릴 수 없고 유목목초가 없는 황야를 유목민이 가없이 달려 나갈 수가 없다"는 식의 소박한, 지극히 상식적인 답변조차도 모색해본 적이 아직은 없지요. 좀 심하게 말하면 몽골리안 루트는 본래 비단장 사 왕서방이 비단장사 하려고 도로공사해 낸 '비단의 길'(Silk Road)이라고나 해야 중국붐이 이는 요즘엔 우리의 이목을 끌 수 있을지도 모른다고나 할까요?

다시 부언하거니와, 대체로 유목목초가 꽃이 피고 열매를 맺기 이전에 유목가축들이 부드러운 풀잎을 다 뜯어먹기 때문에 유목목초지는 점점 더 저절로 유목목초지로서의 제 구실을 못하게 마련이랍니다. 고원 건조지대 유목목초장이 지력(地力)이 척박해서 풀이 드믄 드믄 나고 작게 자라며 늦게 다시 자랄 수밖에 없는 생태적 조건 말고도 이런 유목목초지의 속성 때문에, 더더욱 유목민이 유목가축들에게 유목목초를 기나긴 세월을 머나먼 지역까지 옮겨 다니며 뜯길 수밖엔 없게 됩니다.

아메리카나 아프리카가 대체로 남~북축으로 되어 있는 것과는 달리 유라시 아대륙은 동~서축으로 되어 있어 등온대(等溫帶)를 이루면서 사람과 기술의 이동이 용이했지요[재레드 다이아몬드, 『총·균·쇠』, 문학사상사, 1998].

뿐만 아니라 순록~양유목지대로 구성돼 있는 몽골리안 루트의 골간으로 유목적 기동력이 이에 가세했습니다. 이런 유목적 기동력과 타격력이 가세해 인류사상 세계사를 창출하는 첫 주역으로, 유목세력주도의 정착세력 병합인 유라시아 몽골유목세계제국을 창업해냈지요.

이끼(Niokq)-선(蘚)이라는 순록의 주식인 유목목초가 자라는 목초지가 한랭 고원 저습지대 야산(小山)인 선(鮮 : Sopka)이고, 유목양초가 자라는 목초지가 한랭 고원 건조지대 스텝(Steppe)이지요. 조선의 선(鮮)은 스키타이(Scythia)와 같은 뜻으로 순록유목민의 주식인 순록의 젖을 주는 암순록 Sugan에서 유래된 말이지만, 오늘날의 조선반도에는 물론 소욘(鮮)도 스텝(原)도 없습니다. 조선 의 조(朝)는 순록치기 Chaatang에서 나오고 선(鮮 : Soyon)은 암순록 Sugan에서 유래되었으며, 조족 중심의 선족 통합으로 조선(朝鮮)이 이룩되었습니다. 그래

이끼떼(蘚群), 다싱안링 북부 껀허시(根河市) 아룽산(阿龍山). 좌는 저자, 우는 임점덕(林占德; 1941년생) 훌룬부이르 대학 사학과 교수. 1999년 8월.
마름(藻)류를 곰팡이(菌)류가 감싼 순록의 주식인 희고도 푸른빛이 감도는 수림툰드라와 툰드라의 광대한 이끼(蘚 : Lichen)떼는, 같은 종류이지만 순록이 못 먹는 양쯔 강(揚子江)유역의 무성한 이끼(蘚)떼와는 다릅니다. 한국에 있는 푸른 이끼는 다구르어로 Niolmn(苔)이고 순록의 먹이 이끼는 Nioka(蘚)로, 한반도에는 순록의 주식 이끼라는 말만 살아남았을 수 있답니다(1999년 가을, 김주원 교수님의 도움말).

서 조선유목태반사에 말도 안 되게 감히 "이끼(蘚)"가 등장하는 것이지요.

문제가 낯설고 까다롭지만 사실이라면 매우 중요하지요. 단(檀)군의 뿌리가 Chaatang-Chukchi-Chaochu=치우(蚩尤 : Chaochi)에 가서 닿는 연구 길도 열릴 수 있어서 입니다. 진정코 조선반도의 우리는 지금, 먼먼 유목태반사의 시원적 실향민일 수 있습니다.

이제 정보화시대가 활짝 열리며 역사정보의 지평이 무한대로 넓혀져 가고 있지요. 그래서 "신노마드시대"란 유목사 연구의 서광이 비쳐오고 있음을 예감케도 합니다. 사실(史實)에 근거한 무한한 유목사적 상상력 펼쳐 내보기로 독창성을 일깨우며, 그 유목적 유전자 정보가 부여하는 누리를 한껏 누릴 수 있었으면 참 좋겠습니다.

항몽(降蒙) : 「본기(本紀)」에서 「세가(世家)」로 격하,
일천년 Gooli 황제의 종말 [2012.8.13]

보통 중원 한족 천자에 대한 고려 제후왕 자칭이 종주국-제후국 관계의 뿌리인 줄로 오해하고 있지만, 그 편사(編史)체제 상의 시원을 보면 분명히 몽골대칸에 대한 고려황제의 제후왕 첫 자칭이 옳지요.

『삼국사기』에도 『삼국유사』에도 없던 대몽골국에 대한 고려제후국왕 자칭은 엄연히 팍스 몽골리카의 산물로, 그 와중에서 태어난 고려계 몽골장군 출신 이성계가 창업한 조선왕조의 수찬(修撰)인 『고려사』에서부터 맨처음 비롯됩니다.

천여 년 이래의 기전체(紀傳體) 통사(通史)인 사마천(司馬遷)의 『사기(史記)』틀에 따라 쓰던 "본기(本紀)-세가(世家)-열전(列傳)" 한국사 편찬체제가 "세가-열전" 체제로 치명적으로 격하되는 것은, 인류사상 있어본 적도 없던 팍스 씨니카(Pax Sinica : 장래의 華夏?) 하가 아니라 엄존한 팍스 몽골리카(Pax Mongolica) 하의 유목몽골세계제국과 고려국의 처음 창출된 세계제국질서 상의 상호관계 재조정시에서부터입니다.

고려 황태자 왕전(王倎 : 뒷날의 원종)이 별장 김준(金俊) 및 대사성 유경(柳璥) 등과 모의해 몽골군을 등에 업고 왕정복고를 이루는 과정에서, 몽·려 연합군에게 강도(江華都)의 고려 무신(武臣)정권의 최후 항전세력이 제주도 끝까지 몰려 씨가 마르고서부터라는 겁니다.

이런 비극으로 악독한 고려무신정권이 무너지고 고려가 그나마 명맥을 유지해 고려백성이 최소한의 생명을 부지해냈다고 해도, 그로부터 일천여 년 고려 황정(皇政)이 종말을 고한 것은 엄연한 사실이지요. 여기서 고려란 몽골인이 원음을 보존해 내린 것으로 보이는 기원 전후 맥고려(貊高麗) 이래의 Korean-"활겨레"(弓族)의 Gooli제국을 통칭하는 것입니다.

잘 아는 대로 당시의 일본은, 고려"무신"의 대몽항전 반세기라는 피어린 인풍(人風=Hitokaze : ひとかぜ) 등에 힘입어 본기-세가-열전(天子=天皇?)체제를 그 후로도 거의 그대로 보전해온 셈입니다. 그렇지만 고려무신정권이

무너진 터에 고려에서는 조선 단제(檀帝)마저도 단군(檀君)으로 격하시켜 적었을 수가 있다는 것입니다.

원종이 쿠빌라이칸과 손을 잡고 왕정복고(Restoration)를 해 1259년에 고려황위(高麗皇位)가 아닌 고려 제후왕위(王位)에 오른 이후부터, 사실상의 "고올리 황통(皇統)" 천년사는 종말을 고했지요. 그래서 쿠빌라이칸의 조서(詔書)로 고려태자(高麗太子)는 고려세자(高麗世子)가 됐고(『고려사』권28, 11 충렬왕 원년 동10월 경술조) 격위(格位) 상의 고려황정(高麗皇政)은 철저히 자멸했습니다. 이런 세태 하에서 일연(一然)선사는 당시에 국사라는 최고위 승직에 오른 바 있는 고승으로『삼국유사』를 집필할 적에 당연히 서슬이 시퍼런 몽골과 친몽세력들의 눈치를 살피며 붓을 들었을 수밖에 없었으리라 봅니다. 그래서 중원엔 한 무제가 있고 일본열도에는 천황이 있는 터에, 한반도 사서엔 조선의 단제(檀帝)가 아닌 조선의 단군(檀君)으로 자칭하는 자국사 편사 상의 처세를 하지 않을 수 없었는지 모릅니다.

고려태자가 주적 몽골군을 이끌고 들어와 결사 항전하는 최후의 아군 주력군을 몰살시키고 주적 괴수집안과 혈친관계를 맺기까지 하며 적기에 적극적으로 투항해서, 팍스 몽골리카 하에서 예외적으로 고려 국명과 국체를 수호하고 징세권과 징병권을 유지한 것은 사실입니다.

그것도 물론 몽골겨레와 같은 북방유목몽골로이드 태반 기원(起源)의 고려인이기 때문에 유일하게 가능했지요, 그래서 팍스 몽골리카 이데올로기 창출 본거지인 만권당(萬卷堂) 창설로 세계이데올로기발전사 차원에서 유명해진 궁사부(宮師府) 태자태부(太子太傅) 몽골황족 이질부카(Ijilbuqa) 심왕(瀋王 : 고려 충선왕)의 직속신하인, 태자소부(太子少傅) 한인 거유(漢人巨儒) 요수(姚燧)는 이를 오로지 고려만이 가능한 일이라고 극도로 추켜올리는 글을 남기기도 했습니다(요수,『牧菴集』권3,「高麗瀋王詩序」).

세계에 널리 알려진 칭기스칸 초상화가, 몽골유목세계제국 황제 몽골인 칭기스칸의 진영(眞影) 초상화가 아니고 명나라 한인화가들이 칭기스칸 제후왕으로 한인화해 꾸며 그려내『중국역대제후상』에 수록한 "한인신하 칭기스칸"의 초상화라고 합니다.

　칭기스칸 초상화의 한인제후식 성형수술을 감히 서슴지 않았던 한인 지성층 후예들이, 그 역사를 거슬러 올라가 고구려 고분벽화를 눈도 꿈쩍 않고 집어삼키려하는 동북 프로젝트를 추진하는 것이 도대체 무엇이 그리 대단한 새로운 일일까요? 엄연한 팍스 몽골리카 체제교학 '원조 주자학(元朝 朱子學)'을 하찮게도 송·명리학(宋·明理學)으로 한·일(漢·日)합작품화해 전 세계에 홍보한들 그들에게야 거칠 것이 있을 리가 없지요.

　이런 칭기스칸 몽골에 대한 고려의 칭신(稱臣)체제 역사 인식과 서술에서, 칭기스칸 초상처럼 엄존하는 불세출의 몽골인 영웅을 한인으로 성형 수술해 인류사서를 도배질해버린 명조 한인 지성층이 칭기스칸을 슬쩍 한족 대명천자 주원장(朱元璋)으로 바꿔치기했다고 해서 뭐가 이상할 게 있나요?

　더군다나 고려계 몽골군벌로 원·명교체기에 명의 위광을 빌어 역성혁명을 이룬 이성계 치하에서, 그렇게 정답화한 과거시험지 정답쓰기에 죽고살기로 매어달려 백성들의 혈세를 한껏 쓰는 한 자리 철밥통 꿰차기에만 주로 몰입했던 대부분의 조선조 지성층이 아니었나요? 그래서 몽골대칸이 한인 대명천자로 둔갑하는 주문(呪文)이, 그이들에 의해 그 누리에 대를 이어 충만해온 500년 조선지성집단 역사일 수도 있습니다. 실은 대다수의 그이들이 관계 진실과 정의를 끝내 캐묻고 따져대는 극소수의 철부지 선비들을 따돌리며 시류를 타고 주로 그렇게 패를 갈라 이권을 따내 나누어먹는 노회한 실권파 지성집단들일 수도 있겠지요.

　물론 정치는 현실이라니까 그런 안팎의 현실적인 정권생태에 적응적 진화를 하면서, 요령껏 끈질기게 그 매서운 치욕과 모진 고난을 감내하면서도 금속활자, 거북선이나 한글을 그 시대 인류사의 주류문화와 접선해오며 창출해낸 슬기와 끈기는 놀라운 한겨레만의 역사적 본질이기는 하겠지요.

　그러나 이제 우리는 저마다 그 모든 것을 제대로 분명히 알고 속속들이 이해하며 장래(將來)하는 우리의 생태현실에 주도적으로 적응적 진화를 해내기 위해, 이런 유산들을 청산도 하고 계승도 해야 합니다. 정보화시대~유전체학시대에는 더 이상의 우민정책이 공감력을 발휘할 수도 없고 또 그래서도 안 되는 시대권이니까요.

공교롭게도 고려 고종(高宗, 1192~1259)황제의 고올리(Gooli) 황실 사맥(史脈)
은 1259년 그가 타계한 지 638년 만인 1897년 조선조 고종이 대한제국 고종황제·
광무제(光武帝, 재위 1897~1907)로 등극하면서 소생하는 듯하더니 13년 만에
나라가 망하고, 왜정시대 대한제국 고종황제 국장(國葬)을 계기로 일어난
1919년 3.1독립운동과 그런 과정에서 이루어진 상하이 임시정부의 대한민국
국호 제정을 거쳐 1945년 광복 후에 1948년엔 남한에만 대한민국이 수립되면서
"제국" 아닌 "민국"으로 중생·부활했지요.

황제의 "대한제국"이 아닌 국민의 "대한민국"으로 일약 압축발전해 다시
났으니, 황제체제의 잔재를 안고 있는 구제국 허울의 나라들보다 홀가분하게
정보화시대 새누리를 맞이하게 됐습니다. 정보화시대를 맞아 이제 (the) Only
one이어서 (the) Best one일 수밖에 없는 저마다의 자기 유전자정보와 어디서나
수시로 접속하며 우리가 제대로 하기에 따라, 팍스 몽골리카에서 팍스 아메리
카나로 역사를 청산·계승하면서 태평양 한반도 DMZ를 기점으로 다시 열어내
는 "신 노마드시대 팍스 코리아나"의 새누리에서 모두가 자유'민주'시민으로
저마다 제 나름의 자기성취를 어느 정도는 한껏 누려갈 수 있게 될 겁니다.

"늑대(Boka) 사냥개가 된 늑대", 코리안!

[2012.8.20]

다분히 중앙의 대권을 견지·강화하기 위한 대내외적인 수성시위용(守城示威
用)인 중원의 만리장성과 공방 실전용 동~서와 남~북의 "T자형 백두대간"을
중심으로 하는 한반도의 산성(山城)·해도(海島) 요새가 지니는 신흥 유목무력을
대응하는 전투적 실효성을, 역사적으로 비교·검증해볼 필요가 있다는 생각이
종종 듭니다.

아울러 본래 유목태반 기원(起源)으로 창업해온 역대 한국왕조 주류들이
유목무력의 허실을 꿰뚫어보고 신흥유목무력들에 도전·응전하면서 국권(胡韓
體制)을 수호·강화해오는 과정에서, 한국왕조들이 유목무력의 통칭이라 할

오랑캐를 도리어 농경 한족(漢族)보다 더 적대시해왔을 수 있다는 점도 고려돼야 하리라고 유념하게 됩니다. 아무리 그렇다고 해도 몽·려전쟁을 항몽전투로만 다뤄 몽골군은 연구에서 거의 소외하고 항몽고려군의 활약상만 주목해 다루는 건 너무나도 어색합니다. 마치 격투기에서 일방적으로 상대를 치기만해서 승리하는 제편 선수에만 카메라의 초점을 맞춘 듯한 억지스러움이 엿보이기도 합니다.

심지어는 몽골군은 몽골스텝마를 타고 고려군은 과하마를 타고는 산성해도 고려전장에서 격돌했는지, 항복하지 않으면 성민 전체를 몰살시키기도 하는 전황 속에서 지도부만 강도로 숨어들고 아무런 대책도 없이 서민대중을 최전선 사지에 내팽개쳤을 경우에는 독전하는 고려정부 관리를 도리어 고려서민대중이 역으로 몰아내려고는 안 했는지도 객관적으로 균형있게 연구해 다루었어야 하지 않았나 하는 느낌이 있었던 것도 사실입니다.[윤용혁, 『삼별초』, 혜안, 2014] 팍스 몽골리카를 넘어서 그 다음 시대로 이행하면서 우리 역사를 주도한 세력은, 가치중립적인 시각으로 직시하면 도리어 강화정부 무인집단에 대항한 그 민중세력이었지 않나 하는 생각이 들기도 합니다. 다만 항몽승장 김윤후 스님이 항몽과정에서는 물론 적아간의 깃발이 뒤바뀐 팍스 몽골리카 치하에서도 목숨을 부지해 우리 의병항쟁의 영원한 사표로 숭앙돼오는 사실은 특기할만한 일이라 하겠지요. 그것도 항전군의 주류가 토박이 고려인이라기보다는 소외된 외래 귀화인(部曲民)이었다는 점도 지구촌시대인 오늘날엔 눈여겨 볼만 하지 않을까 합니다.

유목민의 상징인 늑대(渤海 : Boka)를 들어 표현하면, 한민족 지도층 주류들은 다·샤오·와이싱안링 유목권에서 백두대간 비(非)유목권으로 진입해 자리 잡으면서 "늑대 사냥개가 된 늑대"라는 이율배반적인 적응적 진화과정을 거쳐 왔다고 하겠지요.

그렇기 때문에, 거리상으로도 덜 적대적일 수 있는 농경 한족보다 도리어 유목 오랑캐를 더 적대시해왔을 수가 있고, 이는 지금도 우리 무의식 속에 그렇게 작용하고 있을 수가 있다는 사실을 충분히 고려할 필요가 있다는 것입니다.

발해가 유목의 상징인 늑대 지칭 대유목제국 국명임을 복원해본 책

　유목몽골로이드 태반사 연구에 대한 한국 연구자들 자신의 역사적 인식배경에 관한 자기성찰이, 유목몽골로이드사 연구와 동시에 이루어져야 한다는 절실한 반성이 요청되는 터라 하겠습니다. 주로 대적해 싸운 게 창업 초부터 지금까지 유목몽골로이드 동포들끼리이지 한족(胡漢體制)들과가 아니었나봅니다. 역사 드라마『무신』을 보면서 더더욱 이런 점을 절감하게 됐지요.

　그래서 2003년 여름에 셀렝게 강변 어느 유목마을에서 유전자 샘플을 채취하는 서울의대 서정선 교수님의 (현)유전체의학연구소 팀에 동참해 작업할 때, 투바에서 온 오랑캐족 목민 노인이 "오랑캐 동포 코리안!"이라며 극진히 날 대접하면서 포옹해올 적에 난 그렇게 정겨우면서도 속으로는 문득 섬뜩하기까지 했나 봅니다.

　오랑캐도 코리안도 어원은 "활잡이"(Qorči)에서 왔다고 보는 유목사 연구자도 있기는 하지만, 13세기의 반세기 몽·려전쟁 이전에도 활을 들고 시베리아 벌판 숲속에서 애초부터 오랜 나날들에 지겹도록 많이 서로 싸워오기도 했던가 봅니다.

　그래서 지금도 겉으로의 표방과는 달리 "늑대 사냥개가 된 늑대"처럼 그런 생태사 와중에서 살아남은 우리는 무의식중에, 특히 역사 상 접전이 다반사였던 당해 지대 주민후예들은 속으로 유목 몽골인들을 실은 지독히도 미워하며 경계하고 있는지도 모릅니다.

그렇지만 수천 년 응어리진 아픔이 있어도 적대적으로든 혈연적으로든 관계가 깊으면 그만큼 더 냉엄하게 역사적으로 연구는 해야겠지요. 한·몽 무슨 연합은 제쳐두고라도 우선 특정 적응적 진화과정에서 설계돼온 내 유전자 정보에 대한 무지를 깨기 위해서지요.

그래서 팍스 몽골리카와 팍스 아메리카나를 제대로 청산·계승하며 "신 노마드시대 팍스 코리아나 누리"를 열어갈 태평양 한반도 DMZ에 내린 시대적 소명을, 우리가 제대로 이루어내기 위해서 말입니다.

바이칼·부이르 포럼 20여 년의 되새김질

[2012.8.27]

바이칼 호 동남쪽~셀렝게 강 일대는, 비교적 고온 다습한 태평양 해풍과 상대적으로 한랭 건조한 북극해권의 기류가 마주치는 북방유목몽골로이드사 발전사 상 아주 중요한 지대입니다.

후자는 전자에 사는 호랑이와 거북이가 못 사는 지대로, 더 크게는 다시 기(騎)순록 순록유목 본거지(Tundra~수림Tundra)와 기마 양유목지대(Steppe)로 크게 대별될 수도 있지요.

유라시아 북부, 특히 이 일대는 시베리아지대 유목의 2대 주축이라 할 순록(Reindeer : 麗)과 양(Sheep : 羨)유목이 역사적이자 생태적으로 서로 교차하고 상호작용하며 적응적 진화를 이룩해 내온 한 중심 기축이라고 할 수 있겠습니다.

바이칼과 마주치는 태평양—아무르 강—부이르호—오논 강—셀렝게 강의 태평양 해풍(海風)길은 한 누리를 여는 성스러운 강해(江海)루트지요. 한겨레만이 홀로 쓴 광개토대왕 비문을 감돌아 흐르는 백두산 천지의 유일한 유목태반 젖줄기 쏳혀 강도 이 품에 안깁니다. 이에 충분히 주목하며 몽·한유목태반 기원사(起源史)도 천착돼 가야 할 겁니다.

칭기스칸의 진정한 연인 아름다운(美麗) 메르키드족 훌란 발해(Boka)공주의 역사적인 태생 지대이기도 하지요. 소수 북방유목몽골로이드 주도의 다수 정착민 통합체인 동북아 "유목제국" 팍스 몽골리카의 자궁에서, 우리는 비로소 우주로 숨통을 텄습니다. 13세기 몽·한 무신(武神)들의 장엄한 반세기 쌍룡의 용트림으로!

마침 이 몽골의 기원지 부이르 호수 언저리가, 1232년 12월 16일(陰)에 용인 처인성에서 김윤후 스님에게 사살된 정동원수 살리타이의 고향이기도 하지요. 몽·한수교-유목몽골 현지유적 탐사 20여 년을 되새김질해 적어 봅니다.

"기마민족"의 유목적 본질 곡해와 한민족 유목태반 기원사 소멸
[2012.9.3]

우리는 역사왜곡(Distortion of history)이라면 적응적 진화과정에서 오랫동안 우리가 이미 지어온 본질적으로 뒤틀린 역사를 바로잡아 되살려낸다는 생각은 아예 않고, 요즘에 완벽한 제역사를 외세가 내간(內間)과 제휴해 한민족사를 뒤틀어 버리고 있다는 분노에 찬 생각만 하는 것 같습니다.

그러나 그건 어느 시점을 계기로 특정생태 조건 속에서 살아남아오다 보니 이미 치명적으로 뒤틀려져온 민족사를 저마다의 관점에 따라 잠시 다시 뒤트는 표피적인 연출에 지나지 않지요. 진실로 왜곡사의 본류를 천착해 들어가 그 주범을 포착해내야 합니다. 물론 이 시대의 다수결 결정론 인식관행과 구체적인 참 "유목제국" 개념 각성에서 뵈는 나이를 초월하는 치매현상이 이 거대작업의 주적이라고 하겠습니다.

나는 개인적으로 이른바 동북공정에 대한 지극히 간단한 우리의 해법은, 한민족태반사 서술에서의 "유목제국 개념" 정립이라고 봅니다. 전통적인 동북아시아사에는 생업 상으로 조직·훈련돼온 소수 유목정예그룹의 기동력·타격력과 정보네트워크로 다수 정착민을 병합해 창업한 유목제국 이외의 거대제국은 없었다는 내용이지요. 특히 철기시대가 열려 스텝의 기마 양(羊)유목이 주류유목화하고 "기마사술"이라는 최첨단 유목무력이 일세를 주도해오면서부터는 본질적으로는 더욱 그러하다고 하겠습니다. 당연히 그후 상호 생태적응적 생존추구과정에서 그 역지배도 있게 마련입니다.

1948년에 역사고고학자인 에가미 나미오(江上波夫)가 제기한 이래 한국에서도 다소 논란이 있던 제국주의-군국주의 사관으로 얼룩진 고리타분한 기마민족설을 예서 새삼 떠올릴 생각은 조금도 없습니다. 유목몽골리안 칭기스칸 기마군단의 가공할 전투력을 상기하며 움츠러든 어깨를 기껏 펴보려는 가엾은 안간힘도 마찬가지지요.

"기마민족"이 왜 말을 탔는가? 양치기가 근래에 들면 말 대신 오토바이를 타기도 하고 심지어는 헬리콥터를 타고 양떼를 몰기도 하는데 그럼 "기(騎)오토바이민족"이란 용어도 쓸 수 있는가? 2009년 5월 28일 국립몽골대학교 몽골학연구센터 특강에서 유목몽골 현장답사 20여 년 만에 내가 정식으로 문제시한 내용입니다.

도대체 이 학술용어엔 역사성이 없고, 그래서 그 본질이 애매모호하기 이를 데가 없습니다. 지금부터 25000~15000년 전경 최후의 빙하기에 북방유라시아 수림툰드라~툰드라에서는 사람이 사냥해 주로 잡아먹고 살 짐승이 순록이었고, 그 후 생산단계에 들면서는 순록유목이 유목사의 시원적 주류로 자리 잡았었지요.

그러다가 기원전 7~8세기경에 이르러 스키타이 철기문화를 수용해 철제 등자(鐙子 : Stirrup)와 철촉을 확보하면서 지극히 열악한 목축생태지대라 할 드넓은 개활지 스텝으로 나아가 순록유목보다 생산성이 10여 배 이상 더 높은 양유목에 진입케 됩니다. 양들의 기하급수적인 번식력이 가세해 유목생산이 급증하면서 양치기의 기승용(騎乘用) 말도 더 대규모로 필요하게 됐지요. 이런 적응적 진화과정에서 최첨단 유목무력인 기마사술(騎馬射術)로 무장한 "기마 양(羊)유목 군단"이 출현케 됩니다.

그래서 전쟁 전용 기마군단은 후래적인 분업과정에서 출현한 것일 수는 있지만, 그 본질적인 뿌리는 어디까지나 기마 양(羊)유목민족입니다. 물론 주체인 유목가축 양이 빠진 "기마유목"이라는 용어도 말이 안 됩니다. "기오토 바이유목"이 그러하듯이. 군국주의시대 어용학자들은 이렇게 말도 안 되는 어정쩡한 학문용어를 마구 써대며 인류사를 가미카제특공대 같은 나락으로 내몰아갔지요. 지금 우리 사학계에는 그 후폭풍이 아주 조금도 잔재하지 않는지요?

역사성이 있는 기(騎)순록 순록유목민족이나 기마 양유목민족 기원 민족으로, 적어도 그 주도 주류가 유목민족 태반 기원(起源)임이 확실한 한겨레인 우리는 꼼꼼하게 따져 구체적으로 학술용어부터 바로잡아 써야겠지요.

한민족 고대국가 창업 주류는 분명히 기순록 순록유목~기마 양유목태반 기원입니다. MBC 역사드라마 『무신』의 13세기 항몽 반세기 몽·려전쟁은, 스텝 유목형 몽골말과 산악 농경형 고려 과하마가 한반도 산성·해도 전장에서 기동력 경합을 펼친 것이고요. 몽골말은 지금도 몽골스텝을 치달리고, 고려 과하마는 "T자형 백두대간" 고구려 고분벽화 무용총 수렵도에 빼어난 위용을 뚜렷이 드러내고 있습니다.

경마용 아랍말로 일률적으로 성형 수술한 몽·한 양진영의 극중의 말은 한류를 세계시장에 수출하는 데나 연출용으로 잠깐 쓰고, 역사연구에서는 몽골스텝마와 고려 과하마를 제대로 등장시켜 북방유목몽골로이드의 "기마 양(羊)유목민족 태반 기원사"로 있었던 그대로 바로 살려내 써야 하겠습니다. 그래야 한민족 정체성이 제대로 소생하고, 그래야만 한반도 DMZ에서 팍스 코리아나라는 그 목숨 불씨가 다시 켜질 수 있겠으니까 말입니다.

팍스 몽골리카~팍스 아메리카나와 유목태반 기원 주류 조선·고구려

[2012.9.10]

지난 주 수요일에는 서울 송파구민회관에서 열린 키르기스스탄·몽골 가수들의 합동공연장에 동참했습니다. "찾아가서 함께 하는 세계문화공연"의 일환으로 문화촌뉴스 조윤호 기자님의 기별을 받고서 처음으로 함께 해본 자리였지요.

알타이산맥을 경계로 지중해와 북극해의 해풍이 만나는 키르기스스탄의 예술과 태평양과 북극해의 그것이 만나는 바이칼 호수권의 몽골의 예술이 대비되어 매우 이채로웠습니다.

같은 유목권의 스텝을 역사배경으로 하여 우러나온 예술들이지만, 서로 대비되어 오묘한 예술성을 감지케 했지요. 몽골예술인들만 초청해 출연케 하는 종래의 의례적인 공연무대와는 아주 색다른 어떤 예술혼의 누리를 열어 보일 가능성을 엿볼 수 있어서 너무 기뻤습니다.

개별적으로 서로 차별화되는 이들의 예술적인 개성이 한껏 뿜어져 나왔지요. 키르기스스탄의 예술 공연이 북극해의 하늘을 수놓은 은하계를 연상케 하면서 드넓고 우아하면서도 공활한 천지를 휘몰아치는 기묘한 영적인 울림으로 다가오는 데 대해, 몽골의 그것은 저마다 둥글둥글하게 뭉쳐 고원 스텝의 무한 우주 속으로 다이내믹하게 폭발해가는 그런 차원으로 펼쳐졌습니다.

언뜻 레나 강쪽 한랭 고원 저습지대 순록의 유목목초 이끼(鮮의 蘚)와 예니세이 강쪽 그것 및 우랄·알타이스텝 유목가축 양의 양초(羊草)를 각각 닮은 듯하다는 생각이 들기도 하더군요.

나는 북방유목몽골로이드의 주류역사가 먼저는 후기빙하기를 역사적 배경으로 삼아 전개된 중앙아시아~북극해권 저습지대 수림툰드라 및 툰드라의 순록유목에 바탕을 두었다고 봅니다.

그리고 이들이 기원 전후시기에 철기를 본격적으로 수용하면서 생산성이 순록유목에 비해 월등히 높지만 개방공간이라 무한경쟁에 돌입해야 하는 모험을 기마사술(騎馬射術)로 돌파하는 기마 양유목의 역사로 발전한다고 가닥을 잡아 보았습니다.

앞의 경우는 주로 조선과 같은 저습지대 예(濊 : 숫水獺)로 상징되고 뒤의 경우는 고구려와 같은 고원 건조지대 맥(貊 : 山獺)으로 대표된다고 봅니다.

그들은 엎치락뒤치락하는 오랜 쟁패과정에서 그들 나름으로 각각 살아남아왔지요. 그 대표적인 경우가 몽골 원(鷔)과 만주 청(淸)의 결전이라고 하겠습니다. 그리고 맥(元)과 예(淸) 제국 유산을 모두 나름대로 청산·계승하며 태평양에 들어 해양제국시대에 가장 성공적으로 생존해내고 있는 경우가 이런 역사의 소용돌이 속에서 생존해내며 고려와 조선을 제 나름으로 이어받은 한국이라 하겠지요. 요가 주변의 농경화한 유목민을 부려 연운십륙주를 장악했고, 금이 다시 이들의 정착농경지역 경영 경륜을 활용해서 북송지역을 경영했는가 하면, 원은 이들 북송지역 경영 경륜을 가진 금나라 지배집단을 활용해 마침내 남송까지 점유해 전 중원을 장악했지요. 물론 만주족 청은 몽골족 원의 중원장악 경륜을 한족 명(明)이 그들 나름으로 재조율한 지배세력을 부려 비교적 쉽게 전중원을 통치했겠지요.

이에 직간접으로 간여해 소통하며 제 나름의 도생길을 헤쳐온 조선-코리아는 지금 해양제국시대가 성숙해지면서 그 시원유목태반에서 비롯된 또 다른 팍스 코리아나의 몸짓을 막 시작하고 있는 것 같습니다.

해양제국시대에 비상하는, 또한 상생적이어서 더욱 상승적인 생태본질 같은 것을 느낍니다. 진정한 맥과 예의 태평양 한반도 중심 청산·계승이라 할 세계화가 예감되는 전주곡을 나는 이 키르기스스탄-몽골 합동공연에서 시나브로 감지해 읽어 내보았답니다.

유목민 정착화~정착민 유목화사와 호한(胡韓)체제, 조선·고구려
[2012.9.17]

유목태반 기원(起源) 조선·부여·고구려라는 표현에 낯설어하는 이들이 있지요.

유목민의 정착민화나 정착민의 유목민화 현상은 식량생산 단계에 든 이후에 시대상황에 따라 수시로 반복되면서 오늘에 이르고 있는, 오래고도 오랜 역사적 현상이라는 사실을 간과한 데서 비롯된 경우라고 하겠습니다.

당연히 이들 대열에는 구대륙 청교도들의 신대륙 이주와 같은 극적인 대사변들도 내포되었겠지만, 특히 순록·양 유목지대 다·샤오·와이싱안링과 비유목지대 동~서 및 남~북의 "T"자형 백두대간이 마주 대하고 서서 만주벌판을 놓고 쟁패를 계속하는 경우에는 더욱 그러합니다.

이미 백두대간의 산성과 해도(海島)를 배경으로 주도적으로 정착화한 구유목세력과 계속되는 신흥 유목세력의 대결과정은 첨예하고도 집요했기 때문입니다. 그렇게 형성된 유목제국이 호한(胡韓)체제인 조선·부여·고구려이지요.

이에 대해 유목적 개방공간 스텝과 농경적 개방공간 중원이 대결하며 수시로 간단히 혼용하는 중원의 호한(胡漢)체제 유목제국은, 본질적으로 서로 차별화되는 독창적 개성을 이루어오게 마련입니다.

우선 세종대왕이 갈파했듯이, 한·중의 국어 구문 기본 틀이 S+O+V와 S+V+O로 확연히 차별화됩니다.

주어(S)+목적어(O)+동사(V)는 유목북방몽골로이드 생태 울타리 안에서 그대로 시베리아—몽골—만주—한반도—일본열도로 이어지지요. 그런데 이에 대해, 중원의 경우에는 그것이 그 적응적 진화과정에서 주어(S)+동사(V)+목적어(O)[我+愛+你]의 구조로 변환·고착하는 것을 확인케 됩니다.

호한(胡韓)체제의 고려는 호한(胡漢)체제인 송과 달리, 신흥 유목몽골무력의 침공에 대응하는데 이런 역사적인 오랜 전통 위에서 아주 노회하게 마련이지요.

그래서 반세기 몽골·고려전쟁을 총결산하는 자리에서 사실상의 2/3팍스몽골리카의 완성자인 쿠빌라이 대칸이, 1269년 11월 2일에 이런 결론을 내립니다.

유목몽골의 무력으로 고려를 정복하는 것은 무모한 일이니, 전술전략을 아주 바꾸어 내부의 모순·갈등을 극대화하게 해서 대립시키고 그 한편을 군사적으로 원조해 점령해야 한다는 겁니다.[『원고려기사』 당해조]

"군사공격"이 아니라 "군사원조"로 대고려전쟁을 고려화해 고려를 정복·지배한다는 방침을 세워 밀고나가면서, 마침내 몽골은 소기의 목적을 달성케되었다는 것이지요.

[MBC 사극(56회)이 이렇게 주인공 고려무신(高麗武神) 김준의 비장한 죽음으로, 천년 고려황실의 증발과정에서 대단원의 막을 내렸습니다. 오는 새누리에 "샤먼제국"의 무신(巫神)으로 다시 날지도!]

그러므로 같은 생업사 상에서 조직·훈련된 소수 유목무력 주도의 다수 정착세력 통합형 유목제국사의 전개 결과체라고 하지만, 중원은 한반도와는 그 본질적 체질을 아주 달리합니다.

한겨레의 그것은 호한(胡漢)체제가 아닌, 유전체 지도에서 한 유목생태권을 이루는 호호체제(胡胡體制) 유목태반 기원의 호한(胡韓)체제인데, 바로 이 점의 예리한 자각이 이른바 동북공정을 종이호랑이로 만드는 핵심열쇠지요.

가상의 역사적 종중(從中)을 박살내고 시베리아 선원(鮮原 : Sopka & Steppe)의 "천손겨레(Altan urug : 黃金氏族)"로 우뚝 서는 키워드가, 오로지 그 개념이 불을 보듯이 또렷한 동북아시아 "유목제국"(Pastoral nomadic empire), 바로 이 한 말씀뿐이라는 것입니다.

그 명백한 자긍이 세계 유목사학계에 널리 알려진 대로 고올리칸(朱蒙) 석인상이 좌정한 몽골의 기원지 다싱안링 북부 훌룬부이르 몽골스텝·눈강평원-호눈대평원(呼嫩大平原) 일대지요.

1960년 경 한·중 상고사(貊高麗) 유적 합동발굴 직후, 중국수상 저우언라이(周恩來)의 치명적인 일갈이 이미 정곡을 찌르고 있네요!

이 미증유의 조선 시원유목사 인식 격변요청시대에, 그 야밤의 등대로 떠오른 게 바로 B·G Holt et al의 지구 생명체 유전자지도[Science紙, 2013]이지요. 당연히 유전체학 대두 후 근래의 놀라운 연구의 소산인 이 유전자지도에는 반갑게도 연녹색으로 색칠된 Sino-Japanese와는 달리 연한 하늘색으로 칠해진 북유라시아와 북대서양 북방해양권을 잇는 Paleartic ecozone으로 한반도가 또렷이 그려져 있습니다. 뜻밖에도 대체로 한국이 중·일과 확연히 차별화되는 걸 이내 우리가 자각게 해준다는 겁니다. 주류 유목태반 기원(起源) 한(韓)겨레사 호한 (胡韓)유목제국 기틀 복원·부활의 복음이, 역사학 중의 역사학이 되어갈지도 모를 유전체학계에서 울려오고 있습니다. 눈을 똑바로 뜨고 보고, 귀를 한껏 기울여 제대로 들어야 한겨레 넋(魂)·얼(魄)의 숨통이 트일 텐데도!

대장경천년 특별기획드라마 『무신』 뒤풀이
-칭기스칸은 저승신앙 서구 개척전도사? [2012.9.24]

백낙준 연세대 초대총장님은 좀 특이한 분이셨던 것 같습니다. 기독교가 혼자만 살면 외로울 테니 불교와 얘기를 나누며 지내라고 그러셨는지, 굳이 불교사를 전공하는 제자, 당시의 현직 동국대 교수 민영규 선생님을 초빙하셨고, 이 선생님이 훗날 제 은사가 되셨습니다.

이 어른이 사제 간에 저와 첫 대면하시면서 파카만년필로 예쁘고 품위 있는 전용 원고지에 써주신 글이 마하반야바라밀다심경이었지요.

제가 모진 방황 끝에 힘겹게 몽골사 연구를 주제로 잡고, 공부를 시작할 무렵 어느 날인가 칭기스칸이 서구에 저승신앙을 전도하는 물꼬를 텄을 수도 있다는 점을 암시하셨습니다.

서구에는 저승을 주제로 삼은 작품이 단테(1265~1321)의 『신곡』이나 괴테(1749~1832)의 『파우스트』 정도이나 동북아시아의 경우는 전통소설의 2/3가 이런 내용이라는 점을 지적하시기도 했답니다. 물론 이승과 저승을 넘어선 해원(解寃)신앙을 배경으로 하는, 상대적으로 차별화되는 저승이야기셨던 듯합니다. 당시의 제겐 너무 엉뚱한 시각을 제시하신 터라 몹시 당혹스러워했지요. 고서에 실린 도깨비 얘기도 이따금 들려 주셨습니다.

단테가 살다 간 시기로 보아 팍스 몽골리카가 유라시아 구대륙을 진감케 했던 직후라서 그럴 가능성도 있다는 생각이 들었습니다.

그리고 보니 무신드라머에서도 주인공 김준의 첫 연인 월아의 한 맺힌 죽음과 그 환생으로 보이는 안심의 출현, 양자 임연의 칼에 목숨을 거두는 순간 그를 짝사랑하다 희생된 최송이와 타계한 그녀의 부친 최우가 나타나 그를 저승으로 안내하는 환영이 스치는 것 등이 모두 "이승에서 못 이룬 사랑을 저승에서 이루는" 줄거리로 엮어진 것을 깨닫게 됩니다.

그 압권이야 『심청전』일 수 있겠지만 … 심지어는 『겨울연가』의 말미에도 그런 스토리가 암시되지요.

어떤 자연 내지 인문적인 생태사적 배경이 이런 유전자를 배태해 설계케

해왔는지는 모르지만, 이승과 저승을 넘나드는, 한 생명과 그 진실의 진정성이 절대로 섬겨지는 내용은 감동적인 데가 있습니다.

육신 생명뿐만 아니라 더 본질적으로는 영혼생명까지 가없이 섬겨주는 성스러운 원망(願望)을 품어오며 빚어낸 속사람 역사라면, 주인도 모를 원리와 돈벌이만 난무하는 객관적 과학진리 유일시대의 어떤 난장판 삶보다야 얼마나 거룩한가요.

진정성이 주인이어서 가장 성스러워야 할 인간 생명창조란 짝짓기 사랑(Sex)이 애정이든 욕정이든 모두 뭉뚱그려 섹스, 스피드, 스크린, 스포츠와 뒤엉켜 돌아가는 정 떨어지는 패악한 이 시대에, 참 영혼생명 구원의 빛이 이에서 비춰올지도 모릅니다.

그런 의미에서 본래 성리학(性理學)에서 비롯되는 실학(實學)의 "실(實)"도 과학(Science)이나 실업(實業 : Business)의 의미와 함께 보다 본질적으로는 이승과 저승을 넘나들며 해원(解寃)을 찬송하고 주관적 진정성(眞情性)에 몰입하는 마음가짐 공부, 심성의 학문인 심학(心學)의 본령으로 되돌아가 그런 진실(眞實)의 "실"과 더 직접 접목돼야 할지도 모릅니다. 지구촌시대 역사의 치명적 격변이 천명(天命)을 거슬러 체용(體用)까지 뒤바꾸면, 인류역사의 종언(終焉)을 예시해서입니다.

칭기스칸을 무자비한 가공할 기마군단의 영도자라고만 저주하거나 찬양하지 말고, 머나 먼 전장에서 도사 장춘진인(長春眞人, 1148~1227)과 장장 진지한 담론을 벌인 영성이 원대한 구도자이기도 했음에 주목해볼 수 있었으면 합니다.

사생결단의 기로에 서서 늘 염불에 몰두하는 승장(僧將) 김윤후나 김준 같은 고려무신(高麗武神) 못지않은, 이런 "저승신앙"의 서구 개척전도사일 수도 있는 칭기스칸으로 말입니다.

아리랑(阿里嶺) 고개와 가셴둥 동굴, 늘봄 아리랑

아리랑(阿里嶺) 고개
−북다싱안링, 몽·한 분족의 천년 석별 고개 [2012.10.1]

북다싱안링 훌룬부이르 몽골스텝 대선비산에 조선(朝鮮)·선비(鮮卑)의 선족(Soyon겨레, 鮮族의 "鮮" : 蘚목초지) 조상 제사동굴이 있지요.

난 그 화강암동굴을 "단군탄신의 그 동굴 가셴(嘎仙) 동굴"이라고 부릅니다.

그 앞을 영동 쪽으로 흐르는 강물이 아리수이고, 아리수의 원천을 따라 오르다가 영동에서 영서로 넘는 고개가 "아리령(阿里嶺)−阿龍嶺−고개"랍니다. 원천명(源泉名)을 고려해 고개이름을 부르는 현지관행을 따라서 명명해본 이름이지요.

아리령(阿里嶺) 고개 : 아리랑 고개의 아리(阿里)는 "맑은 물"이라는 뜻인데 요즘 한반도에서 이르는 건강 생수와는 조금 다른 의미인가 봅니다. 몽골스텝에는 담수호와 염수호가 반반 쯤 있는데, 담수만 생명이 마시고 사는 물이라니까 맑은 물은 생물의 생명수인 셈이지요. 그래서 종산(宗山, Burqan=不咸)도 태생지도 보통 아리수원천(阿里水源泉) 언저리에 있게 마련이랍니다.

북다싱안링을 넘나드는 열차에서는 천안 명물 호두과자 식으로 싱안링 명물 "아리"표 볶은 수박씨도 판답니다. 허구한 나날들에 허허벌판을 달리고 또 달리기만 하는 열차 안에서 이 수박씨 까먹기가 얼마나 심심소일에 절실하던 지요.

유목민은 유목목초를 따라 몽골리안 루트를 타고 남미까지 이동해 가도 태생지 땅이름을 가지고 가는 관행이 있다네요. 영원한 탈향난민으로 태어난 이들이 유목민들이어서인지도 모릅니다. 그래서 서울의 한강을 광개토대왕 비문엔 아리수(阿利水)라 했는데, 아마도 그 뜻은 맑은 강물이 아닐까 합니다. 청천(淸川)강도 같은 의미일 수가 있겠지요.

아리령 고개를 좌우로 영동은 태평양의 해풍권(海風圈)인 눈(嫩)강지대 기(騎) 순록 "순록유목권"이고 영서는 북극해권 북서의 혹한풍이 휘몰아치는 건조지 대 몽골스텝이란 기(騎)마 "양유목권"이지요. 아리령을 좌우로 바다와도 같은 두 권역인 스텝(原)과 만주벌판쪽의 소프카(鮮)가 병존합니다.

기원전 7~6세기경 스키타이 철기문화가 본격적으로 들어오기 전에는 영동 의 순록유목이 이 지대 대세를 아주 오랫동안 주도해오지요. 그러다가 철기가 들어와 생산력이 그보다 10여 배는 높지만 개방공간이라 무한경쟁이 강요되는 몽골스텝으로 진입해 기마 양유목을 하게 됐습니다. 물론 후기빙하기 이후 그간 해빙(解氷)이 진행되면서 다싱안링 남부 홍산문화권에서 호눈선원권(呼 嫩鮮原圈)으로 중심 이동이 진척돼 가기는 했겠지요.

이로부터 최첨단 유목무력 기마사술(騎馬射術)을 확보해 영동의 순록치기를 영서의 양치기가 주도해 호눈(呼嫩)평원을 최후로 통합한 유목제국의 칸인 활의 임금(弓王) 동명성왕 고올리칸 또는 놈온 한이 출현합니다. 인류사는 세계제국을 지향해 나아가고 있었고, 유라시아 구대륙의 그것은 13세기 팍스 몽골리카로 이룩됐으니 그 씨앗이 이때 여기에 심어진 터이지요.

그래서 동북아시아 유목제국의 태반 맥고려(貊高麗)-몽골의 기원지 부이르 호반에 2000여 년 천신(薦新)을 거듭하며 모셔져오는 고올리칸(Goolikhan : 東明 聖王) 석인상이 동북아 유목제국사의 부동의 중심으로 닻을 내리고 있습니다.

그래서 1960년경에 저우언라이 수상이 조·중합동 호눈평원 상고사유적 발굴 직후에 직접, 조선(북한)국 사가들의 이 성역 출입 차후 절대금지 긴급조치 를 황급히 취해버렸지요.

작금의 글로벌 시장경제체제 하에서 생존상 부득이 종중(從中)을 하더라도 사실은 바로 알고 해야, 죽어도 살고 살면 반드시 이기지요. 사실(史實)은 오직 하나! 남북분단 2000여 년 전의 이야깁니다.

그후 그런데 일단 광대한 고올리농장터를 일구며 천하의 요새 부이르 호반 할힌골-홀본(弓江) 일대에 고올리칸국을 창업하고 나서, 그 중의 고지대 맥(貊) 사냥꾼 출신의 후예들을 주축으로 하는 일부는 몽골스텝을 향해 계속 서남진을 해 몽골(貊高麗 : Mongol)인이 되고 순록유목태반 지향 성향의 상당부분은 헤이룽 강쪽 동토지대 순록유목지를 향해 동북진해 조선-부여-고구려의 주류를 이루게 됐다고 봅니다.

추정컨대, 맥(貊) 주도 예(濊) 통합으로 예맥(濊貊)의 고올리칸국을 드디어 창업해낸 후에 다시, 태평양 해풍권 저습지대 순록치기의 정통성을 밀도 높게 이어받은 예족(濊族 : Buir-숫수달 사냥꾼)과 태평양 해풍 소외권 고원지대로 진출해 기마 양치기의 정통성을 지향하며 계속 발전해간 맥족(貊族 : Elbenkü-山獺=너구리) 위주의 계열이 일대의 역사적인 분화를 일으켰겠지요.

맥계(貊系)와 예계(濊系)의 일대 분화, 그러니까 미(美 : 양치기)와 려(麗 : 순록치기, Chaatang)태반 지향세력 곧 몽·한 간의 일대 분열이 야기된 셈이랍니다.

양유목민 주도의 순록유목민 통합이 진정한 유목제국의 효시라면, 그 과정에서 형성된 동북아시아권 "Meili심미안"(美麗審美眼의 "메이리" : Beautiful; 謝光輝 主編, 『常用漢字圖解』, 北京大學校 出版社, 1997, 38, 472쪽 참조)의 대대적인 이합집산이 감행된 한민족 천년의 석별(惜別), 그 기나긴 '유목적 디아스포라'의 비사(悲史)가 「아리령」-阿龍嶺-고개를 기점으로 감행된 듯합니다.

이런 유장하고 처절한 한민족의 극적인 일대 분화가 빚은 문화의 역사적 총화로 아리랑 민요가, 한겨레의 영혼심층에 시공을 넘어서 깊고 넓게 아로새겨져 온 것으로 보인다는 겁니다. 동몽골 대스텝의 아리랑 장가풍 가락이어서 서북산지의 단가풍 민요와는 이내 차별화된다는 게, 타계한 홉스굴 무당골 태생 몽골 무속학자 오·푸렙 교수님의 견해이었습니다. 그이는 그후 생전에 한국에 학술회의 차 내방해 현지답사를 하면서도 그런 견해를 견지했지요.

아리랑(阿里嶺)

[2012.10.8]

그렇습니다. 이즈음에 여기서 이 지역 원주민들의 "몽골과 한국의 할힌골(忽本 : 弓江 추정) 언저리 분족(分族)" 증언과 맞아 떨어지는 한민족사 상 최대의 민족집단 천년 석별 유목태반 디아스포라의 서사시('아리랑' 노랫말)가 쓰이게 되는 게 분명해 보입니다. 이보다 더 크고 본질적인 한민족 집단별 일대 분화—기마 양유목과 순록유목~유목과 농경민—사건이 역사상에 더는 없어서이지요.

대부분이 문맹으로 보이는 이곳 호눈선원(呼嫩鮮原 : HoNun Sopka & Steppe) 원주민들이 이런 사시(史詩)를 구전할 뿐만 아니라 아직도 이 '석별의 천년한'을 되새기는 일정한 상호간의 의례를 서로 간에 베풀고 있습니다.

한·몽 공동 동몽골 대탐사단이 1992년 7월 28일에 몽·한수교 후 처음으로 부이르 호숫가에 이르렀을 때, 우리는 촌로 잠스랑수렝(Жамсарансурэн : 67세)과의 회견에서 이런 관계 구비전승자료를 채집합니다.[당년 연말 SBS-TV 송년 특집 다큐멘터리 「유목민의 땅 몽골을 가다」(홍성주 PD 제작)로 방영]

> "이곳의 부녀자들은 게르(家)에서 나와 말(馬)을 보러 가면서, 곧 화장실에 가면서 몽골 부녀자와 고올리 부녀자가 서로 마주치면, 몽골 부녀자들은 서남쪽에서 왼쪽 손을 들어 북동쪽을 향해 한번 돌리고 고올리 부녀자들은 북동쪽에서 오른손을 들어 서남쪽을 향해 한번 돌려 인사를 합니다. 몽골 사람과 고올리 사람은 본래 한 종족이었는데, 몽골 사람들은 여기서 서남쪽으로 가서 몽골 초원의 유목민이 되었고 고올리 사람은 여기서 북동쪽으로 가서 고올리 사람이 되었으므로 서로 한 피붙이인 동기간임을 일깨우는 인사의례이지요."

일찍이 1970년경에 베. 수미야바타르 교수는 부이르 호반 숑크(紅) 타반(五) 톨로고이(頭)에 있는 '고올리칸 석인상'은 동명성왕상으로 몽골과 고(구)려의 '공동조상'임을 지적하고, 여기서 동북쪽으로 이동해간 이들이 오늘날의 농경 한국인이고 서남쪽으로 이동해간 이들이 오늘날의 기마 양유목민 몽골인이라고 설파했지요.

그의 이러한 견해는 이에서 그대로 입증됐습니다.

그 후 박창범 교수님의 고구려 일식기록 분석결과(『하늘에 아로새긴 우리의 역사』, 김영사, 2002)에서 그 최적 관측지가 압록강 일대가 결코 아니고 바이칼호 우측 몽골지역이라고 한 것이, 놀랍게도 이 지역 원주민들의 몽골과 한국의 할힌골 언저리 분족 증언과 맞아떨어지기도 했답니다.

같은 일식현상이라도 측정지에 따라 그 모양이 판이하게 다를 수 있어서 그 천착이 가능한 연구였습니다.

"아리랑 고개" : 아리령(阿里嶺)-阿龍嶺-고개의 말뜻을 여러모로 헤아려 짐작들을 해 보지만 "무애와 두계의 고지명설"이 가장 무게가 있는 것 같다던 은사 서여 선생님의 혼잣말을, 곁에서 엿들어 몽골스텝의 거대축제 나담(Naadam)의 장가조 축문가락을 아련한 기억 속에 이에 곁들이며 IT시대를 맞아서도 난 아직껏 되새기고 있습니다.

1994년 초가을에 우리는 파른 손보기 선생님을 모시고 홍산문명권 서북단 다리강가 몽골스텝에서 고올리 돌각담 무덤을 발굴하면서 그해 한가위를 맞았지요.

날짜를 조금 앞당겨 맞는 한반도의 추석과는 달리, 이곳에서는 놀랍게도 가을걷이가 본격적으로 이루어지는 시기에 정확한 추석날을 누림을 깨닫게 됐습니다. 머리카락 한 올도 내가 수고해 만들어 태어난 게 없는 이 목숨이, 보내신 부모님 심정을 저마다 보름달보다 더 무겁고 환하게 올 한가위에 더불어 누릴 수 있다면 얼마나 좋을까요.

"나랏말씀이 중국과 달라!"

[2012.10.15]

올 시월 초에도 한글이 세계 문자올림픽에서 연이어 최우수문자로 뽑혔다네

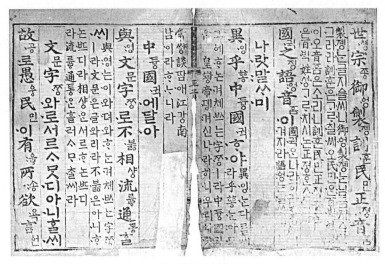

세종어제 훈민정음

요. 무엇보다도 오늘날의 정보화시대에 짧은 시간에 이뤄지는 정보전달 능력
이 타의 추종을 불허하기 때문이었답니다.

그럼 한글의 생태사적 뿌리는 어떤 것일까요?

말이 다르다는 것은 그 말의 그런 남다른 틀이 태어난 주류 생태사 태반이
다르다는 것을 말해주는 것이기도 하겠지요. 일찍이 세종대왕은 '훈민정음'
예의편(例義篇) 첫머리에 '나라의 말소리가 중국과 달라 …'라는 유명한 어록을
남겼습니다. 당연히 서로 다른 태반사가 빚는 음색(音色)의 차별성도 함의하는
것이겠지요.

우리말의 구문구조가 I(S)+love(V)+you(O)와 같은 중국어의 "我[S]+愛[V]+
你[O]"식의 '주어[S]+동사[V]+목적어[O]'형과 달리 「나는(S)+너를(O)+사랑한
다(V)」식의 「S+O+V」형이라는 점을 꼬집어 지적한 것으로 보입니다.

결국 '우리의 인지 체계가 중국인과 달라'라는 말이며 이는 곧 주류 한국인들
의 그것을 만들어온 '생태생업사 태반이 중국과 크게 다르다'는 뜻이 되겠지요.
우리는 이런 세종대왕의 본질 차원의 문제의식을 예의 주시해야 하리라
봅니다.

한마디로, 중원 중국과 다른 한겨레 주류 유목 태반기원(起源)사-북유라시

아사적 정통성만 제대로 복원해내면 「중국의 그릇된 역사공작」은 저절로 해소된다는 세종대왕의 메시아적 예언이 이미 572년 전인 1446년에 만천하에 천명된 터이기도 하기 때문입니다.

중국당국의 왜곡된 대만주역사공작에 대한 대응 방식은, 당연히 우리의 서북유목몽골로이드의 「순록·양 유목태반사 복원프로젝트」입니다. 이것이 중국의 그것보다 과학성이나 공생 차원의 양심 문제에서 더 나아야 문제를 풀어갈 실마리를 찾을 수 있겠기에 말입니다.

대체로 한국어 구문구조류의 언어는, 조직된 '광역소수(廣域少數)'의 기동력을 특징으로 하는 유목생업 태반사의 소산이지요. 이에 대해 중국어나 영어류의 그것은 상대적으로 '협역다수(狹域多數)'의 정착적 집약력을 특징으로 하는 농경생업 태반사의 소산이라 하겠습니다.

세계 최대의 스텝-타이가-툰드라 지대를 무대로 형성된 북유라시아 순록·양 유목태반 종족들이 거의 예외 없이 그 종족 사상의 생존생태와 유관한 곰, 범이나 늑대와 같은 어떤 짐승을 조상으로 삼는 '수조전설(獸祖傳說)'을 공유하면서 「S+O+V」형 어문구조를 갖는 것이 결코 우연일 수는 없을 겁니다. 당연히 한글은 이 언어 틀에 어울리는 글자로 창제된 것이겠지요.

언어학자들이야 전문적인 천착이 있어야겠지만, 몽골스텝에서 유목초지에 누워 여유롭게 말 타는 젊은이들의 모습을 감상하노라면, 저렇게 빨리 달리며 사랑을 고백하는 경우에 나(S)는 사랑한다(V)~ ~너(O)를 하면 이미 버스 지나간 다음에 손드는 격이 되기 십상이 아닐까 하고 생각하게 됩니다. 나(S)는 너(O)를 하고 우선 지적하고 나서 그담에 사랑한다(V)고 해야 하는 게 아닐까 합니다. 전쟁터의 공격명령을 구체적인 개인에게 내릴 경우에는 더 말할 나위가 없겠지요.

중국의 급격한 부상에 따른 갖은 행패(예컨대 「시진핑의 한반도 중국고토 발언」)들에 직면하면서 온통 얼이 빠져 우왕좌왕하는 우리 못난 후예들의 꼬락서니들을 하늘에서 내려다보고, 지금 세종대왕이 뭐라실까요?

"저런 쯧쯧 … 손에 쥐어줘도!! 지금의 지구촌시대 대세는 신 유목시대이고 신 노마드 정보화시대의 주요 시대언어는 역시 유목태반 기원 한국어야.

그걸 가장 빨리 제대로 써내는 게 한글이고 알간?"

이어서 "설마인들 한류 '말춤'을 허깨비들이 추고 있는 건 아니겠지? 쥐어주고 보여주며 … 그럼 참 물꼬는 너희가 알아서 터가야지!!"라고 하시겠지요.

진실로 문맹(文盲)? 아니, 이 나랏말씀과 한글이 어느 겨레역사의 어떤 소산인가? 제 역사 주류 정체를 까마득히 망각한 아맹(我盲)-"유목태반사맹(遊牧胎盤史盲)"이 진짜 문제라고 한숨만 푹푹 내쉬고 계실 것 같습니다. 진실로 조선어는 순록치기의 말에서 비롯되고 '조선문'-한글은 녹도문(鹿圖文 : 가림토?)에서 기원된 것일 수가 있어 보입니다.[2000년 초입에 들면서 정태수 총장님을 모시고 정랑희 교수님과 함께 충남 목천 사루개 시골집에서 이런 담소를 즐겨보았지요]

다리강가 스텝 발굴장에서 호눈선원 "유목초지"로 가다
[2012.10.22]

1990년 중반에 나는 홍산문화권 서북단 다싱안링 남서부 몽골 다리강가 스텝의 고올리 돌각담 무덤 발굴장을 떠나 홀로, 유명한 다싱안링 북부 동북아시아 유목제국 태반 호눈선원(呼嫩鮮原 : Sopka & Steppe) 유목목초지대로 갔습니다.

형편상 발굴단 부단장을 맡고 있었지만, 무덤유적이 그 시대 그 유목지대에 자리 잡고 있음에도 불구하고 "유목제국사의 복원"에 기여하는 발굴작업이 되기 어려움을 직감했기 때문이지요.

발굴담당자 중의 누구도, 엄존하는 유목지대와 농경지대 생태계의 차별화를 시도할 안목도 없었고 그럴 의사도 전혀 없어보여섭니다. 엄연한 당시의 유목목초지에, 엉뚱하게도 농경제국을 복원하는 발굴결과 보고서를 써내야 할 수밖에 없는 판이었습니다.

실은 13세기 칭기스칸 몽골제국의 첫 수도로 보이는 헨티아이막의 몽골제국 탄생지대에 가보아도, 유물유적이 남아 있는 게 거의 없습니다. 하물며 기원전

1994년 8월 다리강가 스텝 고올리 돌각담 무덤[아.오치르 역사연구소장(좌), 체벤도르지 고고학연구실장(중), 주채혁 부단장(우)]

의 상고시대 유목사 유적이야 더 말할 나위가 없겠지요. 대체로 유목민들은 생업특성상 유물·유적을 거의 남기지 않게 마련이어서입니다.

잘 깨지는 토기나 도자기 대신 가죽그릇이나 골각기(骨角器)와 나무그릇을 쓰게 마련이고, 멀리 떨어져 흩어져 사는 광역소수의 유목민들에게 주물틀을 만들어 철기를 대량생산한다고 해도 어느 단계까지는 그 시장형성이 거의 불가능해섭니다. 그래서 심지어는 1900년대 초반에도 상당히 대규모의 농사를 짓던 다싱안링 북부 훌룬부이르 몽골스텝지대 농경의 경우에는, 목쟁기를 썼다는 현지 노인의 증언이 있을 정도지요.

대규모 토목사업이 횡행하는 이 시대에 공사지구 문화재의 발굴·보호·보존과 연계시켜 발굴비를 대거 확보해서, 최신 장비와 그간 놀랍게 발전한 과학적 성과들을 총동원해, 고고학적인 유목현지유적의 조사와 발굴이 이루어지게는 할 수 있겠지요.

그렇지만 비록 그렇다고 해도 이런 유목생태사 전개에 대한 발굴자들의 일반적인 무관심과 무지를 자인하고 겸허하게 아주 조심스러운 접근을 하지 않을 경우에는, 유목제국사를 유목 현지에 복원하는 데에 무서운 역기능을 초래할지도 모릅니다. 근래에 특히 이런 우려들이 유목사학자들 사이에 적지 아니 생겨나고 있는 것도 사실입니다.

실은 그동안 유목사 복원에 기여한 것은 문헌기록이 주류를 이루어왔지요. 어느 시기까지는 심지어, 보편적으로 문헌사료의 확보 유무에 따라 유사(有史)시대 여부를 판정하기까지 했었습니다. 당연히 문헌사료를 읽어내는 당사자들의 시각과 시력의 한계도 고려됐어야 했겠지요.

기원전 600~200년경에 주로 활약한 호머(Homer)에 보이는 긴메리(키메르)인과 헤로도투스(Herodotus)의 스키타이인(Scythian)이 그러하고, 더 거슬러 올라가 우르 제3왕조말 쯤 출현한 것으로 보이는 유프라테스(Euphrates) 강 중류 서안에 있는 마리(Mari 왕국, 기원전 2000~1700)유적 출토 문서에 기록된 셈(Sem)계 유목민의 경우도 그러합니다. 이들은 주로 영양사육 유목민에서 기마사술을 구사하는 기마 양유목민으로 급속히 발전하는 아리아(Arians)계 스텝 유목민이었습니다.

그 후 스키타이 유목민의 무서운 세력 팽창과정에서 기원전 4세기 전후에 주로 출현하는 동북아시아의 기마 양유목민인 흉노 또한 문헌사료를 바탕으로 해서 연구되어오고 있는데, 물론 근래에는 발굴유물과 유적이 이를 상호 보완하면서 그 복원이 시도돼오고 있기는 하지요.

그렇지만 그 시기 유목지대의 유적발굴 결과가 유목제국의 창업-발전-멸망에 초점이 맞춰지면서 농경지대의 그것과 또렷이 차별화되게 도출되지 않는 작금의 적지 않은 비과학적인 현상은, 유목생산의 급격한 몰락이라는 이 시대 조류를 감안한다고 하더라도, 분명히 IT·BT·NT시대의 한 기현상이라 하겠습니다.

사슴돌(鹿石 : Deer stone) 제단이 주로 수림툰드라~타이가와 스텝의 변계선에 서 있어서 순록유목에서 기마 양유목에로의 발전을 기념하는 기념물인 듯 보이지만, 이런 유목사의 발전과정에 주목하는 유목유적 현지 발굴자도 거의 없어 보입니다.[추기 : 대스텝이 끝나는 동단(東端), 북다싱안링 이동엔 사슴돌 제단이 안 보인다.]

다물도 북다싱안링 "에르구네 유목초지"

[2012.11.5]

다리강가 스텝의 고분 발굴장을 떠나 1990년대 중반기에 유목목초지 양초(羊草)와 순록의 주식 이끼(蘚)밭-선(鮮)이 병존하는 유명한 북다싱안링 호눈선원에 들었지요.

그런데 예서 유목유적을 찾아 드넓은 호눈선원을 너무 오래 헤매고 또 헤매다 지친 나는, 1999년 9월 9일에 마침내 모든 걸 포기하고 에르구네시(多勿都) 아오르구야 에벵키족향(族鄉 : 북위52도)을 거쳐 헤이룽장 성 쿠마하 변의 기이한 유목가축 구경거리를 찾아 심심풀이로 놀러갔습니다. 그런데 그 쉼자리에서 너무나 뜻밖에도 내 일생을 바꿔놓을 놀라운 자각을 많이 하게 됐습니다.

우선 스텝의 유목양초 이전에 또는 이와 더불어 순록의 유목목초 선(鮮 : Honk, Sopka=小山)의 선(蘚 : Niokq)이 병존하고 있다는 사실을 알았지요. 그 후에 특히 보르지긴 쇼보(波. 沙布 : 헤이룽장 성 사회과학원 역사연구소) 교수와의 대담과 꾸준한 현지답사를 통해 순록주식 이끼밭(蘚)의 바다가 예니세이 강과 레나 강을 중심으로 북극해 쪽에 바다처럼 널리 퍼져 있다는 사실을 처음 몸소 확인했습니다.

또한 지금부터 25000~15000년 전 경에 툰드라 수림툰드라의 거의 유일한 주된 사냥감이 순록이고 이 최후의 빙하기(3~4만 년에서 1만 년 전)를 지나 중·신석기시대의 식량생산단계에 들면서 시원유목이라 할 순록유목이 이루어지기 시작했으리라고 깨닫게 됐습니다.

이는 순록유목민의 기동력 및 유목생산의 농경화와 농경생산의 유목생산화가 상호작용하면서 비교적 신속히 이루어질 수 있는 현상일 수 있었겠지요.

이로부터 무엇보다도 북극해권과 태평양권 동토지대를 다싱안링산맥을 거쳐 넘나들면서, 이 순록유목이라는 오래고 방대한 유목사 기층이 이 지역을 기축으로 삼아 주로 비롯됐다는 사실을 거의 확신하게 됐습니다.

아울러 놀랍게도 순록유목에서 기마 양유목으로 발전하는 과정을 반영하

마침내 야쿠치아 한디가 압기다 여름 순록유목지 鮮(Сопка)을 탐사케 된 저자[2006년 여름]. 이런 탐사는 2000년 전후 여기서 보르지긴 쇼보 교수(칭기스칸 33대 후손; 몽골사)와의 대담을 통해 순록주식 이끼밭(鮮)의 바다가 예니세이 강과 레나 강을 중심으로 북극해 쪽에 바다처럼 널리 퍼져 있다는 놀라운 정보를 획득한 이후에야 감행될 수 있었다.

는 동북아시아 유목제국의 자궁인 호눈선원(呼嫩鮮原: HoNun Sopka & Steppe) 일대의 채록된 구비전승을, 탁발(拓跋)선비족(鮮卑族)의 사서 『위서(魏書)』 권1 「서기(序紀)」 제1 성무황제(聖武皇帝) 힐분(詰汾) 조에서 몸소 확인케도 됐습니다.

수림툰드라로 추정되는 깊은 산골짜기에서 길을 잃은 힐분을 소 울음소리를 내는 말 모양의 신수(神獸 : Chaabog-순록 추정)가 흉노 고지(故地 : 스텝)까지 안내하는 이야기로 구성됐지요. 과문(寡聞)이어서인지는 몰라도 이는 이 밖의 중앙아시아나 서아시아에도 없는 전거(典據)라고 지금 나는 생각하고 있습니다.

그리고 무엇보다도 놀라운 것은, 이 시원유목과 직관되는 순록·양유목의 역사적 정체성을 총체적으로 전 과정에 걸쳐 확보하고 있는 주체가 조족(朝族) 중심의 선족(鮮族)통일을 이룬 조선(朝鮮) 및 부여·맥고려(貊高麗 : Mongol)·고 구려뿐이라는 사실을 일단 내 나름으로 천착해봤다는 겁니다.

호눈선원 "유목초지"로 가다
[2012.11.12]

물론 철기시대에 들어서 생산성이 수림툰드라나 툰드라의 순록유목보다 10여 배는 더 높은 스텝의 기마 양유목지대로 진출하는 데는, 중앙아시아나 서아시아가 동북아시아보다 더 빨랐다고 봅니다. 순록유목의 기마 양유목화로 후자가 유목의 주류로 본격적으로 들어서는 유목생산 혁명은, 철기사용과 더불어서만 가능했기 때문입니다.

철생산의 발상지는 서남아시아 아나톨리아 지방으로 알려져 있는데, 그곳에서 기원전 3000년경부터 철기를 만들어 사용한 것으로 나타납니다. 그 후 기원전 1500년 무렵에 건설된 히타이트 제국에서는 철을 본격적으로 생산하게 되었는데, 이들은 철을 독점 생산하여 강한 무기로 무장한 전투력을 가지고 제국을 건설할 수 있었던 것이지요.

이런 철기의 보급과정에서 기원전 8~3세기에 걸쳐 흑해와 카스피 해 연안 대스텝에서 크게 활약한 이란계의 기마 민족 스키타이인(Scythian)도 등장하게 됩니다.

동북아시아에는 춘추시대(春秋時代) 말기인 기원전 5세기부터 철을 생산하기 시작했는데 서아시아로부터 전해온 것인지 아닌지는 아직 정론이 없습니다. 그렇지만, 스키타이인 적석목곽분이 거의 그대로 신라에 이입되고 있는 것으로 보아 이는 틀림이 없는 사실로 보입니다. 다만 스키타이(Scythia)나 소욘(鮮 : Soyon)과 사하(Saxa)가 모두 시베리아 원주민의 언어로 유목민의 주식 젖을 주는 암순록(Sugan : Сагаон)에서 비롯된 점이 사실인 만큼, 북유라시아 시원 순록유목의 서전이 서아시아~중앙아시아의 철기문화와 융합돼 다시 동전된 것만은 엄연한 사실일 수 있다고 생각됩니다.

최후의 빙하기쯤에 북극해의 빙하가 녹은 물이 아랄 해나 카스피 해를 거쳐 지중해 쪽으로 흘러들어 물길이 서로 이어졌을 수 있는데, 그래서 바이칼 호와 카스피 해의 물개는 유전자가 거의 같다는 이홍규 교수님[『한국인의 기원』 저자]의 정리로 미루어 봐도 북유라시아 순록유목의 서전은 충분히 가능한 일로 볼 수 있겠지요.

중요한 것은 지금까지의 추론 결과를 간추려보면, 조선-부여-맥고려(몽골)-고구려사에, 시원순록유목태반부터 그 기마 양유목세계제국-팍스 몽골리카 완성에 이르기까지의 모든 역사가 오롯이 다 함축돼 있다는 사실입니다.

이에서 다시 한 번, 1993년 봄 계렐 몽·한친선협회장(현 대사) 집에 투숙하고 있는 날 굳이 찾아와 마치 자민족 일처럼 아주 대단한 열정을 보이며 "유목사연구의 천국 코리아"를 역설하던 우도 베. 바르크만 베를린대학교 교수의 열띤 표정을 새삼 상기케 되는군요.

그리고 더욱 고마운 것은, 발굴장을 버리고 떠나 무려 5년여 만에 되돌아와 "조선(朝鮮 : Chaoxian)은 순록유목민(Chaatang)의 나라"라는 견해를 어렵사리 보고드렸을 적에, 몽골고분 발굴장을 등지고 떠났던 배신자(?) 제자를 끌어안는 파른 은사님의 깊고 넓은 뜨거운 포용심이었습니다. "서광이 보입니다!" 그 한 말씀!

과거시험 족집게 모범 정답에 오래 찌들려와 농경태반사 고착적 증상만이 너무나도 긴긴 세월에 뼛속 깊이 사무쳐 왔던 우리 지성정통사 상의 한국사학계에, 주류 시원 순록유목태반 기원이라는 목숨의 입김을 불어넣을 수 있게 숨통을 터주신 당시의 몽골스텝현장 고분발굴단장 파른 스승님을 이에 다시금 떠올려봅니다.

몽골밥상의 김치
-몽골스텝의 그 시절 유목목동 [2012.10.29]

막 수교가 되고나서 1991년 8월에 몽골에 가서 우리 일행이 몽골초원(Steppe)에서 김치를 곁들인 점심을 먹고 있었습니다. 말을 탄 앳된 목동이 지나가다가 식사하는 우리를 물끄러미 바라보더니 한 마디 던졌지요.

"양이 풀을 먹는데 사람이 왜 또 풀을 뜯어 먹어요?"

직접 양고기를 먹으면 그만이 아니냐는 얘기였습니다.

몽골스텝의 유목목동

20여 년 전 이야기지요.

워낙 드넓은 벌판이라 말로 달려봐도 거기가 거기고 걸어가면 더욱 그랬습니다. 시간이 가는지 마는지를 모를 정도여서, 그냥 벌판을 바라보며 바람만 쐐도 마냥 느긋해지는 쉼의 시공간이 되었나 봅니다.

그간 참 많이, 아주 빨리도 변했습니다. 그러던 몽골 목동도 이제 어른이 돼서 밥상에 김치를 올려놓고 식구들과 함께 즐겨 먹을 테지요. 애초엔 어쩌다 김치 맛을 보곤 맵다고 혀를 내두르던 그이들이었지만 지금은 우리보다도 더 맛있게 먹습니다.

그런데 어쩌다 한국 고춧가루가 아닌 중국 고춧가루로 담근 김치가 혀끝에 와 닿으면 그냥 뱉어버릴 정도로 기겁을 하더군요. 왜 그런지는 모르지요. 전문가들 얘기로는 고추의 성분이 서로 달라서라네요.

급변 중에도 맛감각의 선별기능은 몹시도 예민하게 작용하나봅니다.

그후 이런 댓글이 올라와 함께 엮어 적었습니다.

몽골에는 「콩실레멜」이라는 고기김치[意譯]도 있지요.

몽골제국 수도 베이징(燕京)과 운하로 연결된 태평양 해중 몽골 탐라도(耽羅都) 황궁터 주춧돌들이 상존하는 제주도는, 팍스 몽골리카 하의 해중몽골군 중핵기지로 몽골유목문화 정수DNA가 아직도 은연중에 엄연히 살아 숨쉬고 있는 유적현지입니다.

존경하는 주채혁 교수님, 김치 기사 잘 읽었습니다. 「몽골밥상의 김치」 「몽골+김치」가 나오니 너무 반갑습니다. 그렇지 않아도 저는 독일에서 1992년 김치를 독일인과 한국인에게 먹이고 변을 분석하여 박사학위를 받았습니다. 그래서 사람들이 저를 「변박사」라고 부릅니다. 이 기사를 읽고 나니 가슴이 찡해옵니다. 주교수님께서 몽골과 김치를 연결시키니 더욱 그렇습니다. 기회가 되면 주교수님을 제주에 꼭 모시고 싶습니다.

탐모라 2013. 05.05
제주한라대 오영주 올림
[2013년 7월 29일자 댓글 첨부]

무궁화(槿花) 원산지 '시리아'와 근역(槿域) 조선은?
[2012.11.19]

"무궁화"의 학명은 시리아에서 온 꽃이라는 뜻의 Hibiscus Syriacus입니다.
영어로는 샤론의 장미(The Rose of Sharon)이지요.

한국 발효식품의 대명사인 된장과 간장의 원료 콩의 원산지가 만주(滿洲)인
것처럼 무궁화의 원산지가 시리아라는 말입니다.

그런데 우리의 땅을 근역(槿域 : Korea, the Land of Roses-of-Sharon)이라고
했음은 동양 최고의 지리서인『산해경』(BC. 3~4세기 경)이나 최치원(9세기말
경)이 당나라에 보내는 국서에 무궁화의 고향(「槿花之鄉」)이라고 적은 것을
비롯해 보편적으로 알려져 있습니다.(1999년 5월 창조사학회 김영우 교수
제공 :『한민족기원대탐사-셈족의 루트를 찾아서』, 87쪽)

서아시아와 동북아시아의 「근역」(槿域)이 서로 멀고멀지만, 역사유산이나
분위기가 너무 닮아있는 게 정녕 역사적으로도 우연이기만 할까요?

시리아의 수도 다마스쿠스 박물관 정문은 기원전 2000년경의 옛 아시리아왕
궁 유적을 그대로 사용하는데, 무궁화 문양이 선명하게 아로새겨져 있어,
한국의 국화(國花)가 왜 4000여 년 전에 여기서도 한 중심에 자리잡고 있나를
도무지 알 수 없게 한답니다. 예서도 강건한 생명력으로 왕족이나 귀족을
상징하는 나라꽃이라네요.

근래 불과 몇 십년 만에 국민의 대다수였던 우리 농민 비중이 10%미만으로

180

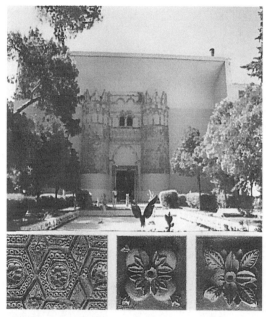

다마스쿠스 국립박물관 정문 옛 아시리아(BC. 2400~605 경)왕궁 궁성의 무궁화 문양

확 줄어들었듯이, 순록·양유목민의 경우도 반만 년 세월을 지내는 동안 팍스 몽골리카를 정점으로 그후 그렇게 희미해진 것은 아닐까요?

아프가니스탄 유목민이 삶은 콩을 자루에 넣어 말안장으로 깔고 앉아 다니다가 끓인 물에 그 가루를 넣어 조선(朝鮮) 된장국을 끓여 먹는 그림을 어느 다큐멘터리에서 보았지요. 이런 관행을 목격하는 순간 나는 된장가루를 라면봉지처럼 포장히여 상품화하면, 뜨거운 국물을 밥과 함께 먹는 우리의 관행으로 보아 신흥 내수시장을 옹골차게 개척할 수도 있지 않을까 하는 생각을 해보기도 했습니다.

몽골리안 루트를 따라 무궁화(槿花)의 역사적 족적들을 그간 끈질기게 말없이 추적해온 탐사의 발길들을, 그래서 다시금 새삼 되돌아보게 됩니다.

매우 까다롭고 어렵더라도, 어떤 적응적 진화과정에서 어떤 이들이 언제 어디서 왜 그럴 수 있었고 그럴 수밖에 없었는가를 면밀하게 꼼꼼히 밝혀내갈 때만 비로소 구체적으로 진지한 소통의 실마리가 잡히기는 하겠지요.

어찌 됐건, 결정적으로 중요한 적응적 진화과정에서 설계된 유전자는 지금도 우리의 혈맥 속에 제 나름으로 말없이 피어나고는 있게 마련인가 봅니다.

고올리칸(東明王) 석상 곁에서 "물말이 밥" 회식

[2012.11.26]

기마 양유목제국 고구려 창업지대 부이르 호반엔 이런 추억이 얽혀 있기도 하답니다.

1992년 7월 28일에 제법 큰 규모의 몽·한합동 동몽골대탐사팀을 꾸려 생전 처음으로 이곳에 답사하러 와서, 현지 군수에게 야외에서 일행이 식사 대접을 받았습니다. 메마르고 바람 세찬 몽골스텝을 헤치고 며칠간을 달려온 터라 모두 기갈에 무던히도 절어있던 참이었지요.

그런데 주위에 거대한 모래밭이 있어서 때마침 거센 바람이 몰아치는 바람에 삽시간에 쌀밥과 양고기 국이나 반찬들이 모래와 뒤섞여 버렸습니다.

팀의 원로인 권영순 교수님(초대 주몽골 한국대사)은 그걸 아무렇지도 않은 듯이 씹어 삼켰지만, 나는 도저히 불가능해서 잔꾀를 내어 얼른 물에 밥을 말아 모래를 걸러내고 쌀 밥알만 건져 먹었지요. 기지를 발휘해서 기갈을 순간적으로 구제받은 셈입니다.

식후 잠시 한숨을 돌리면서 문득, 이렇게 되뇌어봤지요. "아하! 밥을 물에 말아 먹는 우리 나름의 관행이 이에서 비롯됐을지도 모르겠구나!' 하는 생각이 언뜻 뇌리를 스쳤습니다.

그 후 2011년 여름인가 정수일 교수님(한국문명교류연구소장)에게 쌀농사 지역인 동남아시아에도 밥을 물에 말아 먹는 경우가 있느냐고 문의했더니, 그쪽엔 밥 따로, 반찬 따로의 문화권이 아니라서 그런 사례가 있을 수 없다고 대답해주었지요.

물말이 밥에 대해서는 일정시대의 사무라이문화 유래설을 펴는 이도 있으나, 설렁탕이라는 국말이 밥이 몽골에도 있는 것을 보면 단견일 수도 있겠다는 생각이 드네요. 시야를 열고 넓고 깊게, 더 다양하게 살펴봐야겠습니다.

문헌기록이 거의 없는 이 지역 몽·한궁족(弓族) 분족(分族)관계사 연구를 위해서는, 그때그때마다 이곳 사람들의 사소한 몸짓이나 눈짓 관행까지도 모두 면밀히 비교·분석해보는 연구자세가 아주 긴요하다고 절실히 느끼곤 했습니다.

"고올리칸(Goolikhan : 고구려 황제) 석상이 호반에 좌정해오고 있는 그 첫수도 북다싱안링 부이르 호반 홀본(忽本 : Qalqin Gol) 일대가 이렇게 중차대한 기마 양유목제국 초기 고구려 창업유적지라면, 그동안의 생태환경 격변을 고려하여 해저탐사식(海底探査式)의 답사와 발굴을 시도하는 일이 필요할 수 있지요!"

SBS-TV의 홍성주 제작자님께서, 즉석에서 한국 측 탐사팀장인 내게 이런 귀한 제안을 해주기도 했답니다. 그 후 20여 년 세월이 흘렀지만 아직 아무런 일도 할 수 없었지요.[일본은 그간 항공사진까지 찍어 관계학계에 보고하고 있다.]

"농경 한국사가 아니고 유목 오랑캐 몽골사라면서 …."

시대착오도 정도가 있어야 하고, 안이한 이기적 행태도 끝이 있어야 하는 건 아닐까요?

하기는 한국인 몽골연구자들도 이곳을 잠시라도 몸소 답사해본 이가 거의 없기는 합니다. 1960년경 북한 고고학자들이 이곳 현지유적 조·중공동발굴결과를 공개해, 당시의 저우언라이(周恩來) 중공수상과 충돌한 일대의 역사적 사건이 터진 이후부터 그쪽은 더 그러했겠지요.

그런데 특히 타이완의 대학인들은 사제 간에 이곳을, 전공도 아닌 이들까지 무리를 지어 연달아 찾곤 하는 게 사뭇 너무나도 신기해 보였습니다.

단군탄생의 그 동굴, 가셴둥!
[2012.12.3]

다싱안링 북부 훌룬부이르 시 오룬춘 기 그 분수령 바로 동쪽 눈강(嫩江) 최상류지대에는 선비족(鮮卑族) 조상제사터 가셴둥(嘎仙洞)이 있어서, 1980년 첫 검증 이후부터 세계유목몽골학계에 널리 알려져 있지요.

한국에서 더러는 아직도 '가셴둥'을 알선동으로 잘못 읽기도 하는데, "가셴"

은 순록치기 오룬춘족 영웅의 이
름으로 고유명사랍니다.

바로 이 가셴 동굴 석벽의 돌에
새긴 축문(祝文)에서 '칸(可寒 : Xa
ан)'과 '카툰(可敦 : Хатан-칸비)'
이라는 몽골어가 확인되고 이 글
의 내용이 『위서(魏書)』(「세조」
조, 443년) 관계기록의 그것과 일
치돼서, 이곳이 몽골-탁발(拓跋
-Topa)선비의 기원지임이 공인
되기도 했지요.

단군 생가 비정, 가셴(嘎仙) 화강암 동굴 서남향 20mx12m 남북
길이 : 90m; 벽걸이 단군 청동상(양양문화원 소장; 2012년 4월
21일 최낙민 작가 소촬(所撮) 사진꾸미기:박윤희 컴師)

이 잘 생긴 거대한 화강암 동굴 속에서는 석기시대·청동기시대·철기시대
유물들이 모두 발굴되고 있습니다(米文平,「선비석실심방기」, 중국변강탐찰총
서, 산동 직예출판사, 1997).

나는 이 동굴의 발견-고증자 Mi Wenping(米文平) 선생님과 2000년 8월 8일에
훌룬부이르시(현) 시청주도 "가셴둥에 관한 한·중합동담론회"에서 서로 공개
토론을 하기도 했습니다. 담론 후 선양(瀋陽)이 태생지인 그는 가셴둥과 고구려
국동대혈(國東大穴)을 비교연구하자는 제안을 하기도 했구요. 아, 오치르 교수
는 오룬춘은 '활을 든 사람'이라는 뜻일 수도 있다고 합니다. 이 언저리인
껀허(根河)지대는 다·샤오싱안링 일대에서 가장 추워서 범(虎)이 못 살고, 그래
서 순록의 천적 모기를 피할 수 있으므로 순록유목의 최적지이기도 하지요.

이런 혹한지역 가셴둥 동굴에서 북극곰의 피가 흐르는 웅녀(熊女 : 곰녀,
반달곰)와 추위에 약한 호녀(虎女 : 범녀)가 신랑감인 미래의 단군(檀君 : Tatar
khan?)의 아버지 환웅(桓雄 : 不咸汗 : 蚩尤 : 朝赤 : chaochi ; 慈烏支 桓雄[李陌,『太
白逸史』,「神市本紀」])과의 동침권(同寢權) 확보를 놓고 끈질긴 쟁패혈투를 벌였
다면,—육식동물인 범과 초식동물인 곰에게 쑥과 마늘 먹기를 경쟁시킨 건
문제가 있지만, 그런대로 다른 의미가 거기에 내포돼 있는지도 모르긴 합니다.
—웅녀의 승리는 따 놓은 당상일 수 있겠지요. 곰녀로 상징되는 당시의 이곳

선진 순록치기 북방 차탕이 범녀로 상징되는 이 지대 후진 농경민을 압도하는 위력을 발휘할 수 있었기에 말입니다.

그래서 차탕(Chaatang : 순록치기) 기원 고조선 「단군탄생의 동굴무대」는 '가셴둥'일 수도 있다고 보는 것입니다.

이곳이 바로 곰과 호랑이가 마주칠 수밖에 없는 생태권역이어서, 그리고 백두대간부터 싱안링~울란우데 일대까지는 반달곰 서식지이기도 해서 더욱 그러하다는 거지요.

더군다나 선비(鮮卑)의 '비(卑)'는 선족(鮮族)의 허리띠(Бус)라는 뜻이고 보면, 지금 이곳의 원주민들이 당연히 동족으로 보고 있는 조선(朝鮮)·선비(鮮卑)의 선(鮮)족 바로 한·몽 두 겨레를 뭉뚱그려 그냥 소욘(鮮 : Soyon)족이라고만 부르고 있는 현재의 관행을 이해할 수 있습니다.

1949년 중공군이 만주에 진주한 뒤에 산동성의 주민들을 대거 만주로 이주시키기 이전엔, 압록강-두만강 일대에서는 본래 조족(朝族)으로 불렸고 싱안링 일대에서는 아직도 여전히 선족(鮮族)으로만 불리고 있는 그이들이기도 합니다.

몽골의 직계조상인 탁발선비라는 선족(鮮族) 조상의 기원동굴인 가셴둥은, 그래서 이들 조(朝)족과 선(鮮)족의 조족(朝族) 주도 통일종족인 순록치기 기원(起源) 조선(朝鮮)겨레의 시조 단군탄생 성지일 수가 있다는 거지요.

조선과 몽골이 모두 선비족(鮮卑族)처럼 소욘(鮮 : Soyon)족이어서 두 민족은 단군탄생신화를 그 태반으로 공유할 수 있는 한겨레로 보는 것입니다.

북경원인 발굴로 유명한 고고학자 페이(Pei Wenzhong, 裵文仲)은 1950년대에 이 지대를 탐사하고 잘라이노르에서 동토작용을 찾아냈습니다(裵文仲, 『과학통보』, 1956).

지금부터 25000~15000년 전에 걸쳐 있었던 몽골고원의 동토현상이 점차 걷혀 올라갈 적에 요서(遼西)지대의 순록유목 중심권이 기마 양유목 기원권(起源圈)인 호눈(呼嫩 : 훌룬부이르·눈강)선원(鮮原 : Sopka & Steppe)으로 철수하는 과정에서, 곰녀와 범녀의 가셴둥 환웅 쟁탈전이 치열하게 벌어졌던 것으로 추정됩니다.

호눈평원 Gooli과(高麗果), 찾고 보니 복분자(覆盆子)!

[2012.12.10]

동북아시아 유목태반 호·눈선원(呼嫩鮮原)에는, 탐사자인 내겐 이런 에피소드가 깃들어 있기도 하답니다.

1990년대 중반에 다싱안링 북부 호눈선원(呼嫩鮮原) 하일라르 시 거주자인 조선교포 서창해 훌룬부이르 맹(盟) 정치협상위원회위원은, 순록의 주식 선(鮮 : Sopka=小山)의 선(蘚 : Niokq)과 더불어 사는 초매(草苺 : 산딸기류)라는 고올리과(高麗果)가 이 맹의 껀허(根河 : 阿龍山 순록바위그림 소재지) 일대에 특히 많이 분포돼 있다는 정보를 전해주었지요.

그 후 몇 해인가를 애써 찾아 헤매다가 마침내 1999년 가을에 그 정체를 탐사 중에 몸소 확인했습니다. 어이없게도 고올리과는 복분자(覆盆子)로 밝혀졌답니다.

사내들의 정기를 강화하는 보양제요 여자들의 회임을 잘 하게 하는 보음제이기도 하다는『본초강목』(1578년, 明)이나『동의보감』(1610년, 朝鮮)의 해설이 붙은 산 나무딸기로 약재이자 건강식품인 셈입니다. 남녀를 불문하고 장복하면 소변을 볼 적에 소변 줄기가 요강(盆=동이)을 뒤엎어 버릴 만큼 세어진다고 해서 그런 이름이 붙었다네요.

그런데 왜 하필 이름이 고올리과(高麗果)인지 모르겠습니다. 고올리 사람의 특이한 인생관과는 아주 무관하기만 할까요?

지린성(吉林省)에서도 고올리과라고 부르는 것을 확인해봤지만『길림성야생경제식물지』, 1961 관계조, 한반도로 진입하면서 그 명칭 기원지인 훌룬부이르·눈강선원(呼嫩, Sopka & Steppe)에서의 본래 이름은 사라지고 추정컨대 한족(漢族) 명나라 의서의 영향으로 복분자라고만 불러왔었나봅니다.

하기는 본래 Korea도 고올리(Gooli : Khori → Xori → Gooli)로, 유목태반 현지에서 지금도 우리(高麗氏=弓氏)를 부르는 이름에서 유래한 국명이지요. 남들인 한인(漢人)사가가 귀국의 국명을 굳이 "고려"로 잘못 부르지 말고 나라이름의 경우에는 "고리"(槁離?)로 제대로 부르라고 오랫동안 아주 여러 번 지적해와 주었는데도, 〈고려〉라는 뒤틀린 호칭발음을 굳이 고집하는 한반도 코리안 자신이기는 합니다.

유목태반지 호눈선원의 고올리과-고리과가 "고려과"도 아닌 복분자라고 제 나름의 본명을 망실한 채 해중(海中)의 정착농경지대 한반도에서 불려온 것은, 어쩌면 근세 이래의 우리 역사적 관행상 지극히 자연스러울 수가 있기는 합니다.

그렇게 유목태반 기원 뿌리도 까마득하게 잊고 제 뿌리역사 인식감옥의 옥중고혼이 되어, 부평초보다 여린 "뿌리목숨"을 거세찬 지구마을 세파 속에서 가까스로 연명해가고 있는 지금 우리인 셈이라서지요.

"늑대(유목민 상징) 사냥개가 된 늑대"생태형이라 할 생존생태(胡韓體制)사 양식의 본질상 우리만 잘 모르고 있지만, 호눈선원(呼嫩鮮原)은 세계유목사학계 에서 동북아시아 유목제국의 자궁으로 공인되고 있습니다.

광역소수 유목민 주도의 상대적인 협역다수의 정착민 통합, 그게 "유목제 국"(Pastoral nomadic empire)이라면, 동북아시아의 조선(朝鮮)→ 부여(夫餘)→ 고올리(高句麗)는 중·신석기 이래로 철기시대에 이르면서 호눈(呼嫩)선원(鮮 原 : Sopka & Steppe)을 중심무대로 적응적 진화를 해오는 과정에서 회임돼 유목태반에서 비롯된 한민족사라고 하겠지요.

나는 내 어쭙잖은 반백년 유목몽골 역사공부 결과를, 감히 이렇게 정리해 봅니다.

그런데 이 호눈선원에 웬 고올리 관계 유적과 유산의 열매들이 이리도 많은가요? 그래서 그랬는지 언어학자 성백인-김주원 교수님 사제연구팀원들 은 근 20년을 이 일대를 중심으로 현지답사를 해오고 있더군요.

우선 고올리칸(東明聖王) 석상이 좌정해 있고, 고올리칸국(기마 양유목형 고구려제국) 첫 수도 할힌골(忽本 : 弓江. 고올리골=高麗河)이 부이르 호반에 자리 잡고 있는데, 바로 그 인근에 고올리인들이 논벼농사를 지었다는 광대한 고올리농장 유적이 현존하고 있습니다.

그런가 하면 할힌골에서 함께 고올리칸국을 창업한 후에 고올리(熊(반달곰) 高麗)족은 동북쪽으로, 몽골(貊〈너구리〉高麗)족은 서남쪽으로 각각 분족(分族)

해갔다는 원주민의 구비전승을 들 수 있는데, 그 분족을 가름하는 아리령(阿龍嶺)이 몽골인(拓跋鮮卑)의 조상제사터 가셴둥(嘎仙洞) 앞을 동남류하는 아리하(阿里河) 원천지대에 있을 것으로 추정되기도 하지요.

몽골은 맥고올리(貊高麗)에서 유래된 명칭으로 보이는데, "되물림"이란 뜻을 함의하고 있는 몽골의 기원지 에르구네 시(多勿都)도 이 지대에 공존합니다.

칭기스칸이 제4칸비 고올리공주 훌란과 첫날밤을 보낸 하일라르 강변의 칭기싱 헤름(城)터인 헤름트가 있는가 하면, 노몬한(諾門罕 : "놈"(Nom)은 弓身/ "코르"(Qor)는 弓矢, Nomon khan=Goolikhan)도 있습니다.

그리고 우리가 복분자주를 담가 마시는 고올리과(高麗果)도 여기저기 이 일대 야산에서 자란답니다.

그래서 1960년경에 이 지역을 한·중공동발굴 결과 발표문제를 둘러싼 북한 고고학자와 저우언라이의 첨예한 일대 충돌이 일어났고, 일정 하에 망국의 한을 안은 신채호(1880~1936)와 미증유의 참담한 최장기 몽골침공전을 직접 겪었던 이규보(1168~1240)의 혼백이 이곳을 맴돌았던 것으로 보입니다.

물론 그래서 홍산문화권의 서북단이라 할 다싱안링 서남부 다리강가 몽골스텝 태생으로 1950년대 후반의 북한유학과정에서 문제의 핵심을 꿰뚫어본 베. 수미야바타르 교수가 1990년 몽·한수교와 동시에, "맥고려(貊高麗)는 몽골이고 바로 유목형 원(原)고구려로 고올리칸(東明聖王) 석상은 몽·한의 공동조상입니다. 사실(史實)은 오로지 하나일 뿐이구요!"라는 메가톤급 선언을 서슴지 않고 했던 것이겠지요.

당연히 고올리의 씨알인 궁예(弓裔)는 "활(Xor : 高麗)의 후예"라는 뜻이고 그는 이내 철원 궁씨(弓氏) 시조가 되지만, 이는 훗날의 해중 한반도의 얘기지요.

북이(北夷)→ 동이(東夷)는 제대로 높여 부른 우리 본명이 아닙니다. 자칭의 경우에는 당연히 "활겨레"(弓族=高麗族) "코리아"(弓國=高麗國)라고 해야 옳지요.

고올리(高麗)는 정녕 어느 국영방송 역사드라마에서 대수롭지 않게 주인공이 읊조리듯, "하늘 아래 제일 높고 아름다운 [나라]"라는 뜻인가요? 전거가 전무한 사시(史詩)나 역사소설은 쓸 수 있어도, 써서는 절대로 안 됩니다. 시세를 따라 강남 성형외과에 가서 한민족사도 온통 성형수술을 받아서야 되겠습니까?

어용 외국 사가들이 악의적으로 자행하는 영토 확장→ 확장된 영토의 역사적 점령이라는 제국주의적 역사왜곡(Distortion of history)수순보다 더 본질적이고 치명적인 그것을, 그것도 애국애족의 갸륵한? 정념으로 스스로 저지르고 있는 독선적 원죄(原罪)가 돼서지요!

출산율이 급감하고 있는 우리의 현실을 감안할 때, 모진 고난 중에도 생기의 본원을 소생시키는 보양보음주 복분자술은 많이 마실수록 좋겠지요. 그러나 그 이름의 뿌리를 제대로 찾아 고올리과주(高麗果酒)라는 애칭으로라도 부르며 마신다면 금상첨화가 아닐까요.

유목태반 기원 한민족 제대로 움돋아나는 봄소리가 한겨울에도 내내 들려올 테니까요. 진실로 축복된 천손족(Altan urug)의 일대 올겨울 "늘봄"축제주가 될 겁니다.

이 "생명뿌리술"이라 할 "고올리과술"을, 가치지향형 고분벽화라 할 유네스코 세계문화유산 고구려 고분벽화의 지성소(至聖所 : 北壁)에 올리는 현무신주(玄武神酒)라 하거나 지구마을 구명주(救命酒) 태평양 태극주(太極酒)라 불러도 제격일 수 있겠네요.

"봄봄" 유목의 늘봄, 농경의 철봄
[2012.12.17]

한겨울에 봄타령이라.

그렇습니다. 툰드라·타이가·스텝 동토의 봄내 봄가락입니다.

꽁꽁 언 땅에 장작더미를 쌓고 불 지펴 땅이 꺼지면 물웅덩이가 생겨나 순록, 곰, 늑대, 소와 사람이 함께 목을 축이고 봄풀을 찾아 늘 가없이 떠나가는 절절한 동토의 "늘봄"노랩니다.

막가는 비정한 한겨울이어서 우린 사뭇 봄타령을 합니다.

보릿고개보다도 냉혹한 청황미접기(靑黃未接期) 동토 목축생태 속에서 막농사꾼보다 더 가혹하고 고되게 만난을 무릅쓰고 유목생산을 하며 살아남다보니, 유목적 기동력과 놀라운 타격력이 생겨났고 정보네트워크도 펼쳐지네요. 그래서 무한개방 무한경쟁 최후의 일인 승자로 생존해 남아, 지구촌 인류사상 첫 세계사를 써낸 팍스 몽골리카의 전설적 주체가 된 우리일 뿐입니다.

정착농경민(Sedentary Agriculturist)들은 봄을 기다리지만, 연한 봄풀이 최상의 유목목초인 유목민(Pastoral Nomad)들은 늘 봄을 찾아 떠돌기만도 한답니다.

늘봄의 유목목초를 사뭇 찾아 누려가다가, 가도 가도 봄풀이 안 보이는 절망의 아득한 늪, 끝내 정떨어지는 고비에 들면 유목민의 보릿고개 청황미접기엔 그냥 동토의 흙이 되어 함께 섞여가기도 하지요. 그래도 화전민인양 늘 새 목토(牧土)-농토를 열어만 갑니다. 숙명인양 연어처럼 거친 목초의 바다를 한평생 마냥 떠돌며 숨 쉬지요.

놀며 하는 순록-양치기 유목(遊牧)이 아니라, 거칠고 모진 불모의 황야에 버려진 가녀린 목숨살이의 일대 반전이 유목민살인 셈이지요. 함께도 떠나지만 식구가 늘면 척박한 유목목초 생태로 늘 갈려 헤어져나가야 산답니다. 정든 둥지를 떠나 땅 끝까지 그렇게 … 꿈에도 그리는 보드마마(Burqan) 품을. 유목적 디아스포라의 끝없는 양산이란 비정한 살림살이 역사지요.

그 끝 모를 헤어짐의 고개가 시원 부르칸(不咸 : "붉은 가지 버들")산 아리령(阿里嶺) 고개로 비롯되어, 생래적 유전체가 그려준 숙명의 언덕 Soyon(鮮)산이지요. 그래서 늘 연어인양 모천(母川)으로 돌아와 짝지어 해산하고 젖먹이는 모태회귀의 생래적 꿈에 절절히 사로잡혀 이승저승을 오간다고도 하네요.

홍류성모(紅柳聖母)의 보드마마굿 무가(巫歌), 아리랑타령은 그래서 늘 떠나는 뭇 목숨들의 유목생태 DNA에 새겨져내린 꿈누리 이별~이산의 가락이랍니다.

1990년 북방 사회주의권 개방 이후에 드넓은 개활지인 유목목초 초지를 칸막이해 관리하며 치열하게 상호 경쟁까지 시켜오던 사회주의 봉건체제가 일시에 허물어져버린, 디지털 노마드(Digital Nomad) 누리의 첫 개벽!

인구가 조밀한 한족(漢族)이 인적이 드문 험악한 광대황야 시베리아로 진출하는 것은 자연스러운 흐름이었지만, 이 과정에서 중국의 조선(朝鮮) 교포가 돌파해가는 발자국을 따라 한족들이 가까스로 이에 진입하기 시작했다는 사례들은 이제는 공공연한 비밀이 됐지요.

생태조건이 급변하면서 조선겨레의 유서 깊은 유목적 유전자가 발동했던 겁니다. 이젠 지구마을에 안 들어간 후진 땅이 없을 판이니까요.

태평양에 몸을 담근 한반도 두메산골에서 마냥 칩거하던 한국인들이 탁 트인 신천지로 치달리는 한류의 걷잡을 수 없는 신들린 풍랑을 잡아 탄 지금의 우리 코리안 디지털 노마드는, 역사의 뿌리 없이 거저 생겨난 낮도깨비불이기만 한가요? 허구한 날들에 오대양 육대주에 역사상 무수히 한류 디아스포라를 뿌리면서 잉태해온 한 목숨의 무궁한 해산은 아닐까요?

아니면 늘봄의 꿈을 안고 늘 치달아가야 꿈에라도 살아내는 생래적 주류 유목겨레의 본태일지도 모릅니다. 한겨레 광역소수 주류의 핵심본질은 진정 순록치기-양치기란 유목모태 미려(美麗)의 경지일 것만 같기도 합니다.

생명사랑의 중심, 홍류성모(Burqan)-보드마마 보금자리.

타고난 역사의 실향 유목민, 실오라기처럼 가는 줄기에 꿈젖줄을 대는, 유안진 여류시인의 '무릎학교' 젖먹이 아기 부평초(浮萍草) 출신인 우리지요.

온갖 세파에 부대끼며 온통 하늘땅을 천년세월에 가없이 누벼도 하늘로 돌아가는 한목숨의 그날까지 사뭇 사무치는 불여귀(不如歸)의 한이 스민 부르다가 내가 죽을 이름들, 거기 깃든 절절한 옛이야기 사연들 ….

그 몸짓 그 장단들에 한 목숨 신명을 불러내기 위해 우린 오늘도 부르칸(不咸) 춤하늘 추임새 바람결에 옷자락을 서로 나부끼며, 꿈결에도 생시에도 정든 유목 모천(母天) 봄풀밭에 안겨 한껏 노닐곤 한답니다.

Goolikhan(東明聖王) 석상유산, 한국몽골학회의 탄생
[2012.12.24]

한국몽골학회는 1990년경 노태우정부의 북방정책에서 비롯된 몽·한수교가 이루어지면서, 이해 12월 14일 서울역 앞 대우재단 소강당에서 열 명이 채 안 되는 연구자들이 중심이 되어 창립됐습니다. 그 원초는 1980년대 후반

페르시아사 전공자 김정위 교수
님과 저자가 서울 강동구 송파
방이동 포장마차에서 만나 '서 및
북아시아 윤독회'[서울역앞 대우
재단 연구실]를 갖기로 이야기가
되면서이기는 합니다.

당시에 "몽골사학"이라는 간
판을 내세우고 논문을 집필해온
나와 박원길 선생님이 핵심이 되
어, 때마침 대전의 한 대학교에서
일본어를 가르치며 몽골문헌사

우로부터 주채혁 초대한국몽골학회장, 셰 비라 IAMS사무총장,
권영순 초대 주몽골한국대사, 나착도로지 원로 몽골사학자. 제1
회 『몽골비사』에 관한 한·몽 심포지엄 주제발표『몽골秘史』연구
와 두민족의 起源문제 : 『몽골학』창간호 미등재 중, 몽골과학아
카데미 강당 1991년 8월 5일 한국몽골학회의 7-8월 첫 방몽시(訪
蒙時).

학을 연구하고 있던 몽골어와 러시아어에 모두 능통한 후타키 히로시(二木博史)
교수님의 도움을 받아가며 학회의 기틀을 만들어갔지요.

실은 직접적으로는 당시 노태우 대통령과 경북중학교 동창으로 초대 주몽골
한국대사로 내정됐던 권영순 교수님이 조오순 교수님을 통해 보낸, 사회주의
국가와 학술연구를 공동으로 추진키 위해서는 관행상 학회의 창립이 꼭 필요하
니 준비했으면 좋겠다는 전갈을 받고서 시작된 일이었습니다. 이즈음에 국내
의 유일한 원로 몽골사 전공자인 당시의 방송윤리위원장 고병익 은사님(경성
제대 사학과 졸업)이 일부러 제자인 주채혁 초대한국몽골학회장에게 차를
보내 축하만찬을 베풀어 주시기도 했습니다.

이제는 근 40개의 몽골관계학회가 우후죽순처럼 생겨나 수시로 출몰해오고
있지만, 애초의 첫 뿌리줄기는 이렇게 내려졌지요.

당시에 페르시아사를 전공한 김정위 교수님, 여진사를 연구하는 이동복
교수님, 거란사를 연구하는 서병국·김위현, 아랍사를 전공하는 손주영·정수일
교수님과 터키사를 전공하는 이희수 교수님이 동참해 팍스 몽골리카의 각종
관계 연구정보를 수집해 제공해서 희박한 국내 몽골학 연구 전문 인력에
힘을 보태주었습니다.

그 후에는 구미에 유학해 공부하고 막 돌아온 소수의 몽골연구자들이 동참하

고 1990년 중반 이래로 세계몽골학계의 흐름과는 아주 다르게 무려 국내에 몽골어학과가 2개나 생겨나는 특이한 현상을 보이면서, 학회 구성내용이 돌변하기도 했지요.

그렇지만 아주 무주공산은 결코 아니었고 첫 출발은 당연히 몽골사연구자가 핵심이 되어 이루어져 왔으며, 핵심과제도 물론 몽·한유목태반관계사의 구체적인 천착이었지요.

막연하고 감상적인 몽·한동족담론이나 장삿속으로 하는 인기나 연구비 확보를 겨냥한 모자이크식 연구추진 성과들의 시위용 나열작업이 아니라, 엄존해온 오랜 중핵 순록·기마 양유목 기원(起源) 소산인 몽·한공동조상 Goolikhan(高朱蒙) 석상유산의 내력이라는 구체적인 사실(史實)에 근거한 면밀하고 체계적인 논증을 정보화시대의 시각과 다양한 최첨단 접근방법으로 천착해내는 과정이었습니다.

몽골과 한국의 역사에 길이 기록해 남길만한 그간의 연구사적 일대 사건[1960년 呼·嫩鮮原 조·중 고고학자 합동유적발굴 결과 공개발표 정면 차단]과 그 충격이 몽·한수교와 더불어 집약되고 있었고, 적어도 노태우정부의 북방정책을 추구하는 핵심멤버들 중에는, 아직 구체적이지는 않지만 그런 확신과 관계 연구에 헌신적 정신을 가진 소수 핵심인물들이 분명히 실존했던 터였습니다.

무엇보다도 수교 시에, 유일하게 현장에서의 통역을 거침없이 해냈던 1950년대 후반 북한유학생 출신 몽골문헌사학자 베. 수미야바타르 교수님과, 그보다 한 세대 위라고 할 타이완계 몽골인 사가 하칸추르 교수님이 학회 창립에 적극 동참해 한국몽골학회라는 함선이 새 시대 험난한 풍파 속에서 중심을 잡을 수 있게 하는 부동(不動)의 묵직한 닻-Buir호반의 Goolikan 석상유산 연구과업을 내려 주었다는 사실이 중요했지요.

두 분은 모두 요즘의 홍산문명권에서 태어나 자란, 넓은 의미에서의 몽골사학자이고, 그래서 하나같이 누구도 못 말리는 조선·고올리(高句麗)사 연구의 골수 마니아들이었습니다.

김선호 교수님의 은사인 하칸추르 교수님은 타이완에서 박원길 선생과

사제관계를 맺었고, 그의 천거를 통해 당시에 최서면 국제한국연구원장님의
후원으로 수교와 동시에 방한케 됐습니다. 그이는 입국 일성으로, "어머니의
나라에 왔습니다! 몽골과 코리아(高麗)는 함께 몽골세계 제국을 창업했습니
다!!"라고 외쳐, 당시에 한국인들을 몹시 당혹케 만들었지요.

몽골제국의 "황조실록"이라 할 『몽골비사』의 몽골 여시조 알랑 고아가
코리(高麗)인 아버지의 딸이라는 관계 기록을 읽고 논증해본 이가 전무한
터에, 항몽(抗蒙) 반세기의 고려사만 귀가 닳도록 듣고 읽어온 한국인들에게는
모두 청천벽력과도 같은 엉뚱한 담론이어서였지요.

"맥고려(貊高麗 : Mongol)는 원Gooli(原高句麗) 유목제국(Pastoral nomadic
empire)입니다. 사실(史實)은 오직 하나! 스키타이 철기문화를 수용하면서
비롯되는 맥(貊) 주도 예(濊) 통합이라는, 남·북분단 2000여 년 전의 몽·한고대유
목제국 창업사의 소산인 Goolikhan석상입니다."

"나는 일생을 벼르고 별러 이 메가톤급 몽·한 활겨레(弓族) 동포 공동조상
태조 Goolikhan(동명성왕) 석상유산이라는 아주 희귀한 역사 정보를 가지고,
오늘 근 700년 만에 다시 분단된 한국에 찾아왔습니다."

1990년 5월 수교 직후에 단국대 서울캠퍼스 객원교수 숙사에서 우리에게
토로한 베. 수미야바타르 교수님의 폭탄선언입니다(『월간조선』 1998년 5월호
에 정리).

온갖 역사정보 쓰나미가 휘몰아치는 막막한 와중 동북아시아 태평양 생태계
그 북방몽골로이드 활겨레사 정통성 흑암 속에, 한 가닥 만파식적(萬波息笛)의
가락으로 활겨레(弓裔) 사류(史流)를 처연하게 조율하는 이 시대 우리의 복음이
이렇게 전해졌지요.

그리고 몽·한양국의 극소수 관계 연구자들은 그 후, 기나긴 모진 고난
중에도 탈무드를 보완해 베껴 내온 유대인 랍비처럼, 그간 20여 년 세월에
미미하지만 그런대로 끈질기게 관계 물밑작업을 이어내려 왔습니다.

몽골일가들이 품에 안아 보존해온 이런 가녀린 순록(Chaabog)·기마 양(羊)유
목 기원의 조선(朝鮮)·고올리(高句麗) 우리 활겨레사(高麗族史) 불씨가 몽·한수
교와 함께 한국몽골학회에 전달돼 점화한 일은, 그래서 아주 작지만 온 누리에

만개할 불꽃을 예비하는 중핵 세계 순록·기마 양유목사 상의 일대 사건일 수가 있습니다.[2000년 전후 언제쯤인가 울란바토르 스텝에서 마지막 뵌 하칸추르 교수님은 "내가 못다 이룬 몽·한유목태반사 복원숙제를 당신네들이 꼭 이루어 주세요!"라고 하는 듯한 슬픈 눈빛으로 눈물을 글썽이며 우리에게 영원한 작별의 인사를 했다.]

진실로 나와 네가 함께 찬송할 그런 활겨레(Xor-高麗氏) 생명사랑의 불꽃이, 이젠 기나긴 혹한의 겨울날을 견디면서 정다운 봄날을 이내 열려 하고 있을지도 모릅니다.

Goolikhan(東明王) 석상 친자 확인, 1960년 저우언라이(周恩來) 보증
[2012.12.31~2013.1.7]

올해 들어 세배하러 온 활(弓)의 씨알(裔) 철원 궁씨(弓氏) 한국몽골학회 후손들에게 새해 덕담을 하려했더니, 글쎄 친자확인소송이 아직 안 끝났다네! 그래 공식으론 안 되고 비공식으로 숨어서 하자는 게야! 그러니 어쩌겠나? 남의 눈도 있고, 우선 경제생명과 정치목숨이 부지하고 나서야 세배든 덕담이든 있을 수 있는 판이니까.

그러나 우리끼리 숨어선 좀 따져보자. 시대상황 상 살아남기 위해 부득이 사대(事大)라는 걸 하더라도, 알고 하는 것과 모르고 하는 건 천양지판이니까.

나는 "활의 임금"인 궁왕(弓王) 고올리칸(Goolikhan : 東明王) 놈온 바아타르(Nomonbaatar : 弓英雄)야. 동이(東夷)의 이왕(夷王)이 아닌 궁예(弓裔)의 "궁왕(弓王)"이란 말씀이야.

Gool은 활몸(弓身 : Nom)과 화살(弓矢 : Som)의 총칭인 "활"(箭筒 : Qor)이고, 나(東明汗)는 백뱉백중[萬發萬中]의 명사수 Tumenkhan(朱蒙汗)이시지. 단궁(檀弓)보다 맥궁(貊弓)을 더 잘 쏘는 맥고올리(貊弓=貊高麗 : Mongol) 궁수(弓手)-Gooli(高句麗) 태조 황제(大汗)! 알간?

자네들(한국몽골학회 회원)이 이미 체험했듯, 1990년 들어 근 700년 만에 몽골스텝에 와서 칭기스칸 시대 몽골어가 단 한마디나 통하던가? 하물며 2000여 년 전의 나와 너희가 "토박이말" 역사어(歷史語) 통역 없이 무슨 말이 통하겠나? 너희들이 친자확인 소송을 거는 게 당연하긴 하지.

하지만 돌사람(石人)이 되어 이 바람찬 북다싱안링(北大興安嶺) 후진 훌룬부이르 몽골스텝에 내 씨알들에게 버림받은 채로 2000여 년을 독거(獨居)하는 난 좀 기가 막혀! 괘씸하고도 너무나 서러워. 고올리장(高麗葬)이 이런 것일 수야 없겠지만.

지금 부이르 호반 "슝크(紅) 타반(五) 톨로고이(頭)"에 좌정하고 있는 고올리 칸 석상인 내가 누구인가. 오늘날의 몽·한 양국 활겨레(弓裔)에겐 무엇인가. 그간 반세기 여에 걸쳐 우린 때로는 치열한 담론을 벌여왔으니, 이젠 한번 되돌아보며 간추려봐야겠지.

조선(朝鮮)·선비(鮮卑)의 선족(鮮族 : Soyon tribe)무덤이 즐비한 영역이니 대선비산 탁발선비 제사동굴 가셴둥(嘎仙洞)을 비롯한 조선은 "순록유목민의 나라" 관계 유적·유물의 보편적 분포야 더 말할 것도 없고.

2000여 년 전부터 천신(薦新)을 거듭하며 좌정해오고 있는 석상인 내가 엄존하고, 다싱안링 북부인 이곳에서 장대한 이 산맥을 타고 내려와 그 남부인 홍산 문화권에 이르면 7~8천 년 전의 석인상들도 출토되고 있는 만큼, 이런 유구한 돌 문화 전통의 맥락에서 읽어본다면 지금 나(동명왕석상)의 실존은, 바람 센 몽골고원 돌 문화 복지(福地)가 우리에게 베푼 일대의 축복이라고 해야겠지.

원주민들은 이 땅이 몽골의 기원지 에르구네시(多勿都라는 뜻) 일대이고 몽·한 겨레가 서·남과 동·북으로 각각 갈려나간 곳이라 하는가 하면, 최근엔 박창범 교수가 Gooli(高句麗)의 일식기록 분석결과로 그 관측지역이 압록강 일대가 결코 아니고 바로 내가 좌정해온 이 지역 일대임을 입증하기도 했단 말이야. 그 밖에도 할힌골(忽本 : 高麗河=弓江 추정), 그 주변의 광대한 고올리 농장터, 칭기스칸과 고올리 훌란 공주의 초야성지 헤름트, 노몬한(諾門汗 : Nomon khan; 1939년 노몬한격전지 일명 Qalqyn gol), 고올리과(高麗果) 산지, 가셴둥, 아리하-추정 아리령(阿里嶺) 등등의 무수한 유적들이 즐비한 권역이지.

"늑대(유목민 상징)사냥개가 된 늑대" 생태형이라 할 생존생태[胡韓體制]사의 본질상 너희만 잘 모르고 있지만, 호눈선원(呼嫩鮮原 : 훌룬부이르·눈강 Sopka & Steppe)은 세계유목사학계에서 동북아시아 유목제국의 자궁으로 이미 공인 되고 있지. 광역소수 유목민 주도의 상대적인 협역다수의 정착민 통합, 그게 "유목제국(Pastoral nomadic empires)"이라고. 그렇다면, 동북아시아의 조선→ 부여→ 고올리(高句麗)는 중·신석기 이래로 철기시대에 이르면서 호눈선원을 중심무대로 적응적 진화를 해오는 과정에서 회임돼 유목태반에서 비롯된 한민족사임을 너희도 이제 보는 눈을 뜨기 시작한 거야. 그러기에 아주 어렵사 리 지금이라도 날 찾았겠지.

그런데 내가 몽·중·한권에서 돌연 일약 역사담론의 주제로 크게 부각된 것은 물론 1960년경의 조·중 호눈선원 고대유적 발굴과 기습적인 북한고고학 자의 그 결과 공표에 대해 격노한 당시 저우언라이(周恩來) 중국총리의 정면 차단 대응 때문이었지. 내(고올리칸 석상)가 조선의 조상이라는 식의 발굴결과 였던가 봐. 저우 총리가 내게 몽·한 공동조상 유목태반 기원사의 골든 키가 감추어져 있음을 직감하고 그 생야단을 친듯 해. 그 후 우리 연구자로는 아무도 더는 여기에 발을 들여놓을 수가 없었지. 그렇지만 저우 총리는, 지금 우리의 처신 여하에 따라 결과적으로 우리 오랜 활겨레 이산가족유목적 디아스포라가 상봉하는 일대의 역사적 계기를 만들어 준 은인 중의 은인이 되기도 하는 셈이야. 때마침 이즈음 홍산문명권 서북단 다라강가 몽골스텝 태생 베. 수미야바 타르 선비가 북한에 유학하며 이 엄청난 충격을 고스란히 끌어안아 수십 년간 속으로 천착하며 되새겨 오다가, 1990년 몽·한수교시에 한국몽골학회 창립과 정에 몸소 직접 동참해 이를 접목시켜 준거야. 천행이지. 한국몽골학회는 정답을 이미 받아가지고 그 후 20여 년 몽골유목현지 답사를 통해 나와 너희들의 친자확인과정만 논증해내면 됐으니까.

한국몽골학회의 이런 20여 년간의 연구결과를 총괄해 너희 가운데 한 사람이 2009년 5월 28일에 몽골국립대 몽골학연구센터에서 「몽·한 궁족(弓族) 분족고 (分族考)」란 논문으로 발표했고, 뜻밖에도 반응이 파격적이어서 이어서 그해 10월 18일엔 중국 연변대학교 두만강포럼에서 남·북한과 중·일의 주요 학자들이 동참한 가운데 다시 발표했으며, 2012년 3월 23일에는 마침내 서울 한국몽골학회 국제학술대회에서도 주제논문『한국과 몽골의 민족기원문제』「고올리칸 弓王 석상과 몽·한의 分族」으로 발표했다던데. 특별히 연변대 두만강포럼 발표시에는 북한 거물급 관계 연구자들이 대거 동참해 적극적으로 뜨거운 반응을 보여주어, 주최 측도 동참자도 모두 깜짝 놀랐다면서? 그 후 이런 과정들을 '김동길 목요강좌'에서 보고형식으로 그대로 전달한 어떤 회원도 있었다고.

곰곰이 생각해보면 시베리아 저습지대에서 후기빙하기 이후 식량생산단계에 들면서 생겨난 시원유목이라 할 순록유목은 북극해권 사하에서 헤이룽강 일대에 이르고, 기원전 8~7세기 이래 스키타이 철기문화를 수용하면서 고원 건조지대 스텝에 들어 기마 양유목생산시대에 본격적으로 진입했던 터이지. 그런데 후기빙하기 이후에 북극해 물이 지중해 쪽으로 흘러 기원전 3000년경에 이미 철기시대에 든 아나톨리아의 철기문화 세례를 받은, 애초에 서류한 순록유목민이 철기수용과 함께 스키타이(Scythia) 기마 양유목민으로 발전돼 다시 동류한 것이라면, 내가 좌정한 이 호눈선원(呼嫩鮮原)은 사하−바이칼−북만주를 잇는 세계유목사의 중심축을 이루는 고대유목제국 자궁(子宮)이 되는 지대이겠지. 아랄해와 바이칼 호의 물개(Nerpa, Phoca Pusa Siberica) 유전체가 같은 건 그 수로의 수계가 같다는 말이니까. 특히 바이칼 이동·이남의 물이 태평양으로 흘러드는 이곳 몽골스텝은 상대적으로 온난해서 거북이도 살고 호랑이도 생존하는 지역으로 고대유목제국 창업이 가능한 복지가 되는 셈이란 말이야.

그런데 한번 다시 생각해봐. 솔거(700년대)가 꿈에 본 단군을 그렸다는 전거가 분명치 않은 단군영정이나 명나라 초기(14~15세기 추정) 쯤 한족(漢族) 화가가 "한인 제후 칭기스칸"으로 성형수술해 그린 타이완 국립고궁박물원에 소장된 유일본 '활의 후예(弓裔)' 칭기스칸 영정(『중국역대제후상』 소수)이 정말 북방몽골로이드의 진영일까? 난동명왕(Tumenkhan)석상] 태평양에 덜 잠긴 한반도 땅에서 그려진 것도 아니고 중원의 황하유역에서 그런 생태사

배경을 안고 창작된 그림도 아니며, 엄연히 몽골고원 그것도 북방 몽골로이드 유목제국태반 부이르 호반에서 내 후손 조각가들에 의해 조각된 석상이 아닌 가. 그럼 자화자찬 같지만 역시 내가 몽·한 공동조상 궁왕(弓王)의 진영을 가장 제대로 상징하지 않겠느냐는 거야! 그것도 다싱안링 산맥 8000년 석인상 조각사를 반영하는 2000여 년 전 독창품이니까.

　나에 대한 연구는 그간 체질인류학이나 유전체학적 접근이 다소 시도돼왔고 좀 더 본격적인 유전체학적 연구프로젝트도 근래에 한국 어느 대학교 유전체의 학연구소에서 구체적으로 현장연구 차원에서 연구를 추진하며 구상하고 있다고 하더군. 이만큼 주목받게 된 데는 역시 1960년 저우언라이 중국총리의 나에 대한 연구보고의 대외 유출 엄금에 관한 지극히 단호한 대처가 결정적인 기여를 한 셈이고, 1990년 몽·한수교 이후의 한국몽골학회 창립이 내 문제의 역사적 천착에 초점을 맞추고 이루어졌던 사실이 그 자주적 한 중심축을 이루었다고 할 수 있겠지. 이에는 노태우 정부와 권영순 초대 주몽골한국대사, 오치르바트 몽골 대통령 및 단국대 장충식 총장과 국제한국학연구원 최서면 원장의 적극적인 기여가 크게 뒷받침 됐다면서. 그러나 이제 물꼬가 막 트인 초보단계일 뿐이야. 한민족 순록·기마 양유목태반 기원의 상징인 날 연구한다면서, 순록의 주식인 선(鮮 : Niokq)이 자라는 유목목초지 선(鮮=Sopka : 小山)도 없고 유목가축 몽골양의 양초(羊草)가 자라는 스텝(Steppe)도 없는 한반도 태생의 연구자들 중에는 아직 누구도 본격적으로 이런 유목초지나 순록의 주식 선 및 양의 유목목초인 양초 연구를 전공하려는 이도, 유목가축 순록이나 양, 그리고 유목민 순록치기(Chaatang)나 양치기(Honichin)를 집요하게 연구하려드는 이도 없으니까. 이제 겨우 "유목사를 모른다는 사실을 깨달아 아는" 유목사연구 지망생이 갓 나온 수준일 뿐이야. 그러나 압축성장의 천재인 코리안은 이 단계에 이른 이상, 이에서 첨단과학 발전의 급류를 타고 이내 초고속 관계 연구발전을 이루어낼거야. 그 부작용이야 활겨레 특유의 유목DNA와 생명사랑 본질로 극복해가겠고. 다만 움돋아나는 이 분야 극소수 정예 개척자들의, 너무나도 막막한 생계문제의 제도적 해결책 강구가 시급한 문제이긴 하겠지. 역시 직접적인 돈벌이와는 거리가 아주 먼 기초사학 중의 기초사학이니까.

　2012년 12월 15일 저녁엔 몽골국 대통령이 세계 각국의 몽골학 부활을 위해 특파한 IAMS(국제몽골연구협회) D. Tumurtogoo 사무총장 일행과 한국몽골학회 임원단이 회동했다던데. IAMS 한국 측 대표인 주(周)교수는 특히 반가웠겠네. 2009년 5월에 그가 소장으로 있는 연구소 주관 하에서 몽골현장연구 20년 만에 몽·한겨레의 공동조상인 나에 관한 연구보고를 총괄적으로 한 이후 3년만의 재회이니까. 몽·한의 몽골학은 저희 공동조상의 정체를 함께 밝히는 것이 핵심 주제이기도 하니, 그 의미가 다른 나라 몽골학연구와는 아주 다른 데가 있다는 공감대가 이내 이루어졌고 그래서 내 이름으로 더불어 만세도 부르고 축배도 들었다면서?! 1991년 8월초 몽·한학술대표단의 첫 상면 시에 몽골반점 보유율이 몽골인은 평균 75%인데 한국인은 거의 100%에 이른다는 걸 상호 확인하고는 서로 놀랐었던 기억을 20여 년 만에 다시 생생하게 상기하면서 "몽골인들은 세계제국을 창업해서 혼혈이 활발히 이루어졌지만, 그래도 영토를 상당히 그대로 보존했던 한국인은 그 순수성이 더 온존할 수 있었다"는 증거라는 이야기가 오가면서 특히 몽골대표단 측 분위기가 한껏 고조됐다고도 하던데. 그래, 맞아! 그래서 1990년대 초 바르크만(Udo B. Barkmann) 교수가 몽골에서 너희와 첫 대면시에 "유목사안(遊牧史眼)만 뜨고 보면 한국이야말로 유목사연구의 천국!"이라고 외쳤던 거야. 한국에선 이미 어느 시민단체 회원들 간에 오가기도 한 얘기라지만 몽골의 대통령궁이 있는 Zaisan에 몽·한공동조상인 내 석상을 몽·한이 힘과 정성을 모아 함께 세우는 문제도 제기됐었다면서. 몽골 측에선 칭기스칸 영정도 나와 일칸 초상을 합성한 모습을 빼닮게 최선을 다해 다시 제대로 그려내 보기로 했다고. 옳거니!

　한국몽골학회의 이런 문제제기와 몽·한 상호 담소를 한국학계에선 외국사(오랑캐역사) 문제라고 아예 왕따시키려는 경향도 있는 모양이던데, 디지털 노마드로 숨쉬는 패스토랄 노마드 기원 활겨레(弓裔) DNA를 품고 탐구하는 한국사학도라면 이제 그런 백일몽에선 깨어나야겠지. 정보화시대가 어느 시대인데 아직도! 창업단계 고대한국사 태반은 주된 동북아시아사 발전유형이나 지정학 상으로 보아도 "유목제국"이 아니고는 있을 수 없으니까. 물론 창업 주체는, 기동력과 타격력이 뛰어난 조직된 소수의, 본질적으로 "늘 움직이는" 무한 개방공간의 유목군단이고.

백두산 천지에서 직접 흘러나오는 유일한 물줄기 쑹허 강과 한족(漢族) 손때가 묻지 않은 광개토대왕 비문이라는 한민족 유목태반사를 여는 2대 키를 들고 문들을 열어가면서 길을 따라 시간을 거슬러 올라가다보면 내가 보이고, 나를 보면 순록·기마 양유목 태반 기원 한민족 유목제국태반사의 정통성이 밝혀질 것이야. 지금은 남의 땅이 된 "T'자형 백두대간~싱안링 사이의 만주벌판에서 그들이 무슨 일을 벌이든 지금 너희가 어쩌랴? 나를, 우리의 유전체를 터득해 나의 "아맹(我盲)"을 깨치는 순간 엉킨 실타래 풀리듯 모든 문제가 술술 풀려나갈 수도 있음에랴. 몽골의 기원지 에르구네시(多勿都)가 여기고 그래서 만주족 청나라가 몽골족의 씨를 말리기 위해 그 기원지-고올리 칸(東明王)의 태반을 200~300년간 내내 봉금(封禁)하기도 했지.

이번 18대 대선은 다수결로 무사히 치러냈다지만, 유목제국칸은 다수결이 아니고 대체로 "소수결"이야. 유목생업 상 광역소수의 조직·훈련된 소수의 유목정예 기동력과 타격력이 농경정착의 다수를 아우르면서 태어난 게 유목제 국 고올리칸국의 나인 "궁왕(弓王)" 고올리칸(高句麗 : Tumen汗)이야. 오랜 관행 으로 쉽진 않겠지만 제 눈 제대로 뜨고 바로 보기만 하면 이내 서광이 보일 거야. 원조 패스토랄 노마드(遊牧民 : Pastoral nomad) 기원(起源) 겨레에게 열리 는 디지털 노마드(Digital nomad)-유전체학 시대, 제때 계사(癸巳)년 원단에 내리는 내 덕담 한 말씀.

"이젠 그만, 가던 길을 돌이켜 북방유목몽골로이드 활겨레(弓裔 : Korean) 행복누리를 활짝 열어들 가시게나!"

"임꺽정을 몽골스텝으로!"-벽초 선생님께
[2013.1.14]

조선조 양주의 백정출신 산적두목 임꺽정은 의적으로 크게 맹활약하다가 결국 관군에게 잡혀 1562년에 처형되고 맙니다. 이 실존인물인 임꺽정을

주인공으로 삼아 벽초 홍명희(1888~
1968) 선생님이 1930년대를 전후해 일정
하에서 쓴 기념비적 대작이, 소설 임꺽정
이지요.

여기에선 몽골스텝의 유목민들과 어
울려 숨 쉬며 그들이 어떻게 일상적으로
백정질을 하며 살고 있는가를 더불어
체험하면서, 임꺽정의 시대에도 이러했

백마 탄 임꺽정 대칸 에르구네 입성도(入城圖)

을 이곳에 진출한 임꺽정을 가볍게 상상해보려 합니다. 어설픈 소설적 상상력
의 발동이랄까요?

인류사상 섬세한 고도의 전문성을 요하는 도축업자들이 천민으로 몰려
대대적인 반란을 일으키며 산적두목 영웅을 배출한 사례가, 몽골군벌가문
출신 이성계 태조가 창업한 조선조 말고는 더 있나요? 없거나 아주 드물다면
그게 어떤 역사배경의 소산일 수 있을까가 당연히 문제시돼야 했을 겁니다.
행여 고려계 몽골군벌가문으로 '반몽친명'노선을 택해 조선조를 창업한 이성계
일가의 국시(國是) 문제 때문이 아닐까요?

바이칼 호반 부리아드 몽골에서는 지금도 무당이 정식 학위를 가지고 교수노
릇도 하고 박물관장도 맡는 걸 보고 충격을 받았지만, 어떤 생태조건에서
언제 뭘 해먹고 사는 사회냐에 따라 같은 직종 종사자가 이렇게 다르게도
살 수 있다는 걸 새삼 실감했답니다. 조선조말 민비 시절에 궁중무당이었던
집안의 이지산 무당이 기독교 대국 미국으로 이민 가서는 "이런 무당의 천국이
더는 없다!'고 토로하는 걸 보면, 그럴만한 사유가 있었겠지만, 한반도 조선사는
본질적으로 참으로 특이했던가 봅니다[한민학회 회우들과 담소 중].

수렵유목민들에게 짐승을 잡는 일은 일상의 삶 자체이지요. 이이들은 피
한방울 안 흘리고 비명 한 번도 안 지르게 조용히 양을 잡고 살결을 따라
날렵하게 칼질을 해간답니다. 유목민이면 남녀 가릴 것 없이 모두 백정 중의
상백정인 셈이지요. 몽골의 한 여학생 기숙사에서 앳된 여대생들이 큼직한
양의 삶은 넓적다리를 들고 칼질하며 식사를 하는 모습을 처음 볼 적에는

아주 섬뜩하기도 했습니다. 그런데 실은 그 도축이 그이들에겐 고도의 전문성을 요하는 삶의 주특기랍니다.

유난히도 하늘이 맑아 땅과 맞닿아 보이는 몽골스텝의 밤하늘에 반달이 뜨면, 반달이라고도 하지만 이이들은 주로 "가비르간 사르"-갈비달이라고 부른답니다. 육식을 많이 하다 보니 반달도 갈비처럼 보이나 보지요. 미인의 눈썹인양 아름다운 이미지를 떠올리기에는 "금강산도 식후경"의 경지에 들어 몹시 허기져 살아와서일지도 모릅니다.

백정 중의 상백정인 임꺽정이 여기에 들어오면 어찌 그의 천국이 아니었겠는가 하는 생각이 드는군요. 도시는 다르지만, 그렇지 않아도 몽골 유목 목촌(牧村)에서는 지금도 우리를 거의 그대로 피붙이로만 여기지요. 전통적 정서가 그래왔나 봅니다. 몽골반점 점유비율이 세계제국을 창업해 경영해본 유목몽골인들보다 더 많이 높은, 중·일과도 차별화 되는 구북아구(舊北亞區 : Paleartic ecozone) 한반도의 순종 북방유목몽골로이드 태반 기원(起源)인 우리 주류이니 그럴 수밖엔 없겠지요. 그 분포통계를 거론하는 어설픈 과학적 이론들은 잠시 접어두기로 하지요. 그간 기나긴 세월동안에 생태적응적 다양한 변형의 출현도 당연히 예상되기 때문입니다.

유전체로만 보면 우리는 몽골인들의 모태원형인 차탕조선인인 셈입니다. 기마 양유목의 뿌리가 순록유목민인 차탕조선이어서지요. 이런 판에 몽골유목민의 필수기능인 백정질-도축(屠畜) 솜씨마저 몽골인들을 능가할 만큼 빼어난 상백정 쾌남아 임꺽정 두목이고 보면, 단연 거기서 두각을 나타낼 수밖엔 없었을 겁니다. 굳이 동족 귀천 간에 꼼수를 써가면서 지구마을 살얼음판에서 모질게 한사코 서로 다투지 않아도, 몽골스텝 진입 자체가 그대로 백정의 모태회귀식 신분해방이 됐을 테니까요.

임꺽정은 16세기에 살다간 사람입니다. 1368년에 중원의 몽골제국 원나라가 망하고 그 자리에 한족(漢族) 주도 명나라가 들어섰지요. 그 후 몽골고원의 몽골칸계를 중심으로 몽골제국의 재통일을 단속적으로 견결히 추진합니다. 이런 가운데 16세기부터 동진해오는 러시아와 17세기부터 북진해오는 누르하치의 후금국, 망해가는 명나라와 각종의 내우외환에 시달리면서도 명맥을 어렵사리 보존해내는 조선조의 틈바구니에서, 한반도를 탈출한 조선조의 한 맺힌 천민세력이 만주와 몽골스텝을 무대로 험난한 당시의 시대상황 발전을 예의 주시하며 맹렬히 활약하는 무장세력으로 성장할 수는 전혀 없었을까요?

그래서 백두산에 가서 백두산족 처녀를 아내로 맞아오는 차원이 아니라 북다싱안링 훌룬부이르 몽골스텝에 가서 고올리칸-동명왕(東明王) 석상을 알현하고 몽골족의 기원지 에르구네(Ergune : 多勿 '大白山' 언저리) 스텝 몽골족 근친인 오룬춘 처녀를 아내로 맞았더라면, 탈출 후 각지의 원주지세력들과 수시로 이합집산하며 대를 이은 적응적 진화를 계속하는 과정에서 어느 정도는 성공가능성이 열려 있을 수도 있었을지 모릅니다.

가장 큰 고비는 당연히, 비유목지대인 "T자형" 백두대간권을 넘어서 유목몽골스텝으로 진입하는 농경정착세력의 유목이동세력화과정과 그 반대의 퇴행적 적응과정 및 양자의 반복상황을 거치는 점진적인 몽골고원 진입역정이었으리라 여겨집니다. 그 과정이 단대에 불가능하면 몇 대에 걸쳐서 소기의 목적을 이룰 수도 있었겠지요.

동북아시아의 기존질서였던 팍스 몽골리카의 해체와 재편과정이 진행되는 일대의 변혁기인 만큼 산적 대두목으로 조직·훈련된 조선조 백정계층의 한반도 탈출과 몽골고원 진입시도는, 그들이 변화무쌍한 역사중력의 흐름에 여하히 대처하느냐에 따라 당시의 동북아시아 정세 발전에 극적인 변수로 작용할 수 있었을지도 알 수 없지요.

愛新覺羅(Aisin "giorro" : 黃金"겨레"=金氏)인 "김"누르하치를 무색케 하는 "임꺽정대칸"의 출현을 상정해보는 박진감 넘치는 대하 역사소설을 창작해볼 수 있지 않았을까 하는 아쉬움이 남습니다.

그렇게 거대세력을 통일해서 조선반도로 귀향했더라면 산적두령으로 관군에게 처형되는 게 아니라 조선왕위를 건네받아 무한개방 무한경쟁의 최종승자인 대조선제국 황제로 목농통합형 유목세계제국을 재창업해 팍스 코리아나를 앞당겨 이룩했을 수도 있었으리라는 야무진 큰 꿈을 꾸며, 해원상생의 북방유목몽골로이드 "활겨레"제국(Korean弓族 empire) 창업이라는 내 나름의 "팍스 코리아나" 완수 대하 역사소설 얼개를 간단히 끄적여 봅니다.

하필 13세기 세계유목제국의 창업-팍스 몽골리카의 탄생기에 역시 다소는 유목태반 기원(起源)으로 보이는 단군조선관계 일연(1206~1289)과 이승휴 (1224~1300)의 기록이 처음으로 백두대간 동녘에 출현합니다. 환웅, 치우, 단군과 동명(Tumen)은 과연 비(非)유목지대 산성(山城)과 해도(海島)로 점철된 조선반도의 기원(起源)이기만 할는지요? 혹시 대내외 기득권세력이 알게 모르게 상당히 자의(恣意)로 편찬하여 쓴 『삼국사기』와 『삼국유사』가 채운, 뿌리깊고 치밀한 '한반도사관'이란 힘겨운 족쇄를 과감히 끊어버리고 나서 조선(朝鮮)을 아침의 나라 Zhaoxian이 아니라 순록유목민의 나라 Chaoxian으로 읽어온 것으로 보이는 10수억 중국어권인들을 믿고 시도해보는 이 북만주몽골-사하 순록·기마 양 유목지대로의 대탈출, 북방몽골로이드 궁족칸(弓族汗) Goolikhan 족사 대복원 거대 과업-유목태반 임꺽정전 재창작 구상은 과연 영원한 허상이기만 할까요? "시베리아"란 이름 자체가 순록치기의 유목초지 '조선의 땅'일 수가 있음에서랴!

망원경~현미경시대의 지동설혁명보다 더 본질적인 IT·BT·NT 정보화시대의 생명주체 인식혁명시대에 패스토랄 노마드 DNA를 타고나 디지털 노마드 생태를 살아내고 있는 지금 우리의 역사적 상상력은, 이런 파격적 차원엔 도저히 들어볼 수가 없을지요? 기존 상태의 해체와 재구성과정에서는 사실(史實)의 허실과 진위를 두고 애국노와 매국노도 소통-융합되는 진통이 수반돼야 할지도 모릅니다.

어차피 역사소설은 해원상생의 누리를 상정해볼 수도 있는 것이라면, 우리 민족 농경태반 기원설에만 갇혀온 유구한 우리 역사 인식노예 지성살이 중의 불운한 특정시대 이 저주의 땅에 유목민 유전체를 타고난 시원적 백정태생 대장부인 임꺽정이라 할 수도 있습니다. 걸출한 한 사나이의 호쾌한 뜻 한번 제대로 펴보지 못한 채 천추의 한을 품고 처형돼 오늘도 원혼으로 한반도 구천을 떠돌 그의 영혼을 달래는 진오귀굿 한판 벌여주는 절절한 심정으로, 굿거리 노랫말처럼 그런 소설을 써내려갈 수는 아주 없을까요?

설만들 이 정도로야 이왕(夷王) 아닌 궁왕(弓王) 유목 활겨레(弓裔)태반 기원 (起源) 대칸으로 되살아나시는 치우, 단군, 동명(Goolikhan)과 세종 성조들께서

진노하시진 않을 겁니다. 우리 나름의 유목생태 태반이 제대로 복원되면 유목태반 기원(起源) 겨레사가 올바로 서고, 그런 본연의 민족사가 부활되면 장래할 우리네의 결실들이 튼실해지게 마련이니까요.

시대의 첨단을 걸으셨다지만, 끝내 임꺽정을 몽골스텝으론 탈출시키지는 못하셨던 충청도 양반선비-벽초 선생님의 제전에 분향드리며

에벤족 여대생 삐까의 Burqan모태회귀, 그리고 생기 분출
[2013.1.21]

2006년 여름에 북극해 쪽 사하의 수림툰드라 한디가 압기다 순록 여름방목지 탐사시의 이야기입니다.

그간 사회주의 집단목장화과정과 근래의 자본주의적 유목경영을 거치면서 전통적인 순록치기(Chaatang)들이 많이 실업하고 도시 뜨내기로 내몰

에벤족 여대생 삐까; 야쿠치아 한디가 압기다 여름 순록방목지-배경은 선(蘚 : Niokq)이 나는 선(鮮 : Sopka)이다[2006년 여름].

리게 됐던가 봅니다. 그 대열에 순록치기 에벤(Even-Eenki : 朝鮮人? 별종)족 집안 삐까네 가족도 끼어 있었고, 그후 도시의 일용 잡역부로 생계를 이어오던 가장인 삐까의 아버지는 가난과 병고에 시달리다가 몇 해 전에 타계했답니다.

그런 와중에도 근근이 대학에까지 진학한 삐까지만, 아버지가 별세한 후에 홀로 어렵사리 가계를 꾸려내던 어머니마저 병들어 입원케 되고, 가난으로 병원비를 부담할 수 없게 되자 대학교 2학년 여학생이던 삐까 마저도 학교를

못 다니고 미장원에서 아르바이트를 하던 참이었지요. 당연히 초췌하기 이를 데 없이 풀이 죽어 있었습니다. 이런 삐까가 자기 고향인 순록유목장에 우리와 함께 가게 됐답니다.

삐까라는 이름은 빅토리아인가 하는 러시아식 이름의 약칭 겸 애칭이랍니다. 에벤족 고유어 이름을 기대한 우리였습니다. 그런데 하기는 한국인 탐사단원들 중에 누구도 북방몽골로이드 토박이말로 된 고유어 이름을 가진 이가 없는 걸 깨닫는 순간, 이는 우리의 과욕이었음을 자각케 되더군요.

상상을 초월할 만큼 후지고 험난한 수림툰드라의 길을 거쳐 거의 초죽음이 되다시피 해서야 겨우, 순록의 주식 이끼의 바다가 설원처럼 온천지를 뒤덮은 순록목초지인 소산(小山=鮮 : Sopka) 일대에 도착했습니다.

이내 닥친 모기떼의 기습은 거의 살인적인 수준이었는데, 서늘한 바람이 잠깐 스치고 지나가자 씻은 듯이 모기떼가 사라져버리기도 했습니다. 찬바람과 모기장 속으로 몸을 피하는 길 외엔 악머구리 끓듯 하며 덤벼드는 모기떼의 기습을 피할 길이 없었지요.

그렇게 쉬고 요기하며 지내다가 밤이 오자 천막집에서 잠들을 자게 됐습니다. 동토지대라 그런지 담요를 몇 장씩 겹쳐 깔고 스티로폴을 그 밑에 받쳤는데도 찬 기운을 막을 길이 없었지요. 탐사길 오느라고 지칠대로 지친 몸인데도 잠을 이룰 수가 없었습니다. 그런데 에벤족 여대생 삐까는 곰 가죽 모피(Fur) 한 장을 깔고 이내 단 잠에 빠져들었지요. 이어서 에벤족 주부가 우리에게 건네준 순록 모피도 그런 마력을 예외 없이 발휘했습니다. 자연의 섭리란 참으로 위대한 것이라는 생각을 하며 나도 잠자리에 들었지요.

이렇게 자고 일어나 청명한 아침 해를 맞았습니다. 저마다 일상의 볼 일을 보고 순록목장을 답사하며 순록치기 일가들과 어울려 지내게 됐지요. 그런데 확연히 눈에 띄는 변화를 보인 것은 바로 삐까였어요. 우리에서 풀려난 야수처럼 순록의 목잔등에 올라타고 걷잡을 수 없게 산야를 마구 치달리기 시작한 것입니다. 아주 오래 응축돼온 우주적 생기의 폭발이라 할만 했지요. 풀죽어 시들어만 가던 도시빈민 휴학생 삐까에게 저런 마력적인 잠재력이 도대체 어디서 솟구치는 걸까? 경악할 지경이었지요.

목촌(牧村) 어른들의 이야기로는 세 살배기 갓난애로 목촌을 떠난 삐까였답
니다. 그래서, 말타기보다 몸 균형 잡기가 몇 배는 더 힘들다 할 순록타기를
삐까가 직접 배울 겨를이 그동안 전혀 없었다는데, 저건 신기에 가깝다고
하지 않을 수가 없었지요. 시원 생태태반에 들면 저런 기적도 일어날 수가
있는 걸까요?

이들 차탕 일가들도 이전엔 태평양 쪽 하바로브스크에 살다가 1800년대에
이주해와 순록치기가 된 지가 3~4대 정도 밖에 안 된답니다. 실은 기나긴
세월동안 이들의 선대들에게는 유목의 목농화와 목농의 유목화가 생존여건의
변화에 따라 수시로 반복되기도 했던가봅니다. 그런데 이 경우에는 저이들의
유목유전체가 주체로 작용하며 그런 과정이 되풀이됐던 게 아닐까 하는 생각이
듭니다.

며칠간의 순록방목장 생활을 마치고 험한 귀로에 올라 아슬아슬하게 귀환비
행기 시간에 맞춰 험난한 탄광채굴로를 타고 돌아오는 동안, 내내 삐까에겐
그런 생기발랄한 기풍이 풀풀 넘쳐났습니다. 어렸을 적에는 몰랐는데 도시에
서 슬라브족 친구들과 어울려 살며 나이가 15~16살쯤 되면서 비로소 광대뼈가
돋아 나온 게 창피하게 느껴졌다는 고백을 할 적에도, 여전히 그랬습니다.

질긴 고기를 씹어 먹느라고 발달한 저작근(咀嚼筋) 저장 창고가 북방몽골로이
드들의 두드러진 특징인 광대뼈라는데, 요즈음은 그래서 몽골 여대생들도
육식을 되도록 삼가고 채식을 많이 선택하기도 한답니다. 나름대로 미용식을
하는 거지요.

바다의 파도결인양 만년설이 뒤덮인 듯한 소산(小山 : 鮮)이 겹겹이 장대한
선(線)들을 그리며 해일인양 몰려오는 환각을 일으키게 하는 우주처럼 드넓은
이곳 사하의 순록목초지대입니다. 그런데 예서는 만주나 몽골과도 다른, 사람
을 압도하는 유구하고 장엄한 우주적 평강과 생기를 체감할 수 있었지요.
진실로 무가(巫歌) 연구자 김태곤(1937~1996) 교수님이 한번 이 영구 동토
마력의 우주에 빠져들었다가 다시는 더 생환할 수 없었던 까닭을, 이젠 어렴풋
이나마 깨우칠 듯도 합니다.

이런 공활한 북극해권 사하 순록유목 생태계 한가운데서, 우리는 아주

오래 별러오던 끝에 마침내 삐까와 공전의 활기찬 순록유목 현장탐사 체험을 어렵사리 공유할 수 있었지요. 패스토랄 노마드 태반 기원(起源) 조선(朝鮮)겨레 인 우리가 디지털 노마드로 다시나는 고난의 노정에서, 순록유목 모태 회귀의 시원적 축복이라 할 무한 감동이 흘러넘치는 누리를 우리는 한껏 더불어 향유했습니다.

보드마마 Burqan(不咸 : 紅柳), 그 천생의 연분인지 여기도 난쟁이 같은 버드 나무가 자라고 뒷동산에서 뻐꾸기도 울며 철따라 철쭉꽃도 피어나더군요.

"고구려 불고기" 맥적(貊炙), "너구리"맥(貊)라면의 뿌리
[2013.1.28~2.11]

헤이룽장 성 지시(鷄西)에 있는 싱카이 호(興凱湖) 소재지 Mishan(密山)시로 가는 2010년 4월 18(日)~23(金)일에 걸친 답사행렬에 산업디자이너 길홍랑 교수님이 우리와 동행케 됐습니다.

근 일주일간 현지를 답사하며 이야기를 나누던 중에 라면을 끓여 먹으면서 길 교수님이 지나가는 말로 이런 이야기를 얼핏 던졌어요. 자기가 "(주)농심 신춘호(辛春浩) 회장님을 모시면서 새로 만든 라면제품의 봉지 디자인에 고심타 가, 얼큰한 맛에 길든 한국인의 입맛을 고려하여 때마침 회장님의 성도 신(辛)씨 라 그런 "辛라면"디자인을 제안해 이를 탄생시켰다."고 했지요. 일단 말문이 트이자 그이는 신들린 듯이 독창적인 신 작품 창작담을 풀어 놓았습니다.

그러면서 그런 입맛의 뿌리가 만주와 몽골, 그리고 시베리아를 잇는 선에서 천착될 수 있다는 기대에 부풀어 이번 답사에 동참하고 있다는 고백도 했지요. 심미안이든 맛감각이든 역사적인 뿌리가 없는 열매는 있을 수 없고 보면 지당한 연구 수순이라고 생각했습니다.

그 후 헤어져 각자가 자기 관심분야를 따라 현지답사를 해오게 됐지요. 그러던 중에 올 초에 문득 현지자료와 관련해 떠오르는 영감이 있어서, 서로 소통해 문제를 풀어볼 양으로 주소를 검색하다가 뜻밖에도 이제 환갑을 갓

고구려 고분벽화 안악 제3호무덤 동수묘의 육고도. 여기서 너구리 고기도 굽고 맥적도 만들어 먹었겠지만 먼 훗날 그게 너구리 라면-맥라면 브랜드의 원조가 되리라고는 상상도 못했으리라. 그걸 천착하러 작고한 산업디자이너 길홍랑 교수는 2010년 초여름에 우리와 만주 밀산유적지 탐사[구판홍 회장 기획] 도반이 됐었다.

넘긴 길 교수님이 지난해 초에 타계했다는 걸 알게 됐습니다. 열정과 번뜩이는 영감덩어리라는 느낌을 들게 했던 길 교수님의 명복을 빌며 지금 나는 이 글을 가다듬어 적어가고 있습니다.

북다싱안링 선비족의 조상제사 동굴 가셴둥(嘎仙洞)이 있는 대선비산(大鮮卑山)의 원조가 실은 시베리아의 사얀(鮮 : Soyon)산이라는 청나라 말엽 역사지리학자 정겸(丁謙)의 글을 읽고, 2001년 여름에 시베리아 현지탐사 길에 올라 알타이 산에서 바이칼 호로 오는 도중에 사얀산중의 투바(拓跋)공화국에 들어가 투바대학 귀빈숙사에 며칠간 묵게 됐습니다. 마침 옆방에는 모스크바대학교 일반유전학연구소장 자하로프(И·А·Захаров) 교수님이 머물고 있었어요.

그렇게 더불어 지내는 동안에 우리는 도시락라면을 끓여먹고 자하로프 교수님은 값싼 중국라면을 끓여 드셨습니다. 가격 차이가 원체 커서인지 우리가 권하는 도시락라면을 자하로프 교수님은 감히 선뜻 받아먹지 못했습니다. 도시락라면이 한국의 (주)야쿠르트 제품이라는 것도 나중에 귀국해서야 알았지만, 그이에겐 당시에 그게 그렇게 고급음식으로 비쳤던가 봅니다.

사실 당시에는 중국라면이라야 그것도 (주)삼양라면에서 기술지원을 해서 만든 것이라고 하는데, 한국산 고춧가루만 쳐서 먹으면 우리 입맛에도 그런대로 맞았습니다. 러시아 모스크바대 원로 교수님이 감히 못 사먹는 한국 도시락 라면을 우리는 대수롭지 않게 늘 삶아 들고, 그이는 중국인들이 먹는 아주 값싼 하급라면만 먹는 것을 멀고면 후진 사얀산 중에서 치켜보며, 난 난생처음 차이나(中國)에 대한 "맛의 종주국" 코리아(韓國)를 실감케 됐습니다.

그이는 이듬해에, 나와 더불어 한국 바이칼포럼 공동대표를 맡고 있는 이홍규 교수님 주관 한국의 국제유전체학회에 초청돼 방한해 한국라면을 맘껏 들게 됐습니다. 60평생 역사공부를 한다고 해온 내가 진정 비로소 이에서 China(중국)의 맛 종주국 Korea(한국)를 몸소 직접 체감케 된 놀라운 체험이었습니다. 정신이 번쩍 들었지요!

실은 베이징-울란바토르-모스크바뿐만 아니라 구미지역을 포함하는 세계 70여 개국의 라면시장을 한국라면들이 석권하고 있는 지금의 시각으로 보면 이상할 게 조금도 없긴 하네요.

그럼 그 맛한류의 오랜 역사적 뿌리는 무엇일까요?

길홍랑 교수님이 辛라면 봉지 디자인을 창작했을 적에, 그이는 그 맛의 역사적 뿌리가 마늘이나 달래의 맛에 있는지 한국 고춧가루의 맛에서 비롯된 것인지 아니면 이와 함께 만주를 원산지로 하는 콩으로 쑨 메주로 빚은 장맛과 이들이 서로 배합돼 육식하는 수렵유목민의 구미에 접목된 것인지 등을 구체적으로 밝혀내본 것은 아니었습니다. 그런 맛의 역사적 뿌리를 천착하기 위해 우리와 함께 현지답사 길에 올랐지만 뜻을 이루지 못한 채 그이는 세상을 떴어요.

그런데 주목되는 것은 같은 농심식품 제품이면서 하나는 감각적인 맛에, 또 다른 하나는 구체적인 사냥감인 짐승에 초점을 맞춰 라면 봉지 디자인을 한 점입니다. 전자는 "辛라면"이고 후자는 "너구리(狢)라면"입니다. 한일 양국의 합작기업 (주)롯데 창작식품이어서 한국의 유구한 역사전통과 일본의 북방유목현지 연구력 축적이 융합되면서 생겨난 라면 이름이었나 봅니다.

도대체 "너구리"의 어떤 특성이나 상징성 때문에 그런 이름이 선정돼 디자인됐는지는 알 수 없으나, 의식적이든 아니든 내가 보기에는 놀랍게도 그 이름은 맛한류의 역사적 한 뿌리를 아주 정확히 짚어내고 있었습니다. "너구리"가 바로 다름 아닌 맛한류의 한 뿌리인 고구려 불고기 맥적(貊炙)의 "맥(貊)"(Elbenkü : 山獺)의 우리 토박이 말이므로 농심"너구리라면"=농심"맥(貊)라면"이 돼 서지요.

몽골과 코리아(高句麗)의 기원지 북다싱안링 에르구네시(多勿都) 스텝 일대에서는 너구리를 맥(貊)이라고 부르고, 이 지역『동물도보』에는 학명이 Ussurian Racoon Dog인「맥(貊)」의 별명을 수달(水獺)에 대한 산달(山獺)이라고 하며, 몽골어로 Elbenkü라고 한다고 적어놓았어요.

여기가 내몽골이어서「맥(貊)」에 관한 호칭을 몽골어와 중국어로 모두 함께 쓴 겁니다.

1999년 가을에 훌룬부이르 대학교 생물학과 황학문(黃學文, 몽골족) 교수가 "한국인들은 참 웃깁니다!"라며 일러준 사실이지요. 몽·한의 핵심 기원지인 이곳(Ergune Steppe)에서는 이렇게 뻔한 걸 가지고 왜 그리 "맥(貊)이 아주 뭔지 모르겠노라"며 오래 호들갑들을 떨고 있느냐는 거였지요.

그 동안 현지인인 헤이룽장 성 동물자원연구소 박인주(朴仁珠, 조선족) 교수님의 이런 오랜 현장조사 결과 보고서를 그이를 직접 한국으로 초청해[강원대 성경일 교수님] 발표해 듣게도 하고, 심지어는 조선조의 몽골어사전인『몽어류해(蒙語類解)』하(下),「주수(走獸)」에서도 너구리인 맥(貊)을 "얼벙쿠(Elbenkü)=산달(山獺)"이라고 적고 있다는 우리의 전거(典據)까지 직접 들이대며 기회 있을 때마다 관계분야 연구자들에게 설명을 해온 지가 벌써 10여 년이 훨씬 넘었지요.

그런데도 아직까지 한국사학계는 복지부동-요지부동으로 반응이 전혀 없습니다. 한국몽골학회도 매일반이었지요. 물론 맥국(貊國) 유적지가 엄존하는 강원도 현지 강원사학회도 예외가 아니었습니다. 생존경쟁이 치열한 학문생태계에서 우선 눈치껏 제대로 살아남기에만 바빠서 일까요? 이 중대한 문제가 엄연히 사실임이 밝혀질 수도 있는 판에 어쩌려고 이러는지들 모르겠습니다.

이런 게 하나 둘이 아니긴 하지요. 정도문제는 있겠지만 이런 연구들에 꼭 천재적 재질이 요구되는 건 결코 아니라고 봅니다. 실은 관계 사료(史料)들이 지천으로 널려있는 유적현지에 가서 모든 이해관계 산술(算術)을 다 젖혀두고 오로지 멍청하게 연구에 치열하게 몰두만 한다면, 누구나 이내 도출할 수 있는 일반적인 결과들일 뿐이기 때문입니다.

국내 일각에선 요즈음 중국사학계의 역사 제국주의적 조류를 맹렬히 비난하기들도 하지만, 이점을 제외한 그네들의 유연하고 기민한 새로운 학문발전 결과 수용 자세는 실로 진정코 파격적이어서 정말로 놀랍고도 부러울 따름입니다. 이유야 어쨌든 정보화 사회에 들어서조차도 이처럼 무작정 한사코 완고하기만한 한국사학계 풍토에서는, 본질적으로 크게 왜곡된 민족사가 바로 서는 게 오히려 기적이라는 생각마저 듭니다.

그러나 지금 내 이야기의 핵심은 어디까지나 맥(貊)이지요.

왜냐고요? 「貊」-너구리 사냥꾼 출신들인 맥족(貊族 : Qori족)이 맥국(貊國)=고(구)려국=맥고려(貊高麗 : Mongol)국을 창업했고, 이들이 「대장금」이라는 유명한 한국 역사드라마의 한류바람으로 세계적으로 널리 알려진 고구려 불고기 「맥적(貊炙)」을 만들어 먹던 맛한류의 본족이어서랍니다. 「맥(貊)라면」-너구리 라면에도 몽·한합작 맛한류(味韓流~味汗流)가 직접 접맥되는 셈이네요.

너구리 사냥꾼이 잡은 너구리고기(貊肉)를 만주 원산의 콩으로 쑨 메주로 담근 장(醬)과 마늘양념에 얼버무려 삭혀 구워낸 고구려 불고기가 본래 「맥적」의 본체가 아니었는지요? 그래서 그런지 지금도 고구려 유적들과 맥국(貊國) 터가 있는 강원도 춘천의 「고구려 불고기」맥적(貊炙)은 감칠맛이 썩 좋습니다. 물론 회맛은 예국(濊國) 터가 있는 동해안 강릉의 그것이 일품이랍니다.

중국 고대 최고 일품 맛식품으로 꼽던 게, 둘이 있죠. "인구(人口)에 회자(膾炙) 된다"(『宣和書譜』)라는 말이 있듯이 부여의 예회(濊膾)와 고구려 불고기 맥적(貊炙)은, 그 "씹는 맛"이나 또는 씹히는 맛이 한족(漢族) 고대 상류층 사람들에겐 아주 그만이었나봅니다.

이는 대체로 유명 인사들을 즐겨 험담하는 것을 빗대서 하는 말이기도 하지만, 실은 고대 중국 상류사회의 최고급 요리 부여 예회(濊膾)와 고구려 맥적(貊炙)의 놀라운 유행에서 비롯된 것이라고 합니다. 참고로 맥적(貊炙)의 적(炙)은 "적"이라고도 읽고 "자"라고도 읽는데, 뜻은 둘이 다 같아서, 고기를 구어 꼬치구이 따위를 만든다는 의미라네요.

예족(濊族)은 시베리아 저습지대 수달(水獺) 사냥꾼 종족이고, 맥족(貊族)은 시베리아 고원건조지대 산달(山獺)-너구리 맥(貊) 사냥꾼 종족이지요. 불이 귀한 저습지대(濊地)에서 육회(肉膾)든 생선회든 회(膾)를 쳐서 먹는 식습관이 생겨나고, 거세찬 시베리아 벌판의 바람으로 나무들끼리 마찰돼 자연발화가 빈발하는 고원건조지대(貊地)에서 불에 구워진 불고기(炙)를 먹는 식습관이 생겨나는 것은 아주 자연스럽다고 하겠네요. 그래서 장(醬)과 마늘

잠실 롯데월드 마스코트 너구리 맥상(貊像)

로 조리하여 불에 직접 굽는 "고구려 불고기"를 맥적(貊炙, 『搜神記』)이라 했다고 할 수 있겠습니다.

오늘날도 한족(漢族)들을 만나면 북이(北夷)나 동이(東夷)와 같은 오랑캐들은 야만스럽게 날 것을 먹고 곧잘 병에 걸리곤 해서 자기네들은 꼭 익혀 먹는다고들 하지만, 언제나 시대 주도세력의 품 안에서 운신해야 했던 특히 고대 한족(漢族) 귀족들은 실은 부여 예회(濊膾)와 고구려 맥적(貊炙)을 모두 최고급 식품으로 여기며 즐겨 먹었던가봅니다.

대체로 유목 주도 농경 통합이란 "유목제국사" 위주의 이른바 반만년 중국사지요. 그래서 한족 상류층 맛감각도 속으로는 늘 그렇게 쏠려왔었던 듯하네요.

일찍이 "나랏말씀이 중국(中原의 國家들)과 달라 …"라고 갈파한 세종대왕처럼 지금 우리도 "한류 맛감각이 중국과 달라"나, "K-Pop 소리장단이나 나랏춤사위가 중국과 서로 달라"라고 하는, 상호 차별화된 특질들을 우선 예리하게

간파내야만 합니다. 이른바 "호한(胡韓)과 호한(胡漢)"체제 두 줄기 큰 흐름을 대범하게 주도적으로 갈라보는 핵심과제의 수행문제 말입니다.

예·맥(濊·貊)─순록·기마 양유목─고조선·고구려는 전자로, 동북아시아태반사의 주류·주맥입니다. 진실로 이러한 활겨레(「高麗」族="弓"族) 북방유목몽골로이드의 민족사적 정체성 확보 대업 성취가, 무엇보다도 먼저 선행돼야 하겠지요.

그리고 "역사 뿌리 없는 현실 결과는 없다"는 진실을 확신하는 토대 위에, 그 열매들의 역사적 뿌리를 그 속에서 구체적으로 천착해내가야만 합니다.

그렇게만 해간다면, 우리가 노벨상 수상자가 단 한명도 안 나오는 동쪽 야만 오랑캐 "동이국"(東夷國) 코리아라는 오명을 뒤집어쓰는 수모도 머지않아 가볍게 벗어나고 무슨 공정(工程)인가 하는 의료사고 투성이의 야만스런 역사 성형수술 행패도 쉽사리 모면할 수가 있겠지요.

내 개인적으로는 1980년부터 7년간 해직교수생활을 하면서 막막한 현실에 마냥 초점을 잃은 눈동자를 굴리며 무던히도 하염없이 서성이곤 하던 그 황야 중의 송파(松坡)~석촌호반 나의 참담한 유배지에, 21세기 지금 잠실 롯데월드 마스코트 너구리상인 맥상(貊像)이 저렇게 치솟아 오른 게 사뭇 감격스럽고 신기하기만합니다.

북방 몽골리안 루트 후진 원주민지역만을 골라 "밤에 별이 보이지 않는 땅엔 역사도 안 보인다"고 수없이 되뇌며 헤매었던 그간 20여 년 세월들에, 원주민사에 얹어 현지 사회주의사까지 오버랩된 사안(史眼)을 가다듬어보며 오래고도 먼 길을 돌고 돌아 다시 보는 30여 성상 후의 이 땅을 밟고 있음에서일 것입니다.

그적엔 너구리 맥(貊)이 고구려=맥고려(貊高麗 : Mongol)로, 지금 농심 너구리라면-맥(貊)라면을 통해 내게 이렇게 다가서리라고는 꿈에도 생각지 못했었지요. 나름으론 고난에 차게만 여겨온 내 몽골사 현지 연구를 둔 그간의 개인 역사노정이, 이젠 그냥 모두 축복이라 해야 할까봅니다. 흑암 속에서 도리어 서광이 비침을 감지해서지요.

정녕 예로부터 세계시민의 인구에 회자되는 예회·맥적의 전통을 고스란히 이어받아 더욱 발전시켜, 지금도 세계라면시장에 지존(至尊)으로 기왕에 부각된 맛한류 상징 기업들입니다.

문화체육관광부가 한국 라면제조업체들에 할 수만 있다면 연구비 지원을 좀 듬뿍해서라도 공부를 깊고 넓게 체계적으로 꾸준히 해가며 장사도 더 잘하게 해서, 독창적이고 옹골찬 민족음식문화기업으로 이들이 한 단계 더 업그레이드 할 수 있게 됐으면 더욱 좋겠습니다.

K-디지털 노마드의 "늘봄 아리랑"
[2013.2.18~3.4]

2012년 12월 6일, 프랑스 세계유네스코 제7차 세계유산위원회에서 인류무형문화유산(Intangible Cultural Heritage of Humanity)으로 "아리랑"이 등재됐습니다.

중국에서 아리랑타령을 2009년에 성급으로 지정하고 이에 뒤이어 2011년 5월 23일에 중국 〈제3차 국무원 국가급 비물질문화유산 명록적 통지〉에 길림성 연변조선족 자치주의 '阿里郞'(아리랑, 11-147호)을 국가 급으로 지정한 "중국의 아리랑 사태"를 겪고 난 직후의 일입니다.

조선족의 아리랑을 중국 국가급 비물질 문화유산으로 등재 신청한 것이 다름 아닌 바로 조선족이었다는 사실이 우리에게 매우 충격적이었지요. 코리안 디아스포라의 민족사 인식 현주소를 일깨워주는 일대의 사건이었는데, 이는 그대로 본지 한반도 한국인 자신의 그 실상을 비추는 것이기도 해서일터입니다.

이런 큰일을 당한 직후인 2011년 6월에 우리 민초들이 중국 아리랑 지정문제를 대대적으로 공론화하지 않았다면, 과연 이번 유네스코 아리랑 신청과 등재가 가능했을까를 불현듯 생각하게 됩니다. 당시 성명서의 요지에서도 지적했듯이 "중국이 아리랑을 자국 무형문화재로 지정했는데, 이는 유네스코 인류무형유산으로 신청을 위한 사전 조치일 수 있다"는 본격적인 자각이 일게 된 것이었지요.

어쨌든 중국인이 꽂아오는 우리 겨레공동체의 생사를 가를 듯한 치명적인 매서운 비수 일격에, 우리가 마침내 정신이 바짝 들게 된 것은 엄연한 사실입니다.

오늘날 지구촌에서의 한겨레 아리랑의 탁월한 보편성과 님 웨일즈가 쓴 독립운동가 김산 전기인 "Song of Arirang"(1941)이 말해 주듯이 현대사 속에서의 독보적인 그 정치적 기능성이라는 아리랑의 이런 속성을 감안할 때, 그 민족사적 위상과 상징성 및 유구한 겨레사속에서 피눈물로 늘 새롭고 다양하게 빚어온 무한한 불멸의 브랜드 가치를 갖는 한민족공동체의 '상징(象徵 symbolization)'성을 염두에 둔다면, 너무나도 지당한 일이라 하겠지요.

그런데 요즈음의 우리 한민족이 아리랑을 두고 하는 치명적인 고뇌는 '한민족의 노래'라는 우리 겨레 특유의 고유한 아리랑의 위상과 상징성을 중국 한족(漢族)과 과연 공유할 수 있는가 하는 그 역사적 정통성 여하문제입니다.

아리랑이 한(漢)나라가 고조선을 멸망시키고(기원전 108) 한사군의 하나인 평양일대에 두었대일정 하의 식민사학이 조작는 낙랑군 쪽으로 한지(漢地)의 북방유목몽골로이드 출신 코리안 디아스포라(韓族)가 이주하며 부른 노래라고 하였기 때문입니다.

심지어는 "역사가들은 이 사람들이 조선민족이며 아리랑은 朝鮮(Chao Xian)의 옛말 '낙랑(樂浪)'의 의성어라고 믿는다."고까지 하며, 마침내는 "중국 아리랑의 역사가 한국의 그것보다 더 깊다"라고 유네스코 국제무대에서 공개적으로 목청을 높였다는 사실이 확인되고 있어서입니대중국의 『바이두사전(百度事典)』과 『후둥사전(互動事典)』에 제시된 여러 아리랑에 대한 배경설들 중의 일 사례].

한마디로 아리랑도 아리랑을 창작 발전시켜온 여러 북방유목몽골로이드계도 모두 한나라에서 유래한 오늘날의 중국에서 파생한 결과물이라는 논리입니다. 이는 원(元)-청(淸)의 북방유목몽골로이드 태반 기원의 유목제국 식민지를 뒤집고 일어선 불과 반세기 정도의, 역사가 지극히 일천한 오늘날의 중화인민공화국이 취한, 지역 확보와 동시에 역사적 점령도 함께 시도하는 제국주의 전략전술의 상투적인 수순인 셈입니다.

이에 대해 어떤 이는 우리 겨레의 아리랑은 하나이면서 여럿이고, 같으면서 다르고, 옛것이면서 새것인 메타문화(Meta culture)임을 이해할 필요가 있을 것이라고 강변하는가 하면, 다양한 사회적 맥락 속에서 지속적으로 재창조돼온 한민족 고유의 민요…'라는 등재심의 평가서 중의 표현을 새삼 적시(摘示)하기도 합니다.

그러면 왜 아리랑 가락은 한민족 고유의 역사적 정통성을 가질 수밖에 없는가? 뭘 해먹고 어디서 어떻게 살아온 한겨레역사의 결과물이기에, 우리는 한족(漢族)과는 준별되는 그런 가락을 자아내 발전시켜 왔는가? 왜 한겨레의 말맛과 음식맛 춤사위와 노랫가락은 그들보다 더 개방성을 지녀 세계성을 가질 수밖에 없는가? 등 이런 문제들은 반드시 풀어내야 합니다. 세상에 역사의 결과물 아닌 사물은 존재해본 적도 없고 존재할 수도 없기 때문이지요.

세종대왕의 갈파와도 같이 왜 조선 나랏말씀은 중국(中原 나라들)과 달리 무한개방, 무한경쟁에서 승승장구하는 세계성을 확보해 갈 수밖에 없는가? 돌이켜보건대 우리에겐 그런 역사적인 뿌리가 필연적으로 엄존할 수밖에 없습니다. 그럼 지금 우리가 그걸 제대로 캐내야지요!

그런데 미리 암시해둘 핵심 정답이 하나 있습니다. 지금의 한반도에는 그 뿌리의 뿌리인 본질 태반은 본래 없다는 것이지요. 그래서 붕어빵에는 붕어가 없듯이 조선반도(朝鮮半島)에는 순록의 유목목초지 조선(朝鮮)의 선(鮮= 小山=Sopka)이 전혀 없다는 엄연한 사실을 자각해야 합니다.

지금은 명백히 유전체학시대입니다. 남한 주택의 70%가 아파트로 충당되고 있는 터에 아파트 뜰마다 바위를 깨서 정원석으로 쓰고 있지요. 거기에 지층이 암석화한 바위그림이 그려져 있어서 지구의 역사를 응축하고 있더군요. 유전체사학안을 뜨고 보면 시원유목태반사인 내 개인의 역사도 내 몸뚱아리에서 그러합니다.

이처럼 디지털 노마드시대에 그 샤프한 감각으로 패스토랄 노마드(Pastoral Nomad) 한겨레역사 뿌리를 캐내지 않으면 막혀오는 우리의 숨통이 트일 가망은 아주 없다는, 이 문제로 퍽 오래 고민해온 우생(愚生) 고희 학생의 고백입니다.

그래서 K-디지털 노마드(Digital nomad)의 "늘봄 아리랑" 새 가락을 더더욱 목 타게 갈구합니다. 서광은 순록·기마 양유목사 자궁 쪽에서 비쳐 오리라는 파른 손보기 은사님의 유언을, 이제서야 비로소 간절히 받들어 모시며….

남북동서와 내외의 한국인이나 학자, 민초, 예술가와 정치인을 막론하고 우리 겨레로 아리랑을 무의식중에라도 흥얼거리며 그 가락을 타는 춤사위를 떠올려보지 않은 이가 있을까요?

그러나 내 지극히 개인적인 체험으론, 북다싱안링 몽골(貊高麗)-고구려 기원지 에르구네(多勿) 스텝 언저리에서 지금은 100여 개가 넘게 불어났을 것으로 추정되는 그 수많은 중국TV방송 채널을 돌리며 살아보지 않고서는 아리랑의 진면목을 체득해낼 수 없었습니다. 거기서 하늘에 사무치는 아리랑 가락은 연변방송채널 뿐이었습니다.

드넓은 태평양 해풍의 영향을 직접 받는 유목몽골로이드의 몽골리안 루트가 계속 이어져내리는 아무르 강 일대의 동토대를 낀 샤오싱안링입니다. 그리고 이와 직·간접적으로 접속되는 T자형 백두대간을 타고 앉은 연변이어서 일 수도 있겠지요.

중국어로 가사가 번역돼 불리는 내몽골 몽골인 가수의 아리랑 타령도, 아주 짙고도 칙칙한 중국어 음감(音感) 때문에 공활하고 산뜻한 유목우주의 제 맛이 싹 가셔버리는 느낌이었습니다. 진실로 하늘이 손에 잡힐 듯이 가까이 만나져야지 마음이 사무쳐 그런 소리가 비로소 우러날 수 있는 게 아닐까요?

태평양의 고온다습한 해풍이 다싱안링의 벽에 부딪혀 영서(嶺西)의 고원 건조지대 몽골스텝이 탄생했지요. 그래서 제 때에 기마 양유목도 생겨나고, 북부 몽골기원지 영동과 영서에는 순록유목과 양유목이 아주 오랜 기간 공존해 오기도 합니다.

바로 그 홀룬부이르 몽골스텝 유목 몽골-고구려제국 기원지 시골 유목초지에서 밤하늘을 보면, 하늘에 사무칠 듯 직접 머리 위에서 가까이 하늘과 만나게 됩니다. 그 공활한 유목누리살이 생태의 우러남에서 아리랑 가락이 저절로 태어난 것은 아닐까 하는 생각이 들 지경이지요.

　국악인 권오성 교수님은 "근래 2010년대에 들면서는, 최근에 새로 개발된 관계 교육방법만 제대로 활용하면 세계각지의 모든 인류가 다 아리랑 타령 후렴을 제대로 노래 부를 수 있게 된다"고 합니다. 본래 그만큼 세계성을 띠고 태어난 가락이라는 말이 되는 셈입니다.

　그런데 내가 1990년 초에 처음 몽골현지 답사를 시작할 무렵에는 바이칼호-동부 몽골 대스텝-만주벌판과 한반도의 북방몽골로이드만 고도로 세련된 전형적인 장가(長歌) 가락의 하나인 아리랑 후렴을 제대로 불러낼 수 있었답니다. 현지조사 결과도 그랬고 몽골 현지의 몽골인 민요 연구자들도 상식적으로 그렇게 알고 있었지요.

　당연히 훗날 오랜 세월에 계속되는 이동과 그 적응적 진화과정에서 섬세하고 다양하게 발전해 나가기도 하지만, 원래는 대체로 일·중·러인들은 물론 몽골인들도 서북부 산지인들은 좀처럼 부르기 쉽지 않은 본질을 가진 그런 공활한 벌판의 장가조인 아리랑 후렴가락이었다는 겁니다.

　몽골에서 우리의 장가조 제사 축문(祝文) 읽는 가락을 몽골 나담축제의 그것에서 처음 깨우쳐 느낄 적에 소름이 끼치게 되더군요. 여태껏 중국 제의(祭儀)용 가락으로만 철석같이 착각해오고 있었기 때문입니다.

　아직도 몽골국이 멀고먼 오랑캐(Uriangkhai : 持弓?) 나라이기만 한데 그게 무슨 말도 안되는 망상이냐고도 할 수는 있겠지요. 그렇지만 북방몽골로이드 역사 상 유목무력의 탁월한 기동성과 타격력을 염두에 두고 지금은 이미 IT·BT·NT의 초고속 정보화시대 조류에 이미 깊숙이 휘말려든 상황임을 새삼 자각케 될 때, 문제는 아주 판이하게 달라집니다.

　2000년 들어 초반 몇 해를 레나 강 언저리 북극해 지역을 탐사하다가 오가며 들은 이야기로는, 1800년대부터 이미 조선인 노동자가 북극해 쪽에 진출해 오늘에 이르렀는데 이들의 추위를 견디는 능력은 대체로 러·일·중의 노동자들보다 훨씬 더 뛰어났다는 것이었지요.

　북방몽골로이드의 특징으로, 혹한 생태 속에서 질긴 고기를 끊어 씹어먹다 보니 납작하게 퍼진 대문니의 쇼벨구조와 저작근 보관창고로 튀어나온 광대뼈나 눈꺼풀의 몽골주름과 염소수염 및 깊은 비강의 낮고 긴 코를 열거하지요.

그런데 이는 많은 한국인의 보통 얼굴 모습으로도 지적됩니다[조용진 교수님].

그래서 본래 대체로 최후의 빙하기를 거치며 북극해권 툰드라~수림툰드라 동토지대를 주요 태반으로 태어난 조선겨레인 Chaatang(순록유목민)이고 시원적으로는 그런 생태가 우러난 기층가락이 조선(朝鮮)의 아리랑 타령일 수가 있다는 겁니다.

한반도의 공룡시대 복원이 시도되고 있는 요즈음이지요. 패스토랄 노마드 출신 코리안도 이젠 오랜 자기비하의 냉소를 거두고 엄존해온 사실(史實) 토대 위에서 좀더 파격적으로 넓고 깊게 우리 자신을 천착해 K-디지털 노마드의 "늘봄 아리랑" 가락을 온누리에 되살려 펴내가면 참 좋겠습니다. 놀랍게도 격변하는 과학기술은, 이내 예기치 못할 우리 자신의 북방시원유목태반 DNA현장 확인을 가능케 하리라는 전망을 거침없이 펼쳐 보여주고 있습니다.

2011년 5월 23일, 중국 국가급 비물질문화유산으로 지정된 길림성 연변조선족 자치주의 '아리랑(阿里郞)'(11-147호) 표기에서 보듯이 아리랑의 "아리"는 중국 한문으로 '阿里'로 표기됩니다.

몽골고원에는 염호(鹽湖)와 담호(淡湖)가 어림잡아 반반쯤 뒤섞여 있다는군요. 담호의 물은 사람이 마시고 살 수 있는 맑은 물(阿里水 : Arig-Usun; 黑水)인데 그 "아리수"가 흐르는 원천지대를 아리령(阿里嶺)으로 비정해보게 됩니다. 이 지대 대선비산 가셴둥(嘎仙洞) 앞을 동남류(東南流)하는 강이름도 아리하(阿里河)지요. 다싱안링을 넘나드는 기차에서 "천안명물 호두과자"처럼 봉지에 든 「阿里」표 볶은 수박씨를 팔기도 한답니다.

몽골의 기원지 에르구네 시 소재지 북다싱안링 호·눈(呼嫩 : 훌룬부이르·눈강)평원 영동(嶺東)에 있는 헤이룽장 성 쿠마 하(河) 일대의 추정 아리령·"아리랑 고개"는 선(鮮 : Sopka)들이지요.

이 땅 Burqan(不咸)동산 한 보금자리에서 숨을 고르던 활겨레(弓族) 동포들은 이런 순록의 주식인 선(蘚 : Niokq)이 자라는 선(鮮)들을 넘어서 몽골족은 서남의 몽골스텝으로, 조선-부여-고구려족은 동북의 한반도 쪽으로 각각 헤어져 떠나갔다는 구비전승과 이에 따르는 현지의 관계 원주민들 간의 일정한 의례가 지금도 상존합니다. 아리랑 노랫말의 줄거리로 보면 아리랑 노래는 본질적으로 님을 떠나보내는 이별가지요. '아리'의 뜻으로 미루어보아 아리랑 고개는 이별의 고개일 수가 있습니다. 기마 양유목민과 순록유목민, 유목민과 농경민의 생업 분화발전 차원 이별고개일 수가 있다는 것이지요. 아리랑 고개에서 몽골겨레와 고려겨레가 헤어지는 의례까지 아직도 이처럼 엄존하는 판이기도 하니까 말입니다.

선(鮮 : Soyon)은 순록의 주식인 선(蘚 : Niokq)이 나는 순록의 유목 목초지인데, 소산(小山)이라는 별칭으로도 부르고[欽定四庫全書『毛詩注疏』卷23], 선(鮮)이 편재(遍在)하는 시베리아에서는 러시아어로 Sopka라고 일컫기도 하지요. 와이싱안링(Становой хребет)을 넘으면 북극해 쪽에는 바다와도 같은 선(鮮)들의 선(蘚)벌판이 펼쳐집니다.

그런데 이 조선(朝鮮)의 「선(鮮)」은 한반도 조선의 백두대간 일대에는 없습니다. 유목지대가 전혀 아니어서지요. 붕어빵에는 붕어가 없는 식이랄까요?

그렇다면 아리랑 고개를 넘어가면서 몽골과 조선겨레가 애절하게 불러 내리던 이별가 원초 아리랑의 태반은 비유목지대인 한반도가 아니고 주로 몽·한의 에르구네 시 일대인 순록·양유목 목초지대이어야 하겠지요. 오늘날의 몽·러·중의 영토 일부가 서로 겹치는 동북아시아 유목제국의 태반지대 일대라는 겁니다. 원천적인 유목태반 디아스포라 몽골과 고려의 일대 민족차원 생태적 이별이란 큰 떠남의 흐느낌의 이별고개가 '아리령'이라는 거지요. 망국민 디아스포라 이스라엘 민족에게 주는 '통곡의 벽'의 시공을 초월한 울림이 그러하듯이, 유목적 디아스포라 조선겨레에게 이 '아리랑 고개'의 그것이 그렇게 가슴에 사무쳐오는 깊디깊은 사연인가 봅니다.

천문학자 박창범 교수가 고구려 초기 일식관측지가 압록강 유역이 아니고 바로 이 일대라고 논증해내서 이런 이 지역의 구비전승이 명징하게 실증되기도 했답니다.

정착농경민(Sedentary Agriculturist)들은 봄을 기다리지만, 연한 봄풀이 최상의 유목목초인 유목민(Pastoral Nomad)들은 늘 봄을 찾아 떠돌기만도 한답니다. 늘봄의 유목목초를 사뭇 찾아 누려가다가, 가도 가도 봄풀이 안 보이는 절망의 아득한 늪, 끝내 정떨어지는 고비에 들면 유목민의 보릿고개 청황미접기(靑黃未接期)엔 그냥 동토의 흙이 되어 함께 섞여가기도 하지요. 그래도 화전민처럼 늘 새 목토(牧土)-농토를 열어만 갑니다. 숙명인양 연어처럼 거친 유목목초(遊牧牧草)의 바다를 한평생 마냥 떠돌며 숨을 고르지요.

놀며 하는 순록-기마 양치기 유목(遊牧)이 아니라, 거칠고 모진 불모의 황야에 버려진 가녀린 목숨살이의 일대 반전이 유목민살이인 셈이지요. 함께도 떠나지만 식구가 늘면 척박한 유목목초 생태로 늘 갈려 헤어져나가야 산답니다. 정든 둥지를 떠나 땅 끝까지 그렇게, 꿈에도 그리는 보드마마(Burqan) 품을.

그 끝 모를 헤어짐의 고개가 시원 부르칸(不咸 : "붉은 가지 버들 떼" : Krasno talinik berba)산 아리령(阿里嶺)-원초적 아리랑 고개로 비롯되어, 타고 난 유전체가 그려준 숙명의 언덕 Soyon(鮮)이지요. 그래서 늘 연어인양 모천(母川)으로 돌아와 짝지어 해산하고 젖먹이는 보드마마 모태회귀의 생래적 꿈에 절절히 사로잡힌 가락을 되뇌이며 이승저승을 오간다고도 하네요.

실은 조선(朝鮮)의 조(朝 : 향해 갈 Chao字)가 몽골어 Chaad(~을 향해 가다)의 뜻이고 선(鮮 : Sopka=小山)이 모정이 스민 모유를 주는 Sugan(어미순록)이란 뜻이고 보면, 「조선겨레」-Chaatang(순록유목민)은 늘봄 순록유목목초(常春蘚)인 모유를 향해 늘 떠나가는 "태생적 디아스포라"일 수 있지요.

홍류성모(紅柳聖母)의 보드마마굿 무가(巫歌), 아리랑 타령은 그래서 늘 떠나는 뭇 목숨[Diaspora for Burqan Damul(多勿 : Ergüne=不咸 : 보드마마 모태회귀)]들의 유목생태 DNA에 새겨져내린 꿈누리 가락이랍니다. 태평양 바다로 내달으며 농경화한 DNA유목민 호한체제(胡韓體制)의 대한(大韓)겨레누리에까지만 은은히 울려 퍼지는 유목본질의 민요가락이지요. 호한체제(胡漢體制)의 대한족(大漢族)이 더럽힐 안방 소리성역일 수가 전혀 없다고 하겠습니다.

지금은 세계 제4위 디아스포라국가라고 하지만, 원래는 우랄알타이산맥-동서사얀산맥-예니세이 강변-사하 레나강변-바이칼 호반-북만주 일대를 세계 순록-양유목의 기축으로 경영해온 유구한 패스토랄 노마드(Pastoral Nomad) 역사 기원(起源)의 "미래비전 팍스 코리아나"의 주체인 우리 한겨레입니다.

　기나긴 세월 허구한 날 오대양 육대주에 역사상 무수히 한류 디아스포라를 뿌리면서 잉태해온 한 가락이라는 목숨으로 해산(解産)된 열매가, 이젠 공활한 우주로까지 가없이 탁 트인 온 누리를 나름대로 주름잡는 지금의 K-디지털 노마드(Digital Nomad)의 "늘봄 아리랑" 타령은 아닐까요?

조선·부여·고구려·몽골·솔롱고스·발해는, 북방 토박이말 이름
[2012.3.11~3.18]

내가 그대의 이름을 불러 주기 전에는
그는 다만
하나의 몸짓에 지나지 않았다.

내가 그대의 이름을 불러 주었을 때
그는 나에게로 와서
꽃이 되었다.

내가 그의 이름을 불러 준 것처럼
나의 이 빛깔과 향기(香氣)에 알맞은
누가 나의 이름을 불러다오.
그에게로 가서 나도
그의 꽃이 되고 싶다.

우리들은 모두
무엇이 되고 싶다.
너는 나에게 나는 너에게
잊혀지지 않는 하나의 눈짓이 되고 싶다.

김춘수 시인의 "꽃"이라는 이 시를 음미하며, 때로 나는 조선·부여·고(구)려·몽골·솔롱고스·발해라는 이름들을 내가 그 빛깔과 향기에 알맞게 그 이름들을 제대로 부르고 있는지를 곰곰이 생각해 봅니다. 제대로 격에 어울리지도 않는 뜻과 억양으로 엉뚱하게 발음해서 정작 그들 자신은 누구를 부르는지조차 모르게, 내가 그들의 이름을 부르고 있는 것일지도 몰라서 입니다.

그래서 그가 내게로 와서 도저히 꽃이 될 수가 없게만 불러온 건 아닐는지 하는 죄책감이 들어서지요.

1990년 초여름 강남 인터콘티넨탈호텔, 베. 수미야바타르 교수님과 첫 만남을 기념하여

1990년 북방사회주의권이 개방되고 생전 처음으로 몽골스텝에 들었을 때 유목목초지대 드넓은 풀밭인 Steppe의 거친 양초(羊草)들이 좀 더 많이 습기를 머금어 우거진 곳이기만 하면, 난 금세 유목목초지가 아닌 한반도 정착 농목지대 가축의 풀밭(Grass field)인 들판의 부드러운 꼴밭(牧草地)들을 떠올리기 일쑤였지요. 내가 유목지대가 아닌 한반도라는 정착 농목지대에서만 태어나 자란 탓입니다.

그러니『삼국사기』편찬(1145)을 전후해 천 수백 년을 비유목지대 정착 농목지대 한반도에서만 나고 자란 한국사가의 사서(史書)가, 중국사서의 영향이 아니더라도 우리의 유목태반 기원사(起源史) 관계 사료를 어느 경우든 과연 제대로 쓰고 읽을 수가 있었을까 하는 섬뜩한 자각이 문득 들었어요. 지금의 한반도 산성해도 농목지대는 칭기스칸을 위시한 유목영도자들이 "흙벽돌로 지은 집에 들면 영원히 망하리라!" 한 유목사의 무덤일 수도 있는 측면이 분명히 있어서지요. 유목현지답사길에서 유목사가를 지망한 순간부터

베. 수미야바타르 교수의 김일성대학 조선어문학부 동급생(1950년대 후반) 정순기 교수(우)와 저자. 2009년 10월 18일 두만강포럼[연변대; 박영재 교수님 초청]

나는 그래서 스텝·타이가·툰드라 유목목초지로만 찾아가고, 그 후 지금까지 20여 년간 그래서 나는 만주든 한반도든 목농지대 답사는 내내 일부러 피해왔습니다.

당연히 내가 유목 몽골사 전공자로, 정착 농목사까지 싸잡아 연구할 수는 없으리라는 자기 능력한계를 지레 짐작해본 때문이기도 했지요.

그러나 좀 더 파고들어가다 보니 유목의 목농화와 목농의 유목화가 오랜 역사 속에서 서로 오락가락하며 적응적 진화를 해온 몽골사이기도 하고 조선-고구려사이기도 한 것을, 유목현장답사 중에 비로소 깨닫게 되었지요.

무엇보다도 조직된 소수 유목 주도의 상대적 다수 정착 농목 통합인 유목제국의 경우도, 특히 초기 고대국가의 경우에는 시베리아-몽골-만주-한반도 지역에서 다반사로 이루어진 걸 깨우치게 되었습니다.

물론 몽골도 예외가 아니었습니다. 팍스 몽골리카 하의 황색인종을 서구사가들이 그냥 몽골리안이라고 통칭한 것은, 그들이 모두 북방몽골로이드라는 내용이 전혀 아님을 모르는 이는 없을 겁니다. 대체로 거의 다 유목몽골 주도의 정착 목농통합 형태였으니까요.

17세기경 천동설이 지동설로 격변하는 인식혁명이 있었던 것보다 더 본질적인 인식혁명을 요구하는 지금의 21세기 정보화시대이지요.

그렇다면, 적어도 조선의 조(朝 : Chao)가 Chaatang(순록유목민)을 함의하고 선(鮮 : Sopka)이 Sugan(어미순록)을 의미하는 "순록유목민의 나라"라는 이름을 가졌다고 해서, 그 국가사회 구성원이 모두 시공을 초월해서 순록치기 노릇을 했다고만 생각할 필요가 전혀 없습니다. 그런 형태의 유목제국은 역사상 존재하지도 않았고 존재할 수도 없었으니까요.

한국은 "유목사 유산의 천국"이라고 열변을 토하는 바르크만(Udo B. Barkmann) 베를린대 교수가 있습니다. 근대 유목사 연구의 선진국 독일의 중진 교수지요.

솔직히 고백하면 예나 지금이나 몽골사의 중핵인 유목몽골의 유목사 천착을 해오지 않은 몽골학 연구자들은 수박 겉핥기식 몽골학을 한 이들인데, 1990년 이전 난 그런 부류의 몽골학도이었을 뿐입니다. 유목목초지도, 유목목초도, 유목가축과 유목민도 직접 접해 분석적으로 체계를 세워 어떤 관계 사실(史實)을 제대로 논증해내는 연구를 해본 적이 단 한 번도 없는 무늬만 유목몽골학도였습니다. 그런데 적어도 지금은 내가 당시의 오랜 냉전기에 겨우 그런 위치에 머물고 있었음을 알게는 되었지요.

우리가 함께, 조선·부여·고(구)려·몽골·솔롱고스·발해 등을 북방 토박이말 이름으로 복원시켜주는, "아주 지당할 수도 있는" 그런 과감한 시도를 이젠 한번쯤은 해볼 만도 하지 않을까요?

가던 길을 돌이켜 동북아시아 "유목제국의 원초" 홍산문명(紅山文明)을 그런 시각에서 천착해보려는 구상이 가능할 수도 있다는 경천동지(驚天動地)할 용감한 가정 하에 혹여 만에 하나라도 그쪽에서 "그가 나에게로 와서 꽃이 되는", 그런 실낱같은 서광이 비쳐올지도 모른다면서 말입니다.

만청-몽원의 최후상쟁
─Pax Mongolica에서 Pax Americana로 [2013.3.25~4.1]

이제까지는 대체로 1500년경 화약의 확산으로 육박전이 화공위주 전쟁으로 돌변해 유목전사들이 쇠퇴하고 중앙아시아 대상무역이 대서양이나 인도양과 태평양 등의 해상무역으로 그 중심을 이동하게 되면서, 유목제국이 해양제국으로 그 주도권을 넘겨주는 결정적인 계기를 맞았던 것으로 설명돼왔습니다.

세계제국이 무한개방·무한경쟁의 생태조건 속에서 기동력과 타격력에 압도적인 우세를 보이는 쪽이 최후의 1인 승자로 세계의 패권을 거머쥔다는 것이지요. 그러니까 이 경우에는 스텝의 말과 활의 경쟁력이 바다의 함선과 함포에게 그 주도권을 내준다는 보편적인 해석이라 하겠습니다.

그런데 그게 아니라 실은 1750년경에 만주의 유목제국 청조의 강희제가 몽골고원의 기마 양유목민이 세운 최후의 몽골유목제국 "준가르 몽골칸국"을 공멸(攻滅)한 세계사적인 대참살 사건을 분계선으로 하여, 결과적으로 인류사의 주도권이 스텝 유목제국에서 해양 산업제국권으로 급속하게 넘어가게 됐다고 보기도 한답니다.

그러니까 근간인 피터 C. 퍼듀 지음, 공원국 옮김, 『중국의 서진 : 청의 중앙유라시아 정복사』(길, 2012)에서는 기정사실인양 여겨오던 기존 견해를 비판적으로 재정리해보고 있는 것이지요. 유목제국이 모두 어느 정도는 점진적인 초보단계의 산업화를 시도하면서 자체 내부의 오랜 역사적인 양대 대립세력 간의 패권전쟁을 치명적으로 수행했음을 지적해본 터입니다.

몽원(蒙元)이든 만청(滿淸)이든 조직된 광역소수의 유목 기원군단의, 상대적 협역다수의 정착농경 지대 장악을 기틀로 하는 유목제국이기는 일반이지요.

그렇지만, 북방 몽골리안 루트지대를 모태로 발전해온 두 유목세력은 크게 한랭 저습지대(濊 : 순록?)와 한랭고원 건조지대(貊 : 羊?)라는 서로 다른 성격의 유목목초지대에 각각 주로 태반을 두고 와서인지 아주 장구한 세월 엎치락뒤치락 혈전을 벌이며 역사를 창조해온 것으로 보입니다.

만청은 몽원의 기원지 북다싱안링 훌룬부이르 몽골스텝을 봉금지대(封禁地

帶)로 삼아 근친결혼을 수백 년간 지속할 수밖에 없게 해서 몽골족을 유전적으로 차츰 자가 도태시키는 한편, 제도적 장치를 통해 유능한 몽골남자들을 거의 모두 라마승이 되도록 유도해왔지요.

이런 악랄한 장기 멸족자행 강요 사실은, 만청 강희제가 준가르 몽골족을 일거에 가장 잔혹스럽게 대량 학살한, 전인류사상 천인공노할 히틀러의 유대인 집단 학살을 능가하는 만행과 더불어 이미 널리 알려져 있습니다.

만몽(滿蒙)이 그렇고 그 흐름은 예로부터 이미 비유목지대 한반도 강릉의 예국터(濊國址)와 춘천의 맥국터(貊國址)로까지 이어졌던 듯합니다. 결국 동북아시아 유목제국사 내부의 예맥(濊貊)의 문제로 이 모두가 정리될 날이 올지도 모르지요.

오늘날 몽골 울란바토르를 찾는 한국인들이 적지 않습니다. 1368년 중원에서 원조 토곤테무르칸(惠宗 : 順帝)이 몽골고원으로 철수한 후 그의 직계 아들과 손자대의 정통 쿠빌라이 대칸의 황통(皇統) 계승이, 바로 이곳 울란바토르 톨하반(河畔)에서 1388년 10월에 재위 중인 토고스테무르칸과 그의 장자 텐바오류 부자가 같은 칸족계인 뿌리 깊은 오랜 정적 예수데르에게 시해되면서 일단 끝장이 났습니다.

그런데 한국인 몽골국 방문자들 중에 이런 사실을 아는 이는 아무도 없는 것 같습니다. 문제는 몽골 속의 진짜 나의 참 역사적 숨결에 대해서 실은 이처럼 무관심한 게 나 자신일 수 있다는 겁니다.

1388년 10월에 명장(明將) 남옥(藍玉)의 북정으로 토곤테무르칸과 고려 기황후(奇皇后) 사이에서 태어난 이른바 북원(北元)의 아유시리다라칸에 이어 칸위에 오른 토고스테무르칸과 그의 맏아들은 당시에 다싱안링 북부 부이르 호반에서 울란바토르 톨하반을 거쳐 카라코룸(和寧蒙古)으로 철수해가는 길이었지요. 바로 여기서 아릭부케계 칸족 부하 예수데르(Yesuder)가 이들 부자를 시해하고 잠시 예수데르칸 시대를 열었습니다.

1260년에 뭉케칸(憲宗)이 전장에서 병사한 이후에 4년간의 치열한 칸위계승 전쟁에서, 합법 계승자인 아우 아릭부케가 1264년에 쿠데타에 성공한 형 쿠빌라이(世祖)에게 항복한 지 무려 124년만에 아릭부케계 예수데르가 기어코 쟁취해낸 역쿠데타였습니다.

이유야 어쨌든 고려(高麗 : Caule, Cauly) 외손 몽골 히야드 보르지긴의 직계 황통이 적인 명군(明軍)이 아닌 몽골칸계 혈친들간의 집요한 칸권 상호쟁탈전 과정에서 처연하게 끝장났습니다. 적병의 집요한 대추격에 허우적대는 가운데 그나마도 공멸을 스스로 재촉한 거지요.

몽원 유목군대는 1368년 중원에서의 철수가 전략적인 작전행위에 불과하다고 보았고, 실제로 그런 상황이 그 후 수백 년간 계속되기도 했지요. 그런데도 이 엄연한 사실들을 되새겨 간추려보는 이가, 고려 기황후의 후예 기씨(奇氏)들 중에는 더군다나 단 한사람도 없습니다. 조선조 지성인에게 주입된 장원급제 원망(願望)과 그 모범답안 이데올로기가 이렇게 골수에 집요하게 사무쳐내릴 줄이야 …! 외가인 고려 기씨집안 방문 길 열리기를 아직도 간절히 고대하며 살아 숨쉬고 있는 몽골칸가 후예 파. 쇼보(波沙布 : 헤이룽장 성 사회과학원 역사연구소, 칭기스칸 33세손) 몽골사교수가 엄연히 현지에 상존하는데도 말입니다.

결국 이런 사실들이 거의 모두 동족상잔으로 망해온 거대 북방유목몽골로이드 유목제국사로 정리되겠지요. 물론 가장 치명적인 것은 왕자의 난으로 외적을 끌어들여 형제들을 교활하고 무자비하게 거세하며 내부통일을 이루는 경우이겠지만, 그런 사례도 적지 않고 크게 승리해 유목세계제국을 창업하는 경우도 더러는 있습니다. 후자는 칭기스칸이 그 전형적인 사례지요.

그의 몽골군단이 상대적인 약체로 당시의 세계 군사최강국인 숙적 금(金)나라 대군을 끌어들여 가장 부강한 최대동족인 이웃 타타르족을 아주 멸족시켜버렸으니까요. 그리고 나서야 이룩한 칭기스칸의 몽골고원 통일대업이었지요.

그러나 대체로 내전 중에 또 다른 적, 특히 음흉한 중원의 한족(漢族) 적들에게 틈새를 보여 처절하게 적전(敵前)에서 자멸당하기 일쑤였습니다. 수천 년 예맥(濊貊) 민족상쟁사가 빚어낸 뿌리 깊은 이런 호한체제사(胡韓體制史) 내부 상극사(相剋史) 혈맥 혈류를 상생사(相生史) 핏줄기 흐름으로 승화시켜내는 기적은 결코 있을 수 없을까요?

무한개방-무한경쟁-최후일인 승자 세계제국 창업체제사 과정적 한 생태결실체가, 스텝의 말과 활→ 바다의 함선과 함포→ 하늘의 미사일과 핵폭탄으로까지 막다른 골목을 치닫고 있는 최전선 코리안 DMZ의 지금 모습일 수도 있습니다.

인류사적인 위대한 문화유산 고구려 고분벽화 현무도(玄武圖)와 그리고 한·몽의 태평양권 태극기(太極旗)는 어쩌면, 우리 한겨레-궁족(弓族)에게 어떤 한결같은 계시를 던지고 있는지도 모릅니다. 서로 눈이 맞아온 장남과 여종을 계대중생(繼代重生)하도록 짝지어준, 수운(水雲) 선생님의 한 목숨과 그 진실, 미래비전 크신 사랑에 감복하며!

호눈(呼嫩)평원의 "맥(貊)" 읽기, 정다산은 눈뜬장님!
[2013.4.8]

1999년 가을 호눈선원(呼嫩鮮原) 서산공원 산책 담론. 황학문 교수(좌) 저자(중) 아. 아르다잡 교수(우). 저자의 맥고려(貊高麗)='몽골'론은 여기서 비롯됐다.

동북아시아 유목제국의 자궁으로 공인되는 다싱안링 북부 훌룬부이르·눈강(呼嫩)평원은 내몽골이어서, 1990년대 말에 한자(漢字)를 쓰고 몽골인으로 몽골 말도 하는 황학문(黃學文) 훌룬부이르 대학 생물학과 교수를 만날 수 있었지요.

황 교수와의 인연은 본래 맥(貊) 때문은 아니고 순록(馴鹿)의 주식인 선(鮮)-이끼(Niokq : Lichen)를 탐구하는 과정에서였어요. 이 지역 『식물도보』도 보고, 『동물도보』도 뒤지다보니, 「貊」이나 「貉」(학)이 '엘벵쿠'(Elbenkü)라고 몽골말로 쓰인 사례가 그곳에서는 너무나도 흔하게 눈에 띄었습니다.

이성규 교수님의 제언으로 조선조 몽골어사전인 『몽어류해(蒙語類解)』(下

卷32, 走獸)를 찾아보니 "얼벙쿠"(Элбэнх)-엘벵쿠는 어이없게도 산달(山獺)인 "너구리"였지요. 그런 정도로 확인하고 한국학계에 돌아와서 2000년 여름에 이 문제를 제기했더니, 완전히 일목국(一目國)에 들어온 이방인 이목인(二目人) 이 돼버렸지 뭡니까.

실은 그 당시 일정 하에서는 가장 앞선 시각으로 민족사를 읽어내려고 애썼던 것으로 보이는 신채호·정인보 선생님에게서도 '유목적 시각'은 아주 찾아볼 수가 없었고, 그이들의 선학인 실학자 정약용(丁若鏞) 선생님에게서도 그러했습니다. 모두 농경사회의 국가 고급공무원 채용고시라 할 일급 과거합 격자 집안의 학맥을 이어온 터여서가 아닐까 합니다. 그런 한국 국학계의 학문적 관행 전통은 그이들을 뒤이은 오늘의 우리 연구자들에게도 견고히 자리 잡고 있음을 직감할 수 있었지요.

정약용의『아방강역고(我邦疆域考)』「예맥(薉貊)」에서, 그가 맥(貊)을 '오소리' 라고도 하는데 이는 한인(漢人)들이 "우리를 깔보고" 하는 이야기라는 식의 인식을 하고 있었던 것을 읽은 적이 있습니다.

그러니까 순록치기 차탕이자 너구리(貊) 사냥꾼에서 철기를 수용하면서 스텝에 진출해 기마 양유목민으로 발전된 맥족(貊族)인 몽골-고구려족임을, 꿈에도 생각해볼 수 없었던 셈이지요.

너구리(貊)가 개(Noqai)과이고 오소리(貉)가 족제비(Üne)과로 분류된다는 동물학적인 기본 상식도 그분에겐 물론 없었어요. 정약용 자신이 그의 수렵·어 로-순록·기마 양 유목적인 역사적 태반 기원(起源) 내지는 유목과 농경의 상호작용사 부분을 까마득하게 잊고, 오로지 농경정착지역의 사대부로서만 사료를 읽고 있었음을 알 수 있었습니다.

당시로 보면 위험사상인 서학(西學)에 접맥되어 최첨단 사상과 과학의 물꼬 를 트고 있기도 했던 혁신적인 그분이었지만, 유목민이면 누구나 다 백정-도축 자일 수 있는데도 백정놈 임꺽정류의 백성을 가장 낮춰보는 사대부가문 출신인 정다산이고 그런 선비의 한국상고사 천착이어서일 터입니다. 도축자를 유달리 천민시하지 않을 수 없었던 역사적 배경이 반드시 있었겠지만, 이를 문제로 적시(摘示)하는 연구자도 아직 없는 게 우리 사학계의 현실이지요.

인식기층에선 그 전통을 거의 비판 없이 이어받고 있는 것으로 뵈는 지금의 우리 한민족 고대 주도층 유목태반 기원사(起源史) 연구자들은 얼마나 다를까요. 아니 지금 당장에 달라질 가능성이 얼마나 있을까요?

진실로 조선상고사 사료 해석에 '생업'으로서의 체험적 「'유목'개념」의 도입이 시급합니다. 다양한 지식기반사회에 들어서도 유독 흑백논리에 집착하는 농경사회 과거합격 천재류 우국충정 선비들의 정신이 아직도 우리의 세포들 속에 지층처럼 켜켜로 두껍게 부동(不動)의 동자(動者)로 쌓여, 현실적 이해관계와 상호작용하면서 나와 너의 "인식"게놈을 빚어내가고 있는 터이지요. 게다가 그게 최첨단 과학적 접근방법에 일부 필요에 따라 접속돼 적응적 진화를 해내면서 그 오만이 하늘을 찌르는 경우도 적지 않은 듯합니다. 한겨레 주류 유목태반사 복원에 치명적인 장애가 될 수 있겠지요.

그것이 농경→ 산업→ 정보화사회로 급변하는 디지털 노마드시대란 현실 속에서도, 엄존한 유목과 농경의 상호작용 거대 태반사를 거의 소외시킨 채로 여전히 우리의 고착된 일방적인 "한반도기(旗)식 한겨레 태반사" 인식의 기층을 이루고 있을 수가 있기 때문입니다.

그분들의 한결같은 겨레사랑 정신은 실로 위대하지만, 그러나 언제 어디의 누구에게나 있을 수밖에 없는 선학들의 자기한계도 글로벌 정보화시대인 이젠 냉엄하게 비판적으로 천착해가는 접근자세가 무엇보다도 우리에겐 중요하겠지요. 조선조 주자학자식으로 '수조전설'을 거세하고 조선상고사를 복원하려 한다는 게 애당초 어불성설이지요. 적어도 시원조선지배층 주류는 분명히 유목태반 기원이었으니까요. 선학의 숭고한 우국충정 정신의 계승도, 인류사 상의 일대의 본질적인 인식격변 시대에 든 지금의 우리는, 반드시 비판적 예비단계를 거쳐 이루어내야겠습니다.

언필칭 요즈음이 "통섭(統攝)"의 시대라고 합니다. 하지만 장미란이나 김연아에게 각각 두 분야의 금메달을 혼자 모두 다 따내라고 요구하는 것은 과잉기대가 아닐까요? 제 나름의 시대와 사회를, 서로 다르게 타고난 유전체로 각각 제대로 숨 쉬고 있게 마련인 한 개체에게는 이는 너무나도 가혹한 비생산적이고 비전문적인 요청이리라는 생각이 듭니다.

쿠빌라이 대칸의 탐라도 구상과 돌하르방

태평양시대, 쿠빌라이 대칸의 대도
―탐라도(都) 구상 반추 [2013.4.15~4.22]

1970년대 어느 해 여름 연세대 김동길 교수님은 제주대 강연 중에 태평양 바다를 바라보며, 이제 대서양시대가 저물어가고 21세기 태평양시대가 열리면서 일본과 중국을 끌어안고 상생 인류사의 새 물결을 주도해갈 대한민국을 꿈꾸어보았다고 하셨습니다. 온통 급박하게만 돌아가는 듯한 요즈음의 우리 정세로 보면 사뭇 꿈같은 얘기로만 여겨질 수도 있습니다.

그런데 1998년 12월 탐라문화연구소 학술회의 참가 차 이곳에 온 홍산문명권 서북단 다리강가 몽골스텝이 고향인 숍드 여교수님(한국 외국어대학교 몽골어과 교수 역임)은 제주대 교문에 몸을 기대고 서서 망망대해를 바라보면서 "다리강가 몽골스텝의 초평선(草平線)이나 탐라도 바다의 수평선이 모두 하늘과 맞닿았다"고 혼잣말로 읊조렸지요.

우리의 역사에 대한 건망증이나 오해가 어찌 이리도 자심한지요?

불과 600~700년 전에 탐라도에 대원(大元)제국 마지막 황제 토곤테무르칸(惠宗 : 順帝)이 궁궐을 세우고 그가 해중 탐라도 궁정 옥좌에 앉아 몽골 전군을 지휘해 권토중래 하려고 했었다는 사실을, 지금 우리는 아주 까마득하게 잊거나 너무 엉뚱하게 오해하고 있습니다.

피난궁궐이라고요?

그런데 대도 중앙정부에서 "원세(元世)"라고 이름까지 『고려사』에 명기된 세계 최고급 도목수[梓人(자인)]가 휘하를 거느리고 파견돼 와서 대원제국 해중수도 탐라도(都)의 궁궐 주춧돌을 놓았던 사실이, 최근 고고학자들의 조사로 이젠 제대로 확인되고 있지요. 행여 관행상 대원제국 태조 쿠빌라이 대칸과 토곤테무르칸(元 惠宗)의 석인상 돌하르방이 먼저 좌정되면서 공사를 시작했을 수도 있겠습니다.

무한개방, 무한경쟁, 최후 1인 승자의 세계제국 창업! 스텝제국과 바다제국 은 그래서 서로 닮게 마련이지요. 모두 화산지대며 태평양 바닷바람이 거세차 고 말 꼴밭이 풍요로워 몽골 중앙의 다리강가 몽골스텝 목마장과 탐라도 목마장은 서로 닮기도 했답니다. 아직 "말과 활"에서 "함선과 함포"로 주도무력 이 적응적 진화를 꿈꾸던 시대이기는 했지요.

하지만 1200년대 후반에 이미 쿠빌라이 대칸은 이런 역사적인 흐름을 감지하 고, 운하로 황해와 접맥되며 스텝과 중원이 맞물리는 오늘날의 베이징(燕京)에 유목제국 전통방식대로 대도(大都)를 축성하고는 이어서 해중수도 탐라도(耽羅 都)를 구상했던 것 같습니다. 좌우로 일본과 남송을 포용하고 태평양을 제어해 내가기 위해서였겠지요.

탐라국이라는 국명은 본래 동남해권역 태생이라 할 신라로부터 받았어요. 그런데, 서남해 권역 출신이라 할 고려조에 들어 1211년에 그 번국(藩國) "탐라 국" 명칭이 삭제돼 고려국 제주군(濟州郡)으로 편입됐지만, 원대에 들어서는 이를 다시 탐라국으로 복원(1275~1294)해 독립시켜 이에 몽골 직할의 탐라총관 부(耽羅總管府)를 설치했습니다.

25사 「외이열전(外夷列傳)」 중 유일하게 『원사(元史)』에서만 고려-"탐라"-일본 으로, 탐라국(耽羅國)을 고려국에서 떼어내 그 다음인 일본국 윗자리에 제2의 독립국으로 적고 있습니다. 이는 몽골 중앙정부가 "고려"의 송도(松都 : 개경)나 강도(江都 : 강화도)가 아니라 "탐라국"의 탐라도 경영에 주로 초점을 맞추고 있었음을 말해줍니다.

1277년에 탐라국에 원의 목마장을 두고 1300년 쿠빌라이 대칸 정후인 당시의 차부이(Čabui) 황태후의 목마장을 만들었는가 하면, 마침내 1360년에 들어서는 황태자의 어머니로 대원제국의 실권을 거머쥔 빼어난 고려여걸 기(奇)황후의 목마장도 설치합니다.

탐라도의 원당사(元堂寺, 일명 佛塔寺 : 삼양1동 소재) 기자탑(祈子塔)에서 치성을 드려 기황후가 황태자(뒷날 北元 昭宗 宣光帝)를 낳고 몽골제국 원조의 실권을 틀어쥐었다는 전설도 있지요. 그런 황태후의 해중 목마장입니다.

당시의 탐라국 목마장은 물론 요즘의 경마용 말 목장 차원이 결코 아닙니다. 그 시대의 최첨단 유목무력인 "기마사술(騎馬射術)"을 창출해내는 가공할 군사산업기지이지요. 아울러 원말에는 탐라도가 원조정 재정의 30~40%를 점할 만큼, 막대한 무역이권이 달린 태평양 해상패권 장악의 해중 핵심보루가 되기도 합니다.

1368년경 피난궁궐을 지으며 해중 탐라도를 설계했다지만, 말이 대도에서의 도피이지 몽골중앙의 유목몽골군 지도부에게는 그것이 몽골스텝이든 태평양 탐라 섬이든 어디까지나 하나의 전술 전략적인 작전행위에 지나지 않았지요. 몽골군 전투력의 쇠진이 아니라 특정 농민봉기군의 일시적인 강남의 군량 수송로 차단이 치명적인 패인이었음을 직시했기 때문입니다.

뒤이은 1405년경 차카타이칸국에서 기원(起源)해 팍스 몽골리카의 서반부를 제패한 티무르의 폭풍노도와 같은 일대의 반격이나, 명나라 수도가 사실상 함락되고 영종황제가 사로잡히는 유명한 몽골군의 1449년 8월 31일 "토목보 대첩(土木堡 大捷)"이 이를 증명해줍니다.

당시 쿠빌라이 대칸이 스텝세계제국의 연장선상에서 바다세계제국을 내다 보며 대도(大都 : Khanbalig)-탐라도(耽羅都) 구도를 상정했던 사실은, 당연히 다음 시대를 주도하는 서구권에 압도적인 영향을 끼쳤을 수 있지요. 세계인의 이목이 온통 칸발릭(燕京)과 그 자장의 바다에로의 전개에 쏠려있던 팍스 몽골리카 역사권이었기 때문입니다.

지금은 피크 해양제국 시대! 스텝과 해양이라는 계기(繼起)하는 역사상의 세계제국 2대 거대파고를 DMZ 최일선 경역에서 정면으로 치열하게 맞받아내며 각각 시대의 주류문화와 접목돼, 기나긴 고난의 역정 속에서 의연히 불세출의 세계성을 확보해 내온 우리의 한류문화이지요.

이제 정보화시대에 들면서 마침내 지구마을 차원에서, 일거에 이 한류를 확대 재생산하고 있는 오늘의 우리입니다.

팍스 코리아나 미래비전 수도 세계정부 탐라도(都)로 승화해 21세기 태평양시대의 문제를 한 몸에 안고 우리 모두가 더불어 상생 부활하려고 모질게도 새삼 용트림치고 있는 지금은, 그래서 진정 우리의 계절인지도 모릅니다.

후진 소수 북방 유목몽골로이드의 꿈누리 태반에, 폭풍노도의 호된 막바지 진통을 겪으면서 다시 한 번 철든 알찬 씨알들이 남몰래 슬기롭게 영글어가고 있을 수가 있겠지요.

돌하르방—석궁왕(石弓王), 쿠빌라이 대칸의 탐라도(都) 환생석
[2013.4.29~6.10]

홍산문명권 서북단 다리강가 스텝 목마장 고추 훈촐로-하르방. 1991년 8월

몽골스텝의 중심 목마장에 돌하르방이 제대로 무리지어 자리 잡고 있는 유적을 간직한 곳이 다싱안링 서남부 다리강가 몽골스텝입니다. 1990년대 중반에 한·몽공동학술조사단(손보기 단장)이 4년간 고올리돌각담 무덤을 발굴한 홍산문화권의 서북단이기도 하지요.

예니세이(또는 줄렉) 강변에서 바이칼 호반 동남부로 다싱안링을 따라 투르크인들과 대비되는 전형적인 몽골인 모습을 한 석인상들이 맥을 잇고 있답니다. 선족(鮮族 : Soyon겨레)의 순록유목로를 따라 배열된 느낌이 들고요.

아주 재미있게도 그 주맥은 멀리 해중 탐라都(도)에 와 닿고 있지요. 석궁인(石弓人)들의 풍모뿐만이 아니라 언어, 풍습 등이 모두 그렇게 증언하고 있네요. 역시 당시의 핵심 군사산업기지라 할 "목마장 수호신장"(牧馬場 守護神將) 역이 그 본령이라 할 것입니다.

Харвах(=Harbax)는 "활을 쏘다"라는 몽골어 동사의 원형이고 관행대로 Vang 은 "王"의 몽골어 음사(音寫)로 Harbax+vang=하르바王 곧 "하르방(弓王)"이라 풀어보고 있지요.

그래서 1950년대 후반 북한 유학생 출신인 베. 수미야바타르 교수가 Tumen (東明)성왕 석인상으로 비정하고 있는 다싱안링 북부 훌룬부이르 몽골스텝 부이르 호반의 Goolikhan("高麗"王="弓"王) 석인상(Huncholoo)과 돌하르방을 연계시켜, "석궁왕(石弓王)"이라고 해석하고 있습니다.

다리강가 목마장의 여러 화산석[玄武岩 11기] 석상들이 도열한 가운데 5기의 돌하르방이 두드러진, 특이한 석질[粗面岩 3기. 花崗岩 2기 : 현지에는 없는 석재]로 잘 다듬어져 왕자의 위용을 보이며 좌정하고 있는 것을 보면, 역시 탐라도의 돌하르방도 그런 석궁왕을 꼬집어 지칭하는 것으로 보입니다. 함께 자리 잡고 있는 비교적 작고 거친 화산석 뭇석궁인(石弓人)은 그 들러리일 뿐이라는 지적이지요.

몇 해 전에 타계한 오랜 몽골인 답사동료 석인상 전공자 도. 바예르 교수는 1990년 몽한수교 직후에 탐라도 돌하르방을 현지에 와서 답사하고는 즉석에서 "훈촐로(人石)가 손에 받쳐들고 있는 잔이 몽골 훈촐로의 경우에는 있고 탐라도 의 그것에는 없다."고 해서, 이에 이의를 제기하기도 했습니다.

그런데 실은 각각 오랜 생태사적 환경변화에 따라 생겨난 변형이 있을 뿐이고, 동부몽골스텝의 몽골계 훈촐로와 탐라都의 돌하르방이 같은 조형(祖形)-본꼴을 형성, 적응적 진화의 역사과정 속에서 서로 공유했을 수 있다고 봅니다.

다리강가 목마장 석궁인의 경우에는 몽골세계제국 이후의 것은 없다고 보고되고 있지요. 진실로 당시 그의 즉흥적인 견해는 그 전승·발전과정에서 하늘과 땅이 뒤바뀌었다고 할 만큼 파란만장한 그 후 근 700년 탐라섬 역사

풍상 속의 구체적인 특정 생태 적응적 진화과정이 간단히 소외된, 그러니까 초역사적인 직감의 소산일 따름이라는 것이지요.

그간 팍스 몽골리카 해중 황도(皇都) 탐라도는 급전직하로 굴러 떨어져 원·명(元明)혁명~려·선(麗鮮)쿠데타에 이은 너무나도 오랜 적막 속의 유배지로 깊디깊은 상흔을 안아오고 있었지요.

탐라섬에 표류해 당시의 조선에 살아본 하멜의 보고서라 할 『하멜표류기』 (1653.8.16~1666.9.14)가 증언하듯이, '은둔의 나라' 버려진 외딴 섬 소외의 늪 속에서 쿠빌라이 대칸의 피를 이어받은 황족의 고귀한 몸으로 어이없이 버림받고 짓밟힌 기나긴 세월들이 그들의 골수에 한으로 사무쳐 왔었습니다.

1273년 5월에 160척의 전선을 타고 탐라섬에 온 10,000명의 몽골-고려 연합군에게 탐라섬 원주민들이 품어 들인 최후의 항몽주체세력인 삼별초가 섬멸된 터전 위에, 탐라섬은 이내 몽골·고려·남송연합군의 일본정벌기지화해 몽골의 직할령이 됐지요. 그리하여 당시로서는 최첨단무기를 생산하는 해중 목마장화했던 겁니다.

이처럼 군수산업기지화하면서 쿠빌라이 대칸 정부 직영 목마장은 물론 그의 정후(正后) 차비(察必 : Čabi)카툰의 목마장에 이어, 원말 제국의 실권자가 된 기황후(奇Öljeitug)의 목마장이 경영되기도 했습니다. 당연히 목마장의 수호신장(守護神將) 돌하르방은, 이로부터 탐라역사 상 그 효용성이 상존하는 한은, 주로 목마장과 더불어 함께 호흡해왔겠지요.

그리하여 1368년 원이 망한 후에도 탐라섬 목호(牧胡) 항명사건이 줄을 이었으며, 1374년 7월 최영이 토벌군 25,605명과 병선 314척을 동원하여 이들을 진압하고 탐라섬의 주권을 되찾았을 때에 무려 몽골목호 3,000기(騎)가 있었다고 할 정도였지요. 1만여 명 남짓했을 것으로 추정되는 당시의 탐라섬 전체의 인구 중에서 점하는 비중으로 보면 매우 큰 것이었지요.

이처럼 대량의 직속 목호들이 근100년 간 둥지를 틀고 지켜낸 몽골제국 해중 군사기지인 탐라섬이었습니다. 그 후에도 상부에서 공마(供馬)의 요구가 지속되는 한 목마장은 계속 살아남아 왔겠지요. 이런 오랜 과정에서 정세의 변동에 따라 목마장 수호신장 돌하르방도, 그렇게 세워지고 파괴되기도 하고,

필요에 따라 격하돼 허수아비로 다시 신축되는 경우도 있었으리라 짐작됩니다.

그 후로도 크나큰 파고가 또 있었습니다. 200여 년 내연(內燃)기간이 지난 후의 1592년 임진왜란은 잠시 젖혀두고라도, 이에 다시 최근의 1941년 태평양전쟁(1941~1945)과 6·25사변(1950~1953)이 골수에 사무치게 증언하는 스텝세계제국의 해양세계제국화 과정이 탐라도를 해일처럼 휩쓸고 지나간 참담한 상흔을 덧씌웠습니다.

그래서 지금 근 700년 만에 탐라섬을 처음 찾아온 바예르 교수님에게서, 이런 그간의 온갖 역사중력이 거세된 역사적 무중력상태가 빚은 석궁왕-돌하르방을 읽는 단견이 나올 수 있었다는 겁니다. 1980년대는 한국 복서와 권투경기를 벌이기도 한 권투선수이기도 했던 그이였지요.

미션스쿨에서 오래 공부한 탓인지 영안(靈眼)이란 말은 들어왔지만, 사안(史眼)이라는 용어는 역사학 공부에 반세기여를 몸담아오면서도 은사 홍이섭 교수님께 입문시에 처음 들어 좀 낯선 채로 지금껏 간직해오고 있을 따름입니다.

진실로 사안으로 보면, 1358년에 홍건적이 석상(石弓王)들의 목을 쳐버리기 근 100년 전인 1260년 쿠빌라이 대칸의 용흥지지(龍興之地) 상도(上都)궁궐터 대칸의 석상을 벤치마킹했을 것으로 보이는 해중 탐라都 황궁 터 소재 원순제(順帝 : Togontemur khan)의 추정 석궁왕이 있었다고 하겠지요. 물론 그 원조(元祖)는 당연히 법화사지에 좌정했던 것으로 추정되는 탐라도를 처음 제패하고 팍스 몽골리카를 마침내 완수한 대원 태조라 할 쿠빌라이 대칸의 석궁왕이었겠습니다.

이 석궁왕은 이런 파란만장한 근 700년의 역사적 파고(波高)들을 넘나드는 기막힌 현지 적응적 진화과정을 거쳐 오늘날의 블랙 유머의 달인인, 달관한 평강의 해중 탐라섬 "익살스런 돌하르방"으로 다시 태어난 셈이라 하겠습니다.

그러고 보니 어설픈 착안과 어눌한 말솜씨로, 이렇게 이야기 줄거리를 어렵사리 복원해 이런 쿠빌라이 대칸 탐라都(도) 환생석담(還生石談) 실마리만 제 나름대로 풀어내보는데도, 자그마치 사반세기가 소요된 셈이네요. 북원(北元) 이래 근 200년간 난맥상을 이루어오던 칭기스칸 황통혈맥을 부활시켜낸 알탄칸이 1577년에 쿠빌라이 대칸 화신(化身)을 자임하는 역사적인 거대 연출을 단호하게 감행한 데에서, 이 글의 제목을 암시받긴 했습니다.

실은 근 700년을 버려진 몽골세계제국 해중 탐라都(도) 황궁 옛터를, 홀로 직접 또는 간접적으로 정처 없이 헤매온 학승(學僧)살이 한 일생의 설익은 열매 하나가 이 이야깃거리라고 공감해 주신다면 참 고맙겠습니다.

1273년 삼별초 섬멸전 직후에 몽골군의 해상군사산업 전진기지로 되고 1374년 최영의 탐라섬 목호토벌로 그 기지의 뿌리가 뽑히는 과정에서, 몇 가지 중요한 일이 벌어집니다.

탐라섬 국영 말목장 설립에 이은 쿠빌라이 대칸 정후와 원말 실권자 기황후의 말목장이 잇달아 자리 잡게 됐고, 그 후 쿠빌라이 대칸 당시인 1279년에 중창(重創)된 서귀포시 하원동 소재 부지 규모가 2만평에 달하는 법화사(法華寺)의 사지(寺址) 발굴장에서는 1983년에 황궁터(皇宮址)를 상징하는 용봉문(龍鳳紋) 막새기와가 출토됐습니다. 이는 쿠빌라이 대칸의 탐라도(耽羅都) 해중(海中) 황궁 구상(構想) 가능성을 좀 더 확실히 보여주는 것으로 짐작되지요.

원말 1360년대에 들어서는 말기의 위기상황 하에서이기는 하지만 대도(大都) 원(元)나라 정부의 탐라천도(耽羅遷都) 시도마저도 있어 마침내 구체적으로 탐라도 황궁의 주춧돌을 놓았고, 그래서 이 몽골세계제국 중앙 해중 탐라 황궁터에는 원 순제의 석궁왕인 돌하르방이 상도(上都)고궁의 그것을 조형(祖形)으로 삼아 세워졌을 수 있다는 겁니다.

그러나 그런 순제의 돌하르방-석궁왕이 궁터에 세워졌다손 치더라도 그 돌 유물이 아직 한 조각도 나오지 않는다고 하여, 그럴 가능성을 아주 부정할 수도 있습니다. 그런데 지금부터 2037년 전의 부이르 호반 고올리칸(高朱蒙)석상이 그간 천신(薦新)을 거듭해 전승돼 왔음이 틀림없음에도 불구하고 아직 부근에서 구석상의 파편유물조차 한조각도 발굴되지 않고 있다면, 현지 원주민들의 구석상 잔해 처리 관행에 관해 충분히 주목해볼 필요가 있겠지요.

인근에 있는 홍류(紅柳)오보오의 경우에는 천신후 옛것은 모두 소각해버리고 있기 때문입니다.

탐라도 돌하르방문화가 질이나 양 및 규모면에서 그 나름의 독특한 개성을 지니는, 한국은 물론 지금까지 보고된 세계의 석인상 문화사 상에서도 가장 빼어난 측면이 있다고 합니다. 그런데 그렇다면, 그런 우수한 문화를 창조할 수 있는 탐라도사 나름의 역사배경이 반드시 전제돼야 하겠지요.

다시 말하면 한국의 육지를 압도하고 세계인류가 우러러볼 만한 그 문화의 창조주체 또는 창조결과의 수요자가 그에 상응하는 사회-정치적 지위를 가지면서, 어느 시대의 탐라도사를 주도했어야 한다는 겁니다.

탐라도사 상에서 그런 시대가 언제일까요? 13~14세기 몽골-고려사, 좀 더 구체적으로는 몽골-탐라도사(耽羅都史)가 전개되던 때를 빼고는 다시 더 있었던 적이 없었습니다. 우리가 반드시 고려해야 할 것은 이러한 돌하르방 탄생의 역사적 태반문제지요.

한편 그 후 사정이 여의치 않아 순제는 몽골스텝으로 철수하다가 이질에 걸려 타계하고, 뒤를 이은 기(奇)황후의 아들인 선광제(北元 宣光帝)는 최선을 다해 권토중래를 적극적으로 도모하다가 수명이 다해서 천원제(북원 天元帝)에게 전위합니다.

그런데 문제는 이 천원제 부자가 명나라 추적군에게 쫓기다가 1388년 10월에 오늘날의 울란바토르 지역 톨하반(河畔)에서 오랜 정적 가문인 같은 황족신하에게 시해돼, 이즈음에 대원제국 태조라 할 쿠빌라이 대칸을 잇는 정통 황족의 혈맥이 그만 끊기게 된다는 겁니다.

한편 명 태조 주원장은 선광제의 황족신하로 순국한 대원제국 몽골태조 쿠빌라이 대칸 5대손인 운남(雲南) 양왕(梁王)의 아들 보보(Bobo : 拍拍) 왕자를 포로로 잡아 1382년에 탐라도로 보내고, 1388년 5월 이성계의 위화도 철군 이후 6월부터는 아예 본격적으로 이성계와 함께 발 벗고 나서 포로된 보보 왕자 모시기를 적극 지휘하기에 이르게 되지요. 그리고 공교롭게도 바로 이해 10월에 천원제 부자가 시해돼, 이를 전후하여 대원제국 몽골 정통황족 혈맥이 단절되기에 이릅니다.

농경지대 출신인 명군이나 고려군이 유목지대 몽골스텝에서 작전을 긴밀하게 수행키는 매우 어렵게 마련이지요. 당시에는 몽골 칸이나 기황후의 종자에 관행상 몽골인이나 고려인들이 동행했는데 경우에 따라서는 이들 중에 내간이

끼어들어 있어, 이런 시해사건을 성공적으로 수행케 작용했을지도 모릅니다. 시해된 바로 다음해인 1289년부터, 1282년 포로로 잡혀온 일개 운남의 제왕(諸王) 양왕(梁王)의 아들 보보가 일약 몽골제국 탐라도 황궁의 허수아비 "보보 황태자"로 승계되기 때문에 더욱 그리 뵌다는 거지요.

이처럼 천원제 부자 톨하반 시해사건으로 기황후 소생 몽골 정통황족 혈맥이 끊긴 것을 계기로 삼아 주원장과 이성계가 합작해, 쿠빌라이 대칸의 방계혈손으로 선광제 신하의 아들인 보보 왕자를 탐라都 황궁에 형식을 차려 몽골황태자로 정식으로 모시게 신속히 조처한 것입니다. 원조를 계승하는 정통왕조로서의 명조의 위상을 확보해가는 수순이었겠지요.

물론 황제로는 절대로 안 되고, 어디까지나 천명에 순종해 명조에 귀순한 원 순제(順帝 : 토곤테무르칸, 惠宗)의 황태자격으로만 화려하게 격상시켰습니다. 당시에 탐라도 황궁 원 순제의 석궁왕-돌하르방에서는 옥좌와 제주(祭主)를 상징하는 모든 장엄구(莊嚴具)들이 제거되고, 황태자 격으로 크게 격하돼 다시 만들어졌을 수 있었겠지요.

어디 그 뿐인가요? 같은 명나라 초기 작품으로 추정되는 유일본 몽골인 칭기스칸과 그 손자 쿠빌라이 대칸 초상화 또한, 명태조의 일개 제후왕들로 격하돼 그려낸 것이지요. 몽골세계제국 창업주 몽골족 태조 칭기스칸 및 대원제국 몽골태조 쿠빌라이 대칸 중흥조 세조의 초상이 아니라, 명나라 한인 궁정화가가 그린 한족(漢族) 제후왕(諸侯王) 조-손(祖·孫)으로 한인(漢人)인 양 성형(成形)해 각각 꾸며 그려내『중국역대제후상』에 수록한 한인신하 칭기스칸과 쿠빌라이 대칸 초상화랍니다.

유목몽골 세계제국 태조와 세조로 원·명역성혁명 과정에서 한 순간에 곤두박질해, 탐라도 원제국 황궁의 허수아비 보보 황태자와 동격이 돼서 참담하게도 명태조 주천자(朱天子) 휘하의 환부역조(換父易祖)한 한인(漢人) 제후왕 신세가 된 꼴이지요. 지금은 이렇게 명태조 한족 제후왕으로 성형수술 받은 칭기스칸과 쿠빌라이 대칸 몽골족 조·손(祖孫) 초상화들만, 타이완 국립고궁박물관에 인류사상의 가장 고귀한 유일본 문화유산으로 거룩하게 소장돼 있습니다. 세계인류가 그간 거의 다 당시의 한인궁정화가(漢人宮庭畵家)에게 칠백여 년을 칭기스칸-쿠빌라이 대칸 몽골겨레 진영(眞影)이라고 감쪽같이 속아온, 몽골세계제국 태조와 세조의 허상이 말입니다.

대명천지(大明天地) 밝은 날에 이런 천하의 무뢰한 같은 한인사가가 횡행해 온, 황토색으로 온통 도색된 사가의 나라가 명나라였는지도 모릅니다. 이른바 사회주의 대혁명 이후에는 이처럼 치명적인 환부가 좀 개선됐나요? 아니면 역사의 대세를 탄다면서 일로 개악 중인가요?

실전에서는 늘 거의 모두 정복당하면서도 역사전쟁에서는 이를 되치기하며 세탁해 써서 이른바 「중국」을 "영생하는 상승(常勝) 역사제국"으로 계속 신화화(神話化)해 둔갑시켜내곤 하는 한인사가들은, 진정 인류사상 미증유의 사학계 마술사들인가 봅니다. 하지만 사마천의 춘추필법 사필정신(史筆精神) 본질이 원래 그랬다면야 어쩌랴!

서기 70년 참담한 민족전멸사 잔해인 무너진 성벽유적 '통곡의 벽'(Wailing Wall)을 "있는 그대로" 부여안은 채 피눈물을 쏟고 흐느껴 울며 허구한 세월에 디아스포라로 겨레사 목숨줄을 지켜 내린 이스라엘인들의 민족사 인식과 한족(漢族)사가들의 그것은, 어쩌면 이리도 몸서리쳐지게 대조적일까요? 그 생태사 배경들이 서로 어떻게 달라왔던 때문일까요?

그 후 물론 1405년 차카타이칸국 기원 티무르제국 티무르칸의 가공할 반격과 명조 영종이 포로로 잡혀가는 1449년 토목보 대첩을 겪으면서 명나라가 스텝의 몽골군 역량을 더 이상 제어할 엄두를 못 내는 단계에 이르면, 탐라도 황궁의 허수아비 몽골황태자 돌하르방의 효용성도 점차로 사라져 그 돌하르방을 세워 섬기는 일도 저절로 흐지부지되기는 했겠지요. 하지만, 그 후로도 탐라의 군마공급이 필요로 되는 한에서는 목마장은 유지되고 돌하르방도 관행상 어떤 형태로든 상존했으리라고 봅니다.

팍스 몽골리카 하의 생존사라는, 탐라국사 상의 세계사적인 충격이 남긴 거대한 족적은, 민초들에게 계속 점점 더 서민화해 숙성(熟成)된 다정한 석궁왕 모습으로 정들어오며 지금도 여전히 신앙유산 탐라도 돌하르방으로 섬겨져오고 있지요.

1894년 갑오경장 이전까지는, 운남(雲南)을 본관으로 하는 몽골성씨가 탐라

현지에 상존하고 있다는 사료가 발굴됐었다네요. 이런 점으로 미루어보면, 칭기스칸 몽골제국의 2/3를 마침내 모두 완결지운 그의 손자 쿠빌라이 대칸의 방계 양왕 후손 허수아비 보보 황태자의 유전체가 지금도 탐라섬 현지에, 운남 양씨가 짐짓 겉으로는 형편상 제주 양씨(梁氏)로 본관을 바꿔 써오면서라도, 아직 살아 숨 쉬고 있음에는 틀림이 없을 것입니다.

그러나 그보다도 핵심문제는, 시해된 기황후 중생, 정통 천원제 부자의 원혼을 불러 해원해서 쿠빌라이 대칸의 탐라도 환생석 돌하르방 품에 안겨 이제라도 황족 정통혈맥으로 제대로 숨 쉬게 섬겨 모시는 일이 아닐까요? 고올리(高句麗) 피가 재수혈된 황제 후예 혈통을 타고 탐라도 황궁 쿠빌라이 대칸으로 환생한 정통 석궁왕 돌하르방으로 말입니다.

지금까지의 돌하르방 관찰자들 중에 가장 **빼어난** 통찰력을 보인 이는, 뜻밖에도 1925년 당시에 현지답사를 한 후지시마 가이지로(藤島亥治郎) 교수인 것 같습니다.

> "제주의 성문밖 좌우에는 석인상이 대좌 위에 서 있었다. 높이는 2m. 머리 길이는 몸길이의 삼분의 일 정도. 넓은 편모(編帽)와 같은 갓을 쓰고 이어진 눈썹 아래 둥그런 눈과 커다란 주먹코가 툭 튀어나왔으며 입은 알자(一字)로 다물었다. 무엇이라고 할 수 없는 익살스러운 얼굴이다. 그 밑으로 유방만 겨우 튀어난 몸뚱이가 있을 뿐. 모난 어깨로부터 수직으로 내려진 손끝은 갑자기 꼬부라져 큰 손바닥의 오른쪽은 젖가슴 부근에 있고 왼쪽은 배 부분을 누르고 있다. … 본디 이것들은 조선시대의 작품으로 새로운 것이지만 그 내면에는 무엇인가 조형(祖形)을 전하는 것이 있다."(답사보고서 『제주도여행기』).

놀라운 통찰력입니다. 그는 조선시대의 새로운 창작물인 이들 석상에서 사안(史眼)을 예리하게 번뜩이며 석궁왕-돌하르방의 탄생·적응적 진화·융합과정을 꿰뚫어보고, 탐라도를 그 자장권의 중핵으로 하는 석궁왕 돌하르방의 본꼴을 기어이 찾아내려 하고 있었지요. 중심 돌하르방을 짚어내어 서술하고 있어서, 동몽골 대스텝 석궁왕 군집지대를 직·간접적으로 탐사한 듯한 느낌마저 들게 합니다.

실은 1998년 5월 춘천 강원대에서 열린 한국몽골학회에 당시 조갑제 월간조선 편집장님이 동참해 에르데니 바타르 석사(내몽골대 몽골사 교수, 현재 인디아나대 객원교수)의 관계 발표를 듣고 간 뒤에 허용범 기자님(당시)이 조사·보고해 집필한, 「칭기스칸~쿠빌라이 대칸의 혈맥이 아직도 탐라 섬에 살아 뛰고 있다」는 탐라국사 관계 내용의 놀라운 노작(10월호, 총 34쪽)을 접하면서 이 글의 실마리가 처음 잡혔지요. 당시에 버스역이며 전철역의 광고판을 온통 도배질할 정도로 대대적인 홍보가 이루어졌었습니다.

그 후 15년만에, 2037년 전 다싱안링 북부 훌룬부이르 몽골스텝 부이르 호반 코올리칸 훈촐로(石弓王)에서 비롯된, 활의 후예(弓裔) 쿠빌라이 대칸 탐라도 환생석 돌하르방 이야기가 마침내 출시된 셈이지요. 다싱안링 남부 홍산문명권에서는 7~8천 년 전 중·신석기시대 석인상이 출토되는, 세계에서 가장 축복받은 돌문화유산의 성지 다싱안링지대이었기에 가능한 기적이라 하겠습니다.

팍스 몽골리카 하 탐라국, 그로부터 700여 년이 지나, 마침내 해양제국시대를 맞아 탐라섬이 다시 "태평양시대"의 한 중심무대로 부상하고 있는 오늘날이지요. 바다가 없는 내륙국가 몽골이 7백여 년 전 쿠빌라이 대칸의 구상대로 화산지대 탐라섬에 해상 전초기지를 갖고, 육지가 적은 탐라섬이 동몽골 대스텝 화산지대 다싱안링 일대에 항공제국시대 팍스 코리아나의 거대한 인공위성기지를 두어, 함께 지구마을시대의 새 역사를 역동적으로 펼쳐 갈 수만 있다면 환상적인 명콤비가 될 수도 있을 것이란 꿈을 꾸어봅니다.

돌이켜보면 계기(繼起)하는 스텝과 바다 세계제국을 사안(史眼)으로 아우르는 원대한 또 다른 차원의 세계제국을 날카롭게 꿰뚫어 내다보며 탐라천도 피난궁궐 정초(定礎) 100여 년 전에 대도(大都 : 現 北京)에 좌정하기가 무섭게 태평양시대 탐라都(도) 황궁을 스텝~바다 통합 제3의 (항공?)세계제국 중앙으로 구상했던 것으로 보이는, 아주 빼어난 몽골대칸이 1200년대 후반에 이미 있었음을 알게 됩니다.

칭기스칸의 출중한 손자로 팍스 몽골리카의 궁극적 완성자인 대원제국 몽골태조 쿠빌라이 대칸 바로 그인데, 그이야말로 인류사상 세계제국 '칸 중의 칸'인 참으로 위대한 대칸이라 해야 하겠지요. 실로 요즈음 뉴스에 한반도 와 일본열도를 둘러싼 몇몇 섬들과, 특히 강정마을과 이어도가 뜰 적마다 불가피하게 이젠 태평양시대의 한중심권에 든 우리임을 새삼 절실하게 자각케 되는군요.

근래에 작고한 몽골인 사학자 홍산문명권 통료시(通遼市) 몽골귀족가문 출신 하칸추르(哈勘楚倫) 교수가 1990년 여름 제주도에 첫 답사를 마치고 나서, 탐라도 전체가 그대로 몽골칸국시기 유무형 몽골 최상층[皇宮?] 문화유산이 밀집된 일대의 보고 자체라며 몹시 감격해 했습니다. 그이는 당시에 탐라섬 현지에서 '고려와 몽골이 함께 몽골 세계칸국을 완성(完成)했다'고 감히 공개 선언했습니다. 이처럼, 태평양시대의 한 중심에서 우리가 제대로 우리 운명의 키를 잘 잡아내기만 한다면, 탐라都(도)와 몽골스텝이 중심이 되어 함께 디지털 노마드의 계절 21세기 팍스 코리아나 시대의 몽골과 한국을 우주마을로 나아가 는 전향적인 활겨레(Qalqa obog, 弓族) 한 블록으로 다시 묶어세울 수 있으리라 는 예감이 듭니다.

진실로 창업은 칭기스칸이 했지만 유목몽골 세계제국 구축을 마침내 크게 완수한 것은, 그의 손자 쿠빌라이 대칸이지요. 그런데 탐라都(도) 원당사(元堂寺) 기자탑(祈子塔)에 치성드려 항공제국시대 고올리칸(弓王) 태평양 해룡(海龍)의 비천태몽(飛天胎夢)을 다시 꾸어내 새삼 대칸 황통을 제자리에 역사적으로 중생·부활하게 제철에 환생굿판을 주선할 여사제는, 누가 뭐래도 주제국(周帝 國) 측천무후(則天武后)를 능가하는 불세출의 여걸 몽골세계제국 기황후(奇皇后) 의 원혼이라 하겠지요.

사후(死後) 600여 년 간 북원(北元) 천원제(天元帝 : 토고스테무르칸) 부자(칸 과 아들 텐바오류) 황통혈맥들의 골수에 맺혀온 한과 절절한 원망(願望)을 속으로 품어 안고 너무도 오래 삭여온 기(奇)태후여서이지요. 진정 탐라都(도) 의 "태평양시대"를 앞둔 쿠빌라이 대칸 제9대 정통후예의 발군한 손자며느리,

고려태생 기(奇)Öljei Qutug 카툰(皇后)이라서라 하겠습니다. 손자(買的里八剌 : 아유시리다르칸의 아들)는 명군에게 포로로 잡혀가고 손녀(아유시리다르칸의 딸)는 천원제 부자를 암살하고 탈권한 쿠빌라이 대칸의 오랜 숙적 아릭부케 계 예수데르칸에게 시집보낸 비운의 황태후이었던 터였습니다.

　그 몽골황통 가문이 그간 오랜 세월 기(奇)황후가를 외가로 대를 이어 가슴에 묻어온 파. 쇼보 교수님(波. 少布 : 헤이룽장 성 사회과학원)을 비롯한 몽골 정통 황가 후예들의 쿠빌라이 대칸 환생석 석궁왕 탐라都(도) 돌하르방의 지금 출현 대망을, 뜨겁게 석궁왕 한품 안에 품어 안을 보드마마(Burqan=柳花 聖母) '기황후' 여사제의 환생으로 이에 태평양은 이내 화답하겠지요.

키르기스스탄과 몽골
−전통문화예술 합동공연 [2013.6.17]

　지난해 9월 5(화)일에는 서울 송파구민회관에서 열린 키르기스스탄·몽골 가수들의 합동공연장에 동참했습니다. '찾아가서 함께 하는 세계문화공연'의 일환으로 문화촌뉴스 조윤호 기자의 기별을 받고서 처음으로 함께 해 본 자리였지요.

가수 알탄 체첵(黃金花)

　알타이산맥을 경계로 지중해와 북극해의 해풍이 만나는 키르기스스탄의 예술과 태평양과 북극해의 그것이 만나는 바이칼 호수권 몽골의 예술이 대비되어 매우 이채로웠습니다. 같은 유목권의 스텝을 역사배경으로 하여 우러나온 예술들이지만, 서로 대비되어 오묘한 예술성을 감지케 했지요. 몽골예술인들만 초청해 출연케 하는 종래의 의례적인 공연무대와는 아주 색다른, 어떤 예술혼의 누리를 열어 보일 가능성을 엿볼 수 있어서 너무 기뻤습니다. 개별적으로 서로 차별화되는 이들의 예술적인 개성이 한껏 뿜어져 나왔지요.

키르기스스탄의 예술 공연이 북극해의 하늘을 수놓은 은하계를 연상케 하면서 드넓고 우아하면서도 공활한 천지를 휘몰아치는 기묘한 영적인 울림으로 다가오는 데 대해, 몽골의 그것은 저마다 둥글둥글하게 뭉쳐 고원 스텝의 무한 우주 속으로 다이내믹하게 폭발해가는 그런 차원으로 펼쳐졌습니다. 언뜻 한랭고원 저습지대 순록의 유목목초 이끼(鮮의 蘚)와 스텝 유목가축 양의 양초(羊草)를 각각 닮아났다는 생각이 들기도 하더군요.

앞의 경우는 주로 조선과 같은 저습지대 예(濊 : 숫水獺)로 상징되고 뒤의 경우는 고구려와 같은 고원 건조지대 맥(貊 : 山獺)으로 대표된다고 봅니다. 그들은 엎치락뒤치락하는 오랜 쟁패과정에서 그들 나름으로 각각 살아남아왔지요.

그 대표적인 경우가 몽골 원(元 : 貊)과 만주 청(淸 : 濊)의 결전이라고 하겠습니다. 그리고 맥(貊 : 元)과 예(濊 : 淸) 제국 유산을 모두 나름대로 청산·계승하면서 태평양 해양제국시대에 가장 성공적으로 생존해내고 있는 경우가 고려와 조선을 제 나름으로 이어받은 한국이라 하겠지요. 지금 이는 해양제국시대가 성숙해지면서 그 시원유목태반에서 비롯된 또다른 팍스 코리아나의 날개짓을 막 시작하고 있는 것 같습니다.

해양제국시대에 비상하는 또 하나의, 상생적이어서 더욱 상승적인 새 생명력을 체휼케 하는 느낌입니다. 진정한 맥(貊 : 山獺)과 예(濊 : 숫水獺)를 나름대로 청산·계승한 태평양 한반도를 중심으로 항공제국시대 세계화가 이루어지고 있다는 전주곡을 나는 이 키르기스스탄과 몽골 합동공연에서 시나브로 감지해 읽어내 보았답니다.

내친 김에 키르기스스탄·부리아드·사하, 사하·부리아드·몽골, 몽골·만주·한국, 사하·만주·한국, 만주·한국·일본, 한(漢)·한(韓)·일(日)의 민속예술 합동공연도 다양하게 더불어 이루어져 지구마을시대 한민족사 인식이 한반도기식(旗式) 극도의 움츠림을 떨치고 가없는 태극누리를 활짝 열어 무한개방·무한자유로 디지털 노마드-유전체학 시대에 공활한 유라시아 유목태반 우주에 한껏 숨통을 터낼 수 있었으면 참 좋겠습니다.

한류의 본줄기, 돌 문화

[2013.6.24~7.1]

돌아가신 스승님의 별명을 제자들이 입에 올리는 건 무례일 수 있습니다. 그렇지만 생전에 공주 석장리 구석기 발굴장에서 제자들과 스스럼없이 그런 말놀이를 하게 분위기를 풀어주신 분이어서, 우린 지금도 문하생들끼리 만나면 그렇게 버릇없는 말장난들을 곧잘 하곤 합니다.

언젠가는, 1960년대에 들어 사학과(연대)에 부임해왔더니 내 연구실 명패 밑에 어느 짓궂은 학생이 "관상지대가!"라는 종이쪽지를 붙여 놓았더라는 농담도 하셨어요. 이름이 "손보기"니까 손'금'보기로 함자를 풀어 쓴 위트가 돋보인다는 말씀인 셈이지요. 그 학생 불러 "무엄하다!"고 따끔하게 손보기를 하셨다는 이야기를 들어본 적은 없습니다.

지금은 유목몽골사학도로 숨 쉬고 있지만, 저자도 광복 후 당시에 이 땅에서 처음 구석기 발굴장에 든 학번 소속입니다. 늘 따분하게 돌만 보고 계셔서 약이 오른 새내기 제자들이 "돌보기"-돌(만) 보기라는 애칭 별명을 덧붙여드렸지요.

요즈음이야 토목공사 대통령 시절도 지나와서 학계분위기가 천양지판이 됐지만, 당시만 해도 문헌사학 아니면 아예 "무사(無史)-유사(有史) 이전시대"로 취급하던 아득한 옛 시절이라 바로 옆방 동료교수님들이 본래 선초(鮮初) 사회사 (문헌사학) 전공자가 아무 돌이나 주워들고 와서 "구석기"란다면서 비아냥거리기 일쑤였는데도, 아랑곳하지 않으셨지요.

상전이 벽해가 된 격변기를 그간 겪은 탓일까요? 지금은 도리어 어이없게도 고고학적 유적 유물이 뒷받침하지 않으면 "사실(史實)"일 수가 없다는 식의 어설픈 아만과 독선이 마냥 번지고 있기도 해서, 우리 유목사학계까지도 이미 무한경쟁 상태에 돌입하고 있음을 실감케 됩니다. 그때가 지금이었다면 그런 험난한 고난과 시련도 없고 도전의 스릴도 없는 편안한 연구일생을 사셨겠지요. 몸소 선택한 건 아니지만, 그렇게 동학마을에서 태어나서 미션스쿨에서 주로 공부했어도 어린 시절 신앙관행이 그냥 편하긴 합니다.[1974년

KEDI(능력개발)에서 출간한 『국민교육헌장의 민족사적 기저』「동학」관계 글은 저자가 기획해 썼다.] 그래도 채플(chapel)시간 탓인지 찬송가 364장의 "옛 야곱이 돌베개 베고 잠자고, 잠깨어 일어난 후 돌단을 쌓은 것"이라는 노랫말은 늘 입가를 맴돕니다.

1990년 북방개방 후부터 말띠라 역맛살이 껴선지 틈만 나면 소제 지프차를 타고 마냥 드넓은 몽골-시베리아 들판 치닫기를 좋아하던 터에, 고원 건조지대의 거세찬 바람과 돌 문화에 재삼 길들어오면서, 더욱 그러했던가봅니다. 게다가 '돌보기' 단장님께 끌려 다니며─내심 참으로 기쁘지 않으면 애국(나라사랑)도 못하는 못된 성미라─유목몽골사학도가 편의상 발굴단 부단장으로 발굴해온 게 몽골스텝의 고올리(高麗) 돌각담 무덤들이어서 더욱 그랬던 듯합니다.

그간 오가며, 돌무지무덤-바람-오보-서낭-고인돌-석성(石城) … 주문인양 귀가 닳도록 몽골답사 길에서 되풀이해 읊어주던 고고미술사학자 정명호 선배교수님(크리스천이신)을 문득 떠올리곤 했지요.

자료의 분포대가 달라 탑(塔)도 중국은 전(塼)탑, 한국은 석(石)탑, 일본은 목(木)탑이라던 그 노학승의 염불소리를!

창세기에 나오는 인물 야곱(기원전. 1875~1805년경)입니다. 그이들도 그즈음에 우리처럼 돌 문화 신앙권에 들어 있었고, 한랭고원 건조지대 몽골리안 루트를 통해 거기서 한반도 경주~탐라都(도)에까지 "돌 문화 루트"를 직·간접으로 아주 오랜 기간 동안 서로 가고 왔을지도 모르지요. 그리고 그런 바람 센 고원 건조지대 돌문화의 오래고도 먼먼 역사노정이 바로 한류의 주맥을 일구어낸 역사토대라면 과연 억측이기만 할까요?

건조해 하늘이 드높은 무한 개방공간 고원이니까 기동력과 타격력만 확보되면 언제고 수시로 조만간에 가고 올 수가 있는, 식량생산단계 진입 이후의 순록-기마 양유목 문화권이지요. 그래서 한류는 미상불 세계성을 지니게 마련이기도 한가 봅니다.

물론 몽골리안루트 북방 저습지대 차탕-순록치기들의 공활하고 더 유구한 시원유목문화지대에는 오보도 붉은 가지 버드나무(紅柳) 오보가 주류를 이룹니다. 그렇지만 이들도 철기시대 이후부터는 양과 말의 스텝 돌문화권에 주로 편입되게 된 터이지요.

때마침 이홍규 교수님(『한국인의 기원』 저자, 서울의대 명예교수)이, B.G. Holt et al.이 『Science 2013』, 74~78쪽에 발표한 「Genetic realms and regions of the world」란 논문을 요약해 생명체 유전자지도와 함께 보내왔네요. 한(漢)· 한(韓)·일(日)은 탑(塔)만 전(塼)·석(石)·목(木)으로 서로 다른 게 아니고 유전체도 한(漢)·일(日)과 한(韓)은 차별화된다는 생명체 유전자 지형지도입니다.

이젠 제 주된 뿌리를 더는 속일 수 없는 참 무서운 시절에 접어들고 있나봅니다. 몽골리안 루트-"돌문화의 길"을 가고 오며 이루어낸 "한류"의 세계성, 그것만이라도 제대로 확인한다면 동북아 역사전쟁 운운하며 더는 호들갑들을 떨지 않아도 무방하지 않을까요?

다싱안링 남록 홍산(紅山)유적지에서 출토된 7~8천 년 전 세계최고(最古)의 석인상들과 석성(石城)유산들, 시각에 따라 몇몇 기원(起源)설이 추정될 수야 있겠지만 청동기시대에서 철기시대 또는 순록유목에서 기마 양유목으로 주도 문화권이 넘어갈 즈음에 주로 세워진 것으로 보이는 세계고인돌의 절반 이상이 한반도에 밀집돼 있어 UNESCO세계

고올리칸(東明王) 돌무덤 추정, 훌룬부이르 몽골스텝 소재. 거북이 아이콘은 SBS TV 홍성주(洪性周) 제작자 작품. 1992년 8월

문화유산(World Cultural Heritage)목록에 등재된 놀라운 한국의 고인돌 유산. 제논에 물대기식 해석인지도 모르지만, 이 또한 차탕조선 기마 양치기 주류가 조선반도권에 진입했던 사실을 암시하고 있는 듯합니다. 특히 건조한 산악지대인 동북 시베리아 레나 강쪽 차탕 조족(朝族)의 생태를 천착해볼 필요를 절감케 됩니다.

홍산문화권 서북단 다리강가 몽골스텝의 고올리돌각담 무덤 발굴시에 단장님이 "고인돌의 북서방 한계선이 어디쯤일까?"하고 자문자답하시는 걸 보고, "비가 거의 오지 않는 고원 건조지대에서 왜 우산을 쓸 필요가 있겠느냐?"고

혼자말로 중얼대던 기억이 새롭습니다. 돌무덤도 비가 와야 우산(뚜껑돌)을 쓴다는 소견이지요.

이 밖에도 현지 구비전승과 천문학자 박창범 교수님이 직·간접적으로 지적하는 몽골기원지 다싱안링 북부 부이르(Buir) 호반에서 2037년 전부터 천신(薦新)을 거듭하며 전승돼온 것이라 할 동명성왕(Goolikhan) 훈촐로(사람돌), 압록강 유역을 위주로 만주 벌판에 분포돼 있는 만여 기에 이르는 세계최다의 피라미드형 돌무지무덤 떼와 한 개의 자연석으로 만든 세계최고(最高)의 광개토대왕비가 현존합니다.

뿐만 아니라 북방몽골리안 루트에 주로 분포돼오는 무수한 암각화, 쿠르간(Kурган), 사슴돌(Оленные камни), 헤렉수르(Херексур) 및 돌사람(Huncholoo)-돌하르방들도 있지요.

이들 또한 모두 다 이런 흐름과 역사적으로 접맥될 가능성이 매우 크다고 할 수 있겠습니다. 유구한 세월 돌과 바람을 비롯한 각양각색의 관계생태변화에 적응적 진화를 거듭해온 열매인 이들 권역의 문화 DNA! 무엇을 더 논급해야 하리오?

직접적으로는 다싱안링, 카라코룸(和寧), 백두산, 한라(漢拏=火山 : Kara)산이 모두 화산지대로 한겨레의 돌누리 바람천국인데도, 이런 불세출의 돌 문화 한류 일대의 엄연한 축복을 굳이 마다할 이유가 있을까 하는 생각이 듭니다!

근래 『삼국유사』(15세기 판본; 국보급) 연구에 막 손을 대려다 미처 못미치신 채 그 유일한 유산을 모교에 기증하고 떠나신, 일생 배고픈 제자들을 애써 돌보기도 하셨던 '돌(石)보기' 스승님을 추모하며 이 글을 적었습니다.

아울러 이런 추억도 덧붙이겠습니다. 1960년대 중반에 아주 절친한 친구에게 차마 못 당할 배신을 당해 심장이 깨어지기 직전에 서울 남산문화원 휴게실에서 이런 실정을 말씀드렸더니, "공부나 하쇼!"하고 타일러 주셨지요. "그 한도 끝도 없는 공부만?" 결국 신상에 생사기로를 오가는 참상을 빚었는데, 그땐 그랬지만 지내고 보니 그 말씀이 진정 옳았습니다. 사람 역사의 본질을 체험으로 몸소 체득하고 타고난(DNA?) 소명된 길을 제대로만 걸어가라신 그 말씀, 참으로 감사합니다.

유목몽골로이드 궁예(弓裔)들, 뜨거운 해장국물이 "시원하다!"니?

[2013.7.8]

청장년들이 복날에 소주 한잔씩 걸치고 자고 일어나서 해장국집에서 그 뜨거운 해장국물을 들이키며 내지르는 소리입니다. 아무리 요즘은 노망이 나이순이 아니라지만, 복중에 그것도 소주에 곁들여 입천장을 델만큼 뜨거운 해장국물을 훌훌 마시고는 "속이 시원하다!"니. 냉수를 대접으로 벌컥벌컥 들이켜도 부족할 판에 이게 제 정신인가요?

늙으면 나이들어 그렇다지만, 실은 아주 먼 옛적부터 이제까지 한국은 노소불구하고 이렇게 역사·사회적으로 노망천국이었나 봅니다. 한겨울 한증탕에 들어가서 입을 모아 한다는 감탄사가 또 그냥 그대로이니 참 큰일이네요. 지금이 어느 시절인데, 지구동네 남들이 우릴 보고 뭐라고 할까요?

조선(朝鮮)은 「모닝 캄」도 「이브닝 캄」도 아닌 "순록치기(Chaatang)-양치기 주도 핵심의 나라"라는 어쭙잖은 문제제기를 하곤, 시원유목 유적을 찾아 별이 보이는 공활한 후진 몽골 시베리아 벌판으로만 마냥 떠돌던 시절 얘깁니다.

아직 노장년 고희 또랜 모양인데 벌써 치매라니 …. 안됐다고 생각해선지 2003년 여름엔 서울대 의과대학 유전체의학연구소(소장 서정선 교수)에서 주관하는 동북아게놈프로젝트에 치유? 겸 연구차 몽골스텝-타이가 현지답사 동행을 권유했지요.

그런데 그이는 아직 조금 덜 늙어 건강하겠거니 여겼으나 역시 노망에 걸렸는지, 서의(西醫)가 경희대 한의대 출신 청장년층 한의(韓醫)를 동행해 왔지요. 그렇게 서소장님도 살짝 노망 끼가 있는 듯이 보였어요. 그래서 피차 동병상련(同病相憐)하는 마음으로, 뜻밖에 우릴 자기네 동포로 몹시도 반색하며 맞는 투바에서 온 너무나 순박한 "오랑캐"족 양치기 할아버지와 어울려, 양고기구이 안주에 뜨거운 라면국물을 해장국 삼아 휴대용 팩소주를 마시면서 횡설수설 되는 대로들 어울렸습니다. 그러는 중에도 제 병은 개 못준다고 자기 전공분야 얘기만 나오면 저마다 정신들이 번쩍 들어 제대로 한마디씩 소견을 풀어놓았지요.

그렇게 나온 해장국 식습관 해설이지요. 엄밀한 실험-검증 차원을 거친 건 아니고, 그렇다고 아주 엉뚱한 것만도 아닐 수 있다는 겁니다. 최재천 교수님의, 통섭의 시도차원이라는 의미는 있을까요?

이렇게 바이칼 호 남쪽 셀렝게 강 유역 답사현장에서 해장(解酲 : 취기를 푸는)국물에 관해서 동·서의학자와 생물학자나 현지 목민노인들과 어울려 이야기를 나누면서 분석-정리한 내 나름의 견해를, 귀국후 한국유전체학회[대덕연구단지 한국생명공학원 대강당]에서 가진 특강내용의 일부로 끼워 넣었습니다. 놀랍게도 유전체학회 회원들이 수백 명이나 경청했지요.

"시베리아에는 뜨거운 해장국물이 없어 술을 많이 마시는 이이들과 어울리는데 지독하게 고통스러웠다. 뻴메니라는 뜨거운 만두국물이 있기는 있는데, 그것마저도 슬라브 음식이 아니고 시베리아 원주민들 것이다. 그 원주민의 갈래에 몽골, 투르크와 한민족이 다 내포돼 있는데 그이들은 예외 없이 뜨거운 국물을 마셔야 주정기(酒醒氣)가 풀리는 해장이 된다.

우리에게 유전형질을 전승시켜 준 선조들의 오랜 특정 생태적응적 진화과정에서 개체혈연사가 설계한, 내 그 게놈(Genom)의 숨결로 숨쉬고 있는 게 내 오랜 계대(繼代) 개체사의 열매(史果?)인 지금의 나 아닌가? 바람이 센 고원지대는 습기가 적어 수분의 섭취가 필수적이고 한랭한 고원지대에서 설계된 내 목숨이니 그것도 뜨거운 국물이라야 해장이 되었음에 틀림이 없다.

지금 나는 몽골고원이 아닌 '태평양 바다 가운데'인 남한에 살고 있으면서 한여름 폭염 중에도 한 잔 마시고 잔 날 아침이면 뜨거운 해장국물이 못내 그립다. 우리, 이렇게 쉬운 것부터 한민족 북방 유목몽골로이드태반 기원설을 모두들 더불어 풀어내 갑시다!"

대충 이런 내용이었답니다. 특강 후, (주)마크로젠의 명예고문으로 이름을 얹기도 했지요. 이 시대 한민족 주도 핵심 순록-기마 양 유목태반 기원사 연구의 주류 접근방법은 어차피 유전체학에서 비롯될 터이니, 함께 공부해가자는 뜻으로 알고, 아주 기꺼이 동참했습니다.

몽골지배 끊은 몽골군벌가문 출신 이성계
─산달과 수달의 생태계 변별력 [2013.7.15]

몽골의 오랜 고려 지배 사슬을 끝내 살아남아 끊은 건, 아이러니컬하게도 몽골 직할령에서 옷치긴 왕가 몽골국인으로 태어난 고려계 몽골장군출신 화령국왕(和寧(Kharakhorum)國王) 이성계지요.

항몽(抗蒙) 일변도의 무인정권이 씨가 마른 터전 위에 고려 왕정이 복고되고 주적 칭기스칸의 피가 섞인 왕씨 고려의 오랜 예속적 생존생태가 이어졌어요. 그런데 김부식의 『삼국사기』에도 엄존했던 「본기─세가─열전」이란 편사(編史)체제가 대원 주자학 학도 사관(史官)들의 손을 거치면서 「세가─열전」체제라는 종번관계 주종(主從)편사체계로 곤두박질친 이런 종속사슬은, 그간 아예 고려를 등지고 몽골군벌이 돼온 이성계 고려계 몽골군벌가문이 고려에 되돌아와 때가 무르익자 신흥 명(明)과 연합해서 최종적으로 청산해 버렸습니다. 물론 「세가─열전」체제 편사체제는 현실적인 역학관계상 그대로 이어받았지만 그걸 방패삼아 실속을 챙기는 이성계 조선조로 그렇게 태어난 게 바로, "한글의 등불"을 켠 복고(復古)된 세종의 조선(朝鮮) 아닌가요?

개체든 집체든 DNA 설계도 밖의 일은 어떤 상황 하에서도 거의 일어나는 법이 없다고 보는 유전체학자도 있지요. 이규태 칼럼니스트는 생전에 수조전설(獸祖傳說)에서 유래한 한겨레의 기원문제를 주로 주목해 왔지만, 수달-해달-건달(乾獺 : 타르박)-산달류는 특히 주목되어야 하리라 봅니다. 이들 중에 산달(山獺 : 貂)-너구리(Elbenkü)는 고원~산지에서, 수달(水獺 : 濊=Buir)은 고원 저습지대에서 주로 살아남게 역사적으로 각각 특정 적응적 진화를 해오며 저마다 제 나름으로 유전체가 설계돼왔습니다.

베트남과 코리아는 역사적 생태계가 산달과 수달, 맥(貊 : 기마 양유목)과 예(濊 : 순록유목)만큼이나 아주 다를 수가 있습니다. 언제부턴가는 계기(繼起)하는 스텝세계제국과 해양세계제국의 세계화 격류 한 중심에서, 비굴하게라도 슬기롭게 숨쉬어내야 하는 코리안의 역사적 생태환경이 생겨났지요.

그날(2001.5.19) 그 외교안보연구원 한·몽학술회의에선 예상한 대로, 지압장

학술

제26656호　조선일보

"이성계는 몽골군벌이었다"

"조선 창업, 한반도의 자생적 산물 아냐" 윤은숙박사 논문 논란 예상

조선 태조 이성계(李成桂·1335~1408)가 고려 계(系) 몽골 군벌세력이었으며, 조선왕조는 북방 유목 전통을 기반으로 건국한 국가였다는 국내 학계의 새로운 해석이 나와 논란이 예상된다. 소장 동양사학자인 윤은숙(尹銀淑) 박사와 몽골대 중국 학자 에르데니 바타르 박사내 몽골대 전임강사는 지난달 강원대 사학과에서 몽과대 박사학위 논문을 통해 이와 같이 주장했다.

학위논문 '몽(蒙)·원(元) 제국기(期) 옷치긴가(家)의 동북만주 지배'를 쓴 윤 박사는 "13~14세기 동북 만주 지역을 원나라의 옷치

윤은숙 박사는 "조선왕조는 고려분 아니라 13~14세기 동북아시아 력반시의 총체적인 열매로 태어난 왕조"라고 말했다.
허영한기자 ostchosun.com

긴(Otchigin·斡赤斤) 왕가가 지배했다는 사실을 주목해야 한다"고 말했다. 칭기즈칸이 1211년 자신이 정복한 영토를 여러 동생들에게 분봉했을 때 막내동생 옷치긴에게 이 지역을 다스리게 했던 것. 옷치긴가는 유목과 농경이라는 경제 인프라를 기반으로 이 지역에서 독립적인 세력을 형성할 수 있었다.

문제는 이들의 지배 영역 안에 이성계 가문의 본거지가 있었다는 사실이다. 이성계의 고조부 이안사(李安社·목조)는 전주를 떠나 두만강 유역인 오동(斡東) 지역에 자리잡은 뒤인 1255년 5000호 천호장(千戶長)과 다루가치(원나라의 지방관리)의 지위를 원 황제로부터 하사 받았다. 천호장은 몽골족이 아닌 사람이 임명되는 일이 매

우 드문 고위 관리로, 사실상 옷치긴가로부터 승인 받은 군벌 세력이 된 것으로 보아야 한다고 윤 박사는 말했다. 1290년 옷치긴가의 내분으로 인 이안사의 아들 이행리(李行里·익조)는 오동의 기반을 상실하고 함흥 평으로 이주했지만 천호장과 다루가치의 지위는 이행리의 증손자 이성계 때까지 5대에 걸쳐 세습됐다.

학위논문 '원·고려 지배세력 관계의 성격 연구'를 쓴 에르데니

"元서 '천호장' 지위 하사, 군벌 승인받은 것 위화도 회군은 몽골 장군 출신의 배신인 셈"

박사는 "옷치긴가를 통해 당시 최첨단이었던 몽골제국의 군사기술을 직접 받은 이성계 가문은 옷치긴가에 속속된 오동과 쌍성총관부의 여러 조건들을 활용해 세력을 키워 나간 것"이라고 말했다. 이 성계는 1362년 원나라 장수 나가추와의 전투에서 이 '헝단 기술'로 승리한다. 윤은숙 박사는 1388년의 위화도 회군은 몽골 내부 사정을 잘 아는 이성계가 그 직접 원나라의 기본 무력이 무너졌음을 파악한 데서 나온 '몽골 장군 출신의 배신'으로 보아야 한다고 해석했다.

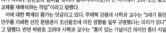
조선 태조 이성계의 초상화(보물 제931호).

따라서 조선왕조의 창립은 한반도의 '자생적' 산물이라고만 볼 수는 없다는 것이다. "몽골 세계제국의 진원지인 13~14세기 동북아 력반시의 총체적 열매로 태어난 왕조가 조선왕조"이며 "진영(震營) 사대(事大)의 외형적 표방에도 불구하고 사실은 파스 몽골리카 체제의 중심인 북방 유목 제국적 전통을 조선왕조가 의연히 지켜낸 것"이라고 윤 박사는 말했다. 이들은 "이것은 조선왕조의 역사가 몽골사의 일부라는 의미가 아니라, 한반도의 범위를 벗어나 동아시아사(史)의 큰 시각에서 고려·조선 왕조 교체를 재해석하는 작업"이라고 말했다.

이에 대한 학계의 평가는 엇갈리고 있다. 주채혁 강원대 사학과 교수는 "2세기 동안 만주를 지배한 선진 문명권이 조선왕조에 미친 영향을 일부 규명했다는 의미가 있다"고 말했다. 반면 박원호 고려대 사학과 교수는 "흥미 있는 가설이긴 하지만 좀더 치밀한 검증을 거쳐야 할 것"이라는 의견을 밝혔다.
유석재기자 karma.chosun.com

이 연구 결과가 보고되자, 한국역사학계가 그 충격으로 온통 요동치는 듯한 당시의 분위기였다.

군 부인인 당빗하(DANG BICH HA, 鄧碧河) 하노이대 역사교수와 베트남 국사편찬위원장이 한국사의 예속성을 맹공해왔습니다.

그렇지만, 잠시 예봉을 피해 나는 학술회의 후의 한식집 조촐한 만찬자리에서 마침내 입을 열었지요. "그렇게 비굴하게라도 생존해내면서 우리는 각각 시대의 주류문화와 접맥해서 한글과 금속활자나 거북선 같은 위대한 문화를 창출해내 인류문화 발전에 일대의 공헌을 해왔는데, 자주(自主) 일변도라는 베트남사도 그랬던가요?"라며, 점잖게 역공을 펼쳤답니다. 세계사적인 시련을 그 한 중심에서 자기 나름으로 정면으로 마주해 슬기롭고 강인하게 극복해내는 과정에서 인류사에 기여할 세계적인 문화유산이 독창되어 나오는 거라면

서….

문제는 저마다 서로 다른 역사적 생태환경에서의, 제 민족 나름의 슬기로운 생존 조타(操舵)와 그 과정을 거치며 무르익는 독창적 문화유산의 인류문화 발전에의 기여도 여하라는 나의 일침이었지요.

『삼국유사』의 사관 담소(談笑)
[2013.7.22]

일연 스님(1206~1289)이 쓴 『삼국유사』 권5(神呪6 惠通降龍)에 나온 이야기입니다.

> 서라벌 남산 서쪽 기슭에 있는 동네에 한 소년이 살았는데, 하루는 동네 시냇가에서 놀다가 어미 수달 한 마리를 죽인 후에 그 뼈를 뒷동산에 버렸다.
> 그런데 다음날 아침 일어나 보니 그 수달의 뼈가 사라졌다. 핏자국을 따라가 보니 뼈가 예전에 살던 굴로 되돌아가서 새끼 다섯 마리를 품어 안고 있었다.
> 뼈만 앙상하게 남아서도 자식을 품어 살리는 어미수달의 자식사랑! 보고픈 자식에게 가는 길이 얼마나 멀고멀었을까?

이에 소년은 놀라고 감동해 주저 없이 출가해서 이름을 혜통이라고 고치고 중이 되었답니다.

이런 구비전승들이 전해 내려오는 경북 경산 시골동네에서, 홀어머니 품에서 어렵게 자라난 일연 스님이었습니다. 14살에 출가해 몽골침략기의 온갖 풍파를 다 겪어내다가 1283년 그의 나이 78세에 종신직인 국사로 책봉됐으나 바로 그해에 자리를 내놓고 그간 평생을 거의 혼자 산 노모께 못 다한 효도를 다 한다고 귀가했지요. 그렇지만, 1년 만에 모친은 이내 돌아가셨답니다. 이 글을 쓰면서 김윤후·일연·신돈이라는 세 거물스님네는 팍스 몽골리카를 살다간 같은 불승인데 그 일생은 어찌 그리도 서로 다른지요? 저마다 타고난

DNA가 서로 다르고 생태가 각이해서일까 하는 생각이 들기도 했습니다.

고향땅 명골에 무덤을 써 모시고[侍墓] 경북 군위군 인각사(麟角寺)에 들어 여생을 초인적인 저술로 일관했습니다. 이 절집이 『삼국유사』의 산실이었을 것으로 추정되지요. 나이 들어 인생이 무르익은 시절에, 마음을 비워서만 비로소 가능했던 몰입경지인가 봅니다. 지금 남은 논저는 그 1/100이나 될까? 700여 년 지나 지금까지 살아남은 그 한권 역사책이 『삼국유사』라네요

단군신화를 우리 역사에서 처음으로, 공인 받아온 현존 사서에 올린 이 『삼국유사』의 사관은? 저마다 머리카락 한 올도 제가 만든 게 없는 제 생명을 그대로 천명(天命)으로 깨달아본 "생명중심사관"이라 한다면, 너무 어설프고 헤픈 명명(命名)이 될까요?

하필 팍스 몽골리카 하의 단군(檀君)과 '수달(水獺)임금' 관계연분은 또 다른 누리 이야기이겠지만, 그 1세기 전 김부식(1075~1151)『삼국사기』의 접근시각 과는 너무나도 크게 대비되는 데가 있는 건 분명한 듯합니다. 이 유전체학 시대-디지털 노마드 시대권에 들면서, 팍스 아메리카나라고 할 지금에 우린 이 고귀한 금싸라기 같은 겨레의 복음서를 어찌 드높여 모셔야 할까요? 일연 스님의 고조선 실체가 실은 인류사 상 첫 세계사가 쓰이는 팍스 몽골리카 하에서나 비로소 나올 수 있는 차탕조선(Chaatang朝鮮)이란 폭탄선언이 이미 예비되고 있음을 감지하는 확신에 찬 선지자는 지금 우리 가운데 과연 몇 분이나 될런지요?

동북아 북극해권 강과 태평양권 강, 유목몽골리안 루트 쪼개보기
[2013.8.5]

아예 몽골스텝에 발을 디딘 적이 없는 경우는 논외로 하더라도, 울란바토르 스텝에서 숨 쉬고 있으면서도 실은 우리는 여기가 어딘지 아주 잘 모를 수가 있습니다. 생태사나 생태현실에 관해서도 그렇고 역사나 격변중의 역사현실에 대해서도 그렇습니다.

우리가 눈뜬 장님이라면 자기비하가 너무 심한 걸까요? 긴긴 세월에 남다른 고난을 헤쳐 오면서도 한결 같이 깨어 있어온 겨레도 있어요. 진실로 날카롭게 갈라보고 섬세하게 쪼개보며 비교·분석한 것을 맥을 짚어 정리해보는 천착력을, 우리가 언제부턴가 일궈 내오지 않아서입니다. 그래서 제 나름의 독창의 엔진이 제대로 작동되지 못해왔음은 자명하다고 하겠네요.

일례를 들면 울란바토르 시를 굽돌아 흐르는 톨 강이나 셀렝게 강 및 오르홍 강은 모두 바이칼 호수로 흘러들어 북류(北流)하는 북극해 권이고, 오논 강이나 헤를렝 강처럼 칭기스칸의 태생지 부르칸(不咸)산과 접맥되기도 하는 강은 직접 또는 훌룬 호와 부이르 호를 거쳐 몽골의 기원지 에르구네 강을 에둘러 아무르(一名 黑龍) 강을 통해 동류하는 태평양권이지요. 하지만 이런 사실을, 대부분의 우리 여행자들은 까마득하게 모르면서도 그걸 굳이 알려고 하지도 않는다는 겁니다.

전자에서는 물이 차서 거북이(龜)와 호랑이가 못 살고 거대 제국의 발전이 불가능했지만, 후자에서는 물이 그리 차지는 않아 단군(檀君)신화에 등장하는 거북이와 호랑이가 살 수 있지요.

동북아시아 유목국가는 보통 목·농이 어우러져야 이루어지고 그래서 동북아시아 유목제국(Pastoral nomadic empire)의 기원지가 모두 다 북다싱안링의 훌룬부이르 몽골스텝·눈강(呼嫩)선원(鮮原 : Sopka & Steppe)임은, 북방민족 유목사학계에서는 공인된 지가 이미 오래입니다.

그렇지만 정작 거기에 유목태반 주도 기원 뿌리를 매우 오랫동안 깊숙이 내려온 우리는 그걸 모를 뿐만 아니라, 아주 알려고도 하지 않는다는 거지요. 그래서 남과 북으로 극도로 응축된 지금의 나라만 분단된 게 아니라 상고와 현대로 뻗어내린 공활한 역사의 뿌리와 줄기도 분단된 터입니다.

동북아시아 태평양권 강들이 백두산 천지의 유일한 물줄기 쑹허 강(松花江 : Sungari강)물과만 수맥(水脈)을 직접 잇는데, 실은 우리에겐 그걸 깨달아 아는 이들이 거의 전무하지요. 그러니 「유목의 농경화와 농경의 유목화」라는 특이한 역사적 교호(交互)작용과정에서 주로 생성돼온 호한(胡韓)체제 한민족의 역사적 정체성은 자취를 감추어올 수밖에 없었던 겁니다.

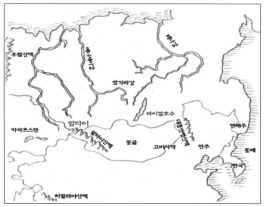

시베리아 전도[알렉셰프 아나톨리 야쿠츠크 국립대 사학과 교수가 2007년 4월 강원대학교 개교 60주년 기념 「한민족 유목태반사 연구복원을 위한 구상」 학술회의 참여시에 그려주었다].

진실로 현재 국토의 북동쪽에 치솟은 백두산 소재지대가 압록과 두만의 양강도가 아닌 칭기스칸의 탄생지 부르칸산(不咸山)처럼 이에 주류 쑹허(Sungari)강을 당당히 품은 「삼강지대」로, 적어도 역사적으로는 그 정체를 제대로 자각해낼 때만 「유목태반 주도 기원」 한민족사가 뿌리를 굳건히 내릴 수 있을 것입니다.

홍산(紅山) '순록유목'에서 호눈선원(呼嫩鮮原) '기마 양유목'으로!

[2013.8.12]

아주 낯설고 어려워도 우리는 우리의 주도적 유목태반 기원사를 천착해내가기 위해, 우리의 유목주도 기원 뿌리를 끈질기게 깊이 생각하고 분석해 가지 않으면 안 됩니다. 디지털 노마드 정보화시대라는 제철을 만난 우리가 지금 우리의 이 시대적 소명을 외면하면, 우린 영원한 역사의 궤도 밖 미아라는 더없는 큰 저주를 우리 후예들에게 떠넘겨주어야 하기 때문이지요.

이 백세 노령화시대에 혹독한 고난 중에 경륜을 모질게도 쌓은 코리안 실버세대들은, 평강 중엔 실업할 염려가 전혀 없지요. 눈만 제대로 뜨면 금방 눈에 밟히는 스토리텔링 해낼 이런 급박한 할 일거리들이, 디지털 노마드의 급물살을 타고 태산같이 밀려오고 있으니까요. 그래도 눈을 번쩍 뜨고 보고 아주 차분히 귀기울여 들어만 보세요. 도전, 개척, 독창의 무궁한 스텝의 바다와 바다의 스텝 무한 누리를 … 가없는 하늘을!

태평양 동해의 바닷바람과 서해의 해풍이 만나는 다·샤오싱안링지대 홍산
(紅山)-아성(阿城)과 호눈선원이 유목 주도 농경 통합형의 동북아시아 순록~양
유목제국의 태반이 되고, 다·샤오·와이싱안링이 태평양 해풍을 막아서면서
상대적으로 한랭 건조한 북극해풍을 맞는 몽골고원이 스텝화해 동북아시아
기마 양유목의 본산이 되었지요.

동태평양의 해풍이 아무르(黑龍) 강~오논 강의 저지대를 통해 셀렝게 강을
따라 이르러 예니세이 강과 레나 강의 물줄기를 타고 올라오는 북극해의
해풍과 마주치는 바이칼 호 일대에, 코리(Qori=高麗)족의 시조전설지 오르혼
섬 부르칸(不咸) 성지가 자리 잡고 있습니다.

다시 북극해 해풍이 서남향으로 치달아 흑해 북부 스텝에서 치고 올라오는
지중해 해풍과 마주치는 자리에서, 스키타이 문화-순록유목의 기마 양유목화
혁명을 불러일으키게 되지요.

재레드 다이아몬드는 『총·균·쇠-무기·병균·금속이 어떻게 문명의 불평등
을 낳았는가』라는 유명한 그의 논저에서, "아메리카나 아프리카와는 달리
유라시아대륙은 동서축으로 되어 있어 등온대(等溫帶)를 이루면서 사람과
기술의 이동이 용이했다"는 탁월한 견해를 피력했습니다.

이에 다시, 순록~기마 양유목이라는 유라시아 유목의 골간을 이루는 2대
유목적 기동력과 타격력이 각각 제철에 더불어 주도적으로 가세해 그 발전을
가속화해냈던 것은 더 말할 나위가 없겠지요.

이렇게 대충 쪼개 상호 비교·검토해보기만 해도, 수많은 문제들이 풀려나오
고 제대로 새로 제기돼가게 마련이랍니다. 이런 우리 속 잠재력, 유목적 글로벌
유전자를 부활시켜갈 때만 한류에도 독창력이 백출해 많은 노벨상이 떼로
안겨지는 영광의 날이 비로소 눈앞에 이내 다가오게 되겠지요. 부끄러움을
깨닫고 치열하게 그 원인을 검출해내기 위해서, 저마다 제 자신을 온누리에
활짝 열고 몹시 꼼꼼하고 모질게 다스려야만 하겠습니다.

북방개방 후 몽골고원을 제집처럼 드나들어 온 이들 중에 항공기가 베이징
하늘을 넘나들 때마다 그 하늘 색깔이 아주 딴판으로 변하곤 하는데도 그게
왜 그렇고 무슨 의미를 갖는지를 물어본 경우가 전무하다면, 몽골양이 한반도

목초(牧草)를 뜯어먹고도 잘 살 수 있는지 어떤지를 물어본 이가 하나도 없다면, 아마 앞으로 100년이 더 지나도 이런 학술분야에서 한국인 노벨상 수상자는 결코 나올 수가 없을 것이 거의 틀림없습니다.

Sugan(鮮)-Scythia와 동북아시아 유목제국 태반
[2013.8.19]

다만 스키타이(Scythia)나 소욘(鮮 : Soyon)과 사하(Saxa)가 모두 시베리아 원주민의 언어로 유목민의 주식 젖을 주는 암순록(Sugan : Сагаион)에서 비롯된 점이 사실인 만큼[주채혁, 「朝鮮의 순록유목 起源史 연구 試論」, 『순록유목제국론』, 백산자료원, 2008, 137~158쪽 참조], 북유라시아 시원순록유목의 서전이 서아시아~중앙아시아의 철기문화와 융합돼 다시 동전된 것만은 엄연한 사실일 수 있다고 봅니다.

최후의 빙하기쯤에 북극해의 빙하가 녹은 물이 아랄 해나 카스피 해를 거쳐 지중해 쪽으로 흘러들어 물길이 서로 이어졌을 수 있는데, 그래서 물길이 북극해에 닿는 바이칼 호와 카스피 해의 물개는 유전자가 거의 같다는 이홍규 교수님[『한국인의 기원』 저자, Google 자료 검색 baikal seal.pdf 483 KB]의 정리로 미루어 봐도 북유라시아 순록유목의 서전은 충분히 가능한 일로 볼 수 있겠습니다. 앞으로 각이한 생태적인 구조와 시대적인 변화를 위시한 관계 유목사 발전에 관한 구체적인 연구가 더 필요한 분야라 하겠지요.

물론 유목은 아주 오랜 식량채집(Food gathering)단계를 지나 식량생산(Food Producing)단계에 들면서 비로소 생성됐습니다. 그 후에 무한개방 무한경쟁 생태 중에서 단속간(斷續間)에 매우 급속히 발전해오다가 그 초인적인 유목적 기동력과 타격력을 활용해 인류사상 초유의 세계제국이라 할 유목몽골세계제국을 창업해냈지요.

그런데 우리는 여기서 무엇보다도 툰드라~수림툰드라의 광범한 순록유목 초지에 집중적으로 주목해야 하겠습니다. 중·신석기 이래 기원전 10세기경

기마 양유목이 주도적 유목으로 대두하기에 이르기 까지 장구한 기간을 주류유
목으로 자리잡아온 순록유목의 광대한 시원유목으로서의 역사적 비중은,
반드시 충분히 주목돼야 하겠지요. 넓이와 시간 면에서 상대적으로 스텝의
기마 양유목은 거대한 조선 기원(起源)의 오랜 태반인 순록유목에 비교될
수가 없기 때문입니다.

언제부턴가 바이칼 호 서북쪽이 높아지고 동남쪽이 낮아지면서 북극해
쪽으로 흐르던 예니세이 강과 레나 강 중에 레나 강의 흐름이 막히게 되었으니,
그에 따라 레나 강 유역의 순록유목문화보다 압도적으로 예니세이 강 유역의
그것이 혁신을 거듭하며 몽골과 만주 지역에 크게 영향을 미치게 됐던 것
같네요. 바이칼 호 서북부 레나 강 상류의 장대한 쉬시킨스키 암각화 상고시대
부분은, 그 이전의 레나 강 일대 순록유목문화의 극치를 보여주는지도 모릅니
다.

그런 연속선상에서 서아시아지대의 철기와 결합되어 기마 양치기로 도약한
순록유목민의 극적인 발전은 스키타이의 일대 동류(東流)라는 주류를 이루게
되면서, 몽골-만주 일대의 동북아시아에 본격적인 유목몽골세계제국을 창업
하기 시작케 했던 것으로 보입니다.

중요한 것은, 이런 관점에서 지금까지의 추론 결과를 간추려보면, '조선-부
여-맥고려(貊高麗 : Mongol)-Gooli(高句麗)'사에, 유목의 시원이라 할 순록유
목태반기부터 기마 양유목세계제국-팍스 몽골리카 완성에 이르기까지의 모든
유목제국 역사적 발전단계가 오롯이 다 함축돼 있을지도 모른다는 사실이지요.

돌하르방 석궁왕(石弓王), 쿠빌라이 대칸의 해양 장악력
-『혼일강리역대국도지도』 [2013.8.26]

쿠빌라이 대칸이 왜 탐라都(도)에서 환생을 해야 하는가? 우선 무한개방
무한경쟁으로 말과 활이 기계화해 함선과 함포로 격변하는 과정에서 스텝세계
제국에 이어 해양세계제국까지 발전해가는 흐름을 어렴풋이 내다보았을지도

모를 그이의 원대한 구상 때문이라고 하겠지요. 그리고 그럴 경우에 베이징~탐라都(도)로 이어지는 그이의 몽골제국 수도 착상 때문이어서 이기도 하며, 바라던 바대로는 아니지만 그이의 혈손이 지금까지 예서 숨 쉬고 살아오고 있어서일 것입니다.

2012년 4월에 국립중앙박물관에서『혼일강리역대국도지도』610주년 기념 국제학술대회가 열려, 그것이 조선이 만든 아프리카·유럽·아시아를 내포하는 현존 세계 최고(最古)의 세계지도라는 점에서 우리의 이목을 끌었습니다. 글로벌 코리아 유전자를 마침내 확인해내는 순간인양 들뜨기도 했지요.

그렇지만 이는 1300년대에 들어 이루어진 팍스 몽골리카의 소산을 근 100년 후에 받아들여 조선과 일본을 좀더 돈보이게 덧붙여 조선이 제작해낸 것입니다. 쿠빌라이 대칸이 이룬 팍스 몽골리카를 반영한 거대작품을 조선조 나름으로 다시 손질해낸 것이지요. 지도에 그려진 세계의 해양을 쿠빌라이 대칸은 상당히 제대로 파악하고 해양장악을 구상해 실천해 갔던 것이라 해야겠지요.

『혼일강리역대국도지도(混一疆理歷代國都之圖)』에서, '혼일'(混一)이란 차별 없이 모두가 혼연일체가 된다는 뜻이고 '강리'(疆理)는 변강의 역사·지리적인 생태를 잘 살펴 알아서 합리적으로 다스린다는 의미라고 합니다. 화이(華夷)로 피아(彼我)를 준별하는 폐쇄적인 농경한족(漢族)식 세계인식과는 차별화되는 혼일이라는 무한개방 무한경쟁형 합일(合一)이라 할 유목몽골식 세계관을 보여주는 것이기도 해서 주목됩니다.

조선이 1399년에 명나라에서 가지고 온 지도에는 요하의 동쪽부분이 많이 생략됐다고 했으나, 삼별초를 섬멸하고 연합한 대몽골제국 다민족군을 총동원해 2차 일본 정벌까지 감행한 쿠빌라이 정권이 탐라도를 주목하지 않았을 리가 없지요. 사상(史上) 유례가 없게, 고려에서 떼어내어 탐라국(耽羅國)으로 독립시켜 원조(元朝)에 직속시키고는, 일본국보다 서열을 앞에 두어 고려국 다음에 적어 편찬한『원사』「외이열전」이 이를 말해 줍니다.

고려를 중심으로 송과 일본을 포괄하면서 태평양을 장악해가는 기지로 이보다 더 중핵이 되는 해중 요새가 없어서이겠지요. 그래서 대도~탐라都(도)라는 구상이 쿠빌라이 대칸에게 섰던 것으로 보입니다.

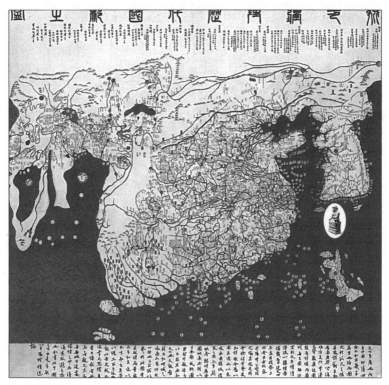

혼일강리역대국도지도(조선 1402년)

　당시의 탐라都(도)는 고려반도가 아니라, 경제적으로 보나 군사적으로 보아서도 계속 구축해낼 몽골세계해양제국의 중추인 해중 수도로 쿠빌라이 대칸에게 주목되면서 운영되고 개척돼갔던 것이라 하겠습니다.

　이런 쿠빌라이 대칸의 해양 장악력은 김호동 교수님의 지적대로, 그로부터 100여 년 후 1405~1433년까지 28년 동안 매회 승선인원이 평균 2만7천명인 함대 선단을 이끌고 7차례에 걸쳐 진행된 명나라 정화(鄭和, 1371~1434)의 해양 대원정이나 1492년 콜럼버스 신대륙 발견의 역사적 원동력이 됐다고 하겠지요.

　이렇게 열린 대항해시대가 결국 증기기관의 발명으로 폭발적으로 증폭되면서 영·미 해양세계제국을 이룩하고 그 여파가 말과 활, 함선과 함포, 그리고 미사일과 핵으로 항공세계제국을 열어가는 중에 마침내 그 시원(始原) 해중

요새 탐라도에 파도쳐 되돌아 이른 것이 작금의 태평양시대 현지 현황이라 하겠습니다.

그래서 돌하르방 석궁왕(石弓王) 쿠빌라이 대칸의 탐라도 환생 굿판이 이처럼 제철에 한류(韓流)의 무궁한 화생(和生) 물결을 타고 이내 열리게 마련일 수도 있겠지요.

Gooli(高麗), Boka(渤海), 조선(朝鮮)

한국엔 코리(高麗) 부리아드만 살지요!

[2013.9.2]

부리아드 코리족 노인(75세)

2001년 8월 7일의 만남이었으니까 벌써 10여 년 전의 일입니다. 바이칼 호 동남쪽 울란우데(Ulan Ude : 紅門)에서 우드(Uda : 門) 강을 따라 올라가다가 게르가 여남은 채 있는 강변의 앙기르(Angir : 검둥오리. 강릉의 솟대를 상기케

함) 마을에서의 일이지요. 길을 가다가 문 앞에 서있는 부리아드 코리족 노인(Чимитов Цырен. Б, 75세)을 만났습니다.

간단히 인사를 나누고 나니 "한국에도 부리아드 코리족이 사느냐?"고 묻기에, "부리아드 코리는 없고 모두 코리 부리아드만 산다"고 했더니 금방 알아채고 반색을 했어요. 여기서 어미"드"는 우리말 "들"과 같은 복수형 어미(~族이란 뜻)인데 구미 영향을 받아 "트"로 쓰기도 한답니다.

이내 방으로 불러들여 정성껏 푸짐하게 대접을 해주었지요. 한국에서는 육십 평생에 이렇게 날 반기는 손님대접을 받아본 적이 없다고 할 정도였어요. 보통 부리아드 코리의 원주지가 바이칼 호 일대라고 하는데도 원주민들이 거의 다 자기 언어를 잃어버려 좀 허망했지만, 사막의 오아시스처럼 이 동네는 달랐습니다.

땅을 기는 듯한 작은 민들레가 들판에 피었지만 조금 더 동남쪽으로 내려가면 칭기스칸의 탄생지 부르칸 칼둔(不咸)산이 나오지요. 2010년에 타계하기 몇 해 전인가 소설가 이윤기 선생님이 이 지역을 답사하다가, 시간이 멎은 듯 멍하니 한참동안이나 몰아경에 들었던 적이 있었답니다. 그이는 기시감(旣視感 : deja vu)이라는 말을 빌려 전생 여행담을 이야기하듯 그 감회를 적어 남겼습니다. 우연이었을까요?

우연이란 있을 수가 없지요. 사물은 원인이 있어 이러저러한 존재로 생겨나게 마련이니까요. 근자에 50여 년 만에 고향 학교친구 아들 결혼식에 동참해 여남은 명이 원탁에 둘러앉아 차를 마시며, 너무나도 오랜만에 정담들을 나눴습니다. 말이 정담이지 처음엔 서로들 서먹서먹했지요. 차츰 기억을 되살리며 옛날을 떠올리는데, 그 서로간 친소도가 놀랍게도 거의 예외 없이 이전에 맺어온 관계역사의 밀도에 정비례했지요. 사람도 그렇고 아마도 적응적 진화과정에서 저마다 자기 유전체에 설계되어온 선대이래의 생태도 그렇겠지요.

유전체학 전공자들은 부리아드 코리와 한겨레의 유전체가 가장 친연성을 갖는다고 이야기하기도 하지요. 그런데 실은 유전자 검사 친자확인과정은 이런 경우에 요식행위일지도 모릅니다. 서로 만나자마자 그냥 소통과 공감이 이루어지는 기시감ー정다움 때문이지요. 그 기록도 유물·유적도 거의 없는

드넓은 스텝·타이가·툰드라에서, 유목몽골로이드의 유적현지를 우리는 주로
이렇게 정감을 따라 답사해내게 마련이랍니다. 비과학적일까요?

그렇지만 1999년 8월 11일 훌룬부이르 몽골스텝 오룬춘 자치기에서「조선(朝
鮮-Chao Xian) : 순록치기」문제를 제기하는 답사도, 2001년 8월 24일 투바 끠질
에서 Soyon(鮮)-Sugan(어미순록)-Scythia-Saxa-Sopka(小山 : 鮮) 관계 문제를 천
착해가는 답사도 문헌사료를 참고하며 대체로 그렇게 이루어졌지요. 일본열
도 연구자들이 못 보는 유목사 연구정보를, 반도의 한겨레 탐사단은 간파할
수 있었습니다. 아마도 틀림없이, 서로 차별화되는 어떤 역사적 연유가
있겠지요.

그래서 우리 경우는, 지금은 뵐 수도 만질 수도 없는 조상님네지만 그
어른들께서 생태적응적 진화과정에서 물려내리신 우리의 유전체를 통해 베푸
시는 선령(先靈)의 음덕(蔭德)을 이 땅에서 힘입은 셈이라고 정리하고 있습니다.

오호츠크 해 해풍통로, 북몽골스텝의 기시감
[2013.9.9]

아무르(Amur) 강에 접맥되는 실카(Shilka) 하-오논(Onon) 강-바이칼 호
동남의 셀렝게(Selenga) 강을 따라 부는 오호츠크(Okhotsk) 해 동태평양의
해풍 길 언저리, 물과 숲들에는 긴긴 세월에 너무나도 하고픈 하고많은 뭇
심령들의 옛이야기들이 주저리주저리 깃들어 있을 겁니다.

바이칼 호를 휘감아 도는 북극해풍과 동태평양 해풍이 마주치는 접점지역은
손발이 매섭게 시린 냉기를 체감케 마련인데 여기서 이런 사연들이 더러는
현지 무가(巫歌)의 노랫말로 연출되기도 한다지만, 거의 다 망각의 심연 속에
깊숙이 묻혀버리지요. 이 지대가 순록들의 목초지로, 대부분의 지하가 아직도
동토임을 아는 이들이 우리 중에 얼마나 있을까요?

아무르 강, 제야(精奇里) 강이나 부레야(布里雅) 강 따위의 이름이 거의 모두
러시아어나 중국어가 아니고 에벵키어, 오룬춘어, 나나이어나 다구르어 등

원주민어 이름임을 아는 이는 과연 우리 중에 몇이나 될까요? 그걸 모르고 거길 답사하거나 발굴하면 그 성과가 한겨레 유목태반 주도 기원사 복원과 관련하는 한, 역사복원에 별 쓸모가 없게 마련입니다. 호눈선원(呼嫩鮮原)과 홍산(紅山)을 품어안고 있는 다싱안링지대도 결코 예외가 아니지요.

원주민이거나 원주민과 적어도 천여 년을 함께 살아온 한인(韓人)이나 한인 (漢人)이 아니면, 조선족이든 한족이든 중국어 통역으로 써도 그 유목태반 기원 역사정보 전달은 거의 불가능하게 마련입니다. 모처럼 온갖 정성을 다 들이고 애써 마련한 큰돈을 써가며 하는 학술조사가, 어이 없이 헛일이 되는 경우가 다반사지요.

태평양 오호츠크 해 해풍은 아무르(Amur) 강－실카(Shilka) 강－인고다 (Ingoda) 강－저지대를 따라 칭기스칸이 태어나 자랐다는 오논(Onon) 강 상류 에 이르고, 그 맑은 해풍이 바로 바이칼 호 동남의 셀렝게 강 하류로 치달으며 이곳 울란우데에 이릅니다. 칭기스칸의 생부 메르키드(Merkid)족 예케 칠레두 가 칭기스칸 호적상의 아버지 몽골족 예수게이에게 아내 호엘룬을 뺏긴 곳도 오논 강유역이고, 메르키드의 고올리 미녀 훌란공주가 칭기스칸에게 사로잡혀 초야를 보낸 곳도 이 언저리인 하일라르 강변의 "헤름트"(成吉思汗城)이지요.

부리아드 몽골사회회과학원 조릭투에프 교수가 입증했듯이, 이 부리아드 코리족 거주지대는 반달곰의 서식 지대이고 몽골스텝의 경우와는 달리 샅바를 잡고 하는 씨름이 주류를 이루며 노크하는 소리 흉내를 다른 공활한 몽골스텝과 는 달리, "통통"(가죽모피를 둘러친 게르니까)이라 하지 않고 "똑똑"(통나무 목조건물이니까)이라고 해서 한국의 풍정이 물씬 풍기는 것을 지금도 어느 정도 실감할 수 있습니다.

어느날 부리아드 코리족 집 만찬에 초대받아 가서 더불어 한 잔 들면서 노래를 권하기에 술김에 한 곡을 불렀더니, 즉각 그만 두랍니다. 하는 수 없이 경기도 아리랑 가락을 궁여지책으로 뽑아냈더니, "바로 그거!"라며 계속 거듭해 부르라네요. 평생 앵콜을 받아보기는 처음인데, "이건 당신네 가락이 아니라 우리네 가락이라"며 흥겨워하는 데는 너무 놀랄 수밖에요. 이태리 노랫꾼처럼 바이칼 주민들이 가창력이 뛰어난 세계적으로 유명한 노랫꾼이란 건 그간 온누리에 널리 알려지긴 했지만 ….

온난한 습기 덕에 여자들의 피부가 고와 몽골미인들의 본향이기도 하지요. 칭기스칸을 상징하는 송골(Šingqor)매의 유명한 주산지는 예맥의 땅인 함경북도와 연해주 쪽인데, 이런 동태평양 해풍을 타고 해동청-송골매가 칭기스칸 선대의 피붙이들처럼 북동몽골스텝으로 오갔던 모양입니다.

2000년 전후에 현지 사학자들과 답사캠프를 차리고 이 해풍이 스치는 훌룬부이르 몽골스텝에서 사계절을 더불어 숨쉬어봤는데, 그곳 사람들이 선족(鮮族 : korean)과 여진-만주족은 집안과 복식이 유난히 깔끔하다고들 하더군요. 여러 요인이 있을 수 있겠지만, 아마도 주로는 오호츠크 해 맑은 동태평양 해풍이 서해-황해의 황사를 날리는 누런 해풍을 차단해주는 권역에서 살아와서일 겁니다.

그렇다면 팍스 몽골리카 체제 하에서 송골매 공납을 담당하는 고려응방(高麗鷹坊)이 서고 결혼도감(結婚都監)을 두어 굳이 주로 고려 공녀(貢女)를 많이 징발했던 것도 이런 생태사적인 배경과 상관이 있었을 수가 있겠지요.

부리아드 코리의 주류, 흑수말갈 추정
[2013.9.16]

훌룬부이르 몽골스텝이 고향인 현지 문헌사학자 3대 『몽골비사』 연구집안 출신 아. 아르다잡(다구르족) 교수나 국공내전(1946~1949)에 동참하면서부터 몽골~만주~장백산 지역을 두루 답사한 현지 향토사가 오윤 달라이(에벵키족) 선생님은, 칭기스칸의 생부나 훌란 고올리공주 등의 메르키드를 모두 보카(Boka : 渤海=Gooli=Qori : 高麗)의 흑수말갈(黑水靺鞨 : Хар ус Мэркид)족이라고 추정하기도 합니다.

말갈=Merkid는 명궁수란 뜻의 Mergen(麻立干?)의 복수형 부족명으로, 몽골학자들의 해석들을 모아 정리해보면, 숲의 바다 속에서 반렵반목(半獵半牧)을 하며 사는 활겨레(弓族)-이족(夷族)들의 범칭으로 볼 수 있겠지요. 실은 코리

좌로부터 아. 아르다잡 교수, 오윤 달라이 사가, 서창해 정협위원 1998년
8월 15일

(Qori)도 활(弓)이라는 몽
골어로 고증되고, 현지학
자들도 이에 대체로 공감
하는 느낌입니다.

이들이 모두 북이(北夷)
-동이(東夷)의 범주에 드
는 활겨레(弓族-弓裔)들이
어서지요. 몽골국립중앙
민족박물관장을 역임한
아. 오치르 교수는, 뜻밖
에도, 셀렝게 강지역을 중심으로 몽골스텝에서 200여 곳의 발해(Boka)유적이
근래에 발굴됐다고 그의 보고서에 적고 있습니다. 이 지대의 동태평양 바람길
로 보아, 대체로 발해유민인 흑수말갈족의 유적들일 수 있겠지요.

1993년 6월 12일에 객원교수인 나를 포함한 몽골과학 아카데미 학자 10명이,
지난해 타계한 한 몽골학자를 추모하는 학술대회에 참여하러 몽골 울란바토르
에서 러시아 울란우데로 가는 길이었지요.

바이칼 호 동남쪽 셀렝게 강 지류 하라골(Xapaa гол : 黑水)을 지나다가
강가에 내려쉬며, 마침 이날이 내 생일이어서 그이들이 이를 굳이 기억했던지
양고기를 굽고 축하주를 돌렸지요. 난 그이들이 모르는 버들피리 만들기를
가르쳐주고 함께 버들피리를 불며, 작은 버드나무들이 촘촘히 자라난 드넓은
스텝 강변에서 춤도 추며 즐겼습니다.

돌이켜보면 이 언저리가 셀렝게 강 지류로 유명한 3메르키드족의 본거지이
었으니, 하라골(Xapaa гол : 黑水-예서 흑수란 鹽水에 상대되는 '맑은 물'임)의
메르키드이면 그대로 흑수말갈일 수가 있지요. 흑수말갈의 주된 거주지는
아무르 강(黑水) 일대와 연해주의 하바로브스크 지대이었으니, 이 동태평양
해풍을 타고 인물이 수시로 오래 오가며 지내왔겠네요.

그 중엔 칭기스칸의 선대 혈친도, 훌란 고올리공주의 피붙이-1921년 혁명
이전까지는 몽골족 본향의 몽골겨레들은 본래 Solongos(黃鼠狼)는 전혀 들어본

적이 없고 Gooli(高麗 : 활)만 알고 있었지요. 소련권 밖인 중국권에서는 지금까지도 한결같이 그러합니다-선친들도 섞여 있었겠고요.

더 거슬러 올라가면 더러는 Gooli(弓)제국 동명(Tumen : 名射手)왕의 그림자가 스쳤을 수도 있겠지요. 벌써 20여 년 전 이야기를 새삼스럽게 다시 풀어놓고 있는가 봅니다.

한국범종 소리, 몽골 밤하늘 늑대들의 읍소(泣訴)!
[2013.9.23]

2009년 가을, 하늘이 우주처럼 열리고 서늘한 바람이 잔잔하게 일던 날, 나는 서울 남산타워 같은 울란바토르 자이승의 정자에 올랐습니다. 내려다보니 바로 밑 중심자리 고려사(高麗寺) 절마당에 거대한 금동여래입상이 우뚝 서 있었지요. 발길을 옮겨 내려가 다가섰고 이내 이어서 왼쪽 켠에 지어진 종루 속의 범종(梵鍾)을 향했습니다.

다가서 발걸음을 멈추었다가, 나를 스쳐가는 형언할 수 없는 상쾌한 한줄기 몽골스텝의 바람 맛에 슬며시 깨어나 검지를 접어 종을 두드려보았네요. 그 여운의 그윽함을 그리워하며! 그런데 문득 종구 밑바닥을 들여다보니 신비의 움통(鳴胴)이 없는 메마르고 거친 시멘트바닥만 드러났지 뭡니까!

스텝의 바다나 바다의 스텝이라 할 드넓은 공간과 유장한 시간을 생태로 살아야 하는 Nuudelchin(유목민)이나 바이킹(Viking)[시조 Aybars는 Hun족, 8~11세기의 그리스인들이 Rus라고 칭함-STB]은, 그 생태본향으로 한사코 회귀해 짝짓기 사랑을 해 수정하고 알을 까서 기르기 마련입니다. 그래야 제대로 자랄 수 있어섭니다. 다 자란 다음에는 연어가 모천(母川)에서 드넓은 바다로 나아가듯이 유목민 또한 탁 트인 유목시공간으로 향하지요. 그런 연어가 살다가 돌아와 수정하고 환원하는 곳도 모태인 모천입니다.

그 모태 회귀하는 지성소가 불함(不咸 : Burqan)산인 붉은 가지 버드나무(紅柳) 동산-홍산(紅山)이라는 종산(宗山)이지요. 버들은 툰드라(馴鹿유목초지)~타

몽골스텝 늑대의 울소

이가~스텝(기마 羊유목초지)과 농경지대에 두루 존재한답니다. 황소가 그렇듯, 곰과 늑대도 그러하고요. 예서는 우선 한국 범종의 움통에서 우러나오는, 심금을 울리는 흐느낌이랄 태고의 모태회귀 귀곡성(鬼哭聲)-늑대울음소리만 들어보려 합니다.

1990년 초에 이 땅에 함께 발을 디뎠던, 한국범종학회장을 역임한 정명호 교수님과 요즘 이런 얘기를 주고받곤 하지요. "북방몽골로이드의 시원적인 태반의 소리인 늑대의 울음소리를 한국의 범종소리에서 듣는 듯하다는." 청동기시대 기원일 한국범종 형태는 중·일·인도 땅에 모두 없고 범종소리는 더 더욱 그러합니다. 정 교수님은 무당의 무구(巫具)인 동탁(銅鐸)~동령(銅鈴)에서 그 기원을 찾고 있지요. 심정을 어루만져 달래주고 서로 흐느껴 울며 회개하고 용서하는 무당 굿거리 사설 가락에서랍니다.

단군왕검시대의 신권의 상징인 천부인(天符印) 3개가 비파형 청동단검과 동경, 그리고 청동무당방울이어서 현대 북방몽골로이드 3대 무구에 칼과 거울과 방울이 들어있음을 상기시켜본 것이리라 여겨집니다. 서양 성당의 종과 타격방식이나 사용목적이 전혀 다른 불구(佛具)인 한국범종에서는, 적절한 주기의 강렬한 맥놀이가 음향에너지 변화를 줌으로써 끊어질 듯 이어지는 애간장이 타는 감동의 소리를 만들어내지요.

정 교수님은 그 맥놀이의 신비스런 범종 음색의 비밀을 몽골고원 태초의 늑대소리에서 가녀리게 감지했나 봅니다. 어미늑대의 부드럽고 애처로운 음조에 맞춘 듯한 절묘한 화음이라고 여겼나 싶네요.

소, 양, 말, 개, 가젤, 타르박, 여우 …. 초원에 사는 동물 중에 울음소리를 저렇게 길게 끄는 동물이 있니? 그건 오로지 "오우~ 오우~" 하는 늑대의 울음소리와 몽골 민가(民歌)에서만 들을 수 있는 특징이야. 호송화의 '몽골찬가' 창법—길게 끌고 많이 꺾는 게 다 늑대 울음소리를 모방한 것이었나 봐. 몇 년 동안 우리가 그렇게 많은 몽골 민가를 들었는데도, 그중에서 긴 떨림 음과 꺾임 음, 늘림 음이 없는 노래는 거의 하나도 없잖아!

한국과는 아주 달리, 근래 중원천지를 온통 뒤흔들어놓고 있는 소설 강융(姜戎)의 『늑대토템(狼圖騰)』(김영사, 2008 번역본)의 한 구절입니다. 늑대 울음소리와 몽골민가의 광활하고 긴 음색 비교는, 북방유목몽골로이드 태반 기원(起源)인 장가조(長歌調) 한국민요 아리랑 가락의 그것과 그대로 접맥되는 건 아닐까요? 한국 범종의 애잔한 음색이 오버랩 되는 ….

늑대만 하늘을 향해 짓고, 천손족(天孫族)-Altan urug인 사람만이 하늘을 향해 기도한다지요. 텡그리(天帝)를 섬길 줄 아는 유일한 존재. 허구한 날들에 북방유목몽골로이드들은 하늘을 향해 괴로운 속마음을 털어놓곤 했답니다. 그이들의 전설에도 사람을 기른 늑대는 있어도 늑대를 기른 사람은 없습니다. 문득 몽골불교사를 전공하는 김성수 여교수에게 간구하고 싶었지요.

"몽골땅 코리안 사찰-고려사(高麗寺)의 한국 범종이 그 움통을 되살려, 천만년 쌓여온 몽골 활겨레(弓族)의 비장한 불음(佛音)을 몽골초원에 에밀레 종(성덕대왕신종 국보 제29호 통일신라시대 /경주국립박물관 소재/3.75X2.27m) 소리처럼 애잔하게 울려 퍼져나게 할 수는 없겠느냐?"고 말입니다.

Boka(발해), 늑대토템 유목태반 기원 주도 Gooli(高麗)왕국
[2013.9.30]

1992년 7월 30일에 우리 몽·한동몽골대탐사대 20여 명은 다싱안링 북부 부이르 호반 보카(Boka : 渤海) 차간 한(白王)의 훌란 Gooli공주와 칭기스칸이 첫밤을 보낸 칭기싱 혜름(成吉思汗城) 터 서쪽 건너편 호반을 따라 싱안링 서남부스텝을 달려 내려오다가, 유명한 신석기 유적지 탐사크볼락에 이르렀지요. 초기 신석기 유물 조각과 토기 파편들을 줍고, 1939년 노몬한(弓王이란 뜻의 지명) 전투가 치열했던 격전지라서 1938이란 글자가 찍힌 탄피도 몇 점 거두었습니다.

해가 저물도록 막막하고 거대한 탐사크볼락 스텝 분지를 달리고 또 달렸지요. 그런데 한 가지 신기한 것은 풀이 허리 위까지 무성하게 자란 이 무진장한 목초지대에 양과 말이 한 마리도 끝내 보이지 않았다는 겁니다. 가다가 날이 저물어 야영을 할 요량으로 차에서들 내렸습니다. 그런데 내리자마자 전 대원들이 발을 땅에 못 붙이고 팔딱 팔딱 뛰기 시작했지요. 유명한 독종 대형모기 소굴이었던 겁니다. 그래서 양과 말이 얼씬도 못하는, 스텝지대에선 찾아보기 힘든 드넓고도 무성한 목초 밭임을 미처 몰랐던 거죠.

모기향, 바르는 모기약이나 모깃불이 모두 허사고 오로지 모기장만 겨우 유효할 뿐인데 준비된 게 아주 적어서 낭패였습니다. 당장 급해서 우선 근처의 군부대로라도 뛰어들고 보자는 권영순 초대 몽골대사님의 급박한 제안이 나올 정도였지요. 물론 암구호도 모르는 황야의 밤길에 군부대 접근은 자살행위일 수 있습니다. 당연히 몽골대원들이 극구 만류했어요.

『몽골민담』을 읽으면서 어렴풋이 입력된, 몽골 어린이가 황야에서 길을 잃고 밤새 헤매다가 모기에 물려 죽고 말았다는 얘기가 그 경황 중에도 실감나게 상기됐어요. 그렇게 추위와 강풍 속의 공포, 견딜 수 없는 따가움에 시달리며 그 밤을 가까스로 넘겼지요.

귀국후 언젠가 국내학술회의 뒷풀이자리 담소 중에 "발해(Boka)연안에 지금 늑대가 있나요?"라는 청장년 세대의 질문이 쇄도해 격세지감이 실감됐지요. 더군다나 그 당시에 몽골대스텝과 직결되는 발해연안엔 늑대들이 득실댔음에 틀림이 없었을 겁니다. 발해연안-홍산(紅山)문명권 서북단을 넘어 따라 올라가노라면 이내 이르는 탐사크볼락 늪지대스텝이랍니다.

1950년 전후에 충청도 진천-병천의 산촌 고향에서 어린시절의 난, 늘 늑대소리를 자장가로 들으며 잠이 들곤 했습니다. 동몽골 탐사크볼락 늪지 스텝의 모기소굴 험악한 잠자리 비좁은 모기장 속에서 웅크리고 앉아, 난 그 아득한 세월 속으로 까마득히 사라져버린 옛 자장가를 40여년 만에 다시 들으며 꿈결 같은 단잠을 잠깐 이루었답니다. 길딞의 역사란 이토록 사무치는 추억으로, 이런 와중에도 때로 새삼 되살아나는가 봅니다.

홀룬부이르 몽골스텝 하일라르 강변 헤름트에서 칭기스칸과 초야를 치룬 홀란 고올리 공주의 아버지 우와스 메르키드(Uwas Merkid) 다이르 우순 카한을 롭상단잔의『알탄톰치』에서는 보카(渤海) 차간 카한(白王)이라고 적고 있습니다. 물이 서해[황해]가 아닌 동해로 흘러드는 발해카한국 영역에서는 대체로 발해(Boka : 渤海)를 그대로 Gooli(高麗)로 자칭해왔지요.

그 Gooli(高麗)-Boka(渤海)가 늑대토템을 상징하는 이름이고 늑대는 유목의 표상이라면, 시원 고올리-고구려가 유목태반 기원 주도 유목제국(Pastoral nomadic empire)임은 너무나도 자명하지 않은가요? 강융(姜戎)의 소설『늑대토템(狼圖騰)』(김영사, 2008 번역본)이 장성(長城) 이북 늑대토템으로 전중원 천지를 온통 도배질하고 있는 지금의 중국이라면, 이런 코리아의 늑대토템 "Boka의 깃발"이 조금도 거칠 것이 없으련만….

몽·한수교 후 1990년대에 베. 수미야바타르 교수님과 오치르(T.A. Ochir) 교수님이 몽골의 발해=Boka : 늑대 토템어 인식 관행을 우리에게 일깨워 주었고, 2000년 초에 이성규 교수님이『체벨사전』에서 다시 검색해 주었지요. 그래서 한국학계 한구석에선 이미 소개된 역사정보[주채혁,『순록유목제국론』, 백산자료원, 2008]였습니다.

그리고 마침내 주정은의『渤海(Boka) 늑대왕국』(2009)이 출간돼 늑대토템 유목 기원 코리(高麗)왕국을 공개 제안케 됐고, 근래에 타이완에서 열린 국제학술대회[김정배 당시 한국학중앙연구원장 주관]에서 몽골학자가 이를 공개 거론케 해 언론을 타면서 한국학계에서도 자못 주목하게 됐습니다.

유목과 농경, 다·샤오·와이싱안링과 T자형 백두대간이라는 두 생태권의 오랜 역사적인 교호작용과정에서 주로 그 기본 틀을 짜온「한국사」에도, 소설『늑대토템』이 한국과는 아주 달리 근래 중원천지를 온통 뒤흔들어오고 있는 터에 중국사학계 못지않게 뜻밖에 더 큰 서광이 비쳐올지 모르지요.

조선의 뿌리는 소얀족?
[2013.10.7]

1999년 8월 11일, 다싱안링 북부 훌룬부이르 몽골스텝 몽골조상의 제사터 가셴둥 소재지 오룬춘 민족박물관에 들렀습니다.

『몽골비사』연구자 아. 아르다잡 교수님과 박물관 진열장을 둘러보며 이야기를 나누다가 아주 너무나도 우연히 조선의 조(朝)는 순록유목민을 가리키는 몽골말 '차탕(chaatang)'의 '차아(chaa)'나 축치족 말 '차오추(chaochu)'의 '차오(chao)'에 해당한다는 것과 선(鮮)은 순록의 겨울먹이 선(蘚), 곧 이끼가 자라는 스텝의 연장선상에 있는 타이가-툰드라지대에 편재하는 야트막한 산(小山 : Sopka)이라는 착상을 한 후에, 둘이 함께 문헌을 뒤지며 토론을 벌여 마침내 그런 결론을 함께 도출해내기에 이르렀지요.

이른바 학문으로 하는 애국애족이든 진리의 천착이든 너무 치열한 독선적 경쟁이 싫어, 무리를 이탈해 한가로이 무작정 홀로 떠나온 몽골유목 태반 천착 탐삿길이기도 했지만, 일단 신기한 문제가 잡히자 집요하게 미친 듯이 말려들어가기 시작했습니다. 타고난 천성인지도 모르지요. 그러나 그냥 그렇게 한없이 즐길 뿐, 세상 문제를 다 풀어보겠다는 갸륵한 희생정신이나 거창한 허욕 같은 건 그때나 지금이나 별로 없나봅니다.

훌룬부이르 몽골스텝 캠프에서 둘이 더불어 관계 자료를 뒤지다가, 청말 역사지리학자 정겸(丁謙, 1843~1919)의 『후한서 오환선비전 지리고증』에서 '대선비산이 러시아의 이르쿠츠크성 북쪽에서 퉁구스하 사이에 있다'고 한 글을 찾아냈지요.

떡 본 김에 제사지낸다고 이듬해인 2001년 여름방학엔 시베리아 대선비산-동·서Soyon산맥으로 무작정 내달렸습니다. 유명한 탁발선비(拓拔鮮卑)의 석각 축문이 발견된 가셴둥이 있는 훌룬부이르 몽골스텝지역의 산 이름이 대선비산이기 때문입니다.

무모하게도 난생 처음 가는 서시베리아 일대 험산지대를 김태옥 박사(러시아 현대시학, 당시 어학연수중)와 단 둘이 43일간을 헤매다가 마침내 알타이산

'조선'의 뿌리는 소안族?(『문화일보』 2001년 11월 30일)

과 바이칼 호 사이에 있는 동·서사얀(鮮 : Sayan, 러시아어 발음)산이 그 대선비산임을 투바대학교 사학과 아바예프와 헤르테크 교수 등을 만나 함께 토론하는 과정에서 드디어 확인하게 됐지요.

소얀(鮮·Соян)족이 들어와 살아서 사얀(Саян)산이 됐다는 점이 정겸의 고증과 일치했습니다. 조선겨레가 들어와 살아서 조선산(朝鮮山)이 됐다는 얘기지요. '투바'라는 종족명이 탁발(Topa)선비칸국 북위가 창업된 뒤에 생긴 이름인 것도 막 출판된 '투바사'를 통해 확인했어요. 더군다나 '소얀'은 유목민의 주식인 젖을 주는 암사슴 '수간(sugan : 다구르어, Сараион : 투르크어)'이라는 말이 13세기경에 'g'음이 탈락하면서 생겨난 이름이라는 견해까지 들었습니다.

델리엥코와 마피아르추크의 논문 「아메리카 원주민의 기원지에 관한 연구」에서 아메리카 인디언들이 이곳에서 기원됐다고 보고했듯이 실제로 많은 북아시아민족들이 알타이-사얀산맥을 태반으로 태동됐으며 조선족이나 선비족도 이 범주에 속한다고 추정해 볼 수 있다는 것이, 때마침 이곳 종족들의 데옥시리보핵산(DNA) 검사차 온 러시아과학아카데미 동물유전학자 자하로프 교수님의 견해이기도 합니다.

알타이산맥 최고봉이 해발 4500m가 넘을 정도로 원체 높아 이의 외호(外護)

를 받으면서 사얀산맥에 살아온 투바계의 여러 종족들은 거의 유럽계 백인의 피가 안 섞인 채로 광활하고 기름진 산중 스텝을 식량생산 기지로 삼아 북아시아민족들의 태반을 형성해 낼 수 있었다는 것이지요.

「조선의 뿌리는 소얀족?」은『문화일보』2001년 11월 30일자 칼럼 제목입니다. 이 글이 나가자 통한의 한숨을 내쉬며 자제를 갈구하는 전화를 주신 분도 계시지요. 조선의 뿌리는 홍산(紅山)인데, 왜 자꾸 헷갈리게 하느냐는 거였나 봅니다. IT·BT·NT 혁명이 너무나도 초고속으로 이루어져가는 탓인가 봅니다.

그러나 하나 분명한 것은 몽골세계유목제국의 수도는 대도(大都)-오늘날의 베이징이지만 그건 유목주도 농경통합의 유목몽골세계제국 중심일 뿐, 주도 유목몽골족의 태반은 어디까지나 시베리아 몽골고원이라는 거지요. 본질적으로 공활한 스텝·타이가·툰드라의 유목과 상대적인 협역 농업지대 농경의 교호작용이 창업해온 동북아제국사임을 직시해야 하지 않을지요?

콜럼버스의 팍스 몽골리카 드림, 팍스 아메리카나 물꼬트다
[2013.10.14]

인류사가 결과적으로 세계제국을 지향해 발전해나온 것이라면, USA 해양세계제국 팍스 아메리카나는 Mongol 스텝세계제국 팍스 몽골리카의 계기적(繼起的) 발전의 결실이라는 시각에서도 정리돼야 하겠지요.

대체로 사람들은 크리스토퍼 콜럼버스(Christoher Columbus, 1446~1506)가 팍스 아메리카나의 부푼 큰 꿈을 안고 신대륙을 발견한 것으로 착각하고 있습니다. 이는 훗날의 결과일 뿐이고 실은, 그 자신은 어디까지나 에스파냐 국왕의 친서를 그란 칸[契丹汗 : 몽골 칸? : 실은 당시의 명 영락제]에게 전달하겠다는 결의를 다지며 고국을 떠나 장도의 항해 길에 올랐고 그래서 마침내 대도(Khanbalik : 京師=北京)가 자리잡고 있는 구대륙 몽골제국영역(東方 : India=Mongol)에 상륙한 것으로 죽는 순간까지 확신하고 있었을 뿐이어서지요.

　지금은 새로운 강국으로 크게 부상하고 있다지만, 실은 유목 몽골세계제국 팍스 몽골리카에서 오늘날의 팍스 아메리카나에 이르기까지의 계기적인 발전 과정에서의 중국이나 인도의 역사는 팍스 몽골리카의 다양한 전개과정에 지나지 않습니다. 중국은 1911년 신해혁명 이전까지는 몽골제국의 계승을 표방하는 만주제국(Manchu Empire)-대청제국으로, 인도 역시 1877년 대영제국 식민제국으로 영국 국왕 주도 하에 그를 왕으로 섬기는 인도제국이 성립되기 이전까지는 몽골(Mongol)제국의 변형된 이름인 무굴제국(Mughul Empire, 1526~1857)으로 존속돼왔으니까요.

　이슬람과의 끊임없는 전쟁을 치르고 있던 유럽의 중세시대엔, 서구인들은 동방에서 나타날 한 사람의 영웅인 Prester John이 이교도를 타도하고 크리스트 교를 구원하러 오리라고 간절히 믿었지요. 십자군의 주적인 막강한 셀주크 터키군을 일거에 제압한 무적의 카라키타이(黑遼 : 西遼=西契丹; Cathey)군의 위세를 우러르면서 동방의 구세주 기독교 군주를 몽상해오던 시절부터 팍스 몽골리카 하에서 세계의 중심 몽골 대도로 몰려왔던 마르코 폴로를 비롯한 상인, 사제와 각종 기능인들이 줄지어 이르렀던 절정기에 이르기까지 동북아시 아는 명실공히 세계제국의 한 중심이었고 그 주도 창업세력은 엄연히 시베리아 스텝의 유목몽골로이드였습니다.

　물론 선비족 유목무력이 주맥을 이루며 창업된 대당제국 하 신라의 해상왕 장보고의 동남 태평양 해상 제패사가 이미 저변에 깔려온 터전 위에 몽골유목제 국의 해양경영위업이 압도적으로 가세한 것이기는 하지만, 여몽연합군의 일본 정벌 중 가미카제 신화가 빚어질 만큼 일본열도인들을 혼줄나게 한 일본열도사를 빚은 세계사적인 해전과 쿠빌라이 대칸의 해상전초기지 탐라도 (耽羅都) 경영 구상, 1405~1433년까지 28년 동안 7차례에 걸쳐 진행된 명나라 정화의 해상 대원정과정에서 축적된 해양 장악력과 지구는 둥굴다는 추론이 움트는 등의 혁명적인 세계관의 확대가, 뜻밖에도 1492년 콜럼버스 신대륙 상륙이라는 그 자신이 꿈도 꾸어본 적이 없는 획기적인 역사적 이정표를 세운 일대의 과업을 결과적으로 빚어내게 했던 거지요.

　그후 거북선으로 상징되는 세계전사 상 길이 남을 이순신의 임진왜란 해전

대승첩이 모두 이런 팍스 몽골리카 해전전력의 광범한 축적·발전의 터전 위에 이룩되고, 산업혁명 이후 스텝의 말과 활을 대신하여 함선과 함포, 항공모함과 미사일 및 핵무기가 등장하면서 태평양의 전운 쓰나미가 파동치는 가운데 한국을 위요한 태평양시대가 열려 인류의 평화공존을 매섭게 다그치고 있는 지금입니다.

서구 산업혁명 이후 특히 1842년 경의 아편전쟁과 이에 다시 계기적으로 발전하는 청일, 러일전쟁과 일정시대의 한반도사, 태평양전쟁(1941~1945)과 남북분단 및 6·25사변이 오늘날 한국의 태평양시대를 여는 일련의 역사배경을 이루었지요. 그렇지만 차원 높은 세계사의 창조를 지향하는 역사의 흐름으로 볼 적에 이들은 모두 팍스 몽골리카에서 팍스 아메리카나로, 스텝세계제국에서 해양세계제국으로 발돋움하는 일련의 주류들이라는 성격을 갖는 것이 아닐까요? 이들을 역사적으로 청산·계승하며 또 다른 차원의 태평양시대 새 문화누리를 열어가는 진통과정이 오늘날 우리의 몸부림일 수 있겠지요. 큰 틀에서 이렇게 체계적으로 정리해 입력해보는 역사적 작업이 이루어져가야 하겠습니다.

팍스 몽골리카를 한 중심에서 살아내 조선왕조를 이룩해냈고 팍스 아메리카나 그 주류를 헤치며 살아내고 있는 팍스 코리아나 지향 남대한(南大韓) 새차원 정보산업 예비군이 콜럼버스처럼 가령 팍스 아메리카나를 꿈꾸며 뉴욕과 로스앤젤스로 맹렬히 진출해 간다고 하더라도, 그 예상되는 열매는 양자를 청산하고 계승하면서 불가측의 시공에서 독창해낼 또다른 차원의 새 문화누리 팍스 코리아나 그림일 수밖에 없으리라고 예상됩니다.

콜럼버스에 대해 개인적으로 관심을 가진 점은 그가 스페인인 아버지와 스페인계 유대인 어머니 사이에서 태어난 유대계라는 점이지요. 1990년 경의 어이없는 돌연한 사회주의 붕괴 와중에서도 바이칼 동남쪽 울란우데 광장에 의연히 살아남은 게 거대한 레닌 머리동상인데, 현지 부리아드 코리인들은 이는 그의 할머니가 카스피 해~볼가 강 지역에 사는 유럽의 칼미크 몽골인 출신이고 어머니 알렉산드라는 기독교로 개종한 독일계 유대인이어서라고 합니다. 유대계인 그들은 끝없는 불굴의 개척적 도전 정신과 뿌리를 하늘로 모시는 자존신앙이 서로 닮았고 상황에 따라 유목적 디아스포라 경향을 띄는 것까지도 너무나 유사했지요.

그간 20여 년간의 유목현지 탐사과정에서 시베리아 오지에서 만난, 그런 점에서 한족(漢族)과 크게 차별화 되는 조선족 현지 개척자들이나 한국인 개척 전도사들도 매우 이네들과 서로 유사하다고 느꼈고요. 그래서 코리안 디아스포라 중에 현실적으로 여러가지 치명적이라 할 내적 갈등을 겪고 있음에도 불구하고 그 장구한 유목사적 태반 기원 배경으로 미루어보아, 너무나 뜻밖에도 팍스 코리아나 새 문화누리를 열 한국인 콜럼버스가 있으리라는 꿈을 난 오늘도 새삼 꾸어보게 됩니다.

삼족오의 태초를 둔 명상
[2013.10.21]

근래에 삼족오(三足烏)에 대해 구체적으로 다양한 많은 사료들을 수집 분석해 체계적으로 정리 해석해내는 글들이 나오고 있는 것은, 참 다행스런 일이라고 봅니다.

그런데 왜 하필 3이냐 하는 등의 문제를 푸는데 그 나름대로 해석들을 내 놓지만, 그게 왜 어느 시기에 어느 개인이나 집단에게 특별히 그렇게 인지되고 사유돼왔느냐에 관한 생태사적 배경 해석들은 비교적 논리가 좀 궁색한 듯하네요. 자칫 어떤 특정 신앙적 도그마(dogma)에 빠질 우려도 없지 않은 듯해서 썩 뒷맛이 개운하지만은 않습니다.

그것이 왕권의 상징이라든가 천명의 전달자나 곡령으로 솟대나 주작, 봉황 문장[한국 대통령 상징]과도 연계될 가능성이 있다는 견해도 있습니다. 종래의 견해들을 구체적인 사료들을 수집 분석해 체계적으로 해석해내 더욱 설득력 있게 서술하고 있다는 점은 바람직한 경향이겠지만, 거의 모두 왕권강화-호국신앙에 초점이 맞춰지고 있다는 것은 발전사관을 염두에 두더라도 좀 그렇습니다.

현생인류인 호모 사피엔스가 등장한 지가 60,000년이나 되고 식량생산단계
는 겨우 1만2천년 전부터라는 점을 생각하면, 식량생산 이전엔 물론 대략
5,400년 이전에는 국가나 왕권이란 아직 출현도 안 된 터인데, 과연 그래도
될까 하는 우려가 앞섭니다. 마치 신제국주의 재창출을 위한 역사유산 해석이
라는 작위성마저 느껴지지요. 물론 험난한 시대생태 속에서 살아남기 위해서는
불가결한 일일 수도 있겠지요.

그렇지만 어느 정도까진, 상호 단절된 개체의 불완전 생존 추구만을 위한
역사적인 변질 이전의 태초 본모습을 복원해보는 여유와 단안도 필요하겠지요.
북극해 쪽 툰드라 어느 차탕-순록치기(Chaatang)들은, 사람이 죽으면 시신을
들짐승들이 먹기 좋게 조각내 들판에 놓아두고 며칠 후에 와서 그 잔해를
거두며 잘 발라먹었으면 천국에 갔다고 기뻐한다네요. 근래에 서구 탐험가들
이 '야만'이라고 보고한 그 원주민들의 장례식이지요.

그런데 그들 수렵·유목하는 원주민들의 심정 속에는 "나도 산목숨을 잡아먹
으며 일생을 연명해왔으니, 나 또한 다른 한 산목숨의 양식이 되어주어야
한다"는 지극히 감동스러운 소박한 양심이 한결같이 아로새겨져 있다고 합니
다. 사후 시신을 수술실 시술용으로 맡기고 떠나는 이들의 성스러운 헌신심정
이, 애니미즘(Animism)에 젖어 살고 죽는 이이들의 진정성과 접목되는 점은
아주 없을까요?

어차피 죽으면 미생물들이 분해해 그들의 양식을 삼을 시신인데, 시대
생태에 적응하는 터이겠지만 전기로 화장터에서 새까맣게 바싹 태워 재로
유골함에 담아 생명의 생기보충에 기여도 못하게 하는 장례문화가 꼭 더
경건하고 문명화한 것이기만 할까요?

아마도 차탕(朝族)-순록치기들은 시신이 짐승들의 먹이로 온전히 헌신된
그 영혼만이, 시신을 먹는다는 까마귀 몸으로 화신해 삼족오 일상문(日象文)처
럼 하늘나라인 해에 영원히 머물러 살고 있다고 신앙하는지도 모르지요.

1970년경 어느 날 서울 조계사에서 설법을 청강하고 나오는 청강생들이
설법하신 이기영 선생님과 담소하는 가운데 "호국불교가 …" 하고 같은 말이
되풀이되니까 "호국불교, 호국불교 하지 말아요! 석가모니 부처님이 왕좌를

버리고" 하시며 몹시 불편한 심기를 드러내 보이시던 그 때 그 장면이 새삼 상기됩니다.

DMZ을 끌어안고 숨 쉬는 우리가, 우리를 둘러싼 광신적인 호국귀(護國鬼)집단들의 인류공멸 핵놀음 난장판에서 언제 어떻게 희생될지도 모르는 판국이지요. 이런 엄중한 세태 속에서 나부터라도 우리의 뿌리[朝鮮겨레]일 수가 있는 차탕의 순박한 신앙본질에도 눈을 돌려 삼족오를 또 다른 생명사랑의 심정적 태초 원조 상징으로 제대로 되살려 내보려는 일은, 진정 어이없는 작업이기만 할까요? 그래서 활겨레(弓族) 코리(槁離)설과는 좀 달라보이는 코리의 까마귀 신앙 유래설도 시원조선 차탕겨레 차원에선 조장(鳥葬)전통과 연계해 조심스럽게 눈을 돌려볼 만 할지도 모릅니다.

등잔불도 촛불도 아닌 참으로 소중한 생명자체의 불인 반딧불이의 목숨불로 고구려 고분 어둠우주생태에서 그런대로 가녀린 시원 삼족오 일상문으로만 반짝여, 참목숨 사랑 넋얼(魂魄)이 나가 아주 돌아버린 적지 않은 호국귀들이 제정신만 들게 한다면야.

유라시아~태평양 시대의 접목, 디지털 노마드 Soyon(鮮)족 코리안의 소명
[2013.10.28]

티모페이 보르다체프 교수(러시아 국립고등경제대학교)는 국제컨퍼런스 '유라시아시대의 국제협력'(신라호텔 2013.10.18)에서 토론 중에 "조선(朝鮮)은 가장 유라시아적 국가"라고 지적해 한국인 좌중을 좀 어리둥절하게 했습니다.

한국인의 주류 핵심이 북유라시아를 태반으로 태어나 아주 오랫동안 활약하다가 한반도에 정착한 가장 유목성이 짙은 부류 중의 하나라는 인식이 우리에게 거의 전무한 터이고 보면, 너무나도 당연한 반응일 수도 있겠지요. 그렇지만 대부분의 북유라시아인들이 한국인을 보는 상식적인 눈은 아주 딴판이었던 겁니다.

다시 한번 더 강조하려 합니다. 신간 문제작 『어제까지의 세계』(번역본,

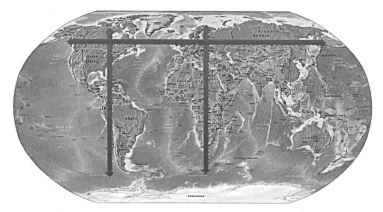

아메리카나 아프리카와는 달리 유라시아대륙은 동·서축인 등온대(等溫帶)로 되어 있어 이동이 용이할 뿐만 아니라, 기동력이 뛰어난 순록~양유목지대로 구성돼 있는 북유라시아~북아메리카 지대는 유목기동(遊牧機動) 가능 지대.

김영사)의 저자 재레드 다이아몬드는 『총·균·쇠-무기·병균·금속이 어떻게 문명의 불평등을 낳았는가』라는 유명한 그의 논저에서, "아메리카나 아프리카와는 달리 유라시아대륙은 동·서축으로 되어 있어 등온대(等溫帶)를 이루면서 사람과 기술의 이동이 용이했다"는 탁월한 견해를 피력했습니다.

이에 다시, 순록~기마 양유목이라는 유라시아 유목의 골간을 이루는 2대 유목적 기동력과 타격력이 각각 제철에 더불어 주도적으로 가세해 그 발전을 가속화해냈던 것은 더 말할 나위가 없겠지요.

인류사는 대체로 세계사를 지향해 발전해왔다고 할 수 있습니다. 무한개방·무한경쟁에서 최후의 1인 승자가 세계제국의 창업주가 되게 마련인데, 그 태반을 스텝에서 말의 기동성과 활의 타격력으로 몽골유목세계제국을 창업한 칭기스칸이 이룩했답니다. 그런데, 그런 몽골세계제국이 다시 바다를 무대로 무한개방·무한경쟁으로 치달아 나아가는 과정에서, 이들의 역사적 유산을 계승하고 청산하면서 산업화에 성공해 함선의 기동력과 함포의 타격력을 확보한 구미제국에로 이들의 바톤이 넘겨졌고요.

팍스 몽골리카를 역사적으로 계승·청산한 팍스 아메리카나가 그것이지요. 이는 다시 항공모함과 인공위성을 만들어내면서 정보화시대인 지금 우주제국 시대로 치닫는 중이라 하겠습니다.

이런 역사적인 현단계에서 팍스 몽골리카의 몸통인 유라시아시대를 대서양~태평양시대로 역사적으로 계승 청산하며 우주제국 차원으로 발전시킬 핵심 물꼬를 터내야 할 금세기의 시대적 소명은, 뜻밖에도 한반도의 우리에게도 적지 아니 주어진 것이 아닐까 하는 생각이 듭니다.

이 국제 컨퍼런스 기조연설에서 박근혜 대통령은 이런 역사적 거대조류의 흐름에서 한반도의 분단이 병목현상을 빚고 있음을 언급했지만, 실은 이는 단순한 한반도의 남북통일의 문제만이 아니라 팍스 몽골리카~팍스 아메리카나의 역사적 계승과 청산을 통한 보다 온전한 세계 신생태체제를 창출해내야 하는 인류사 상의 시대적 과제와 맞닿아 있는 일대의 문제일 수 있겠지요.

그리고 지금 우리가 우리의 입지를 어떻게 인식하고 있든, 그 과업 성취 문제의 한 중심에 자리잡고 있는 것은 엄연한 현실입니다. 물론 지구촌이 함께 빚어온 세계사적인 과업이므로, 전인류가 동참해 풀어나가도록 함께 헌신해 조율케 하는 중핵 조율사역을 맡아야 할 우리일지도 모릅니다.

몽골제국이 바다제국을 꿈꾸며 구상하고 일부 구체적으로 착수하기도 했던 해상 전진 기지인 대원제국 탐라도 해중 궁궐터에, 이젠 스텝제국과 바다제국을 역사적으로 전승 청산하고 이를 뛰어넘는 우주제국 차원의 보다 더 온전한 새 생태 창출을 위한 유엔 산하 관계연구센터를 세우는 구상이 필요할지도 모르지요. 그래서 유엔 산하 가칭 '유라시아~태평양 시대 연구센터' 창설을 우리가 먼저 발의해 제언해보았으면 합니다.

이 시대 한반도의 지정학적 위치도 그러하거니와 티모페이 보르다체프 교수가 지적한대로 우리는 가장 유라시아적인 주체의 하나로 우랄 알타이~동·서 사얀 산맥 및 다·샤오·와이싱안링 권에서 우리를 소욘(鮮)족이라 일컫는데, 이는 순록유목민에게 그들의 주식인 젖을 주는 어미순록(Sugan)을 지칭하는 말에서 비롯된 겨레이름으로 북유라시아 유목의 거대 태반 순록유목에 기반을 둔 명칭이어서입니다.

우리 유전체 줄기세포에는 디지털 노마드 소욘족 유전체가 이미 오랜 역사과정을 통해 설계돼왔다고 봅니다. 그래서 팍스 몽골리카와 팍스 아메리카나를 역사적으로나 현실적으로 물꼬 터, 유서 깊은 제주도에 두 차원의 세계제국을 접목·발전시키는 유엔 산하 가칭 "유라시아~태평양 시대 연구센터" 창설을 우리가 주도해 제안해볼 수는 없을까 하는 소박한 꿈을 꾸어봅니다.

북유라시아에서는 대체로 한국인을 선족(鮮族)이라고만 부릅니다. 위에 적시(摘示)한대로 우랄 알타이~동·서사얀산맥과 다·샤오·와이싱안링 일대에서 특히 주로 그렇게 일컫는데 바로 순록치기라는 뜻이지요. 그래서 난 우리 디지털 노마드 Soyon(鮮)족 코리안이 이 시대의 시대적 일대의 과업 수행의 한 중심에 긴요하게 그 주도적 일원으로 소명될 수밖에 없다고 굳게 믿습니다.

훌룬부이르 몽골스텝의 김(金)씨네들
[2013.11.4]

1999년 가을, 나는 낯선 몽골기원지 다싱안링 북부 훌룬부이르 몽골스텝에 다구르족 현지출신 몽골학자 아. 아르다잡 교수와 함께 400일 현지탐사를 위한 캠프를 차렸습니다. 내몽골사회과학원 역사연구소 객원교수의 자격으로 허락된 자리였습니다. 몇 해에 걸쳐 두어 차례 예비답사를 해둔 터이지만 탐사 근거지를 차리고서는 처음이었지요.

시간 여유를 가지고 전화번호부를 뒤지다가 김 씨 성을 가진 이들이 적지 않음을 보고 눈이 번쩍 뜨였지요. 이곳이 몽골의 기원지이자 고구려 고주몽으로 추정되는 고올리칸 석상이 서 있는 지역이어서 더욱 그랬습니다.

그런데 정작 전화를 걸어 당사자들을 인터뷰하는 과정에서, 그이들이 gold(金)와는 아주 무관하게 그이들의 조상대 거주지 헤이룽 강 상류 제야(Зея : Ewenki語, 칼날) 강 곧 Chingkir(精奇里) 강의 Ching(精)자가 김(金 : Chin)자와 발음이 유사해 그렇게 성자를 김(金)으로 쓰고 있는 다구르족들인 것을 알고 실소를 금치 못했습니다. 탐사대원인 다구르족 아. 아르다잡 교수도 이런 사실을 확인해줬지요.

근래에 만세일계 김씨 계보를 역사적으로 집요하게 추적해보려는 야심찬 이들이 꽤 있는 걸 알고는 자못 놀라게 됩니다. 한국에 김씨 성이 21.7%로 가장 많아서, 한국인 치고 실은 수천 년간 더불어 김씨와 친인척관계를 전혀 맺은 적이 없는 사람은 거의 없겠지요.

그렇지만 그래도 일본의 황통(皇統)을 타고난 천황(天皇)을 "태양신"의 후손인 만세일계(萬歲一系)의 살아있는 현인신(現人神, あらひとがみ)으로 상징 조작, 지극히 신격화해 주입시키며 일대 전운을 몰고오던 일정 하의 황당한 기억을 되새기게 할 수도 있어서입니다. 좀 더 깊숙이 BT시대권에 들어 유전자 검사가 일반화해 혹시 저마다 주민등록증에라도 그 결과가 등록되게 된다면, 과연 어떤 상황이 벌어질까요?

김씨의 유래지로 추정되고 있는 북유라시아권역에서는 김씨가 대체로 우리처럼 김씨혈족(金姓)을 뜻하는 고유명사가 아니고 황금빛 해(黃金太陽)로 상징되는 황손-천손(天孫) : 칸의 핏줄을 일컫는 보통명사일 뿐이라는 점을 유념할 필요가 있습니다.

박, 석, 김, 고, 서, 양, 부, 주, 왕이나 이씨를 막론하고 누구나 창업해 황제-칸이 되면 다 금메달을 딴 챔피언처럼 김(Gold)족-"황금가족"이 되는 셈이지요. 실제로 만주제국 황손은 애신각라(愛新覺羅 : Aisingiorro-황금겨레)와 김(金 : Gold)씨를 모두 성으로 쓰기도 합니다. Royal family의 선원(璿源 : 왕실의 근원과 世系)의 표상이라고나 할까요?

칭기스칸은 알탄 우룩(Altan urug-황금씨족)으로만 일컫지만, 구체적으로는 특정 눈동자 색깔대로 갈라 부르는 보르지긴(Borjigin : 博爾濟吉特)이란 상징호칭으로 한자표기는 포(包)나 파(波) 등으로 부르고 있지요.

철기시대 이후 고대국가가 성립돼 정·교가 분리되면서는 황금으로 천주상(Golden Man)을 만들어 모시는 제사장을 김(Gold)씨라고 하기도 했는데, 사제가 황제 예하에 들게 되면서는 황권의 눈 밖에 나면 교체되는 사례가 있습니다.

해의 빛깔이 대체로, 고원 건조지대에서는 황금빛(Altan gerel)으로 한랭 저습지대에서는 붉은 빛으로 보이게 마련인가 봅니다. 해를 하늘로 보고 황손을 천손으로 보았지만, 김씨 천손의 경우는 앞의 경우에 해당하는 것 같습니다. 홍태양이 아닌 "황(금)태양"이란 거지요. 박(朴)씨 천손이 아닌 김(金)

씨 천손 신앙의 소산이랄 수 있을지도 모르겠습니다.

그래서 그 주요 역사적 태반이 툰드라나 타이가보다는 사막이나 스텝과 더 직관될 수 있겠고요. 더욱이 김씨의 신라의 경우에는, 그 국명 신라도 황금빛 "샤르"(黃金光彩 : Illap, 몽골어, 페르시아어도 동일-김정위 교수님)에서 유래됐을 가능성이 있어 보여 더욱 그러합니다. 그래서 특히 신라 김씨는 당시 스텝의 최첨단 "기마 양유목"에 뿌리를 가졌을 가능성이 아주 크다는 거지요.

아내를 빌려주는 유목몽골로이드, 처용? 봉금(封禁)은 멸종전략!

[2013.11.11]

1992년 8월 초에 고올리칸(Gooli khan) 석상이 좌정하고 있는 몽골의 기원지 다싱안링 북부 부이르 호반에 도착했을 적에 놀란 것은, 이 지역 원주민들 가운데 유별나게 기형에 가까운 사람들이 종종 눈에 띄었기 때문이었습니다. 뒤에 사연을 듣고 보니 만주족의 청나라가 200여 년을 숙적인 이곳 몽골 원주민들을 봉금해버린 참혹한 결과라는 거였지요.

만주제국 청이 몽골의 기원지 공활한 훌룬부이르 몽골스텝을 봉금지대(封禁地帶)로 삼아 근친결혼을 수백 년간 지속할 수밖에 없게 해서 몽골족을 도태시키고 승과(僧科)라는 제도적 장치를 통해 유능한 몽골남자들을 라마승이 되도록 대거 유도해온 사실은, 널리 알려져 있습니다.

이런 과정에서 1750년경에 만주의 유목제국 청조의 강희제가 몽골고원의 기마 양유목민이 세운 최후의 몽골제국 준가르칸국을 공멸한 세계사적인 대참살 사건을 분계선으로 하여, 결국 인류사의 주도권이 스텝 유목제국에서 해양 산업제국권으로 급속히 넘어가게까지 됐다고 보기도 하지요[피터 C. 퍼듀, 『중국의 서진 : 청의 중앙유라시아 정복사』, 길, 2012 번역본 참조].

이는 유목제국역사권 자체 내부의 오랜 역사적인 배경을 갖는 예(濊 : 숫水獺 사냥꾼 종족)와 맥(貊 : 山獺 사냥꾼 종족) 또는 순록유목 태반과 양유목 태반으로의 오랜 적응적 진화를 이룬 집단 간의 다양한 내부갈등 요소들이 결정적으로 응축돼 작용하면서 적전 자멸을 촉진하는 결과를 초래했음을 암시하기도 해서, 자못 주목됩니다.

이른 시기로 올라갈수록 "광역소수"의 인구구조는 더 심화되고, 이는 순록유목 목초든 양유목 목초든 상대적인 고원 건조지대의 피할 수 없는, 극도로 열악한 유목가축 목초의 생태조건에서 비롯되는 것이겠지요. 보통 몇 십리에 2~3가구가 한 단위로 흩어져 살아 근친혼이 불가피할 수가 있고, 그런 오랜 결과는 종족의 자연도태를 초래케 마련이서입니다.

그래서 유목몽골로이드들에게는 "우물은 가까울수록 좋고 처가는 멀수록 좋다"는 속담이 있게 마련입니다. 식수 부족과 근친혼 자가도태 생태를 해결하려는 안간힘의 한 흔적이겠지요.

물론 유목 시베리아가 전통 농경민이 꿈도 꾸어보지 못할 만큼 원체 드넓어 처가가 멀다고 해도 아주 다른 이종족과의 결합 가능성은 특별한 경우가 아니면, 그리 흔한 일은 아닐 수 있겠지요.

그리고 이런 신혈(新血) 수혈이 갈급한 근친혼 회피 요구는, 기원전 10세기경 스텝을 무대로 철기로 무장한 기마 양유목이 일어날 무렵 이후라기보다는 그 이전인 훨씬 더 공활한 툰드라~타이가를 생태무대로 삼아 아주 더 오래 지속됐던 북방몽골로이드 시원유목이라 할 순록치기시절에 더 긴요했겠지요.

두둑한 자본력과 우수한 장비를 지닌 서구 탐험가들이 당시에 그이들 나름의 안이한 탐사과정에서 그 나름으로 보고한 이런 기행(奇行)에 가까운 결혼풍습은 물론, 시공 양면에서 모두 극도로 후진 이들 외딴 잔존 순록유목지대의 상황을 주로 그린 것이겠습니다.

이런 보고서를 읽으면서, 호사가 한국인 연구자들 중에 더러는 마누라를 외간 사내에게 빼앗기고 처용이 관계 무가(巫歌)와 무무(巫舞)로 마음을 삭이는 장면을 이에 연계시켜보는 좀 웃기는 촌극을 연출하기도 했지요. 그렇지만 실은 처용의 경우는 북방유목몽골로이드 생존차원의 절박한 생태현실 극복과정과는 서로 매우 다른, 그이들 나름의 성스러운 신앙의례에서 비롯된 사례로 봅니다.

유목현장의 이런 각박한 계대(繼代)생존 실태를 그이들의 쪽에서 절실하게 간파토록 도와준 예리한 시각은, 역시 근래에 써낸 「한비야 오지 여행기」의 이런 적시(摘示)에 그래도 가장 제대로 묻어나 있나 봅니다. 별빛들이 반짝이는 공활한 시원의 밤하늘, 그 험하고 후진 생존현장을 어렵사리 탐사하며 몸소 그이들의 생태현실을 애써 체득한 결실이어서겠지요.

붉은 악마, 그 당당한 "대~한민국" 자칭 만방선포의 감격!

[2013.11.18]

정명(正名)을 거론할 것도 없이 겨레역사 바로잡기, 그 태반은 겨레 호칭 바로 깨달아 제대로 부르기에서 비롯되는 것이 지당하지요. 그런데도, 우린 왜 자칭 "고려"(高麗)가 아닌 고구려(高句麗)나 발해(渤海)로, 자칭 "활겨레" : Korean-궁족(弓族)인 활의 후예(弓裔)가 아닌 "동이(東夷)"로 불리고 스스로 그렇게 천칭(賤稱)해야 하는지요?

실은 우리 중에 고구려의 자칭이 "고리"(Qori)라는 사실을 자각하는 경우도 매우 드물지요. 문제는 그래서 내면에서 본질적으로 망가져온 우리의 역사적 정체성이 엄존한다는 사실입니다.

오랜 관행이라선가요? 그럼 일본식 발음인 조센징(朝鮮人)의 상용도 수용해야 하나봅니다. 짧지만 유사이래 처음으로 한반도까지 송두리 째로 빼앗겼던 그 시절의 천칭이지요. '문화민족 동이'라고요? 한인(漢人)들이 과연 조선인을 '동녘 오랑캐' 곧 동이(東夷) 문화민족이라고 경칭(敬稱)했을까요?

남북조시대 북방유목몽골로이드 지배종족은 한족(漢族)을 무뢰한(無賴漢)이나 파렴치한(破廉恥漢)이라고 천칭했다고 합니다. 그렇지만 그이들 누구도 자칭이든 타칭이든 이런 자기호칭을 선호하는 사례는 전혀 없습니다. 과문(寡聞)인 탓인지 모르지만 중원을 둘러싼 이웃 원주민들이, 한족들이 그이들에게 경멸감을 주는 타칭인 북적과 서융이나 남만을 우리의 동이처럼 대수롭지 않게 자칭한다는 말을 들어본 적이 없지요. 그렇다면 우리만 겸허한 동방군자의 나라여서 이런 유의 타칭인 "동이"(東夷)를 어이없게도 즐겨 쓰며 감격해 자칭화해낸 건가요?

동쪽 오랑캐(東夷)를 한문으로 썼다고 "무뢰"나 "파렴치"의 의미가 세탁돼 군자(君子)의 뜻이라도 되던가요? 여전히 "동쪽 무뢰한(無賴韓)"이 타칭이든 자칭이든 간에 "동이"의 본질로 각인됐겠고, 실제로 그랬을 수도 있겠지요. 북이(北夷)→ 동이(東夷)는 가뭄이든 추위든 모진 재앙이 들면 그냥 앉아 굶어 죽지 않고, 최첨단 무기를 들고 비교적 풍요한 중원 농경지대를 날쌔게 쳐내려 오곤 했던 것이 사실이었으니까요.

그럴수록 우린 그걸 자칭으로 수용해선 안 되지요. 역지사지(易地思之)로 "너희라면 어쨌겠냐?"고 들이대며, 그들의 역사상의 실제 행태들도 들고 나서 즉각 반격해야지요! 자칭 예의지국 동쪽오랑캐(東方無賴韓)="동이(東夷)"가 뭡 니까? 도대체 말이 돼야지. 아무리 대륙 스모그가 극성을 부리는 요즈음의 나날이라지만, 언제부턴가 삐뚤어져온 제 역사 바로잡는다면서 해맑은 강토에 황토칠을 해대도 분수가 있지요!

국위가 이 정도 올랐으면 우리도 이젠 수준 높은 "자칭"을 찾아 제대로 써야겠습니다. 단군 이래 초유의 2002년 붉은 악마처럼 오로지 하나뿐인 "대~한민국!" 자칭을 목이 터져라 우리와 오대양 육대주를 향해 한껏 외칩시다! 모든 걸 다 젖혀두고 이 얼마나 감격스러운 민족사인식 일대 혁명입니까? 이렇게만 계속 자칭 나라이름 「대~한민국」을 우리 모두 다 함께 몸소 소리쳐 그날처럼 세계인류가 따라 합창해 불러주게만 한다면, "대한민국사"는 저절로 점차 복원돼 제모습을 버젓이 드러내게 될 겁니다.

적어도 대한민국사의 주도 소수핵심이라도 유목태반 출신이라면, 수천 년 유목제국사-유목 중심 농경통합제국의 역사에는, 속성상 디아스포라사의 무수한 내포가 불가피해왔겠지요.

가령 그것이 사실(史實)이라 해도, 지금 우리가 그걸 들고 나올 처지는 아니라는 언론인도 있더군요. 그러나 장성 이북 비중국론(長城以北 非中國論)을 얼마 전까지도 밥 먹듯 외워대던 중국인이 일거에 "장성이북 진중국(眞中 國)"-China의 원천으로 자국사 인식차원을 돌변시키는 이 경천동지의 역사인식

혁명 쓰나미 속에서도, 우리만 석호(潟湖)의 고요를 지키는 도대체 있어본 적도 없었을 "고요한 아침의 나라(朝鮮 : Zhao xian)"로 길이 살아남을 수가 있을지요? 개인 역사 안보도 아닌 민족역사 안보가 과연 가능할까요!

그래서 Korean diaspora의 장구한 역사에 한사코 관심을 쏟는 어느 해외교포 분에게 늘 하는 푸념 같은, 다음과 같은 글을 써 보내드렸습니다. 죄가 된다면 영생토록 벌 받을 심정으로.

조선(朝鮮 : Chao xian)은 순록치기(Chaatang) 태반 기원의 나라, 고려(高麗 : Qori)는 '활', 몽골(Mongol)은 맥(貊)의 고려다. 그래서 이들 순록·양치기 북방유목 몽골로이드 태반 기원 겨레들은 활임금(弓王 : Tumen=東明 : XapBax+vang)의 후예(弓裔)로 통칭되는 활겨레-Korean(高麗人)일 수 있다.

몽골스텝 답사현장에서 스승님 미수(米壽)잔치상에 올린 답사 메모
[2013.11.25~12.16]

원래의 제목은 "손보기 선생님의 미수(米壽)잔치상에 올리는 가장 초라한, 처절하게 버려진 제자 몽골사학도 주채혁의 스텝현장답사 메모지 선물(膳物)"입니다. 이제 3주기를 지내며 다시 정리해 4회분으로 나누어, 그 1회분을 여기에 싣습니다. 2010년 초에 '김동길 목요강좌'에서 요약 보고한 내용이기도 해서입니다.

선생님의 미수(米壽)를 충심으로 경하(慶賀)드립니다.

다른 선생님들과는 달리 그 시궁창, 학생들의 생존현장에 내려오셔서 그간 몸소 제자들과 동고동락하며 함께 연구하고 교육해 오신 선생님의 일생을, 인터넷과 컴퓨터의 이용도 어려운 후진 몽골스텝에서, 한 제자로서 되새겨 봅니다.

근 20년 전, 희미한 어떤
불빛을 어렴풋이 보시고
[유목 주도 농경통합형 동
북아시원(유목)제국   원
형 추정—추괴 드넓은 몽
골스텝을 거센 바람을 헤
치며 우리와 함께 헤매시
던 그 족적이 있어서, 오늘
의 제가 이런 눈을 뜨고

1990년대 중반 홍산문명권 서북단 다리강가 몽골스텝 고올리 돌각담 무덤
발굴장의 손보기 단장님(당시 70대 중반).

이만큼 우리 역사의 문제
들을 푸는 실마리를 잡을 수 있게 되었습니다.

그 헤매는 우리의 모습을 가상히 여기시어 여기 임재하신 조상님들이 음덕을
베풀어 이런 은혜를 베풀어 주신 듯합니다. 비록 외롭고 괴롭게 절해(絶海)의
고도(孤島)를 홀로 헤매는 어려움이 있을지라도 기쁨으로 이겨나가고 있습니
다. 안 해도 될 고생을 사서 하는 셈이지만, 타고난 운명일 수도 있다는
생각이 들기도 합니다.

염치없게도 제가 선생님께 올릴 선물은『몽골-한국의 '할하-궁(弓)'族(족)
분족론(分族論)』이라는 한 편 글-메모뿐입니다. 어렵사리, 기어이 이곳에 와서
베. 수미야바타르 교수와 그의 1975년도 논저에 대해 토론하던 중에 저의
근20년 시베리아-몽골-만주 현지답사 체험이 새삼 되새겨지면서 재정리해본
글입니다.

결론은 몽골인도 한국인도 '활의 후예'-'궁예(弓裔)'라는 한-몽겨레 궁족동원
론(弓族同源論)입니다. '할하'몽골족이라고 하지만 이는 몽골이 궁족이라는 뜻
이라는 것입니다. 할하가 곧 '활'로 할하오복할하족은 궁족(弓族)이라는 것이지
요. 티베트에서도 그렇게 쓴답니다.

실제로 고구려의 부흥운동을 주도한 궁예(弓裔)는 자기이름을 '활의 후예'로
지었고 그 후손들은 궁씨(弓氏) 성(姓)을 가진 이들로 족뵈[철원 궁씨를 써내려
왔습니다. 아주 놀라운 일은 고구려 곧 자칭 高麗-Qori 또는 Xori 자체가 바로

'활'-궁(弓)이라는 뜻의 종족이름[예컨대, 코리(高麗) 부리아드族-추꼬] 또는 나라이름이 된다는 사실입니다.

코리가 활이므로 맥궁(貊弓)="맥고려(貊高麗)=Mongol"이 된다는 것입니다. 물론 몽골은 곧 생태환경을 서로 다르게 선택한 고구려="곰고려=반달웅고려(熊高麗)"입니다. 제 이런 견해가 많은 다른 이들의 그것과 상대적으로 차별화되는 것은 그런 생태-생업사를 역사배경으로 깔고 문제를, 사료(史料)와 사실(史實)에 기반을 두고 직접 유목현지에서 풀어내보려 한다는 점이라고 저는 봅니다.

물론 이런 시각으로 문제를 잡아본 것은 애초에 제가 아니고 1960년 전후에 북한에서 공부하며 논문을 집필해온 다싱안링 서남부 홍산문명권 서북단의 몽골인 학자 베. 수미야바타르 교수입니다. 그리고 그분 또한 당시의 중공-북한 고고학자들의 훌룬부이르 몽골스텝-눈강(嫩江) 선원(鮮原) 유적지 발굴 결과보고[북한 고고학자]에서 이런 발상이 비롯된 듯합니다.

맥고려(貊高麗)-"Mongol"과 웅고려(熊高麗)-"Goguryo"라는 발상이지요. 저는 1990년 이래 근 20여 년간 유목몽골 현지답사를 통해 맥(貊)=Elbenkü=산달(山獺)=너구리와 고(高)=Chagaan hujuute Baabgai=(半月)熊-(반달)곰을 제 나름으로 실증해낸 셈이고요. 고구려-고려(高麗)=Qori=Qalqa=弓(族)-활(겨레)=Korean 또한 최근에 몽골 산사르 스텝에서 베. 수미야바타르 교수와의 토론과정에서 제 나름으로 도출해낸 결론으로, 당연히 철기의 수용과 순록치기가 기마 양유목민족으로 발전하는 단계의 이야기이겠습니다.

그리고 저는 외람되게도 이제 제가 타고난 그릇만큼의, 제가 해낼 수 있는 일을 중요한 핵심은 거의 다 이루어냈다고 제 딴엔 생각하고 있습니다. 거세찬 역풍을 막아줄 허름한 울타리도 생겨났지만, 남다른 이 일로 제 가족과 저의 희생도 없진 않았지요. 완전히 외톨이로 소외된 이 순간, 제가 보아도 너무 불쌍한 제 모습을 제 스스로 하염없이 들여다보고 있는 지금입니다. 제가 만신창이(滿身瘡痍)가 된 고혼(孤魂)으로 이제 이 황막한 고비를 홀로 떠도는 신세라 해도, 그렇지만 그냥 이 모든 과정을 감사히 여기며 수용하려 애쓰고 있습니다.

훌룬부이르의 최냉지(最冷地)인 껀허(根河)는 순록의 천적(天敵)인 모기를 따돌리는 순록 최적 생태환경입니다. 그래서 기원 전후 경에 순록유목제국의 센터이었다고 하겠습니다. 예서 자리 잡은 이들 중의 최첨단 정예그룹이 스키타이 철기문화 수용이란 격변의 주류를 타고 기마 양유목민화하면서, 큰 물(大水)이라는 뜻의 이름인 이민河=엄리대수(奄利大水)[廣開土大王碑文]를 건너 물이 차서 거북이가 못사는 바이칼 호 북극해권역 같은 껀허 일대를 벗어나고 마침내 물이 비교적 온난해 거북이가 살 수 있는 훌룬부이르 호 태평양권에 들게 됩니다.

이렇게 일단 몽골스텝에 들어 예서 천연의 최대 요새인 할힌골=활의 강[弓江]=흘승골(紇升骨)을 고구려국=궁국(弓國)의 첨단 창업기지로 삼아, Gooli khan(高朱蒙)을 중심으로 Gooli(高〈구〉麗)제국을 창업하고 다시 껀허지역을 수복해가는 동명(東明 : Tumen)성왕 개국설화-다

할힌골(Qalqyn Gol : 忽本=紇升骨=諽門汗) 항공사진 몽골·일본인력개발센터 『세계사속의 할힌골전투(놈온한 사변), 70주년 국제학술회의』, 2009년 7월 2~5일, 울란바토르[몽골국립대학교 할힌골전투 기념관내]. 이때 제공한 영상이다. 1993년 8월 고올리칸 석상이 좌정한 몽·한 공동조상의 중핵 기원지인 이곳을 취재하면서, 당시 SBS 홍성주(洪性周) 제작자는 유적 현장에서 부이르호 해저유적 탐사를 제언하기도 했다.

물(多勿 : Ergune) 영웅담(英雄譚)으로 이 역정(歷程)을 정리할 수 있다는 것입니다.

이민河=엄리대수(奄利大水)는 비파형동검 출토 서북 한계선지대이기도 합니다. 결국 스키타이 철기문화의 수용을 통한 호눈(呼嫩 : Hulunbuir·Nun江) 선원(鮮原 : Sopka & Steppe)의 "기순록(騎馴鹿) 순록유목의 기마(騎馬) 양유목화" 발전과정이, 기원전후기 동명성왕 전설의 실체역사 내용이라는 주장입니다.

그렇게 껀허=순록유목중심지(槀離(Qori)國에서, 이민河-엄리대수를 건너 망명해 나온 고주몽이 할힌골=흘승골(紇升骨) 몽골스텝 부이르 호수 언저리의 광대한 규모의 논벼농장(Gooli농장)을 낀 기가 막힌 천연요새지에서 기마

양유목에서 비롯되는 최첨단 기마사술(騎馬射術)로 몽골스텝에 진출하면서, 일약 대성해 Gooli(고구려)제국을 세우고 槁離(Qori)國 옛터 껀허 일대를 되찾는 과정에서 파격적인 다물(多勿)-'에르구네'(Ergune : 되돌아와 되물림) 영웅담이 생겨난 거고요.

저는 지금까지 '코리'가, 가장 첨단을 걷고 있는 길들여진 유목가축 순록을 일컫는 명칭이라고 주장해왔습니다. 그래서 그 길들이는 과정이 너무 어려워서 '불순록(不馴鹿)'이라는 뜻의 오룬 복이라고 부른다고 해석해왔습니다. 에벵키나 다구르 또는 오룬춘어로 Orun이 '길들지 않는, 야생의'라는 뜻을 갖기 때문입니다.

그러나 이제 이를 좀 수정해야 할 단계에 이른 것입니다. 스키타이 제철기술과 결합해 당시로서는 최첨단인 무서운 궁사집단(弓士集團)을 이룬 코리족·궁족(弓族)들이 순록유목부족들의 우두머리 집단으로 놀랍게 성장해 수림툰드라라는 광대무변한 순록유목기지를 배경으로 출몰하며 기존 목농제국을 못살게 구는 오랑캐-코리양카이-코리(弓)족의 순록치기가 되었던 터입니다.

그러므로 기존 목농제국의 시각으로 보면 도저히 길들일 수 없는 오랑캐-'활을 든' 순록유목치기 코리치-오룬춘 집단이 되는 셈이고, 바로 이 오랑캐-코리(Qori)족들이 치는 순록이 코리치=오룬춘=오랑캐의 순록 곧 오룬 복(Orun bog)이 된 것이라는 추론입니다.

시베리아의 한 중심 바이칼 호 올콘(Alhon)섬에 코리족의 시조탄생설화가 깃든 부르칸-不咸(Burqan) 제천단(祭天壇)이 그 설화와 함께 전승돼 내려오는 까닭이 바로 여기에 있다는 것입니다.

이들이 스키타이 제철기술과 결합되어 무서운 궁사전력집단(弓士戰力集團)을 이루는가 하면 스텝에 진출해 양을 치며 기마사술(騎馬射術)이라는 가공할 최첨단 유목무력(遊牧武力)을 확보하고 훌룬부이르 몽골스텝이라는 광대한 유목지대와 눈강선원(嫩江鮮原)이라는 드넓은 목농지대를 통합 지배하는 과정에서 치열하게 사회분화가 일어나 고대 유목제국(Pastoral nomadic empire)이 성립됐다는 사실은, 이미 상당히 공인된 터이지요.

그래서 코리(Qori)·부여·흉노·선비 등의 모든 동북아 고대 유목제국(Pastoral

nomadic empire)을 낳은 자궁(子宮)이, 훌룬부이르 몽골스텝-눈강선원 곧 이른 바 "호눈선원(呼嫩鮮原)"이라는 사실은 의심할 여지가 없다는 것입니다. 槁離(Qori)-맥고리(貊高麗 : Mongol)-고구려(熊高麗)도 물론 예외일 수가 없습니다. 이런 역사배경을 가지고 생겨나 전승돼온 코리(Qori)족 족조(族祖) 탄생설화요 동명(東明 : Tumen)성왕의 웅장한 다물(多勿 : Ergune) 영웅담의 역사적 실체라 하겠습니다.

다 아는 대로 뿌리를 말할 때는 그냥 몽골이 아니라 Xalxa Mongol입니다. Xalxa란 부이르 호반 일대에 펼쳐진 굴곡이 심한 스텝으로 베. 수미야바타르 교수가 고구려의 창업기지 흘승골(紇升骨)로 보고 있는 바로 그 지대입니다. 1938년에 소련 탱크부대와 몽골 경기병의 기습으로 이른바 욱일승천(旭日昇天) 하던 일본 관동군(關東軍)이 전멸당한 전투지역입니다. 1992년 8월 한·몽 합동 동몽골답사팀이 '1938년'이 새겨진 탄피를 줍고 신석기유물 발굴지를 재조사한 곳이기도 합니다.

외몽골-몽골 국에서는 이 전투를 'Khalkhin Gol 전투'라고 하고, 내몽골에서는 'Nomonhan(諾門汗) 전투'라고 합니다. 내몽골에서는 놈인 바타르-궁영웅(弓英雄)이 둥지를 틀었던 근거지라 Nomonhan-궁왕(弓王)='Goolikhan'이란 이름이 생겼다는 전설이 전승돼 옵니다. 궁왕이란 몽골어로 백발백중의 명사수 Tumen 곧 '주몽(朱蒙)'[또는 東明(동명)-추괴을 일컫는다고 할 수 있습니다.

1970년대 40대 전후의 몽골학자 베. 수미야바타르는 그래서 그 건너편인 서남쪽 부이르 호반 숑크(紅) 타반(五) 톨로고이(頭)[이 지명은 아. 아르다잡 교수가 채집해 보고함]에 서있는 Goolikhan 석인상을 동명성왕(東明聖王)-朱蒙(Tumen)의 석인상으로 추정하는 놀라운 탁견을 언급했습니다.

Khalkhin Gol은 Xalxa=Khalkha의 강-궁강(弓江)이라는 뜻을 갖는 것으로 저는 해석하고 있습니다. 내·외몽골의 서로 다른 이 전투지역의 이름인 'Nomonhan' 과 'Khalkhin Gol'이, 실은 같은 의미의 지명을 서로 다른 기마사술(騎馬射術)의 발전과정에 처해 있으면서 각기 서로 다른 말로 표기했을 따름으로 보기 때문입니다. 전자는 궁신(弓身)을, 후자는 궁시(弓矢)를 중심으로 붙인 이름이라 할 수 있을 듯도 합니다.

바로 그 언저리 훌룬부이르 본지를 중심으로 하는 Gooli국의 국경선내에 Goolikhan 석인상=궁왕(弓王) 훈촐로가 서 있는가 하면 그 북쪽 언저리에는 Gooli사람들이 논벼농사를 지었다는 거대한 Gooli 농장 터가 있어서입니다. 지금도 비가 오면 봇물이 철철 흐르는 수리시설이 갖추어져 있고 큰 돌 맷돌과 돌절구 유물도 있으며 물론 토기파편들도 흩어져 있습니다. 다싱안링의 눈 녹은[하일라르市는 '녹다'에서 비롯된 지명이라고도 합니다.] 물을 끌어대어 거대한 논벼농장을 일궜던가 봅니다.

근처 산에 Gooli과(果)라는 복분자(覆盆子)가 있는가 하면 'Gooli 강'이 있다는 이야기도 언뜻 원주민들에게 들은 적이 있습니다. Gooli 강은 아직 확인치 못하고 있는데, 그것이 바로 Gooli=Qori=활=Xalxa : Khalkha로 이어지는 '할힌 골' 곧 궁강(弓江)이 아닐까 하고 저는 추정해보고 있습니다.

물론 지금 현지에서는 후래의 불교전설로 윤색되어 Goolikhan 석인상을 라마 석인상으로, Nomonhan을 어떤 불승(佛僧) 곧 라마의 이름으로 구전해오는 혼선을 빚고는 있습니다. 역사연구자들의, 구체적이고 예리한 사료비판을 기다리고 있는 구비전승자료들인 셈입니다.

2009년 5월 28일에 제가 국립몽골대학교 몽골연구센터에서 「순록유목제국-몽골·한국의 궁족(弓族) 분족론(分族論)」을 특강으로 설파(說破)하자 예상 밖으로 관계전문가들이 뜨거운 관심을 보여주어 질의응답이 그칠 줄을 몰랐습니다. 막연한 자기학문업적 과시식 한-몽 동근론(同根論)은 만발했지만 구체적인 사료(史料)와 사실(史實)을 들어 근 20년간 몽골-시베리아-만주 유목사현장을 몸소 답사해 나름대로 검증해가며, 몽골학자가 이미 30여 년 전에 제기한 문제에 토대를 두고 Xalxa obog-궁족(弓族) 분족론(分族論)을 주장하는 것은 이번이 처음이어서입니다.

더군다나 몽골사학의 거목(巨木)이었던 나착도로지 선생님의 'Xalxa-방패설'을 정면으로 뒤집는 Xalxa-활 곧 'Xalxa obog-궁족설(弓族說)'을 발표했기 때문입니다. 물론 발표내용을 보다 더 현장감 넘치게 몽골어로 풀어내 해설해준 양혜숙 박사[몽골사학]의 유창한 언변이 그 효과를 배가시켰던 것도 사실이지요.

심지어 어느 몽골인 언어학자는 지중해의 크레타 섬의 역사와 언어가 'Qori

(弓)tai'에서 비롯됐을 수 있다며 한글의 원형으로 추정되는 '가림토' 문자도 Qori(弓)tai와 연관될 수 있어서 소리글자 알파벳의 기원을 소급해 올라가 페니키아문자 성립의 역사배경까지 천착해 봐야 한다고 열변을 토하기도 했습니다. 기적이라면 기적이라고 할 수도 있는 토론장의 열기이었습니다.

손보기 선생님, 고맙습니다.

만수무강하세요!

90년 중반 홍산문화권 서북단 Dariganga 스텝 Gooli성터 발굴후 멀리 [바이칼호 남쪽] 셀렝게 강변을 거닐며, "실마리만 잡히면 한국 古代[유목태반 기원(起源)史 문제들은 저절로 몽땅 술술 풀려져 나올지도 모른다"고 손보기 스승님과 말씀을 나누었던 일이, 일부는 꿈처럼 이렇게 실제로 이루어져가고 있나봅니다. 저도 아직 잘은 모르겠습니다. 다만 멀리서나마 선생님의 미수축하(米壽祝賀) 기념잔치상에 이 작고 초라하지만 진실로 속으로 충만한 기쁨을 올려드립니다.

[곁에서 베. 수미야바타르 교수가 "Me too!"라며 주체할 수 없는 듯 즐거움에 넘쳐 있습니다]

2009년 7월초
몽골 울란바토르 산사르(宇宙)마을 집에서
불초 제자 주채혁 삼가 올림.

[추고]

몽골 기원지 에르구네 현장에 캠프를 차린 2000년 전후에 걸친 400일 훌룬부이르 몽골스텝 순록~양유목 유적 현장답사는, 원래 『월간조선』[당시 조갑제 편집장님]에 연재키로 하고 감행했었지요. 그 후 바로 이 답사에서 Morning calm 朝鮮이 아닌 Chaatang 朝鮮 문제가 제기됐습니다.

당연히 이런 학문적 풍토의 형성에도 한겨레사 나름의 기구한 오랜 역사배경이 반드시 있을 것입니다. 어쨌든 '한겨레 유목태반 기원사(起源史)'라는 개념조

302

차 아예 없는, 굳어 바닥이 쩍쩍 갈라진 메마른 한국사학계의 풍토에서, 이를 꿰뚫고 '조선(朝鮮) 순록치기 기원설(起源說)'을 세상에 빛보이도록 2001년 2월에 『한겨레신문』 노형석 기자님을 두 시간여나 설득해 기사화하게 하셨던 어른은, 파른 손보기 선생님이셨습니다. 그때 스승님의 그 뜨거운 열정에 깊이 감복한 저입니다.

동참자도 별로 없는 썰렁한 제 발표장에 늘 제일 먼저 나오셔서 좌정하고 계셨습니다. 물론 구석기시대사 전공으로 석장리 유적지에서 그 새 문을 처음 여신 분이지만, 한겨레사 복원을 위한 포용성은 늘 하해와 같이 드넓게 열려 계셨습니다.

이 땅에 발을 붙이고 숨 쉬면서 걸어 나온 족적들이고 보면 진흙탕에 뿌리를 박고 피어난 연꽃처럼 생태현실이 예도 듬뿍 묻어날 수가 있지만, 그래서 도리어 강인한 생명력 유전자가 설계돼 이어질 잠재성을 감지하게 마련입니다.

중국에서 장성이북(長城以北) 비중국론(非中國論)이 장성이북(長城以北) 진중국론(眞中國論)으로, 자국사 인식에서 상전(桑田)이 벽해(碧海)로 둔갑을 해오는 이 판국이지요. 이에 우리도 백두산 천지의 유일한 물줄기 쑹허 강(松花江)을 따라 Korea의 참 순록·양유목 역사태반 복원을 위한 최소한의 시도는 해봐야 한다는 생각을, 긴긴 답사노정에서 그간 사제 간에 함께 품어왔나봅니다. 구체적인 언급이나 기록은 없었지만 대개 이런 구상이셨던 것으로 짐작됩니다.

실은 유목 주도 농경통합이라는 동북아시아 시원 여러 [유목]제국(Pastoral nomadic empire)의 기본 틀을 전제하고, 물이 태평양으로 흘러드는 유목지대 싱안링(다·샤오·와이)과 비유목지대 T자형 백두대간 여러 세력 간의 오랜 상호작용이 주축이 되어 그 적응적 진화과정에서 조선(Chao xian : 朝鮮)제국과 고려(Qori : 高句麗)제국이 태어났다는 얼개였는지도 모릅니다.

2010년 10월 31일에 돌아가시고 나서 이제야 글을 다시 추슬러 입력합니다. 때때로 생사의 기로에 서온 제자의 아픈 심정을 진정으로 감싸 품으셨던 스승님, 고맙습니다.

『한겨레신문』 2000.2.22 chaatang朝鮮說 첫보도

조선(朝鮮)의 鮮(Soyon)은 Zion인가?
−Scythia·Saxa·Saka [2013.12.23]

현재의 한반도 한국인들에게는 몹시 낯선 시각이겠지만, 조선(朝鮮)이 순록
유목민 조족(朝族 : Chaatng, 순록치기) 주도의 순록방목민 선족(鮮族, 다구르족
어 Honk : 野牧草~이끼 'Niokq'밭=蘚의 鮮)의 통합체임을 전제하고 이런 이야기
를 엮어 보려 합니다.

이끼(蘚 : Niokq, 다구르족어)는 북방시베리아 일대에 광범위하게 아주 오래
자생해온 시원 목초(牧草)라 할 지의(地衣, 미생물학 용어로 蘚을 지칭 : 地皮
Lichens)인 순록의 주식입니다. 선(蘚 : Liverwort)이 나는 선(鮮 : Soyon)은 소산
(小山 : Sopka, 러시아어)이라고도 하는데, 북방시베리아 지역에 널리 분포돼
있는 순록의 목초지 야산이지요.

때마침 올초에 이홍규 교수님(『한국인의 기원』, 우리역사연구재단, 2010)이,
B. G. Holt et al.이 『Science』 2013, 74~78쪽에 발표한 "Genetic realms and
regions of the world"란 논문을 요약해 생명체 유전자 지도와 함께 우송해주었는

鮮(Soyon)

데 이에 따르면 한국과 중·일은 명백히 차별화 됩니다.

거기서 나는 주식 이끼를 뜯어먹고 순록치기 Chaatang의 일용할 양식인 젖을 내어 순록을 번식시키는 어미순록 Sugan[다구르족어]에서 비롯된 게 이 Soyon(鮮)이라는 걸 재확인했습니다. 북극항로가 열리면 'Chaatang 조선(朝鮮)'의 유목적 거대 태반이기도 하여 이내 크게 주목받겠지요. 조선반도(朝鮮半島)엔 선(鮮)이 없지만, 국내엔 순천대에 그 전문연구소(소장 고영진 교수님)는 있답니다.

그런데 엉뚱하게도 Soyon(鮮)과 Zion은 매우 서로 많이 닮은 듯하다는 겁니다. 그래서 아주 유구하고 드넓은 북방시베리아 Lichen Road(蘚苔之路 : 이끼의 길)를 오가며 접맥돼왔을 수가 있다는 가정을 해보는 거지요. IT-BT-NT시대라는 파천황(破天荒)의 역사인식 혁명시대인 지금이라서 감행해볼 수 있는 상호 접맥 시도이겠습니다.

한반도 밖의 드넓고 유구한 시야에서 관행대로, 조선(朝鮮)에서 鮮(Soyon)을 따로 떼어내 읽으니 아주 희한한 'Chaatang 유목우주'가 열렸지요. 1990년 이래 그간의 순록유목사 유적 현장탐사 정리와 관계조사 보고서를 읽다보니, 글쎄 터키-조선-몽골어 鮮(Xian : Soyon)이 그리스어로 Scythia이고 페르시아어로 Saxa요 산스크리트어로 Saka(釋迦)이며 중국어로 새(塞)가 아니겠습니까? 히브리어로는 Zion일 가능성이 너무나 많고요.

그럼 세계의 주요 종교는 모두 조선의 鮮(Soyon)에서 비롯됐다는 말인가! 엄청난 쇼비니즘적 망상이라고요? 그럴 수도 있겠지만, 왜 그럴 수밖에 없느냐는 역사적인 이유가 밝혀진다면 문제는 아주 달라지겠지요.

무릇 유목사상의 시원목초는 이끼(蘚 : Niokq)이고, 그걸 주식으로 하는 순록치기들은 그 주식이 분포된 만큼의 넓은 의미에서의 생태변화에 적응적 진화를 해내며 순록유목을 아주 오래 널리 행해온 터입니다. 기마 양유목은 철기시대에 들면서 기원전 10세기 이후에야, 순록유목 무대인 수림툰드라나 툰드라에 비하면 상대적인 협역이라 할 스텝을 무대로 두각을 나타낸 실체일 뿐이고요.

순록·기마 양유목민과 해양어렵민이 갖는 태반사상의 공통점은, 모두 다 북방 몽골로이드에서 기원했다는 사실 이외에도 그 발전과정에서 '말과 활'이나 '함선과 함포'의 조직된 소수의 기동성 및 타격력으로 최후의 한 지배집단만 이긴 자로 살아남는 무한 경쟁이 강요된 터에 '스텝과 해양'이라는 개방공간의 속도전과 정보전에서 승리해온 세계제국사의 태반주체라는 점입니다. 상대적으로 「협역다수」인 농경민족과는 달리 조직된 「광역소수」의 '기동성'이 각각 자기시대의 첨단무력이라 할 각종의 타격력을 조직 동원해 승리해낸 '유목세계제국성'을 공유하고 있는 셈이지요. 세계유목제국이 세계유목집단 유래 신앙과 표리관계를 이루며, 세계적인 거대종교와 문화를 창출해 가는 건 당연하지요.

1990년 초 문화사절단 대표(한국몽골학회)로 몽골국에 첫발을 디디고 짐을 풀자마자, 그 나라의 두계 선생님격인 몽골국사학자 나착도로지 교수님이 내게 물었지요. 쿠빌라이칸이 기마 양유목무력 기반의 칭기스칸 1/3몽골제국 창업체를 금-남송을 정복해 팍스 몽골리카로 완성한 게, 지금의 (초췌한) 몽골국 생태현실에서 볼 적에 어떤 의미를 갖는다고 보느냐고요. 돌연한 질문에 몹시 난감해 머뭇거렸습니다.

물론 유구하고 너무나도 드넓은 다민족 조선(朝鮮)의 Chaatang유목 유래태반 소욘(蘚)문화 공동체이겠지만, 그런 게 지금의 조선반도 강소국 남한에게 어떤 의미를 갖느냐고 묻는대도 비슷한 망설임만 남겼을 듯합니다. 그런데 그래서 K-pop은 세계성을 갖지 않느냐며, 그래서 지금은 시공간에서 모두 까마득하게 서로 멀게만 느껴지는 蘚(Soyon)과 Zion을 시원유목태반사적으

로 상호 접맥시켜보려 시도하는 게 아니냐고 늘 혼자서 이렇게 중얼거리기만
해야 할런지요? [김효신, 『상고연구자료집』, 도서출판 새남 참조]

물동이 이고 작두날 타는 조선무당(朝鮮巫堂), 기이한 Chaabog
—순록의 발굽! [2013.12.30~2014.1.13]

외줄타기 달인의 기예와 "Chaatang 조선"의 맥을 이어 기마곡예를 신출귀몰
하게 연출하는 양치기 몽골경기병의 기마전투는 전 인류를 경악케 해오고
있지요. 물동이를 머리에 이고 시퍼런 작두날을 타고 추는 신 내린 조선무당의
무무(巫舞) 연출은 사람의 머리카락이 온통 쭈뼛하게 설만큼 몸서리쳐지는
아슬아슬한 스릴을 맛보게도 합니다. 모두 생사가 엇갈리는 아찔한 균형감각
에 목숨을 거는 초인적인 자기몰입을 매순간 견지해야만 이룰 수 있는 입신의
경지라 하겠습니다.

당연히 최후의 빙하기 이후 만여 년간 극심한 생태계의 변화와 함께 그
출입이 무상했겠지요. 물이 태평양으로 흘러드는 다·샤오·와이싱안링 권역에
Chaatang 조선유목제국 창업유흔이 아직도 살아남은 순록치기와 더불어 조식
(調息)하고 있을 수가 있을 터입니다.

무천(舞天)의 신기라 할 김연아의 아이스링크 피겨스케이팅 연출이 그냥
초역사적으로 천공에서 떨어진 게 아니고, 진실로 영구동토 툰드라 차탕
신통극치의 오랑캐(持弓者) 조화기예라 할 유구한 생태 적응적 예맥(藝脈) DNA
의 지금 만개일 수가 있을지 모릅니다.

차탕 조선이여! 지금 이 순간, 누구보다도 재빠르게 북극항로 쇄빙선을
날쌔게 잡아타고 유구한 툰드라 차탕우주를 개척해 조선시원유목태반 역사를
복원해내보자고요. 지피(地皮) 이끼(Niokq) 생명까지 목숨처럼 섬기는 중생의
모태 홍익생태우주를!

2006년 7월 전후에 우리 북극 순록유목지 탐사단은 식생활문화학 전공의
김천호(한양여대) 교수님과 조영광 중국인 교수님(復旦大, 식생활 전공)의

선도로 최준 박사(민속사학), 저자(순록~기마 양유목사학)와 같은 전공자
인 반기동 사하(야쿠치아) 현지 기독교 선교사 그리고 현지 삐까 에벤족
여대생 및 총을 멘 50세 전후의 길잡이 사냥꾼이 주축을 이루어 현지조사를
감행했습니다.

한여름에 삼림툰드라~툰드라로 드는 산야에는 Chaabog-순록의 주식인 눈빛
흰 이끼(蘚 : Niokq)가 지천으로 널려 있기 마련이지요. 며칠을 달려도 가없이
펼쳐지는 이러한 순록의 목초지(鮮 : Soyon=小山=Sopka)는 흰 이끼(蘚)가 툰드
라의 흰 눈 속으로 자취를 감출 때까지 이어지곤 합니다. 너나할 것 없이
모두 입에서 "조선은 순록유목민의 나라!"라는 탄성이 저도 모르게 터져 나올
만큼 어마어마한 장관이고 알려지지 않은 무진장한 비경이었다고요. 그 응달
에 이끼가 나는 밋밋한 산등성이의 선(鮮)들이 겹겹이 좌좌 바다 물결 같은
거대한 선(線)을 그리며 뻗어나간 웅장한 광경을 감상하며 "아, 툰드라 동토의
혹한을 견디고 살아나온 차탕의 후예인 우리에게 '선의 예술'이 이래서 생겨났
구나!" 하고 모두 감탄들을 했습니다.

당연히 이 순록유목지에 들기 직전까지는 현지인을 제외한 우리 단원들은,
『순록치기가 본 조선 고구려 몽골』(혜안, 2007)이란 저서의 초고를 들고 간
나의 "Chaatang 조선(朝鮮)"지론에 대해 매우 냉소적이었습니다. 바다와 육지만
큼은 아닐지 모르지만, 유목목초지와 농경지는 그 생태가 너무나도 서로
다르지요. 육안으로 본 우주의 천동설 고착과 천체망원경으로 관찰한 우주의
지동설 도출처럼, 유목목초지 현지답사는 그래서 이런 기적과도 같은 우리
탐사대원들의 인식 변혁을 가능케 했습니다. 2006년 6월 21일에는 "Chaatang
朝鮮(조선)"을 주제로 야쿠츠크 국영 TV와 인터뷰를 할 만큼 수림툰드라~툰드라
현지의 분위기는 한반도와 아주 딴판이었단 말입니다.

그러니까 유목초지~유목목초와 유목가축, 그리고 유목민을 접해 직접 소통
하지 않는 경우에는, 비록 놀라운 천재가 자본과 정력을 얼마를 들여 오래
연구해봐도 그런 유목제국사 연구는 모두 수박 겉핥기 식의 헛수고만 하게
마련이겠지요. 특히 고고학적 연구자를 위시한 많은 관계 연구자들 중에
그런 사례가 너무나도 많습니다.

야쿠츠크 국영 TV 여아나운서(좌)와 인터뷰를 하고 있는 저자(우). 통역자 현지의 반기동 한국 선교사(중). 2006년 6월 21일

차로 험난한 광산 채굴용 임시 도로를 여남은 시간을 달려 하차했는데, 목적지인 한디가 압기다 여름 순록유목지에 진입하기 위해서는 또 약 20㎞를 순록을 타고 더 들어가야 한다고 했습니다. 말은 등에 안장을 놓고 타지만 순록(Chaabog : Цаа буга)은 목과 어깨부위에 안장을 얹고 탄답니다. 게다가 순록 목초지에는 눈밭과 이끼 밭이 뒤섞이며 이끼와 풀뿌리가 흙에 뒤엉켜 생겨난 당라순(Danglasun)들이 거대한 떼를 이룬 늪지대가 있기도 합니다.

당라순은 툰드라의 빙수 늪에 생긴 작은 디딤돌 같은 것이어서 잘못 디디면 차디찬 얼음물에 빠지기 일쑤지요. 이런 풍토에 적응한 순록의 발가락은 당라순을 움켜쥐고 걷게 진화돼 왔습니다. 손가락을 닮아간다고나 할까요? 고도의 균형 감각이 없으면 순록을 타고 달리며 활을 쏘아 늑대나 곰과 같은 야수들과 목숨을 걸고 겨루어 사냥해 먹고 살아낼 도리가 없겠지요. 우리 조선무당이 그것도 물동이를 머리에 이고 맨발로 시퍼런 작두날을 타고 걷는 기(氣)의 집중과 고도의 균형미를 빚어내는 경이로운 신비는, 긴긴 세월 이런 생존생태를 버텨내면서 비롯된 건 아닐까 하는 생각이 문득 들었습니다.

지구촌시대가 되다보니 흑백인종도 코리안과 흔히 섞여 살게 마련인데, 언젠가 해외에서 갓 귀환한 애들끼리 모여 "흑백인들은 몸균형을 못 잡아 여행 중 들판에서 쪼그리고 앉아 크고 작은 일들을 볼 수 없단다"며 저희끼리 킥킥거리는 수다를 곁들은 적이 있지요. 춤꾼 코리안들의 세계춤판시장 몸짓은, 그래서 온 누리를 휘몰아칠 만큼 남달리 신명나게 튀는지도 모르겠습니다.

물론 유목가축을 늘 상대하며 서로 숨을 고르고 눈짓과 몸짓으로 스토리텔링하며 정성을 다해 서로 섬겨야 하는 유목누리에는, 풍물놀이에 추임새 춤사위

생태적응적 진화를 거듭해온 것으로 보이는 Chaabog-순록의 기이한 발굽

노랫가락이 절로 나게 마련이지요. 농사꾼이 농작물과 그리 할 수야 없으니까 대원제국 팍스 몽골리카 세상에서만 중원의 가무에도 추임새가 빤짝 판을 쳤다고도 하더군요. 이밖에 더 중원에 추임새 곁들인 농악풍물패가 있던가요? 그래서 그게 늘 살아 일렁이는 한국농악풍물패는 뿌리를 캐보면 유목풍물패일 수가 있다는 거지요. 사하나 투바와 카자흐스탄의 장엄한 풍물놀이를 감상하노라면 그런 흐름을 절감케 마련이랍니다.

차탕 조선이여! 지금 이 순간, 우리가 누구보다도 재빠르게 북극항로 쇄빙선을 날째게 잡아타고 유구한 툰드라 차탕우주를 개척해 조선시원 차탕유목태반 역사를 복원해내보자고요. 지피(地皮) 이끼(Niokq) 생명까지 목숨처럼 섬기는 중생의 모태 홍익생태우주사를!

오가는 길에 주워들은 이야기지만, 이 동토지대 사하에서 오래 제대로 견디어내는 초입 노동자는 흑·백인은 물론 일본인이나 중국인도 아니고 원주민 말고는 조선인뿐이라고들 하더군요. 어쨌든 여기는 너무 춥고 양초(羊草)가 거의 없어서 양이 제대로 못살게 마련입니다. 그래서 살아 따라다니는 음식인 양이 없는 이런 데서는 몽골경기병이 작전을 할 수가 없지요. 물론 스텝의 타르박(乾獺 : 齧齒類)굴에 발만 빠져도 치명상을 입는 몽골말이 동토지대 순록 목초지를 내달릴 수가 없기도 합니다.

도중에 물을 마시면 긴장이 풀려 중도에 낙오한다고 현지 가이드가 일러줘서 꼬박 5시간 반을 물 한 모금도 못 마시며 걷고 타고, 그 길 아닌 길인 순록목초지를 소나무 지팡이로 균형을 잡으며 쉬지않고 걸었지요. 환갑을 넘긴 노인대원들은 너무 자주 떨어져서 순록을 못 타게 하고 젊은이들만 타고 걸어가게 했습니다. 병원이 있을 리 없는 수림툰드라 황야현지에서의 낙상이 우려돼서지요. 목이 타들어가고 순록목초지가 온통 누런 황색으로 뿌옇게 눈에 들어왔습니다. 균형을 가까스로 잡아가며 순록을 타고 온 젊은이들은 예외 없이 그날 밤 내내 허리가 아파서 신음들을 해대야 했답니다.

순록치기의 식생활문화 연구를 위해 순록도살을 관찰하는 김천호 여교수님께 당부해 그 해괴하게 생긴 순록의 발굽을 하나 챙기도록 주문했습니다. 귀환하는 길도 결코 평탄치만은 않았지만, 순록 발굽이 세관에서 통관될 리가 없었지요. 그 다급한 순간에 문득, 고려 말의 문익점 선생님께서 붓뚜껑에 목화씨를 넣어 산업스파이질을 해가며 목화를 조선반도에 들여와 그 후 많은 조선백성들을 한겨울 혹한의 동사에서 구할 수 있었다는 속설이 생각났습니다. 은박지로 순록 발목을 둘둘 말아 싸서 통관시키기로 의견들을 모았지요. 그리고 그 꼼수는 드디어 무사히 일생일대의 위기를 넘기고 역사적인 큰일?을 성사시켰습니다.

무사귀환 후 즉시, 매우 기이한 이 순록 발굽을 들고 김동길 교수님 서재로 달려가서 탐사보고를 드렸더니, 문익점 선생님의 목화씨만큼이나 소중히 여기셨는지 기꺼이 하찮은 수집품의 보관을 승낙하셨습니다. 그제야 안도의 한숨을 내쉬었지요. 2006년 7월 중순 어느 날이었나 봅니다. 뜻밖의 계제에 너무나도 우연히 이 미천한 미물이 살아생전에 혹시 이끼(蘚 : Niokq, 다구르족語; 희푸른 동토지대 이끼)처럼 보잘 것 없는 갸륵한 작은 물꼬를 터내본 걸지도 모른다며 …. 뭐, 동토 툰드라 만년설 위의 녹도문자(鹿圖文字)? 아무려면 대순가, 그게 그냥 지금 여기의 내게 이렇게 재미있고 즐거우면 그뿐.

차탕조선(朝鮮)이 유목Mongol의 뿌리
-순록유목에서 기마 양유목에로 [2014.1.20~1.27]

한겨레 태반사를 복원하는 본질적인 문
제를 두고 우리는 크게 2가지 토대를 거꾸로
이해하고 있다고 봅니다. 그러니까 중·일의
우리 조선태반사 왜곡에 앞서 우리 자신이
조선겨레 시원역사의 기틀을 크게 뒤집어
보는 착각을 하고 있다는 것입니다. 양자의
상호작용이 합작한 측면도 있지만, 그건 후
래적인 부차적 요소이고 그 원죄는 본래
우리 자신에게 있다고 보는 거지요. 물론
이는 그럴만한 우리역사 생태발전 배경이
빚어낸 결과일 수 있겠습니다.

『순록치기가 본 조선·고구려·몽골』 표지 사진

수의 다소를 논하기에 앞서 유목주도 농
경통합이라는 기본 틀이 전제되는 생태환경에서 우리 조선민족이 애초에
비롯됐음이 거의 틀림없는데도, 이를 뒤집어 농경주도 유목통합식의 발전공식
에 틀어 맞춰 당시의 역사를 복원하고 있다는 점이 그 하나입니다. 그리고
창업주도 주류의 수렵-유목사적 발전과정으로 보아 당연히 순록치기-Chaatang
조선(朝鮮)에서 기마 양유목 몽골이 적응적 진화를 해나와 유목몽골의 뿌리가
Chaatang조선임에도 불구하고, 거꾸로 Chaatang조선의 뿌리가 유목몽골로
보통 크게 오인하고 있다는 것이 다른 하나입니다. 여기서는 Chaatang조선이
유목몽골의 뿌리일 수밖에 없음을 나름대로 간단하게 논증해보기로 하겠습니
다.

기원후 특정시기 동북아시아 제국 주류 구축에 관한 박한제 교수님의 "호한
(胡漢)체제"론을, 특히 창업위주의 시각에서 유목민(Pastoral nomad)인 호(胡)
주도 농경민인 한(漢)통합이라는 유목제국(Pastoral nomadic empire)의 기본
틀을 규정하는 간결하고 명료한 개념화로 지금 내딴에는 개괄적으로 파악해보

려 하고 있습니다. 비록 오랜 기간에 걸쳐 계기적으로 이루어져오는 순록유목
민의 기마 양유목민으로의 발전과정의 일단이라는 점을 꼬집어 지적한 것은
아니지만, 선비족의 선비제국 북위(北魏)의 창업과정과 창업설화를 고증해
복원하며 분석해보는 과정에서 이 점을 암시하고는 있음을 내 나름대로 감지케
됩니다.

지금으로부터 25,000년 전부터 15,000년간 시베리아 몽골고원은 빙하기로
동토(Tundra)지대여서 이곳에서 사람을 먹여 살릴 식량자원은 순록에서 찾을
수밖에 없었는데, 이런 생태조건 속에서 해빙기를 맞으며 식량생산단계로
접어들게 되면서 그 드넓은 지역에서 오랜 순록유목시대가 비롯된 것으로
보입니다.

대체로 Soyon(鮮-朝鮮 ; 薜이 나는 鮮=小山 : Sopka)→ Buir(夫餘 : 숫수달, 고급
毛皮)→ Elbenku(貊高麗-Mongol ; 貊=山獺 : 너구리)로 유목이 발전해 나온 게
명백하다면, 몽골의 뿌리는 조선일 수밖에 없지요. 더군다나 조선의 태반
순록유목은 스텝의 기마 양유목에 비해 역사적 시간이나 공간적 넓이로 보아
5~10여배 이상 오래고 드넓다는 걸 「조선족」인 우리는 제대로 자각해야
할 것입니다.

그 후 순록유목의 기마 양유목화 발전과정은 흑해~아랄 해 선진 순록치기들
이 BC 10세기경에 철기를 수용해 수림툰드라-타이가에서 스텝지대로 진출한
이래로 광범위한 북유라시아 각지에서 다·샤오·와이싱안링지대에 이르기까
지 순록치기들의 양치기화가 근 20세기에 거쳐 계기적으로 이루어져왔던
것으로 보입니다. 선비족 유목의 적응적 진화도 그 한 거대 부분이겠지요.
가셴둥(嘎仙洞 :『위서(魏書)』의 탁발선비 선조석실 석각축문(443년) 所在處, 米
文平 1982년 발견)을 몽골의 한 기원지로 본다면, 몽골 또한 순록치기 선(鮮 :
Soyon)족의 기마 양치기 몽골(貊槁離 : Mongol)족으로의 도약 사례라 할 수
있을 겁니다.

가셴둥의 주인공인 환난 중의 오룬춘(Orunchun)인들을 구원한 청년영웅
가셴의 출신종족명이 Om(다구르어, Olen, 오룬춘어)인데 현지 오룬춘인들의
증언에 따르면 바로 그 뜻이 Ombog을 유목하는 순록-Om이라고 하기도 하고—

물론 Chaatang이 Chaabog을 치는 순록치기라는 점을 고려해 재검증해야 할 여지가 있다.- 무엇보다도 그 소재지가 선비인이 피난한 대선비산이며 그 선비(鮮卑)의 선(鮮 : Sopka)이 순록의 주식 선(蘚 : Niokq)이 자라는 선(鮮)이고 '선'은 Chaatang의 일용할 양식인 젖을 주는 어미순록 Sugan(다구르어)에서 유래한 소산(小山=鮮 : Sopka)의 명명임을 고려할 필요가 있지요.

결정적으로는 1982년 8월 10일에 미웬핑 선생이 발견 해독한 탁발선비 선조석실 석각축문 속에 몽골어 可寒(Хаан)과 可敦(Хатан)이 확인되면서 선비족 조상의 제단이 차려져온 이 동굴이 몽골겨레의 기원(起源) 성소로 신화사(新華社) 통신의 보도라인을 타고 전 세계에 알려졌다는 사실이 주목됩니다. 이때 이미 몽골족의 선조가 선비족(鮮卑族)-鮮(Soyon)族임이 온 세상에 선포된 셈이지요.

물론, 2000년 전후 우리가 이 지역에 현지조사캠프를 치고 현재의 훌룬부이르 시청 강당에서 함께 토론회를 열 당시에 이이들은 선비족(鮮卑族)이 본래 선족(鮮族)이고 '선'이 순록의 주식 선(蘚)이 나는 선(鮮)이라는 사실에 대한 인식이 전무한 터였지요. 이이들도 근래 산동성 쪽에서 이주해온 이주민의 후예들일 뿐이어서인지도 모릅니다. 우리 탐사팀도 다음 해인 2001년 8월 대선비산의 원조(元祖)라는 동·서Sayan(鮮의 러시아식 발음)산맥 중의 투바 (Tuba : 拓跋=언덕, 몽골어)에 들어 투바대학의 Scythia史 전공자 교수 헤르테크(Hertek Liubov' Kendenovna) 외 투바사 전공자들과의 담론과정에서 비로소 터득한 터이니까요.

실로, Soyon(鮮-朝鮮 : 蘚이 나는 鮮=小山 : Sopka)→ Buir(夫餘 : 숫水獺, 고급毛皮)→ Elbenkü(貊高麗-Mongol : 貊=山獺 : 너구리)로 유목이 발전해 나온 게 명백하다면, 유목몽골의 뿌리는 Chaatang조선일 수밖에 없지요. 더군다나 조선의 태반 순록유목은 스텝의 기마 양유목에 비해 역사적 시간이나 공간적 넓이로 보아 5~10여 배 이상 오래고 드넓다는 걸 「조선족」인 우리는 중·일과도 달리 뚜렷이 자각해내며, 우리 나름의 독특한 개성이 잠재해 있을 수도 있는 Chaatang조선(朝鮮) 태반사를 버젓이 복원해가야 하겠습니다.

미국에 연구차 체류 중이던 당시 40대 초반의 고고학자 체벤도로지

(Tseveendorji) 교수(현재 몽골국과학아카데미 고고학연구소장)가 1993년 정초에 몽골국과학아카데미 신년하례식에 참가하러 잠시 귀국해 함께 얘기를 나눌 적에 그는 서슴지 않고, 칭기스칸 몽골 이전의 몽골사는 고구려사(Gooli史)에 접목된다고 본다는 견해를 토로했지요. 그와 접맥되는 부여-조선사와 직관될 수 있음을 이미 예견하고 있었던 셈입니다.

그는 놀랍게도 몽·한수교 이전부터 이미 손보기 교수님을 잘 알고 있었지요. 두 해 뒤에 그와 함께 홍산문명권 서북단 다리강가 고올리 돌각담 무덤을 발굴[손보기 단장 주관, 주채혁 부단장, 대륙연구소 장덕진 회장 후원]하면서, 몽골 기원지 에르구네 스텝이 순록치기의 생태권 수림툰드라에서 기마 양유목 생태권 몽골스텝으로 나아가는 길목에 자리 잡고 있음에 이미 새삼 주목해보기도 했지요.

진실로 Chaatang조선의 뿌리가 유목몽골이 아니고, 거꾸로 유목Mongol의 뿌리가 Chaatang조선입니다. 순록치기-Chaatang이 철기 수용과 더불어 비로소 크게 발흥한 기마 양치기-Honichin의 오랜 시원조상이니까요. 그래서 몽골의 기원지 에르구네 스텝이, Goolikhan(東明王)석상이 서있는 양자의 접점 홀룬부이르 몽골스텝에 자리 잡게 마련입니다.

조국통일의 역사 주축, 多勿(다물 : Ergune)都
[2014.2.3~2.17]

근래에 당시의 기밀문서들이 공개되면서 한시대의 선구자로 이러저러한 혁명을 이끌었다고 떠받들어져온 쑨원, 장제스와 마오쩌둥이 실은 죄다 한국에 대한 중국의 종주권 관철을 흉중에 품어 왔음을 알게 돼, 우리는 속이 몹시 개운치 않았지요. 그러던 차에 이경일 편저 『다시 보는 저우언라이』(우석출판사, 2004)에서, 뒤늦기는 하지만 이미 새로운 기별을 전하고 있음을 확인케 됐습니다.

1963년 6월 28일 북한과학원 대표단이 저우언라이(周恩來) 국무총리를 방문했을 적에 그이는, "고조선이 단군조선이 아니고 주(周)나라가 파견한 기자조선 (箕子朝鮮)이며 조선족이 기자의 후손이라고 치부하려 한 것은 일련의 대한족(大漢族)주의식 쇼비니즘"이라고 신랄하게 비판했다는 소식이지요.

1910년에 열 예닐곱 살이던 난카이(南開) 학교 여학생 덩잉차오가 남학생 저우언라이와 함께 학생연극 「안중근」을 연출하면서 부부인연을 맺게 됐다는 사연이 하얼빈 기차역 안중근의사기념관 개관 소식과 함께 이땅에 전파되면서, 그이가 이처럼 평소에 조선에 각별히 주목해온 데다가 아주 세련된 합리성이 체질화했을 수 있는 프랑스 유학생 출신이었음을 새삼 깨달아보게 됐지요.

그런데 그런 그이도 노발대발한, 세상에 널리 알려진 일대 사건이 조·중 합동발굴단의 몽골기원지 (현)에르구네 시를 내포하는 다싱안링 북부 호·눈선 원(呼嫩鮮原) 관계유적 발굴과정에서 발생하고 만 겁니다. 1960년경 발굴을 마치고 발굴결과를 발표하지 않기로 한 약속을 깨고 북한 고고학자가 그만 성급하게 대충 "기원전 5세기경 맥(貊) 고리(槁離) 우리 조상 역사유적 … 운운" 하고 즉석에서 발설을 해버린 모양입니다.

그 후 지금까지 북한학자들의 경내 진입을 금지할 만큼, 이는 동북아시아 "상고대유목제국사" 복원에서 당시의 그이들에게 너무나도 치명적인 급소가 되는 핵심 유적이었던 게 틀림없습니다. 나이든 현지의 어른들은 아직도 너무나도 생생하게 당시를 추억해 그때 그일들을 얘기해주곤 했지요.

2000년 전후에 남한연구자인 나는, 당시에 하서현 강원대 총장님의 일방적이 고도 아주 적극적인 발의로 국립내몽골대학과 자매결연을 맺은 강원대 사학과 교수로, 학술교류 차원에서 그 대학 객원교수로 유적현지에 파견돼 400일 현지캠프를 차렸습니다. 서툴지만 몽골어와 중국어를 쓰면서 현지 동료학자들 의 도움을 받았지요. 물론 이곳이 몽골 기원지라서 몽골의 시원사를 천착해볼 양으로, 당시로서는 너무나도 후진 다싱안링 북부 에르구네 시 언저리를 찾아 들었습니다.

전공분야인 몽골사 연구도 힘에 겨워 쩔쩔 매던 판이라 전공분야가 전혀 아닌 한국상고사 연구과제는 일부러라도 피하는 처지였지요. 당연히 그런 과제가 이 일대에 엄존하리라는 망상 같은 사실(史實)을 감히 염두에 두어본 적도 전혀 없었습니다.

뒤에 게렐 바드라크 교수(몽골사 전공)가 한국상고사에 관심을 가지고 1950년대 후반 북한 유학생 출신인 베. 수미야바타르 교수님의 논저『몽골과 한국겨레의 기원-언어관계 문제』[몽골과학아카데미 어문학연구소, 울란바토르, 1975]를 읽으며 몽골 기원지 Ergune는 "되돌아온다"는 뜻인데 이게『삼국사기』「고구려본기」동명성왕 2년 6월조에서 고구려어로 구토(舊土) 회복의 뜻을 갖는다는 고주몽(高朱蒙)-東明(Tumen) 기사의 '多勿'(다물 : 되물림)과 뜻이 너무나도 똑같지 않으냐?고 말을 건네 왔습니다.

더구나 저자가 지적하는 Gooli Khan 석인상이 현지에서 고구려칸 석인상으로 불리고 고올리국 서남단 몽골스텝에 좌정해 있지 않느냐는 거였습니다. 애초엔 너무 황당해 보였지만 유적현지가 낯익어지면서 뭔가가 읽혀지는 듯했지요,

예가 순록목초지 선(순록 주식인 蘚이 나는 鮮)과 양목초지 스텝의 경계지대이고, 기원전 5세기경에 스키타이 철기문화를 받아들이면서 베. 수미야바타르 교수가 추정하는 대로 청동기시대에서 철기시대로 넘어가면서 순록치기가 말을 타고 양치기가 되어 스텝에 진출한 그 Gooli(고구려) 유목제국 창업지 흘승골(紇升骨 : 忽本)-할힌골(Qalqyn Gol)일 수 있다는 영감이 떠올랐지요.

그리고 당시의 최첨단 유목무술인 기마사술(騎馬射術)을 터득해 선진적인 최강의 유목무력을 확보해낸 이들이, 옛 순록치기의 땅 동북쪽으로 말을 달려 구토를 수복해내는 역사적인 일대 과업을 수행할 수 있다는 생각이 들었지요. 결정적으로는 예가 비파형청동단검 출토 서북 한계지대라서 몽골뿐만 아니라 같은 순록치기 태반 겨레 선(鮮 : Soyon=鮮卑)족인 부여·숙신·고구려·백제·가야·신라 등의 조선겨레 상고대 유목태반제국의 첫 기틀이 짜이는 장엄한 거대 자궁일수 있다고 보기 시작한 겁니다.

당연히 정보화시대의 "구토(舊土)"란, 순록유목민 조족(朝族) 중심의 순록방목민 선족(鮮族) 통합을 이룬 유구하고 방대한 코리안 디아스포라누리라는 순록유목제국 Chaatang조선의 가이없이 탁 트인 유라시아~아메리카 옛땅을 의미하겠지요. 정복이 아니라 홍익중생의 생태계로 지구를 되살려내는 구세의

생기부활차원 유목적 소통이어야겠지만, 마침 선족(鮮族=鮮卑族)의 조상제사 터 가셴둥(嘎仙洞)도 이곳 대선비(大Sayan, 러시아어발음)산에 자리 잡고 있답 니다.

2000년대 들면서 불과 오륙년이 지나자 날보고 한국인은 물론 조선인이라고도 않고 "鮮語(선어)"를 쓰는 "鮮族(선족)"이라고만 하던 너무나도 후미진 이 일대가, 천지개벽이 일어난 듯 격변의 소용돌이 속으로 휘말려들기 시작했습니다.

한국이란 나라는 물론 아무도 몰라서 집에서 우송해준 돈을 여권을 제시하고 은행에서 제대로 찾을 수가 없던 이 후미진 지대에 유전이 개발되면서 차량의 통행이 빈번해지고, 우리가 머물 당시에 한국 개척전도사 한분이 창고에 갇혀서 2년여를 보낸 이 황당한 땅에 한국 가수의 사진이 찍힌 음료수 병이 시골장터에 대거 나돌면서 한류바람이 예사롭지 않게 몰아치기도 했지요.

다행히 후진 고풍이 여전했던 그런 시절의 탐사로 확보한 유목사료정보들을 기반으로 삼아 상고대 원주민사 천착-복원에 한사코 몰입해, 청동기시대에서 철기시대에 진입하는 시대권의 순록치기 Chaatang조선사의 기마 양유목화과 정사와 기마 양치기의 순록치기 구토회복-Burqan(不咸, 紅柳동산) 회귀사 곧 다물사(多勿史) 천착에 주력해보았습니다. 지구상 최대의 원천적 순록유목지 대라 할 예니세이 강과 레나 강 일대의 수림툰드라~툰드라지대와 산과 강으로 밀착돼 있는 '호눈선원(呼嫩鮮原) 유목문화권역'을 파악해 보는 거대시야도 때마침 열리기 시작해서지요.

이렇게 정리해본 내용을 「몽·한 弓族分族考」로 다시 써서, 2009년 10월 18일에 연변대와 한국고등교육재단이 주최하는 두만(Tumen)강 포럼에서 발표하게 됐습니다. 학술대회 개막식에서는 베. 수미야바타르 교수님의, 1950년대 후반 김일성대 조선어문학부 동급생 정순기 교수님이 옆 좌석에 앉아 반갑게 초대면 했지요. 주최 측의 사전 배려가 있었던 듯합니다.

현지 박영재 교수님(일본사 전공)의 주선으로 내가 이에 동참케 됐는데, 한국 측에서는 김정배 한국학중앙연구원장님을 위시해 이서행, 전인초, 염재 호, 이형구, 고재욱, 백영서, 김귀옥 교수님 등이 동참했지요. 태형철 북한사회 과학원장님과 김일성대학 총장님을 비롯한 관계학자분들이 이렇게 대거 동참해 국외에서 열린 국제학술회의에서 성황을 이룬 것은 처음이었답니다.

중국과 일본학자들도 동참하고, 더군다나 할힌골(紇升骨)-Ergune(多勿都) 문제 발표에 앞서서는 예닐곱 명 북한 거물급 학자들이 격려사까지 곁들여 주었습니다. 학술회의 막간에는 처음으로 남북한 학자들이 함께 사진촬영을 하게 하는 파격적인 분위기도 마련됐지요.

그간 남북한 주재 몽골대사를 모두 역임한 바 있는 잔즈브도르쥔 롬보의 글 「할힌골전투」가 실린 그이의 한 저서(『몽골조선인민공화국 관계 60년』, 평양, 2007, 한글판, 129쪽)에서 인용한 [조선민주주의 인민공화국 주석 김일성 동지의 회고록, 『세기와 더불어』7권] 내용 가운데, 할힌골(紇升骨)을 중국 내몽골 쪽에서는 노몬한으로 읽는데 이를 비교적 조용한(намхан)으로 이해하는 견해를 활(нум)의 한(хаан)[諾門汗='놈'온한 : 弓王]으로 바로잡아보는 말로 시작된 내 발표였지요.

이어서 "북한사학계가 이미 1960년대 중반에 몽골의 기원지 (현) "에르구네" (多勿)시 일대 역사유적을 조선민족의 상고대 유목제국(Pastoral nomadic empire) Gooli(高句麗)국 창업 태반사와 관련시켜 제대로 파악했음에도 불구하고 그 후 유감스럽게도 구체적인 현장연구가 더 심화될 수는 없었던 것 같다"는 말로 발표를 마무리 지었습니다.

헤이룽장 성 최북부에 위치하는 이레이후리산[伊勒呼里山 : 主峰 大白山 (1528.7m) 소재]에서 발원해 다싱안링(大興安嶺)과 샤오싱안링(小興安嶺) 산맥에서 각각 흘러내리는 30여 개 하천이 합류하여 남쪽으로 향하면서 넌쟝(嫩江)을 이루는데, 백두산 호랑이로 상징되는 한국의 백두산(2744m)과는 달리 이곳은 지하에 빙하가 흐르는 드넓은 "순록"-Chaabog 유목지대랍니다.

순록의 주식 선(蘚)이 나는 선(鮮, 小山)이 산 이름을 이루고 있지요. 바로 이 이레이후리 산맥~대선비(大鮮卑 : Sayan, 러시아어) 산맥 중에 그 유서 깊은 선(Soyon)족의 조상제사동굴 가셴둥(嘎仙洞)-가셴 화강암 동굴이 자리 잡고 있습니다. 조선(朝鮮)의 선(鮮 : 공활한 툰드라 이끼밭)이 눈앞에 어른거리지 않나요?

호랑이의 생존생태 한계선이 이 지대 이남이어서, 난 곧잘 수림툰드라지대에 자리 잡은 여기 이 가셴둥을 곰녀와 범녀의 환웅(桓雄)을 둔 사랑겨루기 동굴자리로 상정해보곤 하지요. 그 서남향의, 최고로 저명한 드넓은 양목초지 훌룬부이르 몽골스텝을 지향해 에르구네(多勿)市도 있고 할힌골(忽本)도 있으며 유구한 계기적(繼起的) 전승유적 고올리칸(東明王) 석인상도 좌정해 있답니다.

이후에, 이런 나의 뜻밖의 특이한 행보에 관해서는 이듬해 봄 어느 목요일엔가 '김동길의 목요강좌'에서 더불어 얘기들을 나눴습니다. 담소 중에도 속으론 요동과 요서의 목초(牧草)가 어떻게 성격이 다르며, 다싱안링 남부 "홍산문명권"과 북부 "호눈선원(呼嫩鮮原)문명권"이 15,000년 전 후기빙하기말 이래로 시대와 지역에 따라 어떠한 생태 변화와 차별성을 지니면서 각각 발전되어왔나를 생각해보았지요. 돌아오는 길에는, 삭풍(朔風)과 황해 및 동해의 바람길들이 상충하며 일으키는 미친 듯한 거대돌풍과 요서 사해(査海) 용(龍)의 기원지 기괴한 초대형 광풍(Tornado)풍경도 상상해봤습니다.

몽골고원에는 담수호와 염수호가 대략 반반쯤 분포돼 있는데, 물론 담수(淡水)-맑은 물(Ali水=阿里水)이어야 뭇 생명이 마시고 살 수 있지요. 지구상에는 물론 염수가 담수보다 압도적으로 많지요. 선족(선비족)의 조상제사터 가셴둥 앞을 흐르는 아리허(阿里河)의 원천을 지나 더 올라가노라면 넘어야하는 고개를 아리령(阿里嶺)-阿龍嶺고개로 추정해보고는 근래에 이를 검증키 위한 답사를 추진해 감행하려 했으나, 당지의 당국이 안전을 책임질 수 없다는 간접적인 기별을 보내와서 접고 말았습니다.

청동기시대에서 철기시대로 이행하는 순록치기 Chaatang조선의 기마 양치기화와 Ergune-Burqan구토회귀과정에서 만나고 헤어지는 조선민족 유목태반 제국 창업사 상의 결정적인 일대의 역사적 사건이 빚어낸 노랫가락이어서 그 후 시공을 넘어서 모든 조선겨레에게 구석구석 빠짐없이 배어든 아리랑 타령일 수 있다는 생각이, 지금 이 순간까지도 사뭇 내 뇌리에 감돌아오고 있지요. 이천년 한이 서린 유목몽골인과 농경화하는 고올리인들의 이별고개랍니다. 이스라엘인들의 '통곡의 벽'을 뺨치는 유목적 디아스포라 코리안의 역사적 통한의 이별고개일 수도 있겠지요. 유목과 농경을 넘나드는 이 판가리 언덕의 기막힌 사연은 상존하는 의례로 지금도 현지 원주민 동네에서 행해지고

있는데, 이는 SBS TV 창사기념 특집작품 "유목민의 땅 몽골을 가다"(1992년)에 채록돼 있습니다

이 해 7~8월에 걸쳐 21일간 감행된 이 초유의 역사적인 몽·한합동동몽골대탐사기간 중인, 1992년 7월 28일에 부이르 호반 원주민 잠수랑스렝(67세) 노인과의 회견에서 그이는 "몽골과 고올리(高句麗)인들이 서남과 동북으로 갈려간 만남과 헤어짐의 아득한 옛적 오랜 추억을 기리는, 유서 깊은 부녀자들 간의 일정한 의례가 여기서는 상호간에 아직도 늘 베풀어지곤 한다"고 증언해주었습니다. (『송년특집 다큐멘터리 유목민의 땅 몽골을 가다』 제1~2부 SBS TV 홍성주·홍순철 제작자 취재 보도, 1992).

박창범의 『하늘에 새긴 우리의 역사』(김영사, 2002)에서 고구려 일식기록 분석 결과로, 그 관측지가 압록강지대가 아니고 바이칼 호 우측 몽골지역이라고 해 이 근방을 지적하고 있음도 참으로 놀랍지요.

1993년 6월 중순, 바로 이 지역 울란우데 부리아드 코리(Qori) 동네에서 학술회의 뒤풀이 잔치자리 노래판이 벌어졌지요. 바이칼 호반 원주민들과 이탈리아인들은 세계적으로 가창력을 인정받는 터라서 그렇지 않아도 음치 수준인 내가 기가 푹 죽어 있는 판에, 먼데서 온 코리(高麗 : '활') 부리아드 동포 교수라며 굳이 내게 막무가내로 한곡을 청해댔지요. 어쩔 수 없이 입을 떼긴 했는데 부르는 족족 "그만! 그만!"하며 사정없이 다 퇴짜를 놨습니다. "역시 난!" 궁지에 몰려 난감해진 나는 마침내 비장의 무기 아리랑 타령을 되든 안 되든 한껏 신명나게 내뽑아댔습니다. "앙코르! 앙코르! 앙코르! 그건 당신네 가락이 아니고 우리네 가락이야, 앙코르!" 역시 활겨레(弓族) 동포 코리족(高麗族)! 나도 모르게 울컥해서 "피는 못 속이는구나보다" 했지요.

비록 연구내용의 핵심에 유목성 본질이 깊이 각인돼 있는 본격적인 논저는 아직 아니라지만, 그래서 박치정 교수님의 『고구려 아리랑』(도서출판 더씬, 2012)은 코페르니쿠스적 역사생태인식 변혁이 이루어지고 있는 이 절체절명의 계제인 정보화혁명시대에 오랜 분단조국의 통일을 하루라도 빨리 앞당겨야 할 지금의 우리가 문제제기 차원에서라도 눈여겨볼 만하다고 하겠습니다.

소치 뒤풀이, 스키타이-Soyon(鮮)의 황금빛 DNA

[2014.2.24]

소치란 지명의 유래에 관한 역사적 정보를 아직 확보하지는 못했지만, 역사적인 황금빛 스키타이(鮮) 유목혁명지대인 흑해 북동해안의 휴양지라는 정도는 알고 있고, 2018평창(平昌) 동계올림픽이 비(非)유목지대 조선반도(朝鮮半島) 백두대간 영서 고산지대에서 열린다는 사실과 연계시켜 이를 읽어보고는 있습니다. 물론 여기서 스키타이는 조선의 선(鮮 : Sugan)에서 유래된 명칭으로, 우랄알타이·사얀산맥·예니세이(줄렉)강·바이칼 호 일대를 포함하는 순록치기들을 두루 지칭하지요.

그렇지만 아주 작은 내 개인적인 접근 초점은 지금, 기원전 10세기경에 아나톨리아 반도에서 철기로 재무장한 순록치기 소욘족(鮮族)-Scythia가 바로 이 흑해 북녘 공활한 스텝으로 일약 기마 양치기가 돼 황금빛을 번쩍이며 대거 휘몰아쳐 들어오는 유목사 상의 일대 유목생산 혁명에 맞춰져 있습니다. 붉은 색이 감도는 순록의 목초(蘚)지대 한랭고원 저습지대(Sopka : 鮮)의 홍색 해(Burqan : 不咸=紅柳?)와는 달리, 양치기들의 삶터 한랭고원 건조지대(Steppe : 原)에서는 태양이 순황금색(Altan gerel)으로 상징된다는 사실 때문입니다.

"붕어빵에 붕어가 없듯이 정작 조선반도엔 Chaatang조선의 순록유목 목초밭 '선(鮮)'(Sopka : 小山)도 양유목 목초밭 스텝도 없는" 평창의 소재국인 이 비유목지대 대한민국의 우리에겐 너무나 낯선 정보일 수도 있지만, 세계 유목사학계에서는 이미 보편화된 개론 차원의 이야기지요.

동계올림픽은 빙상경기이기 마련이고, 그래서 역사적으로는 순록(Reindeer)의 생태계 수림툰드라나 툰드라 순록치기 Chaatang의 일상과 밀접히 연계될 수 있겠지요. 스키타이나 소욘(鮮)과 사하(Saxa)가 모두 시베리아(Siberia : 鮮卑利亞) 원주민의 언어로 순록유목민의 주식 젖을 주는 어미(암)순록(Sugan : Cara ион)에서 비롯된 점이 사실인 만큼, 북유라시아 시원순록유목의 서전(西傳)이 서아시아~중앙아시아의 철기문화와 융합돼 다시 동전(東傳)된 것일 수 있다고 여겨집니다.

15,000년 전 최후의 빙하기쯤에 북극해의 빙하가 녹은 물이 아랄 해, 카스피 해와 소치의 소재지대인 흑해 일대를 거쳐 지중해 쪽으로 흘러들어 물길이 서로 이어졌을 수 있지요. 그래서 소치동계올림픽 뒤풀이 자락에서 이홍규 교수님(서울의대 명예교수)이 전해준 '지중해와 바이칼 호는 물길로 연결' 제하에 독일의 박물학자 훔볼트가 "카스피해와 바이칼 호의 물개는 거의 같다"고 지적한 결론은 자못 의미심장하다 하겠습니다. Google 자료 검색[baikal seal.pdf 483KB] http://abordonseng.wordpress.com/2012/08/22/the-lake-baikal-seal-an-evolutive-biogeographic-mystery].

물론 철기시대에 들어서 생산성이 순록유목보다 10여 배나 더 높은 스텝의 기마 양유목으로 발전해 양유목초지 스텝으로 진출하는 데는, 중앙아시아나 서아시아가 북극해권을 내포하는 동북아시아보다 대체로 더 빨랐습니다. 순록유목의 기마 양유목화로 후자가 유라시아 유목권의 본격적인 주류로 들어서는 유목생산 혁명의 일대 도약은, 철기사용과 더불어서만 가능했기 때문입니다.

철 생산의 발상지는 서남아시아 아나톨리아 지방으로, 그곳에서 기원전 3000년경부터 철기를 만들어 사용한 이후에 15세기 무렵에 건설된 히타이트 제국에서는 철을 본격적으로 생산케 됐는데, 그들은 이런 독점적인 산철역량 으로 철제무기로 무장한 대군단을 총동원해 일약 공전의 대제국을 구축했습니다.

이런 철기의 보급과정에서, 기원전 8-3세기에 걸쳐 기마 양유목 거대 목초지 흑해와 카스피해 연안 대스텝에서 크게 활약한 이란계의 기마 양치기 스키타 이~소양(鮮)족도 등장하게 됩니다.

소양족은 바로 Chaatang조선의 선족계이지요. 동북아시아에서는 기원전 5세기부터 철을 생산하기 시작했는데, 비유목지대 한반도생태사 전개에 접맥 되는 현지적응단계를 거친 것으로 보이는 스키타이인 적석목곽분유형의 왕릉 이 이 무렵 이른 시기에 소욘족(鮮族)의 나라 신라에 대거 이입되고 있다는 사실이 특히 주목됩니다.

언제부턴가 바이칼 호 서북쪽이 높아지고 동남쪽이 낮아져오게 되면서,

북극해 쪽으로 흐르던 예니세이 강과 레나 강 중 레나 강의 흐름이 막히게 되었지요. 짐작컨대 이에 따라 레나 강 유역의 조족(朝族) 중심 순록유목문화보다 압도적으로 예니세이 강 유역의 선족(鮮族) 중심 순록방목문화가 몽골과 만주 지역에 크게 영향을 미치게 됐던 것 같습니다. 그 연속선상에서 서아시아 지대의 철기와 결합되어 일약 기마 양치기로 도약한 순록유목민의 극적인 적응적 진화는 스키타이~소욘족의 일대 동류라는 주류를 이루게 되면서, 몽골-만주 일대의 동북아시아에 본격적인 고대 유목제국들을 창업하기 시작케 했던 것 같습니다.

중요한 것은 이런 관점에서 지금까지의 추론 결과를 간추려보면, 조선-부여 Mongol(貊高麗)-Gooli(高句麗)사에 유라시아 유목의 시원이라 할 순록유목 태반기부터 기마 양유목 세계제국-팍스 몽골리카와 그 계기적 완성에 이르기까지의 모든 주류 유목제국사가 오롯이 모두 함축돼 있을 수도 있다는 사실입니다.

지금은 비록 순록치기가 양치기로의 적응적 진화를 이룬 일대의 '황금빛'(Шар, 新羅의 유래어 「샤르」: 페르시아어도 동일) 유목생산 혁명 거대유적지 러시아령 소치이고 그 유라시아 유목루트 연장선상에 접맥되는 비유목지대 백두대간 고산지대의 평창이라지만, 유구한 소욘족의 유목 누리태반 시베리아 툰드라·타이가·스텝의 주맥을 이어내린 순록~양치기 주체민족은 의연히 수조전설(獸祖傳說)의 주인공인 유목 소욘족(鮮族) '활겨레' 코리안이고 보면 동계올림픽 빙상경기 잔치판의 역사적 주인공이 누구여야 하는가는 자명해지지요.

영동의 수달사냥꾼 후예 예국(濊國)과 영서의 산달(山獺)사냥꾼 후예 맥국(貊國)의 유구한 순록·양유목사맥을 이어내린 유라시아 유목제국사의 열매DNA 평창의 예맥(濊脈) 역사를 까마득한 툰드라 설한풍을 맞받아 헤치며 한사코 천착해 자각하려는 열린 우리네 가슴이, 김연아 빙상 춤하늘(舞天)처럼 물흐르듯 리듬을 타기만 한다면야!

몽골탐사, 끈질기게 묻고 따져보고 불 지피며

[2014.3.3]

1994년 당시의 몽골과학원 역사연구소 소장은 오치르(T. A . Ochir) 교수였습니다. 그는 당시에 지금의 홍산문화권 서북단인 몽골국 동남의 수흐바아타르 아이막 다리강가스텝에서 우리와 더불어 고올리성터를 발굴하면서, 우리와 여러 문제에 관해 많은 토론을 해 주었지요.

예컨대 유목꼴밭에 무심코 주저앉아 칠순을 넘긴 울지호타긴 다브하이 노스님(76세)과 토론할 때 내 바른 다리가 앞으로 나가게 다리를 꼬고 앉는 것을 보고 "당신은 한인(漢人)이 아닌 고올리인(Korean)"이라고 단언할 경우나, 발

울지호타긴 다브하이 노스님(우, 76세)과 저자(좌, 당시 50대 초반)

굴장에서 현지의 몽골인부들이 삽질할 때 자꾸 왼발로 삽을 밟아 비효율적임을 지적하고 고쳐주어도 이내 다시 원위치로 되돌아와 고전할 경우에, 그리고 그 큰 덩치의 소떼들이 꼬리(牛尾)로 몸균형을 잡으며 일렬로 좁디좁은 길을 내고 스텝을 오가는 것이 신기하여 그것이 갖는 의미가 무엇일까 하고 골똘히 생각하고 있을 경우에도 그는 기마 양유목민 시절의 경험을 되새기며 일일이 여기에 대답을 해 주었으니까요.

유목꼴밭에서 책상다리하고 앉는 특징이 한인(漢人)은 왼 다리가 앞으로 나가게 다리를 꼬고 앉아 몽골인이나 고올리인과 구별되는데 왜 그리 되는지는 모른다고 말해 주기도 했습니다. ─왼 다리를 들어 재빨리 말을 타야 하는 유목생태 때문?─ 현지 몽골 원주민들이 왼발로 삽질하는 습관은 기마 양유목민들이 말을 탈적에 왼발로 말 발걸이(鐙子 : Stirrup, 말신)를 딛고 말을 타야지 말이 순종하지 그와 반대로 하면 주요한 심장부를 공격해오는 것으로 알고 발로 내차버린다는 거였어요. 실제로 처음 몽골에 들른 한국인들 중에 이런 사실을 몰라 낭패한 이들이 당시엔 꽤 여럿 있었답니다. 그런 몽골 기마 양유목민들의 관행이 발굴장에 든 몽골인 일꾼들의 삽질에 그대로 반영되고 있다는 건 참 놀라웠습니다.

또 소가 낸 그 좁은 외길을 따라가면 앞으로 가든 뒤돌아 가든 메마른 스텝에서 생명처럼 소중한 물을 찾을 수 있다는 이야기를 틈나는 대로 우리와 함께 나누곤 했지요. 그 밖에도 몽골인들은 칼질을 할 때나 바느질을 할 때 주로 밖에서 안쪽으로 해 들어온다는 이야기도 하면서 몽골인들의 이것이 한인(漢人)의 그것과는 어떻게 다르고 몽골인들과 고올리인-'솔롱고스'란 호칭은 예선 이때도 거의 쓰지 않고 있었다-들의 이것은 서로 매우 같은데 왜 그럴 수밖에 없었을까 하는 문제에 관해서도 각각의 견해들을 나눠봤답니다. 근래에 일란성 쌍둥이 자매가 이산가족이 돼 당대에 언니는 한반도에서 무녀가 되고 여동생은 미국 어느 대학 심리학과 여교수가 돼서 재회하는 과정을 추적해 담은 TV보고작품을 보면서, 이런 일들이 평생 몽골학도로 살아온 내게 많은 생각을 하게 했습니다.

그는 외아들을 그 아이의 할아버지처럼 훌륭한 기마 양유목민으로 만들겠다는 꿈을 가지고 있는 독특한 역사연구소장(몽골국 국사편찬위원장)이기도 했습니다. 그 후 다시 그는 몽골국립중앙민족박물관장이 돼서 일하면서도 끝내 그의 생각대로 아들의 동의를 얻어, 고등학교를 마친 그의 외아들을 대학에 진학시키지 않고 고향의 기마 양유목민 할아버지에게로 되돌려 보내 기마 양유목민의 길을 걷게 했어요. 엄연한 역사현실일 수도 있기는 하지만 시원조선겨레 유목태반사를 천착하다보면 러시아나 중국과 같은 이웃나라와의 경제 문화나 외교관계를 자칫 그르칠지도 모른다는 염려로 이를 기어이 외면하려드는, 너무나도 오랜 어떤 한국지성사 상의 뿌리 깊은 지극히 안이한 경향들에 지쳐버린 지금 내겐, 오치르 교수 부자의 이런 전승사례는 한 모금 생명수 같은 신성함을 체휼케 합니다.

'기마유목', 말이 되나요?

[2014.3.10]

말을 타고 유목을 하는 게 기마유목인데, 그럼 말을 타고 '말유목'하는 게 기마유목(Nomadic horse?! 구글 번역)이란 말인가요? 그건 아닙니다. 애초에 척박한 한랭고원 건조지대 스텝에서 생산력이 유목가축 Chaabog-순록보다 10여 배는 뛰어난 유목가축 양을 더 많이 유목하기 위해 스텝에서 말을 타지 않을 수 없었지요. 그런데 어느새 주객이 전도돼 기마 양유목에서 정작 유목주체 유목가축 양(羊)은 빠져버리고 그냥 '기마[?]유목'으로 얼렁뚱땅 미친 듯 치달려버리고 만 거지요. 왜일까요?

2009년 초가을 몽골국립대 특강 시에 이런 문제를 제기했더니, '기마유목'의 세계센터 몽골인 전공연구자들이 허탈하게 웃대요. 차라리 '기(騎)오토바이~기헬리콥터 유목'이라 해야 하는 게 현실 아니냐고도 했지요. 요즈음은 말 대신에 주로 오토바이나 헬리콥터를 타고 양떼를 몰아서입니다.

'기마유목'(騎馬遊牧)이라는 용어가 보여주듯이 산업혁명 이후의 유목사 연구는 대체로, 유목생산의 혁신적 발전사보다는 그 과정의 부산물이라 할 당시의 최첨단 유목무력인 '기마사술'로 수행한 정복전쟁과 피정복지 경영에 초점을 맞추어 수행되어오는 경향이 주류를 이루고 있습니다. 주객이 완전히 전도된 거지요. 이는 양차 세계대전을 치를 수밖에 없었던 제국주의적 시대조류에서 비롯된 것으로 보입니다. '기(騎)오토바이유목'이 그러하듯이 '기마유목'도 실은 유목의 주체인 '유목가축 양(羊)'이 빠져버린 어설픈 개념의 용어라고 할 수 있지요. "기마 '양'유목"이 옳습니다.

유라시아 생태사 발전, 그 인류사적 진화의 필연적 소산인지는 몰라도 묘하게도, '기마유목'이라는 말도 안 되는 학문용어-역사적 선동 구호를 남용하는 일 중에는 양 같은 예수도, 예수 같은 양도 거의 소외되고 있나봅니다. 생명과 그 진실 자체의 존엄 염원도 그럴지 모릅니다. 생명체 DNA에 찍혀 나오고 있는 지금 엄연히 살아 숨 쉬고 있는 사람생명역사 목 비틀기를 이 정보화 쓰나미시대에도 밥 먹듯 하는 판이니까요. http://blog.naver.com/qorian

66/110181911005(B. G. Holt et al.이 『Science 2013』, 74~78쪽에 발표한 "Genetic realms and regions of the world" 논문의 '생명체 유전자 지도' 참조).

물론 '기마사술'(騎馬射術)이라는 용어개념은 또 다른 차원에서 생겨난 것입니다. 애초에는 양유목을 위해 말을 타야 했고 지극히 척박한 스텝이란 양유목 생산생태 속에서 양유목을 하다 보니 당시로서는 철기와 결합된 최첨단 기마사술을 결과적으로 기마 양유목민이 보유하게 됐어요. 이런 본질적인 적응적 진화과정이 소외되면서 유목문화 연구의 접근 시각이 크게 뒤틀린 것으로 여겨집니다. 그런 학풍은 그대로 현재 우리의 유목몽골학 연구자들에게도 투영돼 도무지 '기마 양유목생산 자체'를 주제로 연구하는 이를 눈을 비비고 찾아봐도 거의 찾기가 힘들지요,

기원전 10세기경에 아나톨리아 반도에서 철기로 재무장한 순록치기 Soyon족(鮮族)-Scythia(白紅系 鮮人?)가 바로 2014 소치동계올림픽으로 더욱 유명해진 이 흑해 북녘 공활한 대스텝으로 일약 기마 양치기가 돼 황금빛을 번쩍이며 대거 휘몰아쳐 들어오는 유목사상의 일대 '황금빛 유목생산 혁명'이 일어났습니다. 이런 황금빛 유목생산 혁명의 격류 속에서 기원후 5세기경에 신라(新羅=황금빛?) 마립간(麻立干 : Mergen=名弓手?)시대가 열린 것으로 보이지요. 붉은색이 감도는 순록의 목초지대 한랭고원 저습지대(Sopka : 鮮)의 해(Burqan)와는 달리, 양치기들의 삶터 한랭고원 건조지대(Steppe : 原)에서는 태양이 순황금색(Altan gerel)으로 상징된다네요.

그런데 스키타이(Scythia)라는 용어가 소온(鮮 : Soyon)과 함께 같은 순록유목사의 소산으로, 순록유목민의 주식인 젖을 주는 어미순록이란 뜻을 갖는 Dagur어(語) Sugan에서 유래한 점에 특히 주목할 필요가 있어요.

지금부터 25,000~15,000년 전 시베리아 몽골고원이 후기빙하기에 들어 동토지대 툰드라이었을 무렵에 식량자원으로 얻을 수 있는 것이 주로 순록이었는데, 그 후 해빙기를 맞아 식량생산단계로 접어들면서 공활한 북극권을 비롯한 이 지역에 순록유목시대가 비롯된 것으로 추정되고 있습니다. 기마 양유목에 비해 상대적으로, 이런 유구하고 광대한 순록유목영역의 시원유목 태반이라 할 순록유목사특히 Chaatang조선사가 그간 거의 소외된 것은 이 지대 유목사연

구가 주로 양차 세계대전의 와중에 휘말려드는 과정이거나 그 소용돌이 속에 휩쓸린 가운데 제국주의 무력쟁패전이란 시각에서만 주로 이루어졌기 때문으로 보인다는 거죠.

특히 근대유목사학을 일차적으로 우리 한국인에게 거의 직접 씨뿌려준 것은 시대 주류를 잽싸게 잡아타고 탈아입구(脫亞入歐)를 유일한 국가 모토로 삼아온 일본제국 연구진이었습니다. 그런데 그것도 그들 용어로 하면 일청, 일러와 일미전쟁으로 치닫는 중이어서 그들이 이런 당장 발등에 떨어진 불똥들에 정신을 못 차리는 바람에 당시 동북아 근대학문 수준의 최첨단 선두주자였던 일본유목사학계도, 이런 본질적인 장구하고 공활한 Chaatang조선사 상 흑해북안 대스텝 일대의 Soyon족(鮮族)-Scythia 황금빛 기마 양유목생산 혁명사에 미처 눈을 돌릴 겨를이 거의 없었던 것으로 보입니다.

실로 유라시아유목사 천착과정 상 돌이킬 수 없는 치명적인 악수를 두어온 터이지요. 새 시대 Chaatang조선 후예인 한국 유목몽골사 연구자들은 이 점을 예의 주시해 제 눈을 똑바로 뜨고, "몽골 기마 '양'유목사" 연구의 물꼬를 제대로 터가는 선도자가 돼야 할 시대적 소명을 안고 있다고 봅니다.

유목목초 관리사, 양떼 속의 염소
[2014.3.17]

이란 고원의 스텝 양초를 뜯는 양떼들 속에 여기저기 염소를 한 마리씩 끼워 넣는 유목풍경은 유라시아 스텝 끝에서 끝(극동 다싱안링)까지도 그대로 이어집니다. 유목민 할아버지의 설명으로는 염소는 성질이 급해서 양떼를 빨리빨리 몬다고 합니다. 그래서 스텝 목초 밭에 종자 양초가 그런대로 나름으로 살아남아 꽃피고 열매 맺어 이듬해를 기약케 도와줘서, 생산-재생산의 생산고리가 이어진다는 거지요.

본래 양이란 집착력이 강해서 미처 꽃망울이 맺기 전의 연한 어린 양초를 모조리, 심지어는 뿌리째 맛있게 갉아먹는 경향이 있어 양떼들만 유목하면

스텝 꼴밭이 일회용 황야로 그대로 버려지게 마련이랍니다. 염소는 유목꼴밭 관리사인 셈이지요. 그래서 오랜 세월 내내 유라시아 유목문화가 그 나름으로 이렇게 꽃피어 올 수 있었던 듯합니다.

엄동설한이 지나면 다시 봄이 와 또 다른 새싹이 돋아나는 게 자연의 섭리입니다. 염소는 그런 생명역사의 섭리를 도와주는 유목목초 생명자연계의 도우미인지도 모릅니다.

그런데 순록~기마 양유목민이 갖는 태반사상의 공통점은, 이들이 모두 그 발전과정에서 "순록·말과 활"이나 "함선과 함포"의 조직된 소수의 기동성 및 타격력으로 최후의 한 지배집단만 이긴 자로 살아남는 무한경쟁이 강요된 터에 "스텝과 해양"이라는 개방공간의 속도전과 정보전에서 승리해온 세계제국사의 주체라는 점입니다. 상대적으로 '협역다수'인 농경민족과는 달리 '조직'된 '광역소수'의 '기동성'이 각각 자기시대의 첨단무력이라 할 각종의 타격력과 정보력을 동원해 치열한 생존 전장에서 승리해낸 "유목세계제국성"을 공유하고 있는 셈이지요.

팍스 몽골리카든 해가 지지 않는다는 대영제국누리든, 인류사 발전과정이 각 단계 세계제국을 지향해온 것은 사실이지만 문제는, 겨울이 지나고 봄이 올 때를 겸허히 대비하는 염소와 같은 생명섭리가 배어든 유목꼴밭의 관리사 구실을 목자들이 제대로 자각하느냐 못하느냐에 있는 듯합니다. 당연히 스텝 양과 염소의 특성이 유목꼴밭을 효율성 있게 가꿔내는 상보작용에만 초점을 맞춰 양치기가 이를 보는 시각이 긴요하겠지요. 스텝 양떼 속의 염소의 지혜를 체득했던지 몽골세계제국 관리자들은, 각 지역 각 주민들의 제 나름 신앙의 자율성은 모름지기 최대한 존중해 주며 팍스 몽골리카를 지향하는 보다 본질적인 틀에서 다양한 역사적 생명성(DNA)들이 서로 어우러지는 생기 찬 더 큰 상생의 길을 제대로 모색해보려 했나 봅니다.

기원전 10세기경 철기를 수용한 Soyon(鮮)-Scythia가 황금빛 기마 유목화생산혁명을 일으켜 흑해북안 대스텝에 총진격하는 유라시아유목사 상의 일대 혁명사를 썼습니다. 이어서 기원전 5세기경에는 호눈선원(呼嫩鮮原)에서 황금빛 벨트를 띤 Soyon-鮮(卑)族 기마사술(騎馬射術) 구사군단(驅使軍團)이 선도하는 같은 초대형 유목생산 혁명을 수행해내어, 마침내 인류사를 진감케 하는 팍스 몽골리카를 탄생시켰지요. 그래서 Goolikhan의 Ergune都(도)가 여기 자리 잡고 있습니다. 바로 그 훌룬부이르 몽골스텝에서는 염소가 여기저기 양떼 속에 섞여 지금도 양유목을 여전히 이끌고 있답니다.

임꺽정네 몽골 딸들의 오찬 초대
[2014.3.24]

1960년 초 우리 세대가 대학생일 적만 해도 구태가 여전해, 시골 백정집 딸에겐 재색이 겸비돼도 사람들이 혼담 건네기를 매우 꺼려들 했지요. 실제로 어느 지방 백정 집네 딸이 서울 일류대 여대생으로 재학하고 있었지만, 부럽게 우러러보면서도 뒷전에선 손가락질들만 하곤 하는 걸 나도 보았어요. 그땐 설마 내가 유목몽골 백정들의 세계사를 공부하게 되리라고는 아직 꿈도 꾸어본 적이 없었긴 했습니다.

'말과 활'의 시대를 한참 지나 '함선과 함포'-함대의 시대에 이미 깊숙이 들어와 있는지도 모른 채 마냥 공활한 들판을 막연히 그리워해 오가다가, 시류에 맞추어 당시에 연구할 수 있는 어느 시대의 연구 분야로 전공논문 주제를 잡은 게 유목몽골사였을 따름이었습니다. 너무 힘에 부쳐 주제넘은 짓을 했구나 하고 스승과 자신을 원망해봐도 돌이킬 수 없는 길이어서 생존과 연구천착에 모질게도 정신없이 골몰해오다가, 너무나도 뜻밖에 1990년 북방사 회주의권 개방을 맞았지요. 그렇게 무진장 으스스 하면서도 그리움에 사무친 백정네의 천국 몽골대스텝에 처음 들게 됐습니다.

공식 몽골 입성(入城)에 바로 앞서 이런 글을 짤막하게 대학신문에 남겼지요. "임꺽정을 몽골초원으로!-벽초선생님께 드리는 청원서." 그 내용은 대충 이러합니다.

"몽골유목민이면 남녀 가릴 것 없이 모두 상백정이다. 기숙사에서 여대생들이

아주 커다란 양의 삶은 넓적다리를 통째로 들고 밖에서 안쪽으로 날렵하게
칼질해 베어 먹고 있는 풍경도 낯선 그림이 아니다. 우리를 그런 오찬에 초대할
만큼 예사로운 일이기도 하다.

유난히도 하늘이 맑고 땅과 맞닿아 보이는 백정들의 천국 몽골스텝에 반달이
뜨면 반달이라고도 부르지만 주로 '갈비달'이라고 한다. 미인의 눈썹 같은 반달도
몽골백정네에겐 갈비처럼 뵈는가 보다. 그렇지 않아도 정서가 너무 같고 몽골반
점 마저도 공유해 우리를 아예 피붙이 대접을 해주는 몽골시골 인심이다.
이에 다시 16세기를 살다간 걸출한 조선 사나이 쇠백정가문 임꺽정이가 몽골의
기원지 에르구네 스텝에 입성했더라면 틀림없이 백정네들의 천국 몽골초원의
영웅으로 추대 받았을 법하다.

1368년 원제국이 망하고 명나라가 중원을 장악하면서, 몽골군 주력은 몽골스
텝 본거지로 일단 철수했다. 유목경기병단 나름으론 작전상의 후퇴일 뿐이었다.
그로부터 몽골스텝의 북원(北元)몽골제국은 중원몽골제국의 복원을 백방으로
추진해, 명나라 황제를 사로잡고 수도를 제압하는 놀라운 전과를 거두기도
한다. 16세기부터 동진해오는 러시아와 17세기부터 북진해오는 만주의 누르하
치 후금국을 견제하면서 망해가는 명나라와 왜구의 위협으로 어수선하던 조선
의 동향을 예의 주시하고 있던 몽골겨레였다.

이처럼 각각 각축전을 맹렬하게 벌이며 동북아시아의 질서를 크게 재편해가
던 시기였던 만큼, 기백과 무예는 물론 리더십이 출중한 조선 쇠백정 출신
임꺽정 세력의, 동명성왕(Goolikhan)석상이 좌정해 있는 부이르 호반 숑크(紅)타
반(五)톨로고이(頭) 순례에 이은 몽골 기원지 다싱안링 북부 에르구네(多勿)
스텝 진출은 당시의 이지대 정세 발전에 극적인 변수로 작용할 수 있었을
터이다.

그가 이에 몽골고원을 근거지로 하여 부리아드 몽골의 시베리아를 잠식해
오는 러시아의 동진을 막고 망해가는 명나라를 제압하며 만주에서 태동하는
누르하치의 세력을 끌어안으면서 차탕 조선의 고토인 시베리아 몽골 만주를
되물려 임꺽정 세계칸국을 창업했더라면, 벽초선생의 『임꺽정전』은 더욱 더
스케일이 웅장하고 박진감 넘치는 세계사적인 일대 걸작이 됐을 수도 있었겠다

는 아쉬움이 남는다."

그렇지만 벽초 선생님 역시 상백정네인 유목몽골군벌가문 출신 이성계가 되레 '반몽친명'(反蒙親明)의 기치를 들고 창업해 기틀을 짠 오랜 농경사대부사회 사대부집안 출신이지요. 임꺽정을 가상 누르하치로 삼는 소설누리를 창작해내기에는 역사적인 자기 한계를 가졌을 수 있다는 말입니다.

그래서 임꺽정의 핏줄기에 아주 유구한 순록치기 Chaatang조선 사람 몽골백정의 피가 흐르고 있었다는 사실을 일깨우는 데는, 당시의 동북아시아 정세를 총체적으로 관조해보면서 요즈음의 우리네 지성계처럼 어떤 거부감을 다소 품고 있었는지 모릅니다. 실은, 이에는 그이 나름으로 적시(適時) 생존을 위한 역사적인 슬기가 배어나 있을 수도 있겠지요.

툰드라 야전침구, 순록·곰 모피의 위용
[2014.3.31]

2006년 6월 말에서 7월초에 걸쳐 영하 72도까지 내려가는 세계에서 가장 추운 곳으로 알려진 사하의 오이미아콘 언저리에 위치한 한디가 압기다 수림툰드라 순록유목지대로 현장탐사를 떠났습니다. 겉보기에는 우리의 산야와 너무나 닮았고 뻐꾸기 소리마저 들려오며, 바느질하는 할머니의 타령조가 아주 귀에 익은 소리라 하마터면 옛 시골집에 돌아와 푹 쉬고 있다는 아늑한 정서에 흠뻑 취할 뻔했지요. 몽골스텝과는 또 다른 사무치게 더 정든 그리움이 었답니다.

그런데 서늘한 바람이 가시자 몰려드는 모기떼가 악머구리 끓듯 해, 피난처는 오로지 작은 모기장 안뿐임을 깨닫는 순간부터 깊은 꿈은 싹 가셔버리고 말았습니다. 왜 순록치기 차탕의 천적이 모기라고 하는지, 왜 그이들의 모임자리가 서늘한 바람이 통해 모기가 죄다 자취를 감추는 좀 높은 곳에 있는지를 체험으로 깨닫게 됐지요.

밤이 들면 천막 속에 몸을 뉘어
야 되는데 땅바닥에서 솟는 한기
는 예사롭지 않았지요. 이곳이 툰
드라 얼음땅 위임을 실감케 해주
었습니다. 난로에 불을 피웠지만
바닥의 찬 기운은 제어할 길이
없어서 담요를 열장, 또는 스치로
폴을 그렇게 깔고 누워도 여전했

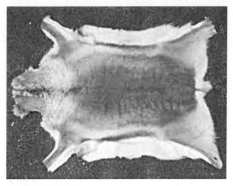
순록의 모피(Fur)

습니다. 다싱안링 북부 호눈선원
(呼嫩鮮原)에도 거대한 얼음덩이가 흐른다는 북경원인 발굴로 유명한 고고학자
페이웬중(Pei Wenzhong, 裵文仲)의 발굴보고서가 있지만, 와이싱안링인 스타노
보이산맥을 넘은 북극해지대인 이곳은 더 말할 나위가 없겠지요.

이렇게들 뒤척이고 있는데 문득 기적의 해결사가 천막 안으로 들어왔지요.
순록치기 아저씨가 순록과 곰 모피를 몇 장 들고 와서 나눠주었습니다. 그
단 한 장의 얄팍한 모피 위에 누우니 잠이 저절로 스르르 찾아왔어요. 기적처럼
모진 생태환경에 적응해온 순록과 곰의 모피(Fur)는 그런 놀라운 방한 효능을
지니게 됐던 겁니다. 게다가 자연미가 넘쳐흐르니 '시베리아의 황금'일 수밖에
없었겠지요.

방바닥의 살인적인 한기를 막을 다른 묘수를 찾을 길이 없었어요. 온돌을
놓는다고요? 얼음 땅이 녹아 얼음물에 수장될 수 있지요. 이 차탕 방목 가족들도
3대 전인가 연해주 쪽 온돌문화권에서 어떤 피치 못할 사정으로 순록치기의
옛 조상땅 이곳으로 이주해왔답니다.

이런 땅엘, 한겨울에 적응과정도 없이 몽골은 물론 여진-만주보다 더 옛날
옛적 고향의 향취가 물씬 풍기는 이 북극해 쪽 차탕 누리에 들었다가 돌아와
급서한 조선무가(朝鮮巫歌) 연구자 김태곤 교수님을 떠올려봅니다.

1997년 여름 몽골 울란바토르 호텔 문 앞에서 나와 만나서는 "주교수, 내가
뭔가 보여줄 거야!" 하던 그이의 들뜬 목소리가 아직도 귓전에 감도는 듯한데,
그게 유언이 될 줄이야! 한반도 서해안 지역 생태에 적응해온 여린 피부로

한겨울에 현지탐사를 무리하게 몇 번인가 시도했다가 희생된 Chaatang朝鮮史 탐사제단 희생 1호 연구자로, 그이를 기억해야 할까 봅니다. 1900년대 중반, 충남 서산 시골에서 조선무가를 연구한다고 씨마늘 자루 하나를 짊어지곤 무작정 상경한 좀 가무잡잡한 피부의, 너무나 촌티 나는 초라한 시골소년이었던 그이였답니다.

다싱안링의 2% 처녀림, '기로국' 민담
[2014.4.7]

몽골족은 몽골제국이 창업되기 직전까지도 여진족이나 다수인 한족(漢族)들의 위력에 압도돼 있었지요. 그래서 그들의 기미책(羈縻策)에 얽혀 한 조각의 목지(牧地)를 둘러싸고 서로 찢고 찢기는, 동족상잔이란 유목민 특유의 피비린내 나는 혼전만을 끝도 없이 계속하고 있었습니다.

그 모습이 너무나 처절하고 절망적이어서 몽골족은, 이젠 더는 땅을 딛고 일어설 수 없게 신에게 저주받은 증오와 기만의 화신 후진 약소민족으로만 보였지요. 이런 몽골족이 어떻게 그런 바닥 모를 시궁창을 기적처럼 딛고 일어서 칭기스칸의 영도로 되살아나, 불과 3대만에 당시의 인류역사권 4/5를 석권한 팍스 몽골리카를 이룩해낼 수 있었을까요? 이는, 그 후 구질서가 해체되고 산업혁명 이후 또 다른 해양세계제국을 지향해 발전하는 과정에서 단연 주요 연구주제로 떠올랐지요. 그것이 그들이 수많은 시행착오를 거치며 돌파구들을 집요하게 찾아내온 열매일진댄, 여기서는 그 작은 한 가닥 사례를 『몽골민담』(정음사, 1984)에서 더듬어 찾아내보려 합니다.

옛적에 어떤 몽골칸이, "나이가 환갑이 지난 노인들은 전투나 생산에서 국가경쟁력을 높이는 치열한 생존경쟁에 전혀 도움이 안 되고 거추장스럽기만 하니 모두 거세해버리라"는 명령을 내렸답니다. 그리고 나서 일어나는 웃지 못할 여러 사태들과 그 수습과정을 다룬 이야기지요. 결국 이로 인해 야기된 망국 직전까지 이르는 국내외의 일대 혼란을 아이러니컬하게도, 피란해 아주

산골 깊숙이 은둔해버린 어느 환갑노인의 슬기로운 사안(史眼)에 힘입어 수습하고 본질적인 국가생존의 시대적 돌파구를 뚫어내게 된다는 얘기 줄거리지요.

실로 생명은 천명입니다. 천수를 다하는 귀천(歸天)이든 자기희생적이거나 자포자기적인 자살이든, 또는 피살이라 할지라도 목숨을 거두는 그 순간에는 어떻게든 피를 돌려 살아남으려고 손발 끝을 바르르 떨게 마련인데, 그게 살려는 뭇 생명의 절대 생존본질에서 의식·무의시간에 비롯되는 현상이랍니다. 이러저러한 역사적 생명창조과정에서 태어나진 한 목숨이 내 생명일진댄, 실은 내 자의로 죽을 자유는 내겐 애초부터 없게 마련인지도 모르지요. 나는 다만 DNA를 부모로부터 내 나름으로 물려받았을 따름이니까요. 근본적으로 이걸 거스른 존재는 개인이든 집단이든 사람 사는 세상에선 마침내는 반드시 망할 수밖에 없습니다. 기로국(棄老國 : 高麗葬)요? 노인이든 어린아이든 목숨이 붙어있는 한은 모두 그런 절대생명을 가지고 있지요.

신생중국이 창업되면서 다싱안링의 옛 산림이 모두 벌목되고 북부 2%만 오래된 처녀림으로 남았다는 얘기를 오가는 답삿길에 현지 노인들에게 들었습니다. 한 번은 계속되는 길고 험난한 답사노정 중에 바로 다싱안링 북부 훌룬부이르 몽골스텝 아룽산(阿龍山)지대에 들어 하룻밤을 묵게 됐습니다. 일정에 쫓겨 통나무집에서 두세 시간이나 잤을까 말까 했는데, 그렇게 몸맘이 가뿐하게 기적과도 같이 생기가 부활될 수가 없었지요. 뒤에 이 분야 한 전문가에게 들은 얘기로는 오래 묵은 처녀림이 내뿜는 놀라운 피톤치드의 힐링작용 때문이라네요.

실로 새순이 새롭게 돋아나고 무성한 가지가 제대로 푸르르며 말라가는 고목 나무등걸과 삭정이며 초본식물 음습한 그늘, 다양한 조류와 야생짐승이 공존하며 서식하는 그런 생기 그윽한 태곳적 처녀림이었습니다.

이는 정보화시대 치열한 무한경쟁 무한개방사회 오만불손한 인공의 거대한 숲속에서 경거망동하고 있는 속사람 병이 골수에 사무친 중생들에게, 조용히 어떤 설법을 하고 있는 듯 합니다. 그렇게 모진 난세의 세파를 헤쳐 내며 어렵사리 등극한 최고수일수록 실은 그런 수하를 절대로 곁에 두지 않는 슬기 눈을 지니고 있다는 전설이 이 공활한 다싱안링 숲의 바다에 오래오래

전해 내려오기도 하지요. 너나 할 것 없이 눈 제대로 뜨고 보면 담장 밑의 초라한 작은 풀 한 포기조차도 다 그럴만해서 그렇게 여여(如如)히 숨고르고 있는 터임을.

진시황(여진족?)은 다싱안링을 100% 다 싹쓸이 해버려 사안(史眼)이 멀어 이내 망했다지만, 생명이 곧 천명임을 깨닫고 태고적 처녀림을 2%나 남겨낸 그 먼먼 후예들의 혜안은, 진정 떠오르는 놀라운 새 생명의 서광으로 한 누리 내내 아주 작지만 가장 강렬한 어떤 생기찬 빛을 발해가리라 여겨집니다! 야생 생태계는 때로는 오만무도한 인간의 위대한 멘토가 되기도 하는가 봅니다.

칭기스칸 당시의 몽골부족은 소수 약소민족인데다가 저마다 각자도생만이 살길이라고 믿어 무간지옥을 미친 듯이 허우적대는 구제할 길 없는 판국을 헤매고만 있었답니다. 칭기스칸은 구급처방으로 10부장~100부장제를 만들었는데, 이는 10명을 공격시켜 5명만 생존해와도 모두 죽여버리는 냉혹한 군제였다고 합니다. 칭기스칸은 그런 군제를 세워 드디어 약소국에서 승승장구하는 최강군을 만들어내기 시작했답니다. 그런데 놀랍게도 그런 군제를 야생 늑대들에게서 배웠다는군요. '푸른늑대 칭기스칸 군단'이란 명명은 이에서 비롯된 것이라네요. 물론 유목민에게 고대부터 이미 그런 군제가 있어왔으니 수식이 좀 지나치긴 한 듯하지만, 생태자연은 진실로 무진장한 슬기의 보고일 수가 있나봅니다. 사람들이나 늑대들에겐 삶이 완숙해지면서 모두 저마다, 지층처럼 수백만 년의 DNA단층들이 상호작용해 내뿜는 생기와 슬기가 무르익을 수 있기 때문일 수도 있겠지요.

기황후, 오랑캐, 에벵키, 거서간

'기황후의 몽골', 황통을 기사회생시킨 메시아 황후로 길이 추숭
[2014.4.14~5.5]

요즈음 항간에서는 MBC-TV 월화 드라마 「기황후」의 시청률이 높아지면서 기황후의 역사적인 인물평이 새삼 이야깃거리가 되고 있지요. 알려진 대로 그 본격적인 연구의 효시는 이용범, 「기황후의 책립과 원대의 자정원」(1962)이란 논문입니다. 고려인이나 몽골인의 시각에서 인물평을 하는 글은 물론 아니고, 그냥 있었던 그대로의 사실을 치밀하고 냉엄하게 복원해보는 차원의 글입니다. 세계제국 대권을 둔 투쟁생태는 너나 나, 여기나 저기와 예나 지금 할 것 없이 히말라야 최고봉처럼 바람이 거세차고 늘 아슬아슬한 혹한의 천 길 낭떠러지 위이기 마련이라는 그런 생존실태를 읽어낼 수 있게 담담히 써내본 논문이지요. 물론 절대권력은 결국 절대 부패할 수 있다는 상식을 외면치 않기도 한 것으로 봅니다.

그런데 1990년 북방개방 후 그간 몽골인들을 만나면서 깜짝 놀란 건, 기(奇 Öljei Qutug, 肅良合 完者 忽都, 시호 : 普顯淑聖皇后)황후가 몽골인-특히 쿠빌라이 계 몽골황족 후예들에게는 거의 신격화될 만큼 숭모(崇慕)의 대상이 되는 성모(聖母)로 각인되어오고 있더라는 것입니다. 원나라 말기에 권신들의 발호

로 다 기울어져가는 몽골 황통을 기사회생(起死回生)시켜 몽골황가 대통의 명맥을 되살려낸 일대의 여걸, 메시아 황후로 말입니다. 우리와는 너무나 아주 딴판이었지요. 고위직 무신가문 출신으로 권모술수에 이골이 난 무자비한 황후만이 결코 아니라, 김수로왕의 허황후 못지않게 슬기롭고 눈물겨운 몽골사랑의 화신인 전설적인 성모상을 연상케 하는 차원이더군요.

[좌]가 김동길 스승님 연세대 사학과 제자인 저자, 저자의 제자들인 [좌]에서 2번째가 칭기스칸 아우 조치 카사르 후손 보르지기다이 에르데니 바타르 내몽골대 교수·3번째가 윤은숙 강원대 교수, [위]가 김동길 스승님·사·제·손 제자 3대가 2000년 초입에 김교수님 자택에서.

2000년 초 한국에서 공부할 때 김동길 교수님 서재에도 함께 들르곤 한 적이 있는 에르데니 바타르 내몽골대 교수(『팍스 몽골리카와 고려』 저자, 현재 인디애나 대 연구교수)도 보르지긴씨로 몽골황족이고 칭기스칸의 33대 후손으로 몽골황족의 족보를 소장하고 있다는 혜

이룽장 성 사회과학원 파. 쇼보 교수도 그러했지만, 대체로 그간 만나온 몽골황족 후예들은 특별히 기황후에 대한 숭앙과 그리움이 사무치게 몸에 배어 내려오는 듯했지요. 한국을 몽골황가의 외가로 아직도 진정으로 사무치게 사모해오고 있었습니다.

1368년 7월 28일 작전상 대도(北京)에서 몽골본부로 철수하는 도중에 혜종(惠宗 Togontemur, 元 順帝)은, 1370년 4월 28일에 오늘날의 내몽골 케식튼기(旗) 다르한·솜 소재 응창부에서 이질에 걸려 51세로 타계한답니다. 그 후부터는 기황후 소생 아유시리다라(AyüSiriDala)가 소종(昭宗)으로 황제가 되어 몽골의 정식 황통을 이어받게 됩니다. 극도의 위기상황 하에서 구원(久遠)의 '기황후의 몽골' 누리가 비롯된 거지요.

2000년 5월에 다구르족 몽골사학자 내몽골사회과학원 역사연구소 아. 아르다잡 교수와 이곳을 답사하다가 허름한 민가에 유숙한 적이 있습니다. 때

마침 몸에 지니고 간 이질 치료제 정로환 병을 꺼내 들고는, "혜종이 이 환약 몇 알만 먹었어도 몽골역사가 크게 달라졌을 것"이라며 허탈한 웃음을 나누기도 했지요. 그 후 근 700년간을 몽골인들에게 이어내리고 있는 고려출신 기황후 아들 소종의 몽골황제 정통맥 계보는, 이런 사소한 계기로 이처럼 그 역사의 첫 문을 열게 됩니다. 황위에 오른 소종은 1378년까지 나름대로 제국을 민활하고 강력하게 다스리며 고토회복 전쟁을 슬기롭게 이끌었으나, 그를 뒤이은 천원제(天元帝, Togostemur khan)는 이에 미치지는 못했답니다.

그 후 1388년 10월에 명나라의 정벌에 쫓겨 다싱안링 북부 몽골 기원지 부이르 호반에서 오늘날 울란바토르의 서남서쪽에 있는 몽골제국 옛 수도 카라코룸(和寧)으로 철수하는 길에 울란바토르 시를 감돌아 흐르는 톨하반에서 천원제는 부하 황족 예수데르(Yesuder)에게 그의 맏아들 텐바오류(Tenbaoliu, 天保奴)와 함께 시해 당합니다. 이렇게 일단 기황후 아들로 태어난 소종을 계승한 쿠빌라이 대칸계 정통몽골 황통맥은 처참하게 단절되고 말지요. 놀라운 것은 시해자 예수데르가 바로, 형인 쿠빌라이에게 사실상 관행으로는 헌종에게 물려받은 황위를 찬탈당한 셈인 그의 친동생 아릭부케계 후예라는 사실입니다. 근 130년만의 골육상잔의 끈질긴 계승전쟁의 처절한 한 결말이어서랍니다.

이렇게 해서 몽골과 고려의 유전체가 결합해 태어난 소종을 계승한 쿠빌라이 대칸계 몽골정통 황통맥이 처절하게 울란바토르 언저리 톨하반에서 종언을 고하지요. 울란바토르 톨하반을 거닐며 우리가 잠깐 발길을 멈추고 묵념해보아야 할 회한에 찬 '통곡의 유적'일 수도 있습니다. 땅 끝까지 영원히 지속되는 유목민 특유의 집요한 혈친상쟁 복수극의 귀착 역사랄까요? 공활한 유목누리 혈육간의 대권 쟁탈전이라서 더 원한이 골수에 세세토록 사무치게 마련인지도 모릅니다. 지금 예서 뜬금없이, 몇 해 전인가 몽골스텝에 잠깐 스친 춤꾼 이애주 교수님의 춤사위자락 환영이 새삼 가슴에 사무쳐오는 건 왜일까요?

그렇지만 팍스 몽골리카의 황통을 기사회생시켜낸 기황후 추숭의 전설은, 바로 그 참극의 순간부터 쓰이게 되지요. 1388년 이렇게 정통황통이 참혹하게 단절되고 나자 쿠빌라이계와 아릭부케계는 물론 아예 그 이전의 톨루이계와 오고타이계가 칸위 쟁탈 혼전을 벌이는가하면, 심지어는 칭기스칸의 동생 카사르계까지 이에 끼어들어 난장판의 극치를 이루었습니다. 마침내는 오이라트 몽골계도 이에 동참했는데, 예외 없이 이런 틈새들을 비집고 들어와 몽골황가들의 상쟁을 부추기며 농락하고 이용하는 것은 적진인 명나라 세력이었지요. 당연히 때때로 신생 이성계의 조선도 이에 가세했습니다.

이런 일대의 난국은 1479~1517년에 당시 최대의 봉건세력이었던 만두하이 부인의 지지 하에 바투뭉크다이얀칸이 등극하여 기황후의 아들 소종(Ayü SiriDala)을 뒤잇는 대몽골 정통칸계를 중심으로 봉건질서를 재조정해 중앙집권화에 상당히 성공할 때까지 계속됩니다. 치명적인 원말의 최대난국을 슬기롭고 집요하게 수습해내며 몽골정통 황맥을 기사회생시켜낸, '기황후 몽골'을 향한 절절한 숭모(崇慕)신앙의 경이로운 결실이라 하겠습니다.

기황후의 몽골황통은, 실은 혜종이 1370년경 응창부에서 병사하는 그 경황 중에도 그의 손자 마이드르발라(김황후의 아들)가 명군에 포로돼 명의 신민으로 생존한 기록이 있고, 정통황통이 톨하변 천원제 부자 동시 시해로 절멸됐다고는 하지만 황손들의 후비들을 통해 이어내린 황손들이 혈맥을 이어 내려와파. 쇼보 교수와 같은 정통 후손들이 지금까지 몽골황가족보를 보전해 온다고 봅니다.

1388년 정통황통이 토고스테무르칸과 그 맏아들 텐바오류 부자 톨하반 시해로 단절되는 참극이 빚어지자마자 바로 그 다음해에, 포로로 잡힌 또 다른 쿠빌라이 후예 중의 한 왕자인 보보(拍拍)를 대원제국 해중 수도 탐라도(고려)로 후송해 그 후계로 세워 이내 황태자로 격상시켜낸 정치적 연출극이 매우 전격적으로 이룩됐습니다. 주원장과 위화도 철군 쿠데타(1388)로 막 집권한 이성계에 의해 감행된 아주 드라마틱한 각본이 빚어낸 짜임새 있는 합동작품이라 하겠지요. 생각컨대 이런 기황후 몽골 정통황통 격하 합동작전 과정의 그런 분위기 속에서 명나라 제후왕으로 격하돼 성형된 타이완고궁박물관 소장 칭기스칸·쿠빌라이칸 조손(祖孫)의 유일한 '초상'이나 한인(漢人)티나게 성형된 기황후의 그런 초상도 그려진 것으로 보입니다. 5대 근 백년 고려계 몽골군벌로 기가(起家)한 이성계 조선왕가의 기여도 이에 일조했을지도 모릅니다.

사실은 원말 흑암 중에 기황후의 몽골이 떠올랐을 무렵인 1370년경에는 이미 몽골황족을 자칭하는 티무르가 중앙아시아에 티무르제국을 창업해 1405년에는 칭기스칸 몽골칸국 황통을 기사회생시킨 기황후의 몽골을 고토회복·복원키 위해 명나라 정벌대군단인 동정군을 휘몰아 오다가 시르(Syr)하반에서 돌연 병사해, 명나라가 가까스로 살아남는 일대의 사건이 있었지요. 그 뿐이 아닙니다. 투항한 몽골기병을 골

기황후(奇Öljei Qutug empress) 영정[행주기씨 대종중 전래 소장품]. 사진속 그림은 타이완 국립고궁박물관 소장 기황후 초상.

간으로 삼은 명나라 영락제 성조의 기간병단이 1410~1424년 15년간 5차에 걸쳐 50만 대군을 동원해 친정을 벌이다가 우줌친 기(旗) 귀로에서 마침내 황제 자신이 병사했고, 그로부터 25년이 지나 다시 이를 용감하게 흉내내던 용열한 후예 영종황제가 역시 1449년에 50만군을 총동원해 몽골 친정을 감행하다가 불과 2만에 불과한 오이라트 몽골의 엣센태사군에게 사로잡히고 경사가 사실상 함락되는, 유명한 '토목보 대첩'도 벌어졌습니다.

몽골본부의 대몽골을 지극히 축소 조작해 '북원(北元)'이라 명명하며 병약한 명조의 그늘 아래서 안이하게 자족했던 것은, 오로지 조선반도의 조선 사대부 사관(史官)들뿐이었나 봅니다. 이런 조선조 사관들의 어이없는 당시대사(當時代史) 인식상황이 이내 잇단 외침을 자초하게 했음은 물론이겠지요. ─통곡의 벽에서 돌이켜보곤 놀라는 건 자기네를 이천 년 세월을 망명살이 하게 한 로마제국에 대해 이스라엘 민족사가들은 어찌 이소사대(以小事大)의 '사대사관' 정립을 못했느냐는 겁니다. 이스라엘 상고사와 미국상고사나 한국상고사 편집 시각의 이동점(異同點)은? 나라가 처절하게 망했어도 조상신 유대교의

야훼를 신앙하며 그 잔해 '통곡의 벽'을 부여안고 유대민족역사를 지켜낸 그들은 놀랍게 되살아나고, 그 거대했던 로마제국은 점차 자취를 감추어오고 있나 봅니다.

몽골 본지로 전술전략상 철수한 이후의 몽골 대원제국을 "북원"(北元)으로 온 세계 역사서에서 통칭하고 있지만, 그 전거는 지구사 상에 『고려사』 이외에는 전혀 없고 『고려사』는 주로 이성계 조선의 창업 필연성을 합리화하기 위해 조선조 사관(史官)들이 쓴 사서(史書)입니다. 기황후 몽골 황통 지우기에 초점이 맞춰지는 건 지당하지요.

1388~1517년 기황후 몽골의 몰락과 부활의 129년 기간엔 실은 너무나도 드라마틱한 역사가 펼쳐졌고, 그 오랜 혼전와중의 고난에 찬 잠복기를 통해 기황후 몽골은 마침내 이렇게 불사조인양 중생 부활한 터였지요. 실로 1368년 기황후 몽골의 전술전략적인 몽골본부로의 철수는, 사안(史眼)으로 길게 보면 이런 뜻 깊은 내적 역사를 잉태했던 것이라 하겠습니다. 몽원유목제국사에 이어 만청유목제국사가 굴기한 사실은 결코 우연일 수가 없다는 거지요.

1990년 한몽수교 후 행주 기씨 문중과의 간접적인 소통을 하면서 깜짝 놀란 것은, 그이들의 기황후에 대한 관심이 너무나 뜻밖에도 퇴계와의 사단칠 정논쟁(四端七情論爭)으로 후세에 알려진 조선조 주자학자 기대승(奇大升; 1527~1572)의 위광을 높이기 위한 역사적 후광으로만 겨우 소용되고 있더라는 점입니다. 뭔가 본말이 전도되어도 크게 전도되고 있다는 느낌이었지요. 어이가 없었습니다. 대원 노재지학(魯齋之學)이 조선조 성리학으로, 거꾸로 뒤틀린 이데올로기의 해독이 이토록 무서울 줄이야!

당시 끝 모를 몽골침략의 와중에서 적진에 적극적으로 자진 투항해 동북면에서 현지의 여진토호들을 끌어안고 고려계 몽골군벌가문을 이루어 기신(起身)한 몽골국적 이성계가, 결국 몽골을 배신하고 모국 고려로 되돌아와서는 또 고려군령을 어긴 고려장군으로 적도인 주원장과 연합하는 과정에서 조선조를 창업해냈지요. 그 사실(史實)에 대한 평가야 어쨌든 역사를 직시하면 이러한 이성계정권을 직접 또는 간접으로 합리화해주는…!

대원제국 말 혼란의 도가니 속에서 팍스 몽골리카 하 유일 소국 고려의 가녀린 일개 여인의 몸으로 몽골세계제국의 최정상에서 만고풍상(萬古風霜)을 다 겪어내며 몽골황통을 기어이 기사회생해내고야 만, 그 천하의 여걸 기황후의 시각으로 후예들의 이런 풍광을 관조한다면 비록 모국 후예들의 살얼음판 같은 그간의 생태현실 전개를 고려한다 하더라도 그 심경이 어떠했을까 하는 생각이 들어서죠.

당시의 대세를 타고 그 판국에 그렇게라도 제대로 슬기롭게 기적처럼 극소수로 살아남아 기황후의 아버지 기자오(奇子敖)를 종장으로 하는 보책(譜冊)을 전해 내려올 수 있었던 것은 분명한 사실이고, 다양한 시각에서 당해 역사를 읽어볼 수야 있겠지요. 하지만 객관적인 사실 또한 엄연한 사실(史實)이니, 정보화시대에 들어 달라져도 아주 빨리 본질적으로 크게 달라지고 있는 현재와 그 과거의 구체적인 대화로써의 행주 기씨 보책을 아주 진솔하게 다시 손질해야 할 때가 이젠 됐는지도 모릅니다. 기황후의 선조 중에 무신정권 고위직을 역임한 인물이 있었다는 점도 주목하면서 말입니다. 기황후는 증조부 좌우위 보승낭장(左右衛保勝郎將) 기홍영(奇洪潁)과 종조부 고종의 부마 기온(奇蘊)을 등에 업은 당당한 가문배경을 가지고 태어났다는 겁니다.

비록 몽골 대원유목제국·고려 말이라고는 하지만 13세 막내딸 어린 소녀의 몸으로 칸발릭(燕京) 몽골수도에 입경해 기신(起身)한 당시 기황후의 그 놀라운 세계사적인 제국 경영 본령이 분명히 그의 DNA가 당시에 주어지는 급박한 생태현실에 적응적 진화를 하는 과정에서 창출된 것이라면, 이는 차라리 '태원 선우(太原 鮮于)씨', '행주 기씨(幸州 奇氏)'와 '청주 한씨(淸州 韓氏)'가 모두 「기자(箕子)의 후손」한 가족출신이라는 데서 그 유전인자를 찾아보는 것이 일리가 있을지도 모릅니다.

당연히 시류속의 일시도생(一時圖生)을 위한 삼봉 정도전의 주(周)의 제후왕(諸侯王)으로 연출된 '기자'가 아니고, 유구한 사실(史實) 자체인 부리아드 몽골학자들의 그 '기자(箕子 : 居西干)'-치우(蚩尤)의 유목황손(遊牧皇孫)에서지요. '고요한 아침의 나라' 조선이 절대로 아니라, Chaatang조선(朝鮮)의 기자(箕子)!

기자는 상족(商族 : 殷) 사람이고 그들은 선족(鮮族 : Soyon족, 순록치기겨레)

의 동북아시아 기원지인 다싱안링[남부에 紅山 소재]에서 유래한 것이라면, 그래서 '기자'는 시저(황족의 보통명사 호칭인 Julius 'Caesar', 부리아드 몽골학자들의 견해 : 朴赫居世 居西干~居瑟邯?)이고, 선우(鮮于)=선우(單于, 흉노의 칸)일 수 있으며 한(韓)은 Khan이라 상정해본다면, 기황후 유전체에 북방 유목몽골로이드의 황통 피가 잠재돼 맥맥히 흐르고 그런 북방모성 본령이 이어 내려온 본질이 잠재해 내렸을지도 모른다는 생각이 듭니다.

이는 적어도, 단궁(檀弓)과 맥궁(貊弓)이 있는데, 단궁이 '박달나무'로 만든 활이라는 식의 논증 불가능한 가설보다는 상당히 사실 자체일 가능성이 매우 더 높아 보입니다. 박달나무로는 활을 못 만들고 맥궁이 있지도 않은 맥나무(貊木)로 만든 활이 결코 아님은 확실하며, 이 시대의 주류사학은 대체로 주로 유전체학에 더 깊이 접목돼갈 것으로 전망되기 때문이지요.

경우가 좀 다르기는 하지만 케냐가 아버지의 모국인 흑백혼혈 흑인 미국 대통령 오바마는 케냐에서, 꼭 기황후의 모국 몽골반점 최고밀도 세계 제일의 '순혈민족국가'라는 코리아처럼 그 평가가 이토록 가혹하지만은 않을 듯합니다.

몽골유목적 모권전통관행도 가세한 터이긴 하겠지만, 그 후 몽골의 구원의 실세 황후로 자리잡아오고 있는[1636년 청조에 들면서는 특정 생태 적응적 진화를 거치며 기황후 숭모신앙이 잠재화하는 것으로 보임] 전무후무한 빼어난 세계사적인 고려계 일대의 절세미인 몽골 기황후에 대한 코리안의 인물 혹평은, 아무리 저마다 각이한 생존현실이 엄존한다고는 하지만 어찌 이리도 잔인스럽게 편협하기만 한지요! 끝 모르게 언제까지라도 무너진 그 통곡의 벽 깨진 작은 벽돌조각 한 개라도 가슴에 묻고 살면 안 되는, 구원의 몽골 성모 기황후는 코리안에겐 끝내 그런 가증스런 저주의 상징녀이기만 해야 하는지요?

여말선초 행주 기씨와 전주 이씨의 인구 비례가 어떠했는데, 왜 600여 년 후 지금의 전자는 극소수로 바뀌고 후자는 극다수로 발전했을까요? 스텝제국시대에서 해양제국시대로 시대권이 달라진 지금, 이젠 몽골유목제국 해중수도 탐라도(耽羅都)와 경기도 행주(幸州)산성에서 몽골유목세계제국 황통 중생(重生) 메시아 기황후의 영혼을 달래는 해원굿판을 불세출의 비디오 예술가 백남준 차원에서 한껏 베풀어볼 수는 정녕 없는지요?

1990년 몽한수교 후 근 700년 만에, 대만의 몽골사학자 하칸추르 교수님(홍산 문화권 태생, 박원길·김선호 교수님의 스승)이 최서면 국제한국연구원장님의 초청으로 처음 한국에 왔지요. 첫마디 인사말이 "어머니의 나라에 왔습니다" 였습니다(「몽골은 고구려의 外孫민족, 동명성왕 석상도 있다」, 『월간조선』 1998.5). 몽골 여시조 알랑 고아의 아버지가 '코리인(高麗人)'이어서이기도 하고 흑암의 운무를 헤쳐 내며 몸소 몽골의 황통을 되살려 내온 구원의 몽골겨레 어머니 기황후의 모국 한국을 떠올리며 감격 중에 토해낸 심중의 고백이었던 듯도 합니다. 순록치기 Chaatang조선에서 양치기 Mongol(貊高麗)로 분가·발전 해나가며 은연중에 뼛속깊이 배어나온 정서인지도 모르지요. 주제국(周帝國) 측천무후(則天武后)를 능가하는 불세출의 여걸 몽골세계제국 기황후(奇皇后)의 원혼이라 하겠지요.

지금은 글로벌시대입니다. 진실로 유사 이래 조선-코리아사 상, 기황후보다 더 큰 불세출의 여걸이 또 있었던가요? 몽골에도 한국에도 없었습니다. '기황후 의 몽골'이 이젠 몽골과 한국의 모태 불함(Burqan : 紅柳?)동산을 찾아가는, 한 구체적인 이정표 온 누리 모태마을로 우리의 굳건한 반석이 되어줄 수 있었으면 하고 진심으로 간절히 기원해봅니다.

아울러 이 말은 꼭 첨언해 두려 합니다. 동아시아의 역사상 제일 큰 여걸로 당·주(唐·周)의 측천무후를 드는데, 그게 꼭 합당한 거냐는 겁니다. 단대에 걸친 주제국(周帝國) 측천무후(則天武后)를 능가하는 불세출의 여걸 몽골세계제 국 기황후(奇皇后)의 몽골황통을 길이 이어낸 놀라운 족적은 어쩌고요? 이 점에선 몽골인과 한국인의 관점이 아주 판이합니다. 나라면 당연히 팍스 몽골리카 하의 세계적인 불세출의 여걸 기황후를 단연 으뜸으로 꼽겠습니다.

하기야 측천무후도 선비(鮮卑)족계 아들의 당(唐)제국 황위를 강탈한 터이고 자신도 그럴 가능성이 많다지만, 몽골족도 선비의 후예요 조선(朝鮮)족도 선비(鮮卑)의 선(鮮: Soyon)족 본류의 계승자들이라면 이들 조선·당·주(周)·몽 골의 유목제국사(Pastoral nomadic empires)를 아주 다른 시각에서 읽어낼 수도 있지 않을가 합니다. 물론 예서 선(鮮)이란 쇼비니즘적인 편협한 개념어가 아니고 Chaatang(순록치기)이라는 보통명사 이름에 더 가까운 호칭어입니다.

굳이 파지리크고분의 여사제(얼음공주)나 만청의 서태후를 내포하지 않더라
도 상고시대 이래로 농경권 중원의 한족(漢族)에 비해 '모계시원사회'전통이
유별나게 강한 유목몽골로이드의 정통성과 관련해서 말입니다.

"오랑캐가 코리안의 동포"라며, 섬뜩!
[2014.5.12]

후진 시베리아·몽골·만주지역을 탐사하다보면 아주 엉뚱하게 당혹스러운
일을 종종 당하게 마련입니다. 2003년 8월 중순에 셀렝게 강 중류 어느 마을에서
동북아민족 게놈분석을 위한 서울의대 서정선 교수님의 몽골현지 조사팀에
동참해 일을 마치고 쉬고 있을 때의 일이었답니다. 한 양치기 할아버지가
우리 막사에 양고기와 술을 목판에 정성껏 한상 차려 들고 왔지요. 들어서면서
자기가 투바에서 온 오랑캐족인데 천만 뜻밖에도 오랑캐 동포 코리안을 예서
만나게 되어 반갑다며 다짜고짜 덥석 끌어안았습니다. "코리안이 오랑캐 동포
라니 …." 좀 섬뜩했지요.

그런데 그이는 술잔과 이야기가 오가며 살아있는 양도 한 마리 선물하겠다고
했습니다. 물론 통관이 불가능한데 그걸 알 리가 없는 순박한 벽지의 목민할아
버지였던 거지요. 그래서 기하급수적으로 번식하는 양임을 안 나는 숫자가
적으니 한 3년 더 숫자를 붙여 모두 다 달라고 농담을 했더니, 서 교수님이
긴 나무의자에 팔베개를 베고 누운 채 빙긋이 웃었답니다. 너무나 티 없이
순박해 꼴밭에 마주 앉아 술잔을 주거니 받거니 하며 담소하기만 해도 힐링을
체험할 정도였지요. 의사가 필요 없어보였습니다. 그런데 코리아의 유명한
의대에서 의료진들이 나와 초등학교에서 환자 진단을 한다니까, 아주 큰
새가 날아와서 꼬마 어린애를 채가기도 한다는 그 후진 벽지에서 웬 환자들이
그리 많이 모여들던지.

오치르 교수님(몽골국립민족중앙박물관장 역임)에 의하면 Orun은 본래
'코룬'인데 Khorun에서 Kh가 뒷날 탈락되면서 생긴 이름이라고 합니다. Khorun

+chun의 chun은 사람으로 Khor가 '활'이라면 그대로 전통사(箭筒士)-궁사(弓士)와 상통되는 Khorchi일 수 있다는 거지요. 2004년 가을 어느 날인가 담소 중에 '오랑캐'도 오룬춘처럼 khor(弓)의 음운발전과정에서 파생된 종족명으로, 칼을 든 자라는 거란(持劍者)처럼 활을 든 자(持弓者)란 뜻을 갖는다고 본다는 견해를 피력한 적이 있지요. 오랑캐는 특히 여말선초에 요동을 위주로 T자형 백두대간 만주일대에 주로 둥지를 틀고 몽골스텝과 유연하게 소통·활약하며 몽골·명·고려·조선의 흥망성쇠에 직관되는 중요한 역할을 한 구체적인 유목종족이기도 합니다.

그 후 2007년 7월 9일~8월 1일에 걸쳐 24일간 다녀온 경향신문 60주년 기념 "칸 코라안 루트"답사 중에 오룬춘 자치기 가셴둥(嘎仙洞) 유적을 답사하면서 내내 나와 같은 방을 써온 시미즈 기요시(淸水紀佳, 아프리카언어학, 비엔나대 교수 역임, 高句麗語 현지연구 中) 교수는 "음운발전사적으로 Qorunchun이 Q가 탈락되면서 다른 이 지역 원주민 언어들보다 일찍 Orunchun으로 발전한 것은 그 선진성을 보여준다"고 이를 재삼 확인해 주었지요. 그런데 이 "Orunchun-Qorunchun은 많은 시대 차이에도 불구하고 槁離-Qori와 직관될 가능성이 있다"고 일러주기도 했습니다. 그렇다면 영어로 표기하면 Korean(弓裔?)이 될 가능성도 없지는 않다고 하겠지요. 그러나 유연하게 토론의 여지는 아직 넉넉히 남겨두어야 할 듯 합니다.

1999년 이곳 몽골 기원지 호눈선원(呼嫩鮮原) 현지에 400일 현지캠프를 차리고 조사연구를 할 적에, 돼지뼈 우린 국물에 끓인 쑥 된장국은 그대로 내 입맛의 메시아였지요. 그 조리솜씨를 선보이는 아씨(阿西 : Orunchun語)의 발음이 정확히 '아씨'여서 우리 다종족적 탐사단 일행이 모두 감탄하기도 했습니다. 바로 여기 오룬춘 민족박물관에서 저명한 『몽골비사』 환원(還元 : 中國語를 몽골語로) 3대 학자 집안인 다구르족 가정의 아. 아르다잡 교수와 함께 조선(朝鮮)은 '아침의 나라'가 아닌 Chaatang朝鮮(조선)-"순록치기의 나라"라는 착상을 하게 됐지요. 하기는 탐사 출발 전날 함께 점심식사를 한 서희건 『월간조선』 편집장님과 윤명철 교수님이 단군의 부인 성씨가 '아씨(阿氏)'라는 속설이 있는데 거기에 가거든 꼭 한번 확인해보라는 당부를 한 터이기는 했었답니다.

참고로 국내에선 이미 니콜라 디코스모의 한 명저를 『오랑캐의 탄생』[이재정 옮김, (주)황금가지, 2005]으로 번역해 출간한 터이나, 책 제목과는 달리 정작 오랑캐의 본뜻을 이해하는 데는 그리 큰 도움을 줄 수 있는 것 같지 않더군요. 본인 자신이 오랑캐족인 Sukhee Jagir 현 주카자흐스탄 몽골대사님 이 주한몽골대사관에 근무할 적에, 오랑캐에 관한 기존의 모든 연구들이 대체로 정작 오랑캐족 현지조사가 소외된 피상성을 그 연구의 한계로 지니는 듯하다고 함께 꼽아보기도 했습니다.

코리안이 '오랑캐 본당'-장성이북(長城以北) 진한국(眞韓國)?

[2014.5.19]

시청률 높이는 데 결코 그리 크게 기여할까 싶지도 않은, 좀 지루한 느낌마저 드는 학술 북방유목사 현지탐사·천착 프로에 집요하게 집착하는 특이한 이효종 피디님이라서 평소에 관계 프로들을 주목해왔습니다. 물론 EBS라서 포용되는 프로인가보다 하는 생각이 들기도 했지요.

어쨌거나 이 서신이 이른바 강단사학자들이 한민족(韓民族) 유목태반(遊牧胎 盤) 기원사(起源史) 천착과제에 어떻게 접근해 들어가야 할까를 진지하게 고민 케 하는 계기를 마련할 수도 있을 것만 같아서, 글을 보낸 이의 허락도 없이 우선 독자와 함께 일독해야겠다는 생각을 했습니다.

많은 현지탐사의 고난과 경이를 수없이 몸소 체험해가며 동시에 시청자를 읽어온, 그런 피눈물이 온몸에 찌들도록 배어든 스토리텔러의 예리한 안목의 글이어서 입니다. 당연히 나 자신이 꼬집어 드러내기에는 역불급(力不及)인 이야기를 이렇게 쉽게 풀어내주었기 때문이기도 하지요.

주 교수님, 안녕하세요?

이효종 피디입니다.

이렇게 귀중한 오랑캐 관계 자료를 공람시켜주셔서 감사합니다.

오늘 따라 카피가 눈에 확 들어옵니다.

'오랑캐'

저는 평소에 오랑캐에 대해서 한국 역사 측면에서 다시 조명하여야 한다고 생각해왔습니다.

오랑캐는 성 밖의 사람을 의미하고, 수렵보다는 목축(주로 遊牧? : 저자 注)을 하는 집단이었다고 알고 있습니다. 당연히 한국 역사의 주요한 축이라고 정의내릴 수 있습니다. 그런데 역사의 전부가 농경을 바탕으로 성안에 주둔지를 두고 있는 성안의 사람들에 의해 서술되다보니, 오랑캐하면 무조건 안 좋은 의미로 여겨져 왔습니다.

심한 욕중에 "이런 오랑캐 같은 놈 같으니!"라고 하는 대목도 있지 않습니까?

이런 찰나 구전으로 이어져온 역사의 조각을 기억하고 있는 그 할아버지의 마음, 오랑캐 후손과의 대화 내용은 참으로 의미 깊다고 생각합니다.

앞으로의 만주 역사는 한문 또는 러시아문으로 된 자료도 중요하지만, 아직도 입에서 입으로 구전되어 오는 민속의 자료 또한 귀중히 다뤄져야 한다고 생각합니다.

아직 그들은 역사를 구전으로 기억하고 있기 때문입니다.

그리고 그들의 조각 지식은 어느 중국학자 또는 러시아 학자의 그것보다 순수하게 받아들여져야 한다고 생각합니다.

사실 지금의 중국학자나 러시아 학자들도, 아직도 만주 현장을 다니면서 그들의 자료를 채록하고 배우려 노력하고 있기 때문입니다.

만주인들은 기본적으로 중국인들, 특히 한족과는 소통을 꺼려합니다, DNA가 다르기 때문이죠. 러시아인들 또한 예외가 아닙니다.

만주 역사의 구심점을 짚어내는 노력은, 그 기상을 마음속 DNA에서 기억하고 있는 우리 겨레의 역할입니다. 누가 그 일을 대신해주겠습니까? 밝혀질수록 그들에게 불리해지는데요!

주류이건 비주류이건 우선 선생님의 탐구 정신에 경의를 표합니다.

그리고 그 접근 방법이 학문적인 분류 체계 안에서 정통적인 메또드로 진행되고 있음에도 깊은 공감을 드립니다.

감사합니다.

고구려고분벽화 무용총 수렵도. 파르티안 샷트(Parthian shot)를 하는 弓士를 왼손잡이로 보는 견해도 있지만, 이는 그림의 구도상 또는 종교적 이유로 제물사냥도라서 그렇게 그렸을 수가 있다. 당시로서는 당연했겠지만, 지금 한국인이 보기에는 엉뚱하게도 몽골 제물사냥 관행을 口傳하는 詩句에서 그 해답의 실마리를 잡게 됨은 참으로 기묘한 일이다. 저자는 사회주의 해체 직전 몽골고전무용단의 공연에서 무용총 群舞의 춤옷과 춤몸짓을 직접 보았다.

베. 수미야바아타르 교수와 그 친필. 수렵도의 내용을 읽어낼 수 있는 몽골의 제물 사냥하는 詩句는 이러하다. "산 앞에 있는 짐승은 앞으로 쏴서 잡고 산 뒤의 짐승은 뒤로 쏴서 잡는다." 1990년 5월 서울 단국대학교 캠퍼스 객원교수 숙사에서 그는 저자에게 직접 이 慣用詩句를 써 주었다.

코리안 오랑캐, "늑대 사냥개가 된 늑대"
[2014.5.26]

오랜 삼국 상쟁으로 흥망성쇠가 뒤바뀌는 결사항쟁을 치렀음에도, 임진왜란은 고사하고 한반도마저 모두 뺏긴 국망의 참사를 겪었는데도—저자도 1942년생이니까—우리는 이상하게도 서로 간에 상대를 고구려·백제·신라 오랑캐라고는 부른 적이 없습니다. 현재의 남북대치국면에서도 오랑캐라는 모욕적인 극천칭은 서로 간에 안 쓰는 듯합니다. 과문인 탓일까요? 일본 오랑캐도 귀에 익지는 않고요.

그런데 서세동점기(西勢東漸期) 우리는 구미인을 서양오랑캐라며 비하했고 6·25때는 중국을 중공오랑캐로 필사적으로 매도하기도 했지요. 원인이 없는 결과는 없는 법인데, 역사의 결과체라는 시각에서 우리 한국인을 들여다보면 우리 자신이 오랑캐 본당일지도 모르는 우리가 왜일까요?

우선 중앙의 대권을 견지·강화하기 위한 대내외적인 수성시위용(守城示威用) 중원의 '만리장성'과 공방 실전용 동~서와 남~북의 "T자형 백두대간"을 중심으로 하는 한반도의 '산성(山城)·해도(海島)'가 신흥 유목무력을 대응하는 실효성을 역사적으로 비교·검증해볼 필요가 다분히 있다고 봅니다.

아울러 본래 유목태반 기원(起源)으로 창업해온 역대 한국왕조들이 유목무력의 허실을 꿰뚫어보고 신흥유목무력들에 도전·응전하면서 국권을 수호·강화해오는 과정에서, 한국(韓國) 왕조들이 유목무력의 통칭이라 할 '오랑캐'를 도리어 농경 한족(漢族)보다 더 적대시해왔을 수 있다는 점도 고려돼야 하리라는 생각이 들어서지요.

유목민의 상징인 늑대를 들어 표현하면 한국인들은 비유목지대라 할 T자형 백두대간의 생태특성 상 "늑대 사냥개가 된 늑대"라는 이율배반적인 적응적 진화과정을 거쳐 왔기 때문에, '농경 한족'보다 도리어 '유목 오랑캐'를 더 적대시해왔을 수가 있고, 이는 지금도 우리 무의식 속에 그렇게 작용하고 있을 수도 있다는 사실을 충분히 고려할 필요가 있다는 겁니다. 겉모양은 애완용 삽살개이지만 속DNA는 스텝·타이가·툰드라의 야성이 번뜩이는 '늑대'

순록의 도살('白丁질') : 사하 한디가 압기다 수림 툰드라지역, 현장사진 촬영 중의 김천호 여교수님(음식문화사; 실험 위주 연구, 일본통). 2006년 여름

일 수도 있음을 함의한다는 말이지요.

고려계 몽골군벌가문으로 기가(起家)한 이성계왕가가 도리어 '반몽친명(反蒙親明)'을 국시(國是)의 제일의로 삼고 주나라 제후왕 기자를 적통(嫡統)으로 『경국대전』에 감히 특필한 '반유목적 표방'이 그 상징적인 사례이겠지요. '친몽'을 표방하다가 돌이켜 '친명'을 표방케 되면서 공적으로 '기자조선(箕子朝鮮)'을 보는 눈도 아주 표변해 '주(周)나라의 기자조선→ 근세조선' 계보를 세우게 됐을 수 있다는 겁니다. 발등의 불이랄 당시의 일시생존을 위한 자국사 인식사상의 표리부동(表裏不同)한 치명적 환부역조(換父易祖) 경향성이랄까요?

개인으로든 집단으로든 당장 저마다 제 생사문제가 걸린 판국이니 안이하게 매도만 할 수야 없겠지요. 주성(周姓)인 나도 그런 생태 적응적 역사적 진화과정을 거치며 겨우 살아남아 지금 비로소 이 글을 적고 있을 수 있는지도 모릅니다. 그렇지만 그렇더라도 한겨레 북방유목몽골로이드 태반기원사를 연구하는 한국 연구자들 자신의 그 역사적 인식배경사에 관한 치열한 자기성찰이,

꼭 한겨레 유목태반 기원사 연구와 동시에 이루어지기는 해야 한다고 봅니다. 장원급제를 위한 족집게 과거시험문제의 정답이 그렇다는 데야 조선 선비님 네가 무얼 더 어쩌겠습니까만 ….

"한국에도 에벵키(鮮人)들이 가서 산다는데 아시나요?"
[2014.6.2]

'다수결'로 사실상 죽느냐 죽이느냐를 판가름하는 치열한 싸움판인 선거가 득세하는 계절입니다. 그래서 시베리아·몽골·만주에 모두 합쳐도 기껏해야 2만~3만 정도밖에 안 되는, 기마 양유목민도 아니고 일개 후진 소수 Chaatang (순록치기) 유목민들인 에벵키족이 지금 우리의 눈길을 끌기에는 좀 무리가 있겠지요.

그런데 그 인구 판세도 생산 혁명 여하에 따라 격변하는 것이어서 꼭 거기에만 집착을 하다보면 역사의 주된 발전 맥락을 놓치기 십상일 수 있기도 합니다. 그들도 특정생태지역에서 순록유목을 하고 살던 Chaatang의 한 부류인데, 기원전 10세기경 흑해북쪽 연안 스텝의 황금빛 기마 양유목생산 혁명 이래로 유라시아 유목권의 주류에서 급속히 밀려나온 터이니까요. 근래 불과 수십 년 내에 농민이 급감하여 80여 %에서 10% 미만으로 줄어든 우리의 사례로 보아도 수천 년 단위로 잘라보면 그 변화폭은 더 클 것임을 짐작케 합니다.

2005년 2월 4~24일에 걸친 21일정 시베리아 극북(BAM : 바이칼~아무르간의 철도)노선 창조사학회 주관(김영우 국장님) 겨울답사 중, 2월 10일에 봄나크 에벵키 마을에 들어갔을 적의 이야기입니다. 영하 30~40도를 오르내리는 강추위 속에서이지요. 한글 서울시내버스 역명이 그대로인 낡은 시내버스를 이 후진 한대 와이싱안링에 들어 타고 달리는 기분은 참으로 오묘했습니다. 북극해권과 태평양권을 가르는 와이싱안링 스타노보이산맥 제야 강 상류에 자리잡은 에벵키 마을입니다.

여기서 만난 이로, 할머니 이름이 고려인 '희순'[성은 모름]이인 와라와라

미하일로보 게니예브나(26세)라는 아기 엄마의 안내를 받았습니다. 남편이 에벵키라는 60대 고려여인도 만났지요. 그이들은 우리를 만나자마자 우리에게 "한국에도 에벵키들이 가서 산다는데 아시나요?"라고 물어서 우리를 당황케 했습니다.

에벵키란 '키'는 '~하는 사람'을 말하고 '에벵 ~에웽'은 순록유목초지 이끼(蘚)가 나는 Honk(鮮)를 가리키며, 따라서 에벵키란 '순록치기-조선인'이라는 뜻이라고 봄나크 초등학교 교사 자하로바 마리나 미하일로브나(46세) 선생님이 설명해주셨지요. 결국 저자가 추정해본 추론(「朝鮮·鮮卑의 '鮮'과 순록유목민-몽골유목 起源과 관련하여」, 『동방학지』 110, 2000)과 일치해 몹시 기뻤습니다.

2000년 가을 홀룬부이르맹(盟) 민족종교국 마니 여국장(에벵키)은 만나자마자 아예 에벵키 말로 내게 말을 걸어와 멍청하니 귀를 기울이고만 있으려니까, 중국어로 "왜 한국사람이 에벵키말을 못하느냐?"고 해서 놀랐지요. 에벵키어를 연구하는 성백인 교수님 제자 김주원 교수가 여기에 와서 현지조사를 하며 에벵키어로 소통해왔던 모양입니다.

마니 여국장은 "에벵키인이 단일민족이냐?"는 내 질문에 "시베리아가 지금의 중국보다 훨씬 더 넓은데 중국인인 한인(漢人)이 단일민족일 수 있느냐?"고 단호하게 반문했지요. 더불어 비슷한 생태권 공활한 공간에서 순록을 유목하는 순록치기생업태반 상의 동류 무리들일 따름이라는 거였지요.

그렇다면 한겨레 주류도 유목태반에서 생성됐다면 지구상에서 비록 몽골반점 밀도가 몽골인들[1990년대 초에 75% 추정, Shagdaryn Bira 교수, IAMS사무총장 역임]을 크게 능가할 정도로 가장 높은 유일한 7~8천만 집단이라고 하더라도 꼭 단일민족이라고 못박기는 어렵겠다는 생각이 들었지요.

하기야 민족이라는 이름으로 아주 무섭게 핍박을 받아오며 민족집단을 가장 성공적으로 몇 천 년 꾸려온 디아스포라 이스라엘민족도 주로 혈연적인 단일민족이 결코 아님은 널리 알려진 터이지요. 실은 집체역사를 공유해온 신앙공동체로 서로간에 생명과 그 진실을 어떤 혈연공동체보다 온갖 고난 중에도 더 끔찍이 서로 아껴주는 공감전통을 애써 가꾸어내온, 언제부턴가 서로 같은 조상신 창조주 하느님(Yaweh)을 오래 더불어 모셔 섬겨오는 믿음의 후예(信仰裔)들일 따름이라 하겠습니다.

'조선반도'에는 Chaatang조선이 없고, 붕어빵에는 붕어가 없다!
[2014.6.9]

우리는 2005년 2월 10일 경 당시에 그 봄나크 에벵키(鮮人) 마을에서 유숙하며 제야(Zeya)박물관엘 들렀습니다. '아무르' 강이나 '제야'(吉雅) 강의 강 이름이 모두 이들 현재 헤이룽장 지대의 토박이말 에벵키어 사람이름이거

한겨울에 제야(吉雅) 박물관장과 만나다.

나 '칼날'-精奇里(Jinkir)? 따위의 사물명들에서 유래됐다네요.

스텝의 바다에 흐르는 바다 같은 공활한 강물이랍니다. 이 땅이 본래 에벵키족(鮮族)의 역사무대였음을 알려줍니다. 아무르(Amur : 러시아어, Амур) 강의 '아무르'는 바이칼 호반 원주민(Soyon人?) 예니세이·앙가라와 같은 에벵키 견우·직녀류 설화의 견우에 상당하는 이름이지요.

바로 이 샤오싱안링 건너편 다싱안링 동남 눈 강 상류 대선비산엔 그 유명한 선족(鮮族)의 조상제사터 가셴둥(嘎仙洞)이 있지만, 2000년 6월 중순에 하얼빈시 자택에서 만난 기(奇)황후의 후예 파. 쇼보(波. 少布) 교수는 예니세이 강-레나 강-징키르 강 유역일대 수림툰드라~툰드라의 바다엔 순록의 주식 이끼(蘚苔)가 무럭무럭 자라나고 있다고 일러주었습니다.

때마침 진열장에 사금(砂金)을 이는 'ㄱ'자 모양의 여러 종족들 키가 나란히 진열돼 있었지요. 가죽 끈으로 기운 자욱이 있는 고려인 금광노동자들의 애환이 서린 낡은 키가 이 장엄하고 차디찬 백색황야에서 아주 다정스럽게

우리를 맞아주었습니다. 삼국시대 각국 동종(銅鐘)의 비천문(飛天紋)을 탁본해 벽에 나란히 걸어 놓고 그들 상호간에 뚜렷이 대비되는 개성미를 주목해보게 하셨던, 홍이섭 은사님의 1960년대 연구실을 연상케 했습니다. 완연히 드러나는 고려인 노동자 키의 속DNA가 우러난 섬세하고도 신비스러운 다정한 개성미가 놀랍기까지 했답니다.

2013년 11월 19일에 한국문명교류연구소(소장 정수일 교수)가 베푼『실크로드사전』과『실크로드도록』(육로편) 출간 및 정수일 교수님의 팔순 기념모임 뒤풀이 자리에서 미술사학자 권영필 교수님은, 일본 도쿄 뒷골목에는 에벵키어, 다구르어, 오룬춘어, 나나이어, 투바어나 사하어 등을 가르치는 어학원이 있다며 몹시 부러워했습니다.

우리 같으면 영·중·러·일·독어나 프랑스어 정도의 학원이면 몰라도 이런 한국 서울의 교육문화 생태는 상상도 할 수 없지 않느냐며, 일본은 역시 무서운 나라라는 표정을 지었지요.

나는 다행히도 1990년 북방 유목몽골로이드 생태지역 개방 이후부터 국립 내몽골대학과 국립강원대학이 자매결연을 맺은 덕(Bou Shorgan : 旭日干-河瑞鋐 총장님, 문선재 총장님 기획 사업 후임으로 실천)에 현지동료 몽골학자들의 배려로 저명한『몽골비사』환원(還元 : 漢語를 몽골語로) 3대학자 집안인 다구르족 가정의 아. 아르다잡 교수님과 함께 짝꿍이 되어 몽골 기원지 호눈선원(呼嫩鮮原)을 중심으로 때로는 현지캠프도 차리며 소수민족지역을 탐사하는 연구를 꾸준히 해올 수 있었습니다.

그 집안이 당시의 중국어로 된『몽골秘史』를 다시 몽골어로 환원시키는 데는 몽골어도 당연히 동참됐지만 놀랍게도 다구르어, 에벵키어, 오룬춘어나 나나이어 등이 수시로 대거 활용됐음을 알고 크게 깨우쳤습니다.

'통곡의 벽'이라는 참패한 항전유허(抗戰遺墟)는 고사하고 인류사 상 하나의 자연석 높이 최고(最高)의 광개토대왕 석비[徐吉洙 교수님]라는 민족사 복원상 초미(焦眉)의 보고(寶庫)도 만주벌판 황야에 천오륙 백년을 내팽개쳐 버려와 이방인이 발견해 관계 학계에 보고케 한 우리가, 그까짓 에벵키(鮮人)쯤이야!?

이러고 시묘(侍墓)살이는커녕 그 품에 안겨 환부역조하기를 밥 먹듯 하며 살아남아오면서 겉으로야 그렇다 치고 적어도 속으로라도 회개의 흐느낌조차 전무했다면, 이러고도 조상 탓만 하고 하늘이 무심타고만!

만약 우리의 『삼국사기』나 『삼국유사』, 『고려사』와 『조선왕조실록』도 그렇게 북방유목몽골로이드 토박이말로 가능한 한 환원해 읽게만 된다면, 베를린대 바르크만(Udo B. Barkman) 교수의 말대로 "유목사안(遊牧史眼)만 뜨고 보면 한국 사서(史書)야말로 세계 최고의 기록된 유목사료의 보고"임을 우리 자신도 크게 깨우치게 되어, 주류 한민족 유목태반 기원론(起源論)의 당위성이 자연스럽게 논증되리라 확신해봅니다.

요하 서북과 동남 및 쑹허 강 이서·이남을 경계로 싱안링권 북동서쪽 순록·양유목권 스텝·타이가·툰드라를 벗어난 비유목지대인 태평양권 T자형 백두대간-조선반도에는 유라시아 유목권 2대 유목가축 Chaabog(순록)도 양(羊)도 없습니다.

비록 오로지 우리 몸과 마음 및 생태환경에 역사유흔으로 아직 살아남아 기억된 유목태반 기원사(起源史) DNA, 유물과 문헌사료만 지금 한국에 상존하고 있을 따름이긴 하지만.

진실로 "붕어빵에는 붕어가 없고 조선반도(朝鮮半島)에는 '조선(朝鮮)'이 없으며", '아메리고의 땅' America대륙에는 아메리고 베스푸치(Amerigo Vespucci, 1454~1512)의 DNA가 그보다 일찍이 있어본 적이 없었음에도!

『Reindeer Rudolph』의 "Reindeer"(순록)를 유목가축으로 유목하는 이 (Reindeer herding nomad : Chaatang)들을 일본어로는 '토나카이(Tona-kai : 순록치기)', 중국어로는 '순록(馴鹿)치기', 한국말로는 Chaa(bog)tang-'조선인(朝鮮人)'이라고 하거늘!

하늘의 은총 심정선물은 루돌프 '사슴 사냥꾼'(Deer hunter)이 아니라, 툰드라 "Chaatang"(Reindeer herding nomad : 朝鮮人)이 포터가 되어 가져다 드린답니다.

'불함동산', 세계유목태반 몽골리안의 홍류모태 회귀굿터
—나나이어 Purqan 유래 [2014.6.16~6.23]

2014년 소치 동계올림픽에 이어 2018년 평창 동계올림픽이 열리는 평창에서, 2004년 12월 1일에 평창리조트 제2회 몽골리안 세계평화연합 세계대회가 열렸습니다. 세계 각지 몽골리안 100명이 모인 자리에서 나는 「Lichen road(蘚路)와 유목몽골리안의 모태회귀신앙 Burqan(不咸)ism」이란 주제로 특강을 했지요.

Chaabog(순록)의 주식 이끼(蘚 : Niokq)가 자라는 鮮(Sopka : 小山)으로 이어져 북미대륙으로 내뻗고 T자형 백두대간에 와 닿기도 하는 그 길, Sochi 2014~Pyeonchang 2018의 동계올림픽 길입니다. 물론 2004년 당시에 2010년대의 이런 세계적 행사를 예감하고 미리 이 제목을 잡은 건 아니지만, 여러 우여곡절을 겪으며 오히려 더 세계동계올림픽 피겨(Figure)의 여왕으로 우뚝 선 전설적인 존재 김연아 스케이터를 기리는 '김연아의 길'로 장차 이 길이 명명되기를 새삼 다시 기원해봅니다.

어느 자리에선가 "툰드라 타이가의 붉은 악마 치후예(蚩尤裔)가 아니면 김연아의 무천(舞天)이라할 얼음판춤DNA가 어떻게 세상에 나올 수 있었겠느냐?"고 탄성을 지른 적이 있지만, 이 스키토·시베리안 루트-Chaatang조선의 길(蘚路)은 그런 생태사적인 배경이기도 했는데, 바로 기나긴 이 길 굽이굽이 성소마다에 불함동산이 차려졌지요(최남선 지음, 정재승·이주현 역주,『불함문화론』, 우리국학총서1 우리역사연구재단, 2008).

후기빙하기 이후 생산단계에 든 순록치기-Chaatang들이 서류(西流)해 아나톨리아 반도 일대의 철기로 무장하고 기원전 10세기경에 소치를 내포하는 흑해북안 대스텝으로 진출하여 기마 양유목민으로 황금빛 양유목생산 대혁명을 일으키며 동류해 되돌아올 적에 오간, 그 유목생산 대혁명의 루트이기도 한 바로 그 길이지요.

요하 서북과 동남 및 쑹허 강 이서·이남을 경계로 싱안링권 북동서쪽 순록·양유목권 스텝·타이가·툰드라를 벗어난 평창이 자리 잡고 있는 비유목지대인 태평양권 T자형 백두대간-조선반도에는, 유라시아 유목권 2대 유목가축

Chaabog(순록)도 양(羊)도 없습니다. 오로지 우리 몸과 마음 및 생태환경에 역사유흔으로 아직 살아남아 무의식계에 기억된 유목태반 기원사(起源史) DNA가, 주류들의 몸속에 그 나름으로 살아 숨쉴 수 있을 뿐이겠지요.

실은 유목권의 늑대와 개나 사슴과 순록을 식별하기조차 힘들만큼 지금 우리는 떠돌이 디아스포라 코리안으로 불함동산에서 사실상 소외돼오고 있는 지도 모릅니다. 당연히 그럴수록 허구한 날 험악한 지구촌 구석구석을 마냥 서럽고 고달프게 떠돌아오며, 모태회귀의 내적 갈망이 눈물겹도록 절절히 가슴 속에 되새겨져왔을 수는 있겠지요.

불함(不咸 : Burqan)은 대체로 나나이 말 Purqan(버드나무[憂志賢·傅萬金 편저, 「허저문고」총서, 『簡明赫哲語·漢語대조독본』, 헤이룽장 성 민족연구소, 1987, 113쪽])에서 유래된 듯합니다. 허저족은 나나이족의 별파이고 '나나이'는 본토박이라는 뜻을 갖는 종족이름이랍니다. 더 정확히는 Furgen(紅) Burha(柳)에서 유래된 것으로도 볼 수 있겠지만, 조선류(朝鮮柳)의 별명이 '홍류(紅柳)'라는 점(『길림성야생식물지』, 장춘, 1926)은 매우 놀랍기만 합니다. 그 분야 전문가의 이런 문제들에 관한 면밀한 구체적인 천착이 요구된다고 현지(黑龍江省 同江市 街津口鄕, 2000년 6월 하순)탐사 도반(道伴) 아. 아르다잡 교수님(다구르족)은 첨언했지요.

물론 스키토·시베리안 루트-Chaatang조선의 공활한 Lichen road(蘚路) 순록유목누리엔 동명왕설화의 유화(柳花)성모, 보드마마굿과 홍류오보 등으로 뒷받침되는 근거들이 너무나 많을 듯 합니다.

바이칼 호 올콘(alhon : 원래는 '오이홍', 작은 타이가-〈숲〉이란 뜻. 호수 중의 섬이지만 건조한 바람과 수면에 비친 강렬한 햇살이 반사돼 습기를 증발시켜 생겼다고도 함)의 부르칸 바위나 칭기스칸의 탄생지 헨티산맥 중의 부르칸 산도 있지만 스텝의 바다에서 바다의 스텝으로, 팍스 몽골리카에서 팍스 아메리카나로 세계의 중심이 이동해오면서 크게 부각될 가능성이 있는 우리의 불함동산-종산(宗山)은 역시 『산해경』에 나오는 「숙신지국(肅愼之國)」의 T자형 백두대간 불함동산이라 하겠습니다.

2005년 겨울 답사 시에 연해주에서 두만강(Tumen River)으로 가는 길목

눈 덮인 들판에 잎이 진 붉은 버드나무 떼가 군집한 곳이 있다고 하여 찾아 나섰으나, 눈이 너무 많이 내려쌓여 발길을 돌리고 말았지요.

아늑한 불함-홍류 군집지대는 사람이 태어나고 돌아가는 모태태반을 상징하는 곳으로, 염수(鹽水)가 아닌 맑은 물이 흘러 버드나무가 자라 바람막이도 된 종산(宗山)의 소재지 고향마을을 상징하는 듯합니다.

하느님이 강림해 새 생명 누리를 점화하는 모태일 수 있겠지요. 투바(拓跋)공화국 사얀산(鮮山) 중에서 개척교회 목회를 할 적에 현지에서 하느님을 Burqan이라고 한다는 이-메일을, 2001년 늦가을에 맨 먼저 내게 보내준 이철성 목회자님이 새삼 상기됩니다. 정보화시대의 놀라운 충격을, 불함(不咸)-홍류(紅柳)와 더불어 처음으로 실감케 돼서지요.

생각건대 T자형 백두대간 동북쯤에 차려진 '불함동산'이면, 바다 같은 척박한 유목초지를 떠돌며 살아야 하는 유목민에게도 험난한 바다의 스텝을 헤치며 일생을 헤매오던 연어에게도 홍류(Burqan) 모태동산이자 모천(母川)으로 손색이 없는 성지일 것만 같습니다.

스텝의 바다에 역사의 뿌리를 뻗어가며 바다의 스텝으로 거침없이 헤쳐나가 붉은 여의주를 덥석 무는 거북선단을 그려봅니다.

2004년 12월 1일 평창리조트에 모인 100명 세계몽골리안들은 내 강의를 경청하면서 놀랍게도 표정들이 자못 상기되기 시작했습니다. 한국 최초의 맞춤의학 생명과학기업 (주)마크로젠을 창업했다는 서울의대 서정선 교수님의 주선으로 지난해 초가을에 뜻하지 않게, 셀렝게 강변 동북아민족 게놈분석을 위한 몽골현지 조사팀 동참후 일개 몽골사학 연구자가 대전 유성구 대덕연구단지 한(DBC?) 강당에서 열린 한국유전체학회 학술회의 뒤풀이자리에서 막간을 이용해 수백명 회원 앞에서 한마디 하던 그 얘기였지요. 이를 전후해 이 기업 명예고문으로 등록되기도 했답니다.

시베리아에는 뜨거운 해장국물이 없어 술을 많이 마시는 이이들과 어울리는 데 지독하게 고통스러웠다. 뻴메니라는 뜨거운 만둣국물이 있기는 있는데, 그것 마저도 슬라브 음식이 아니고 시베리아 원주민들 것이다. 그 원주민의 갈래에 몽골, 트루크와 한민족이 다 내포돼 있는데 그이들은 예외 없이 뜨거운 국물을 마셔야 주정기(酒醒氣)가 풀리는 해장이 된다.

우리에게 유전형질을 전승시켜 준 선조들의 오랜 적응적 진화과정에서 개체 혈연사가 설계한, 내 그 DNA의 숨결로 숨쉬고 있는 게 내 오랜 계대(繼代) 개체 역사의 열매(史의 果)인 지금의 나 아닌가? 마른 바람이 거세찬 고원지대는 습기가 적어 수분의 섭취가 필수적이고 한랭한 고원건조지대에서 설계된 내목숨이니 그것도 뜨거운 국물이라야 해장이 되었음에 틀림이 없다.

지금 나는 몽골고원이 아닌 '태평양 바다 가운데'인 남한에 살고 있으면서 한여름 폭염 중에도 한 잔 마시고 잔 날 아침이면 뜨거운 해장국물이 못내 그립다.

유목태반 몽골리안들의 힐링 요체는 맺힌 피를 풀어 돌리는 것이다. 동토의 스텝 타이가에서는 피를 덥혀야 피가 돌고, 피가 뜨거워지려면 몸뿐만 아니라 우선 마음이 뜨거워져야 하는데, 이에는 서로 부둥겨 안고 어른의 큰 한으로 어린이의 작은 한을 품어 그 소이연(所以然)을 이해시켜 달래가며 더불어 흐느껴 우는 것보다 더 본질적인 특효처방은 없다.

실은 무당은 무의(巫「毉」)인데 그이들의 주된 성업(聖業)이 바로 그렇게 서로 부둥켜안고 흐느껴 울게 하는 거다. 진정으로 더불어 울며 소통해 무아지경(無我之境)에서 하나 되게 하는 연출이다.

순록~기마 양유목민과 그이들의 해양생태 적응적 진화과정에서 직·간접적으로 생겨났을 수도 있는 바이킹이 갖는 태반사상의 공통점은, 이들이 모두 그 발전과정에서 "순록·말과 활"이나 "함선과 함포"의 조직된 소수의 기동성 및 타격력으로 최후의 한 지배집단만 이긴 자로 살아남는 무한경쟁이 강요된 터에 "스텝과 해양"이라는 무한개방공간의 속도전과 정보전에서 승리해온 세계 제국사의 주체라는 점이다.

상대적으로 『협역다수』인 농경민족과는 달리 '조직'된 「광역소수」의 '기동성'이 각각 자기 시대의 첨단무력이라 할 각종의 타격력을 조직 동원해 승리해낸 "유목세계제국성"을 싫든 좋든, 우리 유목몽골리안의 DNA가 공유하고 있는 셈이다.

이런 오래고 모진 생태 적응적 생존사 토대에서 피도 눈물도 메말라 버린 디아스포라 몽골리안 코리안인 우리에게 지금의 정보화시대에 어디 진정으로 뜨겁게 더불어 흐느낄 겨를이나 있겠는가?

다만 그렇게 타고나서 무한 개활지 스텝과 바다, 그리고 공중-하늘의 초고속 광풍과 온갖 쓰나미에 마냥 미친 듯이 계속 휩쓸려 왔을 뿐. 지금 우리 유목몽골로이드 태반 기원 디아스포라들에겐 숙취 후 속을 풀 어머니가 끓여주시는 뜨끈한 해장국물도, 품에 안겨 모진 인생 영원한 실향민으로 살아오며 한 맺히고 피 맺힌 끝도 없는 이야기들을 한껏 풀어놓으며 함께 흐느낄 푸근한 모태도 없다.

진실로 태어날 Chaatang의 홍류모태 부르칸(不咸)도 돌아갈 연어의 고향강산 모천(母川)도 실종됐다. 아니 슬기눈(慧眼)이 멀어 잃어버렸다. 왜 사는가! 이런 기구한 팔자를 타고난 유목몽골리안 태생적인 디아스포라들은? 생기 없는 영원한 실낙원의 뭇별들!

이에 이르자 어떤 이들은 우르르 단상으로 몰려 올라오기도 했지요. 참으로 긴긴 세월에 한이 뼛속 깊이 사무친 숙명의 디아스포라 유목태반 몽골리안들이구나! 디아스포라 유목기원 DNA몽골리안들에겐 무엇보다도 우선 홍류모태 '불함(Burqan)동산' 복원 부활을!

조선(朝鮮)과 화령(和寧 : Kharakorum), 국명 택일
—주(周)제후 기자(箕子)조선과 차탕 거서간(居西干)조선 [2014.6.30~7.7]

굳이 '화령'을 '카라코룸'(『원사』 권58, 「지리지」1 영북등처행중서성 [喀喇和林路를 和寧路로 바꿈, 仁宗時)으로 적어본 의도는, 화령이 기(奇)황후의 남편 대원황제 혜종의 몽골스텝 본지 철수 바로 다음해인 1369년(공민왕 18)에 화주목(和州牧)에서 개칭된 지명으로 이성계의 출생지이자 외할아버지의 고향이란 점을 몰라서가 아닙니다.

삼국시대에 고구려의 영토로 남아 있었는데, 955년(고려 광종 6)에 요새가 건설되었으며 995년(성종 15)에는 화주(和州)로 개칭했지요. 1258년(고종 45)에 원나라에 점령되면서 쌍성총관부가 설치되었다가, 1356년(공민왕 4) 고려가 이를 함락한 이후에 화주목(和州牧)이 설치되었고, 1369년 카라코룸(和寧) 원몽골 수도를 향해

카라코룸의 귀부(龜趺), 1993년 7월 하순 소촬(所攝)

철군해가는 기(奇)황후의 몽골 본지 철수 직후에 비로소 화령부(和寧府)로 개칭했지요.

1390년 전후의 요동정벌과 관련하여 볼 때는 물론, 이 '화령'이 쌍성(雙城)에서 우량카이(Üryanqai, 兀良哈) 3위(衛)의 본거지인 요동(遼東)의 개원부(開原府)로 직통하는 요충지이어서 아주 지극히 중요합니다.

1392년 11월에 예문관학사 한상질을 국호 개정 문제로 명나라에 파견해, '조선'과 '화령' 둘 중에서 국호를 택일해줄 것을 요청했습니다. 이때, 여기서 화령은 폐지되고 조선이 택정돼, 1393년(태조 2) 2월 15일 마침내 국호를 '조선'이라고 확정하고는 이내 '화령'은 '영흥(永興)'으로 그 지명을 바꾸게 됩니다. 우연이기만 할까요?

위화도철군과 뒤이은 정도전의 요동정벌론 등으로, 대내외적으로 첨예한 힘겨루기가 치열하게 전개되던 급박한 판국이었습니다. 그래서 조선과 화령의 국명택일도 실은, 친명과 친몽의 2대 카드를 동시에 남경의 주원장에게 들이대고 유화(宥和)와 협박 외교를 아우른 측면은 없었는가도 면밀하게 주시해볼 필요가 있어 뵙니다. 조선이란 국호 확정 직후 화령을 영흥으로 개명한 사실은 과연 무얼 말해줄까요!

불과 10여 년 후인 1405년에는 칭기스칸의 후예를 자칭하는 중앙아시아의 티무르의 일대 진공으로, 주원장이 창업한 명나라가 풍전등화(風前燈火)의

운명에 놓일 뻔 했습니다. 이처럼 몽골스텝 본부에는 팍스 몽골리카 하 기존 몽골제국세력이 분열 상태이기는 하지만 광범하게 상존했고, 무엇보다도 조선 태조 이성계 왕가는 엄연히 옷치긴 몽골울루스의 고려계 몽골군벌로 이 화령 일대에서 기가(起家)한 터여서지요.

다 아는 대로 화령(和寧)은 중국 한문사료에서 '각라화림'(喀喇和林)이나 '화림'(和林)으로도 표기했던, 몽골세계제국 태종·정종·헌종 시대[1229~1259년]의 수도 Kharakorum입니다.

이 시기에 이곳에 총사령부를 구축하고 금·남송의 중원을 경략했으니, 비록 근 100년 세월이 흘렀다고는 하지만 원·명 역성혁명으로 명나라 창업을 주도한 주원장 강남 군벌에게, 몽골세계제국의 역사적인 한족(漢族) 정벌 총사령부 '화령(和寧)'이라는 Kharakorum의 그 한자명(漢字名)이 잊혔을 리가 없지요.

이런 판국에, 주원장이 주(周)나라 제후 기자(箕子)의 조선(朝鮮)을 이어받은 국명을 고르고 몽골 본래의 Chaatang居西干(Caesar : 當該 역사서 집필시의 황제 범칭)의 '조선(朝鮮)'을 표방했을 수도 있는 몽골수도 '화령'과 같은 지명인 한자 국명을 내친 것은 지당하지요.

참고로 카라코룸의 '카라'는 몽골어로 '검다'는 뜻이고 '후렘'은 '후레밍 촐로오' (花崗巖 : 화산석)라는 의미입니다. 제주도 돌하르방 석재와 같은 화강암 화산석 들이 거대한 산맥(한라산류?)을 이룬 터에, 그렇게 명명된 것으로 보이지요.

탐라도의 카라코룸 석재 '돌하르방'이라 할 몽골대칸 '석궁왕(石弓王)' 상(像) 의 건재도, 이성계(李成桂)의 카라코룸-화령(和寧) 조선 신궁(神弓) 대칸 환생 구상도 절대로 용납할 수 없는 당시의 명 태조(太祖) 주원장(朱元璋)이었겠지요.

대체로 유목몽골리안 나라의 수도는 이런 화산석지대와 직관된 듯합니다. 헨티, 다싱안링(카라운 짓둔 : 嶺〈다구르語〉다와 : 嶺〈몽골語〉), 카라코룸, 후 레밍 촐로오(花崗巖 : 화산석), Tumen(豆滿, 圖門. 백발백중의 명사수, 神弓의 天子라는 함의) 강이 동류(東流)하는 T자형 백두대간권의 발해 상경 용천부나 화령 및 몽골제국 해중 수도라 할 탐라도(耽羅都)도 모두 다 그런 이름의 범주에 드는 Kharakorum(和寧)인 것도 같습니다.

한국과 중국·일본은 이렇게 엄연히 유전자지도가 차별화된다는 보고도 있는 판에, 우리는 왜 대명천자 주원장에만 눈을 돌리고 정작 태조 이성계의 모태 카라코룸-화령의 조선 신궁(神弓) 소식엔 언제나 이토록 낯설어만 해야 하나요? 문제의 핵심은, 내용이 어떠하든 우리에겐 우리의 그 역사적인 뿌리 인자(因子)이겠지요. 그 속에 깨어 숨쉬면 죽어도 다시 살고 영원히 한껏 되살아나는 사례를, 우리는 이 시대에도 눈여겨만 보면 금방 읽어낼 수 있습니다.

때마침 유네스코가 지정한 세계기록유산이자 당대의 핵심 사료인『조선왕조실록』중『태조실록』(1392~1398)을, 호남대 최병헌 교수님이 미 하버드대 출판부를 통해서 영역해 출간했다네요.

아울러 그간 홍산문화유적이 대대적으로 발굴되면서『몽골비사』(혜안, 1994)에 이어『만주원류고』(파워북, 2008/글모아, 2010) 한글 주석서가 연달아 출간돼온 터라서 이는『삼국사기』·『삼국유사』·『제왕운기』·『태왕의 꿈, 광개토태왕석비정해본』(김덕중, 덕산서원, 2014)과 더불어 유구한 유목몽골로이드 태반사(胎盤史)의 한 열매 태평양시대「朝鮮」(Chao Xian)을, 제 눈으로 제대로 보게 하는 한줄기 지구 차원의 메시아적 서광이 될 수도 있을 것 같습니다.

칭기스칸 만드토가이(萬歲)! "그는 히틀러 같은 악마"
[2014.7.14]

근래 어떤 계기에 나는, 문득 몽·한수교 후 1990년 초입에 한국몽골학회 첫 공식 방몽시의 한 극적인 장면을 새삼 떠올리고는 소스라치게 놀랐지요. 아득하게 멀고먼 낯선 오랑캐의 땅 유목지대, 그것도 생전 처음 밟아보는 너무나 서먹서먹하고도 무시무시한 사회주의 땅이어서 몹시 긴장하지 않을 수 없었습니다.

그렇지만 공식적인 접견행사가 끝나고 울란바토르 시내의 유적지도 방문하며 전통문화 공연장도 입장해 더불어 즐기면서, 마침내 만찬 후에는 조촐한 술판도 벌리게 됐습니다.

긴장이 풀려 흥에 취한 우리는 자연스럽게 예우도 겸해서 "칭기스칸 만드토가이(Мандтугай)!"를 한껏 외쳤습니다. 그런데 이게 웬 일입니까? 몽골인들이 잔뜩 겁먹은 표정으로 입술 색까지 변하면서 얼굴을 외면했지요. 우린 영문도 모르고 그런 뜻밖의 반응에 몹시 당황해 했습니다.

같이 지내는 동안 좀 친숙해져서 몽골스텝 야외 답사를 하면서 개인적으로 넌지시 그 이유를 물었더니, 역시 눈을 돌리고는 "칭기스칸은 히틀러 같은 악마"라며 말꼬리를 흐렸지요.[그렇다면 스탈린은?] 그 후 20여 년이 지난 지금은 상상도 할 수 없는 그런 엄혹한 분위기였답니다.

그렇지만 이내, 나는 시베리아와 만주의 험난하고 드넓은 후진 황야의 유적현지를 사시사철 틈만 나면 찾아 헤매느라고 모든 걸 까마득하게 잊곤 오로지 순간순간의 난관을 뚫고 나가며 역사유적 탐사에만 미친 듯이 몰두했습니다. 오랜 해직교수살이를 막 끝낸 당시의 내겐 무엇보다도 절실한 힐링차원의 몽골스텝 탐사이기는 했지만, 일순의 병고로 주치의의 으스스한 경고를 받고 계속 치료를 받으면서도 한시도 멈출 수가 없었지요.

연구욕심도 없진 않았겠지만, 그보다는 수집할 유목사 정보가 무진장 많이 숨겨져 있고 밝혀내야 할 사실들이 너무나도 뜻밖에 수도 없이 계속 대두돼섰습니다. 역사과학도로 혼신의 힘을 다해 사실(史實)만 있었던 그대로 재구성해서, 그 역사의 맥을 바로 짚어가며 제대로 해석해내면 된다는 생각으로만 충만했었던 겁니다.

몽골 사회주의 하 70여 년간에 칭기스칸 몽골역사를 새로 연구하는 신진 몽골인 연구자가 왜 정작 몽골국과 러시아 부리아드 몽골~중국 내몽골자치구에 전무하다시피 했는지는, 돌아볼 겨를조차 없었던 터이지요. 오래 뒤에야 문득 깨우친 일이지만, 이유는 한마디로 그 실질적인 주권 실세의 핵심이익에 정면으로 배치돼섰습니다. 과연 지난 날 팍스 몽골리카 하 러시아는 어떠했을까요?

외세들뿐만 아니라 시대를 거슬러 오르노라면 통일몽골영역 안에서도 마찬

가지여서, 칭기스칸의 절대권력 구축에 배치되는 메르키드족의 피맺힌 사연을
담은 역사는 암호와 같은 상징으로만 몰래 돌로 조각해 울란우데 부리아드족
유적 석조 기념물로 남기고는 지금까지 긴긴 세월에 그이들의 가슴에만 새겨내
리고 있을 뿐인가 봅니다.

몽골의 수많은 점령지 역사들도 몽골이 사회주의 치하에서 당했듯이, 그들
또한 그렇게 역사편집을 강제 당했을 겁니다.

언제 어디서 어떤 경우에나 대부분 현재의 판을 주도하는 주권실세의 핵심지
침에 어긋나는 사실(史實)은 사실이어도 소외되거나 소멸되며 그렇게 끊임없이
일방적인 재편집질 당하는 게 역사라면, 진정 역사란 무엇이란 말인가요?

당연히 역사편집자들 내부의 몸서리쳐지는 상호 이권쟁탈 싸움박질도 이를
무섭게 부추길 수 있었을 테지요. 과연 사회주의 치하 몽골에만 그런 현상이
있었겠는가를 반추해볼 적에, 가령 후세 연구자들의 치밀한 사료비판을 전제로
한다고 하더라도, 지금 난 등골이 오싹해집니다.

요동정벌, '북원' 和寧(Kharakorum)과 '남원' 탐라도(耽羅都)
[2014.7.21~8.4]

요동정벌은 여말선초~원말명초 새로운 판짜기 변혁과정에서 중핵이 되는
토대이었다고 할 수 있습니다. 몽골정권 내부 황권 쟁탈전이든 중원 한족
봉기군 간의 쟁패전이든 고려내부 개경과 동북 군벌 간의 주도권 쟁탈전이
고구려 전성기 수도라 할 바로 이 요동요새 장악을 둘러싸고 첨예하게 전개된
단계가 있었습니다.

국내·국제간에 세력판도의 급변에 따라 요동성을 중심으로 신속히 새로운
짝짓기가 이루어지고 해체돼 재편성되는 고난의 행군과정이 쉴 새 없이 반복되
면서, 다음시대를 이끌어나갈 판을 짜냈지요.

요하를 중심으로 서북쪽은 몽골유목지대고 동남쪽은 비유목지대 T자형
백두대간 서남부여서 유목주도 농경지배틀이라 할 요·금·원·청과 같은 호한

(胡漢)체제인 유목제국(Pastoral nomadic empire)의 틀을 짜는 중원 강남대평원 못지않은 만주~연해주를 잇는 대평원의 정치~군사적 중심토대이고, 이를 해체시키고 독립 중원세력을 짜는 경우에도 역으로 그만큼 중요한 위치를 차지하고 있었다고 하겠습니다.

쿠빌라이가 아우 아릭부케와 칸위 계승전쟁(1260~1264)을 벌일 적에 결정적인 승인(勝因)으로 작용한 것이 바로, 이 지역을 틀어쥐고 있던 동방왕가의 수장이며 좌익군대의 총수였던 칭기스칸의 말제 옷치긴왕가 타가차르의 지원이었지요[윤은숙, 『몽골제국의 만주 지배사』, 소나무, 2010]. 그래서 물론 탈권 후 연경의 중앙정권이 이 지역을 제어하는 역량 확보여하가 정권의 유지·강화에 필수적인 요건이 되었습니다. 바로 그 자리에 고려계 몽골군벌이나 고려왕권이 자리 잡고 있기도 했답니다.

1960년대 후반 내가 몽골사 연구에 입문할 적에 이런 요양(遼陽)·심양(瀋陽)지역의 역사적 핵심을 짚어 연구를 시작하게 물꼬를 터주신 분은 고병익 교수님이셨지요. 실로 고려의 반몽친명 독립도, 친몽반명 수성(守成)도 이 중심토대를 둘러싸고 이루어질 수 있었습니다. 그래서 고려내 신·구세력의 쟁패도 이 요·심-요동문제를 둘러싸고 결판을 내게 된 셈입니다.

1370년 이미 이성계는 원나라 잔존 세력을 치는 요동정벌전을 지휘해 일시 요동성을 탈취-입성(入城)한 적이 있고, 신흥 명군과 겨루어야 하는 1388년 4월의 요동정벌은 위화도철군으로 무산됐지요.

무엇보다도 동북면 쌍성총관부 고려계 몽골군벌로 기가(起家)한 이성계의 근거지가 화령(和寧)인데, '화령'이 쌍성(雙城)에서 우량카이(Üryanqai, 兀良哈) 3위(衛)의 본거지인 요동(遼東)의 개원부(開原府)로 직통하는 요충지이어서 친몽이든 반몽이든 몽골과의 관계 설정에 매우 유리한 지위에 있는데다가, 어떤 경우에든 상호 전장에 동참한 전쟁경험도 쌓아오면서 인맥 네트워크도 가지고 이성계군단이 이 판에서 나름대로의 정보망을 확보했을 수 있었습니다.

그래서 투항하는 몽골기병들을 대거 수용해 당시 연경(燕京) 일대에 막강한 군단을 꾸리고 있다가 쿠데타로 등극한 훗날의 영락제(永樂帝)인 주체(朱棣; 1360~1424)의 실세를 예리하게 간파하고, 무엇보다도 그들이 몽골을 제압하는 요체로 요동성 장악을 필수요건으로 삼고 있음을 이미 꿰뚫어보고는 위화도 철군을 결행했던 것 같습니다.

　그는 이어서, 1388년 10월에 명나라의 정벌에 쫓겨 다싱안링 북부 몽골 기원지 Buir호반에서 오늘날 울란바토르의 서남서쪽에 있는 몽골제국 옛 수도 카라코룸(和寧)으로 철수하는 길에 톨하반에서 천원제(Togostemur khan)가 부하 황족 예수데르에게 그의 맏아들 텐바오류(天保奴)와 함께 시해되자마자 이듬해인 1389년에 명태조 주원장과 함께 포로된 쿠빌라이 대칸의 후예 중의 한 왕자인 보보를 황태자로 격상시켜 원의 해중수도 탐라도(耽羅都)에 모시는 정치적 연출극을 매우 전격적으로 민활하게 연출해냈지요. 뿐만 아니라 그는 이내 화령과 조선(朝鮮) 중 조선으로 국호가 선정되자 그의 생가 소재지 지명을 화령(和寧 : Kharakorum)에서 영흥(永興)으로 바꿨답니다.

　명 태조 주원장과 위화도 철군 쿠데타(1388)로 막 집권한 실세인 이성계에 의해 감행된 아주 드라마틱한 각본이 빚어낸 짜임새 있는 합동작품이라 하겠습니다. 명제국 천자의 제후로 자리매김해 몽골제국의 태평양 해중수도 탐라에 남원의 황태자로 보보를 세운 것이지요. 탐라(耽羅)는 이 경우에 당연히 '남원'(南元)의 해중 수도 탐라도(耽羅都)가 되는 겁니다.

　이에 따라 당시의 세계역사서 상 유일하게 카라코룸(和寧)의 몽골국을 탐라도 '남원'(南元)에 대한 '북원'(北元)으로 명명한『고려사』만의 독특한 역사 서술 틀이 있게 된 터이지요. 고려사의 역사를 보는 시각으로는 북원은 이미 망하고 '남원'으로 수렴·압축돼 명의 통제권 안 탐라(耽羅) 섬에서 포로로만 안주하는 제후국으로 마감된 셈입니다. 그런데 그렇다면 생가 소재지 화주를 화령(Kharakorum)으로 뒤바꾼 뒷날의 화령국왕(和寧國王) 이성계는 '북원'의 실세로 잠복해 기회를 보아 중생·부활하려 했던 것일까요? 설마인들 먼 훗날의 '누르하치'를 꿈꾸기까지야 했을려고요.

　탐라도(耽羅都) '남원'으로 추정되는 상대역으로 카라코룸(和寧)의 몽골국을 북원(北元)으로 명명한『고려사』만의 독특한 역사 서술 틀은 과연 사실(史實) 자체였나요?『고려사』를 편찬한 조선조 사관(史官)들의 당대사 파악은 정말 정곡을 찌른 것인가요? 1차 왕자의 난(1398) 직전 정도전의 3차 요동정벌론은 사병혁파만을 위한 허망한 정치적 선동구호일 뿐이었는지도 재고해봐야 하겠습니다.

비록 말기적 양상을 보이고는 있었다고 하지만 그래도, 당시의 세계제국 중앙정부 대원제국을 아직 중앙아시아를 내포하는 스키토-시베리아 판도의 시각에서 읽는 것은 지극히 당연하다 하겠지요. 원과 명, 일본, 그리고 개경의 중앙 고려와 동북의 고려계 몽골군벌 귀화집단 고려의 세력 발전을 모두 함께 되새겨봐야 하리라 봅니다.

특히 왜구 토벌에서 이룬 이성계의 혁혁한 군공도, 그가 단순한 촌뜨기 동북지방 무사가 결코 아니라 근백년 고려계 몽골세계유목제국 옷치긴 울루스 군벌 출신으로 당시의 최첨단무력의 구사자여서 가능했던 일임에도 당연히 예의 주목해야 하겠지요. 여말선초~원말명초의 역성혁명은 당시 세계사의 새판 짜기에서 맞물려 돌아가는 거대 판국에서 빚어진 지축을 가르는 일대의 세계사적인 사변이었기 때문입니다.

그런데 조선조의 사관들은 당시에 주로 명조에만 눈독을 들여 너무나도 무섭게 고착된 나머지, 몽골과 일본의 변혁과정에 대해 거의 주목하지 않았던 것에 틀림없습니다. 몽골스텝 본지의 북원이 과연 그렇게 압축 조작되다 망했을 만큼 약체이기만 했었는가? 아닙니다. 상당 부분은 "그랬으면 좋겠다!"는 반원친명으로 일변도화한 성리학도 조선조 사관들의 절박한 소망이 빚은 허황된 착각일 뿐일 수도 있지요.

몽골스텝 본지로 전술전략상 철수한 이후의 몽골 대원제국을 오늘날엔 북원(北元)으로 온 세계 역사서에서 통칭하고 있지만, 그 전거는 지구사 상에 『고려사』 이외에는 전혀 없고 고려사는 주로 이성계 조선의 창업 필연성을 합리화하기 위해 조선조 사관들이 쓴 사서(史書)입니다. 기황후 대원제국 몽골 황통 지우기에 초점이 맞춰지는 건 지당하지요.

1368년 작전상 몽골스텝 본부로 철수한 몽골본부의 대몽골을 지극히 압축 조작해 탐라 섬의 '남원'에 대한 '북원'이라 명명하며 병약한 명조의 그늘 아래서 안이하게 자족하려 했던 것은, 오로지 조선반도 반원친명 성향의

성리학도 조선조 사대부 사관(史官)들 뿐이었나 봅니다. 이런 조선조 사관들의
어이없는 당시대사 인식상황이 이내 잇단 외침을 자초하게 했음은 물론입니다.

사실은 원말 흑암 중에 기황후의 몽골이 떠올랐을 무렵인 1370년 경에는
이미 몽골황족을 자칭하는 티무르가 중앙아시아에 티무르제국을 창업해 1405
년에는 칭기스칸-쿠빌라이칸 몽골칸국 황통을 기사회생시킨 기황후 몽골의
고토회복·복원을 지원키 위해 명나라 정벌대군단인 동정군을 휘몰아 오다가
시르(Syr)하반에서 돌연 병사해, 명나라가 가까스로 일대의 결전을 모면하는
사건이 있었지요. 그뿐이 아닙니다.

티무르의 동정군이 그의 시르
하반 병사로 무산된 그해부터 환
관 정화(鄭和)의 7회(1405~1433)에
걸친 대규모 해양원정을 감행케
하는 한편, 영락제(永樂帝) 주체(成
祖)는 투항한 몽골기병을 골간으
로 삼은 그 자신의 연왕(燕王) 기간
병단 50만 대군을 몸소 이끌고
1410~1424년 15년간 5차에 걸쳐 몽
골 본지인 몽골대스텝 유목군단
전장 현지에서 과감히 친정을 벌
였습니다.

영락제 太宗(태종 성조, 朱棣)

그래서 티무르 같은 구심점이 돌출해 몽골족이 이리떼 같은 대규모 정예
유목군단으로 비화하는 위기를 모면케는 됐지만, 그 결과는 참담하여 몽골스텝
우줌친 기(旗) 귀로에서 마침내 영락황제 자신이 병사하고야 말았지요. 이런
육해에 걸친 세계적 규모의 일대 반몽원정(反蒙遠征)으로 막대한 전비를 써서,
마침내 국가재정의 파탄을 초래케 한 것은 물론입니다.

그리고 이런 난국을 돌파하기 위해, 그로부터 25년이 지나 엄존하는 참담한
국내현실을 무시하고 다시 이를 용감하게 흉내내던 용렬한 후예 영종황제가
역시 1449년 50만군을 총동원해 몽골스텝 본지 친정을 감행하다가 겨우 2만에

불과한 오이라트 몽골의 엣센태사군에게 사로잡히고 경사(京師)가 사실상 함락되는, 유명한 유목몽골군단의 '토목보(土木堡) 대첩'도 벌어졌습니다.

영종의 몽골스텝 친정과 그 참패의 경우는 인류사상 첫 몽골유목세계제국사의 역사-'세계사'를 쓰게 한 매우 위험한 유목몽골무력의 본질을 너무 모른 소치에서 빚어진, 한 전형적인 패전 사례겠지요.

여담으로 영락제가 주원장의 4남으로 마황후의 아들이라고 정사에 전해져 오고 있지만, 그가 연왕(燕王)으로 봉해질 만큼 투항해오는 몽골기병을 대거 수용해 북벌의 한 주력으로 삼을 수 있었던 것으로 보아, 실제로는 북벌과정에서 주원장이 포획한 고려녀[석공비 이씨(石貢妃 李氏), 奇황후의 고려녀 인맥틀 상기 要-http://blog.daum.net/shanghaicrab/16152953. 2009년 11월 19일 자 文裁縫 님의 글 참조]가 그의 생모였다는 설도 있습니다.

영락제의 호의적인 대(對)조선정책을 그 방증으로 삼아 이를 강변하는 북방 사학 전공 교수도 있지만, 아직 가벼운 사적인 문제 제기 차원일 뿐이기는 하지요. 다만 조선 태종(太宗, 李芳遠)이 명 조정에 대해 그러했듯이, 명 태종(太宗, 朱棣) 영락제도 고려~조선 조정에 대해 그 나름의 정통한 정보망을 확보하고 있었던 것은 사실인 듯합니다.

한편, 그간 몽골스텝 본지에서는 1388년 이렇게 기황후의 몽골 정통황통이 참혹하게 단절되고 나자 쿠빌라이계와 아릭부케계는 물론 아예 그 이전의 톨루이계와 오고타이계가 칸위 쟁탈 혼전을 벌이는가 하면, 심지어는 칭기스칸의 동생 카사르계까지 이에 끼어들어 난장판의 극치를 이루었습니다.

마침내는 오이라트 몽골계도 이에 동참했는데, 예외 없이 이런 틈새들을 비집고 들어와 몽골황가들의 상쟁을 부추기며 농락하고 이용하는 것은 적진인 명나라 세력이었지요. 당연히 때때로 신생 이성계의 조선도 이에 적극 가세했습니다. 그로부터 백여 년을 끝 모를 그런 전국시대 같은 난장판이 확대 재생산되기만 했지요.

이런 일대의 난국은, 1479~1517년에 당시 최대의 봉건세력이었던 만두하이 부인의 지지 하에 바투뭉크다이얀칸이 등극하여 기황후의 아들 소종(昭宗 :

정통 팍스 몽골리카의 첫 열매, 조선조 창업자 태조 이성계의 홍포어진

Ayü SiriDala)을 뒤잇는 대몽골 정통칸 계를 중심으로 봉건질서를 재조정해 중앙집권화에 상당히 성공할 때까지 계속됩니다.

치명적인 원말의 최대난국을 슬기롭고 집요하게 수습해내며 몽골정통 황맥을 기사회생시켜낸, '기황후 몽골'을 향한 절절한 숭모(崇慕)신앙의 경이로운 결실이라 하겠습니다.

1388~1517년 기황후 몽골의 몰락과 부활의 129년 기간은 실은 이처럼 너무나도 드라마틱한 역사가 펼쳐졌고, 그 오랜 혼전와중의 고난에 찬 잠복기를 통해 기황후 몽골은 마침내 이렇게 불사조인양 중생 부활한 터였지요. 실로 1368년 기황후 몽골의 전술전략적인 몽골스텝 본부로의 철수는, 유목적 사안(史眼)으로 길게 보면 이런 뜻 깊은 내적 역사를 잉태했던 것이라 하겠습니다. 몽원유목제국사에 뒤이어 이내 만청유목제국사가 굴기한 사실은 결코 우연일

수가 없다는 거지요.

해양제국시대에 접어들며 동북아시아 신진 해양강국으로 떠오르고 있는 일본을 읽지 못해 임진왜란(1592~1598)을 겪었는가 하면 만주 진격을 목표로 일어난 이런 일본군을 격퇴하기 위해 항일원조(抗日援朝)를 한다고 조선반도를 전장으로 삼아 힘겨운 전쟁을 벌이는 동안에 겨우 명맥을 유지해오던 국력을 그나마 거의 모두 허비하고 탈진해 더욱더 부패하고 무력해진 명나라를, 그 틈에 떨쳐 일어난 만주군이 기습해 멸망시키는 과정에서 조선반도로 남침하는 세력을 조선은 슬기롭게 감당 못해 병자호란(1636~1637)을 당하는 참상을 빚었습니다.

실은, 고려계 옷치긴 몽골울루스 군벌로 기가(起家)한 몽골군벌 출신 이성계가 험악한 산악지대 조선반도 동북지역 쌍성총관부 옛터를 기반으로 굴기해 팍스 몽골리카를 압축해내서 맨처음 그 나름으로 창업한 첫 유목제국이 조선왕조였지요. 그런데 이 병자호란은, 바로 그 조선조가 그후 자신의 이런 유목제국 태반 기반을 망각하고 농경 한족(漢族) 주도 대명천자국의 품속에 안주하는 백일몽에 빠져 몽골-만주의 유목태반 주도 유목제국 본질적 유목무력 발전이라는 놀라운 정보에 무지해져 자초한 비극이라는 점에서 특별히 주목됩니다. 몽골유목사맥을 이어내린 도축(屠畜)의 영웅 임꺽정 백정의 출현이 하필 이 무렵이었던 게 그냥 우연이기만 했을까요?

하나 주목해볼 만한 점은, 동해를 배경으로 하는 조선반도 동북 산악지대의 천혜의 요새 쌍성총관부 화령(和寧)이 요동의 개원부로 직통하는 요충지로 유목몽골고원과 소통할 수 있고 백두산천지에서 흐르는 유일한 강줄기 쑹허강을 따라 눈강과 헤이룽 강 물줄기를 좇아 오르면 이내 순록과 기마 양유목지대로 접목된다는 사실입니다. 이 지대는 몽골의 기원지이자 고려계 몽골군벌 이성계 일가와 직접 접맥되는 옷치긴 왕가의 본거지라는 점이 특별히 주목되는 점이지요.

애초에 고려계 동북 몽골군벌이었던 이성계 일가의 주임무는 대도(燕京)-요동[遼·瀋]-화주[和寧]를 연계하며 개경 고려정부를 감시·제어하는 역할이었습니다. 그런데 현재의 원산 위쪽에 자리잡은 당시의 화녕[永興·現 金野]은 특별히 개경(開京)과 요동(遼東)을 직접 소통하는 험지의 요새이기도 하여, 국제정세의 변화에 따른 주둔 세력 운신(運身)의 자유가 상당히 보장된 터였지요.

그리고 무엇보다도 이런 요새지를 확보한 이성계 일가는, 서남으로 요택(遼澤)과 동으로 동해의 외호를 받으며 압록강과 두만강으로 일정한 간격의 거리를 두고, 특히 한반도 동북쪽은 험난한 고산들로 뒤덮여 중원 농경문화권의 직접적인 접촉에서 상당히 차단돼 독립성을 견지해 유목지대와 끊임없이 소통하면서 유목태반 기원 정체성을 살려 내려왔다는 것입니다.

그리하여 특별히 주목할 만한 점은 이 지역 집단 문화DNA가 주도하는 조선조가 건재하는 조선왕조 초반기에는 유목적 세계성을 압축하면서도 주체적 독창성을 발휘하는 한글이 창제되고 그 나름으로 다종서적 출간-소수 구매라는 국내 출판시장의 악조건 하에서 어렵사리 생태적응적 진화를 이루는 과정에서 탁월한 금속활자가 제조되며 수차에 걸친 국제연합 정일(征日) 해전 경험을 통한 팍스 몽골리카 하 세계해전 역량을 집약·발전시켜 해양제국시대를 예비하는 거북선이 건조되는 등의, 인류사 상의 독창성이 돋보이는 놀라운 문화적 기여를 하게 됐다는 사실이지요.

내외국이나 적아의 경우를 막론하고 이러한 일체의 역량을 모두 독창적으로 집약, 유연하게 거침없이 활용해 자주적 경쟁역량을 그 나름의 생태 속에서 극대화해낼 수 있었던 조선조 태종 이방원(李芳遠)의 리더십이, 참으로 너무나도 경이로웠습니다.

중원의 직접적인 영향권에서 벗어나 독립성을 견지해 유목지대와 끊임없이 소통하면서 유목태반 기원 주도 조선민족의 정체성을 살려 내려온 동해를 배경으로 하는 조선반도 동북 산악지대의 천혜의 요새 옛 쌍성총관부인 화주(和州)~화령(和寧)에서 이 지역 집단 문화DNA를 이어받은 안변 한(韓)씨 신의왕후[神懿王后 安邊 韓氏, 追封]의 몸을 빌어 태어나, 신의왕후 '무릎학교'[柳岸津 시인]에서 자라난 태종과 그 후예들이 기틀을 짠 조선조입니다.

그 조선조가, 해양제국시대에 본격적으로 접어들면서 마침내 대한제국(大韓帝國)으로, 다시 "대한민국"(大韓民國) 코리아로 거듭난 사실이 주목되지요.

적아진영으로 갈린 판국에서이기는 하지만, 居西干(Julius 'Caesar'의 Caesar+

Khan : 부리아드 몽골학자들의 견해)-箕子(鮮于, 奇, 韓氏)집안에서 몽골 유목세계제국사 상 불세출의 여걸 奇Öljei Qutug 황후를 배출했음에도 예의 주시할 필요가 있고요. 북방유목몽골로이드에 스며있는 모계사회의 맥을 감지할 수가 있어서입니다.

지금 우리는 팍스 몽골리카가 우리에게 준 고난과 시혜를 아울러 균형감 있게 평가하는 여유를 보일 수 있어야 하며, 이젠 몽골유목제국 해양 수도 탐라 도에 압축돼 스며 내리는 우리화한 팍스 몽골리카 문화DNA를 해양제국 팍스 아메리카나에 접목시켜 팍스 코리아나 새 독창우주를 지구촌 누리에 펼쳐낼 한겨레 나름의 헌신도 예비해가야 하리라 봅니다.

단군 생가 가셴 동굴, 선족 칭기스칸 조상 헌제(獻祭) 성지
[2014.8.11]

400일 다싱안링 북부 호눈선원(呼嫩鮮原) 현지탐사캠프를 차리는, 유목(胡)주도 농경(韓~漢) 통합형 동북아시아 유목제국(Pastoral nomadic empire, 胡韓~漢體制)의 자궁유적 현지답사 출발[1999년 7월 25일] 이틀 전인가 서울 마포구 연남동 소재 송암서재의 김용섭 선생님께 인사를 드리러 갔습니다. 지금과는 달리 너무나 멀고 험한 길이어서, 준비에 만전을 기하느라고 분주히 시간을 보내면서 잠깐 들린 터였지요.

이런 내게 "가서 단군을 찾아보시오" 하는 김용섭 선생님의 말씀을 듣고 그만 어안이 벙벙해졌지요. 게가 어딘데 … 말 타고 활 쏘는 양치기들의 뿌릴 천착해보러 평생을 별러 독하게 맘을 먹고 떠나는 일개 몽골유목사학도인 내게, 이 뭐고? "보통 한국인들이 농경 태반 기원으로 알고 있는 단군을 게서 채근(採根)해 보라시니! 원 세상에?"

아무튼 얼떨떨한 채로 긍정도 부정도 못 하고 바쁘게 쫓기며, 얼결에 다녀오겠다는 인사만 드리고 부리나케 달려 나왔습니다. 이제 15년이 지나 우연히 빛바랜 당시의 답사일기장을 뒤적이다가 새삼 깜짝 놀라서 컴퓨터 모니터 앞에 다가앉았지요.

탐사현지에 도착해서 그간 십수 년간 오래 안 써온 중국어 회화 복습을 현지 훌룬부이르 대 국문(中文)과 2학년 학생(侯國卿, 22세)의 지도로 재개하며, 그에게 특별히 조선(朝鮮)의 '조(朝)'를 Zhao로 잘못 읽는 내 그 발음을 Chao로 교정 받고는 너무 창피했지요. 명색이 교수라며 중국어를 배우고도, 제 민족의 이름자조차도 제대로 못 읽은 것이 들통 났기 때문입니다.

입이 좀 트이자 탐사팀 동료교수들과 언저리 유적지를 답사하다가 8월 11일 마침내 오룬춘 박물관에서 박제된 순록(Chaabog)과 그 주식 이끼(Niokq : 蘚苔)를 관람하다가 「조선」(Chao Xian : 朝鮮)이 '순록치기'(Chaatang)라는, 당시로서는 해괴하기 이를 데 없는 사실을 얼떨결에 확인했습니다.

통신 사정이 지독하게 열악한 당시의 현지에서, 9월 30일 새벽 4시에야 김용섭 교수님께 가까스로 전화로 이를 보고 드렸습니다. 졸린 목소리로 잠결에 전화를 받다가 정신이 번쩍 드시는지 "주선생 큰 일 해냈어! 한우근 교수님이 건강하시다가 어제 갑자기 돌아가셨어. 몸조심해야지." 하며, 전화기를 내려놓으셨습니다. 이에 힘을 얻어 10월엔 마니 여국장(에벵키 족, 호눈선원(呼嫩鮮原) 훌룬부이르盟(맹) 민족종교국, 50대 초반)의 안내로 쿠마 하반(河畔) 순록방목장엘 생전 처음 직접 탐사하기는 했어요.

도대체 뭐가 큰 일?! 너무나 뜻밖의 말씀에 좀 어안이 벙벙해졌지요. 그 막막한 벌판에서 몽골 기마사술(騎馬射術)의 뿌리를 캐보려다 너무 지쳐 쉬다가, 호기심으로 희귀하고 이상한 유목가축(馴鹿)이 있다기에 장난삼아 구경했을 뿐인데.

오룬춘 박물관은, 칭기스칸 몽골 소욘족(鮮族 : Soyon tribe)의 선조 제사자리 성소(聖所) 가셴 동굴 곁에 세워진 박물관입니다. 그 고증된 '가셴(嘎仙) 화강암 동굴' 석각축문(石刻祝文)에 가한(「可寒」: 韓-汗-干=황제 : Хаан)과 가돈(「可敦」= 황후 : Хатан)이란 말이 들어 있어 세계 몽골학계에서 몽골 소욘족의 선조 제사자리 성지(聖地)로 널리 공인된 유명한 유적이지요.

우리가 "가셴 동굴"을 모른다면 동북아시아의 순록·양 유목생산문화를 모른다는 거고, 따라서 「순록·양유목 태반 기원(起源)」 한민족 핵심부의 뿌리에 실은 무지하다는 거겠지요. 그러니 뿌리를 못 내린 나무가 거목으로 자랄 수 없음을 함의하기도 한다고 할 수 있습니다.

예선 몽골인은 '선족'(鮮族 : 선비족)이고 조선인도 선(Soyon : 鮮)족이라고만 하니, 몽골족인 칭기스칸은 Soyon족(鮮族)인 단군(檀君)의 후손이란 말인가요? 기상천외의 쇼비니즘이 빚은 한 해프닝이었으면 참 다행이겠습니다. 그런데 이는 고증과 반증이 다 가능할 수도 있는 정보화시대의 난제로 제기될 수밖에 없다는 것이, 지금 내 결론적인 문제 제기이지요.

당시 오룬춘박물관 관람시에는 아. 아르다잡 교수님[내몽골 사회과학원 역사 연구소, 다구르 족, 60대 중반]과 장쥬허[張久和, 내몽골대 몽골사학과, 40대 중반 탐사현지 대양수(大陽樹)가 생가 소재지. 부인은 만주족 관씨(關氏)고 무용가 인 외동딸은 母姓을 따름] 교수님이 동행했답니다. 여기서 1960년 경 중·조 고고학자들의 현지유적 공동발굴과 조선국 고고학자의 위약(違約)-일부 주요 발굴결과 현장 발설에 대한 '저우(周) 총리의 대노 사건'이 거론되기도 했지요.

그러나 정작 몽골사학자인 장쥬허 교수는 "역사는 역사일 뿐"이라며, 도리어 내가 조선의 진짜 뿌리는 아무르 강-에르구네(多勿) 하 이북 곧 현재의 중국국경 이북 북극해 쪽 레나 강~예니세이 강 일대[헤이룽장 성 사회과학원 역사연구소 파·쇼보 교수, 60대 중반]라고 지적한 말을 매우 서운하게 생각하는 눈치였습니다. 그게 현재의 중국영역 밖인 시베리아라서 인 듯했습니다.

실은 안중근 의사를 경모해 맺어진 저우언라이(周恩來, Chou Enlai) 총리 부부의 인연도 있고 또 1963년의 "요하 이동은 조선민족의 거주 강역과 활동 무대였다"라는 저우 총리의 공언으로 한족(漢族) 못지않게 한족(韓族)에게도 저우가 존경받고 있다지만, 그 공언은 중국군이 만주에 주둔하고 조·중국경이 이미 구획된 직후의 일임을 상기할 적에 우리는 우리 나름으로 새겨들어야 할 구석이 분명히 있어 보입니다.

우리의 다싱안링 북부 호눈선원(呼嫩, Steppe & Sopka) 조선-고구려 유목태반 기원 연구는, 어디까지나 현재 세계 유일한 분단국가 대한민국의 남·북통일을 위한 민족사적 구심점을 확인하려는 것일 따름이지요. 미국인이 앵글로색슨 족 1500년대 이전 역사 천착을 위해 서구의 그 시대권역사를 단지 살펴보려는 것과 다를 바가 전혀 없다는 겁니다.

정녕, 가셴(嘎仙) 동굴은 단군(檀君)의 생가일 수 있고 소욘(鮮)족 칭기스칸(Chingiskhan)은 단군의 후예일 수가 있다고 나는 감히 가늠해봅니다.

하지만 정보화누리에 든 우리는 지금, 이는 이 사실(史實)이 묻혀온 기나긴 '세월의 무게'만큼 밝혀내기 힘든 게 순리라는 송암 선생님의 말씀에도 차분히 귀를 기울여봐야겠지요.

북유라시아, 공활한 순록·양 유목목초지
─2대 황금빛 기마 양유목혁명[2014.8.18~8.25]

1990년 북방개방 이후 북유라시아 유목지대 현지답사를 해오면서 나는 2대류의 유목이 존재해온 것을 알게 됐지요. [기순록(騎馴鹿)] '순록유목'(Reindeer-riding, reindeer herding nomadism)과 기마(騎馬) '양유목'(Horse-riding, sheep herding nomadism : 騎馬 '羊遊牧)이라는 2대 유목생산양식입니다.

이처럼 유목가축이 크게 2대류로 나뉘고 유목생태도 한랭 고원 저습지대 수림툰드라~툰드라의 응달 선(鮮)과 한랭 고원 건조지대 스텝-원(原)으로 차별화되며, 유목민도 그 생산조건들의 변화 발전에 따라 그렇게 분별되고 있다는 것입니다. 물론 그 기간과 지대는 압도적으로 전자가 후자보다 더 길고도 넓지만, 그 비중은 시대와 생태조건의 변화에 따라 서로 달라지고 있기는 했어요.

기원전 10세기경에, 아나톨리아 반도에서 철기로 재무장한 순록치기 소욘족(鮮族 : Scythia)이 바로 이 흑해 북녘 공활한 스텝으로 일약 기마 양치기가 돼 황금빛을 번쩍이며 대거 휘몰아쳐 들어오는 유목사 상의 일대 변혁이 일어났습니다.

붉은 색이 감도는 순록의 목초(蘚)지대 한랭 고원 저습지대(Sopka : 鮮)의 해(Burqan)와는 달리, 양치기들의 삶터 한랭 고원 건조지대(Steppe : 原)에서는 태양이 순황금색(Altan gerel)으로 상징된답니다. 그래서 나는 울야프고분 출토

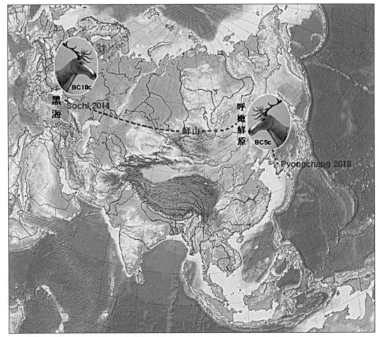

흑해(黑海)~호눈선원(呼嫩鮮原)의 스키타이-선족(鮮族) 2대 황금빛 기마 양유목혁명. 사진꾸미기(박윤희 컴師)

스키타이 유물 황금마두순록뿔탈[엘미타쥬 미술관 소장]을 차탕(Chaatang, 순록치기)의 기마양유목화 유목생산 혁명의 상징물로 추정해보고 있지요.

여기서 스키타이나 소욘(鮮)과 사하(Saxa)가 모두 시베리아(Siberia, 鮮卑利亞) 원주민의 언어로 순록유목민의 주식 젖을 주는 어미순록(Sugan, Саганон, 鮮)에서 비롯된 점이 사실인 만큼, 후기빙하기 이후 북유라시아 시원순록유목의 서전(西傳)이 서아시아~중앙아시아의 철기문화와 융합돼 다시 동전(東傳)된 것일 수 있다고 여겨집니다.

그래서 시베리아는 '차탕 소욘족의 땅'이지요. 무엇보다도 'Chaatang Soyon족'이 북유라시아 '뿌리 유목민'이어서일 겁니다.

정겸(丁謙, 1843~1919)은 그의 저서(浙江圖書館叢書 第1集,『後漢書烏桓鮮卑傳 地理攷證─仁和丁謙益甫之學』(淸) 7쪽)에서 "서구인들이 일컫는 시베리아(悉比利亞)는 대선비산(大鮮卑山)에서 유래했고, 이르쿠츠크 북쪽~퉁구스 하 남쪽에 있는

순록치기-Chaatang들이 철기를 수용, 스텝으로 진출하면서 단위면적당 소출이 6~8배로 비약하는 황금빛 기마 양유목생산 혁명을 일으킨다. 순록 뿔에 말 몸이 이 황금유물 스키타이(鮮族)의 황금- "Siberian GOLD"는 이런 일대 유목혁명의 계승성을 상징하는 유물로 나는 잠정적으로 추정해보고 있다. 흑해(黑海)~호눈선원(呼嫩鮮原)의 소욘 겨레 2대 황금빛 기마 양유목혁명 아이콘으로 잠정 추정. [Siberian GOLD : 순록치기에서 황금빛 기마 양치기로 유목생산 혁명을 이룩해낸 상징으로 황금마두순록뿔탈과 쌍벽을 이루는 듯]

이 산은 현지에서 Sayan산맥으로 표기된다. Soyon(鮮)의 러시아어 표현이다"라고 했지요.

그는 이어서 단군의 생가 추정 '가셴 동굴'이 있는 다싱안링 대선비산의 원형이 바로 이것이란 토를 달았습니다.[주채혁, 「'순록치기'-Chaatang조선의 뿌리는 소얀족」, 『문화일보』 2001년 11월 30일자 포럼 참조] 근래 어느날 문득 러시아통 고고학자로 시베리아 관계유적 발굴에 오로지 몰두하고 있는 강인욱 교수님이 더불어 이런 낌새를 눈치채고 있는 걸 알고 무척 기뻤습니다.

2001년 8월 중순 김태옥 박사(러시아 현대문학)와 사얀산(鮮山) 중의 투바대에서 생전 처음 만나본, 스키타이史 전공자 투바 대 헤르테크(Hertek Liubov' Kendenovna, 50대) 여교수님은 거침없이 "스키토·시베리아-Chaatang 소욘(鮮)겨레의 땅"의 지당성을 강변하더군요.

순록~기마 양유목민 및 산업혁명 후의 해양성 바이킹제국민이 갖는 태반사상의 공통점은, 이들이 모두 그 발전과정에서 "순록·말과 활"이나 "함선과 함포"의 조직된 소수의 기동성 및 타격력으로 최후의 한 지배집단만 이긴 자로 살아남는 무한 경쟁이 강요된 터에 "스텝과 해양"이라는 개방공간의 속도전과 정보전에서 승리해온 세계제국사의 주체라는 점이지요.

상대적으로 「협역다수」인 농경민족과는 달리 '조직'된 「광역소수」의 '기동성'이나 정보력이 각각 자기시대의 최첨단무력이라 할 각종의 타격력을 조직 동원해 승리해낸 세계 유목제국(Pastoral nomadic empire)성을 공유하고 있는 셈입니다.

유라시아 전통제국은 특히 창업시각에서 보면 그 주류가 본질적으로 유목 주도 농경통합형 유목제국(Pastoral nomadic empire)-호한체제(胡韓~漢體制) 곧 유목 호(胡) 주도 농경 한(韓·漢) 통합구조일 수밖에 없다는 점에 유의해야겠지요. 물론 그 제국의 흥망성쇠과정에서 그 역할 역전(逆轉)도 잠시 때로는 가능했습니다.

재레드 다이아몬드는 "아프리카나 아메리카 대륙이 남북축으로 돼 있는데 대해 유라시아 대륙은 동서축으로 돼 있어서 등온대(等溫帶)를 이루기 때문에, 사람과 기술의 이전이 용이해 유라시아 대륙인이 다른 대륙을 지배하는 주체로 발전했다"고 아주 명쾌하게 지적했습니다.

나는 이에 다시 "특히 주로 유목목초지대 툰드라·타이가·스텝으로 형성된 북유라시아는 거대한 [기순록] 순록·기마 양유목권을 이뤄서, 바다의 스텝처럼 스텝의 바다에서 유목적 기동력과 타격력 및 정보획득력을 한껏 구사해 인류사상 최초로 팍스 몽골리카라는 세계경영체제를 창출해낼 만큼 역사발전을 크게 가속화할 수 있었다"고 첨언합니다.

이런 생태조건의 역사적 발전과정에서, 주로 유목 주도의 농경 통합이라는 유목제국형 제국이 창업돼 발전하는 것은 매우 자연스러운 현상일 수 있었으리라 봅니다.

그런데 철기시대에 들어서 생산성이 순록유목보다 10여 배나 더 높은 스텝의 기마 양유목으로 발전해 기마 양유목초지 스텝으로 진출하는 데는, 중앙아시아나 서아시아가 북극해 권을 내포하는 동북아시아보다 대체로 더 빨랐지요. 기원전 10세기경 이런 선진 철기문화를 먼저 수용한 순록치기 Scythia(鮮族 : Soyon겨레)가 황금빛 기마 양유목화 유목생산 혁명을 일으켜 흑해북안 대스텝에 총진격하는 유라시아유목사 상의 일대 유목생산 혁명사를 이미 썼습니다.

이런 공활한 유라시아 스텝유목지대에 철기문화가 보급되는 과정에서, 기원전 8~3세기에 걸쳐 기마 양유목 거대 목초지 흑해와 카스피 해 연안 대스텝에서 크게 활약한 이란계의 기마 양치기 스키타이(鮮)족도 등장하게 되면서 거대 수림툰드라 동서 사얀(鮮 : Sayan)산맥 중에도 스키타이(Soyon)족이 일대의 둥지를 틀게 됐고, 이들이 주축을 이루면서 이어서 동북아시아 선족(鮮族 : Soyon Tribe)을 이뤘던 것으로 보입니다.

이어서 기원전 5세기경에는 다싱안링 북부 호눈선원(呼嫩鮮原)에서 황금빛 벨트를 띤 Soyon겨레-鮮(卑)族 기마사술(騎馬射術) 구사군단(驅使軍團)이 선도하는 같은 유형의 초대형 유목생산 혁명을 수행해 발전시켜 내오다가, 마침내 13세기에 들면서 인류사를 진감케 하는 팍스 몽골리카를 탄생시켰다는 겁니다.

물론 전자보다 후자가 더 거대하고 비옥한 곡창지대 만주-연해주 평야의 생산력 발전을 배경으로 삼고 있었지요. 이런 배경이 점차 직·간접적으로 그 주요토대로 작용하게 되자 치열하게 사회분화가 일어나, 고대 동북아시아 유목제국이 창업되게 됐답니다. 그래서 모든 고대 동북아시아 유목제국을 낳은 자궁(子宮)이 훌룬부이르 몽골스텝-눈강선원(嫩江鮮原) 곧 이른바 호눈선원(呼嫩鮮原)이라는 사실은 의심할 여지가 없다는 것이지요.

1990년 북방개방 후 나는 2005년 8월 한·러 유라시아 대장정 추진위원회 주관 '광복60주년 기념 한·러 유라시아 대장정'을 비롯한 공사의 관계행사들에 동참해봤지요. 거창한 일과성 퍼포먼스를 통해서이기는 하지만 그때그때 자원, 투자시장과 상품시장 확보 및 안보외교 등에서는 그 나름의 알찬 성과들을 거두어왔답니다.

그러나 돌이켜보면 유라시아 유목문화의 태반 Chaatang 소욘 겨레의 불함(Burqan : 不咸, 紅柳胎盤)모태회귀 차원의 무천(舞天)문화한류 뿌리내리기에 관해서는, 자손만대에 남을 단 한 줄의 쓸 만한 스토리텔링도 써 남긴 것이

별로 없지 않나 하는 자성(自省)을 하게 됩니다. 본래 관계분야 한국인 연구자도 극소수지만, 그나마도 그간 헛발질만 너무 많이 한 셈일지도 모르지요. 모두 이 북유라시아 양대유목사에 대한 우리의 무지의 소치라 하겠습니다.

Chaatang 태반 기원(起源)인 우리 주류가 그 뿌리로 보이는, 유라시아 유목사 발전족적 천착으로 그 나름의 발전원리를 도출해 그에 관한 "아인슈타인 상대성원리 E=mc² 차원의 고차적 스토리텔링이 가능케 할 아주 실낱같은 작은 역사지성(Historical intelligence) 물꼬라도 트는 획기적인 계기가 마련될 수 있게 됐으면 참 좋겠습니다.

그런 위업을 시대적 소명으로 받고 정보화시대에 제 나름의 '유목DNA고향' 북유라시아를 치달리고 있는 Chaatang Korean일 수도 있습니다. 진심으로 금번의 One Korea New-Eurasia 자전거 평화대장정이, 지극히 작지만 진실로 위대한 이 금싸라기 같은 이런 성과도 더불어 거두게 되기를 바라마지 않습니다.

역사든 장사든 그저 공활한 무위자연 모태 품에 안겨 한 생명과 그 진실존엄을 늘 관철해낼 '진정성'의 핵심을 되살려오는 험난한 벌판 'Chaatang 소욘(鮮)의 땅' 스키토·시베리아 부르칸(不咸 : 붉은 버들)동산 성지순례가 되어 주었으면 … 거센 찬바람을 가르며 내달아야 하는 한랭고원 건조지대라서 시베리아 누리는, 미상불 습기 찬 한반도보다는 더 맑고 밝고 신선하게 탁 트인 공활한 하늘을 누릴 수 있게 마련이라서 랍니다.

북유라시아 '순록·양 유목초지' 비교 분포도
—글로벌 유목몽골리안 디아스포라史 적시(摘示) [2014.9.1]

2000년 초입에 단국대학교 서울캠퍼스 소강당에서 순록유목 목초밭 '이끼의 길'(Ni,ukinii jam : 鮮의 蘚路)에 대한 약보고가 있었습니다. 이 자리에서 '이끼의 길'(Lichen Road)이라는 개념어를 처음 쓰면서, 순록치기-Chaatang朝鮮人(조선 인)이 행여 이 길을 따라 조선반도에 정착했을 수도 있다고 했더니, 어느 분이 실소를 금치 못하겠다는 듯이 묘한 표정을 지으셨지요. 물론 비유목지대

조선반도에도 있는 Niolmn이라는 녹색
이끼는 아니건만, "「비단길」도 아닌 겨
우 하급 식물군 이끼(鮮 : Sopka의 蘚 :
Niokq)의 길-「이끼길」이?"하는 회중의
묵언의 공감을 이끌어내고 싶으셨던 걸
지도 모릅니다.

하기야 루돌프 순록(Rudolph Reindeer)
을 루돌프 사슴(Rudolph Deer)이라고 번역
-실은 짐짓 오역해 쓰지 않을 수 없었던

「스텝제국」에서 「해양제국」으로

은둔국 조선의 끝자락에서 막 다시 일어선 코리안이고 보면 실은 이상할 일도
아니었던 셈입니다. 붕어빵에는 붕어가 없듯이 비유목지대인 조선(朝鮮 : Chao
Xian)반도에는 시원유목가축 순록(Chaabog : 朝鹿?)도 시원유목민 순록치기
(Chaatang : 朝鮮人)도 없게 마련이어섰습니다.

2001년 2월, Chaatang조선설이 세간에 알려지자 제일 먼저 내게 기별을
준 학회는 한국초지(草地)학회였습니다. 딱히 유목초지 연구회는 아니었지만,
가축이 뜯어먹고 사는 꼴밭을 다루는 연구회였지요. 뭇 생명은 다 먹어야
살고 유목가축 순록과 양도 먹는 게 급선무이니까요. 무엇보다도 먼저 밥줄
찾아 나서는 게 당연하지요.

그런데 그 목초가 한랭 건조지대 생태에서 자생하는 유목목초일 경우에는,
유목양초와 성분이 차별화되는 비유목지대 호주의 풍요한 양초나 순록이
못 먹는 중원(中原) 양쯔 강(揚子江 : Yángzǐ Jiāng) 유역의 무성한 이끼(蘚)와는
달리 작고 드문 드문 나며 성장기간이 길어, 순록·양 유목가축은 부득불
유목목초가 자라난 새 목초지로 늘 신선한 목초를 찾아다니며 목숨을 연명할
수밖엔 없겠지요.

몽골스텝 늦봄 초여름의 청황미접기(靑黃未接期 : 춘궁기)에 들판에 굶어죽
어 나자빠져 있는 크고 작은 짐승시체들을 보면 그 심각성을 직감케 됩니다.
그래서 그런 먹이사슬의 한 자락에 매김되는 유목민의 유목은 결코 '놀 유'자
유목(遊牧)일 수만은 없지요. 그러다 보니 지중해변의 스키토·시베리안(鮮族)

이, 남미 외딴 섬까지도 먹고 살려고 어느 시기까지는 한사코 늘 주로 가없이 흩어져 나가게 마련이었답니다. 글로벌 유목태반 기원 디아스포라 누리를 양산해온 유목몽골리안의 숙명이라 할까요?

하늘의 선택을 받은 천손족(天孫族)이어서일까요? 원죄(?)를 짓고 무저갱(無底坑) 지옥 누리에 버림받은 '바리데기 천손족'이어서일까요? 어쨌거나 주유소 없는 황야를 자동차가 무진장 달려 나갈 수 없듯이, '유목목초'가 없는 황무지를 유목가축과 몽골 노마드가 가없이 헤맬 수만은 없게 마련이랍니다.

물론 오랜 특정 생태적응적 진화과정을 거쳐 농경 정착민이 되는 경우엔 예외겠지만, 그러나 한 개체의 목숨이 붙어있는 한은 그 몸속 '생명DNA고향'마저 모두 삭제되는 건 아닙니다. 그래서 유목몽골리안 글로벌 디아스포라 형성사(形成史) 담론은 유목목초인 양초(Steppe의 羊草)와 이끼(Sopka : 鮮의 Niokq : 蘚)의 특이한 속성에서 비롯된 연구·천착의 구체적인 대상인, 픽션이 아닌, 엄연한 팩트에 기초할 수밖에 없지요.

특이하게도 울란바토르 몽골스텝에서 몸소 유목목초(遊牧牧草)를 가꾸며 외로운 목자(牧者)로 목회를 한결같이 주재하고 계신 유기열 참빛교회 목사님(건국대 축산과 수학)이 새삼 떠오르는, 한 몽골유목사학도의 새벽입니다.

한가위 리포트
[2014.9.8]

귀천(歸天)하신 후 올 한가위를 맞아, 손보기 선생님께 간략한 첫 리포트를 제출해 올립니다. 내용은 김동길 교수의 Freedom Watch 2014/08/11(월)에 「단군 생가 "가셴(嘎仙) 동굴", 鮮族 칭기스칸 조상 헌제(獻祭)성지」라는 제목으로 실었습니다. 여기엔 가셴 동굴 사진(화보 참조)과 이를 새삼 끄집어내게 된 연기(緣起)만 몇 자 적어 올리겠습니다.

1990년 중반 대륙연구소 장덕진 소장님의 후원으로 홍산문화권 서북단에서 고올리 돌각담 무덤을 발굴하던 시절이었지요. 애써 차리신 발굴판이었지만,

학문적인 이기주의 때문인지 석기시대 전공 중심의 발굴대원들은 그리 열성적이지는 않았던 듯합니다. 저도 이에 못지않아 아무리 발굴해보아도 다리강가 몽골유목초지의 유목사는 복원될 전망이 없어보여, 마침내 발굴장을 뛰쳐나와 몽골 기원지 다싱안링 북부 훌룬부이르 몽골스텝으로 내달았답니다.

선생님께선 제가 몽골유목사를 공부하면서 한국 상고사에 관심을 가져주기를 희망하셨던 터에, 그건 제겐 너무나 주제넘은 짓이라 여기면서 또 앞길이 너무 막막하고 답답해뵈 숨통을 틔우려고 당시에 엑소더스를 감행한 셈이었지요.

그런데 우여곡절 끝에 여기에 탐사캠프를 차리고 몽골 기마사술의 뿌리를 캐려 헤매다가 칭기스칸 몽골기원지 대선비산에서 선족(鮮族 : Soyon tribe) 몽골 선조 조상 헌제(獻祭) 성지 가셴 동굴을 만나, 뜻밖에도 도리어 한국 상고사에 매몰되는 꼴이 돼버렸습니다. 그게 그거였기예요!

십수 년만에 중국어 공부를 다시 하다가 조선(朝鮮)의 '朝'를 Zhao로 잘못 읽는 내 그 발음을 현지인 새내기 대학생 어학선생에게 Chao로 교정 받고는 너무 부끄러웠습니다. 그렇게 그 산속을 헤매 돌면서 우연히 Chaabog(순록)을 만났고, 마침내 Chaatang(순록치기)朝鮮說(조선설)에 사로잡히고야 말았던 겁니다. 모두 선생님 생전에 선생님께 보고드려, 선생님께서 몸소 주선하셔서 『한겨레신문』 2001년 2월 22일자 「학술」란에 싣게 하신 내용이지요.

그로부터 15년이 지나 지난여름에 우연히 빛바랜 당시의 답사일기장을 뒤적이다가 새삼 깜짝 놀라서 컴퓨터 모니터 앞에 다가앉았습니다. 이 지대 400일 현지답사 출발[1999년 7월 25일] 이틀 전인가 서울 마포구 연남동 소재 송암서재에 인사를 드리러 갔다가 "가서 단군(檀君)을 찾아보시오"하는 김용섭 선생님의 당부를 받게 됐지요. 정신없이 바쁘기도 하고 당시로선 너무나 엉뚱한?! 당부이셔서 듣는둥마는둥 서둘러 빠져나왔던 기억이 새롭습니다.

그후 이런 내용과 그간의 사연들을 엮어 2009년 가을 연변대 두만강 포럼에서 남·북한과 중·일의 관계 주요학자들이 동참한 가운데 공식 발표를 했습니다. 연세대 사학과 동기 박영재 교수의 주선이 있어서 이루어진 발표였지요. 이어서 이듬해 초엔 은사 김동길 교수님의 추천으로 '김동길 목요강좌'에서 정식으로 보고 특강을 하기도 했답니다.

돌이켜보면 이 리포트는 손보기 은사님 사제 선생님 두 분을 위시한 여러 스승·학우님들과의 인연이 얽히고 섥혀가며 그간 써내려온 셈이네요. 너무나도 초라하기 그지없는 이 글 -일개 미물의 한 생명과 그 진정성 열매를 감히 헌제물로 젯상에 올리고 올 한가위를 맞아 새삼 추수감사제를 드립니다.

상대적이긴 하겠지만, 선생님 귀천후 세상이 어찌나 급변하는지 요즈음엔 리포트도 이렇게 인터넷으로 제출한답니다. 선생님께서 몸소 검색하셔서 내용을 읽어보셔야겠네요. 죄송합니다. 최소한 F학점은 안 주시리라 굳게 믿고 용감히 제출해 올립니다.

실은 내몽골에서는 개설서에서조차 동북아 유목제국-유목(胡) 주도 농경(韓~漢) 통합형 동북아시아 유목제국(Pastoral nomadic empire; 胡韓~胡漢體制)의 자궁이 훌룬부이르·눈강(呼·嫩) 몽골선원(鮮原 : Sopka & Steppe)이라고 기록하고 있고, 이런 사실은 세계몽골학계가 공인하는 바여서지요. 지금 몽골국 역사 교과서에는 물론, 여전히 몽골의 기원지가 이곳 에르구네(多勿) 몽골스텝으로 적혀 있답니다.

올 가을, 선생님의 영혼 강녕을 충심으로 기원드리며,
불초 제자 삼가 올림.

북유라시아, 순록·말·자전거로 치닫는 '젖과 꿀이 흐르는' 1만년 패스토랄 노마드 코리안로드 [2014.9.15]

'젖과 꿀이 흐르는 땅' 하면 한국인들은 근래 기독교의 영향으로 대체로 이스라엘의 가나안 복지를 떠올리기 쉽겠지요. 특히 "내가 내려가서 그들을 애굽인의 손에서 건져내고 그들을 그 땅에서 인도하여 아름답고 광대한 땅, 젖과 꿀이 흐르는 땅 곧 가나안 족속, 헷 족속, 아모리 족속, 브리스 족속, 히위 족속, 여부스 족속의 지방에 데려가려 하노라"[출 3:8]하는 성경구절이 상기되는 이들이 많겠지요.

그러나 지금 난 북유라시아 생태계를 해설해보는 그림으로 이 성경구절을 활용해볼 심산입니다. 기독교 대학에서 공부해 영향은 많이 받았겠지만, 난 충남 아우내장터 언저리에서 태어난 모태 동학신도랄까요? 브람스의 자장가는 아예 있는 줄도 몰랐고, 파랑새 가요를 자장가로 들으면서 자랐으니까요. 다만 북방개방 후 20여년 시베리아·몽골·만주 유목 유적을 답사하는데, 현지 개척전도사님들의 도움을 많이 받은 건 사실입니다. 그이들밖엔 광막한 현지 후진지역 원주민들과 소통하며 사는 한국인들을 찾을 수가 없어서였죠. 다만 예서는 무엇보다

1980년 중반 학교 밖 시절, 삽화를 곁들인 이 책이 나오자 난 지금은 중년이 됐을 꼬마들의 작은 골목스타로 떠오르기도 했다.

도 먼저 유목몽골사학도로, 한 점의 꾸밈도 없이 할 수 있는 한 현지답사체험을 내 나름으로만 풀어 써내보려 합니다.

태생지가 충청도라선지 내 어머니께서는 사내아이들은 부엌에 얼씬도 못하게 하셨고, 군 생활도 학군단 보병 소대장으로 해서 밥을 지어볼 경험이 아주 없는 채로, 1990년 북방개방과 거의 동시에 낯설고 머나먼 사회주의 오랑캐 땅 몽골 벌판에 내던져졌습니다.

도시나 시골이나 사람과 건물에서는 모두 노린내가 짙게 배어나는 터에, 당시의 몽골 전통 식사를 상식하며 견뎌내는 한국인은 거의 없었지요. 별 수 없이 자취를 시작했는데, 몽골스텝에서 중국인들이 농사지은 채소를 사다가 생전 처음 담근 김치가 뜻밖에도 물김치가 되기는 했지만 맛이 그런대로 괜찮았습니다. 그렇게 배운 자취생활에 제법 자신감이 생기게 되자 몽골외국어대 한국어과 학생들을 첫 손님으로 맞아 오찬을 베풀었습니다.

깜짝 놀란 건 정성껏 애써 만든 반찬은 아예 손도 안대보고 밥을 설탕·실은 사카린에 비벼먹더라는 겁니다. 배신감도 들고 너무 황당했지요. 그 후 도지사

나 군수급 상층인사들이 한국엘 다녀오면서 초코파이 확보 정도가 경제적 부유도를 과시하는 시골풍경을 답사 시에 목도하곤, 무릎을 쳤습니다. 스텝·타이가·툰드라 현지에는 꿀 밖에는 당분 섭취 길이 별로 없구나!

가는 곳마다 먼 데서 온 일가손님으로 특별대우를 받아 양고기나 타르박(乾獺) 고기를 대접받기는 했으나, 실은 육식이 유목민의 주식이 아니고 유제품·젖이 주식인 것을 안 것은 유목현지 답사과정에서였지요. 그래서 젖색인 흰색을 숭상하는 신앙은 주로 유목민에서 그 연원을 찾게 마련이랍니다. 육식은 특정 계절이나 특수한 경우에만 한다는 걸 알게 된 건 이처럼 몽골살이를 꽤 하고나서였던 겁니다.

그렇다면 식생활의 핵심에 "젖과 꿀"이 자리 잡고 있는 게, 유목민생활이 되는 셈이네요. 『예루살렘 입성기』(연세대학교 출판부 1976)란 작은 책자를 남기고 가신 은사 민영규 교수님은, 1964년 팔레스타인 현지답사를 하고 오셔선 거기가 메마르고 거친 황야지 무슨 풍요한 이상향이 전혀 아니더라고 하셨지만, 아직 가나안 황야 현지답사를 해본 적이 없는 난 설령 위도는 비록 한반도와 비슷하게 30~40도 정도에 자리 잡고 있다지만, 그 지역은 양치기에 별 무리가 없는 사막 언저리의 스텝 쯤 되는 게 아닐까 하고 짐작해보게 마련입니다.

반사막인 고비(半沙漠)정도랄까요? 유목 현지체험 유무가 얼마나 극단적인 인식오류를 빚을 수 있는가를 20여 년간의 북유라시아 탐사과정에서 절감해왔기에, 결코 속단은 하지 않으렵니다. 다만 매양 그리워하기만 절실히 하시고는 일평생 북유라시아 노마드의 길에 몸소 들어보진 못하신 민영규 은사님의 뒤를 이어 제자된 한 후생으로, 기어이 이 길을 헤매 돌며 이 유목유적 탐사일기를 이렇게 다시 적어보고 있을 따름입니다.

행여 사하라·아라비아·페르시아·타클라마칸·고비로 이어지는 사막지대에서 바라보면 가나안 황야가 그래도 젖과 꿀이 흐르는 풍요로운 이상향으로, 다만 상대적으로 그렇게 바라보였던 게 아닐까요? 그런 시각에서 바라보면 그래서 북유라시아 스텝·타이가·툰드라도 소얀 족의 복지 DNA태반, 공활한 스키토·시베리안 Soyon(鮮) 노마드의 '젖과 꿀이 흐르는' 성지일 수가 있겠지요.

그렇다면 기(騎)순록군단-기마군단에 뒤이어 스텝·타이가·툰드라를 꿰뚫는 유라시아 횡단 도로를 1만여 년 이어 달리는 분단 조국 평화통일 자전거 대장정대는 지금, 실은 스키토·시베리안 소욘 겨레 코리안의 '젖과 꿀이 흐르는' 성스러운 DNA노마드 루트 위에서 숨을 고르고 있는 게 아닐까요?

그래서 한랭 고원 건조지대 북유라시아의 이 순록·양 노마드의 길은, 어쩌면 소치 2014~평창 2018동계올림픽을 치르면서, 불세출의 무천(舞天)의 빙판요정 "김연아의 길"이라고 명명해봄직 할지도 모릅니다.

북유라시아 대선비산(大鮮卑山) 뿌리 동·서사얀 타이가(鮮山), 스키토·시베리아 몽골 노마드 자궁 [2014.9.22~9.29]

1990년대 말, 다싱안링 깊숙한 산중 철로 지선(支線)을 달리는 허름한 야간열차에서 뜻밖에도 중년 한국분인 산사람을 만났습니다. 너무 의외여서 수인사를 나누고는 우선 왜 이런 후진 산 중을 혼자 헤매 돌고 있느냐고 물었지요. 산나물을 수집 중이라고 했습니다.

이미 수집돼 시장에 나와 있는 중국산 값비싼 산나물 무역으로는 한국산채(山菜)시장에서 수지타산이 맞지 않아 직접 자기가 아직 야수들이 득실대는 춥고 험악한 산야를 헤매 돌며 산채를 수집하고 있다는 겁니다. 그런데 치안이 미치지 못하는 곳이라서 더러는 수집한 산나물을 뺏기기도 하고 지참한 현금을 털리기도 하며, 경우에 따라서는 특히 달러목돈을 소지했을 경우에는 목숨이 위험할 수도 있다고도 했지요.

그래도 이런 후지고 위험한 지대로 진입해야 산나물 무역에서 수지를 맞출 수 있다네요. 유목사료(遊牧史料)를 수집하러 다니는 내 경우와 비록 수집대상은 달랐지만, 헤매 도는 지역은 매우 유사하다고 생각했습니다. 다만 그분은 사료를 보는 시각과 시력의 한계가 있고, 또 직접 이해상관이 없어서 귀중한 사료가 지천으로 널려 있어도 못 보고 안볼 뿐이었습니다. 내게 산채 채집의 경우도 거의 그이와 유사한 이런 사례가 될 듯합니다.

실로 한국인 산채 채집상이나 유목사료 수집자인 내가 모두 다 꼭같은 건 아니지만 비슷한 생태계에서 철이나 시대에 따라 아주 구체적인 것을 그 수집대상으로 한다는 점에서는 너무나도 유사한 구석이 있었지요.

당연히 농경민인 슬라브족이나 한족이 유목목초지대를 점유해 들어와 사는 유목태반 현지의 경우에는, 그들을 대상으로 유목사료를 캐내려 한다는 것은 분명히 난센스지요. 물론 농경화한 Koreyskiy나 조선족도 예외가 아닙니다. 당연히 에벵키·나나이·다구르·오룬춘인과 같은 토박이 원주민들이 그 핵심 대상이어야 합니다. 민주방식으로 한다고 광역소수일 수밖에 없는 유목 원주민들을 소외시킨다는 것은 연목구어(緣木求魚)식 유목태반사 천착 행위일 따름입니다.

근대 산업사회에 들어 큰 토목공사가 성행하다보니 국내외를 막론하고, 학계로 보면 거대한 떡고물을 챙겨 유목사학계에까지 무소불위로 군림하려드는 어떤 부류의 고고학도들의 무모함엔 진실로 혀를 내두르지 않을 수 없었습니다. 유목 주도 농경통합식의 거대 유목제국(Pastoral nomadic empire)이 성립되기 이전의 태반기 유목사 유적엔 대체로 유물을 거의 안 남기는 건 상식인데, 이 점조차 그이들에겐 조금도 고려되지 않습니다.

엄연한 유목지대 유적을 발굴했는데도 유목사가 복원되지 않는 웃지 못할 발굴 결과보고서는 무서운 유목사 왜곡이지요. 후대 연구자들이 이 원초적인 유목사 왜곡 천착사를 어떻게 정리할런지요? 적어도 발굴보고서에 이런 피치 못할 자기한계를 문제로라도 제기해 두어야 하는 게 상식이 아닐까요? 유목사 연구 지망생들에게는 이런 경향들은 무서운 만행으로 다가오고 있습니다. 유목적 감각이 전무한 채로 특정 농경사 연구시각으로만 시베리아 시원 유목태반지를 휘젓고 다니는 경우를 우연히 바라보노라면, 황토색으로 온통 덧칠되며 퇴색해가는 유목사의 몰락과정을 절감케까지 되는군요.

응달·습지의 순록과 양달·건조지의 양도 갈라보고 그 주식 목초도 각각 분별해봐야 하며 순록유목가축과 사냥감인 사슴도 차별화해봐야 하는데, 그런 이들에게는 그럴 안목도 용의도 도무지 없어 뵙니다. 농경사회에서 산업화사회로 급속히 발전해 이내 다시 초고속 정보화사회를 살며 어안이

벙벙해 하고 있는 유목유적 현지의 일반여행객을 두고 하는 얘기만이 아닙니
다. 최첨단 과학과 학계 차원에선 상대적으로 막대한 자금을 동원한다는
어떤 현지발굴대원들에서도 마찬가지라는 데에 문제의 심각성이 있습니다.

무한개방 무한경쟁을 강요하는 세계화시대에 초고속 압축 성장을 해야
살아남는 생태현실이 있는 건 사실이지요. 한국인들은 그걸 잘해 급부상했지
만 실은 그 '빨리빨리'의 DNA는 이미 몽골인들에게도 잠재해 있음을 체험으로
깨닫는 순간, 그게 무한개방 무한경쟁의 속성을 유목태반 본질로 타고나는
몽골 패스토랄 노마드의 본령임을 알곤 새삼 역사 앞에 겸허해 해야 하리라
생각됐지요.

실로 정보화시대는 초고속 압축성장에 수반할 수도 있는 예리하고도 정밀한
합리성 결여 때문에, 그 압축 성장 열매가 도리어 무서운 역작용을 부를
수도 있다는 사실도 유념해야겠지요. 아무리 급해도 바늘허리에 실을 매어서
는 바느질을 할 수 없는 차원도 여기엔 분명히 동시에 공존케 마련이어섭니다.
몹시 위험하고 괴로워도 끈질기고도 민첩하게 그 구체적인 생태를 천착해내는
데서만, 북유라시아 순록·양 유목태반사가 우리의 주요 역사적 정체성으로
복원될 수 있겠지요.

정보화시대 유목유적 현장의 급속한 개발과 그 과정에서 어이없이 순식간에
생멸하며 사라져가는 유목사료정보의 쓰나미를 목격하며, 사뭇 허탈감을
느끼게 되더군요. 말하기 좋아 우리가 DNA유목몽골리안 태반이지, 북유라시
아 유목태반지역을 유랑하면서 유목 목초나 유목가축과 구체적인 유목민의
생태를 눈여겨 천착해본 이들이 우리 중에 과연 얼마나 있기는 있는지요?

내 일이 아니어서라면 그만이긴 합니다. 대체로 저마다 단지 남의 집 불구경
하듯 구경만 하고 산업화·정보화 압축성장이 빚은 심신의 병을 힐링하는
차원의 바람 쐬기 식 피상적 유목목지관광만 하고는, 미처 논리도 곁들이지
못한 유목몽골리안의 역사와 문화 담론을 전문가인양 목청 높여 펼쳐보며
즐기곤 하는 건 아닐까요? 비극적인 야심찬 허욕일 수도 있겠지요.

난세에 저마다 권위자를 자처하고 나설 수야 있겠지만 세상엔 공짜는 없고,
그래서 당연히 지금 한국에는 인사치례가 아니라면 솔직히 이 분야 큰 전문가가

단 한분도 없습니다. 이유야 어떠하든 지난 세대에 여기에 투자한 적이 거의 없어서지요. 콩 심은 데라야 콩이 나게 마련이니까요 [유일한 무기라면 시원유목DNA를 타고난 생명체 자체일 뿐]. 그런 진정한 참인재들이 이 정보화 유목사료 쓰나미 시대엔 적어도, 유목태반 주체 기원(起源) 한국에는 반드시 있어야 한다는 모기소리만한 사심 없는 떨림만 있어도 천행이겠지요.

지난 세기 초에 우린 우리 영역이나 그 언저리에서 청·일~러·일전쟁을 겪으면서 망국을 체험했지만, 청·러·일의 당시 유목 몽골리안사 천착과정은, 지금 돌이켜봐도 그 치밀한 과학적인 접근방법이나 정신적인 연구접근 자세가 모두 매우 놀라운 데가 있었습니다. 그이들 나름의 국민적 지성풍토 총화를 반영한 것이겠지요.

후금인 청나라만 봐도 그렇습니다. 선비정신을 높이 추켜올리는 우리지만, 그래서 후금인 청을 세운 여진족을 오랑캐로 낮춰보는 친명(親明) 일변도의 조선조 어느 시기부터의 '쇄국적인 자국사 인식의 기수' 주류 조선조 지성들은 상상도 할 수 없을 정도로 저들의 유목태반 기원 채근(採根)사업은 국가차원의 역사적인 일대 사업으로 이룩됐습니다. 한지사(漢地史) 상 최대의 출판문화사업 성과라 할 『사고전서』는 고사하고라도, 지배 주체인 여진족 자신에 관한 무지-아맹(我盲?)을 깨기 위해 결행한 저이들의 핵심적인 문화사업의 위대한 결실인 『흠정만주원류고』도 엄존하지요.

이들은 실로 몽골의 유일한 자찬(自撰) 민족사 『몽골비사』보다 더 위대한 유목몽골리안 역사 연구의 금자탑을 이룬 터입니다. 생전에 은사 홍이섭 교수님이 늘 역설해 오셨듯이, 이는 몽골의 뿌리인 Chaatang조선의 역사도 천착해 들어갈 수 있는 유목사의 거대한 사맥(史脈)을 짚어주는 거작(巨作)입니다.

그래서 나는 언제부턴가 이 책을 일독하지 않고 하는 북유라시아-특히 시베리아 유목초지를 탐사하는 일은 수박 겉 핥기 식의 바람 쐬기 지적 속빈 허영행동이라고 믿게 됐습니다. 어떤 지고의 가치와 의미를 들고 나와도 팩트인 사실(史實)을 떠난 역사-기억 편집은 결과적으로 그 사람들에게 헛발만 딛게 하는 허상일 뿐이어서지요. 돈과 권력이 역사연구에 올이 될 수 있는 것도 사실이지만, 돈벌이나 권력쟁취 놀이도구로서의 사학 이용이야 더 말할 필요가 없겠지요.

『흠정만주원류고』에 대해서는 우리말로도 애써 주석을 달며 옮긴 2종의 책이 출간돼 있지요. 조선조 중기 이후의 선비학맥 말류를 영악하게도 빈틈없이 계승해낸 우리대학 한국사학계 연구자에게서는 글쓴이를 도무지 찾아볼 길이 없고, 그 해독을 상당히 피해 독학한 이들의 노작들일 뿐입니다.

진정 '구대륙이 신대륙으로 둔갑'하는 듯한 정보화시대 유목사 정보의 쓰나미를 온몸으로 맞받아내며, 인생유배지 골방에서 홀로 피눈물 나게 고심하고 고생해 써낸 노작들이지요.

그래서 좀 더 본격적이고 예리한 전문적인 천착들을 기다리는, 당연히 아직은 적지아니 어설픈 구석이 없지 않은 미완성 작품들일 수는 있습니다.

당시로서는 상당히 깨어 있던 민족사학자인 단재나 위당 선생님 같은 어른들이 이 책에 눈길을 주었던 것은 사실이지만, 그이들도 전통적인 사대부가문 출신으로 그나름의 시대적이고 사회적인 자기 한계를 가졌던 것 또한 어쩔 수 없었겠지요. 중인이나 배우는, 우선 살아 숨 쉬는 한어(漢語) 구어(口語)를 익힌 분들은 아니어섭니다.

1970년대 후반 대만대학 대학원에서 부러청(傅樂成) 교수님에게 리포트를 냈다가 큰 충격을 받았던 기억이 새롭습니다. 원고지가 빨갛게 문장을 수정해 주셨는데, 그 내용은 놀랍게도 대부분 글 쓴 내가 인용한『고려사』의 원문이었기 때문이었지요. 그 편찬자 정인지·김종서 등이 개찬(改撰)한 사서의 한문이 적지 아니 정통 한(漢)식 한문이 아니고 조선식 한문이라는 겁니다.

그런데 하물며 그이들이 쓴 논저에서의 광개토대왕 비문 이전의 한식 고대한문 사료 이해도가 어땠을가를 상기치 않을 수 없었습니다. 부 교수님은 청대 황족으로 당시의 한족 주자학도보다도 더 매섭게 철저히 한식한문을 평생 배워 써온 분이었답니다. 선현들의 순국차원의 민족사 천착 정신이야 드높여 숭앙해야 하겠지만, 그 시대적 내지는 사회적 자기한계성은 어디까지나 있었던 그대로 직시하는 게 순리겠지요.

지지난주에는 북유라시아에 관심을 두고 현지답사를 해온 한 동우회 회원님들의 모임에 아주 우연히 동참케 됐습니다. 연세가 지긋한 한국 최고의 지성층들의 수준 높은 친목회 모임이었지요. 여기서 난 북유라시아 유목태반 현지답사 광으로 소개돼 축사 겸 이런 짧은 [예상]담론을 나름대로 아주 축약해 풀어봤답니다.

청나라 지리고증학자 정겸(丁謙 : 1843~1919년)의 지적에 따르면 시베리아의 최대 타이가 동·서Sayan(투바인 발음은 Soyon)산-'鮮山'이 단군 생가 추정 「가셴동굴」이 있는 다싱안링 '대선비산'(大鮮卑山)의 원조이고 그 타이가 동·서 사얀산(東·西 鮮山)에 흐르는 물줄기가 곧 '퉁구스하'(通姑斯河)지요.

Soyon(鮮)의 뜻이 바로 순록의 주식인 선(蘚 : Niokq)이 자라는 선(鮮 : Sopka : 小山)이라는 사실과 '鮮'이란 실은 어미(암)순록이라는 뜻인 투르크어 사가이온(CaraɪoH)~다구르어 Sugan에서 비롯된 낱말이라는 점은 매우 놀라운 사실입니다. 어미순록이 젖을 주고 젖은 바로 순록치기 Chaatang의 주식이어섰습니다.

스키타이사 전공자인 투바대학교 사학과의 헤르테크(Hertek Liubov' Kendenovna) 여교수는 Scythia도 Saxa도 모두 이에서 비롯됐다고 했지요. 그래서 우리는 조선(朝鮮 : Chosŏn)도 Chaatang(순록유목민)인 조(朝 : Chaa)족 중심의 순록방목민 선(鮮 : Soyon)족 통합의 결과물이라는 사실을 꿰뚫어볼 수도 있게 됐습니다. Soyon이 Scythia나 Saxa와 함께 순록유목민의 주식인 젖을 주는 어미순록에서 비롯된 이름임을 알게 된 거지요.

그러니까 '시베리아'(Siberia : 鮮卑利亞)도 이런 시각에서 천착해보면, 「Chaatang 조선의 땅」이라는 본뜻을 가진 이름일 수 있을지도 모릅니다."

사실을 역사시간과 사회공간에서 쪼개보고 그것이 그렇게 된 원인과 결과의 인연-인과관계를 맥을 짚어가며 논리적으로 밝혀내는 것이 어떤 의미에서의 역사학이라고 한다면, 비록 어지러울만큼 공활하고 낯선 유목생태 현장이 대상이긴 하지만, 북유라시아 사회주의권 개방 이래로 20여 년간의 이 분야 유목역사유적 현지답사가 이에 관한 한 다소간에 상당히 헛공부였다는 말이 될 수 있을지도 모릅니다.

광맥을 파들어가는 프로페셔널한 광부가 아니라 노천의 광물 이삭이나 줍는 아마추어가 횡재를 해 거부가 되는 경우는 거의 없지요. 더 나아가서는 산채(山菜) 채집자와 '유목사료' 수집자는 그 대상과 시각이 다르고, 그 의미차원이 상이할 수 있게도 마련이니까요.

바이칼 포럼, 숫수달(Buir) 모피시장과 '단(檀)장군 남하비' 환영(幻影)
[2014.10.6~10.20]

언제부턴가 바이칼 호 서북부가 높아지고 동남부가 낮아지는 지각변동이 계속돼오면서 어느 시기에서부턴가 바이칼 호에서 레나 강 쪽으로 흐르는 강물이 막히게 되고 예니세이 강 쪽으로 흐르는 강물만 흐르게 됐지요.

문제는 이 두 강줄기를 중심으로 지구상 최대의 공활한 순록의 주식 이끼 (蘚 : Niokq)목초지대가 펼쳐진다는 점이지요. 순록유목의 거대 태반이 되는 터에 바이칼 호 동북 레나 강 지대는 산악지대가 주로 많고 서북 예니세이 강 지대는 평원지대가 주로 많아, 레나 강 쪽엔 순록유목이 위주로 되고 예니세이 강 쪽은 순록방목이 위주로 되는 식으로 개괄적으로 보아 서로 차별화되는 순록목축이 이루어졌을 것으로 보입니다.

이에 다시 바이칼 호와 접맥되는 레나 강의 물줄기가 막히는 단계에 이르면 그 성격 차이가 더욱 두드러지게 됐을 것으로 짐작됩니다. 유목민 주도 농경민 통합식 유목제국이 철기시대에 들어 본격적으로 이루어지지만, 그 이전엔 유목권 자체에선 그 원형으로 순록유목민(朝人) 주도 순록방목민(鮮人) 통합식 의 시원적 순록 유목제국(Pastoral nomadic empire) 이 이루어지고, 그 여세를 몰아 석기시대에서 청동기시대로 본격적인 발전을 해갈 무렵쯤에 '시베리아 의 황금'이라 할 모피(Fur)시장 장악과정에서 단군조선(檀君朝鮮)의 출현 물꼬가 트이는 게 아닐까 하는 어설픈 가설을 베풀어봅니다.

이 경우에 두 거대한 강물을 비롯한 여러 강들의 지류들이 합수해 이루는 바이칼 호 일대는 그 중심 모피시장을 이루었을 수 있었으리라 봅니다. 모피교 역의 시장규모가 커지면서 치열하게 사회분화가 일어나 상고대 동북아시아

한국바이칼 포럼 창립 멤버들 : 앞줄 우로부터 주채혁·이홍규·이길주 교수, 뒷줄 맨 우쪽이 정재승
봉우사상연구소장[2004년 『월간중앙』 6월호 소수]

시원유목제국이 창업되는 과정에서 순록유목민 조족(朝族)을 중심으로 한
순록방목민 선족(鮮族)통합 실체인 시원 Chaatang조선(朝鮮)의 물꼬가 트였을
수 있다는 가설을 세워보는 거지요.

농경사회에서 쌀·보리·밀·조 등의 곡종이 있듯이 모피에도 그런 구체적인
각종의 모피류가 있겠지만, 시베리아 원주지에선 그 중의 주종은 역시 수달(水
獺)·산달(山獺)·해달(海獺)·한달(旱獺 : 乾獺 ; 타르박)의 수달 류가 아니었나 생
각됩니다. 그래서 타타르(韃靼 : Tatar)-달달(獺獺)-단단(檀檀) 등의 종족이름으
로 명명되고 장쥐허 교수님 같은 이는 단군(檀君)의 단(檀)도 이에서 예외가
아니라고 보았지요(張久和, 『原蒙古人的歷史 : 室韋達怛硏究』, 北京 : 高等教育出版
社, 1998).

중국 정사에 등재된 동성(同姓) 유명인들이 여러 명 있지만, 그 중에도
특히 선비족-Soyon(鮮)족 단성(檀姓)으로 후한 환제(147~167년) 때 대선비제국
을 건설한 단군(檀君)과 동성인 단석괴(檀石槐)도 있고 동진 제위 찬탈을
시도한 단군의 할아버지(桓因)~아버지(桓雄)와 동성 환성(桓姓)인 환온(桓溫,
317~373년)도 있다는 걸 결코 잊어서는 안 된다는 겁니다. 박창범 교수님이
지적하고 있듯이[『하늘에 새긴 우리역사』, 김영사, 2002], 조선 상고사-유목
태반 기원사(起源史)일 수록 유목태반 주류 기원(起源)이어서 한겨레는 당연히
한반도 밖 공활한 북방유라시아 유목초지에 토대를 두었을 수가 있어서지요.

다행히도 내가 가장 오래 20여년을 몸담아온 강원대 사학과 언저리에는 수달의 일종인 맥(貊=山獺 : Elbenkü)과 유관할 것으로 보이는 맥국(貊國) 유적지가 있고 근처 화천에는 근래에 아시아 유일의 한국수달연구센터(센터장 한성용 박사님)가 세워져, '수조전설'(獸祖傳說)-몽골 패스토랄 노마드에서 기원(起源)한 주류 한겨레 태반사를 연구하는 데에 든든한 울이 돼오고 있습니다.

당연히 '바이칼' 거대 모피시장(毛皮市場)에서는 주류 대종이 수달이겠는데, 수달 중에도 암수달보다 모피가 더 뛰어난 숫수달(Buir)이 가장 값나가는 경제성 있는 상품이었던 모양입니다. 숫수달 모피를 팔아 축재하고 그 재부를 토대로 부국강병을 추구해 우뚝 솟는 '부이르(夫餘)'가 출현하기 직전단계까지 단군조선은 보편적인 '수달임금'으로 대를 이었던 것은 아닐까요? 부리아드의 「부리」는 '늑대'라는 것이 통설이기는 하지만, 더러는 지금의 부리아드 코리의 '부리'조차도 Buir(雄수달)+D(복수어미)에서 비롯됐을 가능성도 없진 않다는 현지 원로학자의 견해도 있으니까요.

물론 이는 골방의 모니터 앞에서 인터넷 정보검색을 주로 하면서 순전히 상상력으로 꾸며 쓰는 소설은 결코 아니고, 오가며 20여 년 이상 유목현지를 답사하며 나름으론 사료 고증도 해보고 사실 논증도 해오며 원주민들도 만나 고뇌하는 중에 주로 답사현지학설들을 간추려 엮어 소개해본 흔적들이지요.

아무튼 2000년 초입에 들어 바이칼 호반에 캠프를 차리고 노년을 오로지 단장군 남하 족적 추적에 한 인생을 헌신해 몰두하다가 흔적도 없이 스러져 간 한 한국 어르신네를 눈여겨 봐오며, 뭔가 이곳엔 그런 선조들의 원혼 DNA가 스민 곳이 있는 게 아닐까 하는 생각을 해보게 됐습니다. 직업적인 강단사학자는 물론 아닙니다. 그렇다면 대명천지 밝은 날에 그렇게 허무맹랑하게 미쳐 돌아버릴 수가 도저히 없었겠지요.

서울 남대문시장에서 사금융업을 해온 분으로 월남한 피난민 출신인 그 어른은 말년을 이르크추크에서 보내며 부리아드 대통령과 함께 찍은 큼직한 화보집을 내기도 하다가, 그 인생 불꽃이 사위어간 이름 없는 기인 뭇별이시었습니다. 험악한 세상풍파 속에서 영악한 코리 족으로 살아오면서 진흙탕에서 넘어져 진흙탕 딛고 일어서기를 반복하는 과정에서 그분도 피치 못해 많은 진흙탕을 뒤집어썼어야 했었만지는 모릅니다. 그래도 그 어르신네의 바이칼 호반 '단장군 남하비 비몽(碑夢)'은 사뭇 내 가슴을 울컥하고 울렁이게 합니다. 단군탄생의 그 가셴(嘎仙) 동굴이 본 선산(鮮山 : Mt. Sayan)에도 있다면 당연한 가설[啓示?]이 될 터이어서죠.

그분의 환영에 미친 사람들처럼 흘려 엉뚱하게도 찬비를 맞아가며, 울란우데 '단(檀)장군 벌판'이 아닌, 레닌광장을 헤매 돌던 정대원(鄭大元, 대구인) 의사님(巫覡?)은 지금쯤 어디서 무얼 위해 숨고르고 사실까요. 바이칼은 멀쩡한 우리를 이렇게 돌아버리게 하곤 하는 무서운 마력이 있나봅니다. 우리 내면 DNA의 짓궂은 장난일까요?

엄연한 의사(醫師)가 정규직 취직을 않고 굳이 일용직 의사로 반년은 취업하고 반년을 북유라시아 유목목초지를 발길 닿는 대로 헤매 돌더군요. 별다른 공명심 같은 것도 별로 없이 그저 담담하게 내 뿌리 사실과 진실을 초라하면 초라한 대로 '있었던 그대로' 드러내보는 길을 묵묵히 그냥 안 갈 수없이 기뻐서 마냥 홀로 걸어가고만 있는 듯한 분을, 그 이끼(蘚 : Niokq=Lichen)·양초(羊草)의 북유라시아 유목목초의 길 위에서 20수년 만에 생전 처음 만났습니다.

철밥통 교수 정규직을 차지하고 나서야 비로소 연구업적과 명예 따위의 잇속을 더 옹골차게 챙기려고 굳이 구차하게 거창한 소명의식까지 힘줘 거론하며 유목몽골사 현지유적을 기웃대는, 나 같은 속물 역사 연구자는 도저히 범접키 힘든 부러운 인품으로만 내겐 그이가 다가왔지요.

바이칼 호 동남 제법 장대한 붉은 버드나무(紅柳; 朝鮮柳 別稱)산맥이 북서향으로 감싸 안은 듯한 동남향의 타이가라 할 울란우데 부리아드-아리랑 가락이 동몽골스텝도 조선(朝鮮)반도도 아닌 본래는 자기네 본토박이 가락이라고 우기며[박치정 교수님의 '고구려(Qori) 아리랑설'을 상기케 합니다] 몽골스텝과는 달리 삳바씨름만을 즐겨 이어내리고 울란우데 기차역 상징동물로 2000년 초입까진 프래트홈 화단에 반달곰 모자녀 세식구 소상(塑像)이 그림같이 서 있던, 꼭 고향동산 같은 고느적한 코리 부리아드 앙기르(청둥오리)마을에서 태평양 맑은 동해바람 길을 따라 다싱안링 북부 단군(檀君) 생가 비정(比定) 호눈선원(呼嫩鮮原)의 '가셴 동굴'을 향해 순례해 오노라면 더욱 더 그러했습니다.

새삼 1992년 여름 몽·한 동몽골대장정시 홀룬부이르지역 고대 무덤 출토 두개골 몽·한 비교분석 결과 몽·한인들의 그것이 가장 가깝다는 보고서를 썼던 데. 투멘 여교수(몽골과학원, Craniological study of ancient population in Estem Mongolia, 1993)의 모습이 떠오르고, 이듬해 봄 몽골과학원 지리학연구소에서 바이칼의 지명이 동북몽골과 유관해 보이는 사례가 아주 많다고 열변을 토하던 데. 바자르고르 교수의 표정이 상기 되새겨집니다.

다른 한랭고원 건조지대인 몽골고원 스텝과는 달리 예서 피부가 고운 몽골미녀들이 많이 태어나는 건 사실이지만, 황송하옵게도 단군성조?는 잘 모르겠습니다. 물론 부리아드 원주민들 동네엔 '코리(高麗?) 부리아드'는 아주 영악하다는 섬뜩한 원주민들의 평이 있는 것도 확인케 되긴 하니까요. "혹여 그 역사의 열매인 지금의 내 속사람이 정말 그렇긴 그런가 본지도 모르겠습니다."

소설가 이윤기 선생님이 2010년 타계하기 몇 해 전인가 생전에 이 언저리를 찾았다가 데자뷰(Dejavu : 旣視感)란 말로 감격의 극치를 토로한 지대, 울란우데 부리아드 코리족의 앙기르 마을을 떠나 오논 강과 에르구네 강줄기를 따라 태평양 동해에서 불어오는 맑고 상대적으로 온난 다습한 바람을 맞으며 동쪽으로 오다보면 호눈선원의 부이르 호반 아주 널찍한 논벼(오순도투락)농사터 유적 고올리농장터도 밟게 되고 흘승골이라 할 할힝골 부이르 호변의 험난한 천연요새 거대 토성지[몽골·일본인력개발센터 '할힝골전투70주년국제학술회의' 울란바토르. 2009년 7월2~5일에 일본 측이 제공한 항공사진 所藏]도 마주치게 됩니다.

조금 몽골스텝쪽으로 더 나가면, 고올리국 국경 송크(紅) 타반(五) 톨로고이(頭) 스텝 소재 동명(Tumen : 神弓)왕-고올리칸(槁離汗) 석상도 만나게 되지요.

그리고 무엇보다도 눈강으로 동남류하는 아리허(阿里河) 언저리의, 단군 생가 비정 소욘족(鮮族) 선조 헌제 성소(獻祭聖所) 가셴 동굴에 이내 이르게 됩니다.

이곳은 우선 동북아 유목제국의 자궁으로 세계유목몽골학계에 널리 공인

중국 내몽골자치구 훌룬부이르시 부이르 호반에 드높이 세운 훌룬 누나 아씨동상. 훌룬(雌수달)은 누이고 부이르(雄수달)는 남동생인데 두 남매 간의 비련 유형의 전설 스토리텔링이 지금도 원주민들 사이에 회자되고 있다. 물론 암수달 호수 훌룬호반에 서야 할 Hulun누이 아씨동상이다. 관광객 유치용으로 서둘러 건립된 것으로 보이지만, 사실 고증에는 만전을 기하지 않은 듯하다. 당연히 남동생 Buir(夫餘) 동상이 우뚝 치솟아야 할 숫수달 호수 부이르 호반이어서다[2007년 여름 경향신문 김문석 사진기자 소촬(所撮)].

돼오고 있지요. 한겨레 주류 유목 태반 기원사(起源史)에 대해 기구한 오랜 역사적 상호관계를 가져오면서 묘한 애증의 인식 자세를 후래적인 집단인식문화로 공유하고 있는, 사실상의 유목사맹(遊牧史盲?)인 한국인들에게만 차단된 성역이랄까요.

1990년 몽·한수교가 이루어지고 1992년 여름 한국몽골학회의 동몽골대탐사가 추진되는 과정에서 원주민 원로들에게 구비전승으로 전해들은 부리아드 코리 마을→ 헨티산맥→ 다싱안링 루트를 따른 코리족의 역사적인 이동족적은, 그 후 2003년 여름 나도 동참한 서정선 교수의 동북아민족 게놈분석을 위한 몽골현지 조사프로젝트 추진과정에서 재확인됐지요. 바로 이 코리족의 길을 따라 다싱안링을 중심축으로 삼고 태평양 '바다의 스텝'으로, 그리고 몽골고원 '스텝의 바다'로 코리족이 대거 확산돼 나갔던 것이라 하겠습니다.

당시의 직업적인 강단사학자들 사이에서는 거의 소외돼온 터였지만, 그래도 한국사 유목태반 기원 뿌리 캐기에 일생을 건 탐사여행에서 생전의 이규태(李奎泰) 컬럼니스트께서 정곡을 찌른 접근시각인 수조전설(獸祖傳說)-몽골노마드의 유목사안(遊牧史眼)으로 날 깨우쳐 보려고 저마다 안간힘만 쓴다면, 조상의 음덕(DNA果?)이 마침내는 우릴 놀랍게 보우(保佑)하실 겁니다. 불가항력적인 시대사조로 유목사료 정보 쓰나미시대가 도래해섭니다.

이야기 줄거리를 다시 간추려보면 가셴 동굴은 탁발(拓跋 : Tuva)선비족의 근거지인 대선비산에 있는데 그 탁발선비 기마 양유목생산 혁명의 불씨 유래지가 Tuva Soyon(鮮)족의 본거지 동·서Sayan taiga(鮮山)이며, 이 지대는 시베리아 호랑이와 반달곰의 생태 한계선이 대체로 그려지는 곳으로 보이지요. 엄리(奄

利)라 할 '대수(大水)'의 뜻을 갖는 '이민'하가 하일라르 구를 가로질러 흐르는가 하면 거북이가 예서부터 살기 시작한답니다.

몽골어로 거북이를 '야스트멜히'(Ястмэлхий : 龜甲獸骨)라 하는데 이는 「뼈를 뒤집어쓴 개구리」라는 뜻이지요. 개구리만 사는 북극해권 레나 강~예니세이 강 한랭지대에서 비교적 온난 다습한 지대 호눈선원(呼嫩鮮原)으로 이주해온 유목몽골족의 적응적 진화진로인, 유목 내지는 이목(移牧) 루트를 암시하는 것이 아닐까요?

무엇보다도 한국 고고학도들이 신주단지처럼 떠받들어 모시는 비파형청동단검(훌룬부이르 민족박물관 소장)의 서북변 한계선이 바로 이 지대이기도 합니다.

가셴 동굴 언저리인 껀허(根河)지대는 다·샤오싱안링 일대에서 가장 추워서 범(虎)이 못 사는, 그래서 순록의 천적 모기를 피할 수 있으므로 순록유목의 최적지이기도 하지요. 2003년 여름에 다싱안링 남단 출신인 제자 에르데니바타르 교수(내몽골대 몽골사학과, 현재 인디아나대 연구교수)와 함께 현지답사를 하며 이를 재확인해보기도 했습니다.

이런 혹한지역 가셴 동굴에서 북극곰의 피가 흐르는 웅녀(熊女 : 곰녀, 반달곰)와 추위에 약한 호녀(虎女 : 범녀)가 신랑감인 미래의 단군(檀君 : Tatar khan?)의 아버지 환웅(桓雄)과의 동침권(同寢權) 확보를 놓고 끈질긴 쟁패혈투를 벌였다면, 웅녀의 승리는 따 놓은 당상일 수 있었겠지요.

그래서 차탕(Chaatang : 순록치기) 기원 고조선 「단군탄생의 동굴무대」는 바로 이 '가셴 동굴'일 수도 있다고 보는 것입니다.

이곳이 바로 곰과 호랑이가 마주칠 수밖에 없는 생태권역이어서, 그리고 백두대간부터 싱안링~울란우데 일대까지는 반달곰 서식지이기도 해서 더욱 그러하다는 거지요. 참고로 고도 1000여 미터에 이르는 대백산(大白山)은 다싱안링 북부인 훌룬부이르 몽골기원지에도 있지요. 고도 2000~3000미터에 달해 태평양과 북극해의 돌풍이 마주쳐 휘몰아치는 만주 한반도 일원 최고봉 백두산 영봉(太白山 정상)보다는 차라리 이 지대가 혹시 환웅의 신시(神市)를 여는 최적지가 아니었을지요? 선족(鮮族 : Soyon tribe) 몽골의 조상제사 동굴 가셴동

바이칼 호 올콘섬 부르칸
(불함?) 바위

(嘎仙洞)이 이곳 선산(鮮山)-대선비산(大鮮卑山)에 있기도 하지요. 더군다나 Sopka(鮮)와 Steppe(原)이 맞물리는 지대여서 스키타이 기마 양유목혁명이 일어날 지구 상 최적지이기도 해서랍니다.

더군다나 선비(鮮卑)의 '비(卑 : Буc)'는 선족(鮮族)의 황금빛 「허리띠」라는 뜻이고 보면, 지금 이곳의 원주민들이 당연히 동족으로 보고 있는 조선(朝鮮)· 선비(鮮卑)의 선족(鮮族) 바로 한·몽 두 겨레를 뭉뚱그려 그냥 소욘(鮮 : Soyon)족이라고만 부르고 있는 현재의 관행을 이내 이해할 수 있답니다.

1949년 중공군이 만주에 진주한 뒤에 산동성의 주민들을 대거 만주로 이주시키기 이전엔, 압록강-두만강 일대에서는 본래 조족(朝族)으로 불렸고 싱안링 일대에서는 아직도 여전히 선족(鮮族)으로만 불리고 있는 그이들이기도 합니다.

2000년 8월 8일 오후 2시에 훌룬부이르 시청(現) 강당에서 「가셴둥에 관한 한·중 특별담론회」(당국 주최)를 가졌지만, 당시에 그이들에게는 선비(鮮卑)의 "선(鮮)"이나 Orunchun에 대한 순록유목적 접근 시도가 전무했습니다.

몽골의 직계조상인 탁발(拓跋 : Tuva, '언덕')선비라는 선족(鮮族) 조상의 태반 동굴인 가셴 동굴은, 그래서 이들 조(朝)족과 선(鮮)족의 조족(朝族) 주도 통일종족인 순록치기 기원(起源) 조선(朝鮮)겨레의 시조 단군탄생 성지일 수가 있다는 거지요.

조선과 몽골이 모두 선비족(鮮卑族)처럼 소욘(鮮 : Soyon)족이어서, 두 민족을 단군탄생전설을 그 모태로 공유할 수 있는 한겨레로 본다는 겁니다.

북경원인 발굴로 유명한 고고학자 페이웬중(Pei Wenzhong, 裵文仲)은 1950년대에 이 지대를 탐사하고 잘라이노르에서 동토작용을 찾아냈습니다(裵文仲, 『과학통보』, 1956). 지금부터 25,000~15,000년간에 걸쳐 있었던 몽골고원의 동토현상이 점차 걷혀 올라갈 적에 요서(遼西)지대의 순록유목 중심권인 Mongol의 기원지 Ergune(多勿) 유목초지인 기마 양유목 기원권(起源圈) 호눈(呼嫩 : 훌룬부이르·눈강)선원(鮮原)으로 철수하는 과정에서, 곰녀와 범녀의 가셴둥 환웅 쟁탈전이 치열하게 벌어졌던 것으로 추정됩니다.

정보화시대 유목사 정보 상대적 과잉을 맞받아 극복해내야 하는 주류 유목태반 한겨레역사 연구자들은 우선 좀 어지럽게 공활해 뵈더라도 유라시아~북아메리카 지도는 눈이 닳도록 수시로 익혀 관찰해야 하고, 다시 유목유적 현지답사를 단호하게 감행해야겠지요.

그리고 당연히 우리 어린이들의 놀라운 정보화기기 다루는 솜씨-IT후진인 몽골의 경우는 그 열망은 더욱 치열해 뵈지만-를 주로 눈여겨 치켜봐야 하리라 봅니다. 지금은 우리가 물꼬트기에 따라 백세시대 어르신네들이 상상키조차 어려운 자민족 역사인식의 코페르니쿠스적 이러저러한 변혁 성취를 동반할 수도 있는 미래의 역사-기억편집 풍경을 어렴 풋이라도 감지해보려 안간힘을 써보아야 하는 정보화시대여섭니다.

물론 바로 이 시대에 부모세대가 작은 물꼬라도 자녀세대에게 제대로 터가게 힘을 실어주는 게 아주 긴요하겠지요.

특별히 생명과학 정보화 쓰나미시대의 덤인생불을 부지깽이 질해 지펴가야 할 깨어있는 백세시대 기성시대여야, 일대의 본질적인 파천황(破天荒)의 자민족사 인식 변혁기를 맞는 이 시대 어른노릇을 제대로 하며 한 인생 갈무리를 해낼 수 있으리라 여겨집니다.

1994년 10월 22일 우리는 이광수의『무정』을 상기하면서, 코리족 족조 전설이 깃든 올콘섬-작은 타이가란 뜻의 섬이름-부르칸(不咸) 바위를 중심으로 세계몽골리안 센터 조성을 구상하며『세계일보』국제연구원 귀빈실에서 바이칼문화연구소(회장 구인환 교수님)를 창립했는데, 당시에 나는 창립총회 기념강연 논문을 발표했습니다.

그 후 2000년대에 들어 유목몽골사학과 생명과학 연구자들을 위시한 관계 연구자들을 중심으로, 좀 더 구체적인 과학언어로 보다 체계적인 유목몽골태반 현장연구 수행을 촉구하는 가운데 한국바이칼 포럼을 만들었지요. 어둑어둑해지는 서울의대 교정을 함께 걸어나오며 모임이름을 '한국바이칼 포럼'으로 하면 어떻겠느냐고 가볍게 제언해보기도 했던 기억이 새롭습니다.

이로부터 좀 더 본격적이고 실천적인 시원 조선사- Chaatang 조선사 복원을 지향해 우리가 이른바 단장군 남하비(檀將軍 南下碑)를 올콘섬 부르칸 바위 곁에 세우는 잠재몽(潛在夢)을 우리도 모르게 더불어 꾸어왔던 게 아닌가 하고, 요즈음 난 혼자 추억해 정리해보곤 하지요.

오로지 직업적인 전문연구자들 차원만이 결코 아닌, 남대문시장 사금융업자로 이 환영에 휘말려 들어 춥고 서러운 객지에서 외로운 황혼 고혼으로 귀천(歸天)하신 한 무명 코리(Qori)족 Korea(槁離亞?)의 노인어른 곁을 스치는 일생의 인연과 함께, 적지않은 Koreyskiy와 남북의 숨은 한겨레 주류 유목몽골태반 기원(起源) 민족성지 장단기 순례성도들의 기도치성에 힘입어, 부족한 대로 우선 그렇게 해보려 아직도 저마다 한껏 노력들은 해오고 있는 바이칼 코리(弓 : 高麗?)족 성지(聖地)마을의 지금인가 봅니다.

'몽골·몽고'담론, 맥(貊 : 너구리=山獺)사냥꾼 활잡이

[2014.10.27]

1990년 한·몽수교가 이루어지면서 북방사회주의권이 열리자 제일 먼저 문제시 된 것은 몽골에 대한 호칭문제였지요. 몽고로 부르느냐 몽골로 부르느냐를 두고 구미에서 공부하고 온 한 (17세기)한국어학 전공자와 몽골사 전공자인 내가 앞장서서 이 담론에 동참케 됐습니다. 한국어학이야 한국에서니까 경우가 다르겠지만, 당시 국내 정통 몽골학 전공자는 너무나 희귀한 터여서였던가 봅니다.

당장은 관행상 양자를 혼용하는 추세였지만 몽골과의 교류가 빈번해진 지금

몽골·몽고 담론『조선일보』1990년 4월 16일자. 이에 이어 당시 여러 언론매체에서 집중적으로 이 문제를 언급했다.

은, 저절로 '몽골'(Mongol : 貊槁離?)이 대세로 자리 잡게 됐지요. 이제 와서 생각해볼 적에 몽·한 '유목태반 기원사'(起源史) 복원을 두고 보면 천만 다행이었나 봅니다.

다른 동북아시아 종족이나 나라 이름들처럼 몽골 명칭에 관한 초역사적이라 할 관념적인 언어유희 차원의 해석시도가 없는 것은 아니지만, 난 한마디로 몽골은 '수조전설'(獸祖傳說)과 유관한 맥(貊)과 수렵-유목의 핵심무기 '활'이 결합된 이름이라고 추정해보고 있지요. 산달(山獺) 곧 Elbenkü라는 짐승인 너구리=맥(貊)과 활(弓)이라는 뜻을 갖는 Gooli(高麗)가 결합된 이름이라는 코드로 풀어야 풀리는 생태생업사 배경을 가진 것이, "몽골" 명칭이라고 나는 내 나름으로 천착해본 겁니다. Maek Gooli : 맥고려(貊高麗)-맥궁(貊弓)에서 Mongol이 나왔다고 봐본 셈이지요.

1995년 7월 27일에 장덕진 대륙연구소장님의 후원으로 진행된 홍산문명권 서북단이라 할 다리강가 몽골스텝의 고올리 돌각담 유적 발굴장에서 몽골의

유목사적 정체성 문제에 대해 김장구 교수(동국대 사학과)와 담소하던 중, 김 교수가 문득 맥(貊)과 고리(槁離) 문제를 제기해 문제로 삼은 터였지요. 이듬해부터 나는 발굴장에서 천착하기 어려운 몽골명칭의 역사적인 정체를 탐구하기 위해 몽골의 기원지 에르구네(多勿?)스텝 소재지인 몽골고원에서, 가장 유명한 양유목초지 다싱안링 북부 훌룬부이르 몽골스텝으로 모두 훌훌 털고 떠나버렸지요.

거기서 호눈선원(呼嫩鮮原)을 몇 해 동안 헤매 돌다가 마침내 시원 Mongol은, 맥궁(貊弓)-맥고려(貊高麗) 곧 철기시대에 들면서 순록치기가 양치기로 일약 황금빛 유목생산 혁명을 이루면서 창업된 기마 양유목태반 기원 "원(原)고구려-고리(槁離)"에서 유래된 겨레이름일 수 있다는 내 나름의 결론을 얻게 된 겁니다. 여기서 맥(貊)이란 상대적인 저습지대 예(濊)의 수달(水獺)에 대한 고지대 산달(山獺 : 貊)을 의미하며 이에 '고리'(高麗 : 弓)를 더해 만들어진 이름 으로 추정해 본 겁니다. 그 때 그 김 교수의 허심한 혜안이 적중한 거라고 감탄했지요.

철기시대 이전 석기~청동기시대에 북유라시아 광역에 걸쳐 아주 오래 유목 생산을 주도해온 순록치기 Chaatang朝鮮(조선 : Chaoxian)이 그 근원을 이룬다 는 것을 천착해 확인하는 문제가, 그러니까 몽골이 조선의 뿌리가 아니라 순록치기 기원(起源) 주류의 조선이 도리어 몽골의 뿌리라는 문제의 천착이 이 시대 북유라시아 몽골 패스토랄 노마드 역사의 본질적인 핵심과제라고 마침내 짚어보게 됐던 겁니다.

역시 종족명이나 국명은 대체로 그 집단의 역사적 정체성을 담아오게 마련이 어서 매우 소중한 한 집단의 핵심 역사정보일 수 있다고 여긴 거지요.

스텝-타이가-툰드라라는 공활한 수렵-유목지대에서 농경지대보다 가죽그 릇이나 골각기보다 토기가 적게 쓰이고 덜 발달하는 건 자연스러운 일이고 황토고원과 사막을 휩쓸고 내려오는 북극해의 서북풍이 빚어낸 중원의 황하 지반이 물러 삼족토기가 발달하고 요령일대에는 상대적으로 온난다습한 태평 양 바람이 서북쪽으로 치고 올라오면서 지반이 비교적 단단해 평저 무문토기가 발달하는 것 또한 그럴만 해서 그런 것으로 보이기도 하지요. 행여 비파형

청동단검은 실은 수달형 청동단검을 그렇게 본 것이고 그에 상대되는 중원의 일자형 청동단검 역시 그런 그 나름의 어떤 생태적응적 산물이 빚은 결과체는 아닐런지요. 이제는 사실에 기반을 두는 다양한 역사적 상상력이 자유롭게 한껏 펼쳐져야 할지도 모릅니다.

'조족(朝族) 주도 선족(鮮族) 통합', 해체와 재구성 －원형 코리안루트 천착을! [2014.11.24~12.1]

이미 맨눈(肉眼)으로 보느냐 망원경으로 보느냐에 따라 16세기에 천동설이 지동설로 바뀌면서 인류가 만유를 인식하는 틀이 아주 크게 뒤바뀐 것이 사실입니다. 그렇지만, 오늘날의 정보화~유전체학시대의 정보 쓰나미는 이보다 더욱 더 구체적이고 본질적인 인식혁명을 우리에게 요청하고 있음에 틀림이 없다고 봅니다. 무서운 인식의 총체적 전국시대를 경험하면서 저마다 제 나름으로, 격변후 시대의 시류에 어울리게 이어져갈 어떤 새로운 인식 틀을 짜내가게는 되겠지요. 그래서 내게도 지금, 어떤 의미나 가치를 위해서도 자아 과대나 과소 몽상에 빠져 자폐하거나 마냥 한눈을 팔 겨를이 거의 없어 뵙니다. '있는 그대로'의 나를 역사 시간의 눈과 사회 공간의 잣대로 냉엄하게 직시하며 이 직면한 생태 속에서 숨을 고르는 게 옳겠지요.

몽골사를 공부하며 보니, 약소국가 약소 부족집단의 극도로 소외된 개인의 처지에서 13세기의 칭기스칸은 오로지 그렇게만 제 나름으로 처신하며 일생을 경영해나가더군요. 당시 나름으로 세계화시대에 태어나서 인구와 생산량이 몇 백배나 되는 거대 만주의 금과 중원의 송이 하루 앞을 내다보기 힘든 치열한 각축전을 벌이는 와중에서의 너무나도 초췌한 칭기스칸 말입니다. 이 판국에 바다의 왜구도 당연히 준동했지요. 1950년대의 6·25전쟁은 3년이었지만, 몽골·고려 전쟁은 무려 3~40년이나 걸렸지요.

이런 틈바구니인 그 와중 한 복판에서 기적적으로 온갖 험난한 역사풍파를 다 헤쳐 나오며 그 과정에서 세계역사 발전의 소산인 다양한 온갖 선진 성과들

경향신문 60주년 기념 북방탐사 '칸 코리안 로드' 노정[2007년 7월 9일~8월 1일; 24일간, 뒷줄 좌에서 3번째가 저자; 본 칼럼은 탐사 후 수렴 술회].

을 할 수 있는 한 모두 다 수용해 금속활자, 거북선이나 한글 같은 한겨레 문화의 세계인류사적 금자탑을 이루어낸 당시의 고려-조선인 우리가 아니었던가요? 지구 차원의 시련 없이 누가 공짜로 이런 값진 세계사적인 성과들을 거저 보태 준다던가요. 그럴 수도 없고 그런 사례(史例)도 없지요. 우리의 생태는 지정학적으로 대체로 인류사 상의 가장 거세찬 세계화 파고 한 중앙에서 도전하고 응전하며 살아내는 터여서, 그때나 지금이나 크게 달라진 게 별로 없어 보이네요. 우리의 도전과 응전 여하에 따라, 저주이자 일대의 축복이라 할지도 모르겠습니다.

상대적이긴 하겠지만, 그런데 지금의 우리는 13세기 스텝세계제국시대보다 좀 더 심화된 인류사 상 21세기 바다세계제국시대라는 제2의 세계화과정을 겪어내며 주변 열강들의 격변추세에 왜 이리 호들갑들을 떨고 있나 싶어요. 철없는 야인이 보는 현실 글로벌 생태 판이어서 만일까요? 스텝제국 시대건 바다제국 시대건 지금도 그때처럼 세계화시대인 것만은 틀림이 없고, 우리가 그 한 중앙 와중에 서 있는 것도 엄연한 현실이긴 하겠지요.

이 엄혹한 흑암의 운무를 슬기롭고도 모질게 헤치고 나서기만 하면 팍스 몽골리카 체험 후인 그 시절처럼 제2의 세종대왕 같은 성군이 다시 세종로에 실상으로 부활하실 수도 있겠지요. 물론 당연히 지금의 세종대왕 동상의 영정은 본래 당대 진영(眞影)이 6·25때 불타버려 그 후예로 지금은 할아버지가 되신 옛 가수 황손 이석 님의 얼굴을 모델로 삼아 조각해낸 형상이라고는 합니다. 하지만, 자국사 인물 우상화의 충동을 절대 금물로 하고 그 진영을 가능한 한 있었던 그대로 천착(穿鑿)해 치밀하고 냉엄하게 복원해 국민에게 제 역사교육을 똑바르게 제대로 시켜만 낸다면, 이는 결코 꿈만이 아닐 수도 있는 일대의 과업일 수 있으리라고 나는 봅니다.

우리 역사-내 역사를 헛배워, 온통 속고 속이며 삶판을 헛딛게 하는 거짓된 우리네 인생살이판이 만연하는 작금의 이 현실이 빚어졌을 수도 있겠기에 말입니다. 그러면 그런대로 있는 그대로의 역사를 냉엄하게 직시하며 그나름의 '상식화'만 제대로 이뤄내도 현실화할 그런 성업일 텐데도 말입니다.

'유목 주도 농경통합'의 조선겨레 시원 태반사 복원
[2014.12.1~2015.1.12]

나는 우선 나와 나 자신과의 관계밀도를 되짚어가면서 이를 추구해보기로 했습니다. 당연히 원형 조선겨레의 시원사 천착문제가 제기되겠지요. 원형 조선겨레 시원 태반사를 복원하는 본질적인 문제를 두고 우리는 크게 2가지 토대를 거꾸로 이해하고 있다고 나는 감히 지적해봅니다. 그러니까 중·일의 우리 원형 조선태반사 왜곡에 앞서 우리 자신이 원형 조선겨레 시원역사의 기틀을 크게 뒤집어보는 착각을 하고 있다는 것이지요.

주로 툰드라·타이가·스텝으로 구성된 북유라시아는 거대한 기순록(騎馴鹿) 순록·기마(騎馬) 양유목권을 이뤄, 양자의 상호작용이 합작한 측면도 있지만, 그건 후래적인 부차적 요소이고 그 원죄는 본래 우리 자신에게 있다고 생각합니다. 물론 그것이 초현실적인 원형 조선겨레사 신비화 또는 신성화나 비과학적인 선민사적 쇼비니즘화에서 비롯된 현상이라 하더라도 이는 크게 보면 그럴만한 우리역사 생태발전사 배경이 빚어낸 결과일 수는 있다고 하겠습니다.

우선 수의 다소를 논하기에 앞서 유목 주도 농경 통합이라는 기본틀이 전제되는 생태 환경에서 주로 우리 원형 조선겨레가 애초에 비롯됐음이 거의 틀림없는데도, 이를 뒤집어 농경 주도 유목 통합식의 발전공식에만 끼어 맞춰 주로 당시의 역사를 복원하고 있다는 점이 그 하나입니다.

그리고 창업주도 주류의 수렵-유목사적 발전과정으로 보아 당연히 순록치기 -Chaatang조선에서 기마 양유목 몽골이 적응적 진화를 해나와 기마 양유목

몽골의 뿌리가 Chaatang조선임에도 불구하고, 거꾸로 Chaatang조선의 뿌리가 기마 양유목 몽골로 보통 크게 오인하고 있다는 것이 다른 하나입니다. 시원 유목태반사라 할 유구하고 거대한 순록유목제국사라는 뿌리가 소외된, 1·2차 세계대전을 치러온 이 시대 인류의 북유라시아 유목사연구 접근시각의 시대적 자기한계 때문이기는 하겠지요.

거듭 지적해 두지만, 재레드 다이아몬드의 『총, 균, 쇠』(서울 : 문학사상사, |김진준 역|, 1998)에서는 "아프리카나 아메리카 대륙이 남·북축으로 돼 있는 데 대해, 유라시아 대륙은 동·서축으로 돼 있어서 등온대(等溫帶)를 이루기 때문에 사람과 기술의 이전이 용이해 유라시아 대륙인이 다른 대륙을 지배하는 주체로 발전했다."고 지적했습니다.

나는 이에 다시 "특히 주로 툰드라·타이가·스텝으로 구성된 북유라시아는 거대한 기순록 순록·기마 양 유목권을 이뤄, 유목적 기동력과 타격력을 한껏 구사해 인류사상 최초로 팍스 몽골리카라는 세계경영체제를 창출해낼 만큼 역사발전을 크게 가속화할 수 있게 했다."고 첨언합니다. 그래서 이런 생태조건 의 역사적 발전과정에서 주로 유목 주도의 농경 통합이라는 유목제국(Pastoral nomadic empire)형 국가가 창업돼 발전하는 것은 매우 자연스러운 현상일 수 있었으리라 본다는 겁니다.

Chaatang조선(朝鮮)은 본래 크게 '조족(朝族)'계와 '선족(鮮族)'계로 대별됩니 다. 그런데 순록치기 Chaatang 조선의 '조(朝)'는 순록방목민 '선(鮮)'에 대해, 순록유목민을 주로 지칭하는 것으로 보입니다. 대체로 조족과 선족의 주된 차별성은 순록의 유목(遊牧)이냐 방목(放牧)이냐에서 쪼개져 갈리는 것으로 보이는데 유목생산의 선진성은 선족의 방목에 방점이 주어지지만, 강인한 조직적인 기동성과 전투력은 조족의 유목에 주목되게 마련이지요. 그래서 순록유목 주도 순록방목 통합이란 순록유목제국 본질의 원형은, 그 후 순록·양 유목 일반의 농경통합이라는 거대 유목제국유형으로 확대·발전케 된 것이라 고 난 보았습니다.

그러니까 '조선'은 '조족'과 '선족'으로 해체돼 유목생산력의 발전과정에서 다시 '조선'으로 재구성되는 틀로 그 구체적인 역사과정을 제대로 서술·복원해내야, 시원 유목제국 Chaatang조선의 원형이 바로 되살아날 수 있다는 겁니다. 지금 당장에는 너무 낯설어 뵐 수 있겠지만, 정보화시대 시원 한겨레 역사 연구가 본격적인 차원으로 진입되는 단계에 들면 자연스럽게 수용되리라 봅니다.

2005년 가을 어느 모임에서 테. 아. 오치르 교수(몽골과학원 역사연구소장 역임)는 '오랑캐'가 본래는 코량카이로, 거란이 '칼을 가진 자(持劍者)'이듯이 '활을 가진 자(持弓者)'란 뜻이라고 일러주었지요. 그 후 2007년 7월 9일~8월 1일에 걸쳐 24일간 다녀온 『경향신문』 60주년 기념 북방탐사 '칸 코리안 로드' 노정[재단법인대순진리회 후원] 중에 어느 날인가 답사보고서 초고를 쓰면서 시미즈 기요시(淸水紀佳) 교수[아프리카 언어학자, 비엔나대학 교수 역임, 고구려語 현지 연구 중]는 "tigin→tiin으로, igin→yeyin으로 바뀌는 경우에 모음과 모음 사이에 있는 'g'가 탈락되는 현상을 발견할 수 있다. Qorunchun에서 'q'가 탈락돼 Orunchun이 된 Orunchun語가 Owongku語보다 음운발전사에서 앞서 있음을 보여주어, Orunchun의 선진성을 방증하고 있다. Orunchun-Qorunchun은 많은 시대 차이에도 불구하고 槁離-Qori와 직관될 가능성이 있다"고 말해주었습니다.

'오룬춘'이 [순록이 아니고] 실은 '코룬춘'으로 지궁자(持弓者)의 뜻을 갖고, 그대로 'Korean'(弓裔?)을 지칭하는 명칭일 수 있다는 말이 되는 셈입니다. 가셴(嘎仙) 동굴이 오룬춘의 구세영웅 청년이름에서 비롯된 동굴이름이고, 오룬춘이 바로 소욘족(鮮族)인 코리안에 와 닿는다면, 그리고 소욘족 조상 헌제성소(獻祭聖所)가 가셴 동굴이라면, '가셴 동굴'은 바로 조선(朝鮮)의 창업자 '단군의 생가'일 수도 있다는 것이겠지요.

B. G. Holt et al.이 Science 2013(74~78쪽)에 발표한 "Genetic realms and regions of the world"에 실린 '생명체 유전자 지도'가 공활한 북유라시아 Paleartic 대(帶)에 한반도만을 분명히 내포시킨 사실을 확인한 최근의 기억과 더불어, 1999년 8월에 가셴둥 소재처 호눈선원(呼嫩鮮原)에서 한족(漢族) 음식도 아니고 한겨레(韓族) 음식도 아닌 소속 불명(不明)의 입에 맞지 않는 밥상으로 400일 현지 탐사살이가 실로 암담해만 뵐 적에 오룬춘 아씨(阿西)가 끓여준 정성어린

돼지뼈 우린 쑥 된장(大醬) 국밥을 먹으며 앞날이 환하게 쫙 열려오던 추억이 새삼 감격스레 상기됩니다.

Paleartic Korea史, 그 E=mc^{2}식 어떤 원리 천착 시도는?
[2014.12.8]

이 chuchaehyok.com 월요일「역사」란의 칼럼을 쓴 지 3년이 지나 4년째 접어듭니다. 내가 이 인터넷 칼럼을 처음 쓰기 시작한 것은 2011년 12월 5일이었습니다. 한 학기 몽골과학원 연구교수 생활을 마치고 이해 10월 18일에 있었던 남·북·중·일의 관계 학자들과 함께 한, 연변대학교에서 열린 두만강포럼에서 논문「동명(Tumen) 루트-몽··한 궁족(弓族) 분족고(分族考)」를 발표하고 돌아와서 아직 여독이 채 풀리기 전이었죠.

여기서 새삼 아인슈타인의 E=mc^{2}을 떠올리는 건, 당시의 수많은 쟁쟁한 물리학자들이 우주를 관찰했지만 그이만이 에너지(E)=질량(m) × 빛의 속도(c)의 제곱이라는 과학 공식 상대성원리를 이끌어 냈다는 사실을 새삼 각성해보려 함에서지요. 이 원리의 천착으로 많은 문제들이 풀렸고, 그래서 혁명적인 인류사 발전을 추동케 했기 때문입니다. 이는, 내가 주관 밖의 객관 인식의 절대성을 새삼 되씹게 해, 사물의 원리 추출에 몰두할 수 있게 일깨워주기도 했답니다.

우리는 유구한 세월에 공활한 북유라시아 유목시공, 순록치기의 이끼(蘚 : Lichen)의 길-양치기의 스텝[羊草]의 길-장사치의 비단(明紬)길-자전거 라이더의 주행 길[羊치기의 오토바이 드라이브 길]을 치달려오면서 유별나게 한반도가 내포되는 구북아구(Paleartic[pèiliɑ́ːrktik])의 생태사를 높고 깊은 차원에서 관찰해, 과연 누가 어떤 원리를 어떻게 추출해 내봤던가요? 외교, 국방과 경제가 모두 중요치 않은 건 아니지만 그 전부를 사안(史眼)으로 꿰뚫어보는 고차원적인 심원한 원리를 천착해내려 발분망식(發憤忘食)한 연학(硏學)의 위대한 전통이 우리한테 그간 얼마나 축적됐던가요? 어쩔 수 없는 생태현실 때문일 수가 있긴 하지만, 학문의 전당인 우리 대학의 대다수 연구주력들은 지금 과연 무슨 연구에만 피눈물 나게 주로 몰두하고 계시던가요.

이런 척박한 연구풍토 속에서 재레드 다이아몬드는 『총, 균, 쇠』에서 "아프리카나 아메리카 대륙이 남·북축으로 돼 있는데 대해 유라시아 대륙은 동·서축으로 돼 있어서 등온대를 이루기 때문에 사람과 기술의 이전이 용이해 유라시아 대륙인이 다른 대륙을 지배하는 주체로 발전했다"고 지적해내, 더욱 이 땅에서 그 빛을 발하고 있습니다.

이에 잇대어 "특히 주로 툰드라·타이가·스텝으로 구성된 북유라시아는 거대한 기순록(騎馴鹿) 순록·기마(騎馬) 양 유목권을 이뤄, 유목적 기동력과 타격력을 한껏 구사해 인류사상 최초로 팍스 몽골리카라는 세계경영체제를 창출해낼만큼 역사발전을 크게 가속화할 수 있게 했다. 그래서 이런 생태조건의 역사적 발전과정에서 주로 유목 주도의 농경 통합이라는 유목제국(Pastoral nomadic empire)형 국가가 창업돼 발전하는 것은 매우 자연스러운 현상일 수 있었으리라 본다"는 한 특정 유목사발전 원리를 추출해본 나의 시도 또한, 이 시대가 주목할 만한 작지 않은 족적이 될 수도 있겠지요.

거듭해 강조해도 부족할 긴요한 북유라시아 유목사 인식틀임에 틀림이 없으리라 확신합니다.

지구상에 퍼져있는 모든 생명체들을 유전자의 특성에 따라 대별한 동물지리학적 분포도(Map of the terrestrial zoogeographic realm)를 보면, Korea(韓國)는 China나 Japan과도 달리 북방 유목권과 접맥된 구북아구(舊北亞區) 그룹(Palearctic group)에 직속돼 있지요. 근래에 지구 생명체 유전자 지도류가 흔히 보급돼온 것은 사실이지만, 특히 B. G. Holt et al.이 『Science』 2013에 발표한 "Genetic realms and regions of the world"에 '생명체 유전자 지도'가 공활한 북유라시아 Paleartic帶에 한반도만을 굳이 내포시킨 사실을 확인한 점은 내겐 진정 충격적이었습니다.

대체로 북유럽·지중해·시베리아·만주 아구(亞區) 및 전유럽, 히말라야산맥 이북 아시아대륙과 사하라사막 이북 아프리카 지역이 구북아구에 속합니다. 북미와는 공통종이 많고 동남아와의 공통종도 적지 않습니다. 사슴·소·양·멧

돼지 등의 유목가축 순록·양과 상호 밀착관계를 갖는 대표적 포유류가 주류 동물로 대두되고 있음도 주목되지요.

수조전설(獸祖傳說)과 순록·양유목에 주로 특이한 심신특성 기원(起源)의 태반을 두고 있는 우리의 경우, 구북아구에서의 유별난 한류(韓流) 호응도도 주목해볼 만한 현상이리라 봅니다. "왜 그러냐? 장대한 광맥처럼 그 유구한 태반을 꿰뚫고 있는 그럴 수밖엔 없는 Paleartic Korea史를 관류하는 E=mc2 류의 어떤 원리의 천착-추출"이 이 시대 이 분야 연구자에게 주어진 시대적 소명이리라는 핵심문제를 적시(摘示)해보는 말씀으로, 이 chuchaehyok.com 월요일 「역사」란의 칼럼 쓰기 4년 초입에 드는 글에 삼가 가름하려 합니다. 참고로 같은 내용의 주요원리 추출 시도들을 본 칼럼들에서 자주 반복해 적는 까닭은, 그런 차원 시도들이 거의 전무해뵈는 우리 유라시아 사학계의 척박한 연구풍토를 새삼 자각케 유도해보려는 심산이 있어서입니다.

러시아의 태반은 몽골, 몽골의 모태는 Chaatang 조선!
―주류 북유라시아사 실체 [2014.12.15~12.22]

칼 마르크스는 이렇게 말하고 있습니다.

몽골-타타르의 멍에에서 출세한 모스크바였다. 몽골노예제의 피비린내 나는 오욕이 모스크바국(國)의 요람이 되었던 것이다. 현대의 러시아는 모스크바국의 변신에 지나지 않는다.

모스크바의 이반 1세(1328~1340 재위)는 칭기스칸 장자 주치의 킵착 (Kipchak)몽골칸국에 빌붙어, 경쟁자인 독립투사를 물리치고 세금수취권을 얻어내서 정권의 기초를 닦았습니다. 러시아정교회는 이에 발맞추어 독립투사를 파문하고 몽골 칸을 위해 기도드려 면세특권을 받아내 교회의 물질적 토대를 구축했지요. 제정러시아의 시원모태가 바로 이에서 비롯된 터입니다.

그 제정러시아의 시원모태 몽골의 태반이 Chaatang조선(朝鮮)이라면, 북유라시아 주류 모태사는 원형 유목제국(Pastoral nomadic empire)의 원초적 태반이 되는 셈일까요? 이 경우에 '조선'이란 특정 생업인 부류를 지칭하는 보통명사일 뿐이고 꼭 어느 구체적인 제국이나 더군다나 결코 특정 단일민족 명칭으로 고착된 것일 수가 없겠지요. 당연히 원체 공활한 생태지대여서 상당한 유전적 동질성을 공유했을 수는 있었겠지만, 대체로 자유분방하고 생기발랄해 다양하고 변화무쌍한 순록치기나 소수 양치기 무리들이었으리라 추정됩니다.

광역소수가 공활한 생태계에 적응적 진화를 하는 유목민의 특성상 특정 한계지에 오래 봉금(封禁)하면 지속적인 근친혼이 불가피해 자연도태를 유발케 할 수 있겠지요.

더러는 관경(觀境)이나 관경(管境)이라는 뜻으로 뵈는 『흠정만주원류고』의 주신(珠申)이 조선(朝鮮)의 본말(신채호, 『조선상고사』)이라고 신앙하는 이들도 있지만, 이는 구체적이고 엄밀한 관계 사료 고증과 검증을 거친 과학적인 학설은 아니고 조선겨레~한민족 고난의 시대에 망명객 단재선생님이 드넓은 유목목초 태반지대를 관망하며 착상해 내본 한 초(超)역사적 추정의 소산일 뿐인 듯합니다.

또 어떤 이들은 해뜨는(Наран ypraxyй :『알탄톱치』) '아침의 나라'라 조선(Zhao xian)이라고 견강부회(牽强附會)하기도 하지만, 바이칼 몽골에서 보면 요동~한반도가 그렇지만 일본열도에서 보면 그게 아닙니다. "푸른 하늘 은하수 하얀 쪽배에" 차원의 감정 순화도 좋지만, 인공위성이 달나라에 가는 우주항공시대에는 달은 달이고 조선은 '조선'일 따름이라는 치밀한 과학적 시각으로 접근하는 역사 사실(史實)의 냉엄한 천착이 진실로 긴요한 게 아닐까요? 육안만이 아니라 경우에 따라서는 천체망원경으로도 보고 유전체학적 접근도 시도하며, 모든 불투명한 선입관과 고정관념을 과감하게 허무는 열린 연구자세가 아주 절대로 긴요하다는 거지요.

디지털 노마드 정보화시대인 지금은, 시원 순록유목생산 발전과정에서 조족(朝族)과 선족(鮮族)이 생산의 생태조건에 따라 밭농사꾼들과 논농사꾼들처럼 서로 나뉘기도 하고 순록유목사 발전과정에서 둘이 '朝鮮(Chaoxian)겨레'

로 한데 통합을 하기도 하는 사실이 백일하에 밝혀지고 있는 중이라 하겠습니다. 다만 바다제국시대의 무한개방·무한경쟁의 숨가쁜 생태 판에서 어떤 사람들이 그 부면 정보를 생존의 편의 상 차단하고 눈을 감고 있는 한은, 그이들에겐 다소간에 잠시 이 또한 전부 없는 것인 양 뵐 수야 있겠지요.

하지만 디지털 노마드 누리에선 눈만 제대로 뜨고 보면 기순록 순록유목(Reindeer-riding, reindeer herding nomadism)이 기마 양유목(Horse-riding, sheep herding nomadism)보다 시공양면에서 공히 북유라시아 주류생업태반사 상 몇 배는 더 큰 비중을 점유해오고 있다는 엄연한 이 사실을, 저마다 확인케 되는 건 이미 시간문젭니다. 우리도 그렇게 무한개방·무한경쟁·무한소통의 정보화 시대권 쓰나미에 일찍이 휘말려들고 있어서랍니다.

지난 12월 5일엔 바로 정인보 선생님의 직계제자로, 사셨으면 올해 100세가 되는 홍이섭 교수님 기념 학술대회가 유족 홍재성 서울대 명예교수님(불어학자)이 동참한 가운데 연세대 본관 언저리 새 건물에서 열렸습니다. 범종(梵鐘) 비천문(飛天紋) 한-중-일 것을 탁본해 벽걸이 족자로 연구실벽에 나란히 걸어놓고, 제자들에게 생전에 늘 보여주시며, "한-중-일의 작품이 왜 서로 비슷한 듯하지만 '한'이 유별나게 다른 구석이 있느냐? 우리는 왜 우리일 수밖엔 없느냐? 그게 갖는 의미는?" 이렇게 끊임없이 육성으로나 침묵의 눈빛으로 제자들에게 묻곤 하시던 스승님의 생전 모습을 이에 난 새삼 떠올려보았습니다. 그리고는 그런 문제 제기가 후학들의 관계분야 계승연구에 어떻게 투영돼 발전돼오고 있나를 되새겨 보자고 제안했습니다.

이런 좀 생경해 뵈는 나의 질문에 대한 반응에서 홍이섭 교수님 생전보다 모교에서는 이런 시각에서의 천착이 별로 새롭게 전개된 게 많지 않아 보여서, 그럼 요즈음 나온 B. G. Holt et al이『Science』2013에 발표해 굳이 한반도가 구북아구임을 적시(摘示)한 예가 실린 '생명체 유전자 지도'는 보았느냐? 는 식의 질문을 암묵적으로 해봤지요. 그 많은 후학들 중에 본이들이 아주 희소한 듯 했습니다. 평생 불교미술사—주로 과학사적 접근—연구에도 전념해온 정명호 교수님과 함께 싸늘한 겨울 저녁 교정을 걸으며, 시공양면으로 모두 활짝 열린 오늘날 디지털 노마드 정보화누리의 닫힌 그런 안목들에 자못 놀라워했습니다. 시장경제 하 치열한 연구경쟁 생태 와중에서 돈이 아주 중요하긴 하겠지만, 주객이 전도돼 진리탐구를 소외시키는 금전만능의 풍토가 대학가에 압도적으로 만연하는 한은 또다른 오묘하고 작은 돌파구의 모색이 필요할지도 모른다는 암묵적인 소통을 했었는지도 모릅니다.

1921년 가을에 모스크바를 향하는 길에 굳이 그토록 험난한 당시의 몽골스텝을 몸소 횡단했던 여운형 선생님은 "아득한 옛 시대에 이미 우리 조상들이 지내어온 저 유목생활의 동경과 희구가 아직도 우리의 혈관 속에 따뜻한 피가 되어 흐르고 있는 것 같다"고 술회하셨습니다(『월간중앙』 3~7호, 1936년 종간). 근 백 년 전 어른의 목소리지만, 순록치기-양치기 유목태반사를 구체적으로 모두 다 계기적(繼起的)으로 짚어 본 흔적은 아직 안 보여도 이처럼 절절한 한겨레 유목태반 기원사(起源史) 천착의 긴요성을 내게 가슴 저리게 호소해준 말씀은 일찍이 없었습니다.

한반도 남·북을 넘어 Paleartic Korea 태반사여, 이 디지털 노마드시대엔 제 나름의 역사누리에 제발 제대로 좀 부활하소서!

3만 에벵키가 단일민족이냐니요?
―Chaatang조선엔 '단일'은 신화! [2014.12.29~2015.1.12]

1990년대 말에 동북아시아 유목몽골로이드의 기원지 다·샤오·와이싱안링의 접경지대라 할 호눈선원(呼嫩鮮原)에 캠프를 차리고 사시사철을 살아가기도 하면서 원주민유목생태를 탐사하는 중에 나는 많은 것을 체험하고 여러 관계 정보들을 수집할 수 있었지요.

에벵키어·다구르어·오룬춘어·나나이어·바르쿠진 몽골어 등의 사전류를 구해보고 관계학자들이나 원주민 원로들과 담소하는 중에, 농경지대 한반도에서는 생각지도 않았던 문제들이 속속 제기돼왔고, 조선이나 예·맥·솔롱고스·불함·백두산에 대한 이곳 원주지 토박이들의 해석은 전혀 농경지대 사대부들이 적어내린 것들과는 아주 딴판인 것을 알고 매우 놀랐습니다. 물론 사학도에겐 언어들도 사료로 수집되게 마련이지요.

어쩌다 한국고대사학자와 함께 현지탐사를 하다보면, 이이들이 현지 원주민들과 담론을 펴는 광경은 가히 장관이라 할만 했습니다. 일방적인 전도 차원의 한국고대사학자의 사료용어 해설에 손님 대접하는 예의로 다소곳이 듣고는 있었지만 "참 별 얘기를 다 들어보겠구나!" 하는 원주민들의 표정에 몹시 당혹스럽기도 하고 참 무안하기도 했지요. 1990년 북방개방 이후는, 디지털 노마드의 시대에 들어 한국고대사를 본격적으로 유목제국 틀로 제대로 보고 아주 다른 시각으로 이를 다시 써야하는 신기원이 될 수밖에 없겠다는 직감이 들었습니다.

말이 싱안링이지 산인지 들인지 구분키 어려운 바다 같은 벌판에 선 나를 느끼는 순간, 물이 동·서·남·북 어디로 흐르는지 분간키도 힘들었을 정도로 막막함을 체감했지요. 위도 40여도인 백두산이 고도 2744미터[최고봉]인데 이 다싱안링 북부는 위도는 50도를 넘고 고도는 1200미터 정도이지요. 이렇게 낮은 곳인 줄은 이제껏 전혀 몰랐습니다.

중국 서북부에서 부는 황사바람이 서해를 건너 한반도에도 간접적으로 영향을 미치지만, 이곳은 동해의 맑은 바람이 바이칼 호수 쪽으로 불어제치고 있습니다. 두 바람이 홍산문명권 용의 기원지 사해(査海)몽골스텝 지역에서 충돌하면서 한국에서 용(龍)오름 현상이라고 부르는 토네이도(Tornado) 같은 돌풍이 자동차를 근 50여 미터를 휘감아 치솟아올라갔다가 내팽개치는 사고가 동남몽골스텝 최악의 교통사고랍니다.

동해안 속초 어느 휴양지의 겨울바람과 훌룬부이르시 아파트의 겨울바람이 어찌 그리도 닮았는지요? 그래서 경상도 사람들이 이곳에 와서 독특한 사투리 억양처럼 전통관행을 끈질기게 보전해내며 이곳 현지생태에 아주 잘 적응해내는지도 모릅니다.

하얼빈 쪽으로 흘러내리는 음습한 거대 골짜기에 순록치기들이 1990년 당시 주로 순록유목으로 생계를 이어가고는 있지만 이들도 30여 년 전에 시베리아 러시아에서 관광 자원용으로 외교채널을 통해 이주시킨 결과라고 하니, 사실상 순록치기의 본거지는 시베리아도 북극해 쪽 동북 레나 강이나 서북 예니세이 강 공활한 타이가~툰드라지대임을 알게 됩니다. 시베리안 허스키와 늑대나 북극곰이 살고, 호랑이와 거북이는 못 사는 통토지대가 그 순록 유목제국(Reindeer herding pastoral nomadic empire)의 광대무변한 태반임을 새삼 깨닫게 되는 거지요.

내몽골사회과학원 역사연구소에서 팀을 짜준 현지 원주민 출신 학자들과 탐사를 해가는 동안 문득 '차탕(Chaatang)'과 '차오추(Chaochu~Chukchi : 蚩尤?)', '朝鮮(Chaoxian)겨레', 그리고 '에벵키'가 같은 이름의 서로 다른 언어표현이라는 결론에 이르게 되었습니다.

새로운 순록의 주식 이끼(蘚 : Niokq)가 나는 소산(小山)-선(鮮 : Sopka)을 향해 늘 떠나야 살 수 있는 '차아복(Chaa bog)유목'을 하는 이들이 차탕(Chaatang)이니, 한 곳에 우리를 짓고 붙박이로 가두어 버리면 먹이를 구할 수 없고 '광역소수'의 불가피한 계대(繼代) 근친혼으로 자연도태 되어 도저히 살아 낼 수가 없어서 유목'을 할 수밖에 없는 이이들이란 겁니다.

진실로, 시원 조선은 Chaatang 기원(起源)입니다. 흰 이끼인 이끼(蘚)가 나는 순록목초지 '옹크'[(h)onk]에 사는 이들이 에벵키(Ewenki)인가 하면 '차복유목'을 하기 위해 차복의 먹이인 이끼(Lichen)가 나는 새로운 선(鮮 : Sopka)을 향해 늘 떠돌아 다녀야하는 영원한 뜨내기 유목민이 시원적인 원초적 차탕-축치-소욘(鮮)-朝鮮(Chaoxian)겨레이기 때문이지요.

그러니까 차복(馴鹿 : 馴鹿)을 유목한다는 점을 강조한 이름이 '차복탕'의 준말인 차탕이고, 목초지인 소프카(鮮 : 小山)를 찾아다니면서 유목한다는 점에 초점을 맞춘 이름이 '조선(朝鮮)' 내지 '차오추' 또는 축치(朝赤=朝族)나 '차탕'이며, 목초지인 소프카(鮮) 자체 곧 옹크(Onk)에 주안점을 둔 이름이 '에웽키'-에벵키와 소욘(鮮族 : Soyon tribe=Scythia)이라고 생각해볼 수 있겠습니다. 에벵키어 '키'는 몽골어 '치'와 마찬가지로 "~하는 사람"이란 뜻이지요. 물론 조족(朝族)과 선족(鮮族)을 아우른 순록유목집단이 조선겨레(朝鮮民族)랍니다.

1950년 6·25동란 시에 중공군으로 참전해 한반도-만주-몽골을 넘나들었던 특이한 경력을 가진 에벵키족 오윤달라이 선생님은 그의 『에벵키족의 기원』(후

흐호트 내몽골대학출판부, 1988)에서 이 지대 원주민을 죄다 동포로 치부하고 있지요. 에벵키가 선족(鮮族)이란 뜻이라면 그건 지당한 이야기일 수 있습니다. 1990년 중반 후흐호트에서 만난 뒤에 그 후반에 원주지 훌룬부이르 몽골스텝 에벵키민족박물관에서 다시 만난 그이는 여전히 그런 확신을 가진 듯 했습니다.

하지만 베이징 중앙민족학원대학을 졸업한 에벵키족 훌룬부이르맹(盟) 민족종교국 마니 여국장(1999년 당시 50여 세 정도)은 눈(嫩)강 상류 쿠마하(河) 언저리에서 순록의 주식인 이끼(蘚)를 나와 더불어 채집하면서, "에벵키인이 단일민족이냐?"는 내 질문을 받고는, "에벵키의 생활공간인 시베리아가 지금의 중국보다 훨씬 더 넓은데 중국인인 한인(漢人)이 단일민족일 수 있느냐?"고 단호하게 반문했지요. 더불어 비슷한 생태권 공활한 공간에서 순록을 유목하는 순록치기생업태반 상의 동류 무리들일 따름이라는 거였지요. 에벵키가 선족(鮮族)이라면 유목태반 기원인 조선겨레도 시원태반에 관한 한 도저히 순혈 단일민족일 수는 없다는 단정을 한 셈이었지요.

광역소수로 무한개방·무한경쟁·유일승자 중심으로 주기적으로 계대(繼代) 이합집산을 계속하며 적응적 진화를 해온 유목제국인 한은 그럴 수밖에 없다는 것입니다. 여담이지만 2004년경 미국 관계학회에서 마니 국장이 이 사실을 보고한 소식을 유원수 박사(몽골 언어학)님이 그 후 내게 전언했지요. 이름 '마니'는 에벵키어로 태양이란 뜻이랍니다. 아무르 강 언저리를 따라 아무르 강이나 제야 강 따위의 원주민의 토박이말 지명들이 대부분 에벵키어로 돼 있다네요.

당연히 북방유목몽골로이드의 경우는 워낙 공활한 유목누리에서의 다양한 혼혈인지라 중원의 한족과는 달리 상당한 유전적 동질성을 공유했을 수는 있었겠지요. 그러나 그래서 유목민은 유목지대 특정지역에 봉금(封禁)되면 계속되는 근친혼으로 자연도태가 불가피해지고, 실제로 청대에 만주 황족은 숙적인 몽골족을 멸족시키기 위해 몽골의 기원지 호눈선원(呼嫩鮮原)지대를 근 2~300년간 봉금해 대단한 성과를 올렸던 것으로 보입니다.

돌이켜보면 1232년 12월 16일 살리타이 몽골군 총사령관을 사살한 용인 처인부곡 대승첩(大勝捷)이나 끝내 몽골군 주력을 총퇴각시킨 1236년 충주산성 항몽전투와 같은 세계제국 차원의 거대 외세침략에 대한 가공할 항전역량은, 실은 천민집단이어서 도리어 전쟁포로로 노예나 그에 준하는 처지에 떨어져 있는 이민족들이 토착 천민들과 혼거할 수 있는 버림받은 특정 혼혈 생태지구에서 솟구쳐 나왔습니다. 우선 당장의 전공(戰功) 판정에 모든 걸 초월해 원칙대로 공명정대한 대우가, 순혈주의(純血主義) 한겨레보다는 혈연적으로 개방적인 김윤후 승장의 민병 집단 휘하에서만 오히려 가능했던 때문일 터이겠지요. 아예 노비문서를 불사르고 오로지 전공으로만 인사를 단행하기도 했으니까요.

물론 사안(史眼)으로 중생의 생존본능 차원에서 들여다보면 위급상황의 극복이라는 특정 생존방식이 요구되는 특별한 경우에만 주로 아주 희귀하게 특정 지휘자의 살신성인(殺身成仁) 차원의 헌신 위에서 일시적으로 표출되는 사례들 중의 하나이기는 하겠지요. 내가 제대로 살아야 애국애족도 할 수 있고 그 의미도 몸소 실감할 수가 있겠기에 말입니다. 아무튼 당시에 세계몽골제국군 총사령관이 사살돼 전군이 철수하거나 항전에 버텨낼 수가 없어 끝내 몽골 주력군이 총 퇴각한 사실은, 몽골세계정복전사 상에도 거의 찾아보기 힘든 특이한 사례에 속하지요.

그 규모나 기간으로 보아 대일 항쟁인 명량해전(1597년 가을, 정유재란)이나 비록 양자가 모두 한반도에서의 제한전쟁의 성격을 갖는 세계화 대전이기는 했지만 1232년 심장부인 강도(江都=江華島 고려 전시 해중 수도)를 겨냥하는 몽골주력군에 대한 대몽항전에서의 김윤후 승장의 처인부곡 대승첩은, 1950년 유엔군 총사령관 더글라스 맥아더의 인천상륙작전을 상기케 하는 혁혁한 승첩 사례인 건 분명합니다. 참으로, 관병이 아닌 혼혈 천민집단 민병을 슬기롭게 제대로 지휘해 몽골군 총사령관을 사살하고 몽골대군을 모두 철군케 해 한국사의 흐름을 크게 뒤바꾼 기적적인 대승을 이룩해낸 고려제국 승장 김윤후의 그 항몽승첩은 세계전사 상에 특기할 만하다고 하겠지요.

2000여 년을 디아스포라로 떠도는 유대민족은 자연히 혼혈이 많이 되어 20~30분의 1정도의 혈연 유대인이 대부분이라는 글을, 읽은 적이 있습니다. 이에 비하면 일만 년 코리안 유목디아스포라 태생의 우리의 경우에는, 지구촌

시대의 안목으로 볼 적에 세계 각지에 그 허구한 세월을 이산해온 우리 씨알들의 DNA실체 속생명체 실상이 지금 어떠하겠는가를 이젠 우리가 가히 가늠해볼 수 있어야 하겠지요.

실로 오랜 디아스포라 유대인들이 아직도 유대민족인 것은, 순혈주의(純血主義)에 기인하기보다는, 민족 이산(離散)의 결정적인 기점인 로마제국군의 침공으로 폐허가 된 초라한 "통곡의 벽" 끝자락을 순례해 부여잡고 흐느껴 울며 그간의 내 불경(不敬)을 진정으로 회개하는 가운데『구약』·『신약』이라는, 우리의『삼국유사』·『삼국사기』같은 자기네 존재의 뿌리역사 실체를 늘 일깨워 읽어 내려왔기 때문이라고 합니다. 진정으로 함께 흐느껴온 그런 통곡의 천년 세월은, 이처럼 초인적인 소통·융합이라는 유대적 기적을 이뤄냈나 봅니다. 수십 년 남·북이나 동·서 분단이 아닌, 지구촌 각지 2천년 이산씨알들을 끝내 한 품으로 주로 모계주도 민족교육을 통해 모태 회귀케 하고야 말았던 것입니다. 그리하여 최강국으로 약소국 이스라엘을 처절하게 멸망시킨 로마가 거의 흔적을 감추어 가는 지금까지, 그 신앙 역사공동체 유대민족은 엄연히 되살아나고 있어 전인류를 진감케 하고 있지요.

제 개체역사를 모르면 그 열매인 지금의 나를 모르게 마련이니 "아맹(我盲)타파" 다짐 통곡기도라 할까요? 온 천하를 다 얻고도 나 자신을 모른 채로 날 잃고 숨을 쉬어본들 무엇하리오! 이는, 어차피 내가 만든 내가 아닌, 저마다 제 나름의 어떤 뿌리에서 제대로 태어나진 내가, 저와 우리 DNA 현신(現身)인 구체적이고도 참된 내 목숨 존귀성을 재확인하는 통곡의 벽 앞 마음다짐을 뼈저리게 해온 유구한 실향민 뜨내기들의 뜨거운 본향(本鄕)회귀 갈망 흐느낌이 아니었을까요? 이 순간 여기의 우리가 꿈에도 생각지 못하고 있는, 그런 축문(祝文)-기도 글을 피눈물로 마음에 되새겨내 읽는 …

기왕에 시원유목태반에서 장구한 글로벌 디아스포라사(史) 창조라는 숙명을 타고난 우리 북방유목몽골로이드 주류 코리안입니다. 그런 오랜 고난에 찬 유목태반 생태 이산 관행 속에서 근접한 두만강 언저리 조상의 종산(宗山) 부르칸(不咸)-홍류(紅柳)동산 그 모태태반조차도 망각의 심연에 하염없이 묻어버린 채로, 너무나도 오래 부평초(浮萍草)만도 못한 역사의 미아(迷兒)가 돼온 우리지요. 시묘막(侍墓幕)골 종산 무덤 성묘가 가당키나 했을까요?

이 판국에 태생적인 눈물의 겨레 한민족은 제 목숨 뿌리의 줄기세포(Stem Cells)라 할 한 덩어리 자연석으로 된 세계 최고(最高)의 석비 광개토태왕비조차도 이방인이 찾아내 이러저러하게 읽어내주도록 천수백여 년 세월을 그냥 황야에, 피도 눈물도 없는 탕아처럼 무한정 내팽개쳐 뒀습니다.

제 역사의 열매인 결과체가 아닌 내 존재는 세상에 있을 수가 없지요. 그러고 보면 실은 이는 참나·원천자아에 대한 극심한 자기소외 소행이었겠습니다. 한랭 고원 건조지대 유목태반에서 회임돼 태어난 태생적인 눈물의 겨레 한민족은, 과연 무엇을 두고 한반도 산업혁명 이전까지는 그리도 섧게 울어왔을까요? 무한개방·무한경쟁·유일승자를 지향하는 바다제국 자본주의 누리인 지금엔, 그마저도 메말라버린 심정의 사막화가 가속화되고 있기는 하다지만, 이유야 어쨌든 이런 우리에게 하느님 보우 차원의 조상신의 가호가 과연 있어 마땅할런지요.

실로 "우물은 가까울수록 좋고 처가는 멀수록 좋다"는, 유목태반 생태가 배태해낸 우리 나름의 특정 생존철학이 무한개방·무한경쟁·지구촌화시대에는 우리가 선택해갈 우리의 전통관행 도생사맥(圖生史脈)일 수가 있겠습니다. 그 성지(聖地)가 코리족조 탄생설화가 스며든 바이칼 호 올콘섬 부르칸 바위가 됐든, 스텝의 바다와 바다의 스텝을 접맥시키는 두만(Tumen : 神弓手)강 일대가 됐든, 연어의 모천(母川)과도 같은 순록양유목민의 모태태반 부르칸(不咸 : 홍류동산) 회귀로'를 늘 새롭게 길 닦아내는 한겨레 뿌리 캐기 프로젝트를 신앙차원에서 한결같이 수행해낼 적에만 진실로 우리 생명의 원천이 기적처럼 늘 새롭게 솟구쳐 나올 수가 있겠지요.

정녕 지구촌 각지 원주민의 다양한 유목코리안 디아스포라를 부르칸-보드마마(紅柳花聖母)의 씨알 창조심정으로 우리가 보듬어 품을 때만, 이민화 교수님이 제시하고 있는 글로벌[유목태반] 디아스포라 몽골리안 네트워크가 마침내 제대로 이룩되고야 말겠지요. 그래야, 글로벌 디지털 노마드 누리를 전향적으로 물꼬 터낼 놀라운 화생(和生)의 리더십이 예서 가없이 창출돼 나오리라 굳게 믿습니다.

중·일 양국의 집체DNA 성형수술로 새로 꾸며 써내는 가공할 쇼비니즘적 자국역사 인식의 철벽을 박차고 나와서, 광역소수 유목몽골로이드 누리역사의 진순(眞純)한 중심가치 응집체 고구려 고분 북벽벽화에 우리가 조상 대대로 거룩하게 새겨내린 현무(玄武)라는 Chaatang조선의 생명창조가치－그 유구하고 무구(無垢)한 천명(天命)인 심정불씨를 어떻게 시대생태에 유연하게 적응적 진화를 이뤄내며 중생 부활시켜 되집혀낼 것인가가 정녕, 이 시대 이 겨레 제대로 살리는 심정의 중핵-심핵(心核)이 되리라 믿어 의심치 않습니다.

오래, 멀리 이산할수록 모태회귀본심이 더욱 가슴에 사무쳐오게 마련인 북유라시아 유목몽골로이드의 씨알생명 사랑의 원천, 연어의 모천 같은 부르칸 동산 회귀 DNA "보드마마굿" 큰 한판이 진정, 이 시대 구원(久遠)한 유목태반 디아스포라 DNA 코리안의 한겨레 사랑 참 심정발동 엔진이랄 수 있겠지요.

알타이산과 일연의 『삼국유사』

수달낚시꾼들과 함께 한 사얀(鮮)~알타이(金)산 기차 탐사 길

[2015.1.19]

2001년 7~8월 43일간 시
베리아 사얀(鮮)~우랄·알
타이산맥 일대 유목사 유
적 현지를 탐사 중이었지
요. 동·서사얀(鮮)산맥이
라는 비옥한 거대 타이가
는 선족(Scythia人)의 태반

숫수달(㺚, 좌)과 너구리(貊, 우)

이라고 청나라 지리고증학자 정겸(丁謙 : 1843~1919)이 갈파한 터이지요. 이해
연초에 조선(朝鮮)이 아침의 나라가 아니라 순록 키우는 북방유목세력을 지칭한
다는 파격적(?) 학설을 내놓은 바 있어, 제 딴엔 자못 들떠 있었나봅니다.

초여름에 들어 부리아드 몽골의 단(檀)장군 남하비 환영을 안고 정대원
의사님과 빗길 바이칼 호 일대를 헤매던 추억을 뒤로 하고 먼 탐사 길을
떠나게 됐지요. 현재는 축치, 코랴크나 이텔멘족 등의 고시베리아족 연구에
몰두하고 있는 김민수 교수님의 소개로 당시 25세 청년 어학연수생 현재의

김태옥 박사(러시아 현대 문학, 충북대)를 바이칼 호 지역에서 만난 지가 벌써 15년이 지났네요. 그 때엔 나도 50대 후반으로 아직은 거칠 것이 없는 현지탐사자였지요.

그렇지만 이제 70대 중반에 들어서고 보니 그 적의 일들이 죄다 희미한 기억-오락가락 하는 영상과 이야기로만 남게 됩니다. 행여 글재주가 있어 제대로 써낸다면 영화각본이나 소설이 될지도 모르겠습니다. 더 잊혀지기 전에 기억을 되살려 정리해 두어야겠다는 생각이 들었습니다. 순간순간의 상황과 얻는 정보들을 적어두는 주특기를 가진 메모광이긴 하지만, 그마저도 이사할 적(2016년 2월 24일)에 책짐 속에 뒤섞여 흐트러지며 세월의 무게를 감내하기가 쉽지 않았던가 봅니다.

8월 중순 쯤 이 지선(支線)을 달리는 열차에 몸을 실었습니다. 1960년대 우리의 화물열차에 나무의자를 장착해 놓은 식의 객차였지요. 객실에는 커다란 개가 승객과 함께 앉아 유리창 밖으로 나가려 몸부림치며 창을 맴돌고 있는 커다란 모기를 잡으려고 요리조리 쫓고 있었지요. 주인이 재미삼아 놀이로 시킨 터입니다. 요즘 중앙선이야 크게 달라졌겠지만 당시엔 의례 시베리아의 열차에선 짐승털이 몸에 묻어나게 마련이었지요. 역시 모피(Fur)의 땅 시베리아였습니다.

원체 고지대 시베리아 산이어서 그런지 산길의 기차는 사뭇 벌판의 야산 속을 천천히 달리고 있었지요. 러시아어로 그런대로 이야기가 통하는 김태옥 선생은 이웃 좌석의, 실로 거구인 약초채취인 슬라브족 남자들과 마주앉아 주거니 받거니 보드카를 나누어 마시며 탐사 길을 달렸습니다. 말이 보드카지 나중에 알고 보니 7~80도나 되는 독주로, 김 선생은 마침내 맨바닥에 나가 떨어져 깨어날 줄을 몰랐습니다. 카메라며 배낭을 모두 끌고, 인사불성으로 취객이 된 김 선생과 동행하며 몇 번씩이나 기차를 갈아타려니까 말도 안 통하는 험악한 낯선 산속에서 참으로 죽을 지경이었습니다.

너무 고달팠던지 그래선 안 된다고 다짐하고 또 다짐했는데도 그만 깊은 잠에 곯아떨어지고 말았지요. 그러다가 잠이 깬 건 사람과 짐들로 꽉 죄어오는 복작대는 열차 안 풍경 때문이었지요. 어느 강가를 달리고 있었습니다. 수달낚시꾼들로 객실이 온통 붐비고 있었지요. "아, 수달을 낚시질해 낚는구나! 미끼는 무얼까?"하며 새삼스레 깨닫게 됐습니다.

한나절이 지났을까? 김 선생은 아직도 죽은 듯이 늘어져 있었지요. 말도 안 통하는 험난한 산중 탐사 길엔, 병원이 도무지 안 보여서 겨우 길가의 약방을 찾아 응급처방을 받고서야 눈을 떴습니다. "살았구나!" 그래서 내가 현지 즉석에서 배운 첫 러시아어 단어가 '아프체카'(Aптека)랍니다. "아플 때는 약방"이라고 이렇게 연상시켜 기억해뒀지요.

알타이산 현지에 이르러 소제 택시를 잡아탔더니 운전수가 한다는 첫 이야기가 자기 삼촌이 보름 전에 말을 타고 총을 멘 채로 사냥개를 데리고 산엘 갔는데, 개와 말만 돌아왔다고 했지요. 대합실에서 착하게 생긴 부인이 외국인인 우릴 보고 옆에 있는 러시아인들을 믿지 말라고 눈짓해주던 일을 떠올리면서, 난 지금 보병 소대장으로 작전하는 마음가짐으로 현지탐사를 하고 있구나 하는 생각마저 들었지요.

대학박물관이며 국공립박물관들을 관람하며 모피제품 유물이 아주 풍성한 것을 보고, 함께 동승해온 수달낚시꾼들의 웅성대는 모습을 새삼 상기케 됐습니다. "수조전설(獸祖傳說), 짐승의 천국과 '시베리아의 황금, 모피'와 같은 이런 말들이 이래서 널리 퍼졌구나!" 하고 새삼 깨우쳤지요.

정보화시대가 더 활짝 열려 가면 구글의 수달분포도를 검색하면 이내 예서, 단군(檀君)의 생가로 비정되는 가셴둥(嘎仙洞) 소재지 다싱안링 북부 몽골 기원지 호눈선원(呼嫩鮮原)의 대선비산 및 춘천 맥국(貊國, 山獺나라)과 강릉 예국(濊國, 숫水獺나라) 터까지 시베리아의 수달분포지도가 쫙 펼쳐지겠지요. 이는 불과 몇 십 년 전에만 해도 상상도 할 수 없었던, 머지않아 만개할 놀라운 유목사 정보화 쓰나미시대의 기적이 되리라 봅니다. 동북아 수렵-유목사를 읽는 데서, 문제의 핵심은 수달[濊·貊·苬獺〈乾獺 : Тарваганы〉·海獺]에 있을 수도 있으니까요.

아시아 최초이자 유일한 수달연구기관 '한국수달연구센터'(강원도 화천 소재, 센터장 : 한성용 박사)가 있습니다. 단군이 달달(獺獺)-단단(檀檀)-타타르 칸에서 유래한 이름이라는 견해를 제시하는 북방몽골사 연구자도 있으니,

이쯤해서 이 한국수달연구센터가 주최하는 단군관계 국제학술대회가 한 번쯤 성황리에 열린다면 금상첨화(錦上添花)겠지요.

"鮮(Soyon)은 스키타이", 새(塞)·사하·사카(釋迦)·시온(Zion) : Sugan에서
[2015.1.26]

시베리아 원주민 유적 현장에는, 유목사안(遊牧史眼)으로 안 보면 볼 수 없는 유적 유물 투성이입니다. 농경사안으로만 보면 눈뜬 장님이 되기 십상인 시베리아 유적 현장이라는 겁니다. 주류가 공활한 순록·양유목초지 툰드라·타이가·스텝으로 이루어져서지요. 그래서 바위그림유적을 조사하든 유적지 조사발굴을 시행하든 유목사안을 뜨지 않고 하면, 반만 보거나 헛고생하거나 심하게 말하면 유목사유적 파괴에 가담하는 꼴까지 될 수도 있다는 겁니다.

분명히 알타이-사얀산 일대를 답사하고 왔는데도 사얀(鮮 : Sayan)이 무엇이고 그게 바로 '스키타이'(Scythia)이며, 그 명칭의 뿌리가 유목민의 주식인 '암순록' 수간(Sugan)에서 유래한 사실을 아주 모르고 회귀했다면, 문제가 보통 심각한 게 아닙니다. 그곳의 개설 역사서 개론도 거들떠보지 않고 빙빙 겉돌다 왔다는 것이어서지요. 공금이든 사비든 그런 답사비용은 허비일 뿐이겠네요. 전공이나 지위 따위의 어줍잖은 이른바 간판·명함이 문제가 아닙니다.

당연히 원주민인 순록치기와 양치기를 만나 담론을 펼치고, 현지의 그 역사연구자와 사학과 학생들을 만나 그렇게 해야 합니다. 그렇게 하고도 이런 뻔한 상식이 터득되지 않았다면, 그건 개인 차원이든 국가 차원이든간에 치명적인 지적 인력자원 허비를 입증해주는 것이지요. 전공교수나 그 이상의 직위 및 연구비를 어찌어찌해 확보해 그런 답사를 했다면, 더욱 기가 막힌 일이겠지요. 공금이나 지적 권력과 권위까지 낭비하면서 거짓보고를 해대는 결과를 야기할 수도 있기 때문입니다. 아무리 허술해 뵈는 그이들일지라도 현지 원주민에게 배운다는, 지극히 겸허하고 진솔한 자세로 현지유적 일절에 다가가야 서로 삽니다.

일점일획이라도 연구정보를 허투로 취해선 물론 안 됩니다. 현장을 정확히 찍어 옮겨야 진실로 모두 함께 살 길로 앞날이 활짝 열려 가겠지요. 공명심으로 연구하며 표절을 밥 먹듯 하는 이가 거기 끼었다면 역사적인 눈으로 보아 시공을 넘나들며 당사자나 그가 속한 집단의 관계자들에게 모두 전염병균 같은 해악을 끼칠 게 뻔해서지요.

지금 내 나름의 결과보고는 상식차원에 제대로 선 이들이 그러하듯이 적어도 바로 가려고 매우 애를 써가며 직접적으로는 2001년 7~8월 43일간(단독 鮮山 탐사)과 2003년 5월 24일~6월 7일 15일간(춘천MBC기획특집 玉時贊 국장 기획)의 투바 현지답사를 통해 거두어들인 내용물이기는 합니다, 물론 앞으로 더 다양한 검증과 논증을 거쳐야 할 유목사료나 사실(史實)임에는 틀림이 없겠지요. 가령 그렇더라도 그건 중간보고로 담론의 꼬투리를 제공하는 구실은 하게 되리라 봅니다.

나는 이미 「조선(朝鮮)·선비(鮮卑)의 '선(鮮)'과 순록유목민」(2001년)이라는 논문을 통해 「조선(朝鮮)」이 순록유목민 차탕-조인(朝人)의 '조(朝)'와 순록의 주식 선(鮮)이 나는 순록유목 목초밭 '선(鮮)'을 함축한 명명(命名)이라는 견해를 내어놓은 적이 있지만, 1949년에 마오쩌둥이 집권해, 산둥성(山東省)의 한족(漢族)들이 대거 만주로 진입하기 이전에 지린(吉林) 일대에 살던 원주민들은 조선족(朝鮮族)을 '조족(朝族)'이라고 부르고 조선어를 '조어(朝語)'라고만 말했으며, 싱안링지대에서는 조선족을 '선족(鮮族)'이라 부르고 조선어를 '선어(鮮語)'라고만 했다고 합니다. 후자의 경우에는 지금도 여전히 그러하지요.

다싱안링 대선비산의 원조(元祖)가 있다는 투바(탁발)에는 거대한 타이가인 동·서 사얀(Sayan : 鮮)산이 있는데, 이 지대 원주민도 역시 조선족을 Soyon(鮮)족이라고 부르며 우랄알타이지역 원주민들은 아예 소얀(鮮)족이나 그 문화가 흑해나 카스피해 쪽에서 왔다고 대수롭지 않게 증언하고 있습니다. 심지어 스키타이사 전공 헤르테크(Hertek Liubov' Kendenovna) 여교수[Tuva大]는 스키타이나 소욘(鮮)이 모두 순록유목민에게 주식 젖을 주는 어미(암)순록 수간(Sugan=Caraион)에서 유래한 이름이라고 거침없이 논증하기도 한답니다.

Schythia·새(塞)·사하·사카·시온도 암순록 다구르어 Sugan(터키어 Caraион)

에서 유래했다고들 그곳 사학 연구자들은 대수롭지 않게 담론들을 펼치고 있지요. 물론 투바사 개론서에도 Soyon(鮮)은 Schythia라고 그렇게 적혀 있습니다. 투바어-사하어-터키어가 서로 표준어와 방언차이일 뿐, 3개월 정도만 복원과정을 거치면 서로 의사소통이 된다고 했습니다. 몽골어와도 직접 소통은 안 됐지만 억양은 너무나도 유사했습니다. 이곳 순록유목 현지답사 시에는 사회주의 러시아의 봉건적 통제와 감시가 자심하던 터라 러시아 연구자라고 해도 이만한 보고서를 내기가 결코 쉽지 않았습니다.

이제 귀국해 이를 보고한 지가 십 수 년이 돼 가는데도 공적이든 사적이든, 그리고 그 전공분야가 북방유목사건 한국농경사건 일절 이에 관한 담론이 거의 없지요. 진실로 조족·선족·조선이 모두 한겨레의 뿌리랄 'Chaatang조선사(朝鮮史)'라면 유목코리안의 시원역사에 관한 한, 우리 한겨레 시원 사학계(史學界)는 그간 완생마(完生馬)가 아닌 미생마(未生馬)의 숨고르기(調息)를 해오고 있음에는 틀림이 없어 보입니다. 이런 마당에 Soyon과 Zion을 차탕대열에 포용해서 붉은 용-마귀(Satan)를, 레나 강 일대와 동북 태평양 권역을 넘나들던 붉은 악마 치우로 추정해보는 역사적 상상력을 감히 발휘해본다면 사계에선 다시는 더 발을 딛고 설 수 없을지도 모르지요. 우리의 현실은 늘 별 근거도 없이 너무나도 살기 차게 냉엄하기만 하니까요.

알타이산 자락에서 모친의 환영을 뵙다
[2015.2.2]

어느 날 아침에 홀연히 이인영 한국사 교수님이 고모부가 된다는 옥시찬(당시) 기획국장께서 "순록 한 마리라도!"를 절규하며 서울 강남 세곡동의 내 연구실로 몸소 찾아와 날 축복해 주어서, 내 딴에는 춘천MBC 기획 특집 "소욘 겨레(鮮族)의 발자취를 따라"라고 알고 따라나선 2003년 5월 24일~6월 7일 15간의 블라디보스톡-바이칼 호-알타이산·사얀산(Tuva)을 오가는 취재 답사 프로젝트였습니다. 지지난 해에 '순록치기 조선'-Chaatang조선설(朝鮮說)

을 제기한 터여서 입니다.

실은 '예(濊)·맥(貊)·한(韓)의 뿌리 캐기' 프로젝트로, 나와 명실(名實)이 상부(相符)한 순록치기~양치기 북방유목사 유적현지 탐사취재루트였던 터였지만, 그 공활하며 기나긴 Chaabog(馴鹿)유목사 유적 추적은 실제 방영된 작품에선 어이없게도 그림자로만 수행된 결과를 빚기는 했었지요.

그렇지만 Chaatang의 주식인 젖을 주는 암순록 Sugan에서 비롯된 거대한 산맥 이름인 동·서 '소욘산(鮮山)'이 세상의 중심임을 굳게 믿는 질박한 젊은 투바(拓跋) 박수무당의, 아직도 그 온기가 느껴지는 듯한 마냥 그리운 그 품은 더없이 푸근했습니다.

그런 답사노정 중 6월 1일(日), 노보시비리시크에 도착해 다시 기차를 타고 비스크에 이르러 알타이산 남서쪽 변경 어느 스텝의 게르에 들러 마유주를 얻어 마시며 목을 축이다가 뜻밖에도, 그로부터 스무 해 전 해직시절에 타계하신 어머니의 환영을 마주 뵙게 됐습니다.

꿈인지 생신지 멍하니 바라만보고 확인을 하려 눈을 비비다가 아담하신 몸매에 좀 갸름한 얼굴과 이마의 주름살까지 우리 어머니를 빼닮은 그 알타이족 할머님께 눈길이 미치자, 이내 뛰쳐나가 차의 배낭에서 카메라를 들고 황급히 되돌아왔습니다. 그런데 "아차!" 하는 순간에 그 장면은 민들레가 온 산야에 만개한 먼먼 스텝 지평선 저 너머로 스쳐 지나가버렸습니다. 역시 기마 양유목민! 아랍 말은 아니고 몽골스텝 말이거나 산악마였던 듯했지요.

이제 십 수 년이 흘렀는데도 그 영상이 내겐 아직도 이따금 어른거리곤 합니다. 1990년 북방 개방 후 줄곧 틈만 나면 중국북방·만주·몽골·시베리아 일대를 헤매 돌곤 해왔지만 이런 체험은 이제까지는 처음이자 마지막이었나 봅니다.

모친의 성이 금녕 김씨(金寧 金氏 : Altan urug)이기는 하지만 왜 하필 그 머나먼 알타이산 스텝에서?! "김도깨비라 팔자가 사나운가보다"고 생전에 속상하실 적엔 푸념도 하시곤 하셨지만, 그땐 순록이나 양이라는 유목가축이 모두 뿔 달린 짐승이란 생각은 미처 해볼 계제가 못됐나봅니다. 더군다나 기원전 10세기경에 철기를 수용한 '순록치기'인 소욘(鮮)-스키타이가 양치기로 말을 타고 흑해 동북안 스텝에서 알타이 대스텝으로 진격하는 일대 '황금빛 기마 양유목 생산 혁명'을 감행한 사실은 꿈에도 생각해본 적이 없었지요.

이제 유목사학도로 고희를 넘기다 보니, 디지털 노마드철을 만나 이 불초자식이 환골탈태(換骨奪胎)하는 기적을 체감케 되는지도 모르겠습니다.

그 알타이스텝 몽골게르에서 어머님의 환영이 스치는 순간, 제 눈은 번쩍 뜨였고, 근래에 Sino-Japanese와는 달리 연한 하늘색으로 칠해진 북유라시아와 북대서양 북방해양권을 잇는 Paleartic으로 한반도가 또렷이 그려져 있는 B. G. Holt et al의 지구 생명체 유전자지도[Science紙, 2013]를 접하면서 제 나름의 어떤 확신을 갖게 됐습니다.

생전에 끝내 너무 모질게 고생시켜드려 송구스럽고, 그런 가운데도 이렇게 내가 나를 제대로 깨달아가게 키워주셔서 참으로 고맙습니다.

떡갈나무 누에 작잠(柞蠶) '고구려 비단', 부탄에도! 상잠(桑蠶)과 달라

[2015.2.9~2.16]

물론 복식사 전문연구자로서 쓰는 글은 아주 아닙니다. 디지털 노마드의 유목사정보 쓰나미 속에서 새로운 사료에 기초한 유물 유적과 사실(史實)을 보는 참신한 시각 조정이 유연하게, 신속·정확히 이루어져가야 한다는 시대적 요구에 부응하려는 작은 몸짓을 시도해보려 할 따름이지요.

2000년 3월 말에 훌룬부이르 맹(盟) 하일라르의 경상도 출신 성빈(成斌 : 農牧계통 부국장 정년, 당시 61세) 형과 더불어 청명절(淸明節)에 조선겨레 이주민 논벼농사지역 찰란툰(扎蘭屯)행 4박5일 답사를 기획해 4월 2일(土)에 출발했습니다. 찰란툰은 1900년대 들어 한반도에서 조선겨레들이 논벼농사를 훌룬부이르 맹에 처음 상륙시킨 유서 깊은 곳이어서이기도 했지요.

물론 기원 전후시기인 Gooli(高句麗)시대에 이미 오순 도투락(水稻 : 논벼) 농사를 지었다는 구전과 함께, 다싱안링의 눈 녹은 물을 이끌어 모으는 거대한 수리시설의 유적과 농경관계 유물들이 아직도 엄존하는 드넓은 고올리 농장터

고구려 무용총 무용도, 이 춤꾼들의 춤옷에 작잠(柞蠶) 비단옷이 있을까?

가 상존합니다. 부이르 호반의 할힝골~흘승골성(紇升骨城?)과 근접해 상호
배치돼 있어, 현재의 논벼농사와 시대차이는 비록 2000여 년이 넘는다지만
자못 이채롭기도 하지요.

이 영동지대 찰란툰 시-칭기스칸 진(鎭)-아영기(阿榮旗) 일대는 헤이룽장
성과 연계되면서 경상도 출신 조선겨레 이주자들이 논벼농사를 지으며 주류를
이루고 살아오고 있었지요. 이이들도 고래로 본래 선비족-선족(鮮族 : Soyon
tribe) 문화DNA를 타고나서인지 아주 어려운 현지 생태에 비교적 잘 적응해
용케도 독특한 경상도 사투리 억양과 생산문화의 보수성을 견지해 내려오면서,
한족(漢族)과는 달리 맨발로 찬물에 들어갈 수 있어서, 그간 산업화과정의
온갖 악조건을 극복해오며 현지 수도작 농업을 지켜내 오늘날 전중국인을
먹여 살리는 동북미(東北米) 거대 생산단지를 일궈낸 데에 일조해 왔습니다.

당연히 험난한 농경환경에서 혹독한 희생을 무릅써야 했지만 "경상도 떼비
렁이들이 몰려온다"는 풍문이 나돌 정도로 기민이산이 심각했던 1900년대
초중반 한반도 경상도 빈농들의 궁핍한 살림살이였답니다. 온갖 시련에도
불구하고 농토로 개발할 황무지가 무진장인 듯한 이곳 만주벌판은 그이들에게
오로지 축복의 땅일 뿐이었던가 봅니다. 그렇게 일구어낸 이곳 동북미 거대
생산단지였지요.

훌룬부이르 스텝에서 철로(海拉爾~哈爾濱)를 따라 다싱안링 따리(굴) 고개-

조선 겨레 이주자라 쓰는 이런 지명인지도 모릅니다—를 넘으면 영동과 영서가 갈리는데 바로 그 영동 쪽태평양 쪽 드넓은 언덕벌판에 어마어마한 작군(柞群)·떡갈나무(柞)떼가 자생해 거대한 야산벌판을 이루고 있지요. 북극해의 혹한풍(酷寒風)이 북와이싱안링-스타노보이 산맥과 바이칼 호 동쪽 서와이싱안링-야블로노브이 산맥을 감돌아 서북풍으로 휘몰아쳐 내리는 영서의 몽골스텝(原)과 태평양의 동북해풍이 휘몰아쳐 오르는 영동의 눈강(嫩江) 소프카(鮮: Sopka=小山)의 기온 차는 놀라울 만큼 큽니다. 역(哈爾濱→海拉爾)으로 주행해 똬리터널을 지나노라면 객실 안인데도 잠이 번쩍 깨어날 정도이지요.

이 눈강 언저리 드넓은 언덕벌판에 수림의 바다를 이룬 떡갈나무들은 아무리 거세찬 태평양 설한풍이 매섭게 휘몰아쳐도 마른 잎이 떨어지는 법이 없지만 5월이 돼 새잎이 돋아나면서는 그 잎을 죄다 떨어뜨리어 썩어서 새잎이 피어나는 자양분이 된다고 합니다. 바로 이런 풍토의 생태계에서 떡갈나무 잎을 먹고 자라는 누에가 뽕나무 잎을 먹고 자라는 대부분의 농경지대 누에를 치는 잠업·상잠(桑蠶)을 대신해 이 지대 나름의 잠업인 작잠(柞蠶)을 크게 일으켜 와 오랜 고유전통의 소산인 특이한 비단을 기나긴 세월 대대로 계속 출시(出市)해내려왔다는 것이지요.

상잠을 가잠(家蠶)이라고 하는 데 대해 작잠은 천잠(天蠶, 또는 멧누에)이라고 하는데, 그 품질이 가잠에 비해 월등히 뛰어나 최고급품 비단으로 가잠비단보다 가격이 수배 이상 아주 비싸게 매겨졌다고 합니다. 그래서 그런지 지금도 그런 전통이 살아남아 아직 일부의 전통적인 작잠비단공장이 찰란툰에 남아있다고 하는데, 바로 그 뿌리의 뿌리가 '고구려비단'이었다고 믿고 있는 그이들이었지요.

그 후 귀국해 복식사 전공하는 어떤 분들과 이런 이야기를 나눠는 봤지만, 비전문가의 현지답사 보고담이라서인지 긍정도 부정도 않고 인사치레로 그냥 한귀로 듣고 한 귀로 흘리는 식의 반응인 것 같아 더는 거론한 적이 없었지요. 왜 남의 땅, 딴 분야 역사연구에 신경을 쓰느냐는 속지주의(屬地主義)형 국수적 실리추구주의의 철저한 관철이라고나 할까요?

그렇지만 디지털 노마드의 시대에 들어 이제까지의 인류사 상 속도나 분량

양면에서 모두 가장 놀라운 순록·양유목사 관계정보의 이 경이로운 확산기에 이미 돌입한 우리가, 아직 이래도 될까요? 조족(朝族)·선족(鮮族)의 조선(朝鮮) 도 맥고려(貊高麗)도 모두 순록~양유목 태반에 주류 뿌리를 둔 유목제국 ((Pastoral nomadic empire-胡·韓~漢體制) 기원(起源)임이 유목정보 쓰나미 속에서 백일하에 드러나고 있는 터라면, 한겨레 시원사 천착 시에 해체와 재구성 차원에서 단호하게 이에 눈길을 돌려야 할 때가 이미 도래한 것일 수 있어서입 니다.

고올리제국 스텝 쪽 국경지대라는 부이르호 서남쪽 숑크(赤) 타반(五) 톨로고 이(頭) 벌판에 아직도 대를 이어 다시 세워 내려오고 있는 공동조상 고올리칸(고 구려 시조 Tumen khan-東明王) 석인상이 계대(繼代) 천신(薦新)을 통해 전승돼오 고 있고 할힝골-흘승골성(?)이 있는가 하면, 바로 그 언저리에 고올리인들이 먼먼 옛적에 논벼농사를 지었다는 드넓은 고올리농장 터와 관계유물들이 지금 도 여전히 남아있고 고올리과(高麗果)-복분자(覆盆子 : 산딸기류)도 난답니다. 몽골 기원지로 몽골국사학계에서는 물론 세계몽골학회에서도 공인된 이곳 의 이름은 에르구네로 그 뜻은 다물(多勿, 되돌아와 되물림)이라고 몇몇 몽·한연 구자들이 나름대로 함께 논증을 해보기도 하고요. 기원전 10세기 이후 눈(嫩) 강~훌룬부이르 선원(鮮原)의 소욘족(鮮族)들이 철기를 수용해 몽골스텝으로 진격하면서 최첨단 유목무력인 기마 사술을 확보한 동명왕-고올리칸 기마사술 군단이 '순록치기에서 기마 양치기로'-'황금빛 일대 유목생산 혁명'을 이루는 격변기에, 전국시대를 방불케 하는 독립세력들의 난립으로 해체된 방대한 옛 순록유목제국권을 다시 통일해 부활시키는 태반토대기지가 바로 에르구네- 다물도라는 추론을 해봤습니다. 기원 전후경에 고구려인들이 천문을 관측한 지대가 바로 바이칼 호 동남쪽 이곳 몽골스텝이라고 천문학자 박창범 교수님이 논증하고 있답니다(『하늘에 새긴 우리역사』, 김영사, 2002). 2003년 5월 24일~6월 7일 15일간의 블라디보스토크-바이칼 호-알타이산(金 山)·사얀산(鮮山 : Tuva)을 오가는, 춘천MBC 기획 특집 「소욘 겨레(鮮族)의 발자 취를 따라-'예(濊)·맥(貊)·한(韓)의 뿌리 캐기'」 프로젝트 취재답사 길에서였

떡갈나무 누에-작잠(柞蠶)

습니다. 이 명실(名實)이 상부(相符)한 순록치기~양치기 북방유목사 유적 현지 탐사취재루트에서 5월 27일(火) 바이칼호 일대 유적을 답사하면서 문영태 당시 차장님 및 양금모 당시 피디님과 더불어 담소하는 중에, 히말라야 산맥 내 부탄국에도 떡갈나무 누에를 치는 작잠(柞蠶)이 있어 그들 나름의 특산품인 비단을 생산하고 있더라는 주요 관계정보가 아무렇지도 않게 튀어나왔습니다.

그렇다면 타클라마칸 사막을 통과하는 그 죽음의 사막 비단무역로 말고도 또 다른 비단길이 있을 수가 있다는 얘기입니다. 더구나 비단이 중원제국의 금수품이 되었을 적에는 그건 진정한 의미에서의 비단이 아닌 명주(明紬)의 교역에 지나지 않았다는 학설이 제기되기도 하는 터에, '작잠(柞蠶) 비단길'이야말로 특가(特價) 최고급 진품의 참 비단길이었을 수도 있을 가능성마저 엿보입니다.

'조개가 뚜껑을 닫아버린다'는 뜻(내몽골사회과학원 역사연구소 A. Ardajab 교수님)을 갖는 이름의 타클라마칸 사막은 한번 들어가면 살아나오기가 힘든 험난한 지대로, 실크로드는 산맥 언저리를 따라 남로(천산산맥)와 북로(쿤룬산맥)를 오갔다고는 하지만, 이런 비단길이 과연 철기시대 초입기인 기원전 3000년 경 이전에도 제대로 가동돼왔던 건지요?

아니라면, 노마드의 길 곧 순록의 주식인 이끼(蘚 : Niokq) 타이가·툰드라의 길~양초(羊草) 스텝의 길이야말로 주된 교역로였을 건 자명한 사실이 아닐까요? 예선 사막의 낙타가 따라잡지 못할 순록과 말의 놀라운 기동력이 거침없이 능란하게 구사될 수 있어서입니다. 홍보·광고효과 극대화를 노리는 정치·상업적인 연출과 있었던 그대로의 과학적 사실(史實)을 엄밀히 분별하는 혜안 추구는, 언제 어디의 누구에게나 아주 긴요한 또 다른 차원의 본질적인 천착과제가 아닐까요?

물론 고구려 비단-작잠(柞蠶)에도 눈을 돌려 북유라시아 유목제국 교류사를 해체-재구성해나가는 작은 물꼬를 트는 일은, 경우에 따라서는 아주 허무맹랑한 일이기만 할지도 모릅니다. 그렇지만 유목사료의 쓰나미시대인 이 디지털 노마드 주도 누리에선 적어도 그 숨통의 틈새는 조금이라도 열어두는 게 최소한의 순리라는 생각이 자꾸 드는 지금입니다.

처용, '거북머리춤(龜旨舞)' 무가(巫歌) 순례
[2015.2.23~3.9]

나는 1970년 초 사학과 대학원생으로 연세대 박물관의 유물정리를 돕던 중에 우연한 기회에 『삼국유사』의 구지가·해가사·처용가 가사를 새삼 다시 읽게 되었습니다. 구지가(龜旨歌)의 "거북아 거북아 머리를 내어놓아라."라는 대목과 해가사(海歌詞)의 "남의 부인 빼앗아간 죄 얼마나 큰 줄 아느냐"는 대목을 연계시켜보곤 남의 부인 빼앗아간 주범이 거북이머리(龜頭)임을 나름으로 깨달아 보게 된 것이었습니다. 이어서 처용가(處容歌) 가사가 마누라를 그 주범에게 빼앗긴 '왕빠단'(王八蛋) 곧 거북이(龜)를

처용, '거북머리춤(龜旨舞)' 무가(巫歌)[1972.6.6 탈고, 周采赫; 정명호 교수 추천]

주인공으로 삼은 무가(巫歌) 노랫말임도 직감케 됐지요.

고구려 고분벽화 현무도(玄武圖)를 대하는 순간 숫거북이가 뱀(蛇頭=龜頭)에게 암거북이를 뺏긴 그림을 떠올리고 관계 전거도 확보케 됐습니다. 몽골인들은 개구리만 사는 북극해 쪽에서 만주 쪽으로 이동해와선지 거북이를 뼈 있는 개구리(Яст мэлхий)라고 한답니다. 바로 그 뼈(Яс : 貝甲)를 중심으로 욕정의 상징인 암·수뱀이 휘감아도는 그림이 현무(玄武)라면 그건 바로 '생명창

조도'라라 짐작했지요. 이어서 한반도 동남해안을 중심으로 신라말기 이후 대선사(大禪師) 무덤의 귀부·이수(龜趺·螭首)가 용궁(龍宮)의 여의주(如意珠)를 문 직립 함주형(含珠形) 석비인 것을 보고 처용(處容)이 참사랑을 이룬 한반도 동남해안 언저리의 대선사격 큰 무의(巫毉)임도 감지케 됐습니다.

시대순으로 배열해보니 구지가(서기 42) - 현무도(고구려고분벽화 서기 4C~ 7C) - 해가사(서기 702~736) - 처용가(서기 875~885) - 함주형 석비의 귀부·이수(龜趺·螭首, 대선사 석비로 처용가 이후 추정) 및 상량문(上樑文) 아래와 위의 구·롱신주(龜·龍神主)로, 흑해 동북스텝에 스키타이(Scythia)가 등장하던 기원전 10세기 이후라, 그 시기가 순록치기(Chaatang : 鮮族)들이 철기를 수용해 스텝으로 진입하며 '황금빛 기마 양치기 유목생산 혁명'을 이루던 무렵이었습니다. 신라와 당의 선(鮮)족 한누리를 이룩하기까지의 긴긴 시대였던 거지요.

호눈선원(呼嫩鮮原)의 다구르족은 지금도 현무를 조상신으로 모시고 제사지 내고 있습니다. 본래는 거북이 서식가능 지역인 태평양쪽 다싱안링 이동이 기지였지만, 선족(鮮族)의 스텝지역 진출로 거북이가 살 수 없는 홍산문명권이라 할 유명한 다리강가 유목초지를 비롯한 동부 몽골 몽골스텝에도 화석화한 거북을, 저마다 유일무이한 제 목숨불(DNA)을 켜내려 준 - 계대(繼代) 자기복제 해 오게 해 준 제 생명 창조주인 조상신으로 모시는 조상숭배신앙이 전파되고 제1돌궐시대의 부그트비 귀부(龜趺)[체체를렉 소재]를 거쳐 몽골제국 창업기에는 마침내 카라코룸(和寧)의 석비 귀부(龜趺)로도 우뚝 서서 인류사에 그 거룩한 유흔을 남겼던 것으로 보입니다.

때마침 근래 동북아시아 용의 기원지로 선포된 홍산문화권 요서 사해(査海)가 스텝지역이기도 해서 매우 흥미로웠습니다. 북극해의 혹한풍(酷寒風)이 북와이싱안링-스타노보이 산맥과 바이칼 호 동쪽 서와이싱안링-야블로노브이 산맥을 감돌아 서북풍으로 휘몰아쳐 내리는 영서의 몽골스텝(原)과 태평양의 동북해풍이 소용돌이쳐 오르는 영동의 눈강(嫩江), 쑹허 강, 만주·요동벌판 기류가 맞받아치는 지대가 요서스텝 사해이어서랍니다.

서로 마주치는 두 바람이 홍산문명권 용의 기원지 사해 스텝지역에서 충돌하면서 한국에서 용오름 현상(龜趺直立龍頭化暴風?)이라고 부르는 토네이도

(Tornado) 같은 돌풍이 자동차를 근 50여 미터를 휘감아 치솟아 올렸다가 내팽개치는 사고가 동남몽골 홍산권 스텝 최악의 교통사고라네요.

갠 날 이 지대 하늘을 비행해 지나가노라면 탁 트인 찬란한 몽골 쪽 영서의 하늘과 희끄무레한 태평양 쪽 영동의 하늘이 유별나게 차별화돼 다가오지요. 스텝과 스텝 아닌 지대를 가름하는 경계선을 지나고 있다는 신호랍니다.

마스코트 석소룡(石塑龍) 같은 작은 발굴유물에 주목하는 것도 중요하지요. 그렇지만, 유목 주도 농경 통합이라는 이 지대 보편의 유목제국(Pastoral nomadic empire) 개념을 되새기는 가운데 몽골스텝 쪽 영서와 태평양 쪽 영동의 목초(꼴) 성분 차에 주목하며 이런 거창한 대기현상을 염두에 두고, 이는 몽골스텝 태평양 미르(龍)·거북(龜)신앙의 신비로운 거대구현 생태소생일 수가 있다는 본질적인 문제를 천착하려는 자세가 더욱 더 중핵이 된다는 생각도 해봐야겠지요.

용신앙이 당연히 중원 아닌 태평양 바다를 무대로 삼는 것이라면 무덤 북벽 현무도가 고구려 고분을 중핵 자장권으로 삼아 주변으로 번져가는 건 당연하고, 그 완성형이라 할 함주형 석비의 귀부·이수가 한반도 동남해안 언저리를 중심으로 감격스런 글로벌차원의 만개를 이룩해낸 건 조금도 이상할 게 없지 않나요?

"처용무(赤龍舞)는 거북머리춤(龜旨舞) 사위", 이 뻔한 사실을 왜 그리 난삽(難澁)하게 몇 천편 글로 숨은 그림 찾기 퍼즐을 꾸며내 줄곧 헷갈리게들 하시나요? 그런다고 관계 연구자의 권위가 치솟을 수도 도무지 없을 텐데도 …. 너무나도 당연한 "Chaatang(순록치기)조선이 몽골의 뿌리"라는 이 엄연한 사실도 말이예요! 2012년 7월 16일 인터넷 장마당에 2만원에 출시된 30여 년 전 이 논문 별쇄본을 다시 만난 뜻밖의 인연으로 이런 칼럼을 집필케 됐습니다.

사학도로 1970년 무렵에 처용무가를 손대려는 건 당시로서는 너무 의외의 발상이었지요. 그것도 연출된 역사인물 처용을 논증해보는 차원이 아니라 그 가사의 역사적 본질을 천착해보려는 일은 더욱 더 그러했나봅니다. 좀 험난한 시련이 예기되는 시도였습니다. 물론 사학도로서 전공분야에서 논제

[팍스몽골리카 하의 遼·瀋史(요·심사) 연구]를 골라 천착하는 의례적인 연구 작업을 도외시 한 건 아닙니다. 발등에 떨어진 도생의 길을 모색해야 했기 때문이지요.

이처럼 생존을 위한 현실생태에의 적응적 진화를 도외시할 수는 없었지만 이는 그런 와중에서도 산골 외딴집에서 태어나 자유분방하게 자라난 내가, 제기된 연구주제의 눈치만 보고 그밖에는 아무것도 보이지 않던 광적인 몰입 경에서 숨을 고르던 30살 전후 시절의 일이었지요. 학부초년시절 은사 양주동 교수님께 들은 구지가·해가사·처용가 강의내용과 더 직접적으로는 당시에 청강한 '원리강론'(손대오 당시 강사님) 강의논리가 바탕에 깔린 토대 위에서의 기존학설의 맹랑한 해체와 재구성 시도였습니다. 필요하면 한밤중의 험한 군사지역 거북바위산 기자기도 현장 언저리에 숨어 탐사를 위해 밤을 지새우기 도 하며, 어떤 때는 군부대로 끌려가 관할 경찰서로 이송되기도 했지요.

이런 일도 있었지요. 1970년 초, 줄판으로 긁어 쓴 자유종교연구회(문정길 대표)의 팸플릿이 돌았습니다. 첫머리엔 김동길 교수님의 청교도 혁명에 관한 강연제목이, 그리고 맨 마지막에는 주(周) 아무개의 거북신앙 이야기가 연제로 실려 있었습니다. 이내 그 즈음에『조선일보』조간신문 1면의 머릿기사 로 김동길 교수님 구속 기사가 대문짝만 하게 실리면서 학회 강연은 죄다 무산돼버렸답니다.

이렇게 남다른 사학도의 전공외 논제 천착 길은 너무나도 색다른 것이어서 주위의 연구 동료들에게 빈축을 사기도 했습니다. 헤매고 다니는 동안 마침내 1972년 6월 6일에 정명호 교수님의 추천으로 가까스로『월간문화재』란 학술잡 지에 이 논문을 등재케 되었습니다. 당시에 초학자가 자기분야 외 논문을 인쇄화 한다는 건 그 나름으론 일종의 사건이었습니다. 문제는 이후부터 발생키 시작했지요.

출간된 별쇄본 논문이 문제시되자 석사학위논문 지도교수 황원구 선생님은 "자네, 학문 그만두려고 그러나?" 하시고, 심지어는 이즈음 서강대학교에서 열린 전국역사학대회에서 논문발표의 사회를 보시던 고려사 전공 거물 사학자 이신 이기백 교수님은 아예 도중에 고개를 돌리시기까지 하셨지요.

그러나 극과 극이라 할 반응도 나타났습니다. 감리교신학대학 시청각실 한국종교사학회의 학술 발표 시에는 윤성범, 서남동, 변선환 교수님 및 탁명환 선생님 같은 거물급 인사님들이 나와 주셨고, 당시에 벨기에 루뱅대학교에서 철학박사학위를 받고 돌아와 서강대 교수가 된 신예 김형효 교수님이 KBS-tv에 출현해 내 논문을 공식 거론했다는 기별도 전해져 왔습니다.

그런가 하면 마침내는 일정 하 당시 경성제대 사학과 졸업 후에 루뱅대에서 철학박사학위를 받은 거물급 불교사학자 이기영 국민대학장님이 국민대 강당에서 있었던 '11면 관음보살상'에 대한 공개강의 중에 이 논문 별쇄본을 치켜들고 극구 추천을 하시기에 이르렀습니다. 동행한 동료 사학도들이 무척 놀래더군요. 꾀죄죄한 작업복을 입고 다니던 소외된 초라한 대학원생인 나의 글이어섭니다. 그로부터 동료들에게 비로소 연구자 대우를 나름대로 받았지요. 권위란 제대로 쓰일 적에 참으로 위력이 대단한 것이구나 하고 생각했습니다.

지금은 다들 타계하신 터이지만 몇 십 년 후인가 그 자제분으로 서울대 고고미술학과 교수가 된 미술사학자 이주형 교수님이 막 2000년대에 들어 언젠가 중앙아시아학회 학술회의를 마치고 함께 차를 타고 돌아오며 나눈 담소 중에 물려받은 그 논문 별쇄본을 아직 소장중이라고 해서 놀랍고도 반가웠습니다. 이즈음에 훗날 제도권 내 박사학위논문 지도교수가 되신 한국 불교사 전공인 서여(西餘) 민영규 선생님께서도 연구실에서 은밀히 "탁월한 글"이라는 사적인 논평을 해주셨습니다.

그간 이 논문이 활자화하기까지 발표할 적마다 몸소 유물 유적 슬라이드를 찍어 발표 자료를 만들어준 학우 박영재 교수는 격려와 질책을 동시에 해주기도 하고, 홍이섭 은사님께서는 "왜 해야할 제 전공분야 역사연구는 안 하고 고가(古歌)연구만 하고 있느냐?"며 걱정을 해주시기도 했습니다.

뒷날 내 'Chaatang(순록치기)朝鮮(조선)'설을 세상에 빛 보이게 결정적인 도움을 주셨던 손보기 은사님께서는 필요에 따라 조선초기 사회사 전공자에서 한국 구석기학 개창자로 파격적인 변신을 서슴지 않으셨던 터에, 당시에 몸소 처용가 연구에 오래 몰두해온 서강대의 김열규 교수님께 날 소개하셔서 내가 거북이(玳瑁)가 곧 용이라는『중종실록』권71, 26년 신묘 6월조 사료를

저자 나이 30 전후에 처용가 연구를 시작하고 20년 만인 1990년 7월 22일, 내 논문을 읽고 북방 사회주의권이 개방되자마자 날 찾아온 페테르부르크 사회과학원 향가연구자 니키티나 피츠로브나 연구원. 그이는 별로 대수롭지 않게 처용가 연구가 몽골리안 루트는 물론 지중해-그리스 문화권까지 조사·연구되어야 그 역사적 실체를 천착할 수 있을 것이라고 하여 크게 놀랐다. 처용가 연구가 한국내에선 어느 특정 전공분야의 연구 전유물처럼 크게 오인되고 있는 폐쇄적 연구풍토를 삽시간에 단숨에 날려버리는 듯 해서다.

획득케 되면서 확신을 가지고 이 논제 연구에만 진력케 해주셨습니다. 1970년 초 연세대 박물관 조교시절 이야기입니다. 이 무렵 별쇄본을 들고 박물관으로 날 처음 찾아준 무교(巫敎) 전공자 조흥윤 교수님은 그 후 내내 재미있는 이야기 벗이 돼오고 있답니다.

결국 이 논문을 주채혁, 「거북신앙과 그 분포」(『한국민속학』 6집, 민속학회, 1973)라는 타이틀로 정식으로 등재케 한 이는 본격적인 한국 무가연구의 태초를 연 김태곤 교수님이었습니다. 그이는 1995년 한겨레 주류 시원 모태지 대라 할 레나 강 언저리 사하 Chaatang 권역 겨울 탐사를 생태적응적 예비조처 없이 4차례나 강행하고는 이듬해 초에 끝내 돌연사 하시고 말았지요.

근 20년 후인 북방사회주의권이 개방되자 마자 페테르부르크 사회과학원의 향가 연구자인 니키티나 피츠로브나 연구원이 오래 폐쇄된 사회주의권에서 놀랍게도 내 논문을 읽고 날 찾아왔습니다. 2000년대 초반에는 옛 연구원 동료 정광희 연구원(KEDI)을 통해 독일철학 전공자인 일본 남자 교수가 방문해 소탈하게 터놓고 처용가 문제를 토론한 적도 있습니다. 처용가는 결단코 한반도 문화권만이 아닌 유라시아 문화권의 소산이라는 결론을 더불어 도출해 본 점이 인상적이었지요.

흥미로운 것은 거북신앙이 드러난 유물유적으로 보면 고구려 고분벽화 현무도(서기 4C~7C)보다 도리어 구지가(서기 42)의 귀부가 더 시대가 앞선다는 사실입니다. 한성용 한국수달연구센터장님은 근래에 컴퓨터로 검색해서 구지가의 주인공 김수로왕(金首露王)의 신어(神魚) '가야(伽倻)'라는 물고기의 분포지가 흑해(黑海)와 그 언저리 지중해 일대이고, 그것이 육당선생님이 제기하는 불함문화 기원지와 일치함을 내게 일깨워주었지요. 가라(駕洛 : Persia)나 가야(伽倻 : Turkey)는 '생명을 살리는 나무'의 뿌리 지킴이 신어(몽골의 아라가·빌릭雙魚)로 흑해지대 지중해나 카스피해 일대에만 분포되고 있다는 겁니다.

더군다나 김정민 박사(국제관계학, 유라시아史)에 의하면 카자흐스탄 이서에도 거북이가 살고 있다고 하니, 생명창조과정을 표상화(表象化)해 그려낸 현무도(玄武圖)와도 어떤 상관이 있을까 하는 문제는 연구를 요한다고 하겠지요. 순록유목민 스키타이(Scythia)-선족(鮮族 : Soyon tribe)문화의 이동로에 주목할 필요가 있다고 봅니다[주채혁, 「玄武神主信仰 연구」, 『몽·려활겨레 문화론』, 혜안, 2011, 71~177쪽 참조].

이 또한 순록과 더불어 물과 친연성을 갖는 예족(濊族) 문화권역에 소속되는 것들이어서 흥미롭습니다. 러시아 정교의 탄압으로 원주민의 샤머니즘이 잦아든 터전에 최근에 조용히 불붙기 시작한 알타이 산의 신흥종교 '부르칸이즘'이 금방 뇌리를 스쳤지요. 육당선생님은 이런 부르칸 하느님 신앙권을 '불함문화(不咸文化 : Burqanism)권'이라고 했습니다. 오랜 세월에 걸쳐 그 나름의 역사 배경을 지니는 광활한 스키토·시베리안 생태 무대에서 구체적인 발전 과정을 통해 각각 다양한 변화를 경험했겠지만, 그런대로 제 나름의 '맞춤형 하느님' 개념으로 정립돼오면서 일련의 부르칸(不咸) 하느님 신앙권을 형성해 나왔을지도 모릅니다. 그래서 더더욱 소치 2014~평창 2018 동계올림픽 노마드 시원코리안 루트가 갖는 의미가 자못 심장할 수 있을 것 같습니다.

요컨대 어떤 관계 연구가 극도로 분화되면서도 동시에 상호융합돼야 당면문제를 풀어갈 수 있는 디지털 노마드 시대권에 이미 돌입한 터에, 해체와 재구성에서 고도의 유연성과 신속성이 요구됨은 지당하다고 하겠지요.

그간 식민지배 하의 척박한 한국의 관계학계 생태상황과 북방사회주의권의 오랜 폐쇄상태 하에서 유적 현지와 심각할 정도로 단절돼온 연구사 터전 속에서 살아남아온 우리에게 기초적인 이 분야 연구업적이 제대로 쌓였을 리가 만무하겠지요. 그런데 인류사 상 미증유의 변혁기인 디지털 노마드 시대는 사정없이 도래해, 새유라시아시대가 다시 크게 열려가고 있습니다.

압축성장의 귀재라는 한국인이라곤 하지만, 연구 분야에선 딛고 내뛸 내 발판은 치밀하게 잘 살피고 내달아야 실족을 않겠지요. 실로 독창성을 요구하는 디지털 노마드시대 차원의 천착에선 바늘허리에 실을 매고 하는 식의 바느질은 죄다 헛된 짓이 될 수밖에 없을 것입니다. 빈틈없이 냉엄한 연구대상의 밀착 파악과 그를 꿰뚫는 그 나름의 원리의 천착이 당연히 가장 긴요한 과제로 대두하게 되리라 봅니다.

내 개인으로서는 북방개방 후 20여 년 유라사아유목사 현지유적 탐사 못지않게 이 내적인 탐사과정이 더 몹시 험난하리라는 직감이 들었지요. 그래서 호불호 간에 우선 있는 그대로의 이 작은 구체적인 논제풀이 과정을 둘러싼 그간의 우리 관계학계 생태를 잠시 나름대로 되짚어본 터입니다.

결론은 고구려고분벽화의 가치핵심은 북벽의 현무신주(玄武神主)에 맞춰져 있고, 이는 그간 허구한 나날들에 생성되어 나온 조상님네의 유전체를 생태적 응적 지향성에 초점을 맞추어 나를 나로 태어나게 한 내 부모님을 위시한 조상신주를 모신 무덤의 지성소(至聖所)라는 겁니다.

칭기스칸의 이상향은 한반도 십승지지(十勝之地)!

[2015.3.16]

몽골사 전문가라고 날 불러주는 사람들도 더러는 있는가 봅니다. 1990년 북방개방 후 사실이야 여하튼 80년대 세종대 해직교수 출신 시골학교 훈장인 내가 어찌된 셈인지 노태우 대통령의 북방정책 기류를 타고 직·간접적으로

밀어 올려져 초대 몽골학회장(『몽골비사』 연구회장)으로 뛰게 되면서, 뜻밖에
도 사회주의 몽골국 공식입성 1호 학회 대표로 선택받은 덕이긴 합니다.

그러나 그게 실은 일정 하 경성제대 사학과 출신으로 당시 유일한 한국
몽골사학자이셨던 고병익 교수님이 내 주 연구 주제를 지금의 홍산문명권이라
할, 언제부턴가 만주의 정치·군사·경제의 중핵이 되어온 심양·요양史에 초점
을 맞추도록 지도해주시기도 하고, 학회 창립 직후 당시 방송윤리위원장으로
계시면서 직접 차를 보내시어 창립멤버들에게 만찬을 베푸신 것도 사실입니다.
그러니까 부족한대로 전공분야의 희소가치 때문에, 당시엔 국내에서 유일하게
몽골사학 박사학위를 딴 시골학교 훈장에게 이런 훈장을 달아준 게 아주
터무니없는 일만은 아니었을지도 모른다는 생각이 든 적도 있긴 합니다.
결과적으로는 독일-일본-한국 몽골사연구사 학풍의 거의 유일한 국내 전통
계승자이긴 했으니까요.

그러니까 뿌리 깊은 연구자임을 과시하려는 거냐고요? 천만의 말씀입니다.
나이 들수록 더 유연해져야 목숨이 산채로 꺾이지 않는다는 진리를 '바람의
나라' 몽골 땅에서 절감할 만큼 뼈저리게 체득해섰니다. 왼·오른을 고사하고
무한개방·무한경쟁 초강풍의 해양·스텝 바람이 함께 휘몰아치는 신세계제국
시대라는 감각도 조금은 있고. 그래서 나야말로 정작 유목유적 현장에선
그 연구의 초짜 중의 초짜라는 걸 좀 미리 깨우친 몽골유목 사학도임을 이
땅에서 자임할 순 있을지 모릅니다.

1990년 북방개방 직전 몽골사학자 후타키 히로시 교수님의 도움을 받아가며
찰스 다윈의 『종의 기원』급 유목사연구의 고전이라는 베. 야. 블라디미르초프의
명저를 『몽골사회제도사』(대한교과서주식회사, 1990)라는 서명으로 완역해 출
간했습니다. 시련이 많았습니다. 본문보다 주가 더 많은 분량을 차지하는 글이
세상에 어디 있느냐며 가는 곳마다 퇴짜를 맞다가 하필 북방개방 직전에 겨우겨우
출간됐지요. 뜻밖에 제철을 만나 우리가 북방권 세계에 보여줄 거의 유일한
국가대표급 책으로 치솟아 올랐습니다. 언론인으로 일생을 일관한 박석흥 교수님
의 전언입니다. '유목학'의 남한 첫 입성 기별일 수 있을지 모릅니다. 그게 그
후 어땠느냐는 당시 남한 몽골사 연구풍토나 독서시장 생태계의 문제이겠지만.

韓國學術振興財團飜譯叢書 69
몽골 사회 제도사
Б. Я. ВЛАДИМИРЦОВ 著
주 채 혁 譯
찰스 다윈의 『종의 기원』급 유목사연구의 고전이라는 베. 야. 블라디미르초프의 명저 번역 출간. 1990년 북방사회주의권 개방당시 남한에선 러시아-몽골관계 고전으로 유일했다.

그럼에도 불구하고 이 온통 모르는 것 투성이의 공활한 북유라사아유목사 유적 현지에서 난 당시에 내내 그렇게 초췌할 수밖에 없었습니다. 시간·공간이 IT와 DNA 연구로 거의 무한 개방된 유라시아 유목정보 쓰나미시대엔 늙고 낡은 권위 집착은 말도 안 되는 허세일 따름이라는 걸 제법 알아챘기 때문입니다. 그렇다고 처음부터 아예 뿌리 얕은 거목이 몽골스텝 강풍을 이겨내며 살아남을 리도 만무하겠지요. 인문계나 자연계를 막론하고 근래 전문가를 그래도 가장 제대로 대접한 정권은 어느 정권이었던가요? 적어도 우리 북유라시아 유목사학계에선 악화가 양화를 몰아내는 참극의 되풀이만은 안 된다는 믿음을 굳혔지요.

이렇게 무서운 제철 만난 기회의 땅 북유라시아-시베리아 몽골리아! 그런데 상대적인 무풍지대 한반도엔 지금 웬 북유라시아학 권위자들이 이리도 많이 북적이는지요? 유목의 기초인 유목목초도, 유목가축도, 유목민도 그 연구엔 거의 구체적으론 손도 안 대본 터에, 실은 거대 유목영역으로 상징되는 북유라시아에는 이유야 어쨌든 이제껏 발도 한번 안 들여놓았던 이들까지도…! 물론 우리의 세계사적 유목태반 DNA의 발로라는 점을 간과해서 하는 말이 아니고, 헛발 딛는 일과성 행보를 자경(自警)해야 하리라는 뜻일 따름입니다.

영어권의 영어가 그러하듯이, 과학시대에는 과학언어만 소통되게 마련이어서지요. 과학언어로 마술을 부리자는 이야기가 아닙니다. 당연히 진정성 태반 위에 태어난 과학언어의 위대한 서술력이 문제의 핵심이고, 이런 차원에서만 인문과학과 자연과학이 화생하는 생명의 중핵으로 시대적 부름을 받을 수 있음이 확실합니다.

3월 19일~28일, KF와 주한몽골대사관이 공동주최하고 몽골국립미술관이 협력하여 마련한 〈초원의 바람〉展이 KF갤러리에서 열립니다. 한·몽 수교 25주년을 기념하는 주한몽골대사관의 다양한 문화행사의 서막이라고 하네요. 물론 사회주의 역사 70년의 관성대로 현대사가 주류를 이루는 전시회라 짐작됩니다. 그런데 어쨌든 평생을 몽골사 연구로 일관해온 변변치 못한 한 몽골사학도가 술주정 겸 한 말씀 올리겠습니다. 사비로 공부했던 공금으로 지원받아 했던, 이건 크게 보면 나라공금의 허비행위일지도 모르지만 그걸 그냥 자백하려 합니다.

인류사상 최대의 거목인 칭기스칸이 과연 구체적인 역사적 뿌리도 없이 그렇게 돌출했다는 신화 같은 역사를, 디지털 노마드 시대의 우리도 그냥 그대로 읽어 넘겨도 될까요? 유목몽골사 현지를 답사 또는 취재한다면서 유목유적 현지에 농경한반도사식 덧칠만 잔뜩 하고 다니고 있었던 탈(脫)유목적 유목몽골사학도들…. 그들 중의 한명으로 나도 끼어들어 2000년 초입에 몽골 어느 포장마차 집에 몽·한 답사동료들이 마주앉아 한 방담입니다.

칭기스칸의 이상향은 『정감록』의 십승지지가 있다는 한반도일지도 모른다는 이야기지요. 다들 취기가 있는 터에 시대계산은 무시키로 하고. 무한개방·무한경쟁 스텝의 바다를 휘젓고 다녔던 칭기스칸은 결국 그게 너무 지겨워 피난할 수 있는 T자형 백두대간 어디쯤의 자그마한 목촌(牧村) 추장으로 종신하기를 진정으로 바랐는지도 모른다고, 몽·한을 오래 오간 반몽(半蒙)·반한(半韓) 정서의 한 몽골연구자가 운을 뗐지요. 음극과 양극이 만나 한생명이 독창되는 태극사상 문양이 그래서 팍스 몽골리카 하 대원 만권당 내 '대원 주자학'의 탄생과정에서 양국 국기에 더불어 먼 훗날 결과적으로 한 아이콘으로 상징화됐는지도 모릅니다.

그러고 보니, 칭기스칸의 상징인 몽골 국조(國鳥) 송골매의 최고 원산지는 함경북도~연해주 남단 해안이고, 그가 전장에까지 동반해 다녔다는 그의 동족(메르키드 추정) 반려인 훌란 공주는 연해주~함경도의 맑고 온난한 동태평양 바람이 이르는 셀렝게 강변 언저리까지의 메르키드(蔑獵)족 주생태권역이 고향이네요. 맑고 온난한 바람 속에서 태어나 자란 몽골미녀들이 대부분

이곳에서 나왔다는 건, 스텝의 몽골여인들이 한국에 와서 좀 살다 가면 화장을 않고 성형수술 안해도 예뻐지는, 근래의 자태들을 봐도 알 수 있지요. 그래서 팍스 몽골리카 하 몽골-고려 사회에 고려응방(高麗鷹坊)의 행세와 고려공녀제도 집행이 그리 횡행했던 건지도 모릅니다.

홀란 공주-칭기스칸의 초야 성지 헤름트 홍류(紅柳 : Burqan)오보는 바로 다싱안링 북부 몽골 기원지 에르구네(多勿의 뜻) 언저리에 있지요. 1960년 초 저우언라이 총리가 이 지역 조·몽합동유적발굴 결과를 북측에서 약속을 어기고 돌연 공개해 노발대발했다는 유명한 그 땅! 이 모두가 죄다 유목민이 쓴 거의 유일한 세계사적 유목사 사료『몽골비사』에 실린 이야기들이랍니다. 이걸 연구하려고 1990년 12월 14일에 서울역 앞 대우재단 소강당에서 출범한 한국『몽골비사』연구회-한국몽골학회지요. 그 창립총회 사진도 전시되는가 봅니다.

몽·한공동조상으로 지금도 현지에서 섬겨지고 있는 고올리(槁離)칸 석인상, 선(鮮 : Soyon)족인 몽골겨레 조상 헌제(獻祭) 성소인 가셴(嘎仙) 동굴, 일본학계에서 항공사진까지 찍어 만천하에 공개한 부이르 호반 할힝골(絃升骨, 김일성대 출신 베. 수미야바타르 교수 논증)성지, 근처의 거대한 고올리 논농사 농장터 유적…. 지금 아직도 상기(想起) 모두 눈에 선합니다.

팍스 몽골리카의 눈으로 '고조선' 읽기 - 일연 대선사(大禪師)

[2015.3.23~4.13]

김부식(1075~1151)의『삼국사기』가 당말·오대 이후 거란, 여진과 몽골 등 일련의 북방민족의 남침 위협에 대항하는 '농경 주도' 송의 팍스 시니카 지향논리를 뒷받침하는 사서(史書)로서 편찬된 것인데 대해,『삼국유사』는 일연의 일생(1206~1289)이 칭기스칸의 몽골스텝 통일·창업 기에서 시작하여 그의 손자 쿠빌라이 대칸의 몽골세계제국 완성·수성(守成)기에 끝나는 데서 알 수 있듯이 '유목 주도' 팍스 몽골리카 구축에 고려가 도전·응전하는 적응적

진화 논리를 개발하는 사
서로서 편찬됐다고 하겠
지요. 시차가 130여 년 나
기도 합니다.

전자가 춘추필법에 따
른 중원의 전통사서와, 후
자가 세계 최초의 세계사
로 평가받는 유대계 라시
드 앗 딘(1250~1318, 당시   김부식 유자와 일연 대선사
일칸국 재상)의 페르시아

어로 쓰여진 『연대기의 집성(Jami al-Tawarikh)』 일명 『집사(集史)』와의 관련
여하는 잠시 논외로 하더라도, 적어도 『몽골비사』~『흠정만주원류고』와 같은
북방유목제국 사서와 각각 서로 공유하는 시각이 더 비중을 많이 점할 수
있게 마련이었으리라 봅니다. 김부식 시대에는 일연 시대처럼 『삼국유사』나
이규보의 「동명왕편」 및 이승휴의 『제왕운기』류의 사서가 나올 수 없었고,
가령 자생적인 그런 기운이 있었더라도 아직 뭇 생명 도생의 아우성 속에
내외의 협공으로 자멸되는 시류였다는 이야기입니다.

당연히 유목주도 팍스 몽골리카 거대시류 속의 이규보 유자 및 일연 대선사나
이승휴 유자라면 그이들 인식틀 속에 수렵·유목태반 DNA가 봄날 움돋듯이
되살아났을 테고, 자연스럽게 기마 양유목과 그 뿌리라 할 기(騎)순록 순록유목
태반이 어른거렸을 만도 하리라 봅니다. 고조선-단군조선, 그 공활한 태반
시베리아(鮮卑利亞) Chaatang(순록치기)朝鮮(조선) 말입니다.

똑같지는 않아도 봄은 중원에도 한반도에도 오건만, 왠지 아주 별개의
것인 양 역사가 서술되고 있는 경향이 있습니다. 항몽도 있고 항몽과정의
도생 모색도 있었지만 팍스 몽골리카 시대의 한반도 민생의 적응적 진화과정은
엄연히 그런 세계사적 중심 기류의 와중에서 이루어졌고, 거기서 금속활자와
한글이나 거북선 같은 세계성을 갖는 그 나름의 선진적 고유문화가 배태된
건 엄연한 사실입니다.

세계사적인 시련 없이 나온 세계사적인 문화유산이 지구상에 있다면 그건 명백히 거짓이겠지요. 만주싱안링에 토대를 둔 막강한 옷치긴왕가 예하 고려계 몽골무장가문 출신의 이성계를, 한반도 동북의 시골무사로나 인식·서술하는 차원의 역사는 '애국사학'이라기보다 차라리 미신적인 자족주문(自足呪文)이라 해야겠지요.

이규보(1168~1241)의 『동국이상국전집』 제3권 고율시(古律詩) 동명왕편(東明王篇) 병서(幷序)도 일연의 『삼국유사』와 이승휴의 『제왕운기』(1280년 저술)도 이런 세계사적인 열린 시각에서 거대한 시대시류에 합당하게 읽고, 당연히 그 역사정보를 활용해 역사를 제대로 쓰기도 해야 하겠습니다.

중원의 춘추전국시대를 능가하는 인류사상의 대변혁기에 그 한 중심 격류에 휘말려든 오늘날의 한반도에서 저마다 제 나름의 구세주 같은 각 분야 구세처방을 들고 나와 정신 못차리게 의견들이 난분분한 건 이상할 게 없으리라 봅니다.

그렇지만 개체사가 상이한 다양한 결과로서의 그런 상호간의 차별성을 인정하고 그 원인을 천착하며 침착하고 엄밀하게 문제의 실마리를 가려잡아 상대에 상대하는 절대로서의 사실과 원리를 엄밀히 추구해가면서, 저마다 제 나름으로 해체와 재구성의 도생의 길을 모색하는 건 매우 긴요하겠지요. 모든 개체와 집체의 주장들 또한 그 역사의 열매들이라면, 그 역사를 집요하게 파고들어봄이 우선돼야 문제가 풀려갈 실마리를 찾아내갈 수 있다고 봅니다.

과연 나는 누구이기에 이런 글을 쓰고 있나? 그 장단점은? 선견성(先見性)과 자기한계는? 등으로 끊임없이 질문을 던져가며 자기 자신에 대한 무지·아맹(我盲)을 타파해봐야 하리라 봅니다. 내 경우에 우선 그걸 이제부터 구체적으로 간략하게나마 추구해보려 합니다. 장님이 장님을 이끄는 차원이기만 하다면야 당연히 침묵이 금이겠지요.

4·19세대(대전 : 1960년 3·8의거)로서 대전고 재학시 난 구지가·해가사·처용가를 비롯한 고가와 고문 공부에 나름대로 몰두했고, 그쪽 공부를 좀 뛰어나게 잘 해서 고문선생님의 각별한 배려도 있으셨지요. 그런데 가정형편 상

이과(육사)와 문과를 오가다가 사학과를 선택하게 됐습니다.

ROTC로 군복무를 마치고 연세대 대학원 사학과에 복교한 후에 나는 석사학위논문 집필시에 황원구 은사님의 배려로 당시의 유일한 몽골사 전공자셨던 고병익 교수님의 지도를 받아 홍산문명권이라 할 요(遼)·심(瀋)지역사를 중심으로 1960년 중반에 몽골사 연구를 본격적으로 시작했습니다.[석사학위 논문은 『몽·려전쟁기 살리타이와 홍복원』, 혜안, 2009로 간행됨]

박사학위 논문은 민영규 교수님의 지도를 받다가, 구체적인 내 분야 연구단계에 들어가서는 1970년대 후반 대만대학에서 도진생(陶進生) 교수님의 요·금·원사 강의를 청강하며 원조관인층 연구로 논제를 잡아 썼습니다.[박사학위 논문은 『원조 관인층 연구』, 정음사, 1986로 간행됨] 현대 몽골어는 1990년 북방개방후에 본격적으로 배웠지만, 중국어는 1960년 초반부터 송재록(宋在祿) 교수님께 화화중심으로 제대로 익혀 큰 도움을 받았었지요.

『원조 관인층 연구』(1986). 1984년 서울 강동구 松坡 芳荑洞에서 뽑아 쓴 육필카드

시대는 다르지만 후대의 역사는 그 역사를 만들어온 과정의 결과로 존재하는 것임을 고려할 필요가 있겠지요. 그럴 적에 1970년 전후 석장리 구석기 발굴에 보조역으로 5년간 동참한 경력과 그후 같은 서북단 홍산문명권이라 할 다라강가 몽골스텝 고올리 돌각담 유적 발굴(1993~1998년 한·몽합동조사연구 협회-손보기 단장·주채혁 부단장 발굴, 장덕진 대륙연구소 회장 후원)이나 호눈선원(呼嫩鮮原)권역 답사와 발굴(1999~2000년경, 훌룬부이르박물관 팀) 등 몽골유목현지유적 답사 및 발굴에 손보기 은사님의 직·간접적인 지도를 받으며 가끔 간여한 일이, 시대순으로라기보다는 시대의 역순으로 각각 몽골과 조선의 유목제국(Pastoral nomadic empire) 태반사를 천착하기 위해 접근의 기본틀을 나름대로 확보하는 데에 크게 도움이 됐던 듯합니다.

한국농업사 연구로 일생을 일관해 오신 김용섭 교수님의 촌철살인이라 할 문제시각 제기로 깨우쳐주신 지도도, 답사 현장의 유목생산 혁명 방향 가늠 설정에 적잖은 도움을 주었습니다.

박사학위 논문은 몽·원대의『원사』를 비롯한 각종 문헌사료에 등재된 몽골 관인 표출인물 3,419명을 몽골·색목·한인·남인으로 나누어 여러 측면에서 각각 카드화해서 분류하여 상호 비교·검증하고 검색해 몽골관인층의 구성내용 및 발전방향과 그 역사적 의미를 읽어내는 내용이었지요.

4개의 종족계급별로 통계화한 것은 관인 입사(入仕) 루트인 과거 급제자 비중을 인구에 상관없이 원 정권이 그렇게 설정해서, 이 또한 그렇게 보편화해 상정한 것이랍니다. 당연히 관계 연구사료와 그 연구접근 방법에 관한 비판이 있을 수 있겠지만, 난 아직 당시로서는 이 문제에 관한 그 이상의 어떤 총체적인 해법을 찾지 못했고, 그런 기존 연구업적도 찾을 수 없었기에 택한 차선의 선택이었어요.

중요한 것은 한인·남인 관인들에 관한 기록은 그래도 상당히 확보할 수 있었지만, 색목·몽골인 관인의 경우에는 그렇지 못했다는 겁니다. 1990년 북방개방 이전인 1980년대에 주로 집필해서지요. 물론 자료수집은 1960년 후반 이래로 계속해 왔습니다. 논저 출간 후 카드화한 기존 자료가 누렇게 빛바래기까지 30여 년을 문헌연구와 현장답사를 계속해 색목·몽골관인의 자료수집에 초점을 맞추고 그 일에만 몰두해온 셈입니다.

1980년 세종대학교 민주화운동 시에 우리가 대학생 배지 떼기 운동을 주도하고 첫 직선총장을 내게 했다고 하여 그 후 훈장노조의 원조라는 부추김과 비난이 더불어 일부에선 있어오기도 하지요. 그렇지만, 그건 물론 작은 사립대 평교수협의회 교수 수십 명들의 작용보다는, 보직을 안 맡아 사제 간의 소통이 비교적 원활했던 재직대학 사랑 차원의 진솔한 대부분의 '평'교수님들의 헌신을 여·야 정치세력들의 개입이 압도적으로 주도·왜곡한 결과라고 지금 나는 보고 있습니다.

그 사실 여부를 떠나서, 그렇더라도 그 결과로 빚어진 장단점 중에 일천여 년 과거제도 하의 빛나간, 오로지 너나 할 것 없이 개성과 자질 여부는 불문하고

공주 석장리 구석기 발굴장; 가운데 발굴삽을 들고 흰 천을 목에 둘러 길게 내린 저자와 발굴대원들. 1971년 snap1 09(한창균 연세대학교 박물관장님 제공)

궁극적으로는 '한 자리' 권력 그 자체의 지향이라는 무서운 우리 지성사적 고질병이 다시 주체할 수 없이 도지게 해서 그 후 프로페서의 프로페셔널한 본령이 전반적으로 무섭게 퇴색돼오고 있다는 점은, 우리 지성사 상 일대 비극 중의 비극이라는 생각이 듭니다. 그 업보로, 그 후 해직교수가 모두 다 복직이 돼도 도리어 비정치적인 대학 연구·교육생태 복원운동을 하던 우리만 제외된 긴긴 암담한 해직살이에 들어갔습니다.

이즈음에 하버드 대학교에 유학 중인 박영재 급우(연대 사학과)가 내몽골사회과학원에서 출간된, 당시 우리에겐 아주 희귀하고 금기시되는 현지 몽골민담 책을 보내 주어서 정음사에서『몽고민담』(1984년)으로 옮겨 출간키도 했습니다. 기나긴 흑암 중 몽골현지에 관한, 국내의 첫 몽골 새소식인 셈이었지요.

이런 과정에서 학교 밖에서 오래 숨쉬어온 나는 한남동 모스크에 나가 아랍어도 익히고 이슬람권 역사도 배우며 우선 색목관인에 대한 무지를 극복하기 위해 힘썼는데, 그때 거기서 정수일 교수님을 처음 만났지요. 그런 토대 위에 1980년대 후반 대우재단을 중심으로 김정위·정수일·이동복·심의섭·김위현·서병국·손주영·이희수·주용립 교수님 등과 합석해 서아시아사와 북아시아사를 위시한 관계 저서 독회를 시작하게 됐고, 그 뒤에 이는 다시 서아시아사와 북아시아-몽골사 관계논저 윤독회로 발전케 됐습니다.

이런 과정에서 1987년 군정종식과 문민화 물결을 타고 오랜 해직생활을 거두고는 거론된 몇몇 대학들 중 굳이 '국립'인 강원대학교를 골라 훈장으로 가까스로 재취업했습니다. 물론 요·금·원 북방유목민족사를 중심으로『몽골비사』윤독회가 한국몽골학회로 발전한 것은 북방사회주의권이 개방돼 북방정책이 본격화되던 1990년 이후였지요. 이즈음 대전에서 강사생활을 하던 후타키 히로시(二木博史) 몽골사학자(현재 東京外大 몽골사학과 교수)를 만나,『몽골사회제도사』(역서, 1990년)를 집필해냈지요. 유목목초지와 유목목초나 유목가축과 유목민에 관한 역사를 구체적으로 다룬 아주 유명한 유목사 고전(베. 야. 블라디미르초프의 논저, 1934년)이 이 땅에 첫발을 내딛게 된 셈이랍니다.

당연히 이런 추세 속에서 나도 색목관인 연구에서 방향을 재조정해 유목현장 몽골관인 역사배경 천착에 매진케 됐습니다. 이와 같은 연구사 배경 속에서 뜻밖에 이른바 'Chaatang(순록치기)朝鮮說'로 상징되는 내 북방유라시아 순록·양유목사학이 싹트게 됐습니다. 이렇게 해서 13~14세기 팍스 몽골리카의 눈으로 중세·고대·선사시대를 소급해 북유라시아 순록·양유목사를 천착해보게 된 셈이지요. 사실(史實)의 맥을 잡아 천착해가다보니까 그런 것이었을 뿐, 평소에 '역사는 역사일 따름'이라고 믿어왔고 자신의 능력 한계도 알기에 단지 '있는 그대로' 그렇게 문제를 제기해본 터였습니다.

실은 1990년 이후의 공활한 북방 유목현지 20여 년 답사 몰입은 오랜 마음의 상처를 힐링하는 치유차원이 우선했던 게 진실이고, 그 결과로 그간 문헌사학에만 주로 고착돼온 내게, 동북아시아 유목제국태반인 몽골의 기원지 북다싱안링 에르구네(多勿) 권역에 들어 숨을 고루며 너무나도 우연히 아주 엉뚱한 '차탕朝鮮(조선)' 문제가 눈에 잡히게 됐던 게 사실이지요.

그런데 하나 몹시 놀란 건 유목지대 싱안링 권에서 비(非)유목지대 T자형 백두대간권을 겨냥해보는 사안(史眼)을 지닌 이는 우리 가운데 누구도, 역사상이건 현실에서건 거의 전무하더라는 겁니다. 반대의 경우도 마찬가지였습니

다. 왜일까요? 이런 기형
적인 유목제국사(Pastoral
nomadic empire) 인식 풍토
속에서 조족(朝族) 주도 선
족(鮮族) 통합 결과가 '조선
(朝鮮)유목제국'이라는,
지금 한반도의 우리가 보
기에는 좀 기상천외한 가
설이 나올 수 있을 리가
만무하겠지요!

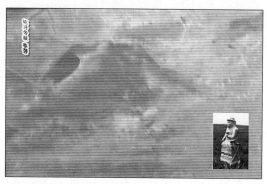

몽골 일본인력개발센터가 2009년 7월에 할힌골 전투 70주년 국제학
술회의시(울란바토르)에 제공한 부이르 호반 할힌골(紇升骨 추정)
항공촬영 사진을 저자가 사진꾸미기한 것이다.

　그러니까 주류 순록·양유목민이 농경화하면서 유목무력을 상실하는 과정이
한겨레가 산성·해도 '십승지지' 피난처라 할 한반도에 고착화하는 역사를
빚는 한 주된 원인이 될 수가 있었다는 겁니다. 제도권 사학 연구자로서의,
좀 특이한 내 연구경력이 빚은 이런 문제의 접근 시각이나 방법에도 당연히
그 나름으로 빛과 그늘이 있긴 하리라 봅니다.

　1960년대 석장리 구석기 유적 발굴장 도우미로 지개질도 하면서 일한 경험과
1990년 이후 북유라시아 스텝-타이가-툰드라 순록·양유목 유적현지를 틈나는
대로 20여 년간 끈질기게 탐사해본 제법 오랜 경력 및 그간 주로 종사해온
문헌사학 연구력이 서로 상호 작용한 측면이 있는지도 모르는, 좀 별난 연구자
의 특이한 개인 이력이긴 하지요.

　그렇지만 이런 생각이 들 때도 이따금 있기는 합니다. 무한개방-무한경쟁-유
일승자를 지향하는 스텝의 바다 기마 양유목생산 혁명기의 팍스 몽골리카나
바다의 스텝 산업혁명기의 팍스 아메리카나 류를 관류하며 또 다른 차원의
좀 더 본질적인 정보화혁명기로 이행하는 과도기적 단계에서의 원초적 유목제
국 기원 DNA를 주로 내포하고 있는 개체나 집체의 역사를 읽어낼 경우에,
이런 경력에서 우러난 어떤 조금 유별난 접근시각은 근래의 유목사료 정보
쓰나미시대에는 경우에 따라서 각별히 주목돼야 될 점이 있을지도 모른다는
거지요.

팍스 몽골리카를 기점으로 역추적해서 원초적 유목태반을 복원해 올라가기마 양유목 맥고려사(貊高麗史)에서 다시 단군조선의 시원태반 단계인 Chaatang朝鮮(조선)에로 소급해 올라가보는 역접근 방식의 시도는, 그 나름으로 유전체학-아이티시대가 유목사연구에 베푸는 파천황(破天荒)의 축복이라는 사실을 절감케 되는 지금입니다.

홍산문명권 하가점 하층유적과 그 상층 급으로 보이는 북류 쑹허 강과 눈강(嫩江)이 합류하는 지역 일대인 조원(肇源)의 백금보(白今寶)문화권의 연계 가능성이, 지금 우리의 가슴을 설레게 합니다. 순록유목에서 기마 양유목에로 격상되는 최대의 유목생산 혁명이라 할, 청동기시대에서 철기시대에로 진화되는 황금빛 유목생산의 비약적인 발전과정 지향성을 예서 실감케 되어섭니다. 비록 먼저 후기빙하기 이후 서서히 점진적으로 진행돼온 해빙현상의 북상이 다싱안링 남부 홍산순록유목민[Chaatang]문화권에서 북부 호눈선원(呼嫩鮮原) 기마 양유목민(Honichin)혁명권으로 중심이 이동해가는 거대 생태적응적 진화 과정의 추정을 전제로 해서 추리해본 생각이긴 합니다. 더구나 팍스 몽골리카에서 팍스 아메리카나로의 일대 전환을 경험하면서 우주항공정보화시대로 나아가는 과도기로서의 지금이라는 역사적인 자각이 절박한, 이 절체절명의 시점에 선 우리여서입니다.

호눈선원(呼嫩鮮原) 몽골 기원지 하일라르 강변 유적 출토 비파형청동단검 유물은 바로, 아주 엉뚱하게도 주변이 아니라 그 원초일 수도 있는 단군조선-고조선의 서북경계를 지적·웅변해주는 바로미터가 될지도 모릅니다! 일연 대선사가 이런 순록·기마 양유목유적 현지를 몸소 답사하신 건 아니겠지만, 팍스 몽골리카의 시각으로 그런 역사 감각을 가졌을 수가 있었을 것임을, 팍스 아메리카나를 숨쉬고 있는 오늘의 우리는 적어도 미루어 짐작은 해볼 수 있어야 하겠지요.

한마디로, 이제 와서 새삼스럽게 철지난 차탕(순록유목민)이나 말 타는 양치기가 다시 돼보자는 게 물론 아닙니다. 다만 우리의 시원유목태반 유목민 DNA를 되살려 '유목태반 디아스포라' 코리안 답게 디지털 노마드로 지구마을 곳곳에 코리안 네트워크를 깔아 최첨단 과학기술을 맘껏 활용해서 상대적으로 막힘없는 중생소통의 화생(和生)생태누리를 더불어 펴는 성업(聖業)에, 헌신적 주류로 한겨레가 앞장서보자는 것일 따름입니다.

견우 노옹 헌화가

[2015.4.20]

자줏빛 바위 끝에

잡으온 암소 놓게 하시고

나를 아니 부끄러워하시면

꽃을 꺾어 받자오리다

(양주동 읊음)

신라 성덕왕(702~737) 때 순정공이 강릉 태수로 부임하던 중 해변에서 잠시 머물자 수로부인이 길가 벼랑에 핀 철쭉꽃을 넋을 잃고 바라보더니 길벗 일행들에게 꽃을 꺾어주기를 간원했다네요. 아무도 나서지 못하는 판에 견우(牽牛) 노옹(老翁)이 꽃을 꺾어 바치며 읊었다는 사랑노래가 『삼국유사』 권2 「수로부인」조에 실린 '헌화가'랍니다. 그런데 견우 노옹은 왜 하필 황소가 아닌 '암소'를

사하 한디가 압기다 수림 툰드라 여름 순록유목지대에 핀 철쭉꽃과 버드나무. 흰색 배경은 눈이 아니고 순록의 주식 이끼밭(蘚田)이다.

끌고 가다 자줏빛 바위 끝에 꼴을 뜯게 풀어 놓았었는지 모르겠어요.

거북(龜)아 거북(王八蛋)아, 수로(首露)부인을 내어놓아라,

남의 아내 빼앗아간 죄 얼마나 큰 줄 아느냐?

네 만일 내어놓지 않으면,

　그물로 널 낚아 구워먹으리라!

　(주채혁 옮김)

　꽃을 든 수로(水路=首露?)부인이 길을 가며 더욱 아름다워져 이틀 후에
임해정에서 쉴 때 마침내 동해용(東海龍)에게 끌려가버렸습니다. 그런데 이
판국에, 한 노옹이 나타나 그 해법을 일러주었지요. 이때 일행이 노옹의 말대로
'해가사'라는 무가(巫歌 : 기도치성노래)를 지어, 근방의 사람들을 모아 더불어
불러 수로부인을 구해냈다는 겁니다.

　정체 모를 이 노옹은 굿거리무가 작곡·작사가라고 치더라도, 잡혀갔다온
수로부인은 공포에 떨기는커녕 도리어 후천개벽의 선경에라도 들었던 듯
황홀경에 도취되어 되돌아왔으니, 동해용의 동해용궁은 필시 온누리에 걸림
없는 후천선경-진여장(眞如藏) 아닐까요?

　수로부인에게 헌화한 견우 노옹과 동해용에게 빼앗긴 수로부인을 되찾아오
는 해법을 일러준 노옹이 동일인 동해연안 신선(龍 : 미르)인지 아닌지는 알
길이 없지만, 일반 독자들은 당연히 왜 동해용에게 뺏긴 수로부인을 동해구(東
海龜)에게 내어놓으라고 윽박지르는지 모르겠다는 의문을 곧바로 제기하게
마련입니다. 용에게 뺏겼으면 용에게 내놓으라야지, 왜 엉뚱하게 죄 없는,
착하디착한 거북이에게 내놓으라느냐며 항의 댓글이 끊임없이 이어질 법도
하지요.

　그렇지만 죽어서 왜구를 물리칠 동해용이 되기를 기원하는 유언을 남겼다는
문무왕(661~681년 재위) 수중릉 대왕암의 모양새가 동해구를 닮았다는 보고를
연상시키기도 하는 거북선(龜船, 1400~1500년대 만듦 추정)의 머리는 분명히
곧추선 용두화(龍頭化)한 구두(龜頭)입니다. 뿐만 아니라, 대선사급(大禪師級)
석비로 뵈는 받침돌인 귀부(龜趺)가 여의주(如意珠)를 문 직립 용두화한 거북머
리임을 보노라면, 그 변이과정을 뵈주기는 하지만 '동해구'가 바로 다름 아닌
'동해용'임이 이에 불을 보듯 명백해집니다.

　이처럼 '동해 거북이'가 바로 '동해용'이라고 증언해 주는 터이고 보면, 진맥(診
脈) 결과로 구지가(龜旨歌-김태곤 교수님 유고에선 龜'首'歌로 推定)에서 "머리를

내어놓아라"라고 해서 그렇게 한 '수로(首露)'가 동해용에게 뺏긴 '수로' 곧 자기의 부인을 동해 거북이인 제 자신(龜首)에게 내어놓으라고 하는 게 조금도 이상한 일이 아니라는 거지요. 우물 안의 개구리식 고정관념을 깨고 이 놀라운 DNA-IT누리에, 보다 넓고 깊게 문제의 맥락을 제대로 잡아 천착해 가다보면 해답이 저절로 나오게 마련이랍니다. '진여장'이 이에 열린달까요.

1990년 북방개방 이후, 내 글을 읽고 멀리 날 찾아와 지중해권과 북서구권 학계의 구지가·해가사·처용가에 대한 견해들을 소개하며 페테르부르크 사회과학원의 향가 연구자 니키티나 비츠로브나 선녀(仙女) 연구원은 이렇게 말을 이었습니다. 이들 무가(巫歌)는 대체로 유라시아 문화권 전반을 관류할 수도 있는 것이라며, 한반도 문화권에서만 자생해온 게 결코 아님을 거듭 일깨워주었었지요.

아울러 2006년 여름, 내가 한국 땅에 헌화한 철쭉꽃(Eben語, '바굴런')이 버드나무와 어우러져 피기도 하는, 사하(Saxa) 툰드라의 진달래꽃(杜鵑花)이 지고 이어서 피는 '진달래과 식물' 철쭉꽃(躑躅花)임을 식물학자 오용자 교수님(성신여대)께 우송해 검증 받아 확인하고는 매우 놀랍고도 신비롭게 느꼈습니다. 나도 북극해권 툰드라의 철쭉꽃을 사진 찍어 우송해, 머나먼 한반도 이 땅의 직녀(織女) 아씨에게 헌화하는 기쁨을 한껏 누리는 견우 노옹(仙人)이 될 수도 있어서랍니다.

조선, 고려는 '순록유목민의 나라'(국학원 강좌 33회_동영상)
[2015.4.27]

오늘은 외람되게도, Google-주채혁-동영상-'본 강좌'(제목) 클릭으로 시청할 수 있는 나의 한 강좌[세종문화회관 강당, 2005년] 파일을 그대로 소개드리려 합니다.

이미 홍산문화권이라 할 요·심지역 몽골유목사를 기점으로 해서 25년간 몽골유목사학을 문헌사학의 방법으로 연구-강의해왔음에도, 실은 1990년 역사적인 북방사회주의권 개방으로 북방유목권 유목현지 직접진입 감행 이전에는 살아 숨 쉬는 진정한 유목~유목사에 대해서는 유목사맹(遊牧史盲) 수준을 벗어나지 못했던 나 자신의 모습을 되돌아보아서입니다. 이는 한마디로 유목사 현장 답사가 없어서였지요.

물론 유목초지, 유목목초, 유목가축과 유목민에 관한 구체적이고 다양한 인식틀을 익히지 않은 상태에서는 유목사 현지에 가도 이를 제대로 읽어내기 어려운 게 상식입니다. 첨단 진찰기기들 없이 환자를 진료하려 드는 돌팔이 의사와 다를 바가 없는 '눈뜬 장님'이겠기에 말입니다. 이런 문제들로 고민하며 십 수 년 현장답사를 해온 그간의 보고내용을 날 포함한 비유목지대 유목태반 한반도 코리안 시청자들과의 소통을 위해 할 수 있는 한 쉬운 말로 간추려본 현장감이 넘치는 진솔한 강좌 내용이어서, 그간 10년 남짓 지나 다소간에 수정해야 할 부분이 있음에도 불구하고 우선 있었던 그대로의 촌스러운 이 원본을 그대로 출시해보기로 했습니다(물론 인터넷에는 이미 출시된 내용임).

근래 나는 「Chaatang朝鮮이 몽골의 뿌리-순록유목에서 양유목으로」(『한국시베리아연구』 18권 2호, 2014, 153~189쪽)라는 논문을 한편 썼습니다.

기원전 10세기 전후에 철기를 수용해 흑해연안 스텝으로 진출하면서 순록치기(Chaatang)인 스키타이(Scythia)가 단위면적당 생산량이 순록유목보다 6~8배 정도나 더 많은 황금빛 기마 양치기로 비약하는 일대의 유목생산 혁명 과정을 다룬 글이지요. 그 결과 시원유목이라 할 순록유목이 기마 양유목으로 도약하면서 주류 조선-고올리(槁離)의 태반에 한민족 수정란이 배태된 것으로 파악해보게 됐습니다. 그리고 이들이 특히 다·샤오·와이싱안링 남·북·동·서를 중심으로 농목지대 만주 벌판을 아우르며 순록·양 유목제국(Pastoral nomadic empire)을 발전시켜내는 기본 구도를 그려가며 한민족 태반사를 구상해보게 됐답니다.

그런데 북유라시아 순록·양유목지대 스텝·타이가·툰드라와 산성·해도로 이루어진 비유목권 농경 한반도 지대 역사의 상호 소통이 지난함을 실감케 된 것은, 근래 귀국해 이 칼럼을 집필하며 독자들과의 상호담론을 구체적으로 시도해 오면서 부터였습니다. 이로부터 주류 한민족 DNA에 설계돼 온 내적인 시베리아·몽골·만주 유목제국 형성사를, 한반도에 살아 숨 쉬고 있는 나 자신을 포함한 우리 자신의 유전체라는 역사 자산 속에서 유목 현지 유적을 동시에 탐사해 읽어내야 한다는 시대적 과제에 나름으로 직면케 된 셈이지요. 그런 내 고뇌의 시발로 시도된 첫 작품 얼개가 이 동영상강좌인 셈입니다.

지금 다시 보면 어설픈 구석이 없진 않지만 난 이 강좌 동영상을 몹시 귀하게 여기고 있습니다. 10여 년 전 내 심장병 주치의의 치유처방을 막무가내로 뿌리치고 한겨울 부르칸(不咸 : Burqan)-조선류(朝鮮柳) 붉은 가지 버드나무(紅柳) 동산인 한겨레의 종산(宗山)을 복원해내려고 탐사동료와 더불어 미친 듯이 막무가내로 헤맸던 21일 시베리아 겨울기행을 마치고 막 귀환한 60대 중반의, 아직 활기찬 유목사학도의 풍모를 이에 고스란히 간직한 터여서랍니다. 허영호 대장과의 동반 등산 경력도 있는 창조사학회 김영우 교수님(당시 사무국장)과 윤종현 조교가 동행한 제법 험난한 겨울 시베리아 탐사길을 순록·양치기 조상의 가호로 무사히 마치고 귀환한 걸 거듭 감사드리며, 이에 그간 제기된 귀중한 문제들을 할 수 있는 한 동학 동호인들과 함께 고민하며 풀어낼 물꼬를 터보자는 일련의 간곡한 호소가 담긴 몸짓이라 보아주신다면 더없이 고맙겠습니다.

이제 1990년 북방순록·양유목권 개방 이후 유목유적 현지 답사를 하면서 제기된 문제들 가운데, 우리 나름의 눈으로 깨달아본 몇 가지 남다른 관점들을 이 기회에 잠깐 선뵈려 합니다.

우선 유목지대 다·샤오·와이싱안링 일대와 비유목지대 T자형 백두대간이 만주벌판을 중심으로 상호작용하며 창출해낸 동북아시아 유목제국의 창업사에 관한 구체적이고 총괄적인 연구가 우리에겐 태부족한 상태라는 점입니다.

그리고 유목제국은 대체로 순록유목과 순록방목의 경계, 그리고 순록~양유목과 농경지대의 경계 요지에 그 중심부인 수도를 정초(定礎)하게 마련입니다. 유목민의 유목생산기지이자 유목적 기동력과 타격력을 주력으로 삼는 전쟁준비 근거지인 스텝·타이가·툰드라 유목초지는 유목적 기동력을 발휘해 진퇴와 공방을 자유자재로 구사하고 물류의 소통도 원활하게 할 수 있어서라 하겠지요. 중앙아시아나 동북아시아 유목제국의 수도의 경우가 거의 다 그러합니다.

우리가 흔히 오해해온 것과 같이 순전히 유목민으로만 이루어진 제국차원의 유목국가란 본래 없고, 유목제국이란 여기선 유목 주도 농경 통합의 구조로 이루어진 복합구조의 제국을 가리킵니다. 동북아시아사 상에 출몰해온 모든 제국들이 그 전형이라 하겠지요. 이 경우 다싱안링 북부 호눈선원(呼嫩鮮原)을 비롯한 아성(阿城)과 홍산~베이징(元의 大都)이나 원의 상도(上都)는 서아시아 페르시아 고원의 다마스쿠스(Damascus : 셀주크 투르크제국 수도)와 함께 이런 대표적인 유목제국의 수도에 해당한다고 하겠습니다.

헤이룽 강 중상류 제야 강과 눈강(嫩江) 일대의 풍부한 사금(砂金) 산출은 금하(金河)라고 한역(漢譯)되는 알추크하(阿勒楚喀河 : 약칭은 阿什河, 알추크는 여진어로 황금의 뜻으로 여기서 金나라 국명의 유래 가능성 상존) 유역 아성(阿城) 일대의 금나라 창업과 '황금룡'으로 상징되는 심양 고궁의 후금(後金)-청제국을 낳게 하고, 물론 그 과정에서 철기의 본격 수용과 더불어 몽골대스텝에 진출하면서 황금빛 기마 양유목제국을 완성한 팍스 몽골리카를 여는 데에 크게 기여했던 것으로 보인다는 겁니다.

고올리칸(槁離汗) 석인상이 서 있는 싱안링 북부 훌룬부이르 몽골스텝의 슝크(紅) 타반(五) 톨로고이(頭), 싱안링 중남부의 오환(烏桓 : 紅)산, 다리강가 목초지를 내포하는 적봉(赤峰), 홍산(紅山)권은 모두 불함(不咸 : Burqan=紅柳)문화권으로 철생산이 풍부해 철기문화 수용이 상대적으로 늦은 이 일대의 후진 순록치기 선족(鮮族)과 조족(朝族)이 다·샤오·와이싱안링이라는 거대한 삼림의 바다와 드넓고 비옥한 만주벌판을 기반으로 삼아 선진 흉노와 돌궐 기마 양유목세력을 점진적이고 끈질긴 도전과 응전의 적응적 진화과정을 거쳐 서쪽 몽골스텝으로 몰아내고 마침내 몽골-만주를 기본토대로 삼는 세계유목제국을 창출해냈다고 봅니다.

그런가 하면 북극해의 혹한풍(酷寒風)이 북와이싱안링-스타노보이 산맥과 바이칼 호 동쪽 서와이싱안링-야블로노브이 산맥을 감돌아 서북풍으로 휘몰아쳐 내리는 영서의 몽골스텝(原)과 태평양의 동북해풍으로 소용돌이쳐 오르는 영동의 눈강이나 쑹허 강과 만주·요동벌판 기류가 맞받아치는 지대가, 동북아시아 용(龍)의 기원지로 선포된 홍산문화권 요서스텝 사해(査海)라는 겁니다.

맑게 갠 날 이 지대 하늘을 비행해 지나가노라면 탁 트인 찬란한 몽골 쪽 영서의 하늘과 희무끄레한 태평양 쪽 영동의 하늘이 유별나게 차별화돼 다가오지요. 스텝과 스텝 아닌 지대를 가름하는 경계선을 지나고 있다는 신호랍니다. 유목 주도 농경 통합이라는 이 지대 보편의 '유목제국' 개념을 되새기는 가운데 몽골스텝 쪽 영서와 태평양 쪽 영동의 목초(꼴) 성분 차에 주목하며, 그 이전의 북극해 쪽 타이가 툰드라의 공활한 순록유목초지 이끼밭 (鮮 : Honk)과 접맥되는 훌룬부이르 몽골스텝과 눈강(嫩江) 수림툰드라라는, 동북아시아 유목제국의 자궁인 호눈선원의 양초(羊草)와 이끼(蘚 : Niokq)를 선별하는 구체적이고 본질적인 유목목초의 인식문제를 천착하려는 자세가 더욱 더 절실히 요구된다고 봅니다.

내 이 어설픈 강좌 동영상을 시청하면서 상호 소통하는 이런 담론의 물꼬가 조금이라도 수월하게 열려갈 수만 있다면, 내 딴엔 인류사 상 초유의 급변하는 우리시대 험한 시류를 잡아타고 온갖 생태풍파를 헤쳐 나오면서도 한눈팔지 않고 오로지 '유목몽골사' 천착의 일생을 한결같이 살아온다고 애써보기는 한, 이 어쭙잖은 시골 훈장에겐 이보다 더 큰 보람이 없을 듯합니다. 평생을 거의 다 소년 출가한 자식만 바라보며 청상(靑孀)으로 시종타가 귀천(歸天)하신 모친 무덤 곁에서 집필로 일관했던, 일연(一然) 대선사님의 팍스 몽골리카 하 시묘막(侍墓幕)골 여생 조식(調息)이 사뭇 그립습니다.

'대원 주자학'과 충선왕, 안향

주희(朱熹)의 '주자(朱子)'메이커, 대원(大元) 만권당의 심왕(瀋王) '충선'

[2015.5.4~6.8]

일본의 한국병탄 직전, 장물아비가 된 이토 히로부미가 고종에게 도굴품 고려청자를 보여주니까 고종은 Made in Korea(高麗)라는 건 꿈에도 모르고 "그게 어느 나라 제품이냐?"고 물었다는 김태익 『조선일보』 논설위원님의 칼럼기사를, 난 근래 읽은 적이 있습니다.

바로 그 고종이 남송 주희의 대원 '주자'화(「朱子」化)와 관련해 그와 비슷한 경우가 있었더라면 그에게, "망명객 '남송의 주희(朱熹 : 1130~1200)'를 1세기여 후 팍스 몽골리카 하 대원제국의 주자로 일약 글로벌 차원으로 승격시킨 실세인 '심왕(瀋王 : 忠宣)'은 당시의 어느 나라 임금이었더냐?"고 묻는 것 역시 당연지사였겠지요. 고종도 대체로 근래의 어떤 우리 조선성리학 연구자들처럼, 역사적인 대원 주자학이 아닌 초역사적인 윤리적 관념론 '송·명리학(宋·明理學)=주자학(朱子學)'만 회자(膾炙)하는 식의 경연(經筵)을 청강하는 일개 수강생에 지나지 않았을 것으로 보여서랍니다. 제왕? 직선제 하의 그런 한국 경연 내용은 얼마나 더 R&D됐는지요?

흔히 주자학이라는 주희(朱熹) 성리학(性理學)이 주희 당시인 남송시(南宋時)

에 관학화(官學化)한 주자학으로, 이미
등장해 있었던 것으로 착각하는 오류를
범하게 마련입니다. 그러므로 1200년 주
희 사후 100여 년이 지난 뒷날인 대원(大
元) 인종시(仁宗, 1312~1319 재위)에 이르
러서야 비로소, 주자학이 팍스 몽골리카
(Pax Mongolica)를 포괄하는 '예케 몽골
울루스(Yeke Mongol Ulus)' 중앙정부인
원조(元朝)의 대원 주자학(大元朱子學)으
로 이데올로기화한 것임을 직시(直視)해
자각하기란 결코 쉽지 않지요. 대원제국
계층이 '몽골·색목·한인·남인'으로 구
성돼 있고, 제국 말기에 오면 색목이 경
제는 물론 군사력에서도 몽골에 비견하

보르지기다이 에르데니 바타르 교수(내몽골대)의 저서
『팍스 몽골리카와 고려』[혜안, 2009년]. 홍산문화권
이 저자의 고향.

는 실세로 떠오르는 판국이어서, 이를 총괄하는 이데올로기로서의 대원 주자학
이 당시까지는 가장 글로벌한 차원의 세계제국 이데올로기라 할 수 있었다고
나는 봅니다.

　돌이켜보면 세계적인 이데올로기는 당연히 세계제국과 어떤 형태로든 접목
되면서 비로소 글로벌 차원으로 비약하게 마련이었습니다. 불교는 인도사상
최초의 통일국가를 이룬 마우리아 제국 아소카왕(기원전 265경~기원전 238
재위)의 획기적인 불교진흥 정책과, 유교는 한(漢) 무제(武帝, 기원전 141~87)의
치세와 동중서(董仲舒, 기원전 179경~104경)의 출현으로 일약 국가적인 이데올
로기로 자리 잡기 시작해 마침내 기원전 136년 유학이 국교로 선포되는 국책과,
그리고 기독교는 주로 서기 313년에 밀라노 칙령을 통해 로마제국에게 합법적
종교로 승인을 받고 테오도시우스 1세에 의해 국교로 격상되는 일대 사건과
접목되면서 비로소 글로벌 차원에서 급속도로 발전해나가게 됐지요.

　물론 기독교는 주로 1517년 마르틴 루터의 종교개혁으로 비롯된 구교의
태반에서 거듭난 신교의 창출로, 16세기 이후부터의 산업혁명으로 팍스 아메리

카나로 상징되는 해양세계제국의 창업 지향 시세에 동승해 그 포교가 급물살을 탔지요. 그렇다면 한 무제시의 구유교(舊儒敎)가 신유교(Neo-Confucianism)-대원 주자학-당시로서는 세계최대의 글로벌 이데올로기-으로 비약하는 데는, 어떤 극적인 일대의 사건과 접목됐었을까요?

나는 한마디로, 팍스 몽골리카 하 1314~1315년 전후의 대원제국(大元帝國) 만권당(萬卷堂)의 노재지학(魯齋之學) 체제교학화와 더불어 부활한 과거정식(科擧呈式)화 핵심내용으로 이를 정립시키는 대업성취 주도자 쿠빌라이 대칸(世祖, 재위 1260~1294)의 외손자이자 손녀사위이기도 한 심왕(瀋王 : 益智禮普化 : Ijil-buqa, 1275~1326)인 동시에 고려국 임금인 충선왕의 역사적 일대 거보(巨步)를 응당 예의 주시해야 한다고 봅니다.

그이는 사실상의 대원제국 창업자 쿠빌라이 대칸이 이런 대업을 이루기 위해 몸소 시대의 최대 거유(巨儒)로 궁중에서 키워온 황통인 히야드 보르지긴 혈통을 타고난 원대 유자(儒者)로서, 유일무이한 극품(極品) 태자태부(太子太傅)의 자격으로 이 역사적인 일대 사업을 직접 주관해낸 실세 중의 핵심실세이기 때문입니다.

생각건대 같은 '민주주의'라는 용어 개념도 그것을 수용해 쓰는 구체적인 각 시대 각 집단의 성격에 따라 그 실천적 의미는 자유민주주의와 인민민주주의로 판이하게 실체가 다를 수 있듯이 '주희 성리학' 또한 그러할 수 있다고 나는 봅니다. 남송 주희 당시의 성리학과 대원제국 체제교학화 한 주희 성리학인 '노재지학(魯齋之學)'이라는 「대원 주자학」은 실천적 의미에서 구조가 판이한 터에, 후자는 유목몽골관인층의 핵심본질이 철두철미하게 관철돼 있다는 것이지요.

시대를 거슬러 올라가본다면 주희(朱熹)는 그 후 '몽골→ 색목(色目)→ 한인(漢人)→ 남인(南人)'의 서열 중에 가장 하위 서열에 속하는 최후의 망국민 남송인(南宋人)-남인(南人) 출신입니다. 그런데 몽골세계제국 관학화한 대원 주자학인 '대원 노제지학'은 그 화이관(華夷觀)이 주희의 의도와는 달리 남송인 중심 주희 성리학과는 정반대로 '남인→ 한인→ 색목→ 몽골'의 서열을 완벽하게 거꾸로 뒤엎은 '몽골→ 색목→ 한인→ 남인' 서열로 역지배를 겨냥한 국족(國族)

몽골인 중심 세계제국 팍스 몽골리카 지배이데올로기로, 실천차원에서 그들이 구체적으로 완벽하게 당시에 다시 해체해 재구성해낸 것이었지요.

이는 당시에 세계를 제패한 유목몽골 군사귀족관인들의 입장에서는 지극히 당연한 기존 주희(朱熹)식 화이관의 해체와 재구성을 성취한 「대원 주자학」의 실질적 내용입니다. 물론 당연히, 몽골군사귀족의 구미에 맞춰 성인지도(聖人之道)를 이론적 철학적 '궁리'(窮理)의 측면보다는 실천적·윤리적인 '거경'(居敬)을 통한 수기(修己)의 측면을 강조해 이해했는데, 이는 결국 수기(修己)로 수분(守分)하는 북방 유목무력에 기반을 둔 유목몽골 무인관인 중심의 사회적 기능에 초점을 맞춘 '대원 노재지학'-'대원 주자학'의 본질이라 하겠지요.

이처럼 '주희지학'을 「대원 노재지학」화해서 실천 차원의 원대 주자학으로 체제교학화해 이를 과거정식(科擧呈式)의 핵심내용으로 정립시킨 대업을 총체적으로 주관해 이룬 이는, 태자태부(太子太傅) 몽골황족 심왕(瀋王) 충선[王璋]이었습니다.

그리고 이런 원초적 원조 주자학을 고려에 처음 도입한 인물인 안향 자신은 기왕에 쿠빌라이 대칸이 직접 임명한 팍스 몽골리카체제 하의 대원 정동행성(征東行省) 유학제거사(儒學提擧司) 고려국 유학제거로, 엄연한 쿠빌라이 대칸의 신하였지요. 뿐만 아니라 그의 스승 유경(柳璥, 1211~1289)은 바로 항몽무력(抗蒙武力) 최씨 무인정권을 뒤엎고 항몽(降蒙) 왕정복고(王政復古) 역쿠데타를 주도한 문신의 영수였답니다.

1286년 '노재지학'-'대원 주자학」을 2세기 반 후인 1542년, 고려에 처음 도입한 안향의 영정을 봉안한 사당을 짓고 동편에 백운동서원을 세운 조선조 중기의 주세붕. 당시는 대원 노재지학-'조선조 주자학'의 원형이 아직 상당히 건재했던 듯하다.

그런가 하면 『역경(易經)』의 「대재건원」(大哉乾元, '크도다 건원의 양기여!')에서 딴, 동북아시아사 상 최초로 이념적 내용을 담은 '원'(元)을 제국 국명으로 삼은 몽골인이었습니다. 뿐만 아니라 '공자'를 비로소 '대성지성문선왕(大成至聖文宣王)'이라 지극히 높여, 유교권(儒敎圈) 역사상 일약 가장 고귀한 지존(至尊)의 만세사표(萬世師表)로 처음 추숭(追崇)되게 하기도 한 대원제국입니다. 그런데도 정작 '대원(大元)'을 오랑캐(持弓者)로만 치부해 아예 거세해버린 탈(脫)역사적 존재인 '송·명리학식 조선조 주자학' 이해만이, 아직도 철지난 과거시험식의 족집게 정답이어야 하다니요!

물론 '한족의 방법으로 한지를 다스린다'(以漢法治漢地)라는 식민현지 지배원칙을 엄수한 몽골지배층 나름의 특이한 식민지배원리가 이데올로기 차원에서 관철된 것이겠지만, 심왕(瀋王) 충선의 주희(朱熹)식 화이관 등의 해체와 재구성을 통한 대원 주자학화 작업의 승계 완성 및 쿠빌라이 대칸 휘하 안향(安珦)의 직접적인 '노재지학'의 고려 도입이 긴밀히 상호 침투되며 '대원 주자학'의 기틀이 다져져온 점을 염두에 둔다면, 비록 시대 차는 있지만 지구상에서 오늘날의 몽·한 양국 국기에만 유별나게 동일한 태극문(太極紋)이 아로새겨진 것이, 결코 우연만은 아닐지도 모른다는 겁니다.

실로 '대원 주자학'은 몽골군사귀족관인의 생존 본질에 부합되는 유목군벌통치 수성단계(守成段階)의 대몽골제국(Yeke Mongol Ulus) 이데올로기로서의 적합성을 보장하는 것으로, 몽골제국뿐만 아니라 대원제국이 망하고 근 백년 이래의 몽골 옷치긴왕가 고려계 군벌가문 출신으로 고려에 귀환해 군사 쿠데타를 통해 창업한 이성계(李成桂, 재위 1392~1398)의 조선조에게도 절실한 지배이데올로기였다고 하겠지요.

항몽전쟁에서 승리하여 대원을 축출하고 명조를 창업한 주원장의 명나라와도 다르게, 급변하는 동북아시아 정국 속에서 몽골인으로 태어나 대원제국 말기 싱안링·만주·T자형 백두대간에 걸친 최강 실세인 옷치긴왕가의 기반을 사실상 나름대로 승계하면서도 유연한 적응적 진화과정에서 여러세력 진영에 그 출입이 무상했던 이성계 조선조의 경우[박치정, 『和寧國王 이성계』, 도서출판 삼화, 2015 참조]는 더더욱 그러했으리라고 본다는 겁니다.

그래서 안향이 1286년에 고려에 처음 도입한 이 '대원 주자학'-'노재지학'은 그 후의 고려조에서는 물론 조선조에서도 1542년에 주세붕(周世鵬, 1495~1554) 당시까지만 해도 조선조 주자학의 실체로 상당히 건재했다고, 근래에 작고한 김준석 교수님(연세대 사학과)은 추정해보고 있었던 듯합니다.

그러니까 2세기여 이후 그간 다소 느슨해진 그 본질을 다시 추스르려고 주신재(周愼齋)가 그 당대에 유목 주도 농경 통합이라는 동북아시아 중심 유목몽골세계제국(Pastoral nomadic Mongol world empire) 팍스 몽골리카를 완성한 사실상의 대원제국 몽골 태조라 할 쿠빌라이 대칸의 대단한 후광을 직접 받았던 한 시대의 거물 유자(儒者)인, 고려와 조선조 주자학의 원조(元祖) 안향(安珦)의 영정을 새삼 봉안한 사당을 짓고 바로 동편에 백운동서원(白雲洞書院)을 설립해서 조선조 서원(書院)의 초석을 깔아놓을 그 무렵까지도 '노재지학'-'대원 주자학'의 북방 유목몽골적 기풍이 상기 살아 있었을 거라는 거지요.

실은 논문으로 이미 써낸 글(주채혁, 「元 萬卷堂의 魯齋之學 몽골官學化 주도와 元朝 朱子學의 擡頭」, 『몽·려활겨레문화론』, 혜안, 2011, 178~272쪽)이지만, 칼럼의 성격 상 앞으로 인물 중심으로 좀 더 구체적인 스토리텔링을 해내보려 합니다.

1) 허형(許衡, 1209~1281)-남송 주희(朱熹, 1130~1200) 성리학의 노재지학화(魯齋之學化).

2) 심왕(瀋王) 충선(忠宣, 재위 1298, 1308~1313)- 대원 만권당(萬卷堂)과 '노재지학'의 대원 주자학(大元 朱子學) 승격, 적진중 이제현(李齊賢, 1287~1367)의 만권당 관계 중대 사실(史實) 사수 분투.

3) 안향(安珦, 1243~1306)의 대원 주자학 고려 도입-몽골유목적 기상의 퇴행과 후기 조선조 주자학의 탈'노재지학'적 성향 심화 조짐.

고려말·조선조 주자학을 대원제국에서 처음 고려에 도입한 이가 안향이라는 점에 이의를 제기할 이는 없습니다. 그런데 그이가 대원제국에서 직수입한 실천 차원의 주자학은, 북방 요·금·원의 남침 기류에 쫓기던 남송 당시의 주희지학(朱熹之學)도 당연히 대원제국 몽골태조라 할 쿠빌라이 대칸 휘하인 그이가 타계한 후인 명조의 주희지학도 아닌 주로 국족(國族) 유목몽골 관인층의 정복지 남송지배를 겨냥해 기존 주희지학을 해체-재구성해낸 '노재지학'-'대원 주자학'이라는 사실은 너무나도 자명하겠지요.

그럼에도 불구하고, 허로재(許魯齋) 허형(許衡, 1209~1281)과 그가 국족(國族)

유목몽골족을 중심으로 망송(亡宋) 주희(朱熹, 1130~1200)의 성리학을 해체-재구성해 특히 「남인'→ 한인→ 색목→ 몽골」의 서열이라 할 주희의 기존 화이관(華夷觀)을 「몽골→ 색목→ 한인→ '남인'」서열로 정면으로 역전시키면서, 유목몽골 관인 층의 구미에 맞게 궁리(窮理)보다 거경(居敬)을 위주로 하는 이른바 「노재지학」으로 재편성해 대원제국의 체제교학화 해낸 것이 '대원 주자학'이고, 바로 그 대원제국 주자학을 안향(安珦, 1243~1306)이 고려말에 고려에 직수입할 수밖엔 없었음을 아는 조선조 주자학 연구자는 매우 드물어 뵙니다.

실로, 허로재는 대원제국 몽골태조 쿠빌라이 대칸의 잠저구려(潛邸舊侶)인 원 일대의 유종(儒宗)입니다. 이처럼 대원(大元)의 유종(儒宗)으로 추존(追尊)된 노재 허형의 노재지학(魯齋之學)의 존재조차 모르는 한국의 지성인들이 대부분이라는 현실은 분명히 기현상 중의 기현상이라 하겠습니다. 대원제국 제도권 유학계에서는 원 일대에 내내 거의 독보적인 절대적 존재인 거유(巨儒)로 군림해온 그였기에 더욱 그러 합니다.

몽골정권이 주희지학을 처음 접하는 것은 1235년 몽골군의 남송경략 과정에서입니다. 당연히 그 당시에는 몽골정권이 도(道)·석(釋)·의(醫)·복사(卜士)와 같은 기능인 차원에서 유자(儒者)를 필요로 했을 따름이지요. 물론 이때 붙잡혀온 조복(趙復)을 통해서 요추(姚樞)·두묵(竇默)이나 허형과 같은 뒷날의 몽골정권 관학파의 주도자가 나오기는 하지만 몽골정권 관학으로서의 주희 성리학을 주희지학(朱熹之學)이나 조복지학(趙復之學)이라고 하지 않고 군이 허형의 학문-허형지학(許衡之學) 곧 노재지학(魯齋之學)이라고 하는 까닭은, 그것이 몽골의 금과 남송 등을 지배하는 과정에서 이들 점령지 통치를 위한 유목몽골 군사귀족의 구체적인 요구에 맞춰 이를 해체해 그 나름으로 걸러 국족 몽골중심으로 재구성해 낸 상태로 실천차원에서 활용했기 때문이라고 하겠습니다.

한 가지 분명히 짚고 넘어가야 할 것은 애초에 주희지학의 북전(北傳) 곧 몽·원제국 수용의 주역을 맡았던 이 남송의 유자(儒者) 조복은 몽골군에게 9족(九族)이 도륙당하고 본인도 자살을 기도하다가 몽골군에게 생포돼 자살마저도 미수에 그친 참담한 처지에서 그 역할을 수행했다는 겁니다. 뿐만 아니라, 그에게서 이를 전수받아 몽·원제국 체제교학화를 주도한 양유중(楊惟中,

1205~1256), 요추(姚樞, 1203~1280)와 그의
조카 요수(姚燧, 1238~1313)·두묵(竇默,
1196~1280)·허형 등은 당시에 중국의 이
학(理學)을 주도했던 남송 유자와는 달리
정복왕조 금 치하에서 종사해온 한족(漢
族) 지식인들이었지요. 이들은 몽골 침공
하에서 조복을 알기 전에는 뒷날 남인(南
人)이 되는 남송 유자의 이학에는 거의
무지한 뒷날의 일개 북방 한인(漢人) 유자
일 따름이었답니다.

이이들 가운데 허로재는 대원제국 몽
골태조 쿠빌라이 대칸의 잠저구려(潛邸
舊侶)인 원 일대의 유종(儒宗)으로 일컬
어지는 거목(巨木)으로 일약 원대 관학의
대들보가 됐지요. 그 후 이 허형 일파의
학풍이 요수를 중심으로 쿠빌라이 대칸
의 외손자이자 증손녀 사위인 태자태부
(太子太傅) 심왕(瀋王 忠宣) 휘하의 '대원
만권당'에 그대로 직접 전수된다는 점이
매우 중요합니다.

노재(魯齋) 허형(許衡). 주희 당시인 남송시나 원·명혁
명 후에 명조에, 중원에서 직수입된 주희지학이 결코
아니고, 쿠빌라이 대칸이 몸소 임명한 정동행성 유학제
거사 고려국 유학제거 안향(安珦)이 직접 도입한 '대원
주자학' -「노재지학」이 고려·조선 주자학의 원형이
다. 그래서 이는 당연히 실천차원에서 '몽골'·색목·한
인·〈남인〉 서열의 화이관(華夷觀)으로 철저히 기존
주희지학(朱熹之學)이 해체 재구성된, 북방 유목몽골
관인집단 중심 본질이 내외로 관철된 북방 허로재(許
魯齋)류의 '대원 주자학'-신유학(Neo- Confucianism)
일 수밖엔 없었다. 허로재는 대원제국 몽골태조 쿠빌
라이 대칸의 잠저구려(潛邸舊侶)인 원 일대의 유종(儒
宗)이다.

이를테면 한식(漢式) 방법으로 한지(漢地)를 다스린다는 '이한법치한지(以漢
法治漢地)' 차원에서 유목몽골 군사귀족관인 집단이 "한(漢)의 이데올로기로
점령한 한민(漢民)을 다스리게" 재정비된 주희지학(朱熹之學)이 '노재지학'이라
고 할 수 있습니다. 실은 주희의 망명 조국 남송에서조차 1197년부터 한때
경원위학(慶元僞學)이라 하여 잠시 버려졌던 주희 성리학이기도 했었지요.
그런 주희지학이 그의 의도와는 상반되게 도리어 남송의 식민지화를 촉진하고
그 식민지지배 토대를 견고히 하는 이데올로기로 역이용되는 차원에서, 역사상
처음으로 도리어 침략자 유목몽골 군사귀족정권의 관학으로 빛을 보게 된

셈이지요.

사실상 이는 인도사상 최초의 무자비한 통일군주 마우리아 왕조의 아소카왕의 불교 공인 사례를 잠시 접어 둔다 하더라도, 예수를 십자가에 못 박아 처형한 사실상의 실세인 로마제국이 도리어 예수교를 국교로 삼은 사례나 가까이는 정적 정몽주를 무참하게 살해한 이방원 조선조 태종정권이 그 후 그를 만고충신으로 추앙케 떠받들어 중앙집권적 왕권강화에 이용했을 수도 있는 경우와 별로 다를 바가 없는 측면도 있겠지요. 실로 원 만권당의 주자 메이킹 거대 프로젝트는 인류사상『집사』(라시드 앗 딘 저서)라는 세계사를 최초로 쓰게 한, 색목인(色目人)이 국족 몽골 다음 서열인 한·남인 위에 동참한 팍스 몽골리카 하의 더욱 스케일이 큰 그런 드라마틱한 이 나름의 일대 연출이었을 뿐일 수도 있으니까요.

그러므로 당시의 역사발전에 비추어 '노재지학'의 실천적 내용 분석을 구체적으로 엄밀히 하는 것은 매우 중요한 일이라 하겠습니다. 이는 물론 경전(經典) 그 자체보다는 그에 대한 실천차원의 구체적인 해석 경향을 당시의 시대상황 전개에 비추어 상세하게 검토해낼 필요가 있다는 말입니다.

한마디로 따라서 당시에 안향이 실제로 수용한 실천차원의 구체적인 주희지학은, 주희가 아직 생존했을 경우에 그가 망송(亡宋)의 부흥을 위해 기여하기를 바랐을 수가 있는 조국 남송 중심의 주희지학이 전혀 아니고, 더군다나 후세의 주자학자들이 탈(脫)역사적 관념체제로 추정해 정리해본 이른바 송·명리학류(宋·明理學類)의 주희지학일 수도 도저히 없었으니 오로지 대원 주자학의 중핵인 허형의 '노재지학'일 수밖엔 없었다는 겁니다.

원대 사상계의 일반적인 경향대로 원말·명초 경에 이르면 남인의 이학이 다소 부상하고 '노재지학'에서도 주륙융합(朱陸融合)의 추세를 볼 수 있기는 하지만, 주희의 '격물궁리(格物窮理)'를 통해서든 육구연(陸九淵)의 '발명본심(發明本心)'을 통해서든 '대원 노재지학'이 체험하고 획득하려는 천리(天理)는 역시 유목몽골 군사귀족과 이에 영합하는 지주 사대부계급의 이익을 반영하는 삼강오륜(三綱五倫)이었지요. 망송(亡宋) 남인류의 항몽(抗蒙)적인 불온한 이학의 국내외 유포가 철저히 엄금됐음은 물론이겠습니다.

대원제국 당시에 고려에 수입된 경서를 분석·연구한 서지학자 고 김상기 박사님에 의하면, 90% 이상이 송간본(宋刊本)이 아닌 원간본(元刊本)이고 그것도 강남 남송간본(江南 南宋刊本)이 아니고 강북 한지간본(江北 漢地刊本)이라고 합니다[1988년 겨울에 연세대학교 중앙도서관 연구실에서 대담]. 이런 추세는 조선조 세종대에 들어서까지도 별다른 변화를 보이지 않는다고도 했습니다. 이는 당시에 고려 유자들이 수용한 주자 성리학의 성격과 관련하여 매우 중요한 의미를 갖는 통계수치라 하겠는데, 이에 관해 박양자·황재국 교수님도 대체로 이 견해에 동조하고 있는 것으로 보아, 안향 당시에 처음 도입된 고려~조선조 주자학의 원형은 탈(脫)역사적인 '송·명리학'이 결단코 아니고 당시의 엄중한 시대상황으로 보아 구체적이고 실천적인 엄밀한 역사성을 갖는 '노재지학'을 핵심으로 하는 '대원 주자학'일 수밖에 없음을 이에 새삼 확인케 됩니다.

연몽(聯蒙) 역쿠데타로 무신정권을 타도한 왕정복고파의 문신 영수 유경(柳璥)의 제자 안향이 1286년에 연경에 가서 정동행성 유학제거사가 되어 사실상의 대원제국 몽골 태조라 할 쿠빌라이 대칸에게 '대원 노재지학'이라 할 '대원 주희지학'을 고려에 도입하는 임무를 부여받았습니다. 이에 앞서 1274년엔 충렬왕이 쿠빌라이 대칸의 딸, 황태자 짐킨(Jimkin)의 이복여제 쿠투룩켈미쉬(KhudulughKelmish) 공주와 결혼해 1275년 이질부카(王璋, 뒷날의 藩王- 고려국 충선왕)를 낳았지요.

이 양대 사실은 양국관계를 정복-피정복관계에서 종번(宗藩)관계로, 다시 종번관계에서 인척관계로 일변케 하면서, 양국 간에 일정한 분업과 협업관계의 기틀을 잡는, 그 후의 몽골-고려관계의 성격과 공동과업을 결정한 핵심 사건이 됐다고 할 수 있습니다. 이 사건들을 축으로 주로 상호작용하면서 그 후의 관계가 이루어져가서 입니다.

이질부카 심왕은 이처럼 쿠빌라이 대칸의 피를 수혈 받은 황금씨족 혈통인데다가 다시 쿠빌라이 대칸의 황태자 짐킨→ 그의 장자 감말라로 이어지는 선에서 감말라의 공주 보타시린(Botasirin)을 왕비로 맞은 정통 중의 정통황족 황금씨족(Altan urug)-로열패밀리의 핵심 구성원이 됐습니다.

　쿠빌라이 대칸의 황태자 짐킨(1234~1285)은 한법(漢法)으로 한지(漢地)를 다스린다는 차원과 궤를 같이하는 주희지학의 노재지학화라 할 정책을 너무 급격히 밀고 나가다가 원조 주자학의 대두 과업 수행을 위해 제물로 순교당했고 바로 그 짐킨 황태자의 비(成宗 母)인 발리안 예케치는 뒷날의 고려국 충선왕이자 대원제국 번왕(藩王) '심왕'이 되는 왕장에게 짐킨의 과업을 이어받아 주희(朱熹)의 주자(朱子) 메이커로서 소명됐다는 상징성을 갖는 것으로 뵈는 '이질부카(Ijil-buqa)'라는 몽골이름을 지어줬지요.

　그 후 장성한 이질부카는 이처럼 쿠빌라이 대칸의 외손자이자 증손녀 사위로 대를 이어 겹사돈관계를 맺어 적계혈통인 인척이 되면서, 동시에 이렇게 하여 지구생명체지도 상에서 중원과 차별화되어 구북아구(Palearctic)대에 속한 한반도 특유의 농목국가로서의 고려 나름 유교 경학(經學)의 수준 높은 전통을 배경삼아 그이들의 시대적 소명인 주희지학의 노재지학화 완성 및 그 과거 정식(呈式) 핵심내용으로의 정착 과업을 떠맡는 핵심 주역이 되게 몽골궁중에서 교육·훈련 받으며 성장해 우뚝 서게 됩니다.

　허로재는 대원제국 몽골태조 쿠빌라이 대칸의 잠저구려(潛邸舊侶)인 원 일대의 유종(儒宗)으로 기존의 주희지학을 해체해 재구성해서 노재지학을 정비해냈는데, 내용의 핵심은 물론 항(抗)유목무력적 남송 중심 이념체계를 거꾸로 뒤집어 국족 몽골 중심의 정복지 현지 지배체계 구축의 이론체계로 재구성하는 골격이어야 했겠지요.

　항몽적인 남인의 이학(理學) 연구와 개발이 엄금된 것은 당연하고, 그런 남인 사대부의 생존 토대를 헐어버리려고 심지어는 정관(正官)인 사대부 관인층의 자리를 실무 기능직인 수령관(首領官)으로 뒤바꿔치기까지 하는 '수령관제도'를 정착시키는 엄혹한 판국에서 역사의 무중력상태에서의 남인 이학 연구 개발 성과의 국내외 자유 소통이 허용됐으리라 가정해보는 일은 아주 터무니없는 공상이겠지요. 이 시기 문익점 선생님의 목화씨 고려 수입 산업스파이질 일화가 이를 새삼 일깨워줍니다.

　정복지 현지 나름의 신앙의 자유가 허용되고 그 현지의 이데올로기 관행[以漢法治漢地式]을 존중했다지만 이는 어디까지나 국족 몽골의 식민 지배를 온존·강화해주는 차원에서만 가능했겠지요. 실로 팍스 몽골리카 누리에선 근래 해양 세계제국시대의 획일적인 제국주의적 이념지배체제 차원보다 훨씬 더 고차원적인 통제기제가 작동한 셈이라 하겠습니다.

이질부카는 쿠빌라이 대칸의 외손자이자 종실부마(宗室駙馬)이고 또 그 후예인 카이산칸 무종(武宗)을 옹립한 대공신이었기 때문에 다른 제왕(諸王)의 경우와도 달랐지요. 그래서 특별히 몽골칸의 황자들에게만 주는 일자왕호(一字王號)로 심왕(瀋王) 칭호를 받았습니다. 몽골칸의 직할령 안에 그것도 대도(大都 : Beijing)-심양(瀋陽)-송도(松都)-탐라도(耽羅都)라는 4거점을 연결하며 대원제국의 중앙집권화를 확보하는 데에 가장 긴요한, 최강의 당시 만주를 군사·경제적으로 장악하는 핵심요새인, 고구려 전성기의 수도였을 수 있는 요·심(遼·瀋)지역을 봉지로 분봉 받았답니다. 고려국왕 충선임금(이질부카)이 번왕(藩王)인 심왕을 겸직한 데는 몽골칸의 이런 의도가 잠재해 있었다고 하겠습니다.

이질부카가 무종을 계승한 인종(仁宗)이 권한 우승상직까지 수용했다면 이를 중심축으로 하는 대원제국의 중앙집권화가 아주 다른 차원으로 수행돼 갔을 가능성도 있었을 듯합니다. 아마도 그랬더라면 지금쯤 대청제국처럼 그 후 고려도 동북아시아 거대제국을 이룬 뒤에 역사지도 상에서 사라지는 경우가 됐을지도 모릅니다.

그렇지만 마침내 그는 개부의동삼사 태자태부 상주국 부마도위(開府儀同三司 太子太傅 上柱國 駙馬都尉)도 수여받았지요. 태자태부나 상주국이 모두 정1품 이상에 속하는 관직 또는 훈계(勳階)입니다. 심왕(瀋王)이라는 왕의 작위도 정1품에 해당하는데, 심왕은 중서성에 들어가 대원제국의 정사(政事)를 직접 참의(參議)케 했지요.

심왕은 당시의 세계몽골제국 중앙 최정상부의 험악한 생태를 실감하고 그 적응적 진화를 고려했음인지 아니면 인류사의 가치중심을 가늠해내는 이념정립작업의 소중함을 더 절감했음인지, 최고위 행정 실권직 우승상직은 짐짓 사양했지요. 다만 그가 당시에 대원제국 황제 밑에서 맡을 수 있는 최고위 실권직이나 가장 높은 작위 및 훈계는 다 맡을 수 있었음을 확인케 됩니다. 일개 '번방소국'(藩邦小國)의 「고려국왕」주제에 실로 참람(僭濫)된 일이 아닐 수 없었다고 태자태부 심왕이 채용한 한인(漢人)인 태자소부 요수가 뒤에서 꿍얼댔지만 이는 실로, 엄연한 사실이었지요.

일정하 민족사가 신단재(申丹齋)를 방불케 하는 팍스 몽골리카 누리 당시대의 열혈 한민족사가 이익재(李益齋)를 제외한 대부분의 그 시절의 고려인은 지금 우리가 우리를 보듯이 우릴 내려다봤고, 한인들도 덩달아 그렇게 고려인을 보았겠지요. 망금(亡金) 한인(漢人)의 그 제국은 한때 동북아시아 군사 최강국이었기 때문입니다.

그런데 그런 요수마저도 당시의 이질부카 심왕만은 팍스 몽골리카체제 안에서 유일무이하게 자기의 영토와 영민에 대한 징세권과 징병권을 확보하도록 허용된 독자적인 고려국왕이자 대원제국 내지 직할령 내에 최대 요새지인 만주벌판을 좌우하는 요·심지역을 분봉 받은 번왕인 '심왕'으로 상상(上相)인 우승상직권을 넘나드는 실권자로 대원제국의 정사를 참의할 수 있는 엄연한 실세 알탄우룩의 핵심구성원으로서의 위상을 확보하고 있다고 찬양했지요. 물론 태자소부인 자기의 직속상관 대원제국 황족 태자태부 '심왕'을 드높이는 아부성 시문[요수, 『목암집』 권3, 「고려심왕시서」]에서 이기는 했지요,

그래서 칭기스칸의 황자(皇子)나 그 직계 황손에게나 주어졌던 4한국 칸과 같은 위치 — 외손계 고려국 칸격 — 에 있었던 것이라 할, 고려국의 국왕(Gooli khan)이면서 동시에 대원제국의 직할령 안에서 번왕 심왕으로 봉해지기까지 했습니다. 이에는 1258년 상양(襄陽)에서 고려태자 왕전(王倎 : 뒷날의 元宗)을 맞을 적에 쿠빌라이가 그를 왕(王)씨 고구려가 아닌 당태종의 백만대군을 물리친 전설적인 고(高)씨 고구려의 태자로 맞았던 것으로 보아, 몽골-맥고리(貊槁離)와 고구려 곰고리(熊槁離)설을 상기하기라도 하듯이 그는 당시에 그의 조상 톨루이의 분봉지 에르구네 일대의 상기 현존하는 몽골·고려 분족(分族) 전승을 인식토대로 깔고 있을 수도 있었을지 모릅니다.

그러나 물론 무상한 정변으로 그의 막강한 격위(格位)가 오래 가는 것은 아니었지요. 그렇지만, 적어도 그동안에 궁사부(宮師府) 심왕관저(瀋王官邸)에 태자태부의 자격으로 대원 만권당(萬卷堂)을 열고 주로 궁사부 태자소부 요수를

비롯한 북방 관학파 거물들을 휘하 궁관(宮官)으로 부려 주희지학을 국족 몽골중심으로 그 화이관(華夷觀)을 개편한 노재지학을 실천적 내용으로 삼아 몽골세계제국의 체제교학(科擧入仕 텍스트化)으로 거듭나게 해서 '원조 주자학' 으로 대두케 하는 기본토대 구축화를 가동시켜낼 수는 있었습니다.

그래서 놀랍게도 사상 최초로 원조 주자학을 과거 정식(呈式) 핵심내용으로 삼는 과거 입사(入仕) 시험을 삼엄한 유목몽골군부 주도 중의 팍스 몽골리카 체제하에서 획기적으로 부활시키는 이 극적인 몽골 세계제국 이데올로기 창출과정을 수행해 내는, 이런 역사적인 기간 동안(1314~1315)만은 그런 조건이 충족됐던 것 같습니다. 정녕 원(元) 일대(一代)의 유자(儒者)로서 누구도 누려보지 못한 지위와 몽골황족 핵심 실세로서의 실권을 슬기롭게 휘두르며, 이런 장엄한 일대의 과업을 수행해냈던 것이라 하겠습니다.

대원 만권당을 중심으로 하는 '노재지학' 관학화 차원에서만 보면, 충선왕을 고려왕이라기보다는 아예 차라리 색목인을 포용할 아수(Asu)족 백인피까지도 모계를 통해 수혈받은 팍스 몽골리카체제 하 몽골 직할령 몽골 내지의 몽골인 제왕(諸王) 이질부카 심왕(瀋王) 대원 '태자태부'(太子太傅)인 「몽골황족」으로 봐야 할지도 모르지요.

유목 상족(商族) 기원 은(殷)의 초기 중원지배틀은 사실상의 청동기시대 시원단계의 목·농통합형 유목제국이고, 유학(儒學)은 그후 철기시대에 들어 춘추전국시대라는 역사적 용광로를 통과하면서 진·한제국에서 나름대로 결실된 그런 유목제국 통치 이데올로기라는 성격이 매우 강하다고 생각합니다.

그래서 문인관료를 선발하는 시험제도인 과거(科擧)가 실은 수·당시대와 당말·오대·송초 변혁기를 거쳐 북방유목몽골로이드의 유목무력(遊牧武力)이 중원의 농경민족을 정복·지배하는 효율적인 지배체제로 정착되는 대원 유목 몽골제국 창업·수성 과정에서 거듭 다시 났고, 그 과거 정식인 이데올로기의 기틀인 유학엔 당연히 이를 뒷받침하는 생태 적응적 진화 차원에서 그 해체와 재구성을 해내온 특성이 짙게 배어나 있다고 봅니다.

그러므로 그것이 북방 유목몽골로이드의 유목무력이 중원 농경지대를 정복해 유목제국(Pastoral nomadic empire)을 창업하고 수성단계(守成段階)에 들면서 본격적으로 정비된 것이라 하겠지요. 그렇다면 특히 위진남북조시대의 역사적 결실이라 할 수·당대를 거치고 다시 그 해체와 재구성 과정을 거쳐 당말·오대· 송초 변혁기 이래의 발전으로 팍스 몽골리카체제 차원에서 그 나름으로 완성단 계의 결실을 이룩한 것이 몽·원제국이라 한다면, 대원제국에 이르러 유목세계 제국사적인 차원의 체제교학으로서의 지배이데올로기 '대원 주자학'이 대두된 것은 매우 자연스러운 역사의 순리라 할 수 있으리라 봅니다. 최소한 기독교 구교에 대한 신교에 상당하는, 구유교에 대한 신유교의 이데올로기 혁명이 구체적으로 이때 완성-정착됐던 터라 하겠지요.

그러니까 대원 주자학은, 기원전 10세기 경 흑해 동북안 스텝 철기로 무장한 스키타이족(鮮族)의 황금빛 기마 양유목생산 혁명이 기원후 14세기경에 에르구 네 선원(鮮原) 자장권에서 이룩한 북유라시아 유목제국사 상의 통치 이데올로 기적 일대 성과의 총결실이라고 정리할 수 있을지도 모릅니다.

그리고 지구생명체지도 상에서 중원과는 상당히 차별화되어 한반도 특유의 구북아구(Paleartic)대에 속한 북방유라시아와 밀착된 터(B G Holt et al.이 『Science』 2013, 74~78쪽에 발표한 Genetic realms and regions of the world에 실린 생명체 유전자 지도)에 그런 유목DNA가 비교적 온전히 보존돼온 농목권 고려의 유학-경학이 이를 주재하는 것 또한 자연스러운 듯합니다.

그 화룡점정(畵龍點睛)이라 할 과업은 당연히, 망송(亡宋)의 주희지학이 노재 지학으로 재편된 것을 대원 만권당에서 경서에 박식한 고려국 거유 태자태부 심왕의 주관 하에 다시 손질해 과거 정식의 핵심 내용으로 맨 처음 정착시켜낸 이질부카 심왕-고려국 충선왕의 족적을 더듬어 올라가면서 확인될 수 있겠지 요. 과거취사(科擧取士)의 텍스트화 한 「대원 주자학 관계서류」가 비로소 주희 의 주자 메이킹 결정적 대업을 이룬 것이어서 입니다.

명대에 들어 주희를 주자로 통칭했다고 얼버무려 넘기는 이른바 유교종주국 현대 한족 유자들도 있지만, 제국명을 유교 바이블 『주역』에서 따내고 '공자'를 '대성지성문선왕(大成至聖文宣王)'이라 지극히 높여, 유교권(儒敎圈) 역사상 일약 전무후무한 지존(至尊)의 만세사표(萬世師表)로 처음 추숭(追崇)한 사례가 소위 중원 한족 국가 사상에 일찍이 더 있어본 적이 있었던가요? 로열패밀리 태자태부 심왕이 직접 나서 사상 처음으로 노재지학화한 주희지학을 고려 경학의 눈으로 손질해 과거 정식의 핵심으로 맨 먼저 정착시켜낸 사례는, 오로지 '대원 만권당'의 이 역사적 과업에서만 확인됩니다.

물론 이 시기 과거 취사의 비중은 다른 전통 중원왕조에 비해 보잘 것 없었지만, 그러나 이때 비로소 유학사상 '노재지학-대원 주자학'이 맨 처음으로 과거 정식의 핵심내용이 된 것은 엄연한 사실이지요.

그리고 이렇게 관학화한 '노재지학-주자학'이 명초(明初)에 유기(劉基)가 팔고문체(八股文體)를 제정해 사자진신(士子進身)의 고문전(敲文磚)을 삼은 이래, 명·청대를 거쳐 근 600년간 방대한 문인 관료체제 운용의 기본틀이 됐습니다. 그러므로 노재지학이 주희지학에서 그것이 실천차원으로 팍스 몽골리카체제에 합당하게 개편돼 유래된 터에, 이런 대세를 타고 몽골세계제국 중앙정부 대원조정의 위광을 등에 업고서야 비로소 일약 대원 주자학 차원으로 격상된 것이라 하겠습니다.

이는 물론 대원제국사 시대에 성립된 행정제도로 그후 그 근간을 이루어오고 있는 대원 행성제도(大元行省制度)의 발전과 더불어 장기간에 걸쳐 뿌리를 내리면서 굳건히 정착되기에 이르렀으므로 1235~1368년이란 134년간의 태반기라 할 당시의 팍스 몽골리카체제 하에서 이를 뒷받침하는 이데올로기 구축작업과정에서 대원 만권당을 뒤이어 선 규장각(奎章閣)→ 선문각(宣文閣)→ 단본당(端本堂)의 뿌리라 할 대원 만권당(萬卷堂)을 기축으로 하는 노재지학의 체제교학화 사업은 획기적인 역사적인 의미를 함축한다고 봅니다. 진실로 기독교가 수성기(守成期) 팍스 로마나 하 로마제국의 수요에 상당히 부응하면서 인류사 상에 크게 부각되기 시작했듯이, '대원 주자학-신유교(Neocnfucianism)' 또한 팍스 몽골리카 하에서 그러하였다고 하겠습니다.

그럼에도 불구하고 이처럼 이질부카 심왕의 '원조 만권당' 중심의 이런 관계거대족적이 그간 거의 철저히 소외된 까닭은, 무엇보다도 원·명(元·明)혁명으로 몽골 제왕(諸王)인 이질부카 심왕(藩王)-고려국 충선임금→ 몽골군사귀족관인→ 색목관인→ 한인관인→ 남인관인의 서열이 거꾸로 뒤집혀 명조의 옛 원조 '남인관인' 출신 천하가 열렸기 때문이겠지요. 그래서 원대의 남인 출신 유자들이 『원사』를 편찬할 때 이질부카 심왕 관계기사는 가차 없이 지워 없애는 역사 왜곡을 단행했던 것이라 하겠습니다.

본래 근 백년간의 고려계 몽골군벌 출신이어서 몽골국적으로 태어난 이씨 조선의 창업주 이성계의 경우도, 일단 고려국에 귀환한 후엔 반원친명(反元親明)의 기치 하에 고려 왕씨 왕정에 대한 쿠데타를 일으켜 성공한 터였습니다. 그러므로 명초 옛 남인관인 출신 유자들이 득세하는 원·명혁명 정국 하에서 당연히 팍스 몽골리카체제의 이데올로기적 정초과정에서의 대원 만권당의 획기적인 역사적인 기여를 통한 세계사적인 차원의 대원 주자학 대두와 그 사업을 이끈 걸출한 총체적 주도자 대원제국 태자태부 이질부카 심왕 고려국 충선임금에 관한 사료상의 기사 삭제에, 왕씨(王氏) 고려 황족 숙청 차원에서, 『원사』의 경우처럼 이성계 조선태조는 더욱 더 적극 동참했다고 하겠습니다.

『원사』 관계기록에 남인(南人) 포의(布衣) 출신 이맹(李孟)에 관한 기록이 당시의 과거재설과 관련해 장황하게 나열되어 있는 것이나, 도기(屠寄, 1856~1921)가 지은 『몽올아사기(蒙兀兒史記)』(1934년 간행)의 「이맹」 열전이 이를 더욱 부풀려 적고 있는 걸 새삼 다시 주시해 보게 됩니다. 역시 중국 남방세력이 중원역사를 주도하는 원·명혁명 성취 600여 년 후인 1986년에 한유림(韓儒林) 주편(主編)으로 저술한 『원조사(元朝史)』 관계조항에서는 아예 이맹만이 주희지학의 대원제국 관학화－노재지학의 대원 체제교학화 및 대원제국 과거 재개의 주도자인양 의도적으로 가일층 개악해 서술하는, 이른바 자칭 유학종주국 대한족주의(大漢族主義) 편집증을 노골적으로 드러 내고 있지요.

온 세상 사람들이 다 아는 칭기스칸과 그의 손자 쿠빌라이 대칸의 영정마저도 명초에 명나라 제후국 일개 제후로 감히 몽골세계제국 대칸의 황관을 벗겨 그려내 유포해오고 있는 한인 궁정화가들입니다. 이런 식의 이맹 관계기록들 은 죄다 그들의 자기기만 소산일 따름이지요. 당시에 주희지학을 국족 몽골중 심으로 그 화이관을 개편한 노재지학을 실천적 내용으로 삼아 몽골세계제국의 체재교학으로 거듭나게 해서 대원 주자학으로 대두케 하는 사업을 주관하던 원조 관학화 주도 세력인 북방 한인(漢人) 유자의 총수는 요수고, 태자소부 요수는 태자태부 황족 이질부카(Ijilbuqa) 심왕의 직속 예하였으며, 이맹은 관학파 주류에 끼일 수조차 없는 남인 포의 출신으로 인종황제의 심왕 이질부카 우승상 임명 권고 칙서를 심왕에게 전달하는 차원의 고위직 행정관료 심부름꾼 일 뿐이어서지요.

그리고 이에 관한 한 조선왕조시대의 관행을 거의 그대로 답습하고 있는 것으로 보이는 같은 시대 한인학자(韓人學者)들의 관계사실 서술에서도, 이와 같은 명조와 조선조의 기조를 거의 변함없이 여전히 유지하고 있는가 봅니다.

실로 이런 역사적인 맥락을 되새겨볼 때, 대원 주자학 대두 사업에서의 이질부카 심왕이 주희의 주자 메이커로 노재지학을 대원 주자지학화 해낸 과업은 그이의 휘하인 태자소부 요수(姚燧, 1238~1313)를 위시한 한인유자들을 궁관으로 부리고 남인 포의(布衣) 출신으로 발군한 행정력을 발휘하던 고관 이맹(李孟, 1265~1321)에게 행정실무를 주도케 해 이뤄낸 것임은 불을 보듯 명확히 드러나게 마련이겠지요.

이처럼 장엄한 주희의 주자 메이커로서의 이질부카 심왕의 족적은 심왕을 시종하며 밀착 취재해 기록을 남긴 팍스 몽골리카하 글로벌 차원의 가장 존귀한 한민족사학자라 할 이제현의 피를 토하는 혈록(血錄)인 『익재난고』 권9, 「충헌왕세가」에 오롯이 스며들어 있지요. 그래서 이제현은 일정 하 신단재 선생님을 방불케 하는 몽골세계제국 팍스 몽골리카 누리의 고려국 정체성을 온통 틀어쥐고 뒤흔든 코리안 지성의 존엄한 이데올로기적 리더십 성취의 위대한 사실(史實)을 앞장서 몸소 지켜낸 한 시대의 가장 준엄한, 민족사전쟁 최전선의 위대한 열혈 한민족사가라 하겠습니다.

안향(安珦, 1243~1306)이 충렬왕 12년인 1286년에 대원 정동행성 유학제거사의 고려국 유학제거가 되어 왕을 따라 대원 대도(大都, 칸발릭=燕京)에 가서 처음으로 대원 주희지학 저술을 베껴와 이를 서둘러 연구했다는 사실은 널리 알려져 있습니다. 그러나 그를 그 자리에 임용한 임용권자는 결국 대원제국 몽골태조라 할 쿠빌라이 대칸(世祖, 재위 1260~1294)이고 이는 대원제국 내지행

이제현 초상화(국보 110호). 1319년 몽골 학자 진감여 그림. 이제현이 몽골의 대도(大都 : 現 Beijing)에서 생활하면서 삼한성 입성론(三韓省 立省論)에 반대할 무렵(33세)의 꼿꼿한 모습. 이익재는 팍스 몽골리카 누리에, 한민족사 혈맥 지킴이 국제현장 최일선의 가장 준엄한 열혈사가였다.

성(內地行省)인 요양(遼陽, 1313년), 사천(四川, 1313년), 운남(雲南, 1314년)과 감숙(甘肅, 1316년)보다 무려 20여 년이나 빠른 시기의 일이었지요.

그러므로 그가 이때 그런 막강한 직권을 가지고 어디까지나 고려에, 몽골중앙정권의 지배이데올로기인 몽골중심으로 실천차원에서 재편된 '대원 주희지학' 곧 노재지학(魯齋之學)을 고려국에 지배이데올로기로 관철하는 임무를 앞당겨 수행해야 하는 막중한 소임을 맡았음은 두말할 나위가 없었습니다.

물론 이런 중차대한 인사는 고려 충렬왕 진영의 추천과 쿠빌라이 대칸의 결재라는 과정을 거쳐 이루어진 것임을 짐작하지만, 그렇다고 하더라도 그만한 당위성을 갖는 그간의 그의 행적이나 인맥관계가 이를 충분히 뒷받침했으리라 추정됩니다. 안향이 바로 유경(柳璥, 1211~1289)의 제자이기 때문입니다. 유경은 다름 아닌, 고려 태자 왕전(王倎 곧 뒷날의 元宗, 재위 1260~1274)과 그 휘하 왕당파를 묶고 몽골의 정치-군사력을 빌어 문신의 역(逆)쿠데타를 감행해 오랜 항몽무력(抗蒙武力)의 주도집단인 최씨 무인정권의 최후 실권자 최의(崔竩, ?~1258)를 죽이고 왕정복고(王政復古)를 이룩해낸, 고려 개국공신의 후예이자 고려문신의 영수지요. 이런 역사적인 배경 위에 기사회생(起死回生)한 팍스 몽골리카 하 고려가 마침내 국사편찬에서 「본기-세가-열전」체제를 「세가-열전」체제로 격하시켜 조선제국 「단제(檀帝)」를 '단군(檀君)'으로 격하시켜 놓았을지도 모릅니다. 고려 무인정권 격이라 할 사무라이가 살아남았던 일본의 경우에는 최소한 자기네 황제를 칭군왕(稱君

고려-조선 성리학 본맥. [左] 허형(許衡, 1209~1281;'魯齋之學')/ 주희(1130~1200; 朱熹之學), [中] 안향(安珦, 1243~1306;「大元 朱子學」, 안향 초상, 국보 제111호), [右] 주세붕(周世鵬, 1495~1554; 安珦 影幀 봉안-조선조 書院 정초, 주세붕 초상, 보물 제717호) 망송(亡宋)의 항몽(抗蒙)「주희지학」상징 '주희'의 영정을 모신 주세붕이 아니고, 팍스 몽골리카 이데올로기 기틀 '대원 주자학'의 상징 항몽(降蒙) 노재지학을 직수입한 안향(安珦)의 영정을 모신 그이였다. 이걸 뒤틀어놓은 게 주로 누구인가를, 유목사정보 쓰나미시대인 이젠 차분히 아주 냉정하게 구체적으로 들여다보아야 한다.

王)케 하는 수모를 면했던가 봅니다.

아무튼 고려가 몽골제국의 세계질서 팍스 몽골리카체제에 편입되는 단서를 연 즉위 직전의 쿠빌라이 대칸과 고려 원종의 1258년 상양(襄陽)에서의 역사적인 첫 만남도, 이 안향의 스승 유경이 주도한 이런 문신 역쿠데타 과정의 일환으로 비로소 가능했던 것이었습니다.

이런 사승(師承)관계 인맥으로, 당시 대원제국의 태조라 할 쿠빌라이 대칸에게 대원 정동행성 유학제거사의 고려국 유학제거로 임명받고 연경에 입성한 안향이었지요. 그러니까 어디까지나 망금(亡金)이나 망송(亡宋)의 부흥-독립이 아니라 거꾸로 점령당한 금이나 남송을 몽골대칸 쿠빌라이가 잘 다스리게 하기 위한 국족(國族) 몽골의 식민지 지배를 위한 이데올로기로서의 주희지학을 실천차원에서 해체-재구성하거나 이미 그렇게 정립된 노재지학을 식민지에 전반적으로 제도화해 관철시키는 임무를 맡은 게 안향이었다는 거지요.

따라서 당시에 안향이 실제로 수용한 실천차원의 구체적인 주희 성리학은, 주희가 아직 생존했을 때 망송(亡宋)의 부흥을 위해 기여하기를 간절히 바랐던 그 주희지학은 전혀 아니고, 더구나 후세의 주자학자들이 탈 역사적 관념체제로 추정해 정리해본 이른바 송·명리학류의 주희 성리학 자체일 수는 도저히 없었던 것입니다.

물론 원 일대의 유종(儒宗)으로 추존된 쿠빌라이 대칸의 잠저구려인 허형의 노재지학으로 대표되는, 몽골군사귀족관료가 점령지인 금이나 남송 등을 통치하기 위해 해체-재구성해 재정비한 결과를 베껴 수용한 '원대 주희지학'이 당시에 안향이 고려에 관학으로 가지고 들어온 그 실천적 실체였으리라 보는 겁니다. 주희 생전 주희지학의 본질적인 다른 측면을 그가 가령 실제로 어느 정도 간파하고 있었다고 하더라도 고려관학으로서의 실천적 내용은 대원 주희지학이라 할 노재지학일 수밖에 없었다는 거지요. 그 자신이 쿠빌라이 대칸에게 대원 정동행성 유학제거사의 고려국 유학제거로 임명받은, 누구보다 도 더 충성을 다 바쳐야 할 대원제국 세조의 직속 수하 관료이어서 입니다.

실로, 주희 당시의 남송조와 원조 및 고려, 그리고 명초와 청대의 그 실천적 내용이 구체적으로는 다소 다르거나 판이하게 다를 수도 있었음은 아주 당연하 다고 하겠습니다. 그러니까 이를테면 실천 차원의 구체적인 당시 주희 성리학 의 내용도 당연히 남송의 주희 자신이 의도했던 내용 실체와 그것을 자기성취를 위한 수단으로 수용한 정복제국 몽·원조 몽골군사귀족이나, 망송(亡宋) 주희지 학 자체의 계승을 표방하면서도 실천내용은 몽·원조의 것을 당시의 역사적 생태상황상 간판만 바꿔 달고 상당히 습용할 수밖에 없었던 명조의 지주 사대부관료의 경우는 그 실제 실천 차원의 구체적인 개념내용이 각각 다소간에 다르게, 어떤 특별한 경우는 아주 판이하게 다르게도 변용될 수 있었다는 거지요.

이후 항몽주체인 삼별초를, 침략자 몽골군을 끌고 들어와서 제주도 끝까지 추격해 섬멸하고서야 이루어진 왕씨 고려정권의 왕정복고요 생물학적으로도 쿠빌라이 대칸의 몽골 히야드 보르지긴 황금씨족(Altan urug)의 피를 대를 이어 수혈 받는 과정에서 수용된 것도 원조 나름의 주희지학인 노재지학-고려 국 관학 고려말·조선초의 '대원 주자학'입니다.

이런 조선의 관학인 주자학이 그 후 역사서술에서도 김부식의 『삼국사기』 「본기」-「열전」식의 제국 자주체계를, 정인지 등이 편한 『고려사』의 「세가」-「열 전」식의 종번(宗藩)관계체제로 폄하할 정도로 주체적 정체성을 치명적으로 격하시키는 이데올로기적 종속성을, 팍스 몽골리카체제하의 어느 집단보다도 더 심각하게 이들은 자신들의 뇌리에 각인시켜 왔겠지요. 팍스 몽골리카체제 하에서 그간 역사적으로 한·한(韓·漢)간의 완충지대 역할을 해오던 대(大)만주 권이 사라졌었다는 치명적인 사실에 예의 주목할 필요가 있습니다. 비록 북방유목몽골로이드의 주도하에서이었기는 하지만, 그래서 이는 그 상호 관계의 역사·사회적 밀착도와 역학관계의 극단적인 편중성을 반영한 것이었 다고 할 수밖에 없지요.

이런 구체적인 역사배경을 고려할 때, 대원제국 당시의 현지는 물론 이를 대원제국 태자태부인 이질부카 심왕이자 고려국 충선왕이 대원제국 궁사부(宮師府) 관저에 개창한 원조 관방기구 대원 만권당이라는 통로를 통해 가장 강도 높게 직수입한 고려국의 그것이나, 그 후의 조선왕조 '주희지학'도 기실, 그 실천적 내용원형은 최소한 18세기 이전까지는 탈 역사적인 송·명리학식이 아닌 대원제국 나름의 주희지학인 '노재지학-대원 주자학'이라 해야 할 것입니다.

이런 관점에서 보면, 그 나름의 구체적인 역사적 중력 하에서 이루어진 대원 노재지학이 아니라 역사적 무중력상태-역사적 진공상태를 초시공적으로 유령처럼 떠도는 '송·명리학=주자학=조선 주자학'식의 비과학적 조선유학사 서술 관행에 대해 본질적으로 자성을 요하는 지금의 관계학계라 하겠지요.

> 송시열의 손제자(孫弟子)인 남당(南塘) 한원진(韓元震)의 『문집』에서 허형을 맹렬히 비난하는 내용이 기록돼 있는 것으로 미루어 보아 송시열에서 한원진에 이르는, 17세기 후반에서 18세기 초에 걸치는 시기에 조선의 주자성리학이 '노재지학'의 옛 틀을 벗어나서 새로운 방향으로 전개될 기미를 보이고 있었음을 알게 된다. 이즈음에 허형의 문묘출향(文廟黜享)에 대한 주장 내지는 그 실천이 있었을 가능성도 있다. 이에 대해서는 좀 더 구체적인 연구가 뒤따라야 할 것이다. 만약 그것이 사실로 구명(究明)된다면 이는 조선유학사 상의 일시기를 획하는 사건이라 할 수 있을지도 모른다.

돌이켜보면 1988년 가을 서울 신촌 어느 허름한 찻집에서 내게 남긴 이런 사적인 조언이, 이 문제에 관한 한 김준석 교수님의 유언이 된 셈이지요.

　진실로 주세붕이 조선조 서원의 대들보인 원조(元祖)로 모신 영정은 어디까지나 노재지학화한 대원의 주희지학을 고려에 도입한 대원제국 몽골태조인 쿠빌라이 대칸의 정동행성 고려국 유학제거 안향의 초상이지, 당시에 북방유목세력의 놀라운 팽창에 맞서는 망송(亡宋)의 항몽(抗蒙) 사수자 주희의 망령이 깃든 그것이 결코 아닙니다. 어디까지나 국족 몽골을 화(華)로 섬기고 항몽남인의 원대 남인 유자를 만자(蠻子)-만이(蠻夷)로 통치하는 화이관을 엄수했던 '대원 주자학'이지, 실천차원에선 본질적으로 몽골을 오랑캐로 치부하고 밑바닥으로 격하시키던 남송 사대부의 후계자들인 원대 남인류의 '주희지학' 자체가 결코 아니라는 거지요.

　그렇다면 '몽골→ 색목→ 한인→ 남인'이란 종족계급 화이관을 엄수했던 대원 주희지학인 '대원 노재지학'의 깃발이 안향의 영정 앞에서 그후 북로남왜(北虜南倭)라는 임진왜란·정묘호란의 대란을 겪는 와중에 시세가 불리하여 거꾸로 옛 남인 명조에게 도리어 군사원조를 애타게 구걸하면서 비록 그 북방몽골리안의 정기가 겉으론 치명적으로 꺾였다고는 하나, 그 한겨레 속사람은 안으로 잠복해 꿈틀대며 스텝제국과 해양제국의 교체기 대란을 감수하는 중에 북로와 남왜를 꿰뚫어 극복하며 팍스 코리아나 기치를 치켜드는 잠룡(潛龍, 龜船)으로 태평양 심연에서 숨을 고르고 있을지도 모르지요.

　반몽적인 남인→ 한인→ 색목→ 몽골의 화이관을 사수하려는 망송(亡宋)의 주희지학을 직수입한 게 아니라 당연히 친몽적인 주희지학으로 해체 재구성된 몽골→ 색목→ 한인→ 남인의 화이관을 떠받드는 원대 주희지학인 실천 차원의 '대원 노재지학'을 직수입한 팍스 몽골리카의 안향이어서지요. 진실로 몽골은 화(華)이고 남송 주희식 유자는 당연히 만이(蠻夷) 곧 만자(蠻子) 남인(南人)인 그런 준엄한 화이관의 '대원 주자학'을 도입한 고려국 유학제거 안향입니다.

　대명천지(大明天地)에 뿌리 끊긴 부평초(浮萍草)로 북로남왜-스텝세계제국·해양세계제국 교체기 인류사 일대인식혁명 흑암 중에 진정 그렇게 대원 주자학의 황금광맥이라 할 '허형－안향－주세붕' 한겨레 이념혈맥은 그 불씨조차 사위어가 아주 소멸해버리기만 할 수 있었던가요? 대원제국 몽골태조인 쿠빌라이 대칸의 잠저구려 원 일대의 유종 허형→ 쿠빌라이 대칸의 황통인 대원 만권당 총수 태자태부 이질부카 심왕(瀋王)-고려국 충선임금과 대칸의 직속 휘하 정동행성 유학제거사 고려국 유학제거 안향→ 안향의 영정을 배향하고 조선조 서원을 정초한 주세붕으로 뻗어 내린 그런 유구하고 장엄한 한겨레 경학사 거대 혈맥입니다.

삼국통일 임금, 이질부카 심왕(Ijil-buqa 瀋王) 충선(忠宣)
[2015.6.15~6.29]

1308년에 이질부카 고려국 충선임금이 심양왕(瀋陽王)이 됐다가 이내 다시 1310년에 종실(宗室)의 여러 황자(皇子)들과 같이 일자왕호(一字王號)의 심왕(瀋王)으로 봉해져서 요동일대(遼東一帶)의 지배자로 등장한 사실은, 몽골·고려사에서의 고려국 왕정의 역사적인 자리매김과 관련해 각별히 주목해야 할 일대의 사건이라 할 수 있습니다. 그의 혈통에는 대원제국 몽골태조 쿠빌라이 대칸의 피가 수혈된 데다가 다시 황태자 짐킨의 장자 감말라의 딸 보타시린을 왕비로 맞으면서, 황금씨족의 핵심 구성원이 돼서 무종을 옹립하는 공까지 세워 일약 팍스 몽골리카 누리에서 유일하게 독립된 나라인 고려국 임금이면서 동시에 대원제국 내지 만주 장악의 요새지의 번왕(藩王) '요동의 심왕'을 겸직케 됐지요.

이처럼 고려국 충선임금과 대원제국 내지 번왕 심왕을 겸직하고 황태자가 겸직하는 관행이 있던 우승상직을 넘나들 정도로 실세였던 그는 1313년(충선왕 5)에 둘째 아들 왕도(王燾)에게 고려국 왕위를 넘겨 충숙임금으로 세우고 고려여인 이복모 안비(安妃)의 아들이 낳은 조카인 왕고(王暠)를 심왕의 세자로 책봉케 했는데, 이 왕고는 툴루게(禿魯花 : 인질)로 원나라에 머물다가 1316년에 고려국 충선임금에게서 심왕 왕위를 물려받았습니다.

그러니까 대원제국 내지 번왕 심왕이자 독립된 4칸국 격이라 할 고려국 충선임금이 실제로는 1308~1313년의 5년여만 이를 겸임했던 셈입니다. 그렇지만 그는 이참에 이처럼 황족으로 대도 황궁을 기지로 삼고 무종옹립공신으로

팍스 몽골리카 누리 고려국왕 충선임금 이질부카 심왕.[진영으로 추정되는 고려미인도 하 좌의 이린 시절 이질부카는 기축논문 1 참조] 6·25전란으로 조선조 임금들의 영정이 거의 죄다 불타, 현존 세종로의 세종대왕 동상 존영이 황족 가수 이석 님의 얼굴을 본따 새로 만든 창작품임을 고려하면, 상당히 근사한 고려국 충선임금 창작 영정이라 하겠다. 그이는 단순한 단일민족 조선민족 한겨레가 아니고 고려국 왕씨 임금+몽골 쿠빌라이 대칸+서아시아 백인 유목민 아수족 피가 두루 융합된 글로벌 코리안이다. 게다가 갓난애로 대도 황궁에 들어가 살다가, 주로 거기서 고려국 임금노릇도 하며 숨을 고르다 거기서 임종했으니 고려 말보다 몽골 말이 더 익숙했을 수도 있다.

우승상직을 넘나들며, 대원 만권당을 발판으로 극품인 태자태부에 올라 주희지학을 노재지학으로 해체-재구성한 대원 주자학을 맨 처음 과거 정식의 핵심내용으로 정착시켜, 과거를 팍스 몽골리카 누리에서 재개케 해 망송(亡宋)의 주희를 '대원 주자'로 일약 세계적인 차원까지 승격시키는 대업을 이루어, 고려말·조선조 경학사 상에서도 그 나름의 신기원을 이뤘다고 할 수 있겠습니다. 그런가 하면 또한 팍스 몽골리카하에서 한때 (1308~1313) 요·심 - 개경 - 탐라국 곧 3한 3국을 사실상 모두 주관할 수도 있었던 셈이지요.

대원제국 내지 번왕 심왕과 고려국 국왕이 그후로도 대원제국이 북원(北元)이 되어 퇴각하도록 계속 이 지대를 관할은 했지만, 물론 역할이 각각 따로 분담돼 승계된 고려국왕과 심왕 쌍방 간에 왕위계승전이 대원 황궁의 그것과 얽히고설키면서 치열하게 전개되었을 뿐 끝내 통일성을 가지지는 못했던 것 같습니다. 그럼에도 불구하고 불과 5년간 이 짧은 팍스 몽골리카 누리 삼국통일 역사가 이제 새삼 주목돼야 할 이유는, 그것이 분단 상태라고는 하지만 그래도 오늘의 한국을 대한민국으로 엄존케 한 분기점이 될 수 있는 700여 년 전의 일대 역사적 사건이어서지요. 1945년 여름의 원폭투하가 이웃나라 일본에서 순식간에 이루어진 일이었지만, 나 개인적으로 보면 우리 부부가 남남북녀로 만나 지금의 손자녀들을 결과케 해서 우리 가족사에선 그 비중이 아주 큰 현대사인 것과 같다고나 할까요.

더러는 이 당시의 심왕의 직권-직위를 허직(虛職)-명예직으로 간단히 보아 넘기기도 하지만, 이는 요심지역이 극성기 고구려의 수도터로 만주벌판을 틀어쥐는 정치·경제·군사적 핵심 요새라는 사실과 당시 대원제국 중앙집권화 성취를 위해 황족 번왕 심왕이자 고려국 충선임금의 역할이 얼마나 절실히 요구됐었나를 파악하지 못한 소치라고 나는 봅니다. 실제로 당시 무종이 이에 관해 직접 언급한 내용이 그러했고, 실로 대원제국 중앙정부에서 이와 같은 놀라운 심왕 고려국 충선임금의 무상의 서열 승격이 함의하는 바를 당시 이 지대에서의 막강한 칭기스칸 막내동생 옷치긴 왕가 및 무칼리 국왕의 후왕세력 대두와 이에 대한 대원제국 조정의 강력한 중앙집권화 정책 추진이라는 시각에서 보아도 이는 거의 틀림없는 사실이었다고 하겠습니다.

그런데 쿠빌라이 대칸의 외손자에다가 그 황태자의 딸에게 장가든 손녀사위로 당시의 무종옹립 공신인 그에게도 치명적인 악재가 하나 있었으니, 왕위계승자로 쿠빌라이 몽골대칸→ 그의 황태자 짐킨→ 황태자 짐킨의 장자 감말라의 딸 보타시린 공주=고려국 왕비와의 사이에 이런 삼한통일 차원의 막대한 고려 왕위를 이을 왕세자를 낳지 못했다는 점입니다. 비록 심왕 고려국 충선임금이 대원제국 몽골태조 쿠빌라이 몽골대칸의 혈통을 이어받았다고는 하지만, 그의 모친 쿠투룩켈미쉬 공주는 쿠빌라이 대칸의 정후(正后)가 아니라 서아시아 백인계 유목민인 아수(Asu)족 출신 편비(偏妃 : 妃嬪) 소생일 뿐이었다는 취약점이 있었던 게 사실이기도 했지요.

그래서 충선왕비 보타시린 공주의 개가문제가 거론되기까지 하는 막다른 궁지에 몰려 다급해진 충선임금은 1313년에 부왕 충렬임금과 안비(安妃) 사이에서 태어난 이복형제 왕자(王滋)의 아들인 조카 왕고(王暠)를 부랴부랴 심왕 왕세자로 들이고 쿠빌라이 대칸의 장남 짐킨 황태자의 장자 감말라(Gamala)의 맏아들 곧 충선임금의 왕비 보타실린 공주의 친오빠 또는 친남동생인 양왕(梁王) 술산(Sulsan)의 딸 놀룬(Nolun)을 심왕 왕세자비로 삼게 했습니다.

같은 해에 이질부카(Ijil-buqa) 충선임금과 황족이 아닌 몽골여인 예수친(Yesucin) 사이에서 태어난 왕도(王燾)를 고려국 충숙왕(忠肅王)으로 삼아 왕위를 계승케 했지만, 같은 감말라의 자녀라고 해도 딸인 보타시린 공주보다는 아들인 양왕 술산이, 당연히 비(非)황족 몽골여인 모계 태생인 고려국 충숙왕 왕도보다 황족 직계 태생인 술산의 딸 놀룬이 몽골황실의 권력 핵과 혈연적으로 더 가까울 수 있게 되지요. 물론 놀룬 심왕세자비 또는 심왕비가 심왕 왕고(王暠)와의 사이에 아들을 출산했을 경우에는 더 말할 나위가 없게 마련입니다.

그런데 그 후 1320년에 원조 황실에서 이질부카 고려국 충선임금의 권력을 실제로 보장해준 아유르발리파드라칸 인종이 죽고 그 인종이 임종 전에 선왕의 아들을 그의 후계자로 세우겠다던 친형인 선왕 무종과의 약속을 어기고 자기 아들을 영종황제로 세우자 이에 항의하는 대열에 섰던 심왕 고려국 충선임금은 그만 실각하고 맙니다.

그리고 즉각 보타시린 공주의 친 조카딸이기도 한 놀룬 공주의 남편인 심왕 고(暠)를 치켜올려 그에 비해 황족혈통의 정통성이 상대적으로 박약한 충숙왕 도(燾)를 몰아내고 놀룬 공주와 심왕 고 사이에 왕세자가 태어났을 가능성도 있어 보이는 터에 내친 김에 요·심지대 요양행성과 고려국을 병합해 삼한성(三韓省)으로 삼아 대원제국 내지행성으로 일원화하자는 중앙집권화운동이 맹렬하게 일어나서 이른바 고려국 임금으로도 심왕 왕고를 세워 선왕인 충선임금처럼 겸직케 하자는 '심왕옹립운동'이 또 다른 파장을 몰고 오게 됩니다.

물론 이는 황궁의 의중을 꿰뚫어보고 몽골황족혈통 정체성이 상대적으로 박약한 충선임금계 고려국 충숙임금 왕도(王燾)를 거세하고 그것이 더 확고한 내지 심왕 왕고(王暠)계로 고려국 왕위까지 통합해서 심왕-고려임금 영역을 '삼한성'이라는 대원제국의 일개 내지 행성으로 일괄 편입시키려는, 팍스 몽골리카 누리의 4칸국 차원 이성(異姓) 유일 독립국이라 할 고려국의 완전 소멸화운동을 작동시키는 총체적인 대내외 연계 움직임이었지요.[고병익, 「정동행성의 연구」, 『역사학보』 14·19집, 1961·1962 참조]

두 말할 나위도 없이 이 '심왕 고(暠) 고려국왕 옹립운동'은 팍스 몽골리카 누리 유일 독립국가 고려국을 아주 없애버리려는 무서운 '고려국 자주 수호파 충선임금계 거세 작전'이었지요. 생멸의 갈림길에 선 조국을 기사회생케 한 당시대 구국의 거목 이제현 큰 선비의 결사 항쟁으로 이런 국내외 심왕파의 '입성책동'이라는 거대 음모는 아슬아슬하게 겨우 진정돼서, 팍스 몽골리카 누리 비(非)몽골황성 황외손(皇外孫) 유일 독립국 고려국이 강대국의 일개 성(省)이나 또는 주(州)로 병합돼 인류사에서 끝내 소멸할지도 모르는 섬뜩한 이 한민족사 상 절체절명의 최대위기를 가까스로 극복해내게 됩니다.

실로 그 순간, 오늘날의 남북한이 아예 태어날 수조차도 없을 뻔한 아찔한 최대의 운명의 갈림길에 우리가 섰던 터이지요. 한겨레사라는 역사의 물둥이를 한 머리에 이고 도생(圖生)의 작두날을 타는 조선박수 이질부카 충선 큰 임금의 통일삼국 한겨레사 한판 굿의 절묘한 곡예는 이렇게 연출됐답니다.

팍스 몽골리카 누리에서 심왕의 권력이 절정에 달했을 즈음인 인종시에, 인종이 중서성평장정사 이맹(李孟)을 통해 심왕에게 관행 상 황태자가 맡는 우승상직까지 맡아달라고 당부했는데, 심왕 고려국 충선임금은 이를 짐짓 사양하고 태자태부로 원조 만권당 총수가 되어 노재지학의 대원 주자학화과거 정식 내용 정착화에만 몰입하겠다는 뜻을 넌지시 표했지요. 우리가 우리를, 내가 나를 제대로 읽는 눈을 틔는 경사(經史)공부의 큰 틀 잡는 일에만 전념케 해달라는 뜻이었겠지요. 이제 와서 들여다보면 이에는 당시의 시세를 꿰뚫어 읽는 예리한 안목과 역사를 통찰하고 앞을 멀리 내다보는 놀라운 혜안이 그이에게 깃들어 있었음을 직감케 됩니다.

그이가 우승상직까지 맡아 대원제국 몽골황제가 일임하는 대권을 휘둘러서요·심과 한반도라는 만주와 고려국 영역을 모두 해체-재편성해냈다면 팍스 몽골리카 누리에서 보다 완벽하게 삼국-삼한을 통일하는 탁월한 정치가로 후세에 거대 족적을 남길 수도 있었겠고, 시운이 따랐다면 후예 중에 보다 더 일찍 누르하치 같은 탁월한 거물 창업군주가 태어나 동북아시아의 일대 맹주국을 구축했을 수 있었을지도 모릅니다. 그러나 이런 위업을 몸소 이룬 그런 대청제국의 강희·옹정제가 지금 어디에서 이렇게 홀로 우뚝 서서 지금의 우리처럼 숨을 제대로 고르고 있는지요?

결과적으로 이는 정상부로부터의 좀 더 화려한 '입성책동'에 지나지 않는 자충수를 두는 꼴이 됐을 가능성이 많지요. 가령 그랬더라면 분단조국 대한민국으로라도 지금 우리가 이렇게 제대로 숨 쉴 여지조차 남길 수가 없게 됐을지도 모른다는 겁니다. 인류사상 최초의 세계유목제국을 창업했던 몽골은 지금까지 유목적 정통성을 비교적 제대로 견지하면서 산업혁명 후 열강들의 각축 와중에서 국민국가로 여전히 살아남아온 유일한 사례라 하겠습니다. 그렇지만 그간 역사적인 몽한관계 위상은 판이하게 바뀌어왔지요.

급변하는 역사발전 격류 중에 어떤 집단은 다 온통 망해 이산하는 '유목태반식 디아스포라'가 돼 겨우 목숨만 부지해낸 터이지만, 진실과 원리에 뿌리를 둔 자아정체성이 뚜렷한 개체나 집체는 장구한 온갖 역사 풍랑·역병 속에서 거의 다 죽어가다가도 기적같이 되살아나 제대로 잘 살아가기도 합니다. 실제로 그런 사례를, 우리는 이 시대에 원근의 우리 곁에서 직접 보고 들으며 느끼고 확인할 수도 있지요.

1370년 훗날의 조선 태조 이성계도 동참한 고려의 동녕부 토벌군은 요양성 공략에서 "자고이래로 애초부터 '요동'이 우리 고토[고구려 극성기의 수도]이고 팍스 몽골리카 하에서도 고려임금에게 시집온 몽골공주의 탕목읍(湯沐邑)으로 현실적으로도 우리의 영토이니 이제 우리가 이를 수복하겠노라!"고 선언하고, 성을 한때 점령했습니다. 그렇지만 실제정치는 엄연한 현실이니, 냉엄한 국제 역학관계 변화와 발전 균형상 적아 간에 활용할 수 있는 모든 대상을 융통자재하게 활용하며 제때 시류에 맞게 줄건 주고 확보할 건 쟁취하는 넓고도 긴 안목의 유연한 전술전략을 능수능란하게 구사한 이성계의 슬기는 감탄을 절로 자아내게 합니다.

무릇 세계사적인 참담한 시련 없는 세계사적 특출한 문화 창출은 허구일 수밖에 없게 마련입니다. 금속활자, 거북선과 한글은 이런 세계사적인 참담한 시련의 슬기로운 실천적 극복이라는 민족사적 일대 축복 속에서 태어난, 초인적 한겨레의 위대한 성취이지요. 이성계-이방원 부자 창업주는 당시의 인류사상 최대 난국 돌파에서 참으로 놀랍게 집요하고도 단호하며 지혜롭고 예민했던 듯합니다[박치정,『화령국왕 이성계』참조].

요즈음엔 겨우 남북통일 문제를 앞에 놓고 남·북한을 둘러싼 미·중·러·일이 다시 떠서 북적이는 판이지요. 팍스 몽골리카나 팍스 아메리카나는 그 용어의 발음도 비슷하고, 무한개방·무한경쟁 중에 말과 활이나 항공모함과 미사일이 각각 당시의 최첨단 무기로 떠오르며 최후 일인 승자를 지향하는 글로벌

게임판이라는 점에서도 서로 닮았지요. 이처럼 스텝과 바다를 무대로 삼는 차원을 총괄정리하면서 인공위성을 띄워 우주 대기권을 지향하고 있다는 점에서도 요즈음에 관계 논객들이 그 담론거리들을 상당히 공유할 수 있을 겁니다. 그래서 여기선 팍스 몽골리카 누리에서 삼한 삼국을 불과 다섯 해 일시적으로 통일한 대원제국 이질부카 심왕 고려국 충선임금의 족적을 잠깐 가져와 봤습니다.

고려 왕씨이자 몽골 보르지긴씨이며, 서아시아 백인 유목민인 아수족 피도 수혈 받은 그이의 '유라시아 혈통'으로 봐도 그는 이미 당시대의 세계인이라서, 오늘날 그런 특별한 족적이 더욱 더 빛을 발할 수 있게 마련이겠지요. 제 씨알들에 대한 남다른 간절한 사랑이 별로 없어들 뵈기도 하는 터에 정떨어지게 자꾸

대원제국 몽골태조라 할 쿠빌라이 대칸은 태평양과 대운하가 관통하는 스텝지대와 농경지대의 접점 요새 연경(Beijing)에 관례대로 대도(大都)를 정하고 탐라도를 해도(海都)로 삼아, 바다제국시대의 대륙과 바다 융합세계제국을 멀리 내다보는 원대한 구상을 했던 듯하다. 과연 문무왕(661~681) 해중릉-대왕암(大王巖) 거북바위 뚜껑돌 창작과 장보고(846년 죽음)의 해상 경략, 처용가(處容歌), 헌강왕 재위시; 875~886)와 대선사의 함주귀부(舍珠龜趺; 7~〈8,9〉세기) 출현 및 당시 아랍의 세계적인 항해술이 동참한 몽골의 정왜(征倭; 1274, 1281년), 그리고 충무공의 거북선(龜船; 1592년 임진왜란, 1413년 첫 기록) 출정은 이런 육·해융합사의 주류와 동떨어진 별개역사 현상들이기만 할까? 고구려 고분벽화 현무도(玄武圖; 4~7세기)에서부터 모두 태평양을 향해 용트림치는 구룡(龜龍; 太極)신앙이란 뿌리신앙 전통의 세계사적 구현과정은 아닐런지.

단일민족으로 꽁꽁 묶어만 놓고 누가 시베리아에서 한반도로 왔네 떠나갔네 하며 우주과학시대에 '푸른 하늘 은하수' 차원의, 과학언어를 빌려 하는 어설픈 어떤 한겨레사 담론놀이에선, 이젠 조금이라도 빨리 벗어날 수 있었으면 좋겠습니다.

그래서 중원역사 만들기에도 주도적으로 적극 동참해온 우리가 이제 무한 개방되는 유라시아 유목DNA정보화 시대 얘기판에서 서로 가슴을 터놓고 이들의 그 신출귀몰한 숫한 얘깃거리들을 가지고 와서, 신명나게 엄밀하고 구체적인 사실(史實)을 토대로 삼는 얘깃판을 벌여볼 때도 됐음직 합니다. 1만여 년 오랜 생업생태사 상에서 조직된 소수로 무한개방- 무한공간을 지향하며 고도의 기동력과 타격력으로 인류역사판을 소통-진화시켜 내려온 유라시아 유목제국(Pastoral nomadic empire) 역사창조 주체들인 유목태반 유라시안이니까요.

'네판이네 내판이네' 야단법석들이지만 내 눈을 제대로 뜨고 내가 들여다만 보면 실은, 죄다 내판을 중심으로 돌아가서 순간순간을 오싹오싹 아슬아슬하게 숨죽여야 하는 글로벌 얘기판이어섭니다. 그래서 우리의 운명을 가르는 아찔했던 우리 이 역사판을 얼결에 잠깐 스쳐간 번갯불 같은 영상판으로만 무시해버리면 더더욱 안되겠습니다. 좋든 싫든 그게 있어, 온누리의 인식주체인 이 몸이 잘났거나 못났거나 지금 여기서 이렇게 엄연히 숨을 고르고 있는 터라서 랍니다. 제기랄, '통곡의 벽'이 어디 로마 성벽처럼 거창하고 장엄한 승리의 상징물이었던가요?

제 씨알 한 목숨을 둔 이승·저승을 넘나드는 너와 나의 진정성만 품었다면야 한민족사 중핵이랄 우리의 통곡의 벽은, 기나긴 세월에 열강들의 혈안이 번뜩여 오고 있는 이 땅 싸움판 그 DMZ의 이름 모를 수풀 속, 비목(碑木)에 걸린 구멍 숭숭 뚫린 낡아빠진 녹슨 철모만으로도 충분할 수 있지 않을지요! 문제는 그 티 없는 진정성이겠습니다. 우리가 진정한 자유와 자주를 헌신적으로 한사코 슬기롭게 지향만 하고 있다면, 어떤 인류역사에나 편재하게 마련인 한 때의 사대(事大) 노예살이 안팎 시련의 기막힌 역사는, 극복역량 개발 여하에 따라 도리어 참으로 거룩한 어느 민족사 독창의 기적을 낳는 슬기롭고도 위대한 우리의 고귀한 부활의 태반이 될 수도 있으리라 믿습니다. 자고로 인류사상의 어떤 흥망성쇠는 역사자연의 공정한 순리일 수도 있어서입니다.

종주(宗主) 대명(大明)천자국이라니요? 눈만 제대로 뜨고 본다면 중원(中原)처럼 식민지 노예살이 본질역사를 매양 일삼아온 사례(史例)가 세상에 더는 없지요. 한국인 어떤 눈먼 지성사가들의 마술괴물 대명(大明)에 대한 사대(事大) 착시현상이야 그때나 지금이나 늘 그렇고 그렇다손 치더라도 …. 도리어 우리에게 더 낯설고 어려울 수도 있는 이 내용을 지금 읽고 있었다니, 괜한 글을 읽는 시간 낭비였다고요? 역불급인 나와, 누군가가 함께 쓰며 글을 좀 쉽고 부드럽게 가다듬어 주었으면 좋으련만 ….

어쨌거나 우리 한번 이참에 물동이 이고 작두날 타는 유라시아인 고려국 심왕 이질부카 충선 슬기임금님의 삼국통일 지향 조선 큰 무당 춤묘기, 그토록 기막히고 눈물겨운 아슬아슬한 오래된 삼국통일 마당놀이와 그 미완(未完)의 전승 굿 한판 감상해본 셈 치기로 하지요. 이게 우리 사는 이 삶판 순간순간의 숨고르기 본령이라니 …. "에에라 만수, Chaatang(순록치기) 기원(起源) 조선무당(朝鮮巫堂) 말고는 지구 상 아무도 이 기찬 묘기를 따라 부리지 못할 텐데도!'

몽골 고비, '쌍봉낙타'와의 첫 상봉
[2015.7.6]

내 나름으론 힘겹게 가쁜 숨을 고르던 어느 한 시절에 동영상으로 만난 아라비아 사막의 낙타걸음걸이는, 거룩한 성자의 초연한 숨결인양 내 걷잡을 길 없는 마음을 그윽이 어루만져 달래주곤 했지요. 언저리 숲속의 신축 고층 아파트 지붕 꼭대기에선 날이 저물면 아직 소쩍새가 울던 그 시절이었던가 봅니다.

그런 낙타를 직접 만난 건 1990년대 초반 어느 여름 돈드(中) 고비(半沙漠)에서였습니다. 사서(史書)에서야 그런 기록을 읽었고 동물원에서도 구경이야 했지만, 직접 만나 낙타 잔등에 까마득하게 높이 올라앉아 사뭇 긴장한 채로 반사막 스텝을 먼 눈으로 바라본

몽골 고비의 쌍봉낙타.

건 생전 처음이었지요. 물론 그 낙타가 농경지대에서 갓 들어온 불청객의 어설픈 낙타 다루는 낌새를 알아채고는, 입안 가득히 씹던 목초를 흩뿌려 날 온통 들씌워 혼줄을 내주기도 했습니다. 그런대로 그렇게 직접 만나 처음 소통을 해본 셈입니다.

그제서야 비로소 몸소 소통을 위해 현지 유목민을 만난 자리에서 답사동료 몽골과학원 교수님들과 어울려, 등에 혹이 하나 있는 아라비아 사막의 단봉낙

타(Dromedary camel)와 등에 혹이 두 개 있는 몽골 반사막-고비의 쌍봉낙타(Bactrian camel)를 서로 구별해 비교해보는 담론도 벌여봤지요.

낙타의 종류가 본래 서로 다른가, 아니면 사막과 반사막의 생태에 적응해오면서 그렇게 진화한 것인가. 어느 낙탄가는 농경지대 목초를 먹이니까 죽더라는 보고도 있던데, 그건 단봉낙타인가 쌍봉낙타인가. 그 먹인 목초는 구체적으로 어느 농경지대 어떤 목초인가. 너무나도 드넓은 생태계를 둔 낙타에 대한 담론이어서 새삼 제기되는 모를 문제들이 하나둘이 아니었지요.

916년 야율아보기가 거란부족을 통일하고 나서 서쪽으로 돌궐과 토번을 공격해 영토를 넓히며 중원 공략을 시도하면서, 942년에 고려에 사신 30명과 진귀한 동물 50필을 보내왔지요. 그런데, 고려조정에서는 그 저의를 간파해서인지 사신은 섬으로 귀양 보내고 동물들은 모두 개경 만부교(萬夫橋) 다리 아래에 매어놓아 굶어죽게 했다고 합니다. 이 사건을 만부교 사건이라고 뒷날 명명하고 만부교를 낙타교라고 별칭한 것을 보면, 그 진귀한 동물은 낙타였던가 봅니다.

거란의 중심 기원지가 오늘날의 '홍산문명권'이고 이 지대는 몽골고원과 요동지대를 아우르는 터여서 고비와 그대로 이어지는데, 그렇다면 몽골고비의 쌍봉낙타가 당시에 개경에 보내졌겠지요. 그래서 그런지 아니면 즉시 격리시켜 굶어죽게 해선지, 당시에는 그 낙타들이 숙주가 되어 옮기는 전염병(傳染病)이 이 땅에 돌지는 않았던 모양입니다.

현재 우리나라에 있는 40여 마리 낙타는 격리되어 메르스 감염 검사를 받았지만 모두 음성 판정을 받았다고 하던데, 기왕이면 그 낙타가 단봉낙타인지 쌍봉낙타인지도 가려서 알려줬으면 더 좋았을지도 모르지요. 하기사 현재 중동과 무관한 낙타는 모두 메르스 전염병과는 무관할 수도 있겠지요. 그렇지만 몽골의 쌍봉낙타는 한반도의 우리와는 오랜 특수생태 적응적 진화를 해오는 동안 쌍봉낙타가 전염시킬 수 있는 전염병 바이러스에 대한 항체진화를 서로 공유해와서, 단봉낙타와는 다른 그들만의 상생권을 더 잘 견지해내고 있는지도 모르기는 하지요.

그렇다면 이는, 홍산(紅山)문화권을 한 축으로 해서 호한(胡漢) 융합형 유목제국(Pastoral nomadic empire)체제로 유목과 농경이 생태생업 상의 적응적 진화를 거듭하며 분업과 협업을 해온 유구한 역사적 결과의 소산일 수가 있다는 겁니다.

1990년대 중반 수년간 홍산문화권 서북단이라 할 몽골 최대의 유명한 유목초 지급인 다리강가 몽골스텝의 고올리 돌각담 무덤 발굴(손보기 단장 지도, 장덕진 대륙연구소 회장 후원, 보고서 매년 1권씩 총 4권 출간)을 거들면서, 이 고비의 동쪽 끝자락에서 난 내내 그런 류의 상념에 사로잡히기도 했었지요.

설날, 돈드고비에 '검은 종이' 먹는 마술사 교수 출연!
[2015.7.13~7.20]

1993년 2월 20(土)~2월 26(金)일, 꼭 일주일간의 몽골스텝의 바다 한겨울 탐험 길이었지요. 목표는 돈드 고비 새내기 시골 여대생 신후홍네(新女息이란 뜻 이름) 고향 집에서 설(차간사르-白月, 22일 '月') 쇠기. 설이 몽골어로 '흰달'이란 뜻이듯이 나이 50대 초입에, 공활한 흰빛 겨울바다 차디찬 바람이 드넓은 바닥에 깔려 파고드는 몽골들판의 '길 없는 길'에 겂도 없이 발길을 마구 내딛곤 하던 그 시절 이야기이지요. 이렇게 한 겨울 정초에, 몽골인들도 극구 말리는 몽골스텝 장거리 험난한 탐사여행을 떠났답니다.

내비게이션이 있기는커녕 지형지물이라곤 도무지 찾아볼 수가 없는, 땅색이 온통 희기만 하고 집도 절도 산도 강도 없는 '길 없는 길', 막막한 스텝의 흰 바다로 돌입했습니다. 해와 달이나 별들과만 더불어 숨을 고르는 중에 혹한의 설한풍이 땅바닥에 깔려 이리저리 휘몰아치는 그 백색 벌판을, 오로지 강고해 뵈는 소련제 지프차에 몸을 맡기고 달리고 또 달렸지요. 차가 눈구덩이로라도 빠지거나 길을 잘못 잡아 빙빙 돌다가 휘발유와 먹을 것이 떨어지면 얼어 죽거나 굶어 죽을 수도 있는 그 길이었어요. 그런 허허벌판에서의 스마트폰 사용은 당시 몽골고원에선 꿈도 꿀 수 없는 일이어서, 위기에 닥쳐 SOS를 보낼 아무런 방법도 도무지 찾을 수가 없는 상황이었습니다.

Chaatang의 흰 달(白月) 툰드라 역정. '설'은 '살'(月 : Cap='사르')일까? 사람은 여러 가지 원인으로 움직이며 사는 동물이다. 농경 정착 이후에도, 경우에 따라서는 그러했다. 수렵·어로의 경우에는 더 말할 나위가 없겠지만, 식량 생산단계에 들어서도 유목민은, 순록치기든 양치기든 유목목초를 찾아 원근 간에 계속 움직여 왔다. 그러므로 유목민은 물론 농경민조차도 한 곳에서 뿌리를 내리고 계속 수천 또는 수만 년을 살아왔으리라는 가정은, 옳지 않은 경우가 많을 수 있다. 흉노-돌궐-선비·몽골의 경우도 예외가 아니라고 본다. 속지주의 사관도 일련의 반제국주의 풍의 아이러니컬한 제국주의적 경향의 산물일 수가 있어서. 9세기 후반 이전의 몽골은 눈강(嫩江)지역의 순록치기가 철기 수용과 함께 몽골고원의 기마 양치기로 발전해온 과정을 바로 천착할 때만 그 주류의 뿌리가 제대로 밝혀질 수 있다. 그들의 몽골 백색 스텝 기마 양유목 진출이, 저습지대 Chaatang조선(朝鮮)의 순록유목 관행을 몽골고원에 오르며 상당히 계승한 한 주류라는 측면이 분명히 있을 수 있다는 것이다. 1500년 전 미국의 앵글로색슨족이 오늘날의 미국 땅의 원주민이 아니듯이, 몽골인에게도 그런 측면이 있을 수 있다.

한여름에 들며 웬 한겨울 몽골고비 유목마을 이야기냐고요? 요즘 한국의 메르스 소동이 날 일깨워줘섭니다. 그날의 일기장과 낡은 사진첩들을 뒤적이다가 몽골 고비의 쌍봉낙타 사진을 다시 보는 순간, 이젠 빛바랜 스므나믄 해 전 그날의 일기장 속으로 그냥 빠져들어 가고 말았지요.

그런 생전 처음 겪는 우여곡절을 거쳐 구사일생(?)으로 도착한 돈드고비 유목촌 신후흥('새 딸'이란 이름 뜻. 훗날 출산후 의료사고로 타계)네 몽골게르 소재지는 수도 울란바토르와는 너무나도 다른 별천지였지요. 우선 수도에서 잔뜩 움츠려 기를 못 펴고 쫓기기만 하는 듯하던 신후흥이, 놀던 옛물에 풀려난 어항의 물고기처럼 싱싱하게 되살아나 생기가 풀풀 넘쳐 보였습니다. 반년을 지냈다고는 하지만 도시에서 몽골말을 할 적에 더듬거리기 일쑤였던 내가 생전 처음 온 예서 생면부지의 마을사람들과 만나 눈빛과 몸짓으로 만도 한국 서울에서 살다가 시골의 내 집에 되돌아온 듯이, 아니 그보다도 더 진정으로 별 불편 없이 노닐게 된 것이 너무나도 신기했지요.

진실로 울란바토르는 칭기스칸 당시의 그 시원, 본 몽골이 이미 아니었구나! 하기야 200년 전 한국어를 복원시켜 현대 한국인들끼리 얘기를 하게 했더니 소통이 서로 안 되더라고 했으니, 아뿔사 "그것도 세계 몽골제국을 체험한 700여 년 세월 동안이나 고향(동북 몽골) 떠난 맨얼굴 울란바토르 몽골인들과 나와의 소통이야 두 말할 나위가 있으랴?" 하는 생각이 문득 들었지요. 몽골 기원지 동북 몽골 할힌골 본래의 '고올리(高句麗 : Gooli)'가 아닌 서북몽골 류의 '솔롱고스(莎郎合思 : Solongos)'란 한국 호칭이, 그간 서북몽골화해오다가 1921년에 러시아 영향권에 든 이질감을 이미 명징하게 상징하고 있음에랴! 이런 생태 적응적 역사과정을 꿈에도 모르고 '솔롱고스'가 '무지개'라고 아직도 외교적 립서비스나 하고 있으니, 한-몽수교 25주년이라는 우리의 몽골 이해 수준이….

그럼 이 돈드고비 유목마을은 뭣이란 말인가? 700년 전 칭기스칸 몽골의 타임캡슐(Time capsule : 기억상자)? 그렇군요. 차간사르-설날 아침에 가져 간 김을 굽고 구운 김에 창란젓을 싸서 먹는가 하면 생전 처음 한국 김치를 곁들여 함께 아침밥들을 먹었지요. 매워 죽겠다고 눈물을 짜며 발랑 나자빠지 는 신후홍, 용감하게 먹어보는 고등학생 아들들과 느긋이 먹어주는 아버지 …. 각양각색이었습니다. 그런데 문제는 한국교수가 '검은 종이'를 먹는 마술을 부린다며 그걸 구경하러 지방신문 기자와 더불어 유목동네 이웃들이 모여드는 작은 소동이 벌어진 사실입니다. 바다를 구경했을 턱이 없고 김을 본 적이 전혀 없는 당시의 그이들에게는 너무나도 당연한 소동이었겠지요. 그렇게만 몇 백 년, 또는 몇 천 년을 살아온 돈드고비 유목동네 주민들이었으니까요.

바로 그해 난 은사 손보기 교수님(구석기학)의 뜻을 따라, 한민족 '조직된 주체 소수' 뿌리가 주로 유목 태반임을 확신하고 시베리아의 일부라 할 몽골고 원 다싱안링 서남부 홍산문명권 서북부 최대의 유목목초지인 다리강가 스텝 소재 고올리 돌각담 무덤의 발굴 거들기 작업에 동참했습니다. 물론 시원

유목태반사로 천착해 올라갈수록 더욱더 유물을 거의 남기지 않는 순록·기마 양유목민의 특성상, 북방 시베리아 몽골고원지대에서 고고학적 유적 발굴만으로 한민족 유목태반 기원사를 천착해본다는 사실이 일정한 한계를 가지게 마련이라는 걸 몰라서는 아니지만, 이 시대의 시대적 통념상 우선 그렇게 그 연구를 출범시켰던 거지요.

그렇지만 고올리 돌각담 발굴장 일을 거드는 작업마저도 떠나서 도중에 나는, 몽골 기원지 홀룬부이르·눈강(呼嫩) 순록-양 유목목초지(鮮原)로 연구 주캠프를 마침내 서슴지 않고 옮겼습니다. 실은 당시엔 나도 그 서북 유목태반지에 있으면서도 홍산문명권이 각각 순록·양 2대문화권 선·원(鮮·原 : Sopka & Steppe)과 농경권의 역사적인 거대 접점(接點)이란 인식을 미처 하지 못했던 처지였다는 게 솔직한 고백입니다.

겨우 이때서야 유목과 농경이 만나는 각 시대 어느 접점지대를 한 축으로 해서 호한(胡韓)-호한(胡漢) 융합형 유목제국(Pastoral nomadic empire)체제로 유목과 농경이 생태생업 상의 적응적 진화를 거듭하며 분업과 협업을 해온 유구한 역사적 결과의 소산이 유라시아, 특히 동북아시아 역대 제국들일 수가 있다는 인식틀을 나름대로 다시 가다듬어서 다리강가 스텝 고올리 돌각담 발굴장을 단호하게 탈출한 것입니다. 우리가 잘 아는 고조선·고구려 외에도 은·주·진·수·당·요·금·원·청 또한 이런 유목제국의 전형적 사례라 하겠지요. 그 북방유목몽골로이드 유목태반사 천착이 지금의 내게 주어진 진정한 소임임을, 1990년 북방 시베리아 공활한 순록·기마 양유목지대-선원(鮮原 : Sopka & Steppe) 개방 이래 그간의 북방유라시아 유목사 현지 탐사과정에서 더욱 절감했기 때문이지요.

당연히 시베리아 순록·기마 양유목지대와 요동-한반도 농경지대를 마주 놓고 빗살무늬토기든 민무늬토기든 발전연대 차로 그 기원을 판가름해본다는 것 자체가 넌센스일 수 있음을, 1990년에 들어 셀렝게 강변 거세찬 바람을 헤쳐 가며 손보기 교수님을 모시고 하는 나의 답사 길에서 사제 간에 문제로 제기는 해봤습니다. 토기야 정착 농경지대에서 먼저 발전돼서 그 수용이 소요되는 유목지대로 조금씩 전파돼 가는 게 순리가 아닐까요?

다시 되뇌어보지만, 이런 정력
은 차라리 다·샤오·와이싱안링
을 외돌아 내리치는 거대 황사를
품은 서북풍이 몰아치는 황하언
저리 일대 좀 무른 지반 위에 삼족
토기가 발전하고 온난다습한 태
평양바람이 동북풍으로 올려치
는 만주벌판 쪽 비교적 굳은 지반
위에 밑바닥이 평평한 무문토기
가 발달하게 된 것이 아닌가 하는
추정시도에 쏟아보았더라면 얼

순록치기 차탕 조선인(朝鮮人)이 철기혁명 세례 속에 이 다싱안링
북부 호눈선원(呼嫩鮮原)-동북몽골스텝의 기마 양유목민으로 솟
구쳐 오르고 기마사술(騎馬射術)을 신출귀몰하게 구사하면서,
일약 인류사 상 최초이고 최대인 팍스 몽골리카 누리를 빚어내었
다. 1997년 5월 6일자 『강대신문』 16쪽 소수(所收) 몽골'특집'
사진

마나 좋을까요? 수조전설(獸祖傳說)이 만발하는 수렵유목지대 특정권역에 비
파형 청동단검이 많이 출토되고 이와는 상대적으로 황하유역이나 사막지대엔
그렇지 않은 점이 보이는 사실에도 주목해 보았더라면 참 좋았으리라는 어설픈
푸념을 거듭 되뇌는 지금입니다.

시베리아의 대부분은 순록치기나 양치기들의 공활한 유목지대입니다. 순록
을 타거나 기마로 이동해야 하는 유목민들이 최근의 군 장비인 철제 수통
류가 나오기 이전까지는 대체로 격렬한 움직임에도 깨지지 않는 가죽그릇(皮器)
을 상용하는 게 상식이었습니다. 석기나 돌무덤이든 토기나 온돌문화든 유목
지대와 농경지대처럼 생태환경이 확 바뀌는 경우에는, 이동하는 주체의 문화형
태도 적응적 진화를 거칠 수밖엔 없어 가변적일 수 있음은 물론이겠지요.

이런 우리의 몽골유목사 유적현지 답사와 유적발굴은, 그나마 막 북방
유목지대 시베리아 몽골이 아주 오랜만에 기적처럼 개방돼 무진장한 유목사
사료 정보 쓰나미가 예상되는 절체절명의 변혁기점인 1990년에-실제로 제대
로 눈여겨보는 이들은 다 알듯이, 그 후 IT·BT·NT의 급속한 발전 물결 속에서
유목태반사학, 북방 시베리아 원주민 언어학과 유전체학 분야 등의 엄청난
관계정보들이 미처 정리해볼 틈도 없이 마구 쏟아져 들어오고 있다-전래의
신석기·청동기시대의 한민족과 그 문화가 시베리아에서 유래했다는 한민족

시베리아·몽골 기원설을 한국 중고등학교『국사』국정교과서에서 날쌔게도 지워버린 너무나도 불행한 일이 감행되면서 더욱 서둘 수밖엔 없었지요. 씨알들의 겨레사 인식에 아주 무서운 일대의 혼란을 유발케 마련이어서 랍니다.

이 작업을 주도한 이들의 때맞춘 민활성이야 참으로 놀랍지만, 아무리 문헌사학시대에서 고고학 주도시대로 다시 첨단 유전체학 진입 시대로 급진전하며 일변하는 관계 학계의 풍토에서라도 이런 어설프고 무모한 결행이 디지털 노마드시대 북방유목태반사학계에 내내 씻을 수 없는 치명적인 오점을 오래 남기게 되는 건 아닐까 크게 우려되는 점도 없지 않았던 건 사실이고, 무엇보다도 물론 이런 졸속한 급변이 당시에 북방정책을 당당히 표방한 노태우정부의 본의와는 전혀 무관하리라 지레 짐작되기도 해섭니다.

결국 1990년 북방개방 이후 국립중앙박물관이 1·2차 5개년 계획을 세워 몽골유적지 현지를 애써 발굴해온 사실도 이런 인식 토대 위에서가 아니었나 짐작됩니다. 동병상련(同病相憐)이랄까 그래서 서로 때로 만나 정보도 교환하고 국내유적 발굴과는 비교도 안 되게 힘든 유목현지유적 발굴작업의 험난한 일상을 토로하며 서로 위로도 하곤 해, 피차간에 오가며 큰 의지가 되곤 했었습니다.

다만 시베리아·몽골이 엄연한 유목제국 현지임에도 불구하고 이를 들여다보는 우리 발굴대원들의 유목사적 시각과 시력이 크게 결여돼 한민족 시베리아 유목태반 기원론을 뒷받침하는 논증과 설득력 있는 서술에서 미처 그 의욕을 따라 미치지 못한 점은 아주 안타까운 일이라 하겠지요. 실은 엄연한 유목지대 시베리아·몽골 유목사 유적을 발굴했는데도 유목 주도 농경 융합체제라 할 유목제국(胡韓~胡漢體制, 유라시아대 동북아시아제국의 경우?)의 역사가 거의 전혀 복원되지 않는 웃지 못할 발굴 결과보고서가 출간된 것은 치명적인 한민족 유목태반사 왜곡일 수가 있으니까요. 이는 물론 이 시대 관계학계들의 일반적인 자기 한계일 수도 있기는 합니다.

사실상 한국몽골학회조차도 유목초지, 유목목초, 유목가축, 유목민과 유목 생태에 관한 기초연구를 거의 안 하고 있는 현실 속에서 이에는 불가피한 측면도 있었겠지요. 함께 눈뜬장님으로 한민족 유목태반 기원 유적, 발굴 유물과 구비사료 등의 정보들에 접근해올 수밖엔 없었던 너무나도 힘겨운 우리의 유목태반사 연구 배경이었던 것이지요. 제국-반제국주의 사관이 압도해온 그간의 관계학계 생태 하에서 이는 물론 이 시대 세계 유목태반사학계, 특히 시원「순록유목사학」계의 보편적 현상이기도 했습니다.

추정컨대, 호한(胡韓) '유목제국'이란 인식틀로 접근해야 할 한민족 유목태반사 연구에는 당연히 이 시대의 최첨단과학인 유전체학이 주도하는 천착의 압도적인 기여가 새삼 예기되기도 하는 지금이지요. 물론 고고학 이전의 문헌사학이 그러하듯이, 유전체학 이전의 고고학적 기여도 한민족 유목태반 천착에 지난날의 문헌사학처럼 여전히 일정한 영향력을 계속 견지는 해가리라 기대됩니다.

정이 많은 한반도 농경민은 정착 붙박이여서 추석이나 설날 귀성대열이 전장을 방불케 치열하게 이어지지만, 뜨내기? 몽골 유목오랑캐는 아니 그렇다는 우리의 통념이 얼마나 몽매한 우리 유목사맹(遊牧史盲)들의 인식소치인지를 깨달은 일이, 이번에 감행한 돈드고비 유목마을 겨울 탐사의 가장 고귀한 성과의 하나였지요. 늘 떠나기에 더욱 간절히 한사코 회귀하려드는『법화경』이나『신약성서』의 비유 예화 중의 '돌아온 탕자'인양, 연어의 '모천회귀' 같은 유목민의 불함(紅柳 : Burqan) 종산(宗山) 회귀 신앙은, 아주 유구한 본질적인 북유라시아 유목적 시묘(侍墓)살이 종교전통이라는 걸 재확인한 겁니다.

때론 거의 구사일생으로나 오갈 수 있는 장엄한 백설의 바다지요. 갓난애를 품에 품은 아기엄마로부터 귀천(歸天)을 앞둔 노인 할아버지까지 콩나물시루처럼 밀집해 동승한 귀성차량 행렬입니다. 가던 길을 돌이키어 제 뿌리를 되살려 가는, 그 길도 없는 백색 무한 스텝길을 헤매 도는 거룩한 이런 축복의 천로역정 관행은, 앞으로도 세세토록 이어져갈 겁니다. 뿌리가 땅속으로 뻗어 들어가야 뭇 식물이 제 나름으로 생기차게 살아낼 수 있게 마련이어서지요.

놀랍게도 당시의 머나먼 너무나도 외딴 이 돈드고비 유목마을 사람들은 박정희 대통령을, 한국을 다시 일으켜 세운 한민족 중흥의 위대한 지도자로 우러러보며 몹시도 부러워하고 있었답니다. 우연히 게르 안 탁자 위에 놓인

"반공·방첩"이 쓰인 우리의 팔각 UN성냥갑이 내 눈에 선뜻 띄기도 했습니다. 마을 촌장 할아버지에게 세배를 드렸더니 이 대한민국 대학교수를 크게 대접해 미화 1$를 몽골 설날과자에 얹어 세뱃돈으로 주셨지요[당시 몽골 교수월급이 5~10$정도이고 우리 경우는 몇 100$는 넘었을지도?]. 이 모두에서 내가 큰 부자나라 남한출신 첫 귀향객(?)이어서 굳이 연출해 보여준 낌새는 엿보이지 않았습니다. 퍽 가난했지만 순박했으니까요.

이젠 그토록 발랄하던 신후홍도 그간 울란바토르 시내병원 의료사고로 고인이 되고 나도 고희를 넘기게 됐지만, 당시 그 유목민 동네에서 청취한 한국 대통령의 유장한 취임사는 아직도 내 귓전을 잔잔히 울리고 있는 듯합니다. 때마침 라디오에선 반군부 민주투사로 마침내 등극한 김영삼 대통령의 '한국말 취임연설'이 유려하게 공활한 몽골 돈드고비 백색 천지에도 확실히 울려 퍼지고 있었던 터이지요.

"동포 여러분, 우리가 남인가요?"
돈드고비 유목마을까지 몽골겨레들도 들으라는 듯이 …!

권 교수님의 전생(前生)은요?
[2015.7.27]

지난 주에 권호열 교수님(강원대 컴퓨터공학부)과 주고받은 글을 이에 진솔하게 그대로 전재하려 합니다. 그간 chuchaehyok.com 월요 역사칼럼을 4년째 집필해온 역정과 한겨레와 유목지대 시베리아의 상호 특정생태 적응적 과정에서의 분업과 협업관계를 내 나름으로 읽어본 20여 년간의 유목현지 답사과정 및 그 상호소통 시도의 고민이, 이에 고스란히 소박하게나마 간결하게 스며들어 있다고 보아서입니다.

칭기스칸 진영(眞影) 복원 시도. 명초에 대명천자의 제후상으로 폄하-성형돼 그려진 칭기스칸 초상이 세계를 홀리고 있다. 뿌리 없는 칭기스칸이 그토록 인류사상 거목으로 대성할 수 있었다는 것은, 이보다 더 황당한 신화다. 그의 개체사 채근담(採根談)은?

1990년 북방 유목권 개방후 넓은 의미에서의 유목 시베리아-'조선(朝鮮)의 땅' 유적을 답사해온 안목으로, 그간 칼럼집필과정에서 한국독자들의 독서시장을 살펴온 터였습니다. 부족한 내게 그 상호 이해와 소통이 얼마나 험난한 탐사로정을 거쳐서나 다소간에 성취될 수 있을는지요? 진실로 그간의 시베리아 현지답사보다 더 간고한 발길일 수도 있다는 느낌이 엄습해옵니다. 하지만 그래도 우선 권 교수님과 이렇게 간단한 메모식 글을 주고받아보았지요.

권 교수님의 전생(前生)은요?

죄송합니다.

모두 제 나름 DNA의 사과(史果)?[말도 안 되는 개념어인지도 …]로 여겨져서요.

전원철 박사님요? 한류 원천 추적 천착과업 추진에 몰입해오는 세계적 차원의 집념광이시랄까요. 1990년 서울역 앞 대우재단 소강당 한국몽골학회 창립 무렵에 만나서 2015년 지금까지 한결같았습니다. 불변이라는 면에선 금속기시대의 상징이랄 금·은·동메달을 넘어 그 이전 석기시대의 옥 차원이라 하겠습니다.

온갖 고생들을 사서 하면서 …. 그런 배경에 그 정도의 실력이면 재미있고 여유롭게 한자리 크게 하며 떵떵거리고 잘 사실 수도 있었을 텐데도, 도무지 찔러도 바늘자국도 안날 정도였지요!

전화를 잡으면 시간 가는 줄도 모르고 …. 세계 각지를 오가며, 수시로. 요즘은 한동안 소식을 끊으시더니 칭기스칸이 '朱蒙裔(고'주몽'의 후예, 弓裔 : "활"의 후예?)'라는 글을 올 『월간조선』 6월호에 실어 [물론 필명으로] 알 만한 사람들을 놀라게 했지요.

칭기스칸이 고구려-발해 후예라는 가설은 실은, 이미 1990년 북방 개방시에 유일한 몽골어 통역가능자 베. 수미야바타르 교수님(몽골과학아카데미 1950

년대 후반 김일성대 조선어문학부 수료)이 이 땅에선 처음 제기한 문제랍니다! 물론 당시에 그이는 발해(Boka)의 해체와 재구성과정에서의, 일부 핵심의 처절한 기마 양유목화 몸부림에까지 구체적으로 주목해본 건 아닌 듯했습니다.

아. 오치르 전 몽골과학아카데미 역사연구소장은 2008년 7월 2~3일에 한국 국립중앙박물관에서 열린 "발해와 동아시아"[동북아역사재단 주최]학술대회 에서, 발해제국(698~926)의 영향이 몽골지대에도 커서 몽골스텝에도 200여 곳에 달하는 발해유적이 발굴되고 있다고 보고했지만, 아직은 그것이 거란국 (916~1125)과 몽골고원 제세력 상호 견제의 틈새를 이용해 나름으로 살아남아 이겨내오는 이런 오랜 역사적 흐름 속에서 헤이룽 강~오논 강~셀렝게 강으로 수렴되는 지대를 중심으로 분포되고 있다는 맥락을 짚어내지는 못한 듯합니다. 그런데 이는, 몽골의 발해와 거란 관계사 천착에서 매우 중요한 핵심부분이라 고 추정되기는 합니다. 몽골고원의 발해와 거란의 이런 길항관계란 거대 역사토대 위에서만 몽골제국의 몽골스텝 통일이 가능했기 때문이지요.

몽골스텝 거란의 역사적 존재 이유를 저는 다른 데서 찾고 있답니다. 거란(遼) 이 발해(Boka)를 삽시간에 멸망시켰지요. 발해-보카도 실은 그 씨눈은 고구려 처럼 기마 양유목무력이었고, 이 유목 주도 농경통합인 유목제국(Pastoral nomadic empire)이 그 기틀이었답니다. 그런데 만주라는 비옥한 거대 벌판을 장악하고 흙벽돌 집에 들어가 정착해 안주하면서 기마사술(騎馬射術) 같은 첨단 유목무력과 무인의 기상을 상실해버리게 되자, 후발 신흥 유목무력인 몽골고원의 거란에게 어이없이 무너지고 만 겁니다. 그렇다고 발해가 고구려 처럼 강력한 산성해도(山城海島)의 대(對)유목무력 방어진지를 충분히 확보했 던 것도 아니었고요.

역대 유목제국 리더들이 경고해온 핵심지침을 어긴 대가를 톡톡히 치른 셈이지요. 발해의 본뜻인 늑대-보카(渤海)란 본래 칭기스칸 기병대를 '푸른 늑대'라고 부르듯이 유목군단을 상징하는 표상이랍니다. 부리아드족의 '부리' 도 이처럼 늑대를 함의하는 종족명칭이라네요

거란의 충격이, 어떤 창조적 발해 유민들을 오래 와신상담(臥薪嘗膽)하며 온갖 고난을 극복하고 다시 몽골스텝으로 진입케 한 셈이지요. 이른바 춘추필

법이 거란을 짓이겨 극도로 왜소화시켜서 그렇지, 카라키타이(黑遼)-서요 기병대는, 십자군들을 200여 년간 벌벌 떨게 했던 셀주크터키 주력군을 삽시간에 격파해버려 세상을 깜짝 놀라게 한 'Cathey'의 유목무력이지요. 당연히 실은 Cathey는 농경 China가 아니고 유목제국 거란(西遼)이었답니다.

그 경천동지할 군사력의 발해 멸망 충격이 계기가 돼 이들 해동성국 발해(大震)유민들 중 특정세력들이 요·금제국 주도기를 적응적 진화로 슬기롭게 버티면서 기어이 다시 몽골스텝으로 치솟아 올라 마침내 팍스 몽골리카를 열게 한 핵심 동력을 이루었다고 한다면, 과연 일고의 가치도 없는 허언이라고만 할 수 있을까요?

아무튼 그즈음 우리가 네오 파시스트나 미친 이로 여기며 놀라고 경계도 하던 그 베. 수미야바타르 교수님은, 1950년 후반~1960년 김일성대 조선어문학부 졸업자이어서 당시의 관계학계 분위기를 상당히 숙지하고 있었지요. 1960년대 몽골기원지 다싱안링 북부 훌룬부이르·눈강(嫩江) 몽골선원(Sopka & Steppe : 鮮原) 유적 중·조 합동 발굴 후에, 한 조선 고고학자가 발굴결과 발표를 보류하기로 한 사전 약속을 위약(違約)하고, "우리 조상들이 운운!!"하며 유적현지에서 그 일부[貊槁離?]를 폭탄 선언식으로 공개 언급했답니다.

그래서 당시 저우언라이(周恩來, Chou Enlai) 수상을 노발대발케 하던 그 분위기를 몸소 체감했던 그이는, 요즘의 '홍산(紅山)문화권' 서북단 다리강가 몽골스텝 출생인 반몽반한인(半蒙半韓人)이랄 수 있는 분이지요! 이런 사정들이 우러난 베. 수미야바타르 교수님의 이 가설을 남한에 알린 건, 1990년 경 북방정책을 표방한 노태우 정부가 간접적으로 도와 만들어 준 초대 한국몽골학회장직을 당시에 떠맡았던 저였지요.

상기 『월간조선』 6월호의 글에서 필명 '주몽예'가 누군지를 권 교수님 덕분에, 물론 아직 추정단계이긴 하지만, 이제야 제 나름으로 확인케 된 셈입니다. 그런데 좀 살아오다 보니 팔자가 사나운 이들이나 이런 난제에 관심을 갖는 것 같던데요.

요즘엔 서울대 전자공학과 출신 이민화 교수님(카이스트)의 역사적인 '몽골리안 네트워크론' 전개에 놀라 상호 소통 중이지요. '비(非)유목지대' 십승지지 한반도에 오래 갇혀 살고 있는 우리라지만, 우리 DNA에 남들에겐 없거나 드문 '세계성'이 깊이 내재해 있는 게 엄연한 사실이라는 놀라운 체험을 디지털 노마드시대에 들며 분명히 우리가 몸소 체득케 됩니다. 그러나 그럼에도 불구하고, "그게 왜 그럴 수밖엔 없었느냐?"고 들이대는 한국인 연구자는 단 하나도 없는 게 기적 중의 기적이라 하겠지요.

화려한 전열 기구류[천손족, 치우, 단군, 칭기스칸, 금속활자, 거북선의 이순신, 한글과 한류 …. 이 모든 빼어난 독창성을 지닌 사실(史實)들]는 많은데 도무지 그 역사적 거대 태반이라 할 '발전기'(역사태반?)가 복원될 낌새는 전혀 뵈지 않고 있는 게 한국사 천착의 치명적인 관계현실이라며, 지금 저는 이민화 이사장님([사] 유라시안 네트워크)께 이런 문제를 제기해 보려 벼르는 중이랍니다. 무더위에 짜증나는 얘기만 ….

하지만

즐거운 중복, 잘 지내시기를 빌며 …

-용인(龍仁)에서

총총

'고미'공화국과 '범·곰'겨룸판 가센(嘎仙)동굴
[2015.8.3]

1990년 초에 북방이 개방되어 처음 몽골을 오가며 언젠가는 권영순 초대 주몽골 한국대사님이 지도를 펴 들고 유라시아 지역의 고미공화국(Коми Республика)을 가리키셨을 적에 난 참 별난 나라도 다 있구나 하고, 힐끗 보곤 대수롭지 않게 그냥 지나쳤습니다. '고미'가 곰(熊)이 아니겠느냐는 문제를 제기하고 싶어 하신 듯했지만, 설만들 그럴리가 있겠느냐 싶어서였습니다.

더군다나 동경 55°에 북위 63°인 우랄산맥 서쪽지역 러시아 북서부에 자리 잡고 있는 툰드라~삼림툰드라 지대여서 더욱 관심 밖이었는지도 모릅니다. 수도는 식팁카르인데, 북쪽으로 네네츠 자치구, 동쪽으로 한티만시 자치구,

울란우데역의 반달곰 세 식구(2001년 여름). 좌는 아기를 안고 있는 곰녀상(다마스쿠스 박물관 소장, 창조사학회(金榮友 교수님 제공)

남쪽으로 코미페르먀크 자치구와 접해 있더군요.

그 후 1990년 말에 창조사학회 답사팀이 고미공화국엘 다녀와서 고미족이 거기서 살아서 고미공화국이고, 족조 탄생설화에 곰이 개입되어 있더라는 보고와 함께 우리처럼 빗살무늬토기를 썼고 환저형 토기도 애용했으며 한국어와 같은 교착어를 쓰고 있더라는 소식을 전했습니다(김성일·김영우 등, 『한민족의 기원대탐사-셈족의 루트를 찾아서』, 창조사학회, 1999).

그러나 특히 북유라시아에 그런 유형의 곰전설이나 문화는 널리 분포돼 있는 것으로 알려져 와서 별로 주목될 수는 없으리라 여겼지요. 다만 대통령이 있는 공화국이니까 공식적인 관계를 맺어두면 학술적인 교류는 원활히 이루어지리라는 생각이 들긴 했습니다.

고미공화국의 곰은 한 사나이를 두고 범녀와 사랑싸움을 벌이는 곰녀일 수는 없고, 반달곰 서식지대가 아니라면 반달곰이 아닐 가능성도 높아 뵙니다. 너무 추워서 범이 생존할 수 있는 지대가 아님이 분명해서지요. 북위 50° 남짓한 다싱안링 북부 훌룬부이르·눈강(呼嫩) 선원(鮮原 : Sopka & Steppe) 쯤

오면 곰과 범이 공생하고 반달곰도 서식한다니 단군설화가 거론될 만하겠죠. 그런데 우린 왜 '범'보다 '호랑이'라는 낱말을 더 많이 쓰지요? 혹한지대 북극에도 사는 곰이 범을 젖히고 환웅을 둔 사랑싸움에서 승리했다는 건 혹시 당시에 북방순록치기가 현지 원주민 농목민을 제압했다는 역사적인 사실을 반영한 것이라고 보면 안될까요? 실은 잡식동물인 곰과 육식동물인 범을 두고 쑥과 마늘 먹고 동굴에서 오래 버티기 경쟁을 시킨 건 분명히 불공정 경쟁이겠기에 …. 아무튼 예선 거북이가 먹는 수초가 자라서 강하에 거북이도 산답니다. 거북이를 '뼈가 있는 개구리'(Ястмэлхи)라고 불러 몽골인들이 개구리만 살 수 있는 혹한지대에서 이리로 이주해온 걸 말해주는데, 우린 어떤지 모르지요.

원체 공활한 순록-기마 양유목초지 유적을 답사하노라면 문제로 드러나는 모든 걸 빠짐없이 다각적으로 섬세히 쪼개보고 비교·검증해봐야 문제가 풀릴 기미가 보이게 마련이랍니다. 너무 까다롭다고 해야 할까요? 워낙 판도는 넓고 관계 사료가 희소해서죠.

가령 다싱안링 남부 홍산문화 유적을 답사할 적에도, 물론 관계유물도 중요하지만 왜 물과 직관되는 것이 상식으로 알려진 용의 기원지가 영서의 건조지대 스텝 사해(查海)-기마 양유목지대에 자리를 잡게 됐는가도 그간의 자연 생태계 변화도 고려하며 살펴야겠지요. 성들의 치(雉)는 왜 그리도 낮고 간격이 좁은가? 과연 치가 맞나? 영동과 영서의 목초는 왜 서로 다르게 차별화 되는가? 어느 게 유목 목초고 어느 게 농경지대 가축의 꼴 감으로 적합한가? 여기가 요서 몽골스텝 유목목초지댄가 요동 농경가축 꼴밭인가?

여기가 시원조선 유적지 홍산문화지대이며 요서 몽골스텝 유목지대라면, 시원조선 시베리아·몽골 기원설 중·고교 국사 국정교과서 삭제 사실도 충분히 재고할 여지가 있는 거겠지요. 바로 그 홍산문명지대 시베리아·몽골 땅 순록·기마 양유목지대 유적을 딛고 서서, 시원조선 시베리아·몽골 기원설을 단호히 부정하는 건 지나친 코미디일 수가 있어서지요.

그간 딴엔 열심히 쉽지 않게 이 공활한 유목지대를 답사해오면서 나는 관계 사실(史實)들을 모르는 게 너무 많다는 걸 알았다는 고백을 주로 할 수밖엔 없던데, 확신에 찬 견해들을 너무 많이 마구 남발하는 것처럼 보이는 이들을 대하면 왠지 몹시 위태로워보이곤 합니다. 요즘이야 나이랄 것도 없긴 하지만 고희를 훌쩍 넘겼으니 내 분야인 유목제국(Pastoral nomadic empire) 관계문제에 대한 발언은 나도 이젠 좀 토해내도 괜찮겠지요?

어쩌다 함께 답사를 하다보면 자기 입맛에 맞지 않는 현장 정보들을 거침없이 아예 꾸겨 없애 버리는 동료들이 있어 기겁을 하곤 하지요. 자칫 연구하는 '교수'가 아닌 사이비 '교주'가 될 위험성이 없지 않아 뵈기 때문이랍니다. 그런데 어떤 이웃동네(國家) 동료 분들은 정확히 또는 과감히 있는 그대로의 현장정보들을 빠짐없이 꼼꼼히 수집해, 참으로 부럽고 놀랍기까지 했습니다. 마침내 무릎을 치게 되는 이들이 과연 누가 될까는 애초에 출발단계에서부터 결판이 난 셈이어서 입니다. 먼먼 고미공화국의 곰문화든 부리아드 반달곰 문화든, IT·BT·NT·유전체학 시대에 들어서는 모두 거침없이 활짝 열고 '보고 싶은 대로'가 아니고 정확히 '있는 그대로' 제대로 받아들여야 하는 게 아닐까요.

대륙으로나 바다로나 모두 활짝 열릴 수밖엔 없는 우리의 지정학적 생태현실과 지구상에 퍼져있는 모든 생명체들을 유전자의 특성에 따라 대별한 동물지리학적 분포도(Map of the terrestrial zoogeographic realm)를 보면, Korea(韓國)는 China나 Japan과도 달리 북방 유목권과 접맥된 구북아구(舊北亞區) 그룹(Palearctic group)에 직속돼 있음[B G Holt et al.이 Science 2013 : 74~78쪽에 발표한 Genetic realms and regions of the world의 '생명체 유전자 지도' 참조. 이홍규 교수님 제보을 십분 고려하고, 아울러 독일 기원 다뉴브 강 원천지대에서 흑해북안~동서사얀산과 호눈선원~홍산문화권 서북부 저쪽까지 좁다랗게 뻗친 기마 양유목목초 스텝지대를 총괄해 주시면서 아무리 남북분단 하라 하더라도 역사문화정보는 한껏 소통을 만끽할 수 있게 서로 배려해야겠지요.

한국에서의 첫 밤샘 이야기 친구
[2015.8.17]

내가 정수일 교수님을 처음 만난 것은 1985년 가을 쯤이었던 것으로 기억됩니

514

다. 학교 밖에서 『원조관인층 연구』라는 제목으로 학위논문을 마무리하면서였어요. 당시의 내 상황에서는 힘이 미칠 수 없어서 미처 손을 대지 못한 중동지역 출신 색목(色目)관인의 역사적 배경을 천착해볼 요량으로 한남동 이슬람 성원(Mosque)을 드나들며 아랍어도 배우고 이슬람 신앙도 살피던 시절이었지요.

그해 가을 쯤 콧수염을 아랍 식으로 근사하게 기른 한국통 동년배(?) 아랍 멋쟁이를 만나, 이슬람교 교리도 공부하고 아랍어도 익히며 내 나름으로는 고난 중에도 아주 신비스럽고도 색다른 신세계를 체험케 됐습니다. 갓 입국해서 막 더블백을 메고 옛 단국대 서울캠퍼스 앞 작은 독신 아파트에 드는 길이라, 함께 가서 밤새 두런두런 이야기를 나누며 그 밤을 그렇게 보냈답니다.

이슬람성원의 언덕 골목길을 열사의 사막을 걷는 낙타의 걸음걸이로 힘겹게 오르내리며 많은 생각들을 하고, 기회가 있을 적마다 함께 토론을 하곤 했지요. 그렇게 까마득하게 머나 먼 아랍 땅에 사는 아랍사람들과 우리가 어떻게 이토록 정서적으로 별로 낯설지 않게 마주 앉아 호흡을 가다듬을 수 있을까? 예배의식에서 하는 절은 어쩌면 이렇게도 서로 같을 수 있고, 청수 모시는 전통이며 메카의 백의 전통과 백의민족인 우리의 의생활 전통관행의 유사성은 어찌 된 걸까? 등등을 화두로 삼아서.

그런 토론내용 중의 어떤 것은 북방유라시아유목사를 공부하는 나의 현지답사와 천착을 통해 그 후 20여 년에 걸쳐 내 나름으로 문제를 제기하고 풀어보기도 했지요.

마침내 1980년대 말엔 정세가 바뀌어 나의 교수 재취업(강원대 사학과)이 이루어지면서, 서 및 북아시아 연구자들이 서울역앞 대우재단 빌딩 연구실에 모여 서·북아시아 연구회라는 윤독회를 만들었습니다. 그것이 모체가 되어 1990년경에 한국이슬람학회와 한국몽골학회[一名 '한국『몽골비사』학회']가 각각 창립되었어요. 정수일 교수님은 당시에 두 학회에 모두 가입을 하는 열성을 보였습니다. 내가 보기엔 오히려 몽골학회 창립에 더 본격적으로 동참하셨던 듯했지요.

내가 초대 학회장을 맡은 한국몽골학회에는 나보다 5년 연하 회원으로 입회하셨지요[실은 8세 연상]. 콧수염도 머리칼도 까만 훤칠하며 총명한 눈빛의

한국몽골학회 창립기념회장의 담소, 1990년 12월 14일 서울역앞 대우재단 소강당; 좌로부터 정수일 교수님, 주채혁 초대한국몽골학회장, 임봉길 교수님[뒷모습], 조오순 교수님.

미남자라 그리 알고 2~3째 아우 회원쯤으로 여겨, 스스럼없이 이야기를 나누며 지냈네요.

초입 시에 『신라. 아랍-이슬람제국 관계사 연구』를 연구 주제로 모색하며 정수일 교수님은 한 학회지에 「서역고(西域考)」인가 하는 논문을 실었고, 그 학회에선 관행에 따라 내게 논문 평을 부탁해왔습니다. 몇 가지 문제를 언급하곤, 이건 역사학도의 논문이라기에는 좀 문제가 있다는 지적을 했지요. 나중에 만나보니 몹시 언짢은 표정이 스치는 듯 했어요. 그런데 그간 당시로서는 유례가 없다고 할 만큼 세계의 유적지들을 두루 답사하고 여러 문화권의 다양한 연구정보들을 많이 축적해 오신 건 사실이지만 실은, 당시엔 정 교수님이 사학에 정식으론 처음 발을 들여놓는 베이징대 아랍어과 출신이셨습니다.

그렇지만 바로 이어지는 혹독한 인생의 파란을 겪는 동안 정 교수님이 무서운 내공을 통해 사학공부에 한사코 몰입한 결과인지, 놀라운 글쓰기의 변혁이 일어났음을 실감케 됐습니다. 초인이라는 느낌마저 들 정도였지요. 그래서 이후로도 피치 못할 사정이 없는 한, 우리는 지금까지 관계사학 연구를 위시한 학문적인 소통을 한결같이 이어왔습니다. 지금은 청장년이 된 당시

열 살 전후의 우리 집 아이들이 정 교수님의 전화 목소리를 들어 알 정도였어요.

요즘엔 팍스 몽골리카 하 고려만큼이나 세계화물결의 와중에 휩싸인 팍스 아메리카나 하 한반도에 몸담고 한국문명교류연구소를 이끌며, 그간의 파란만장한 학문역정을 갈무리하고 계신중이지요. 슬기롭고 끈질긴 세계사적인 시련 극복이 없는 세계사적인 독창적 기여는 있을 수 없다는 듯이 신라 금관, 금속활자, 거북선과 한글 등의 한겨레 나름 독창적 기여의 역사적 발전기 복원 문제에 의연히 전념하고 계신 모습이 나 같은 범인이 보기엔 참으로 놀랍습니다.

황금빛 양(羊)유목생산 혁명과 황금마두 순록뿔 탈

왜 말(馬)을 탔는가 유목몽골리안은?
황금빛 스텝 '양(羊)유목생산 혁명'을 위하여! [2015.8.24]

분명한 것은 유목몽골리안이 말(馬 : Horse)을 탄 건 본래는, 당시의 최첨단 무력인 가공할 '기마사술(騎馬射術)'을 익혀 유목세계제국-팍스 몽골리카를 이루기 위한 야심찬 가없는 정복욕 때문이 아니었습니다. 유목몽골리안이니까 극악한 목축생태 속에서지만 주로 경이로운 유목생산 혁명을 이룩해내기 위해 기마(騎馬)한 것이지요. 어떤 유목가축의 생산 혁명인가요? 유목민의 주식인 젖, 그리고 모피(Fur)와 고기를 흡족하게 제공하는 양(羊 : Sheep)입니다.

오토바이를 타도 되겠지만 당시엔 아직 오토바이도 소총도 안 나와서 소총을 들고 오토바이를 타는 대신 활(貊弓)을 들고 몽골말을 탔어요. 그러니 기마의 기본 목적은 '양'유목생산 혁명수행임이 명백하지요. 기마사술(騎馬射術)은 그 부산물일 따름입니다.

이민화 교수님(카이스트)은 몽골리안 네트워크론을 펴면서 "몽골리안의 핵심역량은 말!"이라고 적시(摘示)하셨지요. 맞는 말이라 하겠습니다. 하지만 그 몽골리안이 애초에 왜 말을 탔는가라는 본질적인 문제는 논급을 안 해서 정작 스키타이(鮮族 : 순록유목민)의 경이로운 황금빛 스텝 양유목생산 혁명사

양을 치기 위해 말을 탄, 스텝의 근면하고 순박한 기마 양유목민 몽골리안

천착 문제를 비켜간 느낌이 듭니다.

그래서 더러는 거창한 명분을 내세우며 공명심으로 유목몽골리안사학 연구를 선창하는 이들이, 유목몽골리안이 말을 탄 건 본래는 당시의 최첨단 유목무력인 가공할 '기마사술'을 익혀 유목세계제국-팍스 몽골리카를 이룩해내기 위한 야심찬 가없는 정복욕 때문이라고만 계속 더 휘몰아갈 수 있는 여지를 제공한 셈이 될지도 모르겠습니다.

당연히 유목주체인 유목가축 '양'이 거세된 이런 상황 하에서는, 스텝의 기마 양유목(騎馬'羊'遊牧 : Horse-riding, sheep herding nomadism)뿐만 아니라 그의 뿌리를 이루는 것으로 볼 수 있는 순록의 주식 순록유목목초 선(蘚 : Niokq)이 자라는 스텝보다 아주 월등히 더 공활한 선(鮮 : Sopka, 수림 툰드라~툰드라)의 훨씬 더 장구한 북유라시아 시원유목이랄 순록유목(Reindeer herding nomadism)의 역사도 아주 소외돼 버리게 마련이겠지요. 석기시대→ 청동기시대→ 철기시대로 계승 발전되어온 북유라시아 유목몽골리안의 유구한 유목역사 자체가 천길 동토 속에 그냥 파묻혀버릴 수도 있다는 겁니다.

흔히들 스키타이가 우리에게 소치(Sochi) 동계올림픽으로 잘 알려진 흑해와 카스피 해 지역 황금빛 대스텝에 대거 진격해 든 것이 대대적인 유목적 기동타격 군사훈련을 벌여 시대의 최첨단 유목무력인 기마사술을 먼저 쟁취하려고 했던 치열한 대규모 유목전쟁판의 시동쯤으로 여기고 있는 듯합니다. 그렇지만 그건 어디까지나 말을 탄 결과적인 부산물이었을 뿐, 본래 유목몽골리안이 말을 탄 목적은 그게 아니었습니다. 실로 이 장엄한 북방유라시아 유목사의 격류 속에서 유목혁명의 주체 유목가축 '양'이 거세된 주객전도 내지 주체 실종의 '기마유목'식 양(羊)유목 인식은 제국주의의 광기어린 연출일 따름이지요.[2009년 5월말 국립몽골대학 몽골연구센터 특강에서 이 문제를 공식 거론. 양혜숙 박사 몽골어 해설]

제 정신을 바로 차리고 깨달아 보면 유목몽골리안이 말을 탄 진정한 이유는 순록유목보다 10여 배가 넘는 양유목생산 혁명을 이룩해내기 위한 사활을 건 유목몽골리안의 일대 모험의 감행이었습니다. 그래서 기원전 10세기경부터 아나톨리아 반도 쪽에서 몰려들어오는 철기혁명의 대세를 수용해 철제 말재갈(轡 : Gag)을 물린 말을 타고 철제 말발거리(鐙子 : Stirrup, 말신)에 발을 걸어 사격자세를 안착시켜 예리하고 강고한 철제 화살촉으로 과녁을 겨냥해 쏘아 꿰뚫으며 흑해카스피 해 황금빛 대스텝으로 치솟아 들기 시작했던 거지요.

그리고 그런 황금빛 기마양유목 혁명의 완성은, 스텝로드를 타고 북방유라시아 유목몽골리안 유목제국의 자궁으로 세계몽골학계에서 공인받아온 지 오래인 싱안링과 만주벌판을 묶어낸 유목제국의 최적지 다싱안링 북부 호눈선원(呼嫩鮮原 : Sopka & Steppe)에 이르러서 마침내 팍스 몽골리카를 이룩하면서 그 정점을 이루었지요.

1990년 초 몽·한수교 이후 우리 한국몽골학회가 처음으로 만나 연구탐사작업을 시작한 유목몽골사학자는 테. 아. 오치르 몽골과학원 역사연구소장님(한국의 국사편찬위원장 격)인데 그이는 동몽골 대스텝을 함께 답사하면서 양의 번식은 기하급수적이어서 유목생산력을 폭증시키지만, 그만큼 드넓은 유목목초지를 확보해내며 활용-재활용하는 유목목초지 관리가 뒷받침돼야한다고 우리를 일깨워주기도 했답니다.

그이의 외아들은 자신의 지망과 가족들의 희망을 따라 고등학교 졸업 후 대학진학을 그만두고 조부인 목민 할아버지에게 보내 유목민이 되게 귀향시켰지요. 시대의 흐름과 역방향의 길을 걷게 한 셈입니다. 스키타이(鮮族)의 황금빛 스텝 양유목화 대혁명을 위해 말에 오른 일이 그만큼 몽골사 상의 획기적인 몽골민족 일대 도약계기가 됐음을 몸소, 한 몽골 청년의 일생에 되새겨 내려는 소명감 같은 것을 절감케 해주는 사례였습니다.

거목 부사년(傅斯年)의 『이하동서설』(정재서 역주, 우리역사연구재단, 2011)에서는 황토 고원지구의 하(夏)·주(周) 서이(西夷)와 태평양 쪽 다·샤오·와이싱안링-만주벌판의 상(商) 이른바 동이(東夷)를 대별해 그 동진과 서진 문제를 각각 논급해본 것으로 어쭙잖게 난 이해해보았는데, 차라리 서이(西夷)와 동이(東夷)의 문제로 다루어보았으면 하는 아쉬움이 있습니다. 동·서로 각이한 시대와 유목생태 하에서 기원(起源)해 발전단계가 서로 달랐겠지만 실은 둘 다 유목지대 유목기원 세력들의 진퇴문제로 요약돼섭니다.

기원전 10~3세기 무렵 북유라시아 순록치기의 기마 양치기 혁명을 기점으로 요컨대 그 이전엔 생태조건과 순록유목적 기동력의 상호작용으로 Sopka(鮮)의 순록유목민-차탕(Chaatang)유목제국 「동이」의 서진이, 그 이후엔 철기의 수용과 더불어 Steppe의 기마 양유목민 Scythia(鮮)유목제국 「서이」의 동진이 이루어지다가 철기의 본격적인 수용 이래 동북아시아 고대 유목제국(Pastoral nomadic empire)이 제대로 가동된 기원 전후 무렵부터는 다시 소욘족(鮮族) 기마 양유목화 혁명 최적지인 호눈선원(呼嫩鮮原) 태반 기원(起源) 조족(朝族) 주도 선족(鮮族) 통합형 기마 양유목제국 '활겨레'-「동이」의 서진이 대대적으로 이루어지면서 팍스 몽골리카에서 그 한 정점을 찍는 것이 아닐까요.

역시 순록치기의 기마 양치기화 유목생산 대혁명이 북방 유라시아 유목혁명사상 가장 획기적인 역사적 일대의 사건이겠고, 그래서 그게 철기를 수용한 몽골리안이 황금빛 스텝 양유목생산 혁명 수행을 위해 말에 오르는 걸로 상징되었겠지요. 유목목초 관리를 위해 염소들이 양유목에 동참하고 거대 양떼를 몰기 위해 말들이 적극적으로 스텝의 양유목에 동참하지만 우리는 '염소유목'도 '말유목'도 거론치 않습니다. 당시의 '유목의 주체'는 순록(馴鹿 : Ц аа буга=Chaabog)을 계승한 양(羊 : Хонь)일 따름이고 화려하든 초라하든 나머지는 모두 양치기 도우미들일 뿐이어서지요.

이른바 '기마유목'이란, 주객전도가 아니라 주체 유목가축 '양떼'의 실종이라는 어처구니없는 제국주의사관의 유목사 왜곡 주범이 되어버린 지극히 부적절

한 학문적 용어지요. '말'은 당시엔 어디까지나 순록유목의 양유목화 생산
혁명을 이룩하기 위해서 탄 도우미이고 앞으로도 그래야만 하겠지요. 최신판
'제왕기마군'류와 공명심에 들뜬 철부지 기마 양(?)유목사 연구생들에게나
우리 모두에게서, 인류 상생을 위한 몽골리안 유목사 복원사 상의 제국주의사
관 청산을 위해서 말입니다!

홍산(紅山)문명권보다 호눈선원(呼嫩鮮原) 유목제국 태반을!
[2015.8.31]

다싱안링을 중심으로 홍산은 남부 홍산문명권을, 호눈선원(呼嫩Sopka &
Steppe)은 북부 훌룬부이르 몽골Steppe 원(原)과 눈강지대 Sopka(小山) 선(鮮)을
지칭합니다. 스텝은 양(Хонь)유목초지이고 소프카는 순록(Цаа буга
=Chaabog) 유목초지로 선·원(鮮原)은 순록유목초지와 양유목초지의 교차지대
라 하겠지요. 다싱안링을 축으로 영서(嶺西)는 기마 양유목(騎馬 '羊'遊牧 :
Horse-riding, sheep herding nomadism)지대이고 영동(嶺東)은 순록유목('馴鹿'遊
牧 : Reindeer herding nomadism)지대와 저지대 농경 만주벌판이 교차하는 지역
이라 하겠습니다. 물론 순록유목이 철기를 수용해 기마 양유목으로 발전·비약
하는 황금빛 스텝 유목생산 혁명을 겪으면서 두 지역이 한데 묶여 거대한
'유목제국'(Pastoral nomadic empire) 태반을 이루게 되고, 그래서 유라시아
유목제국사의 정점을 치는 '팍스 몽골리카'가 구축됐답니다.

지금은 이런 전형적인 지대가 세계유목사학계에서 호눈선원으로 지목되고
있지만, 실은 석기시대~청동기시대에는 홍산문명권도 이런 비슷한 유형의
순록유목제국형 문명 중심 생태권역이었던 것으로 보입니다. 물론 홍산문명권
의 경우엔 철기시대에 본격적으로 진입하기 이전까지는 아직 영서~영북(嶺北)
이랄 몽골스텝의 기마 양유목지대처럼 그 당시에 의미 있는 비중을 지니지는
못했던 것으로 봐야겠지요. 다만 영동~영남(嶺南) 순록유목 주도 하 중원과
만주벌판 농경지대와의 역사적인 적응적 진화를 통한 분업-협업형태로 묶인

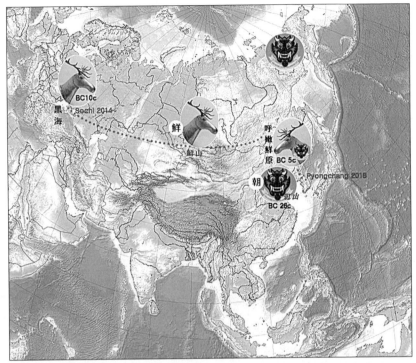

조족(朝族) 주도 선족(鮮族) 통합 Chaatang조선(朝鮮)의 철기 수용과 고대 기마 양유목제국 창업태반 호눈선원(呼嫩鮮原)

순록유목제국을 이루었을 것으로 추정됩니다.

최후의 빙하기 이후 지구 온난화가 이루어지면서 빙하현상의 북상이 점차로 발전해 마침내 그 남단이 호눈선원에 이르게 됐던 시대권인 기원전 8~3세기경에, 아나톨리아 고원에서 도래하는 철기혁명의 물결을 수용하면서 스키타이-선족(鮮族)이 흑해~카스피 해 대스텝에 진출해 황금빛 기마 양유목화 유목생산 혁명을 이뤘지요. 바로 그 격류를 타고 들이닥친 선족이 유라시아 대스텝 길을 통해 순록유목의 기마 양유목화 유목생산 혁명 최적지 호눈선원에 이런 일대의 유목생산 혁명의 불을 지르게 된 터입니다.

북경원인 발굴로 유명한 고고학자 페이웬중(Pei wen zhong, 裵文仲)은 1950년대에 이 지대를 탐사하고 잘라이노르에서 동토작용을 찾아냈습니다(裵文仲, 『科學通報』, 1956 및 『科學紀錄』, 1957). 추측컨대 지금부터 25,000~15,000년간에 걸쳐 있었던 몽골고원의 동토현상이 점차 걷혀 올라가면서 홍산문명권 일대의 기순록(騎馴鹿) 순록유목 중심권이 기마(騎馬) 양유목 기원권(起源圈)인 호눈선원(呼嫩鮮原 : 훌룬부이르 몽골스텝·눈강 Sopka&Steppe)으로 철수하는 과정에서 벌어졌던, 곰녀와 범녀의 가셴둥 환웅 쟁탈전이 상징적으로 채록된 게 단군설화의 내용으로 보입니다.

물론 홍산에서 호눈선원으로 북상하는 과정에서 북류 쑹허 강과 눈강(嫩江)이 합류하는 지역 일대인 조원(肇源)의 백금보(白今寶)문화나 대안(大安)의 한서(漢書)문화 유적의 과도기적 유흔이 보여주는 대로 느슨하게나마 홍산 차탕들의 이런 점진적인 기마 양유목화 혁명 조류도 동북아시아 유목태반 호눈선원 일대의 양유목화 생산 혁명에 일조한 것으로 보이기는 하지만, 직접적인 혁명 쓰나미는 주로 북방 유라시아 고속도로 스텝로드를 통해 일거에 들이닥친 것으로 추정됩니다.

그 이전 청동기시대에서 철기시대로 이행하는 과정에서 레나 강 중심의 동부 북극해와 태평양권 산지 순록유목민 조족(朝族)이 조직된 소수의 기동력과 활의 타격력으로 예니세이 강 중심의 서부 북극해 선원 평지 선족(鮮族) 순록 방목민을 철기혁명 이전까지 주도적으로 장악해, 조선(朝鮮)이라는 순록 유목민 내부의 자체적 순록유목제국 원형틀을 구성했다가, 철기혁명을 지향해 가면서 다시 부여가 등장했던가 봅니다. 그러다가 마침내는 기존 순록유목제국 자체가 해체돼 열국시대를 이루었던 것으로 보입니다.

그리고 이런 현상은 철기의 본격적인 수용과 더불어 흑해~카스피 해 쪽에서 물밀듯이 쏟아져 들어오는 기마 양유목화 유목혁명의 격류를 올라타고 이런 일대 유목생산 혁명의 최적지 호눈선원을 자궁(子宮)으로 삼아 선족 주도로 기마 양유목제국 창업 극성기를 이루면서, 그후 몽골제국 기원지(起源地) 에르구네(多勿)를 기축(機軸)으로 그들의 선도 하에 열국시대 전국상황을 수습하고 해체돼가는 옛 시원순록유목제국을 철기 수용 후 다시금 기마 양유목화 혁명 시류에 맞게 점차로 중생·복원해 내가기에 이른 것이라 하겠습니다.

이러한 결과로 에르구네 몽골(貊槁離)기원지가 생기고 부이르 호반에 할힌골(紇升骨)성이 구축되는가 하면 그 서남부 훌룬부이르 스텝 송크(紅) 타반(五)

톨로고이(頭)에 고올리칸-동명(東明 : Tumen)성왕이라는 공동 족조(族祖)의 석
인상이 생겼답니다. 그런가 하면 할힌골성 곁에 고올리인들이 논벼농사를
지었다는 거대한 고올리농장터 유적을 남기기도 했지요. 그리고 무엇보다도
중요한 것은, 미웬핑(Mi Wenping, 米文平) 전 훌룬부이르시 민족박물관장에
의해 1982년 세계유목몽골학계에 보고된 이래로 공인돼오고 있는 몽골인의
조상제사터 가셴(嘎仙) 화강암 동굴이 대선비산에서 찾아지고, 그 뿌리가
스키타이(鮮族) 기마 양유목화 혁명의 기원지 흑해~카스피 해 쪽 시베리아
최대의 타이가 동·서 사얀산(鮮山)으로 밝혀졌다는 사실입니다.

가셴 화강암 동굴은 범의 서식한계지 북극 단이고 북극해 쪽에서 동남하해
오다가 거북이가 생존하기 시작하는 기점이며, 이곳 하일라르 강변은 형태가
또렷한 비파형청동단검 출토지역 서북단이라는 점 등을 들어, 내가 '단군
탄생의 그 동굴'로 감히 비정해보는 곳이기도 합니다. 오룬춘(鄂倫春 :
Orunchun)족 지역 대선비산 소재 이 거대 화강암 동굴유적에서는 석기시대~철
기시대에 이르는 유물들이 모두 출토되고 있기도 하지요.

그런데 고대유목제국의 본격적인 창업이 철기시대에 들며 순록유목의 기마
양유목화 유목생산 혁명과 가공할 최첨단 유목무력 기마사술(騎馬射術)의 쟁취
이후에 북방유라시아 유목몽골리안 주도로 제대로 이루어졌음을 인정한다면,
지금의 우리는 그 이전의 홍산유적지보다 이 호눈선원 순록유목의 기마 양유목
화 유목생산 대혁명 유적지에 당연히 더 주목해야하겠지요. 더군다나 기원후
오호십육국·수·당·요·금·원·청의 중원 경략 제국 창업 시에 주로 유목과
농경의 접경 길목 주요거점에 자리 잡고 있는 홍산 지대가 거의 다 결과적으로
외견상 중원문화권에 흡수돼온 판에, 고대 유목제국의 자궁인 '호눈선원 유목
태반'문화는 주로 북부 다싱안링과 샤오·와이싱안링을 통해 T자형 백두대간을
타고 비(非)유목지대 한반도로 상당히 그대로 주입돼와 그 유목DNA 속 사람
정통성을 내적으로 견결히 지켜 내려오고 있음을 직시할 필요가 있겠습니다.

특별히 B·G Holt et al의 「지구 생명체 유전자지도」(Science 2013 : 74~78쪽)를
이제 다시금 가져와 본다면, 한반도는 중·일과도 차별화되어 명백히 Paleartic
ecozone(舊北亞區 : European-Siberian region)으로 한반도가 또렷이 그려져 있음

을 확인케 되지요. 이에서 한반도의 우리는 뜻밖에도, 북유라시아 유목모태와 생명체 유전자 차원에서 오늘날의 우리가 직접 접목되어 있음을 알게 됩니다. 서·동의 장대한 스텝로드가 다뉴브 강 원천에서 홍산문화권 서북부 저쪽까지 뻗혀 있음도 이를 웅변해준다고 하겠습니다. 그리하여 유라시아 유목몽골라안 유목제국(Pastoral nomadic empire) 유목역사의 정수 혈류가 주로 비(非)유목지대인 T자형 백두대간에 오랜 기간에 걸쳐 단속적·점진적으로 수혈돼 잠재해 내려올 수 있었음을 깨닫게 된다는 겁니다.

그것도 그 주맥이 한반도 서북면이라는 홍산 쪽이 아니라 주로 동북면이라는 T자형 백두대간 척추 이동을 중핵으로 삼고 있음을 자각할 때, 팍스 몽골리카 하 세계사적인 시련을 슬기롭고 끈질기게 극복해내며 창조해낸 금속활자, 거북선이나 한글 같은 인류사적 차원의 위대한 문화유산들이 모두 유라시아 유목몽골리안 모태 정수 정통성 견지 전통 속에서 솟아난 은혜롭고 거룩한 열매임을 알게 됩니다. 그래서 홍산보다 에르구네(多勿)와 아리령-아롱령(阿龍嶺)이 상존하는 호눈선원(呼嫩Sopka & Steppe) 유목모태 태반을 이스라엘민족의 '통곡의 벽'보다 더 우리 한겨레가 흐느끼며 품어 진정으로 모셔 섬겨야 한다는, 북방개방 4반세기가 됐음에도 아직은 우리 모두에게 매우 설익은 이 문제를 감히 제기해봅니다.

산업혁명과 스키타이
─鮮族의 기마 양유목혁명, 영·미와 조선·고구려 [2015.10.26]

1990년 북방사회주의권-순록·양 유목태반권 개방후 사반세기 시베리아·몽골·만주라는 북방유라시아 답사는, 농경권의 내가 유목권의 돌아버린 널 보고 좀 미친 사람이라 치부해오다가 결국 답사가 심층단계에 들어가면서는 나도 돌아버리는 과정이었다고 요약되는 것 같습니다. 정보화시대의 유목몽골로이드의 유목성이나 바이킹 성-훈족 DNA 공유-을 갖는 사람들에 대한 역사연구에는 관계정보의 폭주로 그 나름의 그 역사 인식 격변 요구를 감내할 수밖엔 없었다는 겁니다. 결코 보수나 진보 차원의 안이한 역사인식 발전 천착으론 풀 수 없는 좀 더 근원적인 심층차원의 문제가 게서 제기되고 있음을 감지케 되는 까닭이었지요.

> 아득한 옛 시대에 우리의 조상들이 지내어온 저 유목민 생활의 동경과 희구가 아직도 우리의 혈관 속에 따뜻한 피가 되어 흐르고 있는 것 같다.(『월간중앙』 3~7호, 1936년 폐간)

3·1독립운동 직후니까 좌우대립보다는 망국의 한에 사무쳐 당장 발등에 떨어진 불인 반제국주의 투쟁이 시급했던 시절인 1921년 극동피압박민족대회 참여를 위해 모스크바로 갈 적에, 당시의 그 험악한 몽골초원(Steppe)을 굳이 몸소 직접 횡단하며 몽양 여운형(呂運亨) 선생님이 술회하신 글의 일단이지요.

지금 저자가 이 글을 여기에 가져오는 건 우리 민족의 기층혈관(DNA)에 유목민의 혈맥이 뛰고 있다는 말씀 때문이기는 하지만, 현실적인 통일 분위기 조성과는 별 상관이 없습니다.

다만 당시 그 분의 겨레대중에 끼치는 영향력의 심대함 때문에 '우리가 몽골에서 왔다'는 고정관념이 이 땅에 깊이 젖어 자라온 터에, 그런 저자의 몽·한겨레사 인식 현실을 들여다보기 위해서일 뿐입니다. 그간 저자가 만나온 관계 몽골전문 연구자들의 견해는 대체로 이와는 정반대여서지요. 몽골이 도리어 조선·부여·고구려(Boka=渤海는 이에 내포)에서 왔다는 게 통설이었습니다.

그럼 이 상반되는 몽·한관계사 인식을 어떻게 보아야 할까요. 애초부터 착오이거나 조선·부여·고구려사 인식이 서로 판이하게 다른 측면이 있거나 둘 중의 하나이겠지요. 저자는 당연히 후자에 방점을 찍습니다. 유목태반사적 인식이 거세된, '동해물과 백두산'으로 상징되는 비유목지대 T자형 백두대간 생태권 진입 이래 우리 한국사가들의 한민족 유목태반 기원사(起源史) 왜곡에 서 기인(起因)한다는 겁니다. 그리고 그건 현재의 어떤 대내외 한국사 인식사례 보다도 더 치명적이고 본질적인 한민족 유목태반사 왜곡인식이라고 감히 지적해봅니다.

비유목지대인 지금의 한반도 한국인으로 보면 유목지대 몽골에서 한국으로 온 게 사실이지만, 한민족 고대제국 탄생과 회임이란 한민족의 시원역사 차원에서 보면 칭기스칸 몽골은 유목태반 기원(起源) Chaatang조선·부여·

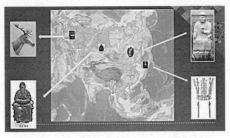

스키타이(Soyon : 鮮)의 황금빛 기마 양유목 대혁명 2대 기지, 흑해연안 대스텝과 호눈선원(呼嫩鮮原). 사진꾸미기(박윤희 컴師)

고구려(Boka : 渤海 내포)에서 왔다는 게 맞을 수 있습니다. 기마 양유목민이 창업한 몽골제국은 철기 수용 후 순록치기에서 혁명적 생산 발전으로 그 토대 위에 비로소 이루어진 건 유목사상 엄연한 사실이어서지요.

산업혁명 이후 영국인의 신대륙 진출-미국 창업은 있을 수 있고, 철기를 수용한 스키타이(鮮族 : 순록치기들) 기마 양유목 혁명 이후 소욘(鮮 : Sugan)족의 몽골·만주·동해물과 백두대간 지대 진출 창업은 허구일 뿐이란 억설이 이 디지털 노마드시대-유전체학 시대에도 아직 마냥 계속 남아만 있을 수 있을까요?

거듭 인용하지만, 재레드 다이아몬드의 『총, 균, 쇠』(김진준 역, 문학사상사, 1998)에서는 "아프리카나 아메리카 대륙이 남북축으로 돼 있는데 대해 유라시아 대륙은 동서축으로 돼 있어서 등온대(等溫帶)를 이루기 때문에 사람과 기술의 이전이 용이해 유라시아 대륙인이 다른 대륙을 지배하는 주체로 발전했다"고 지적했습니다.

저자는 이에 다시 "특히 주로 툰드라·타이가·스텝으로 된 북유라시아는 거대한 기순록(騎馴鹿) 순록·기마(騎馬) 양유목권을 이뤄, 유목적 기동력과 타격력을 한껏 구사해 인류사상 최초로 팍스 몽골리카라는 세계경영체제를 창출해 낼만큼 역사발전을 크게 가속화할 수 있게 했다"고 첨언했지요.

이런 생태조건의 역사적 발전과정에서, 주로 유목 주도의 농경 통합이라는 유목제국형(Pastoral nomadic empire) 국가가 창업돼 발전하는 것은 매우 자연스러운 현상이리라 봅니다.

재작년 '실크로드 경주2015－유라시아 문화 특급'[8월 21일~10월 18일]이라
는 제법 큰 규모의 행사가 경주에서 열렸습니다. 실크로드의 문화핵심은
스키타이 '유목황금문화'이고 그 꽃 중의 꽃은 금관인데 그게 만개한 건 중국의
서안은 물론 일본열도도 아닌 한국의 경주인만큼, 경주가 강조된 건 천백번
잘한 일입니다. 더욱 적극적인 국가차원의 연구지원이 절실한 터이지요.

다만 흑해연안의 황금문화가 중원대륙의 서안이나 일본열도 어느 곳도
아닌 태평양으로 활짝 열려있다고는 하지만, 왜 하필 한반도 남동쪽 한국
경주에서 그렇게 만개했는지 그 역사적 엔진은 진정 무언지를 밝히는 천착과제
는 문제제기조차 안 된 게 매우 유감스러웠습니다. 이 때문에 정작 문제의
핵심을 비켜가는 의례적인 행사의, 여전한 생태적응적 확대재생산이라는
느낌마저 받았지요.

북방 유라시아 유목 오랑캐에게 무슨 문화가 있겠느냐는 단견(短見)을 여전
히 견지하는 편협한 연구자도 없진 않지만, 스키타이 황금문화야말로 엄연한
오랑캐유목민의 인류사상 매우 찬연한 일대의 '유목문화'지요. 그래서 디지털
노마드시대엔 한민족 '유목태반 기원(起源) DNA'란 실마리를 잡지 않으면
이 문제는 결코 풀리지 않으리라 보는 겁니다.

이 유전체학 시대에 녹색의 중·일(Sino-Japanese)과 확연히 구분되는 연청색
의 광대한 Paleartic ecozone(舊北亞區)에 속하는 한국(Korea)을 그려낸 B·G
Holt et al의『지구 생명체 유전자지도』[Science紙 2013 所收, 이홍규 교수님
檢索]는 최소한 확인해봐야 한다는 거지요.

특히 동북아시아 고대제국 창업의 기본 틀을 주로 유목 주도 농경 통합형
유목제국(Pastoral nomadic empire) 기원(起源) 시각에서 접근해야 된다는 핵심
문제를 이 미증유의 유목사 정보 쓰나미시대에 여기서 적시해 제기하려는
겁니다.

이 시대엔 망국 직전의 구한말 어느 집권층 주류 일부처럼, 자국사 인식에서
대책 없이 무한 쇄국하는 비극은 더는 없어야겠지요. 당연히 몽골고원이나
바이칼 호 일대가 아니고 순록치기 Chaatang태반인 레나 강이나 예니세이
강 수림툰드라~툰드라에서 그 심원한 한겨레 유목 DNA를 찾아내가야 할

겁니다. 대체로 치우(蚩尤)의 조족(朝族)은 레나 강 언저리에서, Scythia-선족(鮮族)은 예니세이 강 언저리에서요. 그리고 양자가 통합~화합된 유목제국의 자체 내 원형으로 단군 조선(朝鮮)의 DNA뿌리를 과감히 천착해 내봐야겠지요. 탄생일이 아니라 회임일(懷妊日) 차원에서 말입니다.

그래야 비과학적인 단일민족 운운이 아닌 정보화시대·유전체학시대 드넓은 한겨레 생업 중심 태반의 총체적 유목 기원(起源) 본향 불함(不咸 : Burqan)이 보이겠어서입니다. 적어도 한(漢)족의 「장성이북마저도 중국」하는 엉뚱한 비약은 넘어서야 우주로 열리는 한(韓)겨레 천손족의 공활한, 나의 주류 유목태반 정체성을 제대로 꿰뚫어보는 참 시야가 트이지 않을까요?

라시드 앗 딘의 『집사(Jāmiʿal-Tavārīkh)』라는 대몽골 중심 세계사가 처음 쓰인 팍스 몽골리카시대에 일연(一然) 대선사의 '고조선'이 문득 잠깐 대두되었다면, 정보화·유전체학시대인 팍스 아메리카나시대엔 이제 고조선의 깊고도 공활한 뿌리실체인 '차탕朝鮮'이 조금은 언급될 만도 할 텐데도!

저자는 지금 이 글을 쓰는 순간에도 때로 수강생인 자신에게 학부시절부터 대서양 섬나라 영국의 청교도 혁명사와 신대륙 링컨의 거대 미국역사를 강의해주신 김동길 교수님을 떠올리곤 합니다. 소치 동계올림픽으로 널리 알려진 흑해 동북안 공활한 대스텝의 스키타이(鮮族)의 생태적응적 동류(東流)가 북유라시아 스텝의 바다에서 기마 양유목생산 혁명을 수행해오며 마침내 '동해물과 백두산'으로 상징되는 태평양권 비유목지대 T자형 백두대간을 천연요새로 삼는 '코리아(高句麗)' 창업을 주도해내기까지 했었다는, 좀 생경한 소론 구상에 골똘히 몰두하고 있어서지요.

동남몽골 대초원의 홍길동전 붉은?
[2015.11.2~11.9]

북방 유목권 개방 후 1991년 여름 제주도 돌하르방을 모시고 홍산문명권 서북부 다리강가 목초지에 들어가 이 지역의 훈촐로(석인상·돌하르방)와 상봉식을 가진 후 90년대 중반까지 현장의 고올리 돌각담무덤 발굴에 동참하면서, 동몽골 대초원과 인연을 맺어왔지요. 그러면서 이 일대에 홍길동 이야기가 널리 회자되고 있는 데 놀랐습니다. 사회주의체제 하 유목지대니까 도살자 백정 영웅 임꺽정이 부각될 만하고 유명한 춘향이나 심청과 장화 홍련 이야기가 뜰 만도 한데, 그런 흔적은 별로 보이질 않았습니다.

이 땅에 왜 하필 홍길동일까? 디지털 노마드시대에 스토리텔링 만개의 시류를 타고, 한번쯤 상상의 나래를 펴고 추적해 들어가 봄직한 주제라는 생각을 했습니다. 저자가 몽골학에 입문할 적에 첫 연구과제로 몽골침략시에 몽골에 투항해 몽골의 신하로 심양·요양 일대에서 크게 행세하다가 대원제국의 소멸과 함께 북원행으로 보이는 역사의 뒤안길로 사라져버린 남양홍씨 홍복원 일가 문제(고병익 교수님 지도)를 다루었으므로, 이 일대를 답사할 때는 늘 관심을 가지고 유적과 주민들을 살펴왔지요. 그러던 차에 영서 남녘에서 이런 정보에 접하게 되었답니다. '내 논에 물대기'식 시각과 해석일 수도 있지만, 한번 훑고 지나갈 필요는 있다고 생각했습니다. 저자의 연구 소론에선 이렇게 적고 있지요.

"홍복원(洪福源)일가는 개전 초기에, 이성계(李成桂)일가는 몽·려전쟁 말기에 각각 휘하군병을 거느리고 몽골에 투항한다. 당시로서는 홍복원일가나 이성계 일가가 모두 다, 고려 조정을 배반하고 적국 몽골에 투항한 대표적인 고려계 몽골군벌가문이다.

물론 몽·려전쟁기 당시로 보면, 홍복원 몽골군벌가문이 이성계 몽골군벌가문을 비교도 안 되게 압도하는 거대세력이었다.

그 후 결국 전쟁전문가 집단인 무신정권의 핵심무력이라 할, 수십 년 항몽전투의 주체 삼별초를 고려 왕씨 왕정은 적국 몽골군을 이끌어 들여 제주도 끝까지 추적해 씨를 말리고 왕정복고(Restoration)를 이루어 몽골황실의 부마-외손국가로 고려 말기의 왕실을 견지했다.

그리고 원·명교체기에 시류를 재빨리 바꿔타며 왕씨 고려왕조를 멸망시키고 이씨 조선왕조를 창업한 신흥세력도 바로 그 고려계 몽골군벌 이성계 가문이었다.

다리강가 스텝 공연예술단. 앞줄 중앙에 좌정한, 목에 펜던트 건 저자[1991년 8월초]

그렇다면 홍복원 가문, 왕씨 고려왕가와 이성계 가문이 무엇이 같고 무엇이 다른가? 이제 그냥 제삼자의 눈으로 담담하게 바라보고 사실을 냉엄하게 있었던 그대로 복원해, 우리 나름으로 정리는 해보아야 하지 않을까?"

여담이지만 최근 저자는 내 선조가 몽·려전쟁기 매국노 중의 매국노인 조휘·탁청 중의 한 분인 조휘 총관이라고 진솔하게 자서전에서 밝힌 4·19 당시의 비운의 대통령 후보 한양조씨 '조병옥 박사'의 대인다움에 새삼 놀라고 있습니다. "그 어른이 아니 계셨다면 지금의 내가 있을 수 없다"고 자기고백을 하신 셈이어서지요. 하기야 당시 여당후보인 태종 이방원의 후예 전주이씨 '이승만 박사'의 조상도 결코 동시대 조휘 총관을 매도할 만한 일관된 애국일변 도의 일생을 살 수 있었던 분은 결코 아니었지요. 저자 자신이 4·19세대이기도 하고 오늘날의 천안이 고향이기도 한 터에, 같은 지역에 유관순 열사와 함께 사셨던 부모님세대 분이어서 유독 주목해왔는지 모릅니다. 더군다나 조휘 총관은, 몽골사 전공자의 시각에서의 접근이기는 하지만 저자의 전공시대 인물이기도 해섭니다.

역사에 '만약에…'란 없다지만, 그러나 사실을 객관적으로 바라보려면 그런 역사적 상상력은 절대로 필요한 요소가 될 수도 있다.

만약에 이성계 고려계 몽골군벌 일가가 대도(大都 : 몽골제국 수도, 현재의 베이징)권력 자장권의 서북면지대에 기반을 두고 홍복원 고려계 몽골군벌 일가가 이에서 많이 벗어나 비교적 자유로우면서 싱안링과 만주를 아우르는 몽골 유목제국(Pastoral nomadic empire) 핵심실세인 항(抗)중앙세력 웃치긴왕가와 접목되는 동북면지대에 기지를 확보했더라면 어떠했을까?

역지사지(易地思之)의 가상역사를 시공을 넘어서 써본다면 이성계 장군이 아닌 홍복원 장군이, 원·명교체기에 이씨조선 아닌 '홍씨조선'을 창업했을 수도 있다.

그랬더라면 홍복원 태조의 후손 중에서 이성계 태조 후손 세종대왕과 같은 걸출한 성군이 나와 홍태조의 '매국이력'을 승화시켜 용비어천가급의 「'홍씨조선 홍태조' 가문역사」를 아주 색다르게 썼을지도 모른다.

하르누드 운 하칸추르 교수님-사란 하버드대 대학원생 부녀(앞줄 우로부터 1, 2), 베 수미야바타르 교수님 사모님(앞줄 좌쪽 끝), 저자(뒷줄 우1), 베. 수미야바타르 교수님(뒷줄 가운데), 박원길 선생(뒷줄 좌쪽 끝)[1990년 8월 5일, 남한산성]

한민족사상 전쟁전문가 집단이 이끈 가장 발군한 대외항쟁사─6·25의 10수배가 넘는 기간의 글로벌 차원의 전쟁─로 팍스 몽골리카 하의 고려역사를 써내는 한국사학자도 있지만, "어머니의 나라에 왔습니다. 우리 몽골과 고려가 함께 몽골세계제국을 창업했습니다!"라며 1990년 한·몽수교후 입국 일성을 발한 엉뚱한 하르누드 운 하칸추르 교수(박원길·김선호 교수의 스승) 같은, 홍산문명권인 통료시 출생 원로 몽골사학자도 있다.

필자가 보기에는 이런 사례가 있기도 하지만 있을 수도 있고 경우에 따라서는 꼭 있어야 할 수도 있다. 16세기 지동설 혁명을 넘어서 21세기 BT·IT·NT혁명-유전 체학시대로 본격적으로 접어든 지금이어서다.

역사적 상상력을 무한히 발휘해 사실(史實)을 또 다른 차원에서도 바라보고 제대로 복원(復元)해볼 수 있는 여유도 때로는 필요할 수 있다. 격변기일수록 그러하다. 그럴 자유가 없는 역사과학은 곧잘 어떤 특정 도그마의 역사적 합리화를 추구하는 허구의 역사를 양산해갈 위험성이 있어서다.

뜬금없이 "홍씨 조선"이라니 무슨 이야기냐고도 할 수 있겠지만, 두 세력집단 의 역사적 생존무대가 뒤바뀌었다는 가정 하에 이씨조선의 창업주역 가문을 바라보면 다시 읽혀지는 부문이 분명히 있을 수 있다.

팍스 몽골리카가 건재했던 동안은 같은 고려계 몽골군벌이라지만, 물론 그 체제 하 대도(大都 : 現 Beijing)의 자장권 언저리라 할 만주 벌판의 중핵인 고려 서북 심양(瀋陽) 일대에 기지를 확보했던 홍복원일가가 험준한 동북면에 터를 닦았던 이성계일가보다 압도적인 큰 세력을 확보하고 있었다.

홍복원계에 뒤이은 이질부카 심왕계(瀋王系) 휘하(麾下)의 그런 기반 위에 원말에는 고려 공녀(貢女) 출신으로 제국의 대권을 장악하는 황태자를 낳아 그 후 대원제국 황통대권을 움켜쥔, 주제국(周帝國)의 측천무후를 능가하는 인류사 상 불세출의 여걸 기(奇Ölji-qutug)황후가 출현하기까지 했는데, 유목태반 기원 (起源) 코리안 디아스포라사 상의 이 거대역사가 팍스 몽골리카 이후의 우리 DNA에서 과연 일말의 잔영도 없이 그대로 영멸(永滅)해버릴 수만 있었을까?

결국 요동정벌전 수행 중의 이성계 위화도 철군(1388년 쿠데타)이 마침내 여·선혁명을 이룩해낸 사실로 미루어볼 때 홍복원 일가가 기틀을 닦은 요양·심 양지역은, 신채호 선생님의 북삼한 중심축인 만주벌판 장악의 핵심 요새로 홍·왕·기·이씨 일가의 팍스 몽골리카 하 역사적 쟁패를 통해 웃치긴 왕가계와 접목돼온 이성계 일가가 조선왕조 창업을 이룩하는 기축을 이룬 중핵 기지라고 하겠다.

정권이나 국가의 흥망은 무상하지만, 그것들을 그렇게 만든 역사의 구체적인 내용들인 사실(史實)은 당연히 하나뿐이다. 이런 사실들을 가능한 한 "있었던 그대로" 냉엄하게 가감 없이 복기(復棋)해 복원하고 해석하는 일은 아주 어렵지만, 그러나 매우 중요하다.

살리타이가 처인성(處仁城 : 지금의 경기도 龍仁)에서 김윤후 스님에게 사살당하고 몽골군이 철수했는데도 그는 몽골의 구원을 기다리며 북계를 진수(鎭守)하였다. 다음 해에는 서경낭장의 직함으로 필현보와 함께 선유사 정의 등을 죽이고 반란을 일으켰다.

곧 북계병마사 민희에게 토벌되어 필현보가 죽임을 당하자 몽골로 도망해 고구려 극성기의 수도로 보이는 요양(遼陽)·심양(瀋陽) 등지에 거처하였다. 이때 몽골로부터 관령귀부고려군민장관에 임명되었다.

거기서 전쟁 중에 몽골에 투항했거나 유망(流亡)해 간 고려인들을 통치했다. 또한, 이들을 이끌고 몽골의 고려 침략에 합세해 1235년·1245년·1253년·1254년·1258년의 다섯 차례에 걸쳐 고려를 공격하였다.

그러나 그는 뚤루게(禿魯花 : 볼모)로 몽골에서 머물던, 뒷날 원종이 된 왕전(王倎)의 4촌형 영녕공 왕준(王綧)과 귀부 군민에 대한 통치권을 둘러싸고 대립하다가 1258년에 죽임을 당했다. 뒤에 아들 홍다구와 홍군상이 몽골에서 관인으로 출세함으로써 홍복원 장군은 가의대부 심양후로 증직(贈職)되었다.

꽤 여러 해 동안 다싱안링 영동과 영서를 헤매고 다니며 현지유적을 답사하고 원주민들을 만나보기도 했지만 영동지역에서는 별다른 흔적을 찾지 못했는데, 답사자료를 정리하는 과정에서 영(嶺)동남지역 답사 발굴과정에서 수집한 자료 중에 이런 메모들이 찾아져 이 글을 적어보게 되었지요.

홍길동(洪吉同, 1440?~1510?)은 조선시대의 의적 무리의 우두머리였습니다. 『홍길동전(洪吉童傳)』은 홍길동(洪吉同)의 이야기를 바탕으로 만들어졌다고 정리되고 있지요. 저자 허균(1569~1618)은 이 소설에서 그의 비판 정신과 개혁 사상을 잘 반영시키고 있는데, 결말에선 타도의 대상이던 왕권과 화해하고 율도라는 작은 섬을 점령한 후에 왕이 되어 활빈당 부하들을 평화롭게 잘 다스리며 70세까지 재위하다가 아들에게 왕위를 물려주고 세상을 떠나는 것으로 마무리 짓습니다. 행여 수십 년간에 걸친 몽·려전쟁기 탈(脫)고려

난민 디아스포라 거대 집단권 심양의 권력투쟁과정에서 비명에 죽어간 홍복원 '홍씨 조선'류의 아주 오래 된 작은 '용비어천가 용꿈'을 은연중에 대필해낸 건 아닐까 하는 생각도 해봅니다.

그러니까 백두대간이란 천연의 보호막이 있어 무한대라 할 동해바다란 공활한 대스텝[太平洋]을 관망하며 허균이 당시에 『홍길동전』을 구상해 썼다면, 동남몽골 대초원의 홍길동전 붐은 다싱안링이란 장벽의 비호 속에서 영서의 가없는 동남몽골 동해바다[大草原]를 바라보며 그 옛적부터 숨을 가다듬어온 북원(北元)의 홍복원 후예 일가들의 오래 가슴에 사무쳐온 '홍씨 조선 용비어천가'란 집단 용꿈이 근래의 사회주의 생태 하에서도 아직 이렇게 드넓은 동몽골 대초원에 잔잔히 스며들고 있어 이는 잔물결이 아닐까 하는 어림짐작을 해보게 됩니다.

1258년(고종 45) 본질적으로는 만주의 정치-군사·경제적 핵심 주요지역인, 고구려 극성기의 수도로 추정되는 요양·심양의 탈(脫)고려 유민 집단 지배 주도권을 두고 겨루었던 왕족 질자(質子) 개성 왕씨 영녕군 왕준(王綧)과 남양 홍씨 홍복원(洪福源) 관령귀부고려군민총관(管領歸附高麗軍民惣管)의 힘겨루기에서 희생된 홍씨일가였습니다, 그리고 그에 이은 1271년(원종 12) 아들 홍다구(洪茶丘) 총관이자 정동부원수(征東副元帥)의 대고려작전 구상은 실로 치명적이라 하겠지요. 공무로 귀국한 터에 고려국왕 원종 알현을 거부하고, 음모를 꾸며 개경을 군사를 동원해 장악해버리려고 했으니, 팍스 몽골리카 하의 명백한 '연(聯)몽반(反)고려' 쿠데타 시도라 하겠습니다.

물론 쿠빌라이 대칸의 Divide & Rule 책략에 놀아나고들 있었던 거겠지요. 그로부터 근 백년 후 기황후 득세시 요·심지역을 한 기반으로 삼아 고려왕권 장악을 겨냥했던 출병사건은 잠시 접어두고라도, 아무튼 이는 원명교체기 고려계 오치긴 울루스권 몽골군벌출신 이성계(李成桂)의 연(聯)명반(反)고려 쿠데타 감행과 의도도 같은 것이라 하겠지요. 미수(未遂)와 성공(成功)의 차이가 있을 따름이란 이야기입니다. '홍씨조선' 창업의 꿈과 먼 훗날의 홍길동(洪吉童)의 이런 '용꿈'이 이에서 배태됐을 수도 있겠지요. 그렇다면 요즈음 사회주의 권 하 '동몽골 대스텝의 홍길동전 붐'은 과연 이에서 예외이기만 할까요. 행여 근래 홍명희의 『임꺽정전』이 이들 남인 홍씨가문에서 창작된 것도 우연이

아닐지도 모릅니다. 반몽친명의 이씨가문과는 다르게 친몽반명의 기치를
끝내 지켜온 그이들이어서지요.

　때마침 남양홍씨 인주도령 중랑장파 홍복원(초명 洪福民) 가문의 고려 때
인물, 홍복원-홍다구 부자와 조선시대의 그 후손들인 홍길민, 홍여방 등의
이야기를 뜻밖에도 외진 퇴촌에 묻혀 꾸준히 작품으로 써내고 있는 한상윤
소설가가 계셔 놀라워하고 있습니다. 아무리 이긴 자의 역사만이 살아남기는
한다지만, 있었던 어떤 사실(史實)을 있었던 그대로 꼼꼼하게 천착해 복원해내
보려는 안간힘은, 어떠한 방식의 접근이든 여전히 매우 소중한 역사탐구
작업이라 하겠지요. 홍산문명 일대의 크고도 오랜 탈고려 코리안 디아스포라
핵심생존사의 한 실마리를 잡아내보는 본질적인 소명의 수행이어서지요.
이 차원에서의 역사서술에서는 애매국간(愛賣國間)에 어떤 선입견도 모두 배제
되고 오로지 사실(史實)과 진실 추구 열망만 살아남아 숨쉴 수 있겠지요.
진실로 빛과 그림자가 더불어 들어가야 한 사실(史實)의 복원이 제대로 이루어
지게 마련이랍니다. 더군다나 중원의 경우와는 달리, 산성해도로 요새를 삼고
북방 신흥유목세력의 침공을 견결히 막아내오던 터에, 이이제이(以夷制夷)라는
내간 이용 차원의 전략전술만이 적군이 한반도를 점유하는 최선책었음을
고려해서 대외항쟁사의 본질을 제대로 읽어내야 할 필요가 있을지도 모릅니다.
'군사공격' 일변도의 작전보다 내부 편가르기로 그중 한편을 편들어 '군사원조'
하는 전략이 크게 주효함을 신흥 북방유목군사집단은 이미 꿰뚫어본 지 오래돼
서지요.

식민사관 극복사 만필(漫筆)
－한·미·중·일 [2015.11.16]

　급할수록 돌아가라는 말이 있지요. 요즈음 여기서 이런 주제를 두고 담소를
하는 기분으로 여유롭게 만필을 적어본다면 금방이라도 모진 회초리 몰매를
호되게 맞아야 할지도 모릅니다. 그렇더라도 좀 느긋하게 현실을 바라보는

것도 때론 다소 당면 문제 해결에 도움이 될 수가 있겠지요. 객관적인 상황판단
이 좀 더 가능케 될 수도 있으니까요.

한·미·중·일의 식민사관 극복사를 대충 훑어볼 참이지요. 여기서 확성기를
통해 들려오는 소리라선지 가장 그 다급성이 절감되는 건, 내겐 한국의 경우입
니다. 아무리 발등에 떨어진 불을 끄는 일이라고 하더라도, 그런데 그게 유구한
역사적 사실을 들여다보는 사안(史眼)으로 현실을 객관적으로 직시하는 것이기
만 할까요?

좀 긴 사안으로 들여다보면 미국은 신대륙 영국의 식민지에서 독립운동을
해서, 자체혁명과 남북통일의 진통을 거쳐 미국을 창업해 G1에 오른 사례라
하겠지요. 그리고 김석형의 '삼한 삼국의 일본열도 진출(분국)'론이 나오고
일본 천왕이 유목제국(Pastoral nomadic empire)형 한국계라는 사실이 거론될
만큼 일본 또한 길게 보면 한국 식민지에서 독립운동을 장기적으로 끈질기게
해오다가 일본열도-섬나라 사람들이 해양제국시대 제철을 만나 역시 섬나라
선진 대영해양제국과 연계되어서, 그리고 다시 우여곡절을 거쳐가며 팍스
아메리카나 주류에 합류하면서 제대로 독립해 나라를 제 나름으로 매섭게
경영해 G2에 오른 경우일 수도 있겠지요.

시원 진한제국의 뿌리가 최소한 지배층은 거의 모두 시원 차탕조선에서
비롯되었다던데, 그렇다면 이른바 진한 이전 시원 중국제국들은 차탕조선을
기축으로 하는 유목제국인 셈인이겠지요. 그리고 끊임없는 장구한 중원 원주
민들의 독립투쟁 과정에서 때때로 한족제국이 출몰해온 셈이라 하겠습니다.

상고사는 젖혀놓더라도 중국 한(漢)족이야 오호십육국·수당·요·금·원·청
의 북방유목세력에게 식민화되기를 수시로 밥 먹듯 하며, 편사(編史)나 현실적
인 생존투쟁에서 무장 해제된, 맨몸으로는 광역소수의 강자 맹호 앞에서
이소사대(以小事大)는 얼마든지 많이 해오며 슬기롭게 식민사관을 제 나름으로
극복해오는 과정에서 오뚝이처럼 되살아 굴기(崛起)해나온 식민사관 극복의
마술사(魔術史)를 써낸 롤모델격이겠습니다. 유목몽골 오랑캐들에겐 중원 침
공전에서 대체로 만리장성은 대수롭지 않은 통과의례식 상징물에 지나지

1990년 5월 근 700년만의 몽·한문화사절단 첫 교류시에 세종문화회관 언저리 한 호텔 레스토랑에서. 서로 말이 안 통해 손가락으로 나이를 따지며 형이나 동생이냐를 따져보곤 하기도 했지만, 나중에 알고 보니 대개 몽골겨레 공연단 아우들이 자기 나이보다 네댓 살은 더해 우리를 속이는 애교를 부렸던 터였다. 청색 델을 입은 아우들 사이의 흰 상의에 넥타이를 맨 저자.

않는 존재이었을 뿐이었으니까요. 온통 산성해도(山城海島)로 짜여 있는 한반도 전투요새와는 아주 딴판이지요. 그러니 한족 중국은 재론할 여지가 아주 없는 굴지의 글로벌 식민사관 극복 극품 국가라 하겠지요.

그럼 한(韓)족 한국은요? 아무리 근현대 식민 살이 몇 십 년이 발등에 떨어진 불덩어리라지만 유구한 민족사 서술 문제를 모두 젖혀놓고 거기에만 고착된 듯이 엄살이 하늘에 사무치는 건 좀 지나친 것 같습니다. 가령 당장 상처가 자심하다 한들 몇 십 년 식민지 살이도 안 해본 수천 년 민족사 경영 사례가 과연 인류사상 몇이나 될는지요? 그때마다 자국사 편찬이 얼마나 혹심하게 망가져왔을까는 가히 짐작되고도 남음이 있겠지요. 흥망이 유수(有數)해 사안(史眼)으로 느긋하게 서로 견주며 바라보노라면 다들 그렇게 살아오는 게 저절로 떠오르는 터이지요. 이런 판에 좀 진득하게 실속 차리는, 조금 더 지극히 원초적이고도 본질적이며 체계적인 식민사관 극복─분단조국 통일─G1 등극 지향 처절한 꿈꾸기는 진정 우리에겐 지금 얼빠진 사치이기만 할까요.

식민잔재 청산만 해도 그렇지요. 중국 북방유적을 좀 돌아다녀봤지만 중앙집권화에 걸림돌이 되는 대수롭지 않은 유목제국 유산들만 계급사관의 깃발을 들고 들부쉈을 뿐 정작 자금성 같은 거대한 식민잔재는 그대로 이어받아 쓰고 있지요. 일본도 삼한 삼국 일본열도 분국의 식민잔재를 상당히 감추든지 없애거나 왜곡해 이용하면서도 근래 패전의 참상을 겪으면서도 정작 그 상징 중의 상징인 일련의 한 인물은 아이러니컬하게도 되레 대내외의 힘을 빌려 여전히 대를 이어 불가침의 신성존재로 떠받들어오고 있지요. 그러니까 중국은 수·당·요·금·원·청 식민유목제국의 치욕스런 제국사 흔적을 그대로 살려둔 채로 대범하게 그런대로 그렇게 G1이나 G2에 도전하고 있는 셈입니다.

유전체학 시대에 들어 녹색의 중·일(Sino-Japanese)과 확연히 구분되는 연청색의 광대한 Paleartic ecozone(舊北亞區 生態帶)에 속하는 한국(Korea)을 그려낸 B·G Holt et al의 『지구 생명체 유전자지도』(Science紙 2013 所收)를 들여다보면서, 근래 한국의 식민사관 극복 추구 일반 양상이 독특한 한겨레 나름의 DNA 열매주체가 긴급한 특수 생태에 대처하는 상황이라고 보긴 하지만, 1990년 개방 이래로 그간 북방 사회주의권 유목몽골리안 지대 현지 소외그룹 유목원주민 유적현지를 사반세기동안 주로 답사해온 저자에겐 그런대로 많은 다양한 생각들을 해보게 합니다.

피상적인 보여주기 홍보용 연구관행관계 추구보다 독일, 프랑스, 러시아나 일본의 경우처럼 비록 절체절명의 치명적인 난관을 겪는 와중에서라도 좀 더 본질적인 깊고 높은 대를 잇는, 전문차원의 정상적인 학문적 연구가 체계적으로 꾸준히 차분하게 이뤄져가야 한다고 보기 때문이지요. 이런 올바른 연구 풍토가, 실은 식민사관의 원초적 극복·순록·기마 양유목 주도 농경통합 '유목제국형'의 엄밀한 본원적 정체성복원이라는 논제를 두고도, 우리에겐 너무나 더 절실히 요구되고 있다는 어쭙잖은 체험차원의 직감이 들기 때문이었던가 봅니다.

히말라야 산기슭 윈난 성 루구 호반 모수(Mosuo)족 모계사회 탐사기 소개
[2015.12.7]

모계사회는 신석기시대에 발달했던 제도인데, 특히 지중해 연안에 크게 발달했었다고 알려져 있습니다. 혈통이나 상속이 어머니를 중심으로 이루어져 그렇게 명명된 사회였던가 봅니다. 그런데 히말라야 산기슭 중국 윈난(雲南)성 루구호반(瀘沽湖畔)에 아직도 현존하는 특이한 사례가 거의 유일하게 남아있어, 비교적 이른 시기인 1998년에 김원회 교수님(산부인과 의사, 韓國性史學의 개창자)이 몸소 현장 답사를 하고 보고한 내용을 여기에 소개해보려 합니다(金源會, 『한국性史』, 북랩, 2015). 모계사회가 가부장사회로 발전해오다가 근래에 들어 급속히 격변하는 사회조류를 타고 이 또한 어떤 해체와 재구성이라는 변화기미를 보인다고 보는 이들도 있어섭니다.

모수(摩梭) 가정의 어른들, 노부부가 아니라 남매

그들은 결혼 같은 건 아예 안 하며, 남녀 불문하고 모두 13살이 되는 해 설날 성인식을 갖는다고 합니다. 그후로는 자유로이 파트너를 찾아 교제하다가 보통 여자는 15살쯤에 남자는 17살쯤에 짝짓기 짝을 찾게 된다네요. 그간 출중한 미모를 타고난 여자는 200명쯤 남자친구를 만난다고도 하지만 보통 남자는 4명, 여자는 7명쯤 파트너를 만나곤 하는가 봅니다.

가정은 남매가 꾸려나가지만 밤이 되면 남자는 제 집엔 자기 방이 없어 모두 집을 나가서 맘에 맞는 짝을 만나 하룻밤을 지내고 새벽이 되면 귀가해 집 안팎의 대소사를 챙겨 돌본다고 합니다. 그 사회에선 이를 '방문결혼(阿夏·짝님走婚 : "walking marriages," "travelling marriage")이라고 부르지만, 현대사회에서 일어나는 온갖 성범죄가 전무하고 모계위주 대가족제도에서 오는 경제적

이득도 크며 일상의 가사들도 훨씬 더 간소화된다고도 합니다. 물론 부부관계로 빚어지는 갈등도 없고 남매가 가정을 이끌어나가므로 가정해체의 위험도 있을 수가 없답니다.

평생반려인 경우가 없으니 짝짓기에서 인물이 못나 소박맞는 여자도 없고, 성적인 장애나 갈등 같은 것은 그것이 무엇인지조차도 모른다고 합니다. 다만 합방 중에는 반드시 불을 꺼야 하고 짝짓기 이외의 다른 애정표현은 하지 않는다는 그 나름의 규칙이 불문율로 지켜지고 있답니다(이상은 앞의 책, 26~28쪽 소수).

그런데 생태자연 자체 목적으로 보면, 짝짓기란 자기복제를 위한 한 계대생존(繼代生存) 행태로 볼 수 있겠지요. 아무튼 그게 모계 중심으로 이루어지느냐 부계 중심으로 이루어지느냐에 따라 후속되는 그 결과는 판이하게 다른 성격을 가질 수도 있을 겁니다. 부계 중심으로 이루어지면 서로 갈리어 다투는 살기 넘치고 치열한 상호투쟁이 더욱 더 불가피할 수가 있어서지요. 전설 같은 이야기이긴 하지만, 특정 혈통 적서(嫡庶) 정체성을 둔 오랜 어떤 역사전쟁의 뿌리도 본래는 가부장제(家父長制)에서 빚어져온 혈맥 역사 생태적응적인 진화 결과 파생체로 볼 수가 있다고도 하니까요.

모수(Mosuo)족[야크치기 유목민이란 뜻. 뿌리가 羌族에 닿는다고도 함. 불씨 보존관행 遺痕 보임] 식의 모계 중심 짝짓기 자기복제 과정에선, 이 점이 많이 완화될 수 있을지도 모릅니다. 아버지도 남편도 그 낱말 자체가 없게 되니까 애비를 모르는 자녀들끼리 한 어머니 품안에서 야생초들처럼 다양하게 서로 부대껴가며 어울릴 수 있을 것도 같아서지요. 무엇보다도 누구의 아들로만[祈子致誠]이나 딸로 반드시 자기복제를 이루어내야만 한다는 비본질적인 타율적 수단성 짝짓기 사랑을 한다는 것 자체가, 이미 자기 기만적인 가장 생명 창조 본질적인 비극 중의 비극일 수가 있으니까요. 진실로, 부계사회처럼 어느 아비의 자녀를 남녀 간에 특정 아들로만이나 딸로 회임하기 위해 짝짓기 하는 게 아니라 모계사회에선 마냥 기뻐서 서로 사랑하다보니까 그 참사랑의 열매로 저절로 딸이든 아들이든 참 자손을 볼 수 있게 마련인데 이게 본 생태의 순리가 아닐까요?

아비를 모르고 아비라는 말이 없을 만큼 아비를 몰라도 되는 가모장(家母長?)-모계사회로, 그래서 姓(女+生)이란 문자 그대로 어미의 성(姓)을 모두 따른다면-현재 중국호적법에서는 자유로운 것으로 알고 있지만,-혼전이든 기혼중이든 심정과 생리 자연을 따라 내가 날 속이지 않는 참 짝짓기 사랑이 이루어지고 거기서 좀 더 화동(和同)하는 자녀누리를 일구어내 갈 수 있을 듯도 합니다. 그래서인지 나도 모르게 내 속에서 우러나 출산과 수유 시에 주로 분비된다는 모성호르몬 옥시토신이란 자기복제 신생명을 구제하는 최귀(最貴)의 감로수가 죄다 마르지 않는 한은 모계사회가 던져주는 이런 고귀한 가능성의 참 빛이, 미개사회의 한낱 빛바랜 화석만이 아닐 수도 있는 보다 생생한 진주구실을 자임케 되는 날이 전통적 농업주도 사회시대가 저물어가는 이 파천황의 정보화·유전체학시대 격변기엔 이내 성큼 다가올지도 모른다는 이런 견해도 있답니다.

뿐만 아니라 더러는, 모계사회가 부계사회로 생태 적응적 진화를 거쳐 온 오랜 과정을 역으로 축약해 거슬러 올라가며 양자를 발전적으로 융합해내는 또 다른 차원의 생태 적응적 진화로서의 모계회귀 경향이 아주 빠르게 물꼬가 트여갈 기미마저 이젠 감지된다고도들 하지요.

몽골초원의 골프장 금잔디 그린 꿈은?

[2015.12.14]

2000년 들어 정식 코스를 갖춘 18홀 짜리 텔레지 국립공원에 있는 칭기스칸 골프장을 비롯해 몇 개의 골프장이 있지만, 얼핏 보기엔 몽골초원 어느 곳에든 깃대만 꽂으면 훌륭한 골프장이 될 것 같은 느낌을 주지요. 게다가 구름한 점 없는 공활한 하늘과 맞닿은 바다 같은 푸른 초원의 목가적 정취와 신선한 바람은 이곳을 찾는 이들을 매료케 하기도 한답니다. 해발 1800m라는 고지대로 연중 강우량이 200mm밖에 안 되는가 하면 여름철엔 비가 오지 않는다는 상대적으로 박토인 울란바토르가 자리 잡은 톨강 언저리 몽골스텝이

골프장 조성의 적지가 아니라는 전문가의
판단은, 또 다른 차원의 시각일 따름입니다.

금강 상류의 한 소도시 동네에서 바로
이웃해 살던 소년시절 절친한 친구인 박세
리 골퍼의 큰아버지 박준수 선생은 언젠가
자기는 "골프채(Iron)를 잡아본 적도 없다"
고 내게 고백했지요. 저자도 물론 매일반이
지만, 북방 사회주의권 개방 후 1991년 여름
에 몽골초원에 첫발을 딛고 몽골의 아름다
운 드넓은 초원을 처음 바라보는 순간, 이
근사한 초원에 금잔디를 심어 골프장 그린
(Green)을 가꾸면 얼마나 멋질까 하는 엉뚱

주채혁 지음, 『순록유목제국론』

한 꿈을 꾸어본 적이 있습니다. 그런데 꿈만 꾼 게 아니고 실제로 한국에서
금잔디 한 포기와 씨앗들을 가져다가 울란바토르 시내 어느 공원 후미진
구석에 굳이 심어보기까지 했습니다. 붓뚜껑에 목화씨를 넣어 통관했다는
문익점 선생님처럼 볼펜심을 빼고 거기에 잔디 한포기를 넣어가서 몽골스텝에
서 실험재배를 시도한 셈이지요.

당시에 식물학에 문외한인 저자가 금잔디가 남방 초에 속해 북방 몽골초원-
농경지대 Grass land가 아닌 Steppe에선 자랄 수 없었던 걸 알았을 턱이 없지요.
몽골초원 금잔디 골프장 그린 가꾸기 프로젝트란 내 찬란한 꿈꾸기는 실천과정
초입에서 완전 참패로 결말을 짓고 말았습니다. 그렇지만 그 참패경험에서
귀중한 몽골학의 기초 중의 기초를 깨달아 배웠지요. 북방 몽골스텝의 양
(Sheep)의 유목목초는 남방 한반도 농경지대 가축의 꼴밭의 목초인 꼴과는
상당히 다를 수 있다는 사실이지요. 실은 몽골스텝의 유목목초인 유목양초(遊牧
羊草)가 아니면 양유목이 있을 수도 없고 있을 필요도 없으며, 그러면 기하급수
적으로 번식한다는 양의 목축을 위해 굳이 말 같은 도우미 가축이나 요즈음
같으면 오토바이 같은 도우미 기계도 필요 없었겠지요. 물론 기마 양유목군단
도 그 뛰어난 기동력, 타격력과 정보력을 기반으로 이룩된 칭기스칸 몽골유목

제국(Mongol pastoral nomadic empire) 창업도 있을 수가 없었음에 틀림이 없습니다.

몽골스텝의 유목양초는 거칠고 질기기도 하지만 한반도 농가가축 목초인 Grass land의 그것보다 이처럼 유목사적으로는 "양유목목초가 없으면 몽골도 없다!"고 할 만큼 소중하고도 소중한 겁니다. 하지만 그런데도, 기적적인 일은 몽골국 현지 몽골인 연구자들 중에서도 한국몽골학자 중에서도 이걸 전문적으로 연구하는 이들은 거의 없다시피 하지요. 몽골사학도든 축산학도든 모두 다 그런가봅니다.

그러기에 기(騎)'마'유목이니 기(騎)'오토바이' 유목이니 하는 유목의 주체인 「유목가축 양(Sheep)」도, 「유목목초 양초(羊草)」나 「양치기 양유목민(羊遊牧民)」이 죄다 빠진 코미디 같은 학술용어가 금세기 몽골유목학계에서 기승을 부리는 어이없는 시대가 된 게 아닐까요. 비판과 천착을 본령으로 삼는 언론이나 관계 학계도 매일반이지요. 아무리 팍스 몽골리카(스텝제국)가 저물고 팍스 아메리카나(바다제국)가 뜨는 시대라곤 하지만 새끼 양 한 마리도 끼워넣지 않은 기오토바이-기마유목 용어의 무책임한 남발은, 제국주의시대 판을 쳐온 제국민의 공명심을 고려한다고 해도 너무 지나친 것 같습니다. 양유목사 실체의 왜곡인식이 불가피해서지요. 2009년 가을 몽골국립대학교 몽골학연구센터 특강에서 저자가 처음 적시(摘示)해본 이 시대 몽골학 연구의 본질적인 문제점입니다.

2000년대 들어 국내 어느 일간지에 'Chaatang(순록치기) 조선설'이 보도되자 제일 먼저 기별을 준 이는 미국 목초지현장을 탐사 중이던 한국초지학회장님이었습니다. 그리고 특강을 먼저 요청한 분도 한 지방대학의 순록목초 이끼류(蘚類)를 연구하는 관계 연구소─순록유목지대가 아닌 농경지대 한국에도 이런 분야 연구소가 있어서 몹시 놀랐습니다─를 차린 고영진(순천대학 식물의학과) 소장님이었습니다. 이어서 한국동물자원과학회 영양사료 연구회 주관 '영양사료 단기과정'에서 강의를 요청해왔지요. 그간 북방유목사회주의권과 줄곧 오래 격리돼 와서 문헌사료 중심으로만 유목사학을 연구해온 내겐 너무나 놀랍고도 신기한 일이 아닐 수 없었습니다. 진실로 난생 처음으로 현지에서 유목목초를 직접 뽑아 들고서야 비로소, 내가 살아 숨쉬는 유목학에 처음 입문하고 있다는 실감이 들었지요. 2000년대 들어 울란바토르 교외에서 축산과를 나와 현지 몽골인 교우들과 직접 유목목초를 가꾸며 '어린 양 예수'를 외치는 참빛교회 유기열 목사님을 만난 기억은 오래 잊지 못할 겁니다.

그렇다! "유목은 유목목초의 특이한 생태적 특성 때문에 그걸 뜯어 먹고서야 생존해낼 수 있는 유목가축을 치는 유목민이 있어서야 비로소 가능할 수 있는 목축업이다!"라는 깨달음이 번개처럼 뇌리를 스쳐갔지요. 순록(Chaabog, Reindeer)의 주식 선(鮮=小山 : Sopka)의 선(蘚 : Niokq)이 없는 곳이나 양(Sheep)의 유목목초인 초원-Steppe의 양초(羊草)가 없는 곳에선 유목민의 기동력이나 타격력과 정보력은 아예 언급조차도 될 수 없는 셈이지요. 주로 유목주도 농경 통합이라 할 거대 유목제국(Pastoral nomadic empire) 창업은 그래서, 결과적으로 유목목초가 없으면 발전기 없는 화려한 최첨단 전기기구류 같은 폐기물 신세가 되겠지요. 며칠 전인가 한국몽골학회 송년회장 뒷풀이 자리에서 몽골유목경제학을 연구하는 몽·한 경제학도 몇몇 회원들과도 이런 얘기들을 나눠보았답니다.

몽골스텝의 양초를 뜯으며 사는 몽골 양은 만주벌판의 농가 가축류의 목초를 뜯어먹으면 풀에 독기가 있어 비실비실하고 생기를 잃어간다는 사실을 안 건 몽골 초입 후 10여 년이 지나서 헤이룽장성 동물자원연구소 박인주 교수(조선족)를 만나고 나서야 들어 배우게 됐습니다. 저자와 함께 일한 몽골 학자들도 이런 사실을 아는 이가 없었지요. 그래서 몽골스텝 유목목초와 한반도 농가가축 목초를 비교 연구해야 한겨레사 유목태반 기원(起源) 역사바로세우기의 근간이 선다고 양국 당사자들에게 그렇게 외치며 그간 글도 나름대로는 애써 써왔건만, 죄다 마이동풍(馬耳東風)이었던가 봅니다.

북방사회주의권 개방 이후 만나온 몽골유목사학자들은 물론 서북구의 독일 유목사학자나 러시아 유목사학자들도 한결같이 가장 유목유라시아적 DNA정체성을 가진 이들이 코리안이라고 강변했지만, 그게 왜 그러냐를 묻거나 천착해보려는 관계 한국인 전문가가 지금까지는 거의 전무했던가 봅니다. 모두 유목사 연구력이 대단한 현지 선진국 전문가들의 지적임에도 말입니다.

그래서 힐링에 도움이 되고 적든 크든 당장 돈이 되는 몽골스텝 골프장 필드에 금잔디 심는 미몽(迷夢)이라도 꾸어보며 이런 고귀한 원리를 깨우치게 라도 해주었으면 하는 마음이 더더욱 간절해졌습니다. 왜인가를 묻고 그런 어떤 원리를 거기에서 천착해 보려는 의욕이 샘솟게 해줘야 창조경제도 이룩되고 노벨상 수상자도 나올 듯 해서지요. 그래서 몽·한수교 직후 어리석기 그지없었던 내 몽골스텝 금잔디 골프장 그린을 꿈꾼 그날 그 미몽도 없었던 것보단 나은 미몽(美夢)이라는 생각이 드는 지금이긴 합니다.

루돌프 순록, 차탕 Korean 툰드라 패스토랄 노마드
[2015.12.21]

지난해 저자는 '소치 2014~평창 2018 노마드 김연아의 길' 명명을 슬그머니 제안한 적이 있습니다(2014년 10월 23일에 평창 알펜시아 리조트 컨벤션센터 그랜드 볼룸 포레스트 홀에서 「소치2014에서 평창2018 동계올림픽까지-조선·몽골의 유목DNA試探記」라는 제목으로 한 관계 학술회의 주제발표에서).

흑해북안 스텝과 우크라이나 벌판을 몽골스텝과 만주벌판에 대비해보면서, 여기서 기원전 7~8세기경에 스키타이 기마 양유목 일대 유목생산 혁명이 이룩되고 실크로드라기보다는 본질은 '모피(Fur)로드'임을 절감했습니다. 그래서 이 발표는 흑해 북안 대스텝-헝가리 대평원에서 몽골 대스텝-만주 벌판에 이르는 기마 양유목 스텝고속도로를 타고 이른 기마 양유목 유목생산 대혁명의 불길이 기원전 4~5세기경 다싱안링 북부 몽골(貊槁離) 기원지(起源地) 호눈선원 (呼嫩鮮原 : Nun sopka & Hulunbuir steppe)에서도 타올라, 마침내 인류사상 최초로 세계사(『集史』)를 써낸 팍스 몽골리카라는 유목사(遊牧史) 열매-글로벌 유목몽골제국(Pastoral nomadic Mongol empire)을 수확케 됐다는 연구보고의 일환이기도 했습니다. 떫은맛으로 미간이 저절로 찡그러지는 땡감이 아니라 예술적 연시(軟枾)로, 무르익은 비천빙무(飛天氷舞)에 이르는 천로역정(天路歷程) 작명인 셈이랄까요.

당라순(土塊). 이끼와 흙이 뒤엉켜 생긴 뭉치다. 이끼밭은 스펀지 같고 밑에는 툰드라의 얼음물이 흐른다. 순록은 이것을 골라 딛고 균형을 잡으며 걸어야 한다. 야쿠치아 한디가 압기다 여름목초지(2006년 여름).

자니 마크스가 1929년에 작곡한 크리스마스 캐럴의 노랫말 영어원문은 분명히 "Rudolph the red-nosed Reindeer"입니다. 그런데 이 영문가사를 1900년대 중반에 우리말로 옮길 적에 옮긴이 박순양 님은 Reindeer(순록)를 Deer(사슴)로 굳이 오역해 보급했답니다. 공활한 수림툰드라와 툰드라에서 놀라운 집단 기동력을 보이면서 유목하며 사는 순록을 본 한국 사람이, 당시로서는 아주 없다시피 해서지요. 어린이들은 더 그랬습니다. 어쩔 수 없는 차선책이었지요. 그러나 그 후 반세기가 지나 그 결과는 너무나도 엉뚱했어요. 마소(또는 시베리안 허스키)가 끄는 마차(또는 썰매)를 호랑이(또는 늑대)가 끈다고 한 것처럼, 유목가축 순록이 끄는 썰매를 사냥감인 야생사슴이 끄는 꼴이 돼서입니다.

지금은 박순양 님이 크리스마스 캐럴을 우리말로 옮기던 광복 직후의 문화공간이 이미 아닙니다. 그간 반세기가 지나 아날로그 시대가 디지털시대로, IT·NT·BT·유전체학 발달의 가속화로 급변해오는 터에, 순록유목지대 수림툰드라도, 툰드라도 아닌, 태평양에 몸을 담그고 있는 농목지대 한반도도 순록과 사슴의 영상을 수시로 접할 수 있는 문화공간으로 돌변해서지요. 망원경과 현미경의 발명으로 천동설이 지동설로 뒤바뀌던 서기 1600년 전후보다 더 본질적이고 놀라운 인식혁명을 잉태하고 있는 이 시대입니다.

그뿐 아닙니다. 우리는 지금 지구 온난화와 조선(造船)-항해기술의 놀라운 발전으로 북방항로의 개척을 눈앞에 두고 있어서, 그간 그토록 멀고 험난하기만 하던 북극해지대의 우리 순록유목태반 탐사가 이내 뜻밖에도 놀라우리만큼 쉽고 값싸게 이루어질 수 있게 될 것으로 보입니다. 그래서 근래 배재대 '북극연구단'이 창립될 수도 있었고 그렇게 해야 할 절박한 역사적 상황도 지금 바로 우리의 눈앞에 펼쳐지고 있는 참이지요. 이에 눈길을 주어 제때 제대로 자각하며, 아직은 작지만 우리에겐 지극히 큰 인식공간 확보의 시대적 거보를 막 내딛는 터라 하겠습니다.

한자를 우리보다 더 많이 쓰는 일본인은 크리스마스 캐럴 가사 속의 Reindeer 를 진즉에 토나카이[となかい·tona-kai('Ainu'어)]라는 일본 토박이말로 옳게 번역해 쓰고 있고, 중국은 근래에 우리처럼 사슴(鹿)으로 오역했다가 한두 해 안에 재빨리 순록(馴鹿)으로 바꿔 노래하는 유연한 순발력을 발휘하고 있지요. 유독 동북아시아의 기독교 대국인 '순록치기 태반' 기원(起源) 「조선(朝鮮 : Chaoxian)」-한국만 이 오역가사를 계속 그대로 고수해 오고 있었습니다.

그렇지만 인터넷에서 관계항목을 클릭해 열어보면, 우리 유소년 네티즌들이 벌떼처럼 일어나 이 오역 교정을 거침없이 요구해대고 있음을 확인케 돼, 정녕 '서광이 보이는' 다음 세대 주역들의 희망찬 몸짓들이라며 무릎을 치고 감격해오던 터입니다. 마침내 해내고야 말았습니다. 눈여겨보면 보입니다. 언론매체들이 '루돌프 순록'을 모두 슬며시 읊조리기 시작하고 교회들이 직접 나서 이를 선도하기도 했고요. 물론 그간 선각자들의 눈 띄움 배려가 늘 보이지 않게 이들과 함께 하고 있었겠지요. 순록, 그렇지요. 조선(朝鮮 : Chaoxian)이란 이름의 본뜻은 순록치기, 한민족 유목태반 시원모태의 그 차탕(Chaatang)의 순록(Chaabog)에서 유래했답니다. 유목민의 주식 젖을 주는 어미순록 Sugan(다구르어)-Сагаион(터키어)인 바로 조선(朝鮮)의 선(鮮 : Soyon)과 치우(蚩尤 : Chiwoo)의 조(朝 : Chao)로 그 뿌리를 잠정적으로 추정해보는 셈이지요.

왜 산타클로스 할아버지는 붉은색 빛깔이 상징인가? 시베리안 허스키와 동행하는 순록치기 차탕(Chaabogtang) 의 하느님은 Burqan(불함 : 紅柳-朝鮮柳) 붉은색 태양으로 상징되고, 셰퍼드와 길동무 하는 기마 양치기 하느님은 황금태양(Tengri?)으로 상징된다는데.

　눈치 안 보고 거침없이 진실과 사실을 드러낼 것을 어른들에게 막무가내로 요청해대고 있는 이 철부지 태자-공주족들에게, 버릇없는 아이들이라며 한숨을 내쉬는 나이든 어른들도 계십니다. 그렇지만 그래도 K-pop이며 한류 드라마 며 우리 10대들은 제 갈 길을 나름으로 잘들 열어가고 있습니다. 사실과 진실 앞에, 여·야와 보수·진보의 편 가르기가 도대체 무슨 소용이 있습니까? 생명의 본질을 눈여겨보며 진정어린 사랑의 눈길로 우리 사회가 이들에게 격려만 보내주면 됩니다. 그러면 조선무당 물동이 이고 작두날 타듯 기막히게 몸을 가누어가며 타고난 제 신명(DNA)을 주어지는 생태 속에서, 우리 유소년들 은 제 나름으로 한껏 세계만방에 펼쳐가며 화동(和同)의 꽃동산을 피워낼 것입니다. 애초에 '순록유목'태반 기원 조상님네들이 그랬듯이.

　그런데 루돌프 순록코가 왜 붉은지, 산타클로스 할아버진 왜 빨간 모자를 쓰고 빨간색 구두를 신으며 빨간색 옷으로 몸단장을 하는지 아는 이가 있나요? 교회 성직자님네도 잘은 모르실겁니다. 순록치기(濊) 누리에선 하느님을 「부르칸」(不咸·朴? : '붉은 태양'-Burqan, 불씨 보존?)이라고 하거든요. 붉은 버들(紅柳 : 조선버들)에서 온 극존칭이라네요. 기도드릴 적에 차탕님네는 그렇게 하느님을 경칭해 읊조립니다. 하늘을 상징하는 해가 홍태양이고 북극해지대와 태평양과 북극해가 직간접적으로 어울리는 특히 레나 강 쪽 동북아시아 산림툰드라나 툰드라가 그런 홍태양권이지요. 물론 스텝지대 '황금빛 태양'-Tengri와는 차별화돼 보입니다. 때마침 며칠 후면 마침내 '붉은 원숭이'의 해(丙申年)가 밝아오기도 한답니다.

이들 차탕이 중앙아시아로 이동해 이라크지대에서 철기를 수용해 아나톨리아반도를 통해 흑해북안 우크라이나 스텝 일대로 치솟아 올라 황금빛 기마양유목 유목생산 일대 혁명을 일으키며 휘황찬란한 '황금태양'(Tengri)을 맞기 이전까지는, 모두들 늘 그랬던가 봅니다. 바다라곤 지중해 정도고 우랄알타이산맥, 톈산산맥이나 히말라야산맥 등으로 차단돼 고원 건조지대를 이룬 이 공활한 지대에선 휘황찬란한 황금빛 태양이 솟을 수밖엔 없겠지요. 코리안 노마드 김연아는 그런 하늘이 보낸 빙판 무천(舞天) 천사인가 봅니다.

진실로 피겨스케이팅 춤사위 온갖 몸짓 신기를 연출해내는 밴쿠버올림픽 금메달리스트 김연아 빙판요정은, 어느 날 뜻밖에도 개체 천재로만 돌출한 게 아니고 유구한 차탕조선 순록유목사~기마 양유목사의 집체DNA에서 그게 그렇게 집약-응축된 실체라고 할 수 있겠지요.

메리 크리스마스 & 해피 뉴이어,
강원 평창 2018 만세!

별들의 고향 '시베리아', 스키타이와 朝鮮의 Soyon(鮮)
[2015.12.28]

1990년 북방사회주의권 개방 이후 사반세기동안 시베리아·몽골·만주 유목 원주민지대를 틈만 나면 답사하고 때론 현지 캠프를 차리고 살아도 보며,

난 그동안 참 많이도 역사와 인생을 보는 눈이 바뀌어왔나 봅니다. 더러는 그런 날 외계인인양 구경하는 이웃들도 없진 않았습니다. 그러나 그건 그거고, 사실(史實)이나 사실(事實)이면 보고 적고 사진 찍으며 답사보고 일기를 써왔습니다. 세상이 보아주든 말든 그건 그쪽 사정이고 난 내 길을 걸어와야 했습니다.

더러는 고집스런 운동권 출신이라고 손가락질 하는 주위 분들도 있었지만 그런 데는 별 관심이 없었고, 거짓 없는 사물들로 눈에 짚이는 것들은 작은 것도 끈질기게 죄다 추적해 할 수 있는 한 틀림없이 꼼꼼히 기록해봤습니다. 오죽하면 이끼(蘚 : Niokq)가 한 사학도의 인생길을 뒤바꾸는 기연(奇緣)을 맺어주었을까 싶습니다. 그 절정이 바다 같은 레나 강~예니세이 강 언저리의 공활한 이끼 밭이고 알타이~사얀산 속 밤하늘의 무수한 별들이었지요. 그래서 심도 있는 연구의 추진이 있게 된다면 머지않아 역사적으로 시베리아 명패에 세계 점성술의 메카라는 브랜드를 새겨줘야 될지도 모른다고 생각하기에 이르렀습니다.

아무튼 그 사반세기 동안 시베리아·몽골·만주 유목 현지 원주민 지대를 답사해오며, 우리의 고정관념대로 코리안이 몽골에서 온 게 아니라 원로 몽골인 사가들이 주장하는 대로 몽골이 조선·부여·고구려·발해(Boka)에서 유래했다는 담론이 근거가 너무나도 뚜렷해 보인다는 확신을 갖게까지 되었습니다. 코리안 시원유목태반 기원(起源)을 나름대로 깊이 깨닫게 된 겁니다. 몽골의 기원 태반이 Chaatang(순록유목민)朝鮮임을 보았고 바로 그게 주류 조선의 본체임을 깨우치게 된 셈입니다. 시베리아가 조선의 공활한 유목초지 [淸, 丁謙]이고, Scythia가 바로 朝鮮의 '鮮(Soyon)'이라는 스키타이史 전공 현직 국립 투바대 여교수가 있음도 알았지요.

특히 동북아 고대제국의 경우는 거의 모두 유목 주도 농경 통합이라는 유목제국(Pastoral nomadic empire)을 기본 골격으로 삼아 제국이 창업돼온 것이 통례라 하겠는데, 시원고대유목제국의 원형은 레나 강 쪽의 순록유목민 조족(朝族) 주도로 예니세이 강 쪽의 순록방목민 선족(鮮族)을 통합한 회임(懷妊) 차원이라 할 시원형 조선제국을 기원으로 삼아, 이에 다시 상대적 협역다수인 농경 집단들을 아울러내며 거대 고대유목제국으로 일약 발전-탄생을 이룩해

저자(우)와 김정민 박사(좌); 2015년 10월 30일 최우영 충남대 교수님 대학지하 실험실에서. Scythia는 바로 Chaatang(순록치기)에게 주식 젖을 주는 어미순록인 Soyon(鮮 : Sugan=Саксэйон)에서 유래한 종족명이라는 사실을 천착해내는 담론을 즐긴다. 시베리아(鮮卑利亞)는 "순록유목민-朝鮮의 유목목초지"로, 「별들의 고향」이라며 비유목지대 유명한 한반도 고인돌의 별자리들을 마음으로 더불어 하나하나 짚어가면서, 최 교수님이 몸소 담근 잘 발효된 포도주로 목을 축였다.[최우영 교수님 所攝].

갔던 것이라 하겠습니다. 그렇지만 학문이 그리 깊지 못하고 원체 말주변이 없는 내겐 지금 여기서는 그렇다는 제 독백만 감돌게 할 수밖엔 없겠지요.

지난 2015년 12월 21일에는 프레스센터에서 있었던 조갑제 닷컴 대표님의 역사교과서 국정화에 관한 특강 수강에 동참했습니다. 몽·한수교 초반에 몽·한관계사에 관해 느긋하게 깊은 얘기를 나누곤 하던 조갑제 전 월간조선 편집장님을 떠올리면서였지요. 가끔 스쳐 지나가는 섬광과 같은 어떤 빛을 서로 번쩍이기도 하던 아주 조용하고 부드러운 담소분위기 추억 때문이었답니다. 마침 얼마 전인가 몇 해 전의 윤은숙 강원대 교수의 몽골학회 학술발표 요지를 읽고 쓴 조갑제 닷컴 칼럼을 구해 읽은 터라, 그런 분위기를 되살리며 우리의 시원유목태반 기원(起源) DNA를 한국사의 정통성에 어떻게 접목시켜 되살려낼 묘수는 없을까 하는 어떤 기대감을 가졌던 것도 사실입니다.

옷치킨家 高麗系 몽골군벌 家門 출신인 李成桂의 조선왕조 창업은, 동북만주를

지역적 기반으로 蒙元제국 최고의 독립적 세력을 형성한 옷치긴王家(Ulus)의
역사를 태반으로 삼고 고려를 그 무대로 이룩되었음이 분명하다. 李成桂 家門은
그동안 개발되어온 세계적 수준의 역사적 세례를 직접 받아오면서 크게 증강된
군사력으로 元末(원말), 明初(명초)의 격동하는 한반도 판세를 주도하면서 조선조
를 창업해내게 됐다. 그러니까 옷치긴 울루스 160년사의 한 결실로 고려의
역사배경을 무대로 삼아 이룩된 新왕조라는 성격도 갖는 조선왕조라고 할
수 있겠다.

조선조 창업자 태조 이성계가 베이징의 대원(大元) 중앙정부 몽골 농경
한지파(漢地派)가 아닌, 다싱안링 북부 호눈선원(呼嫩鮮原 : HoNun Sopka &
Steppe) 몽골 기원지(起源地) 옷치긴 울루스 몽골 유목 본지파(本地Steppe派)권을
생태태반으로 하여 기가(起家)한 고려계 몽골군벌로, 원말명초의 일대 난국을
헤쳐나오면서 조선조를 창업한 유목 DNA의 한 화신으로, 본래 그 기층 골조(骨
組)를 세웠었음을 제대로 보아내는 섬광이 스쳐 번뜩이는 혜안을 조갑제
대표님은 순간적으로 번쩍 폈던 듯합니다. 그래서 팍스 몽골리카 하 한반도
세계사적 시련은, 마침내 한글과 금속활자나 거북선 같은 세계사적인 독창적
역사유산을 결과케 했던 것이라 확신했었는지도 모릅니다.
조갑제 대표님은 직설적으로,

대한민국은 어떤 태반에서 건국되었는가? 조선인 친미파 李承晩(이승만)이
주도한 건국이었다. 그를 매개로 하여 몽골태반에 미국식 자유민주주의가
접목된 것이다. 이는 善循環的(선순환적) 접목이었다. 북방유목문화의 특징은
개방과 자유와 자존, 그리고 기동성이다. 이는 미국식 자유민주주의의 속성과
정확히 일치한다.

라고 설파했습니다. 이승만 대통령은 태종을 통해 조선태조 이성계의 옷치긴
울루스 본지파 유목몽골 DNA혈맥을 직접 이어받은 후예이기도 하지요.
고중세사가 따로 놀고 근현대사가 또 제대로 따로 노는 한국역사교육으로는

민족의 정체성을 도무지 되살려낼 수가 없습니다. 조갑제 대표님의 명쾌한 이 해법 제시는 참으로 흑암 만파 중의 참된 한국사 편찬을 위한 아주 고귀한 등대불빛이라 하겠습니다. 우리 유목태반 起源 DNA의 생태 적응적 진화 관철이 지향해가야 할 올바른 우리의 살 길입니다. 그간 저자가 만난 몽골·독일 ·러시아·중앙아시아의 유목사가들은 입을 모아 한국은 가장 유라시아적 유목 태반 시원 국가라고 날 일깨워 주었습니다. 이미 정보화·유전체학시대 지구촌 누리에 깊숙이 진입해들고 있음에 예의 주목해야 숨통이 트일 터이지요.

진실로, "원초 한국이 몽골에서 온 게 아니라 몽골이 '차탕조선'에서 유래한 것입니다."

몽골은 철기를 수용해 스키타이 기마 양유목 황금빛 유목생산 혁명을 이룩하고 나서야 비로소 태어난 터이니까요. 무한개방·무한경쟁으로 하나의 지구마을을 지향해 생태적응적 진화를 추동해온 팍스 몽골리카는, 이를 이어받아 본류에서 같은 방향으로 산업혁명 이후부터 급속히 치달아와 자신들을 크게 추월해 앞지른 '바다의 초원누리' 팍스 아메리카나의 급류에 동승해 초고속 성장을 이룩해가는 중입니다.

이런 격류의 와중에서 이와 경쟁·상보·특화와 조율로 타고난 탁월한 우리 나름의 유목태반 DNA 한류 균형감각을 되살려내며 온 누리가 더불어 화동(和同)해가는 팍스 코리아나 글로벌 시원 노마드 생태본질 상생누리로 본류를 이끌어 물꼬를 터내는 또 다른 신차원의 생태 적응적 진화 성취에 이젠, 우리도 기필코 크게 일조해야 할 것입니다.

'황금마두 순록뿔 탈'과 '순록석', 철기 수용
─스키타이 기마 양치기 황금빛 유목생산대혁명 소산! [2016.1.4]

도대체 흑해북안 스텝과 우크라이나 벌판에서 몽골 대스텝~다싱안링~만주 벌판에 이르는 스텝대로가 철기 수용-스키타이 기마 양치기 황금빛 유목생산대혁명의 길입니까, 비단장사 왕 서방도 설치고 나대던 황토빛 가공소로입니까?

스키타이 기마 양유목생산 대혁명이 소욘(鮮) 겨레의 제국주의적 팍스 몽골리카 누리를 인류사 상 한 페이지로 펴내려고 시작한 기동타격훈련의 서막입니까, 아니면 최악의 유목생산생태를 극복하며 스텝혈로를 뚫고 한 목숨 걸고 황금빛 기마 양유목혁명을 수행해낸 혁혁한 생산 혁명과정의 단초(端初)를 연 큰 사실(史實)입니까? 모피(Fur)옷 입고 기마사술을 종횡무진 구사하던 소욘 겨레(鮮族)의 공활한 이 기마 양유목 스텝대로에, 주객이 전도되어도 분수가 있지요. 역사는 역사일 뿐이긴 합니다. 그리고 그 결과로 열린 유라시아의 일대소통이 가장 소중한 한 시대 역사의 큰 열매인 건 틀림이 없다 하겠습니다.

순록이 다른 가축과 본질적으로 다른 것은, 야생의 경우에는 선사시대부터 오늘날까지 수렵의 대상이 되어 왔다는 점이지요. 특히 제3회 간빙기에 해당하는 후기구석기시대는 '순록시대'라고 불릴만큼 순록의 전성기로 순록은 크로마뇽인의 중요한 포획물이었습니다. 그 후 기후의 온난화에 따라 순록은 북방으로 이동하였고 시베리아의 원주민 사이에서는 최근까지도 순록이 의식주의 기반이 되었으며, 신앙이나 세계관에서 중요한 위치를 차지했습니다.

순록은 청동이나 철로 된 재갈을 물리지 않으면 다루기 힘든 거친 말과는 다르게 성질이 온순하여 중·신석기시대 이래로 사육의 대상이 되어 유목가축화해왔지만, 순록유목가축화의 가장 오래된 증거는 알타이지방의 파지리크 스키타이 고분군에서 출토된 말머리에 덮어씌운 순록뿔 가면(탈)인데, 이것은 말보다는 순록을 타는 관행이 먼저 있었음을 말해줍니다. 사나운 말과는 달리 재갈을 물릴 필요가 없을 만큼 양순하여 청동·철기시대 이전 중신석기시대부터 이미 기승용으로 쓸 수 있었다고 추정되지요.

그런데 철기시대에 들어서서 생산성이 순록유목보다 10여 배나 더 높은 스텝의 기마 양유목으로 발전해 기마 양유목초지 황금빛 스텝으로 진출하는 데는, 중앙아시아나 서아시아가 북극해권을 내포하는 동북아시아보다 대체로 더 빨랐지요. 기원전 10세기경 이런 선진 철기문화를 먼저 수용한 순록치기 Scythia(鮮族 : Soyon겨레)가 황금빛 기마 양유목화 유목생산 혁명을 일으켜 흑해북안 대스텝에 총진격하기 시작하는 유라시아유목사 상의 일대 유목생산 혁명사를 이미 썼습니다.

헝가리 스텝부터 다싱안링 북~남의 서부에까지 널리 존재한 것으로 뵈는 순록석(馴鹿石 : Reindeer stones; Goolikhan 석상 類) 및 순록 뿔에 말 몸의 스키타이(鮮族)의 황금유물- "Siberian GOLD", 그리고 순록유목의 장구하고 공활한 존재 및 순록치기의 철기 수용-기마 양치기 황금빛 유목생산 대혁명을 확증하는 기념비적 유물 올야프 고분 출토 스키타이유물 '황금마두순록뿔탈'[엘미타쥬 미술관 소장]

이런 공활한 유라시아 스텝유목지대에 철기문화가 보급되는 과정에서, 기원전 8~3세기에 걸쳐 기마 양유목 거대 목초지 흑해와 카스피 해 연안 대스텝에서 크게 활약한 이란계의 기마 양치기 스키타이(鮮)족도 등장하게 되면서 거대 수림툰드라 동·서 사얀(鮮 : Sayan)산맥 중에도 스키타이(鮮 : Soyon)족이 일대의 둥지를 틀게 됐고, 이들이 주축을 이루어 활발히 동류(東流)하면서 이어서 동북아시아 선족(鮮族 : Soyon Tribe)을 이뤘던 것으로 보입니다.

이어서 기원전 5세기경에는 다싱안링(大興安嶺) 북부 호눈선원(呼嫩鮮原)에서 황금빛 벨트(卑 : Bus?)를 띤 Soyon겨레-鮮(卑)族 기마사술(騎馬射術) 구사군단(驅使軍團)이 선도하는 같은 유형의 초대형 유목생산 혁명을 수행해 발전시켜 오다가, 마침내 13세기에 들면서 인류사를 진감케 하는 팍스 몽골리카를 탄생시켰다는 겁니다.

물론 전자보다 후자가 더 거대하고 비옥한 곡창지대 만주-연해주 평야의 생산력 발전을 배경으로 삼고 있었지요. 이런 배경이 점차 직·간접적으로 그 주요토대로 작용하게 되자 치열하게 사회분화가 일어나, 고대 동북아시아 유목제국이 창업되게 됐답니다. 그래서 유목 주도 농경 통합형 모든 동북아시아 고대 유목제국(Pastoral nomadic empire)을 낳은 자궁(子宮)이 훌룬부이르 몽골스텝-눈강선원(嫩江鮮原) 곧 이른바 호눈선원(呼嫩鮮原 : HoNun Sopka & Steppe)이라는 사실은 의심할 여지가 없다는 것이지요.

까마득히 멀고 오랜 그런 옛 이야기가 지금의 한국사(韓國史)랑 도대체 무슨 상관이 있냐니요! 구한말이겠지요. 장물아비가 된 이토 히로부미가 고종임금에게 도굴한 고려자기를 보여주자 "그게 어느 나라 제품이오?"라고 물었다는 이야기는 참으로 기가 막힌 자기정체성 무지를 직시케 하는 게 아닐까요? 특히 한겨레 주류 유목태반 기원(起源)문제와 관련해서, 이름과 성격이 달라진 오늘날의 우리나라 역대 대통령님들의 경우는 이에서 아주 먼 예외이기만 할런지요?

아닙니다. 정보화시대에 제 나름의 '유목DNA고향' 북유라시아를 치달리고 있는 Chaatang Korean(원초 순록치기 태생 한국인)이 그 시원본향을 되살려내라는 엄연한 시대적 소명을 받고 있는 터에, 몽골의 뿌리 '차탕조선'에 관한 한 이건 그 시절 그 고종임금의 옛 이야기 차원만이 결코 아닙니다. 우리의 자기 주류태반에 대한 무지가 생태적응적 진화과정에서 그간 이에 이르렀어도, 팍스 몽골리카와 같은 팍스 아메리카나 하의 우리가 코앞의 생존현실에 쫓겨 이 정보화-유전체학시대 대명천지(大明天地) 밝은 날에도 여전히 우리 주류의 유목태반 DNA를 아주 더 까마득히 모를 뿐만 아니라 아예 무시해버릴 따름입니다. 그렇지만 이런 미증유의 세계적인 시련을 나의 역사적 정체성을 속으론 한결같이 천착해내며 기적적으로 세계사적 차원에서 극복만 해낸다면, 팍스 몽골리카 그 시절처럼 팍스 아메리카나 누리에서도 금속활자나 거북선과 한글 같은 세계사적인 독창유산이 한껏 치솟아나게 마련일 겁니다.

난 요즘 조선의 시원 뿌리인 순록유목의 장구하고 공활한 존재 및 순록치기의 철기 수용-기마 양치기 황금빛 유목생산 대혁명을 확증하는 유일무이한 기념비적 유물로 알려진 울야프 고분 출토 스키타이유물 '황금마두순록뿔탈'[엘미타쥬 미술관 소장]을, 내 저서 '책등 아이콘'으로 계속 써오고 있답니다.

순록과 양, 순록과 사슴 갈라보기
[2016.1.11]

올 정초에 순록 관계 인터넷 검색을 하다가 아주 우연히 순록(Chaabog) 뿔과 사슴(Bog) 뿔을 갈라보는 생명과학 논문인 김은진·장승엽·허근 외, 「사슴(Deer) 뿔과 순록(Reindeer) 뿔의 분자적 식별법」(『약품개발연구소 연구업적집』 11권, 영남대학교 약품개발연구소, 2001, 194~197쪽)을 발견하고 깜짝 놀랐습니다. 고분 발굴시에 출토되는 순록-사슴류 화석을 각각 분석해낼 수 있다는 희망 때문이지요. 물론 원주민인 차탕(Chaatang : 순록치기)-시원 Korean들이야 척 보면 구별해내겠지요. 개와 늑대나 고양이와 호랑이를 갈라보듯이 유목가축 순록과 사냥감 야생사슴을 모양새만 보고도 척척 알아맞히리라 봅니다.

그렇지만 수림 툰드라나 툰드라와 아주 오래 격리돼온 비(非) 순록유목지대 T자형 백두대간 한반도 코리언의 경우는 다릅니다. 그래서 1940년대 박순양 옮긴이가 크리스마스 캐럴 노랫말을 번역할 적에 굳이 루돌프 순록(Rudolph Reindeer)을 루돌프 사슴(Rudolph Deer)으로 옮기기까지 했던 터이겠지요. 남의 나라 까마득한 옛날이야기라고요? 그렇지만 번개처럼 온갖 정보들이 시공간을 날아다니는 지구촌 누리의 지금, 여기라는 조선(朝鮮)반도 한국(韓國)은 사정이 아주 다를 수도 있습니다.

정초부터 웬 백정질하는 오랑캐 수렵유목민 이야기만 하느냐고요? 이성계 조선조 태조가 몽골국적으로 태어난 고려계 몽골군벌 출신으로 한족(漢族) 명 태조 주원장과 제휴해 고려 개경의 중앙정부를 장악해 조선조를 창업하지 않았다면, 백정민중영웅 임꺽정이 출현하는, 이런 너무나도 특이한 한민족사는 적어도 쓰이지 않았으리라 봅니다. 그래서 굳이 명분 상 대원(大元) 아닌 대명(大明) 주자학(Neoconfucianism)을 국시로 삼고 짐승을 사냥하고 유목하는 수렵-유목민계 필수직업인 도살(屠殺)을 기피하고 천시하는 선비정신이 고양되어온 터에, 주류 순록·기마 양유목 태반 기원 한겨레사도 이렇게 초라하게 망가져오지만은 않았겠지요. 적어도 유목주도 농경 통합이라는 유목제국

순록(위)과 사슴(아래); 아 아르다잡 교수님(다구르족 내몽골사회과학원 역사연구소 1999. 11) 그림

(Pastoral nomadic empire) 기원의 기본틀은 어렴풋이라도 바닥에 깔고서 ….

국내의 대표적인 소설가 한 분이 시베리아 횡단 열차(TSR)를 탔습니다. 가도 가도 공활한 벌판 뿐 …. 며칠 그러다가 눈 돌린 게 겨우 전·후·상·하로 배치된 침대차 승객들이 생면부지의 남녀들일 수 있다는 놀라운 사실이었던가 봅니다. 그 달려온 시베리아 벌판 중 칭기스칸이 기마 양유목을 하며 치달릴 수 있는 공간이 겨우 북유라시아 벌판의 몇 십분의 1밖에 안 되는 스텝이고 일부의 사막을 제외하면 수림툰드라~툰드라―공활한 옛 순록치기들의 순록유목초지라는 건 꿈에도 생각지 않았겠지요.

하기야 오랜만에 특혜를 받아 무한 해방공간을 누리는 판에 그런 건 왜 따지냐고 투정을 부릴 수는 있습니다. 그래도 막무가내로 따지고 대드는 어벙벙한 철부지 연구생이 있다면 지명도로 무장한 막강한 권위를 휘둘러 왕따 시켜 따돌려버리고 내 멋대로 내 누릴 것만 챙기면 그만이긴 합니다. 그런데 이러면 노벨상 수상자 배출은커녕 이제부터 정작 열어내지 않으면 안될 그 유일무이한 독창적 도생(圖生)의 길 개척 전망이 막막하기만 하리라는 그 분야 전문가 한분의 언질이 내 폐부를 찌르더군요.

몽골고원도 내포되는 같은 시베리아에 살아도 2대 유목가축 순록과 양은 서로 판이하게 다른 점이 있습니다. 순록의 생태태반은 고원 건조지대라지만 상대적인 저습(低濕)지대라 할 수림툰드라~툰드라의 음지 쪽 선(鮮=小山 : Sopka)이고 양의 그것은 고원 건조지대라 할 상대적으로 높고 메마른 양지 쪽 지대라 할 스텝(Steppe)입니다. 순록의 주식은 소프카(鮮 : Sopka)의 이끼(蘚 : Niokq)고, 양의 주식은 '스텝의 양초'(羊草)지요. 그래서 그런지 순록 뿔엔 양 뿔과는 달리 물을 이따금 뿌려줘야 잘 자란다는 전병태 교수님(건국대학교 녹용연구센터 소장)의 조언에도 귀를 기울이게 마련입니다.

서로 생태지대를 달리하여 순록의 태양은 습기 낀 홍태양(紅太陽)일 수 있고 양의 태양은 해맑은 황금태양(黃金太陽)일 수 있어서, 순록은 하느님 부르칸(不咸 : Burqan, 紅柳-朝鮮柳 유래?)을 섬기고 양치기는 하느님 텡그리(撑梨 : Tengri)를 섬겼는지도 모릅니다. 행여 특정지역에서는 순록은 숫수달(Buir)로 상징되는 예(濊=雄水獺)로, 양은 너구리(Elbenkh)로 대표되는 맥(貊=山獺)으로 불렸었을 수도 있겠지요.

순록생태권에서는 불씨 구하기가 힘드니까 예회(濊膾)를, 양생태권에서는 거센 바람에 마찰되는 나무땔감 불로 구워진 고기를 뜯을 수 있어서 맥적(貊炙)을 즐겼을 수가 있기도 합니다. 어느 시기까지의 특정지역 목등자(木橙子)~혁등자(革橙子)의 유목록촌(遊牧鹿村) '기록사술'(騎鹿射術)과 철등자(鐵鐙子 : Stirrup)의 유목양촌(遊牧羊村) '기마사술'(騎馬射術)의 전투력의 질적 차이는 주로, 인류역사 발전과정의 소산일 수 있겠지요.

순록생태권이 철기의 세례를 받아 주류 양유목 생태권으로 발전해오는 과정에서 순록 유목민 조족(朝族) 중심의 순록 방목민 선족(鮮族) 통합이라는 본질적인 유목제국 회임(懷妊)차원이라 할 시원 조선(朝鮮)제국이 태동했을 수 있다고 추정해봄직도 할지 모릅니다. 이런 주류 한겨레 유목태반 기원(起源)이란 시각에서 맥고려(貊高麗)를 들여다보면 혹여 몽골이 조선의 뿌리가 아니고 차탕조선(Chaatang朝鮮)이 몽골의 뿌리일 수가 있을 수도 있겠습니다. 몽골은 철기수용 이후 스키타이(鮮族)의 기마 양유목생산 혁명 결과의 소산이어서입니다.

모두 미증유의 정보화-유전체학시대 인지혁명기를 맞아 시야를 활짝 열고 다양하게 시각을 달리해 문제를 들여다보자는 것일 뿐 당장 어떤 확정된 결론을 지으려는 게 결코 아닙니다. 물론 그럴 수도 없는 지금의 처지이기도 하지요. 700여 년 전 팍스 몽골리카 하의 일연 대선사님처럼 팍스 아메리카나 하에서도 거짓 없는 사실들을 그렇게 할 수 있는 한 죄다 모아 적어두어 보자는 것일 따름입니다. 순록과 양, 순록과 사슴 갈라보기를 거의 포기해버린 감이 있는 사마천『사기』류의 인식틀은, 한겨레 유목태반 기원사(起源史)를 주로 소외시킬 위험이 매우 커서 거기에만 꼭 얽매일 생각은 없지만!

붉은 빛 불함(不咸 : Burkhan) 하느님과 황금색 텡그리(撐梨 : Tengri)는?
[2016.1.18]

2000년 전후시기에 난 시베리아에서 제일 크고 험준하다는 수림 툰드라 동·서 샤얀(鮮)산맥에 들어갔다 와서 이내 개척전도를 하고 있는 이철성 개척전도사님으로부터 e-메일 한 통을 받았습니다. 지구 상 거의 최장거리로 격리된 낯선 험지에서 번갯불인양 날아 이른 난생 처음으로 받아본 그 e-메일이, 당시에 보통 시골 훈장 사학도인 내겐 세상과 역사를 보는 눈을 뒤바꿔놓기에 충분한 대단한 충격 자체이었던 게 사실이었지요. 나 같은 속인이 본인과 가족의 모든 걸 걸고 아무런 보장도 거의 없는 그 험악한 전도 현지에서 한 목숨 걸고 전도하는 그이의 속뜻을 도무지 알 수야 없었지만, 그때 이 전도사님이 우송한 "저는 이곳 현지개척교회에서 설교할 적에 하느님을 부르칸(不咸)이라고 합니다"라는 이런 e-메일 소식을 전해 받고는, 당시의 나로서는 실로 기겁을 할 만큼 놀라지 않을 수 없었습니다.

"삽시간에 시대가 달라졌구나! 예서 그 머나먼 험지의 이런 정보를 얻을 수 있다니 …"라고 생각하면서 시베리아(鮮卑利亞) 탐사 중엔 늘 그러했듯이 어떤 누구의 눈치도 보지 않고 즉각 내 거주지 소재 용인문화센터 컴퓨터반에 달려가 청강생이 되기에 이르렀지요. 칠순이 다 돼서입니다. 문제를 찾고 풀기 위해서라면, 버릴 수 있는 모든 걸 죄다 버리고 그리로만 내달았습니다. 대학 직선총장 1호를 내게 한 이른바 1980년 운동권 출신이라지만, 그후

562

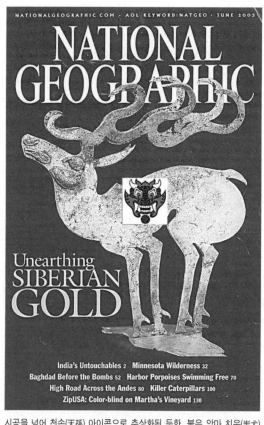

시공을 넘어 천손(天孫) 아이콘으로 추상화된 듯한, 붉은 악마 치우(蚩尤) 천황과 황금빛 마두록각(馬頭鹿角) 황금탈

총학장 선거판에 단 한번도 얼씬거려본 적이 없을 정도였지요. 이어서 불함이 하느님으로 호칭되는 이런 현지관행을 그 다음 해 쯤인 2000년 초입 사얀 산맥 중의 현지 첫 탐사과정에서 직접 몸소 확인했고요. 십 수 개의 차량들을 죄다 전세 내어 알타이~사얀(鮮)행 지선 철로를 달리는 부르카니즘(不咸天主) 신흥종교 거대 신도 대중(?)들 틈에 끼어 이동하면서였습니다. 우리 탐사대원이라야 당시 현지 어학연수생이었던 20대 중반의 김태옥 박사(러시아 현대문학, 현 충북대)

와 달랑 둘 뿐이기는 했답니다. 물론 이런 탐사과정은 그후부터 집요하게 지속됐습니다.

2005년 한 겨울에 홍태양 불함(Burkhan) 하느님 성역 홍류떼를 탐사하려고 창조사학회 김영우 교수님 팀과 동북시베리아와 남동시베리아가 나누어지는 분수령인 스타노보이 산맥(Stanovoy Mountains : 와이싱안링) 위를 열차로 달리며 당해 역마다 타고 내릴 적에는, 영하 40도를 넘나드는 혹한의 공포에 떨며 수시로 아찔해 하기도 했습니다. 저자가 관상 동맥에 스탠트를 삽입한 치유 중의 심장병 환자이어서였습니다.

2007년 여름 '칸 코리안 루트' 노정(경향신문 60주년 기념 북방탐사) 중에는

이런 일도 있었습니다. 저자가 보기에는 분명히 답사의 하이라이트가 바이칼 호 부르칸바위(不咸岩)에 있어야 하고 그 뿌리는 바이칼 호 남동쪽의 장대한 붉은 버드나무 산맥(紅柳山脈) 우드강(紅江) 원천(源泉)에 두어져야 한다고 확신했습니다. 그래서 그렇게만 손가락질하며 탐사를 진행하던 중에 정작 그 목전에 이르러서는 돌연 그런 당초 계획이 취소되고 엉뚱하게도 언저리 산마을의 한가로운 러시아민속춤판놀이로 대체돼버렸습니다. 시베리아-몽골탐사 사반세기 노정 중에 가장 한스러운 사례였습니다. 그럴 수밖엔 없었던 데는 여러 사정이 있을 수 있었겠지만, 흑백사진시대가 지난지도 꽤 오래된 판에 아직도 짐작컨댄 한 선학의 근거가 불확실한 고릿적 「불함=`밝」이라는 주최 측 선입견이 주로 작용했던 듯 합니다. 어쨌거나 그런 가운데도 이렇게 제 딴엔 혼신의 힘을 다해 마냥 기뻐서 확보해본, 불함(不咸 : Burkhan)=홍류(紅柳)=조선류(朝鮮柳) 관계 정보들이었지요.

지금까지 이를 토대로 나름대로 정리해본 그 기축역사는, 몽골의 기원지 에르구네(多勿都)가 있고 몽골-선족(鮮族)의 조상제사 성지 가셴(嘎仙) 화강암 동굴(洞窟)이 자리 잡고 있으며 고구려 창업기지 흘승골(紇升骨)로 보이는 부이르 호반의 할힌골성과 거대한 고올리논벼농장터가 있는가 하면 무엇보다도 숑크(紅) 타반(五) 톨로고이(頭) 스텝에 고올리칸(東明 : Tumen王) 석인상이 엄존하고 있는 호눈선원(呼嫩鮮原 : HoNun Sopka & Steppe) 순록치기의 황금빛 기마 양유목생산 혁명기지 유적이 상기 실존함에 근거를 둡니다. 숑크 타반 톨로고이는 행여 뒷날 고구려의 다물-창업과정에서 오녀산성과 인연을 가졌을 수가 있을 법도 하지요.

오환산(烏桓山)도 실은 원주민 언어로는 붉은 산-홍산(紅山)이나 적산(赤山)의 뜻이라고 하지요[淸, 丁謙]. 행여 환웅(桓雄)의 환(桓)이 오환(烏桓)의 '환'(桓)은 아닐런지요? 사회주의 붉은 영웅-울란바토르가 아니고 '붉은 악마' 치우(蚩尤) 말입니다. 단군은 수달임금님-'시베리아의 황금' 모피(Fur)를 가장 많이 확보해서 임금이 된 어른이라고 해석하면 절대로 안 되나요? 실은 『중국인명사전』에 환씨(桓氏)나 단씨(檀氏)가 수십 명씩이나 등재돼 있던데 이이들은 죄다 환웅천황이나 단군왕검과는 전생에 인연이 전무하다는 증거라도 있던가요? 그래서

들 하느님의 권위를 빌어 천황도 되고 천왕도 되는 생태 적응적 진화과정을 밟아왔었다는 해석은 아주 신성불가침의 절대 금물이기만 해야 하나요?

지금이야말로, 비교-검증된 객관적인 사료(史料)만 있다면야 시야를 활짝 열고 모두 수용해 담론의 대상으로 삼아야만 하는 파천황의 사료정보(史料情報) 쓰나미시대여서 말입니다. 물론 어떤 절대 유일신도 일단 사료(史料)로 수술대에 오르는 한은 특정 개체나 집체와의 이해상관관계를 단호히 떠나서 예외일 수가 없어야 하겠지요.

흔히들 바이칼 호수는 세계 최대의 청정 담수호라고 하고, 더러는 그게 바로 몽골 기마 양유목민의 기원지라고 찬양해 마지않습니다. 그렇지만 바이칼이 바이칼인 것은 코리(槁離 : 활 또는 겨레의 뜻)족의 기원설화가 깃든 부르칸 바위(不咸岩)가 엄존해서입니다. 그런데 부르칸(Burkhan : 紅柳=朝鮮柳의 뜻)이므로, 예니세이와 레나 강 쪽 물이 지금의 레나 강 쪽처럼 끊기고 예니세이 강물만이 지금의 예니세이 강처럼 여전히 이어진 어느 시기—후기 빙하기 이후로 추정해보는 이도 있음—부터 바이칼 호 서쪽 레나 강 최상류 강안 절벽에 위치하는 상당히 장대한 쉬시킨스키 암각화의 문화사적 정체성은 반드시 바로 구명돼야 북방유라시아 유목태반사의 원초적 본질이 밝혀지리라 봅니다. 바이칼 호 일대의 서북고(西北高)-동남저(東南底)화 현상이 지속 돼온 이래로 어느 시기부터 동북 예니세이 강 지대 상고대 순록방목-선족(鮮族)문화와 동북 레나 강 지대의 순록유목-조족(朝族)문화는, 본질적으로 차별화되는 식량생산단계 이후의 유목문화를 전개시켜왔을 것으로도 보여서입니다.

주류 차탕(Chaatang : 순록유목민)의 철기 수용 이후 스키타이 기마 양유목생산 혁명을 지향해오며 이루어져 온 것으로 양자의 융합적 성격을 띠는 것으로 추정되는, 원형 조선순록유목제국 태반사의 본질 또한 이러한 역사발전 천착과정에서 복원될 수 있으리라 기대됩니다. 이런 의미에서 바이칼 호 일대는, 철기 수용 이후 스키타이 기마 양유목생산 혁명이 만발한 결과체로 흑해-우크라이나 대스텝 내지 몽골-만주 일대 대스텝에 진출하는 이른바 북방유라시아 몽골리안 스텝제국 창업 직전 단계에 해당하는 차탕(Chaatang : 순록유목민)조선의 기원지라고 적시하는 게 더 타당할 수 있을지도 모릅니다.

대체로 고원 건조지대 스텝의 태양은 황금빛(Illap, 몽골어와 이란어가 일치함)인 '황금태양'이고 상대적인 고원 저습지대 수림툰드라~툰드라의 태양은 '홍태양'이라 하겠습니다. 철기 수용 이전과 이후로 갈라볼 수 있는 유목생산 혁명을 기준으로 쪼개보면 순록유목민의 햇님은 대체로 홍태양- Burkhan(不咸)이고 기마 양유목민의 그것은 황금태양-Tengri(撑犁)이라 할 수 있을지도 모릅니다. 물론 최후 빙하기 이후 빙하가 녹으며 대홍수로 바이칼 호의 물이 지중해 쪽으로 흘러드는 과정에서는—양지대의 담수 물개(Nerpa)는 DNA가 서로 거의 같다고 함—언저리 고산지대도 습기가 많아 홍태양인 부르칸일 적이 있었을 수는 있었겠지요.

팍스 몽골리카 하 일연 대선사님이 다만 가능한 한 정확한 사료를 모아 그대로 남기시기만 한 겸허한 족적을 따라, 현재 정보화혁명시대에 유목사료 정보 홍수가 차고 넘치더라도 어설픈 단정을 남발하는 일은 삼가는 게 도리일 것도 같습니다. 2000년 초입에 장대한 쉬시킨스키 암각화를 바라보며 나눈 사제 간의 담소 중에 망연자실(茫然自失)하신 듯이 아스라한 눈빛만 보이시던 한국구석기학 개척자 손보기 은사님의 옛 모습이 새삼 스쳐지나갑니다.

2000년 전후 스텝로드 탐사시 파룬궁과 부르카니즘 용트림 추정 체험담

[2016.1.25]

1999년 여름부터 난 몽골의 기원지라는 호눈선원(呼嫩鮮原 : HoNun Sopka & Steppe)에서 4백여 일 캠프를 차리고 현지답사를 하게 됐습니다. 내가 재직 중인 강원대와 내몽골대, 양국 국립대간의 자매결연 체결 후의 아주 후지고 낯선, 좀 험난한 지역의 탐사작업이었지요. 한국의 존재를 아예 몰랐고 날 보고 선인(鮮人)으로 선어(鮮語)를 쓰는 사람이라고만 부르던 시절의 일입니다.

나중에 안 일이지만 같은 기간에 한국 개척전도사 한분이 허락 없이 이 지역에 들어와 전도하다가 창고에 갇혀 2년여를 감금되기도 했다고 합니다. 당시에 내게 강렬한 인상을 남겼던 사실은 파룬궁(法輪功)의 파격적인 득세와

이에 대한 정부의 단호한 대응조처였습니다. 그 발원지가 다싱안링 남부와 백두대간 쪽 만주지역이어서 그 교주 리훙즈(李洪志)가 조선인계라는 소문도 들렸는데 여러 종교들이 융합돼 이루어졌지만, 그 기축은 역시 북방샤머니즘 (朝鮮巫敎)으로 보인다고도 전해졌습니다. 나중에 확인한 터이지만 그이들의 수련복이 온통 황금색[金~後金, Шар]이었던 것도 예사로 보이지 않았습니다.

내 탐사 목적은 몽골의 기원사(起源史) 천착을 위한 현지답사였으므로 이내 2000년 초입에 몽골의 기원지의 기원지라는 동·서사얀산(鮮山)을 향해 기약 없이 또 다른 답사 노정에 올랐습니다. 시베리아 횡단열차를 잡아타고 그 공활한 우랄 알타이산맥을 오가며 헤매다가 사얀산행 지선을 갈아타고 지치고 절망해 초죽음이 돼 돌아오는 바로 그 열차가 부르카니즘 신흥종교 신도들로 추정되는 이들이 전세낸 십수 동의 열차 칸 중의 하나였지요. 다행히도 우리 일행 2명이 탄 침대 밑에 칸의 승객이 투바대 RNA 연구자로 모스크바대를 오가는 30대 정도의 우리 옛 시골 아주머니 같은 초라해 뵈는 투바족(拓跋族) 사얀나(Саяана)라는 여자 연구원이어서 우리가 찾는 몽골의 기원지 중의 기원 지인 사얀산(鮮山 : Sayan)행 열차임을 알아채고는 이내 모처럼 종교적 엑스타 시 경지에 빠져든 듯한 이들의 행렬 속에 어울려 느긋하게 보내게 됐지요.

이 시기가 북방사회주의권 개방으로 70여 년에 걸친 사회주의 봉쇄체제가 해체되며 좀 더 개방적인 새 체제로의 재구성을 지향해가는 새로운 조류가 막 태동하던 터라, 오래 숨죽이고 움츠려왔던 기층의 샤머니즘(朝鮮巫敎)이 부활하는 양상을 드러내고 있음을 직감하는 듯했습니다. 이내 각지의 스탈린 동상이 끌어내려지고 히틀러 같은 악마로만 저주되던 칭기스칸의 영상이 슬며시 되살아 솟아오르기 시작했지요.

더구나 이 장대한 스텝로드는 바로, 기원전 7~8세기경 철기수용과 더불어 스키타이(Scythia : 鮮族)의 황금빛 기마 양유목생산 혁명을 시발시킨 흑해연안 우크라이나 스텝에서 사얀산과 바이칼 호 지대를 거치며 기원전 4~5세기 경 역시 같은 스키타이 기마 양유목생산대혁명의 결정적인 불을 다싱안링 만주벌판·몽골스텝에 지펴냈던 스텝루트의 대동맥지대로 이어지는 스텝고속 도로가 아니었던가요?

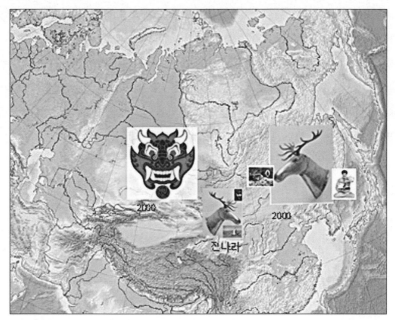

2000년 전후 부르카니즘과 파룬궁 용트림 체험 추정도. 秦(Gold)은 철기 수용-스키타이 황금 기마 양유목혁명 결실체로 정리해봄.

 시베리아 횡단 열차를 타고 달리던 내내 초췌하게 소외당하기만 하던 우리 탐사팀이, 이런 샤머니즘누리-조선무당 마을 호눈선원의 오룬춘이나 투바의 끼질 지역에 들면서는 제 세상 모천(母川)에 든 연어(鰱魚 : salmon)처럼 모태회귀의 살맛을 한껏 만끽하게 됐음을 절절히 되씹어보곤 하던 당시였지요.

 그렇습니다. 바이칼 호 서북 일대 홍태양 불함(Burkhan)바위와 그 뿌리 동남의 장대한 홍류산맥(紅柳山脈) 및 홍류무릉(紅柳=울란우데의 우드 강), 그리고 드넓은 모래산판을 지나서야 이를 수 있다는 그 홍류떼(Krasno talinik berba : 로어)가 감싸안은 홍류원천(紅柳源泉)-성모 유화모천(柳花母泉)이, 붉은 홍류모태(紅柳母胎) 부르칸(不咸)의 중핵이지요.

 예서 몽골스텝을 에둘러 퍼지고 다시 다싱안링으로 내리 뻗치며 몽골 기원지 호눈선원으로 결실되는 그 성지에, 단군의 생가 선족(鮮族)의 성지 조상제사터 붉은 버드나무 오보와 붉은 버드나무 유기성전(柳器聖殿) 오르동(Ордон) 떼들이 즐비한 가셴(嘎仙) 화강암 동굴이 자리잡고 있었음 직합니다.

시베리아(鮮卑利亞) 동남 파룬궁(法輪功)과 서북 부르카니즘(不咸?)이란 몽골리안 네트워크의 장대하고도 장엄한 역사적 제천 대축제가 그적 그 누리에 진즉에 아주 고요히 부드럽게 굴기(崛起)하기 시작했던가 봅니다. 장구한 순록·양유목 제 유전체 물동이를 머리에 이고 시퍼런 생태 작두날을 타는, 지구 상 누구도 따라잡지 못할 조선무당의 DNA묘기 무천(舞天)예술이 기왕에 연출되기를 비롯했던 터이겠지요.

2002년 붉은 악마 鮮族 터키축구의 한국 공습!
[2016.2.1]

2002년 한일월드컵에서 한국은 4강 진출 신화를 이루어냈으나 아쉽게도 터키와의 3·4위전에 2대 3으로 패해 4위로 마무리 지어야만 했습니다. 그러나 대한민국의 붉은 악마 응원단들은 약속이라도 한 듯이 이미 붉은 악마가 되어 입국해온 혈족의 나라 터키를 위해 대형 터키국기를 흔들어주었으며 양 국가대표 선수들도 이에 화합하듯 경기 후 어깨동무를 하며 서로를 격려하는 감동적인 원원 축배를 높이 드는 기적과도 같은 진정한 스포츠맨십을 보여주었지요. 이에 터키인들은 평생을 두고 잊을 수 없을 만큼 아주 깊은 감명을 받았다고 합니다.

물론 붉은 악마는 터키나 대한민국만이 독점적으로 사용하는 것이 아니라 다른 나라들에서도 많이 애용해온 이름이기는 합니다. 투우에서 보듯이 붉은 색이 이미 투쟁의 극치로 치닫는 선정성을 지니는데다가 이에 걸맞게 악마와도 같은 엄청난 힘을 발휘하는 강력한 전사의 이미지로서 제격이라 할 수 있어서입니다. 더군다나 우리나 몽골인들처럼 다혈질이어서인지 터키 축구광들도 우리나라 2002 붉은 악마 응원단들을 능가하는 축구열광으로 경기 당일엔 터키 대도시의 도로가 온통 마비될 지경이어서 유독 더욱 더 그랬던가 봅니다.

터키(突厥)와 대한민국 붉은 악마 상징의 역사적 배경으로는, 시원유목생태사적인 남다른 심원한 뿌리를 공유하는 것을 들 수 있으리라 봅니다. 두

나라의 뿌리가 모두 바이칼 호에 와 닿고
예니세이 강과 레나 강 일대의 공활한
순록유목 목초지인 선(蘚 : Niokq)의 바
다 선(鮮 : Sopka=小山)과 직결될 수 있기
때문이지요. 대체로 고원 건조지대 스텝
의 태양은 황금빛(Шap; 몽골어와 이란
어가 일치함-이란史 전공 김정위 교수님
도움말)인 '황금태양'이고 훨씬 더 드넓
은 상대적인 고원 저습지대 수림툰드
라~툰드라의 태양은 '홍태양'이라 하겠
습니다.

2002 붉은 악마 선족(鮮 : Soyon=Gashroh=Sugan =Scythia, 어미 순록이란 뜻) 터키축구의 한국 공습

철기 수용 이전과 이후로 갈라볼 수 있는 유목생산 혁명을 기준으로 쪼개보면
순록유목민은 대체로 홍태양-Burkhan(不咸)이고 기마 양유목민의 그것은 황금
태양-Tengri(撐犁)라 할 수 있을지도 모릅니다. 불함(不咸 : Burkhan)=홍류(紅柳)=
조선류(朝鮮柳) 관계 정보들로 미루어볼 때, 언제부턴가 바이칼 호 일대의
서북고(西北高)-동남저(東南底)화 현상이 지속돼온 이래로 어느 특정 시기부터
서북 예니세이 강 지대 상고대 순록방목-선족(鮮族)문화와 동북 레나 강 지대의
순록유목 조족(朝族)문화는 본질적으로 차별화되는 식량생산단계 이후의 유목
문화를 전개시켜왔을 것으로도 보입니다.

주류 차탕(Chaatang : 순록유목민)의 철기 수용 이후 스키타이 기마 양유목
생산화 혁명을 지향해 성취해오며 양자의 상호 융합적 성격을 띠게 됐던
것으로 추정되는, 원형 조선(朝鮮)순록유목제국 태반사의 본질 또한 이러한
역사발전과정의 천착에서 복원될 수 있으리라 기대됩니다. 그래서 특히 돌궐은
서천(西遷)과정에서 예니세이 강 유역-동·서사얀산(鮮山) 지대 등 상대적인
한랭 고원저습지대인 '순록유목지대'를 통해 주로 기원·이동해 가면서 알타
이~몽골스텝을 무대로 활약한 유목제국들 가운데서는 홍태양권 부르칸 하느
님 생태권에 상대적으로 더 많이 적응적 진화를 해서 서아시아 내지 중앙아시아
에 가서도 주로 붉은 악마권 신앙관행을 견지해냈던 게 아닐까 추정케 됩니다.

한편 이보다 더 동북쪽 레나 강권의 혹한과 북태평양권의 혹독한 습랭(濕冷)을 이겨내야 했던 조선권(朝鮮圈)에서는 붉은 악마 치우(蚩尤)형의 자기상징을 다져냈을 수도 있는데, 그런 오랜 후과(後果)들로 해후한 붉은 악마 축제가 2002년 터키·한국 축구결전이었을 수 있을지 모릅니다. 결국 이를, 선족(鮮族)들 간의 아주 오랜만의 해후와 감격이 교차한 축약된 오랜 유라시아유목사적 일대 축제였을 수 있다고 보아보려는 겁니다.

오다가다 생전에 스쳐 뵙는 처지이기는 했지만 최학근(崔鶴根, 1922~1998) 교수님은 만·몽·한보다 터키·투바·사하·한국이 언어 측면에서 심층적으로 더 밀접해 뵌다고 말씀해온 것으로 들어오던 터에 현지답사 중 저자의 심정적 상호체휼 또한 그렇게 와 닿았고, 그이들 자신도 터키·투바·사하語는 고대에 갈려진 방언관계로 그이들끼리는 3개월여 만 합숙하며 함께 생활하면 상호간의 언어 소통이 무난하다고 고백하기도 했습니다. 물론 그간 오래 담소해온 이희수 교수님과의 그런 무언의 소통이 이런 내 나름의 자각을 더욱 깊게 이끌어온 것도 사실이지요.

2002년 터키국과 대한민국 붉은 악마들 간의 해후는 진실로 장구한 유라시아 유목사 상 역사적인 일대 충격이 아닐 수 없었다고 하겠습니다. 심정적 내지 영적인 접속도 중요하지만, 구체적인 역사적인 맥락을 짚어 혈류가 되살아나게 하는 소생부활 차원의 실체 역사적 접목시도가 이젠 진정으로 더 절실한 건 아닐는지요? 주로 바이칼 호 일대를 기점으로 응집되고 확산돼왔던 것으로 보이는 이런 논담 주제는 실은, 나와 아주 무관한 머나먼 남의 나라 이야기가 아니라 정보화-유전체학시대인 지금은 분·초를 다투는 지금 여기의 내 역사인 한국사 DNA 정체성 캐내기 스토리텔링 과제들 그 자체이겠지요!

1921~1924년 판 "몽골국사"교과서, Mongol Korea가 '무지개'로 증발!

[2016.2.8~2.15]

사회주의 체제 하에서의 몽골사 교과서는 당연히 국정이지요. 그런데 그런 상황 속에서의 교과서 편찬은 실로 막강한 영향력을 지니게 마련입니다. 사실을 바로잡든 뒤틀어 쓰든 어느 경우에나 마찬가지겠지요. 당장에 우리와 직관되는 몽골스텝에 쓰여져온 우리의 Gooli(高麗)史-편의상 Mongol Korea史로 적기로 함- 의 존폐문제를 실례로 들어보겠습니다.

당시 몽골인구의 3/4에 달하는 이른바 몽골 기원지 동부몽골 할하인들은 예외 없이 Mongol Korea를 고올리(Gooli)로 불러오고 있었습니다. 소련 쪽에 치우쳐 있는 서북부 산지몽골 수렵유목민 일부를 빼고는 다 그랬지요. 그런데 이 지대 몽골인들이 주도권을 틀어쥐고 소련의 지원 하에 몽골의 사회주의 혁명을 수행하는 과정에서 개편된 국정 역사교과서에서 이 소수 혁명 엘리트 고향인들만 주로 쓰는 우리의 옛 종족명 솔롱고스를 정식명칭으로 올리고 다수 할하족이 부르는 고올리 호칭을 삭제해버렸지요. 현지 할하몽골 원주민들의 당시의 관계 실상 보고랍니다.

몽골 사회주의 혁명 직후에 편찬된 1921~1924년판 몽골사 교과서가 출간되기 이전엔 상상키도 어려운 일이 감행되고 그렇게 개편된 교과서에 못 박은 솔롱고스(Solongos)라는 국명이 지금까지 몽골 코리아의 공식명칭으로 국내외에서 일방적으로 통용돼오고 있습니다, "그러면 좀 어떠냐"며 좋은 게 좋은 거니 제발 까다롭게 따지지 말고 실속 차리며 사는 것이 상수랄 수도 있긴 하지요. 허구한 나날에 대를 이어 피눈물로 우리가 몽골스텝에 써내려온 몽골 코리아史라는 우리의 시원유목태반 유산이 송두리째 삭제돼버리는 엄중한 결과를 우리가 감수해야 하는데도 말입니다!

몽골국사 교과서야 어찌됐던 그 후로도 할하 현지인들은 그럼에도 불구하고 여전히 솔롱고스라 하지 않고 고올리라고만 몽골 코리아를 쓴다고 합니다. 할하몽골지역인 몽골기원지엔 몽·한의 공동조상으로 섬겨져오는 고올리칸 석인상이 엄연히 천신(薦新)을 거듭하며 유구한 세월을 좌정해 내려오고 있고,

중국으로 편입된 내몽골에서는 당연히 여전히 몽골 코리아 관계 유적이나 유물 및 사물 일절을 고올리로 써내려오고 있으며, 한문(漢文)으로는 당연히 고려(高麗)라고 적어오고 있지요. 1990년대 중반 경까지 우리 한·몽학술조사연구협회가 현지조사해본 결과보고입니다.

헤. 페를레의『몽골인민공화국 고중세 성읍지 약사』(울란바토르, 1961)에서도 고올리 성읍 유적지를 역시 솔롱고스 성읍 유적지라고 적고 있지 않고 있어서, 실제로 우리가 그 올바른 기록을 보고 유적현지를 답사하고서 직접 홍산문화권 서북변경에 있는 다리강가 스텝 고올리 돌각담 유적을 1990년대 중반에 여러 해 발굴해, 보고서도 몇 권 출간(당시 손보기 발굴단장 주관)하기까지 했습니다. 한·일·중에 모두 알려진 셀렝게 강 언저리 찬트 고올리 종이공장터 유적지 시굴 보고[강원대 최복규 교수님 주관]도 이에 조금 앞서 이루어졌지요.

다싱안링 북부 몽골 기원지(起源地) 에르구네(多勿) 호·눈선원(呼嫩鮮原 : Nun sopka & Hulunbuir steppe)의 에벵키 민족박물관에 전시된 솔롱고스(黃鼠狼 : Solongos=누렁 족제비; 몽골학의 거장 P. Pellio의 탁견) 박제. 뒤틀린 한국인의 원류인식과 몽·한 관계의 그릇된 지식을 바로잡을 수 있는 긴요한 실물 자료다. 하지만 고려가 "무지개"-Solongos라는 건 현지 언제·어디에도 전혀 근거가 없는 명칭이다.(2007년 7월 경향신문사 김문석 기자 所攝 ;사진꾸미기)

솔롱고스도 고올리도, 몽골스텝에도 그 유적들이 상당히 엄존해오고 있는 몽골인들이 한국을 부르는 이름입니다. 모두 나름으로 역사적인 유래를 갖지요. 솔롱고스는 누렁 족제비 사냥꾼 출신 종족이고 주류 조선인(朝鮮人)은 순록유목민 기원 차탕(Chaatang : 순록치기) 후예들입니다. 그리고 철기 수용 이후의 고대 기마 양유목제국 고올리(Gooli : 高麗)칸국 창업으로 그 유목 주도 농경통합이란 고대 유목제국(Pastoral nomadic empire) 기틀이 확립됐습니다.

물론 비유목지대 한반도에 들어 농경화해온 한국사에 초점을 맞추고 그

주류 기원사까지 획일적으로 복원해보려는 시도는 옳지 않겠지요. 광역소수의
유목 주도로 상대적인 협역다수의 농경통합을 이루며 비유목지대에서 점차로
특정생태 적응적 진화를 이루어온 게 현실이어서 입니다. 이런 역사전개과정
을 면밀히 천착해 내오면서 역사를 복원해봐야겠지요. 물론 어떤 경우이든
섣불리 서둘러 하는 환부역조(換父易祖)식 한국사 교과서 편찬은 그 동기가
어떻고 편찬주도 틀의 구성형식이 여하하든 당연히 모두 뒤틀린 편찬소행일
수밖엔 없겠습니다.

솔롱고스는 만인이 존경하는 몽골학의 거장 페. 펠리오(P. Pellio)의 탁견대로
누렁 족제비(黃鼠狼=黃鼬, 艾虎) 사냥꾼들인 솔롱고스족이지요. 그리고 솔롱고
스 종족의 원주지는 바이칼 호 동남쪽 셀렝게 강~우드 강 및 헨티 산맥 일대입니
다. 시베리아-바이칼 호 일대의 누렁 족제비 모피(Fur)시장을 주도하던 셀렝게
강 일대의 메르키드-솔롱고스의 본체라는 겁니다. 일본 열도나 한반도에서
보면 아니지만, 이곳 원주민들의 상징적 자아중심인 바이칼 호에서 보면
명백히 '해 뜨는 쪽'(Наран уртахуй зүг)이지요.

1240년 전후 오고타이칸이 몽골 중북부 카라코룸(和寧)에 자리 잡고 있을
적에 편찬된 것으로 보이는『몽골비사』274절에 한문으로 Solongos-사랑합사
(莎郞合思)라고 음역해 적었지요. 그런데 이즈음 칭기스칸(1162~1227)이나 오고
타이칸(1186~1241) 생존시에는 만주도 아직 동북아시아의 최강국 여진족의
금나라 치하에 있어서 고올리국-발해국사에 관한 정보를 몰랐을 것으로 보입니
다. 그래서 그이들이 고올리를 솔롱고스로 부른 건 당시의 상황에선 부득이한
경우라고 해야 할 것 같습니다.

셀렝게 강 유역은 비교적 비옥하고 드넓으며 철산지로 유명해 일정한 세력이
대두될 만하기는 하지만, 물이 북극해로 흐르는 찬물지대여서 기원전후에
스키타이 제철기술을 수용하면서 황금빛 기마 양유목혁명을 수행하면서도
고대유목제국을 창업할 수는 없었겠지요. 주로 오랜 동안 누렁 족제비를
사냥해 시베리아의 모피(Fur)시장에 파는 수렵 종족으로 남아 있었을 수밖엔
없었던 것으로 추정됩니다.

그들 중의 선진적인 일부는 더 동남쪽으로 진출해 물이 태평양으로 흘러들어

동북아시아 유목제국들의 자궁이라고 공인되는, 비교적 온난한 다싱안링 북부 훌룬부이르(Hulunbuir) 몽골스텝에 이르게 됐지요.

거기서 그들은 조직된 소수의 유목민 주도로 다수의 목·농민을 통합하는 전형적인 고대 유목제국을 창업했습니다. 그 상징이 부이르(Buir) 호반 숑크타반 톨로고이에 현존하는 유명한 고올리칸(弓王 : Goolikhan) 석인상이지요. 이후부터 이들이 몽골고원을 제패하는 유목제국으로 발전해, 솔롱고스라는 종족명은 이 일대에선 대체로 자취를 감추고 주로 고올리(Gooli)-맥고려(貊高麗 : 原Mongol?)-고(구)려라는 이름으로만 불렸나 봅니다.

그렇다면 우리 한국이 솔롱고스(Solongos)인가요? "고올리"-코리아인가요? 소련의 지원을 받는, 소련에 근접한 중·북·서 몽골세력을 위주로 창업됐을 몽골인민공화국이 1921~1924년 교과서에 한국 국명을 솔롱고스라고 못 박아 실어 놓기 전에는, 한반도 고려(高麗)의 소식에 비교적 익숙했을, 물이 태평양으로 흘러드는 드넓은 몽골의 본부인 기원지 동부몽골에서는 정작 오로지 고올리(Gooli)가 있었을 뿐 솔롱고스라는 호칭은 단 한 번도 들어본 적조차 없답니다. 내몽골의 할하몽골인들도 당연히 그렇다면, 이런 현지 원주민-주로 몽골인들의 3/4을 점하는 할하족들의 증언은 과연 무엇을 말해 주는 것일까요?

서로 너무 멀리 떨어져 있어서 한반도 고려(Gooli)에 관한 정보 소통이 거의 없었던 당시의 중·북·서몽골 카라코룸(和寧)의 오고타이칸 정권이 기초한 『몽골비사』의 부정확한 솔롱고스 호칭기록이, 그 후 아주 오랜만에 공교롭게도 같은 편에 돌아난 소련의 지원 하에 세워진 중·북·서 몽골세력 위주의 몽골정권에 의해 그에 뿌리를 두며, 그로부터 근 700년 만에 다시 되살아나는 악몽이 되풀이된 호칭이 지금의 솔롱고스일 수 있지요. 그때의 솔롱고스가 한반도의 고려(高麗 : Gooli)일 수가 없듯이, 지난 세기의 소련 및 중·북·서 몽골세력 주도의 솔롱고스 호칭도 몽골스텝에 엄존해오는 대부분 몽골 코리아 유적유물의 정식 소속호칭일 수가 없고 따라서 더욱 그 정통성을 이어받은 현재 정통 대한민국(Korea)의 바른 호칭일 수가 없습니다.

원래는 동부리아드 몽골과 동내몽골 및 헤이룽장 성까지도 내포했던 동부몽골 곧 본 몽골이라 할 몽골의 기원지에서 부른 고올리(Gooli : 高麗)-코리아만이,

당연히 몽골이 우리를 부르는 제
대로 된 바른 호칭일 수 있을 따름
입니다. 고올리칸 고주몽의 부이
르 호반 할힌골 고구려(Gooli) 창
업을 기점으로 동북과 서남으로
활겨레 분족(分族)을 이룬 몽골
이, 대한민국을 제대로 혈친으로
알고 불러주는 고올리(Gooli : 高
麗)-코리아가 역사적인 정통성이
되살린 당당한 우리의 국명이고

"송년특집 다큐멘터리 유목민의 땅 몽골을 가다" 제1부(1992);
추정 동명왕-Goolikhan 돌무지무덤에 '거북이' 아이콘을 부여한
洪性周 SBS TV PD. 우_상은 서북흥산문화권 다리강가 몽골스텝
에서의 타르박 사냥 취재 중인 洪PD.

몽골스텝 소재 유목태반 몽골 코리아 유산의 본체 본명이라는 것입니다.

그렇지만, 그럼에도 불구하고 1921~1924년 출간된 몽골국사 교과서의 위력
은 막강하여 남북한과 몽골의 공식매체를 뒤덮고 몽·한 겨레들을 온통 세뇌시
켜오며 몽골스텝의 엄존해오고 있는 고올리 유적과 유물들을 지우는가 하면,
심지어는 사냥감 누렁 족제비 Solongos마저도 무지개-색동저고리 이미지로
증발시켜 소멸시켜내고 있는 판입니다. 번뜩이는 유머감각이나 선정적인
우리민족 찬사도 좋지만, 그게 제 주류 유목태반역사의 알맹이를 죄다
말살할 수도 있다면 문제는 너무나도 심각할 수밖에 없습니다. 진정 이러한
고귀한 몽골스텝의 고올리 유목태반사 유산 지우기가 그 치명적인 악과(惡果)
이겠지요.

더군다나 누렁 족제비 '솔롱가'에 무지개니 색동저고리니 하는 가당치도
않은 형용어를 경박하게 덧칠해서 역사의 정통성을 호도하는 일은, 명백한
역사왜곡입니다. 육당 선생님의 업적에는 큰 공도 있지만 우리 시원'차탕조선
사' 인식 차원에서의 치명적인 과도 분명히 동반합니다. 일제하 천조대신(天照
大神, Amaterasu Omikami) 숭배가 만발하던 정세 하에서 절실한 대안으로
제안된 것일 수는 있지만, 육당 선생님의 불함(不咸 : Burqan)='광명(밝)론'이
그 대표적인 상징이 되리라 봅니다. 당해 현지사료들의 구체적인 비교·분석이
결여된 쇼비니즘적 역사 읽기는 사람들이 헛발을 딛고 정체불명의 리더를

576

맹종해 자진해가게 할 위험성이 그 안에 도사리고 있게 마련이어서지요. 이어령 교수님의 지적대로 어떤 의미에서 창의력이란 사물을 추상적으로 부풀리는 것이 아니라 구체적으로 쪼개는 행위력이라 할 수 있지요. 그런데 지금 이 땅의 북방몽골로이드 유목사학계에는 창의력이 차고 넘치는가요? 아주 그렇지 않습니다.

몽·한 수교 직후인 1990년 초 당시에 나는 몽골과학원 역사연구소에서 동료연구자들과 학문적 담론을 펴고 있는 중이었는데, 몽골교수들이 이런 한국 언론의 보도를 듣고 도리어 의아해 했지요. 생전 처음 듣는 소리라는 표정들이었어요. 뒤에서 누가 저런 조언을 해주고 있을까를 생각하며 당혹스러워했는지도 모릅니다. 태평양이 있는 동쪽에서 일곱 빛깔의 무지개가 떠서 솔롱고스라고요? 그런데 왜 정작 태평양 쪽 몽골의 본부인 기원지 동부몽골의 몽골인구의 3/4에 달하는 할하몽골 원주민들은 그 이름을 까마득히 몰라왔고, 지금도 그런 이름에 강한 거부감을 갖게 되는지요?

조선(朝鮮)의 조(朝)는 "아침"의 뜻 Zhao[1성]로도 읽고 "향한다"는 뜻의 Chao[2성]로도 읽습니다. Solongo에는 "무지개"란 뜻도 있고 만주어로는 Solohi인 "누렁 족제비"란 뜻도 있지요. 그런데 왜 우리에겐 아침과 무지개만 선택되고 '향한다'나 누렁 족제비는 버려져야 했나요? 전거(典據)가 있든가 현지의 쓰임새가 그러해야 옳습니다.

그런데 앞의 것은 '보고 싶은 대로' 그렇게 보고 선택했을 따름이지만, 뒤의 경우에는 상당한 나름대로의 역사적인 배경과 생태사적 근거가 있어요. 조선은 순록유목민-Chaatang 출신이고 솔롱고스는 누렁 족제비 사냥꾼 출신이어서 입니다. 그리고 이들은 비교적 온난다습한 태평양의 바람이 직·간접적으로 영향을 미치는 일정한 생태권에서 적응적 진화를 해왔을 수 있지요.

뿐만 아니라 할힌골(忽本)에서 원몽골-고구려(Gooli)제국이 창업되고 역사적인 몽·한분족이 이루어지면서 몽·한겨레가 세계사에 결정적으로 부각되기 시작한 것은, 우리가 누렁 족제비인 솔롱고(Solongo : 黃鼬, 艾虎)와 수달·산달(水獺·山獺)을 사냥하던 수렵어로시대가 아닙니다.

이는, 순록치기나 양치기로 순록이나 말을 타고 단궁(檀弓)이나 맥궁(貊弓)을

쏘며 신출귀몰하게 드넓은 시베리아·몽골·만주벌판을 누비어서 그 누리에서
활겨레 Gooli(弓國 : 활나라)로 불린 우리에게 특히 철기 수용 이후의 식량생산
단계라는 결정적인 격변이 일어나던 동북아시아 고대유목제국이 창업되는
바로 그 시기이지요. 그래서 그런지 헤. 페를레의 현지유적 조사보고서『몽골인
민공화국 고중세 성읍지 약사』에도 고올리 성읍 유적만 동부몽골을 중심으로
몽골 전역에 분포돼 있을 뿐입니다.[그래서 물이 태평양으로 흘러드는 동부몽
골을 기원지로 삼는 몽골과 한국은 동족의 유목·농경 분족일 수 있음]

그러므로 그 정통성을 물려받은 한 주체인 오늘날의 대한민국은 몽골스텝에
엄존하는 고올리 유물이나 유적, 기타 유흔들과 대한민국의 몽골식 호칭은
솔롱고스가 아닌 Gooli-Korea의 "고올리"로 그 소속 명칭상의 광복이 이제
반드시 이루어져야 합니다. 한국을 위해서도 몽골을 위해서도, 그리고 당시에
할힌골의 Goolikhan국민으로 각각 분족됐던 몽골과 한국 동포의 몽·한 유목태
반 기원사(起源史)의 역사적 정통성 정립을 위해서도 꼭 그래야 한다는 겁니다.

칭기스칸을 히틀러 같은 악마라고 강압교육을 70년간이나 반복해오게 하던
일세의 독재자인 스탈린의 동상은, 이제 땅바닥으로 끌어내려졌지요. 그즈음
우리는 아직도 겁에 질려 주저하는 몽골동포들에게 박수를 치며 격려를 보냈습
니다. 그런데도 왜 지금 몽골-솔롱고스 관광상품 차원의, 근거 없이 잘못된
구소련 편향인 솔롱고스 호칭 장사는 남·북한 어디서나 더 극성을 부리고만
있나요?

감수성이 너무 풍부하고, 선정적인 포퓰리즘에 민감한 우리의 정치·문화풍
토 때문인가, 아니면 간단한 유목사 천착으로 이미 화석화해가는 만세일계(萬世
一系)식 쇼비니즘적 역사서술 하기를 즐겨 하는 이들 때문인가요? 아무리
급해도 바늘허리에 실을 매어서는 안 되겠지요. 나 자신부터 처절한 자기성찰
을 해야 할 때입니다. 이젠 몽골겨레가, 몽골과 함께 유목제국 고올리칸국을
창업해낸 동포이자 동지인 우리를 도와 우리의 유서 깊은 그 "고올리"(高麗)-코
리아라는 우리의 국명을 복구토록 우리에게 우애 깊은 격려를 충심으로 보내
줄 차례입니다.

그래야 몽골 기원지 에르구네시(되물림이라는 뜻의 多勿都)를 위시한 고주몽

고올리칸(Goolikhan)국의 창업루트도 복원되고 몽·한의 할힌골(忽本) 활(弓)겨 레 분족(分族)의 역사가 진정으로 되새겨지면서, 몽·한국가연합 푸로젝트도 좀 더 실천적인 구상이 이루어져 본 궤도에 오를 수 있을 것입니다.

진정 피상적인 관광상품 차원의 안이한 오락성 "솔롱고스(무지개)"-몽골보 도는, 이 분야에 대한 언론의 막중한 영향력을 염두에 두며 이제부터라도 아주 신중을 기해 엄밀한 학문적 검증을 거쳐서 다시 올바로 고쳐 편성돼가야 하겠습니다. 몽골과 우리가 같으면 왜 같고, 민물생태계와 바닷물 생태계처럼 다르다면 어떻게 왜 다른가? 유목지대 유목목초와 농경지대 목축목초는 성분 과 효용성이 각각 어떻게 서로 차별화되며, 그것이 지금 우리에게 목숨 같은 우리의 유목태반 기원사(起源史) 복원에서 어떤 의미를 갖는가? 그런 기초적인 걸 우선 밝히자고 연구자들이 모여 만든 한국몽골학회지요.

몽-한라인 항공료가 지나치게 비싸다고는 하지만, 너무나도 치열한 우리의 경쟁사회에서는 우주 같이 탁 트인 몽골스텝 대자연과 그 유목모태 품에 안겨 시원한 바람을 쐬고 기분을 전환하는 일이 매우 중요하긴 합니다. 비교적 넓은 광야, 거기 잠재한 부존자원도 마찬가지겠지요. 그러나 이 시대 우리의 사활을 가를 수도 있으며 몽골·만주·시베리아가 더불어 수행할 수도 있는 우리의 유목태반기원사 정체성의 확립 과업 수행 여하는, 실로 유구하고 장중한 몽·한관계사 복원문제의 핵심 중의 핵심이라고 하겠습니다.

한국 유목몽골학도들은 민초들과 소통이 가능한 관계 스토리텔링을, 엄밀한 과학적 유목몽골학 연구와 동시에 함께 시민교육차원에서 결행했으면 합니다. 누렁 족제비 모피(Fur)시장도 아닌, 몽골의 솔롱고스 호칭 시장이 근래 맥락도 모르게 너무 어처구니없이 그 본래의 정체성을 허물며 피폐해져 가고 있어서지 요. 남·북한에서 모두 근무한, 한국어에 능통한 한 저명 외교관이 북한 어느 외교적 모임의 축사에서 언급한 "금강산에 무지개가 걸린 아름다운 솔롱고스와" 라는 역사 성형수술 차원의 백일몽 같은 말 한마디로 유구한 몽·한유목태반 기원사(起源史)가 명멸하는 몽골 코리아史가 돼서는, 참으로 그 유목태반 기원 민족사적 정통성 복원부활의 길이 너무나 암담해 보이기만 합니다. 사회주의 몽골에는, 자유 시장경제 하 대한민국 사회와는 달리, 역사 복원에서 정치인의 일방적인 현란한 수사 이외엔 연구자들간의 활발한 학문적인 공개토론이 거의 없었던 모양입니다.

그렇지만 1990년 몽·한 수교가 이루어져 북방 유목권의 역사정보 쓰나미가 예상되는 터에 종래의 한겨레 시베리아·몽골 기원설을 한국 국사교과서에서 삭제해버린 사실은 매우 놀라웠지요. 그것도 무슨 빗살무늬 토기가 비유목지대 한반도의 그것보다 대부분이 순록·양 유목지대인 시베리아·몽골에서의 그것의 출현연대가 더 늦고 적으며 조잡하다는 말도 안 되는 이유로 말입니다. 기동성과 타격력이 그 핵심요소의 하나인 유목민이 토기보다는 당연히 뿔그릇이나 가죽그릇을 주로 써온 게 상식이긴 해서지요. 물론 몇몇 유목사 문헌연구자들이 지나가는 말로 지껄여본 비전문적인 한담이기는 하지만! 예서도 예외 없이 국사교과서의 시각 선정은 그 후 알게 모르게 유목태반 기원(起源) 주류 한민족사 정통성의 제대로 된 인식에 아주 나쁜 치명적인 위력을 발휘해온 듯 하기는 합니다.

그러나 1992년 여름 한·몽 학술조사연구협회의 동몽골 대탐사를 취재한 SBS TV의 홍성주 PD가 당시에 감히 그 소제목 하나를 "동몽골대초원에 고구려의 혈맥이 뛰고 있다!"고 뽑은, 그 예지가 번뜩이는 독창적인 작품 창출은 탐사단 누구도 당시엔 예상치 못했던 기적과 같은 사건이었습니다. 그 후 사반세기 몽골스텝 현지답사 내내 우린 그 걸 사실(史實)로 검증해 내왔던 셈이니까요. 그이는 놀랍게도 몽골의 기원지대 부이르 호반 언저리 도로노드·아이막 할힌골·솜온 숑크(紅) 타반(五) 톨로고이(頭)의, 우리가 동명왕릉으로 추정해본 한 거대한 돌무지무덤에 '거북표' 아이콘을 창안해 붙이기도 했어요. 고구려 고분 북벽 신성공간의 현무도를 떠올리게 해 "서광이 비쳐 보이는 듯하다!"며 답사단 파른 단장님은 감탄을 금치 못하셨었지요.

유목생태 하에서 오래 조직된 소수 핵심 주류가 북방 유목제국태반 기원이 분명한, 우리의 역사적 정체성과 직관될 수 있는 성지 몽골이어서 입니다. 지금 우리가 장삿속 다수결놀음에 휘말려들어, 자칫 잘못하면 주류 '한겨레 유목태반사'가 몽땅 거덜 날 판이지요. 정녕, 조선은 상대적 광역소수인 주류 순록유목민 기원이고 솔롱고스는 누렁 족제비 사냥꾼 출신 종족입니다. 그리고

차탕조선이 철기를 수용한 이후의 고대 기마 양유목제국 고올리(Gooli : 高麗)
칸국 창업으로 그 기틀이 확립됐습니다.

아무리 한 몸 제대로 살아남기도 힘겨운 이런 무한개방·무한경쟁·최후
일인승자 지향 현실생태 판이라지만 그럴수록 더 따지기가 매우 까다롭고
지겨워도 진지하게 모든 걸 걸고 사실(史實)을 일점일획이라도 놓치지 않고
똑바로 밝혀, 우리와 나의 역사적 정체를 올바로 깨달아보며, 제대로 된 한민족
주류 유목태반 기원사(起源史)를 주도면밀히 복원해나가야만 앞으로 우리가
헛발 딛지 않고 이 험준한 현실생태적응적 도생의 길을 헤쳐 나가게 마련이겠지
요. 제 DNA 물동이를 이고 시퍼런 작두날 같은 IT·NT·BT시대 생태현실을
타내야하는 조선무당의 무천(舞天)곡예 길이라도, 엄연히 타고난 거라면 무대
에 오를 수밖에 …. 날벼락이 치든 온통 박수세례가 쏟아지든!

거스 히딩크와 김윤후의 문화 팍스 코리아나 물꼬 트기

[2016.2.22]

2002년 6월 태극전사들을 이끌고 월드컵 축구 4강 진입 신화를 써내며
'대~한민국!' 구호의 한 가운데를 온통 붉은악마 물결로 뜨겁게 장식한 축구
명장 거스 히딩크(Guus Hiddink : 네덜란드, 1946년생)의 위업은, 일약 한국축구
사의 신기원을 그었지요. 그는 학연, 지연과 혈연을 탈피해 능력위주로 인선했고
주위의 비판에도 불구하고 체력강화에 주력하는 등 소신과 원칙을 굽히지 않은
데다 팀 내 화합과 의사소통을 최우선시한 끝에 보통 선수를 특별히 조직·훈련해
매섭게 결속시켜내며 당시의 우리 수준에선 도저히 이뤄낼 수 없어 보이는
4강 진입의 기적을 창출해냈습니다.

그런데 그는 주지하듯이 놀랍게도 수입한 대한민국 축구대표팀 감독이었습
니다. 아니, 수입품 명장이었기에 오히려 이 땅에서 그런 기적을 일궈낼 수
있었는지도 모릅니다. 그때나 지금이나 자생적인 토박이 국산품 지휘력을
키워내기에는 역불급인 어떤 우리의 역사·사회적인 우리 나름의 자기 한계를

직감해온 터에, 이를 꿰뚫어본 혜
안을 뜬 특이한 최고 지도자가
그런 영도의 비상처방인 새 물꼬
를 잠시 단도직입적으로 과감히
터낸 느낌이 들기도 하지요.

스텝제국 팍스 몽골리카 창업
중의 몽골·고려전쟁은 해양제국
발전 이래의 6·25사변의 십수 배
기간에 걸치는 글로벌 차원 대전
쟁이었습니다. 1900년대 이후를
살고 있는 수입 축구명장 히딩크
와 1200년대 이후를 살았던 김윤
후(金允侯) 항몽대승장은 700여
년 시차를 보입니다. 팍스 코리아
나 시절과 팍스 아메리카나 시절
로 적어보는 건 무리일 수도 있을
지 모르나, 그런데 물론 기적 중의

2002년 6월 거스 히딩크 월드컵 축구 대한민국 축구 대표단
명감독과 김윤후 抗蒙대승장(1200년대 국가표준 영정, 유물 부
재)

기적처럼 전자가 수입명장인데 후자는 고려에서 자생한 순국산 항몽(抗蒙)대승
장이라는 차별성을 드러내보이는 건 사실이지요. 지금은 수입한 지도력 축구
명장이라야 숨통이 트이고 그적엔 자생한 국산 지도력 항몽대승장도 침략한
몽골(연합군)총사령관을 직접 사살해, 비록 제한전쟁의 성격을 띤다고는 하지
만 무적의 몽골대군을 패퇴시키는 몽골 전사상에도 아주 희귀한 기적을 이뤄냈
다면, 그적의 선조들의 민족정기가 요즈음보다 어떤 면에선 훨씬 더 왕성했었
던 모양입니다. 그런데 물론 김윤후 승장은 국산이지만 의병의 대다수는
수입산 부곡민이었던게 사실이긴 했습니다.

700여 년 전 본토박이 김윤후 고려 항몽대승장이나 요즘의 거스 히딩크
외국산 수입 축구명장이나, 이들은 한결같이 학연, 지연과 혈연을 벗어나
전투력이나 경기력 위주로 용인(用人)했고 주위의 빈축에도 불구하고 전력강화

에 주력하는 등 원리와 원칙을 굽히지 않은데다 팀 내 화동(和同)을 위주로
한 덕에 일반 선수 또는 민병을 조직·훈련해 매섭게 결속시켜내며 각각 당시의
우리 수준에선 도저히 상상도 해볼 수 없어 뵈는 기막힌 전과를 거두었는데,
놀랍게도 그 지도력의 원천은 매우 서로 흡사해 뵈지요. 절대로 속된 우리처럼
늘 표리부동(表裏不同)치는 않았고, 하나 유별난 점은 전자는 자생적인 국산
본토박이 큰 선승(禪僧)의 고고한 지휘력으로 '외래 귀화집단'인 부곡민(部曲民)
위주의 의병을 영도해 일대 승첩을 거둔 터이고, 후자는 그를 쓰는 데 관한
한 절대로 무사(無私)한 고용주 1인 외엔 국내에 인맥이 전무한 '수입 지휘력'으
로 국산 선수를 그렇게 중용해 비로소 그걸 이뤘다는 것입니다.

　왜일까요? 모든 걸 초월해, 모든 면에서 상대성을 갖는 것이기는 하겠지만,
어떤 역사든 꼭 늘 발전하기만 하는 것인가요 아니면 이상한 이상천국인양
그랬으면 좋겠다는 바람이 짙게 투영되는 결과일 따름일까요? 후자의 경우에
역사집필의 이런 의도된 창작은 행여 시대에 뒤지는 어떤 도덕교과서 같은
상투적 사서(史書)를 떠올리게 할지도 모릅니다. 그래서 그걸 읽는 이들이
자신과 그 생태를 잘못 읽어 아주 많이 헛발질을 하며 미생(未生)의 일생을
보내게 할 가능성도 없진 않을 테지요. 행여 거스 히딩크 명장과 김윤후
대승장의 놀라운 지휘력의 기적이 죽어가는 개체나 집체의 심신 참생명들의
숨통을 트여내는 마술과도 같은 기적을 불러일으켰다고 해도, 그건 역사의
일상(日常)은 아닐 경우가 인류사 상의 현실사례 중의 태반(太半)일 수밖엔
없었을 수도 있겠기 때문이랍니다.

　그런데 팍스 몽골리카 누리에서 정작 감격스러운 건, 흰 깃발이 검은 깃발로,
흑기(黑旗)가 붉은 깃발로, 그게 다시 황금색 깃발로 뒤바뀌는 무서운 격변의
물결이 오가도 그걸 뛰어넘는 차원의 초역사적인 의연한 뜻과 가치가 한결같이
상존하는 사례도 엄존했다는 사실이라 하겠습니다. 실은 몽골 전사상의 관례
에서 적의 심장부 강화도(江華都) 언저리 처인부곡(處仁部曲)에서 아군의 총사
령관(撒禮塔 : 살리타이-海라는 뜻의 姓)을 사살한 적군 승병장을 살려두는
일은 결코 있을 수가 없었음에도, 근 반세기에 걸친 반몽항전에서 삼별초군이
거의 모두 전멸하고 당시 무적의 몽골군사력을 등에 업은 왕정복고

(Restoration)과 항몽(降蒙)정권이 들어서는, 상전(桑田)이 벽해(碧海)가 된 역사판세의 격변을 겪으면서도, 몽골도 고려도 여전히 김윤후 항몽대승장을 처형했다는 기록은 관계사서에 단 한 줄도 남지 않는다는 점이 참으로 놀라웠답니다.

그래서 그런 철학과 초인적인 금도(襟度)로 몽골군은 마침내 팍스 몽골리카를 구축했고, 세계사적인 격전 소용돌이의 한 복판에서 세계사적인 차원의 온갖 시련을 극복해낸 고려는 그걸 이겨내는 과정에서 팍스 몽골리카 하 온갖 광명의 집중조명 속에 기적처럼 금속활자와 한글을 창제했는지도 모릅니다. 그리하여 오늘날의 정보화시대를 여는 데에 암암리에 기여해오고, 함선과 함포로 상징되는 해양제국으로의 발전과정에서 거북선(龜龍船)을 선보여 그 발전해오는 어둡고 괴로운 인류족적 대항로의 한 등대 역을 알게 모르게 감당해내 해양제국 새 시대를 지향하는 문화적인 팍스 코리아나의 서광을 넌지시 비쳐올 수 있었던 것으로도 보입니다. 이런 게 비록 겉으론 별로 화려하지 않아 뵈도 진정 슬기로운, 자주적 DNA도생사(圖生史)라 할 참사람역사인 천로역정이라고 자찬할 만한 우리의 역사적 정체가 아닐는지요. 우리가 오늘날의 베트남에서 항몽불패(抗蒙不敗)의 자주역사라고 스스로 드높이는 당시의 월남국사만 하늘처럼 우러를 일이 아니고, 그건 그것대로 존중하고 우린 우리대로 정우(汀藕-시궁창에 피어난 연꽃)랄까, 그런 우리의 엄연한 거룩한 정체를 무엇보다도 고귀하게 먼저 우리가 몸소 모셔 섬겨내야 옳다고 하겠습니다. 무엇보다도 내 존재의 유일무이한 가장 소중한 뿌리여서입니다.

조광조, 그 일생을 되새겨본 10년 세월

[2016.2.29]

2006년 가을 쯤에 이곳으로 이사했습니다. 태종 13년(1413)에 종래의 용구현(龍駒縣)에 처인현(處仁縣)을 합해 용인현(龍仁縣)이 되었답니다. 최근 새로 이어 열린 신분당선 상현역 언저리 광교산 동녘 기슭에 조광조(趙光祖)의 무덤이

정암 趙光祖 초상; 許魯齋 大元 性理學-쿠빌라이 대칸과 安珦

있고 그 바로 정면 언덕에 우리 집이 자리 잡고 있어서 눈만 뜨면 늘 바라보는 터였지요. 아랫녘 심곡천(深谷川) 언저리엔 그를 추념하는 고풍스런 심곡서원이 있어 때때로 그 뜰을 거닐며 사색하곤 하기도 했습니다. 물론 그 이전 1960년 초입에 사학과 초년생(20대 초반)으로 솔숲이 우거진 이곳 심곡묘역을 답사 왔던 인연도 있습니다. 이제 인연이 다 하여 떠나며 그간의 추억을 더듬어, 한 어설픈 유목몽골사가가 되어 이 글을 적어봅니다.

조광조는 1482년(성종 13)에 태어나 1519년(중종 14)에 죽었습니다. 조선 개국공신 온(溫)의 5대손이며, 아버지는 감찰 원강(元綱)이지요. 중종 때 도학정치를 주창하며 급진적인 개혁정책을 시행했으나, 훈구세력의 반발을 사서 결국 비명에 죽어갔답니다. 기득권자들의 넘치는 밥그릇을 빼앗아 공정하게 재분배해내 사회발전에 기여하려는 시도였겠지만, 개혁에는 힘이 필요했고 그 힘은 왕조시대인 당시에는 왕권에서 나올 수밖에 없었습니다. 왕권강화와 궤를 같이 하며 이루는 게 그 시대의 순리였기 때문이지요. 이에는 기득권자들의 반격이 있게 마련이고, 그 반동이 격심해서 왕권을 위협할 때는 임금은 왕권 수호 차원에서 개혁세력을 일정하게 희생양으로 내모는 결판을 했던 것 같습니다. 그런 교활하고 잔혹한 정쟁의 격랑 속에서 사약을 받아 마시고 아직 미처 죽지 못하자 다시 한 그릇 더 청해 마시고는 30대 후반의 나이로 끝내 절명한 그였답니다. 깊은 시대상황 성찰이 없었던 건 결코 아니었겠지만 아직 혈기가 왕성한 연배였던 셈이라 하겠습니다.

충직한 선비출신 빼어난 충신에서 졸지에 역적이 돼 사사(賜死)된 시신을
기피하는 게 산 사람들의 매정한 세상인심이라 그렇게 버려진 터에, 이를
근친들이 수습해 외가 쪽인 이곳 용인이씨 종산에 몰래 파묻었습니다. 그후
퍽 오래 뒤에야 복권되어 무덤도 제대로 차리고 기념 서원도 1650년(효종
1)에 건립케 됐다는군요. 그간 이곳 서원 뜰을 서성이며 귀에 담아 들어둔
이야기들이랍니다.

혁신이 본질적으로 무엇이고 그걸 주도하려는 지성의 본령과 자기한계는
어떤 것이며 권력의 속성은 도대체 어떤 것인지, 그런 걸 끝없이 생각해보게
하는 유적입니다. 아니 1980년대를 동서울 송파(松坡) 방이동(芳荑洞)에서 너무
나도 우연히 예사롭지 않게 군정치하를 지낸 내겐 절절한 사색의 대상이었기도
했습니다. 밖에서 들여다보는 것과는 얼마나 딴판인 이른바 혁신판의 내면인
지 …. 혁신시도자나 그 대상이 되는 자나 그 상호작용 과정을 구체적으로
면밀히 성찰하기가 너무나 힘든 미묘한 차원이 허다함을, 사반세기 북방
유목유적 탐사 말미에 여적(餘滴)을 누리는 한 시골 유목사학도로 사뭇 절감케
되는군요.

북방 유목무력을 막는 철옹성이기는커녕 대내외 과시용으로 쌓아올렸다
할 허구에 찬 한인(漢人)의 만리장성보다 주로 유목경기병의 침략을 막는
데는 수십 배는 더 옹골차다 할 실전용 방어진지로 산성해도(山城海島)를 갖추
고, 그 전장을 과하마(果下馬)가 치닫는—몽골 스텝양이 못 사는 한반도엔
몽골경기병의 활약이 당연히 자기한계를 드러내게 마련이다— 백두대간 한반
도(韓半島)에 꾸린 비(非)유목지대 조선자연요새지요. 이런 천혜의 전술 전략적
토대 위에 십승지지(十勝之地)를 차리고 벌인 그토록 지겨운 자기소진 참극,
그 극중 소용돌이 속에서 주희(朱熹)의 피맺힌 쓰촨 성(四川省) 망명지 망송한(亡
宋恨)만이 아닌 Neo-Confucianism(許衡 魯齋之學-大元 朱子學)의 진주(眞主) 대원(大
元) 태조 쿠빌라이 대칸의 노호(怒號)가 동시에 조선사림(朝鮮士林)들의 영수
조정암(趙靜菴)의 한 서린 모창(模唱)으로라도 뼛골에 사무치게 우러났었더라
면 …!

돌하르방은 石弓王, 쿠빌라이 대칸의 耽羅都 還生石
스키타이 기마 양유목혁명을 중심으로

1. 서론

본고에서 돌하르방이란, 여러 명칭개념 해석들이 있음에도 불구하고 돌로 된 Хаpваx+vang=HarBavang(弓王)으로 논자 나름으로 개념정의해 본 석인상만 을 지칭한다.[1] 시대적으로도 유라시아대륙에 석기시대 이래 현대에 이르기까 지 다양한 석인상 유적들이 있지만, 철기 수용과 더불어 수행된 스키타이 기마 양유목혁명기를 전후해 일반 초원(Grass land)이 아닌 기마 양유목지대인 스텝(Steppes)지역을 중심으로 제작된 관계 석인상 유적과 그 연장선상에서 이루어진 것으로 보이는 비유목지대 탐라도 목마장의 석인상 유적들만 살펴보 려 한다. 연구의 초점은 물론 팍스 몽골리카 돌하르방제작기술의 총화로 이룩된 것이라 할 탐라섬 소재 '탐라도(耽羅都) 돌하르방'에 맞추고 있다. 장차 이루어지리라 본 몽골해양제국을 향한 대원제국 태조 쿠빌라이(Kubilai) 대칸 당시의 꿈이 서려있어 보여서다.[2]

---

1) 주채혁(周采赫), 「關于蒙古與韓國人的弓族(Qalqa obog)分族考」, 『多元共存和邊緣的選擇 圖們江學術論壇 2009』, 延邊 : 延邊大學 亞洲研究中心, 2009. 10. 18, 111~129쪽.

기원전 7~8세기경에 아나톨리아반도를 통해 다뉴브~우크라이나 대벌판과 흑해북안 대스텝에 철기가 수용되면서, 유목가축 순록(Reindeer)보다 단위면 적당 유목생산력이 근 10여배에 이르는 유목가축 양(Sheep)유목 생산이 보편화 되는 일대의 유목생산 혁명이 이루어졌다. 그런데 이에는 생산지 생산생태 상 말을 타는 것이 불가피했고 말을 타는 데는 말의 성격이 순록과 비교해 매우 사나워 철제재갈 사용과 무한개방·무한경쟁 생태지대에서 적이나 늑대 들과 대적하기 위해서는 기마사술(騎馬射術 : Horseback archery)이 필수적으로 요청됐으며, 그래서 당연히 견고한 철제 말등자(馬鐙子: Stirrup)도 필수장비로 구비돼야 했다.

그러니까 말을 타면서 비로소 기마 양유목민 중심-주로 농경통합형 유목제 국(Pastoral nomadic empire)이 창업되기 시작했으니까, 이들이 말을 탄 것은 유라시아가 그 후 수천 년간 유목제국 주도 누리로 1760년 산업혁명 이전까지 일관돼온 획기적인 분기점이 된다 하겠다. 여기서 말이란 아랍 말과 같은 전차를 끄는 말도 T자형 백두대간이나 쓰촨 성(四川省)의 과하마(果下馬) 같은 산악마도 아니고, 바로 몽골말과 같은 스텝 말이다.

유목민이 '말을 탄' 사건은 유목사발전사 상의 일대 분기점이 됐다는 「몽골리안네트워크론」을 주창하는 이민화 교수의 논지는 가장 날카롭게 정곡 을 찌른 지적이라고 논자는 본다.[3] 다만 유목민이 '왜 말을 탔느냐' 하면 그건 팍스 몽골리카(Pax Mongolica)를 이룩하기 위한 기동타격 훈련을 한 게 아니고 본질적으로는 극악하기 이를 데 없는 유목생산생태 속에서 유목 생산력을 극대화하기 위해, 철기 수용으로 스텝의 양유목을 해내기 위해서일 뿐이다. 당시로서는 실로 놀라웠을 '기마사술'이란 그 부산물일 따름이다. 실로, 스키타이-Chaatang(순록치기)의 기마 양유목혁명 이후의 기마 Honichin (양치기)의 유목제국 창업과정에서 마침내 팍스 몽골리카가 창출돼온 역사는,

---

2) '탐라도 돌하르방'의 명칭과 개념정의, 존재시기, 기능과 형태 및 계통에 관한 구체적인 논자 나름의 논고 주채혁, 「몽골 다리강가 스텝지대의 훈촐로와 제주도 돌하르방(弓王)」, 『몽·려활겨레문화론』, 서울 : 혜안, 2011, 344~432쪽 참조.

3) 이민화, 「열린 한국, 유라시안 네트워크」, 『전자신문』(카이스트 교수)[칼럼], 2015년 5월 20일.

산업혁명 이후에 대영제국을 위시한 해양제국들이 이어서고 마침내 대내외 혁명을 통해 팍스 아메리카나(Pax Americana)가 구축돼오고 있는 양상과 매우 흡사하다고 하겠다.

그래서 이런 유목제국사의 발전결과로 마침내 탐라국 탐라도에 몽골제국 국립목마장이 서고 대원제국 세조의 정비 차부이 황후(Čabui xatan)와 토곤티무르칸(Togon Temur Khan : 惠宗)황후 기(奇)Öljei Qutug하땅(皇后)의 직영목마장이 차려졌다.[4] 비유컨대 탐라도는 당시에 몽골제국의 해양 맨해튼프로젝트가 추진되던 해양핵무기제조기지인 셈이었다. 당연히 비유목지대인 탐라도 목마장은 양유목을 위한 보조역으로서의 목마(牧馬) 본질을 이미 상실했다.

그렇지만, 하르누드 운 하칸추르나 베. 수미야바타르 교수가 탐라도에 상층몽골 전통문화가 많이 배어나 있다거나 서북변의 다리강가스텝도 내포하는 그들의 고향인 홍산 문화권의 풍정(風情)을 짙게 체휼할 수 있는 문화생태가 다분히 상존해 있다는 점을 당시 1990년 탐라도 현지답사 직후의 담론 중에 토로한 사실은 여전히 주목된다.[5] 이런 제반 사실들을 고려해볼 때 논자는, 그 상징 아이콘이 쿠빌라이 대칸의 진영(眞影)을 방불케 하는 탐라도 돌하르방의 조형(祖形)일 수가 있다고 본다.[6] 그래서 그럴 수밖엔 없었던 것으로 보는

---

4) 주채혁, 「탐라(耽羅 '남원(南元)'정부의 성립배경과 그 의미」, 『몽·려활겨레문화론』, 서울 : 혜안, 2011, 273~343쪽. 이하 본 논문의 관계 서술은 이 논문을 참고했다.

5) 주채혁, 「조선(朝鮮)의 순록유목 기원사(起源史) 연구 시론(試論)」, 『한국시베리아학보』4, 한국시베리아학회, 2002 ; 주채혁, 「순록치기의 홍산문화(紅山文化) 감상법(鑑賞法)-유적유물과 문헌사료를 읽는 시각(視覺)과 시력(視力)」, 『한국시베리아연구』제11집 2호, 배재대학교-한국시베리아 센터, 2007 ; 주채혁, 「코리족(弓族) 유목태반 기원사 연구-한국몽골학회의 창립과 몽·한수교」, 『한국시베리아연구』제18권 1호, 배재대학교-한국시베리아 센터, 2014.5. 참고로, 유학중 수시로 탐라도 관계 유적지를 답사했던 남한 유학생(강원대) 출신인 보르지기다이 에르데니 바타르 내몽골대 몽골사학과 교수의 고향도 이곳이다. 동녕부, 쌍성총관부와 개경에는 어디도 몽골 조정이나 황족이 직접 간여한 경우가 거의 없지만 탐라도는 예외였다.

6) 1950년에 인천상륙작전을 감행한 더글러스 맥아더 유엔군 최고사령관의 동상이 뒷날 그 자리에 섰는데, 삼별초를 제주도에서 마침내 모두 토멸하고 고려를 장악하면서 남송과 일본 일대의 해양진출기지를 확보한 총책 쿠빌라이 대칸의 석인상이 조만간에 이곳 해중기지에 서는 것이야 당연할 수도 있다. 법화사(法華寺) 중창기간(1269~1279) 중인 1274년 5월에 뒷날의 충렬왕과 결혼한 대원제국의 태조라 할 쿠빌라이 대칸의 제국대장공주 원찰로 이 절이 중창됐을 수 있다는 박원길, 「영락제(永樂帝)와

당시의 역사적인 배경을 할 수 있는데까지 천착해보려는 것이 본 논문의
핵심 논지(論旨)다.

2. 본론

1) 다싱안링(大興安嶺) 스텝의 석궁왕과 탐라도(耽羅都) 돌하르방

논자가 본 논문을 구상케 한 주요한 글은, 뜻밖에도 1925년 당시에 제주도
돌하르방 유적현지답사를 한 후지시마 가이지로(藤島亥治郎) 교수의 유적현장
답사기였다.

  제주의 성문밖 좌우에는 석인상이 대좌 위에 서 있었다. 높이는 2m. 머리
길이는 몸길이의 삼분의 일 정도. 넓은 편모(編帽)와 같은 갓을 쓰고 이어진
눈썹 아래 둥그런 눈과 커다란 주먹코가 툭 튀어나왔으며 입은 일자(一字)로
다물었다. 무엇이라고 할 수 없는 익살스러운 얼굴이다. 그 밑으로 유방만
겨우 튀어난 몸뚱이가 있을 뿐. 모난 어깨로부터 수직으로 내려진 손끝은
갑자기 꼬부라져 큰 손바닥의 오른쪽은 젖가슴 부근에 있고 왼쪽은 배 부분을
누르고 있다. … 본디 이것들은 조선시대의 작품으로 새로운 것이지만 그
내면에는 무엇인가 조형(祖形)을 전하는 것이 있다.[7]

  제주도」,『제주도연구』, 제주도 : 제주학회, 2013의 예리한 지적도 그래서 새삼 주목될
  만 하다고 하겠다. 물론 팍스 몽골리카의 실천적 최종 완성자인 공주의 아버지
  쿠빌라이 대칸 원찰(願刹)로 중창된 성격을 갖는다고 본 김일우, 「고려후기 제주
  법화사의 중창과 그 위상」,『한국사연구』제119호, 서울 : 한국사연구회, 2002.가 더
  그 정곡을 찌른 것으로 본다.
 7) 후지시마 가이지로(藤島亥治郎) 교수의 돌하르방 유적 현지답사보고서『제주도여행
  기』(1925). 소수(所收)[논자는 유명한『조선건축사론』(1930) 저자 세키노 다다시(關野
  貞)의 제자로, 본문은 김인호, 「돌통시문화(32)'돌하르방 남방전래설 비판③」,『월간관
  광제주』(제주도, 월간관광제주사, 1989. 10), 142~143 재인용. 그 후의 연구결과 여하보
  다 우선 그 대담하고도 치밀한 접근시각이 뛰어나 보인다. 특히 석인상 무리 중의
  중심 존재를 간파하려 했다는 점이 그러하다. 직·간접적으로 동몽골스텝 소재 석인상

놀라운 통찰력이다. 그는 조선시대의 새로운 창작물인 이들 석상에서 사안 (史眼)을 예리하게 번뜩이며 석궁왕-돌하르방의 탄생·생태 적응적 진화·융합 과정을 꿰뚫어보고, 탐라도를 그 자장권의 중핵으로 하는 본령이 석궁왕(石弓 王)으로 추정되는 이 상징적인 돌하르방의 본꼴을 기어이 찾아내려 하고 있었던 터였다.

위에서 후지시마 가이지로 교 수가 제주도 성문 밖 좌우의 대좌 위에 서 있는 높이가 2m가 넘는 특정 돌하르방을 선택해 관찰했 듯이 논자 또한 그렇게 하려고 한다. 그간 오랜 세월에 걸쳐 나 름대로 특정 생태 적응적 진화를 해온 결과체로서의 유물이겠지 만 그 어떤 구체적인 유물이 모든 석인상들을 대표하는 칸이나 칸 급 최고 귀족을 상징하는 석인상 으로 보고 그에 합당한 이름을 부여해 명명한 석인상을 지칭해 부른 것이, 본래는 돌하르방이라 고 불리는 석인상이었다고 보기 때문이다. 고올리칸 훈촐로(人 石)의 경우도 주위에 다른 석궁왕 상(石弓王像)과 함께 좌정해 있었

제주 서귀포시 하원동 왼쪽 석궁왕 몸통. 右上은 근래 신조한 것이라고도 하지만 실은, 대원제국 태조 Khubilai(忽必烈) 대칸→ Bobo(拍拍) 황태자→Liosiliu(六十 奴) 제후왕자 →Elyantemur(愛 顔帖木兒) 제후왕자 등으로 하향식 현지역사생태 적응적 진화를 해내려온 돌하르방(石弓王)의 混融된 자체 역사 흐름을 보여주고 있는 것으로도 보인다. [2016. 3. 27. 오영주 교수 답사 지도로, 주채혁 사진꾸미기]

다. 이들은 대체로 당연히 목초지나 오보 그리고 궁궐을 둘러싼 성벽이 함께 있는 격식을 갖춘 유적지에 주로 자리 잡고 있었으리라 본다.

제주도 돌하르방문화가 그 나름의 독특한 개성을 지니는, 질이나 양 및

군집지들을 답사한 흔적이 보인다.

규모면에서 한국은 물론 지금까지 보고된 세계의 석인상 문화면에서도 상당히 뛰어난 측면이 있는 것[8]이라면 그런 우수한 문화를 창조할 수 있는 제주도사 나름의 역사배경이 반드시 전제돼야 한다.

고식적인 육지 중심의 제주도로의 전파관이 아니라 도리어 제주도 돌하르방 문화를 핵심으로 하여 번져나가 한반도 육지를 제주도 돌하르방문화의 자장권 변두리로 내포시키기 때문이다. 다시 말하면 한국의 육지를 압도하고 세계인류가 우러러볼 만한 그 석인상 문화의 창조주체 또는 창조결과의 수요자가 그에 상응하는 사회·정치적 지위를 가지면서 어느 시대의 제주도사를 주도했어야 한다는 것이다. 제주도사 상에서 그런 시대가 언제인가? 13~14세기 몽골-고려사, 더 구체적으로는 몽골-제주도사가 전제되던 때를 빼고 다시 더 있었던 적이 있었는가?

고려 수도 개경에는 없는 국영목마장이 있었는데, 그것도 대원제국 태조라할 쿠빌라이 대칸 정후인 Čabui xatan의 목마장이 있었는가 하면 대원제국 말엽의 사실상의 대원제국 중앙정부의 실권을 틀어쥐고 있었던 고려 공녀출신 토곤티무르칸(Togon Temur Khan : 惠宗)황후 기(奇)Öljei Qutug xatan의 직영목 마장도 차려져 있었다. 당시 제주도 원주민 인구에 버금가는 것으로 추정되는 막강한 목호(牧胡) 3000기(騎)가 제주도를 위시한 근해 태평양 해양의 군권을 틀어쥐고 있었다. 그래서 대원제국이 본지인 몽골스텝으로 철수해 북원(北元) 정권[9]을 세우고 있게 되자 고려가 당시의 제주도를 다시 실제로 석권하는데 최영이 고려의 전군을 동원해야 할 정도였다. 요즈음의 핵무기에 비견된다고 할 이런 강력한 「기마무력」창출을 위한 국방산업기지를, 대원제국이 바로 이곳에 구축했던 것을 알 수 있다.

그 뿐만이 아니라, 쿠빌라이 대칸 당시인 1269~1279년에 중창(重創)된 서귀포 시 하원동 소재 부지 규모가 2만평에 달하는 법화사(法華寺)의 사지(寺址) 발굴장 에서는 1983년에 황궁터(皇宮址)를 상징하는 용봉문(龍鳳紋) 막새기와도 출토됐

---

8) 주채혁, 「몽골 다리강가 스텝지대의 훈촐로와 제주도 돌하르방(弓王)」, 『몽·려활겨레 문화론』, 서울 : 혜안, 2011, 418쪽.

9) 『고려사』「공민왕 세가」 20년조에 '북원(北元)'호칭이 특별히 나온다.

다. 이는 쿠빌라이 대칸의 탐라도(耽羅都) 해중(海中) 황궁(皇宮) 구상 가능성을
좀 더 확실히 보여주는 것이라 하겠다.[10] 마침내 원말 토곤티무르 칸·기황후가
몽골스텝 본지 수도 카라코럼을 향해 일시 퇴각을 시도했었던 것과 같은
차원의 전략적인 철수도 겸하여 해중의 제주도로 천도를 계획하고, 대원제국
최고의 건축장인 원세(元世)[11]와 같은 장인들을 제주도에 보내 해중 대원제국
해양황궁을 지을 주춧돌까지 놓았다. 그런 유적이 근래에 실제로 발굴되고
있다.

　무엇보다도『원사』「외이열전」에서 사상 유례가 없이 고려국 바로 아래인,
일본국 위 자리에 탐라를 국왕이 엄존하는 '탐라국'으로 정식으로 기록해
남길 정도였다. 실로 '탐라도'(耽羅都)가 실재하는 탐라국은 당시에, 사실상
의 태평양 해양 중의 대몽골제국 전진 기지 해양부속국이었다고 하겠다.[12]

---

10) 『법화사지(法華寺址) 발굴조사보고서』, 서울 : 명지대박물관, 1983. 이곳 특수건물지
　　는 원식(元式) 건축물로 원(元) 상도(上都) 궁성건물지(宮城建物址)를 조형(祖形)으로
　　한 듯하다. 김경주, 「고고자료(考古資料)로 살펴 본 원(元)과 제주(濟州)」,『제37회
　　한몽국제학술대회 발표논문집』, 서울 : 한국몽골학회, 2016, 151~178쪽.

11) 『고려사』,「공민왕 세가」18년 9월조에「… 王召元朝梓人元世于濟州 …」라 하였다.
　　'피난궁궐'이라는 사료상(史料上) 용어의 남발엔 문제가 있다. 1368년 대도(大都)에서의
　　철수가 바로 대원(大元)의 멸망으로 단정하고 이후를 '북원'(北元)이라 명명한 것은
　　조선조 사관(史官)들의 시각일 뿐이어서다. 바로 2년 뒤인 1370년엔 차카타이 칸국에서
　　티무르 제국이 치솟아 1405년에는 대도(大都) 수복 원정시도가 감행되기도 하였다.
　　실은 한반도도 서북면과 이성계의 태생지 동북면은 몽골제국령으로 몽골제국민
　　태생인 조선태조였다. 탐라도(耽羅都)도 팍스 몽골리카 체제 하에서 그런 사안(史眼)으
　　로 객관적으로 직시해볼 필요가 있다. 몽골과 만주의 중원지배를 혐오하여 원·청사를
　　25사에서 지우지는 않았다. 실은 몽골유목제국(Mongol Pastoral nomadic empire)의
　　소멸은 1857년 대영제국의 Mughul(Mongol)제국 격멸에서라고 보는 시각도 있다.
　　스텝제국(Steppes Empire)과 해양제국(Ocean Empire)의 역사적인 주도권 교체를 함축
　　하는 일대 사건이어서다. 그러나 탐라도 목마장의 몽골말은 이미 스키타이 기마
　　양유목 생산혁명의 추동 태반(Steppes)을 벗어난 순전한 전투용 목마 기능만 내포할
　　뿐이었다. 몽골스텝양의 탐라도 유목은 불가능해서다.

12) 그래서 논자는 본고에서 탐라도(耽羅島)가 아닌「탐라도(耽羅都)」란 이름으로 굳이
　　'탐라都(도) 석궁왕'을 명명하고 있다. 당시에 강화島(도)를 '江(화)都'[강도]라 부른
　　이상으로 막중한 비중을 갖는, 군사·경제 측면에서 보면 실로 팍스 몽골리카하 제주도
　　의 명실상부한 호칭이라고 하겠다. 1105년 고려 숙종 시에 탐라국 국호가 폐지된
　　이후에 제주(濟州)라는 명칭을 가졌다가 원대 들어 다시 신라시대의 독립국 탐라국(耽
　　羅國)으로 복원(復元)시켜낸 쿠빌라이 대칸의 대원제국이 당시의 탐라를 고려국 아래

당시의 대도 연경(現 Beijing)이 운하로 태평양과 통해 유목 주도 농경통합형 유목제국(Pastoral nomadic empire)에서 한걸음 더 나아가 대원제국 태조 쿠빌라이 대칸이 해양제국(Ocean Empire)의 비전까지 꿈꾸었던 터에, 이는 필연적인 결과이었다고 하겠다. 비록 무한개방·무한경쟁·최후 일인 승자를 겨냥하는 스텝제국의 말과 활의 막강한 군사력에 어깨를 겨룰 같은 성격의 해양생태를 주름잡을 함대와 함포까지를 구체적으로 구상했던 것은 아니라고 하더라도, 팍스 아메리카나로 대치되고 있는 오늘날의 글로벌화 누리를 '팍스 아메리카나'의 대두를 기다리지 않고 유목몽골제국이 직접 '팍스 몽골리카'의 무한 확장에서 해양을 구상했었음에는 틀림없었던 듯하다.13) 물론 색목인들의 경력과 두뇌에 주로 의거하는 것이기는 했었지만 경제적 막대한 이권 쟁취를 겨냥한 것도 사실인 듯하다. 대원제국말 중앙재정 30~40%가 이미 해상무역에서 충당되고 있었음이 이를 뒷받침해준다고 하겠다. 이에 본고에서는, 같은 몽골 세계칸국의 국영목마장이면서 상당히 서로 닮은 점들도 있는 석인상들을 함께 가지고 있기도 하며 그 이름의 형태나 뜻도 Haraadag- Haraavang-하르방(守護者)이나 제주도 「돌하르방」도 하르바흐(Xapвax : 활을 쏘다)에서 파생된 낱말 -'Qorči(箭筒士)'-Xapвaaп[Archer, Shooter]에서 그 기원을 찾아보는 Xapвax + vang=HarBavang으로 서로 유사성을 보일 수 있는 동몽골 다리강가스텝과 제주도의 관계를 중심으로 13~14세기 몽골-제주도사를 천착해가는 과정에서, 제주도 돌하르방의 조형(祖形)본꼴을 그 기능과 형태 문제를 중심으로 추구해 보려 한다.

실은, 숑크(紅) 타반(五) 톨로고이(頭)의 고올리칸 훈촐로(人石 : Goolikhan Huncholoo)14)에서 Gooli를 Xop로 보고 Xop를 활집(箭筒)으로 논자는 해석한다.

일본국 위에 놓았던 터라, 사실상의 해양 중 '탐라국'의 지위를 누리게 했었기 때문이다 (『元史』 권208, 「列傳第95 外夷1」에 「高麗·耽羅·日本 … 耽羅 高麗與國也 世祖旣臣服高麗 以耽羅爲南宋·日本衝要 亦注意焉 … 至元九年 … 且耽羅國王嘗來朝覲 …」이라고 기록돼 있다). 탐라국(耽羅國)이 있으니, 당연히 "탐라도(耽羅都)"가 있어야 한다.

13) 팍스 몽골리카의 후과(後果)로서나 가능했을 것으로 뵈는, 명초 당시로서는 실로 놀라운 대규모 정화의 남해원정이 이를 뒷받침해준다고 하겠다.

14) 1999년 8월 『몽골비사』 蒙文還元 3대 집안 출신 아. 아르다잡 원주민 다구르족 교수(내몽골사회과학원 역사연구소)가 수집해둔 것을 논자에게 넘겨준 소중한 자료다. 五女山城

Хоp는 Нум이라는 활(弓)과 Сум 이라는 화살(矢)을 함께 묶어 부르는 것으로 보는데 중요한 것은 '활을 쏜다'는 Харвах라는 동사가 Хоp에서 파생되 나왔을 수 있다는 베. 수미야바타르 교수의 문제 제기이다.[15] 그래서 외몽골인 몽골국에서는 고올리칸이라 부르고 내몽골인 훌룬부이르시에서는 노몬한(弓王 : Nomonhan)이라 명명하는 것으로 보이는데, 이로서 보아 고올리칸 훈촐로는 활을 쏘는 임금(王)이란 말 뿌리를 갖는 Харвах＋vang=HarBavang으로 명명되었을 수 있고, 그것이 탐라도(耽羅都) 돌하르방이라는

도로노드 아이막 할힌골 솜 송크(紅) 타반(五) 톨로고이(頭) 소재 Goolikhan Huncholoo.

이름으로 정착됐을 수가 있다는 것이다. 당연히 고올리칸을 주몽(朱蒙)-Tumen 으로 볼 경우에도 활의 임금인 궁왕이 된다.

한국 몽골학회는 1990년 학회창립 당시에 이미 다싱안링 동서부로 홍산문화권의 서북부가 고향인 베. 수미야바타르 교수와 하르누드 운 하칸추루

쿠빌라이 대칸의 龍興之地(쿠데타 한 땅) 上都 古城址 성벽 밖 석궁왕들(1)_宮城址. 1990년 후반 주채혁 촬영. 고올리칸 훈촐로. 사진꾸미기.

과도 어떤 역사적 맥락이 이어지는지도 검토해볼 필요가 있을지 모른다.

15) 2009년 8월 울란바토르 산사르 논자의 숙소에서의 담론. 티베트어에서도 Хоp를 이와 같이 쓴다.

다리강가 목초지의 석궁왕상과 제주도 돌하르방의 첫 상견례. 1991년 8월 중순. 서재철 기자 所撮

상도 고궁터 성벽 밖 석궁왕들(2)_고궁 주춧돌(우). 1990년 후반 주채혁 촬영, 사진꾸미기. 169258_192247_4624 강정동 '대궐터' 출토 원형주좌초 석(좌). 석궁왕들 팔의 자세는 성문 좌·우편 배치여하에 따라 달라지는지도 살펴볼 필요가 있겠다.

교수-박원길 박사 사제가 동참해 연구 프로젝트를 설계했던 터였다[16]. 그런 과정에서 그 후 제주도 현지의 강영봉 교수와 서재철 기자가 연계돼 이에 동참하면서 같은 화산지대 이고, 스텝과 바다라는 차이가 있지만 무한개방지대로 바람이 거세차며, 기왕에 팍스 몽골리카 하에서 대원제국 국영목마장이 차려졌던 주요 국방산업기

---

16) 당시에 최서면 국제한국학연구원장의 관계 희귀사료 후원이 있었다. 북한 김일성종합 대학 조선력사전공(1967~1972년) 졸업자이기도 한 뻬렌레인 우루쥔루훈데브 초대 주남한대사의 고향이 바로 다리강가스텝이기도 하여 이 연구과제 수행에 크게 관심을 돌려주기도 했다.

지라는 점 등을 고려하여 다리강가 스텝의 훈촐로와 태평양 해양 중의 제주도 돌하르방의 밀착된 역사적 맥락을 미리 짚어보고 이를 천착하는 과제를 제일차 연구주제로 삼고 있었다. 1991년 몽골국에 첫발을 들여놓으면서 첫 답사지로 삼은 유적지가 당연히 훈촐로(人石 : 사람 돌) 유산이 가장 집중적으로 분포돼 있는 다리강가 대스텝이었다. 그후 1990년대 중반 한국몽골학회의 현지답사에 따라 손보기 발굴단장이 장덕진 대륙연구소 회장의 후원으로 고올리 돌각담무덤을, 논자도 동참해 비교적 장기간 발굴한 지대도 홍산 문화권 서북변인 바로 여기였다.

논자는 이런 돌하르방의 전형을, 주로 사실상의 대원제국 태조라 할 쿠빌라이 대칸의 용흥지지(龍興之地)인 상도(Dolon Nor)의 상도(上都) 구궁(舊宮)의 성벽 정문 좌우로 늘어선 석인상들을 표본으로 삼고 홍산 문화권 서북부에 자라잡고 있는 알탄오보(Altan Oboo)와 드넓은 오름들을 토대로 솟구친 요새 중의 요새 '실링복드'가 더불어 존재하는 유명한 국영목초지 다리강가 대스텝의 석인상 유물들을 참고해 상정하려 한다.[17]

2) 스키타이 기마 양유목혁명과 유라시아 스텝로드의 사슴돌-석궁왕 맥락의 발전·결실

기원전 10세기경 철기를 수용한 Soyon(鮮)-Scythia가 황금빛 기마 양유목화생산혁명을 일으켜 다뉴브~우크라이나 대벌판과 흑해북안 대스텝에 총진격하는 유라시아유목사 상의 일대 혁명사를 썼다. 이어서 기원전 5세기경에는 다싱안링 북부 호눈선원(呼嫩鮮原)에서 만주 대벌판과 몽골 대스텝을 무대로 황금빛 벨트[선비(鮮卑)의 비(卑) : бүс]를 띤 Soyon-선족[鮮(卑)族] 기마사술(騎馬射術) 구사군단(驅使軍團)이 선도하는 같은 유형의 초대형 유목생산혁명을 수행해 발전시켜 내오다가, 마침내 13세기에 들면서 인류사를 진감케 하는 팍스몽골리카를 탄생시켰다. Goolikhan(東明聖王 : Tumen Khan)의 다물도[多勿

---

17) 상도(上都)나 운남(雲南)이 모두 '탐라도(耽羅都) 돌하르방'과 밀착된 관계가 있었을 것으로 보이는데, 3곳에 다 '대원제국 국영목마장'이 차려져 있었음에 주목할 필요가 있다. 주 25) 참조.

(Ergune)都]가 바로 이 훌룬부이르 몽골스텝, 여기에 자리 잡고 있다.

이를 총체적으로 총괄해 언급한다면, 이런 2000여 년간에 걸친 스키타이혁명의 수행과정에서 그 한 상징물로 등장하는 것이 스텝로드를 따라 출현·발전해온 사슴돌(Deer stones)~돌하르방이라고 추정해볼 수 있다는 것이다. 이러한 스키타이혁명의 상징물인 돌하르방은, 스텝제국의 발전과정에서 그 최첨단무력인 '기마사술'의 확산과 함께 스텝제국(Steppes Empire)의 해양제국(Ocean Empire)화 혁명 지향 추세를 타고 비유목지대인 탐라도에까지 진입케 되어 나름대로 최종적인 결실을 맺어냈다 하겠다.

그렇지만, 특히 산업혁명 이후 스텝제국의 사양화와 더불어 특이한 생태적응적 진화를 거듭하면서 오늘날의 모습으로 역사적으로 손질돼 달관한 모습으로 살아남게 됐다고 보는 것이다. 논자는 그가 바로 팍스 몽골리카의 완성자이며 그 역사적인 전망의 총체적 기획자인 대원제국 태조 쿠빌라이 대칸의 희화화돼 살아남은 무르익은 표정의 상징 석궁왕상인 탐라도(耽羅都) 돌하르방이라고 본다. 그런 역사적인 과정을 간략하게 아래에 천착해보겠다.

먼저 스키타이 혁명은, 팍스 몽골리카를 창출해내기 위한 기마사술을 조련해내는 일대의 군사적 기동타격훈련이 아니고 주도적인 당시의 주류역사인 유라시아 유목사 발전에 초점을 맞추고 본다면, 본질적으로는 단지 종래의 오랜 주류 유목인 공활한 유라시아 툰드라 수림툰드라-타이가를 기반으로 하는 순록유목보다 단위면적당 유목생산력이 8~10배에 달하는 스텝의 기마 양유목 생산을 해내기 위한 철기 수용과 더불어 수행된 획기적인 유목생산혁명이었을 뿐이다. 그 과정에서 곁들여 창출된 당시의 최첨단 무력인 기마사술은 어디까지나, 그 혁명의 결과적인 부산물이었다. 위에서 서술한 황금빛 스키타이 기마 양유목 혁명과정사를 편의 상 그림으로 그려보면 이러하다.

보통 우리가 오해하고 있듯이 이 황금빛 기마 양유목혁명이란 스키타이 대유목생산혁명은, 시베리아를 비롯한 공활한 북유라시아 전역에서 전반적으로 수행된 게 결코 아니고 기마 양유목을 수행할 수 있는 스텝로드라는 일부지역에서만 일어난 것이다. 이에 대한 오해는 기마 양유목혁명에 선행하는 주류 시원유목 순록유목사에 대한 이해가 극도로 빈약한 유목사 천착의 현실적

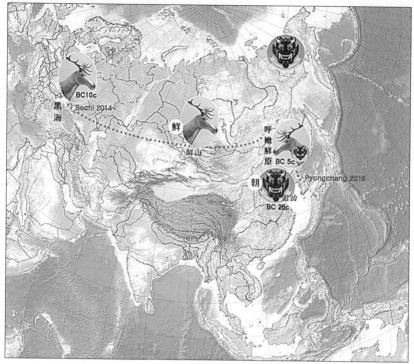

황금빛 스키타이 기마 양유목혁명 2000여 년 역사 약술 역사지도. 편의상 황금태양 마크는 기마 양유목[忽必烈] 상징이고 붉은태양 마크는 순록유목[蚩尤] 상징으로 삼아보았다. 사진꾸미기(박윤희 컴師)

인 자기한계에서 비롯된다고 하겠다. 스텝로드는 지도[18]로 표시하면 아래와 같다.

본고에서의 스텝(Steppes)은 농목지대의 목초지 보통 초원(Grass land)이 아니다. 이는 어디까지나 유목가축 양의 특수지대 특별한 북방유목목초지대다. 대체로 이를 제대로 선별해보지 못하는 데서부터 기마 양유목혁명-스키타이(鮮)[19] 혁명에 관한 오해가 생기기 시작한다.

스텝지대는 서부 스텝과 동부 스텝으로 나누어진다. 서부 스텝은 다뉴브 대벌판에서 동쪽으로 알타이 산맥까지 약 4,000㎞에 이르며, 그 폭은 320~950㎞

---

18) 피터 C. 퍼듀, 공원국 옮김, 『중국의 서진』, 서울 : 도서출판 길, 2012, 475쪽.

19) 당연히 순록유목지대인 툰드라-수림툰드라와 기마 양유목지대인 스텝은 갈라 보아야 한다.

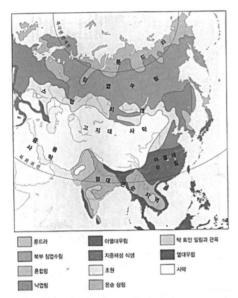

툰드라	아열대우림	탁 토인 임립과 관목
북부 침엽수림	지중해성 식생	열대우림
혼합림	초원	사막
낙엽림	온은 삼림	

툰드라 수림툰드라(타이가) 이끼(蘚)의 길과 스텝 양초(羊草)의 길(『한국시베리아연구』제20권 2호, 대전 : 배재대학교 한국시베리아연구센터, 2016.11, 153쪽)

정도로 다양하다. 동부 스텝은 알타이 산맥에서 동쪽으로 다싱안링 산맥(大興安嶺山脈) 서남부 홍산 문화권 일대 저쪽까지 약 2,400㎞에 걸쳐 펼쳐져 있다. 서부 스텝에는 우랄산맥의 낮은 산들만 있기 때문에 말을 타고서도 쉽게 건널 수 있다. 그 지역의 강들은 대체로 남쪽의 열대지역으로 흐른다. 서부 스텝의 기후는 추운 겨울과 더운 여름으로 계절변화가 뚜렷하며, 강우량은 서에서 동으로 갈수록 감소한다. 동부 스텝의 기후는 훨씬 혹독하다. 고도가 높아서 더욱 춥고, 비가 자주 오지 않아 목초지가 드물다. 동부 스텝의 유목민들은 역사적으로 중국 북부나 서부 스텝에 있는 보다 나은 방목지를 찾아 이동해왔다.

그런데 제레드 다이아몬드는 「아프리카나 아메리카 대륙이 남·북축으로 돼 있는데 대해 유라시아 대륙은 동·서축으로 돼 있어서 등온대(等溫帶)를 이루기 때문에 사람과 기술의 이전이 용이해 유라시아 대륙인이 다른 대륙을 지배하는 주체로 발전했다」고 지적했다.[20] 논자는 이에 다시 「특히 주로 유목목초지대 툰드라·타이가·스텝으로 형성된 북유라시아는 거대한 [기순록(騎馴鹿)] 순록·기마(騎馬) 양(羊)유목권을 이뤄서, 유목적 기동력과 타격력을 한껏 구사해 인류사 상 최초로 팍스 몽골리카라는 세계경영체제를 창출해낼만큼 역사발전을 크게 가속화할 수 있었다」고 첨언한다.[21]

---

20) 재레드 다이아몬드, 김진준 역, 『총, 균, 쇠』, 서울: 문학사상사, 1998.
21) 주채혁, 「Chaatang조선(朝鮮)이 유목몽골의 뿌리-순록유목에서 기마 양유목으로」. 『한국시베리아연구』 제18권 2호, 배재대학교-한국시베리아 센터, 2014. 10.

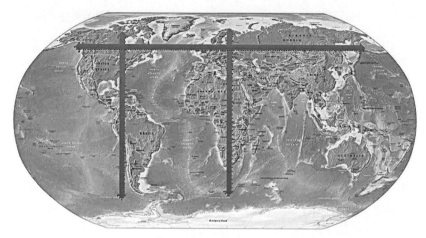

팍스 몽골리카의 창출과 북유라시아의 특이한 생태환경

또 한 가지 특별히 주목되는 점은 아래에 제시되는 최근에 발표된 '생명체유전자 지도'[22]에서 한반도는 북유라시아 유목지대와 접목되는 특성을 보여주고 있음을 알게 된다는 것이다. 실로 유전체학시대라 할 지금, 이 또한 제주도 돌하르방의 탐라도 정착과정을 방증할 중핵이 되는 일대의 근거일 수가 있겠다. 특히 산성해도(山城海島)의 자연요새로 유목무력을 방어하기에 적합한 한반도를 빗겨나 바다로 서로 개방된 탐라도의 개방성도 그러하다고 하겠다.

다만 우리가 크게 고려해야 할 문제는 그간 700여 년을 이러한 특이한 생태 적응적 진화를 해오는 동안에 탐라도 돌하르방이 많은 역사적 생태의 다듬질을 당해 성형돼 왔으리라는 사실이다. 원말(元末) 최영의 목호(牧胡)

---

22) B G Holt et al., "Genetic realms and regions of the world", Science, 2013, pp.74~78. [생명체 유전자 지도]. 특히 위 생명체유전자지도에서 한국과 중·일은 명백히 차별화된다[이홍규 교수 검색]. 유목·농경지대가 접목되는 홍산문화권의 유목사 조류가 같은 개방지대인 탐라도에 와서 닿는 것도 자연스럽다고 하겠다. 그래서 신용하(愼鏞廈), 「탐라국(耽羅國)의 형성과 초기 민족이동」, 『한국민족의 형성과 민족사회학』, 서울 : 지식산업사, 2000, 275~314쪽.의 지적대로, 맥고려(貊高麗 : Mongol)의 유목 맥족권(貊族圈)은 12~13세기 이전부터 이미 스키타이 철기유목혁명 이래로 탐라도와 밀착된 문화 생태적 교류관계권에 들어 있었을 수 있어 보인다. 주채혁, 「한민족 북방기원 연구와 유라시아 고원지대 게놈분석」, 『한국시베리아연구』 제6집 (배재대학교-한국시베리아 센터, 2003).

다리강가 스텝 석궁왕의 참상. 明軍(홍건적), 아니면 淸軍의 소행일까?
앉은키를 재는 잣대로, 사정 상 우선 논자가 함께 했다.[당시의 키 : 173cm]
1991년 8월 서재철 기자 所撮.

토벌과정에서는 물론, 원명(元明)-여선(麗鮮) 역성혁명기에 주원장과 이성계의 제후차원으로의 쿠빌라이 대칸 격하 합동공작도 매우 교활하고 혹독했다.(그림 참조)23)

특히 산업혁명 이래 해양 제국기에 진입하면서 스키타이 혁명의 총결산이라 할 기마 양치기들의 기마무력을 압살하려는 만청(滿淸)이나 신성로마제국 같은 동·서열강의 모진 핍박24) 중에서도 코

23) 세계적으로 공인되어오고 있는 칭기스칸과 쿠빌라이 대칸의 초상은 명초에 궁정화가가 명황제의 제후왕으로 격하시켜 성형화해 『중국역대제후상』에 수록한 위작(僞作)이다. 그래서 그걸 알아채고 은밀히 몽골인들은 거짓그림 안 그리는 일한국 화가의 일칸초상에 몽·한공동조상 고올리칸 석상을 융합해 칭기스칸 진영 복원을 모색한 카페트 칭기스칸 초상을, 2차원에서 동시에 남몰래 모시고 있다. 그런 쿠빌라이 대원제국 태조 석궁왕-돌하르방도, 법화사지 구궁궐터에 성불(成佛)한 내외 순례객들의 기도치성으로 이내 환생케 되리라 본다. 1388년 北元皇帝 부자가 시해되자 재빨리 주원장과 이성계는 탐라도에 포로로 잡혀온 쿠빌라이 대칸의 후손인 운남왕자 보보를 남원(南元)제후 황태자로 탐라국에 봉해버린다. 그렇게 역사적으로 얼룩진 표정들로 조각된 대원제국 태조 쿠빌라이 대칸의 석궁왕상-탐라도 돌하르방이라 하겠다. 佚名 撰, 『史料四編 大元馬政記』, 廣文書局, 1972, 1쪽에 「… 今則牧馬之地 東越耽羅 北踰火里禿麻 西至甘肅 南暨雲南 凡十有四所 又大都 上都 …」라고 하여 탐라도 목마장이 있고 운남도 목마장이 있어서 쿠빌라이 대칸의 후손 梁王 Baljawarmir(把匝剌瓦兒密)의 아들 Bobo(拍拍)가 탐라로 온 것이 이와 상관이 있을 수도 있음을 암시하는 듯하다.

24) 예컨대 19세기 말 리히드호벤이 '실크로드'라고 처음 명명할 적엔 실은 구체적인 유적발굴에 의한 것이 전혀 아니었다. 동과 서에만 문명이 있고 유목지대인 중간의 스텝로드는 단지 통과하는 길일 뿐 문명이 전무하다는 [Steppe의 경우에는 당연한 일이지만, 거대 강해(江海)와 격리돼 있어서? 유목문명은 문명이 아니라는 무서운

믹한 모습으로 자아상을
성형수술해 오면서까지,
탐라도 한 구석에서 이렇
게라도 살아남아 온 스키
타이 기마 양유목혁명의
난숙한 스텝유목사적 열
매인 일그러진 아이콘 쿠
빌라이 대칸의 환영으로
추정되는 석궁왕상-탐라

일칸 진영에 고올리칸 석상 합성, 칭기스칸 진영(眞影) 복원 시도.
사진꾸미기(박윤희 컴師).

도 돌하르방이다. 그럼에도 불구하고 지원(至元) 17년(1280년) 쿠빌라이 대칸
당시의 유관도(劉貫道)의 「원세조출렵도」가 살아남아 있는가 하면, 너무나도
뜻밖에도 그의 제국대장공주 Khudulugh Kelmish와 어린 외손자 Ijil-buqa(뒷날
충선왕)의 당시 인물화가 근래에 한국에서 확인돼 우리를 놀라게 하고 있다.[25)]
이질-부카(충선왕)는 바로 개성 왕씨 고려왕족을 몽골황족[Mongol royal family:
Borjigin; 포(包)나 파(波)로 음사(音寫)][26)]으로 다시 거듭나게 한 핵심인물이다.

<hr />

그의 천박한 아집이 개입한 듯] 가정 하에, 자기의 그런 바람을 투영해 지은 이름일
　뿐이었다. 그렇다면 시베리아 스텝로드를 통해 경주까지 뻗은 유목 스키타이 황금문명
　은 문명이 아니란 말인가? 사안(史眼)으로 보면 당연히 전통적인 관행대로 스텝로드는
　'모피(毛皮: Fur)의 길'이 정답일 수밖엔 없다. 이처럼 애초의 동기로만 보면, 이는
　당시의 열강 만청(滿淸)[동과 신성로마제국[서]이 공활한 중간지대 '황금빛 스텝로드'
　의 찬연한 기마 양유목 역사를 지우기 위한 합작품이라 할 '실크로드 띄우기 연출이라
　는 인상이 너무나도 짙다. 스기야마 마사아끼(杉山正明), 이진복 옮김, 『유목민이
　본 세계사 -민족과 국경을 넘어』, 서울 : 학민글발71, 학민사, 1999, 22~23쪽. 탐라도(耽
　羅都) '돌하르방'도 그간 이런 어이없는 물결에 휩쓸려온 감이 없지 않다고 본다.
25) 이 「고려미인도」는 최순우 전 국립박물관장이 생전에 진품으로 단정했다. 1993년에
　희귀한 본 작품에 관한 전문가들 감정소견서의 『한국미술』 「도록」 등재를, 타계한
　최 전관장이 직접 승락했다[윗 작품은 현재, 감정소견서 작성 동참자인 정명호 전
　동국대 교수가 소장(所藏)하고 있음. 좌하의 어린아이 인물상이, 사상 상존 유일본인
　바로 '어린아이 이질부카' 충선왕(忠宣王) 원세조 황외손 초상화임을 처음으로 함께
　지적해내본 것은 정명호 교수와 논자다].
26) Borjigin 몽골황족은 본래 Gooli(高句麗)-Boka(渤海)系 Merkid(弓族)일 가능성도 있어
　보인다. 그는 단순한 단일민족 조선민족 한겨레가 아니고 고려국 개성 왕씨 임금+몽골
　쿠빌라이 대칸+서아시아 백인 유목민 아수족 피가 두루 융합된 글로벌 코리안

쿠투룩켈미쉬 齊國大長公主와 어린 아들. 「고려미인도」 인물화 부분.(1280년 경; 73cm × 39.5cm). 하좌가 '어린아이 이질부카(충선왕)'이다['정명호 교수 제공]. 이 공주가 1274년에 충렬왕과 결혼해 1275년에 그를 장남으로 낳았다. 그는 요절(夭折)한 남매까지 모두 3남매 중 유일한 생존자인데, 모친 쿠투룩켈미쉬는 고려왕실에 시집온 몽골공주들 중에 유일하게 직접 자식을 낳은 경우이다.

역사는 멸절될 듯하면서도 과학의 놀라운 발전과 함께 되살아나는 기적과도 같은 마술을 연출해내게 마련인지도 모른다. 팍스 몽골리카의 실천적 완성자 쿠빌라이 대칸은 팍스 아메리카나 누리에도 강정동 해양기지 법화사지 옛 쿠빌라이 몽골해중궁궐터[27]에 그 민속신앙화한 아이콘 돌하르방 환영으로 뭇사람들의 심중에 아직 환생하고 있는 중일 수도 있다.

___

북방몽골로이드 황족혈통을 중생·부활케 한 몽골황외손이다. 게다가 갓난애로 대도 몽골황궁에 들어가 살다가, 주로 거기서 고려국 임금노릇도 하며 숨을 고르다 그곳에서 임종했으니, 고려 말보다 몽골말이 더 익숙했을 수도 있다. 1950년대 초 6.25전란으로 조선조 임금님들의 영정이 부산에서 거의 죄다 불타버려서 현존 세종로의 세종대왕 동상 존영이 황족 가수 이석의 얼굴을 본따 새로 만든 창작품임을 고려하면, 상당히 근사한 고려국 충선임금의 진귀한 어린 시절 영정이라 하겠다.

27) 법화사지(法華寺址)와 쿠빌라이 대칸 구상의 탐라도(耽羅都) 몽골해중궁궐터가 겹치는 것은, 그 조형(祖形)이라 할 상도(上都) 구궁궐터나 그 조형의 조형이라 할 카라코럼의 구궁궐터와 사원터 및 훌룬부이르의 그것들이 전후로 모두 대개 그랬던 듯 한 모델로 보아 있을 수 있는 일이라 본다.

「元世祖出獵圖」-쿠빌라이 대칸 수렵도. 중앙엔 쿠빌라이 대칸과 차비 황후가 있고 그 양쪽 시위대엔 남아시아인과 중앙아시아인 騎士도 동참해 있다. 타이베이 고궁박물관 소장품 182. 9X104.1 cm [至元 17 년 대원제국 劉貫道의 작품] www.zjol.com.cn 2007年04月20日 06:20:26 浙江在線新聞网站 1998년 우표로 발행.

3. 결론

돌하르방이란, 여러 명칭개념 해석들이 있음에도 불구하고 논자는 돌로 된 Xapвax+vang=HarBavang(弓王)으로 본다.

이는 본래, 구체적인 역사인물인 팍스 몽골리카의 실제적인 구현자 대원제국 태조 쿠빌라이 대칸의 스텝제국의 확충 비전이 투영된 해양 중 몽골궁성 프로젝트를 추진하는 탐라도 해양궁성의 아이콘초석으로 세워졌을 것으로 추정된다. 미처 못다 이룬 그의 꿈이 배어난 자아상으로서의 석궁왕상(石弓王像)과 그 환영의 각 시대 시류를 따른 구체적인 구현이, 탐라도 돌하르방의 실상이었다고 보는 것이다.

그런데 비유목지대인 탐라도 목마장에서의 '몽골스텝 양유목'은 한낱 허구였다고 본다. 왜냐하면 양유목의 적지가 아닌 곳에서 스텝양 유목 혁명을 유발하기 위한 목마는 실현 불가능했기 때문이다. 그래서 결국 인도의 거대한 칭기스칸 몽골제국계 이슬람제국 무굴제국(Mughul Empire, 1526~1857)도 끝내 몽골스텝 본지(本地)의 수복을 이루지는 못했다. 본질적으로 목마가 스텝양유목과 관계가 없다면 몽골말의 유목적 전투력도 지속적인 제 기능을 발휘할 수가 없었던 것이다. 달리 말해 모든 것에는 그 나름의 때와 전제조건이 있다는 말은 불변의 진리라 하겠다.

원명(元明)~여선(麗鮮) 역성혁명과정이나 산업혁명 이후 만청(滿淸)제국과 신성로마제국 등의 모진 핍박과 농락 중이라는 특이한 생태에의 적응적 진화를 해오는 과정에서 코믹하게 일그러진 표정으로 자신을 성형수술해온 터이지만, '석궁왕'·탐라도 돌하르방은 2000여 년에 걸친 철기 수용 이래의 '황금빛 스키타이 기마 양유목혁명'의 총체적 열매로서의 끈질기고 슬기로운 세계사적 차원의 초인적인 난숙한 예술적 용모로 다듬어져 온 터이다. 실로 이 탐라도 석궁왕은 당시의 최첨단 군사산업 태평양 전진기지 강정동 법화사지(法華寺址) 몽골 해양황궁(海洋皇宮) 궁지(宮址)에 소탈한 미소를 머금고 조용히 선 채로, 오늘도 여전히 다소곳이 거세찬 바닷바람을 맞으며 도리어 뭇사람들의 심금을 울리고 있는 것만 같다.

　그럼에도 불구하고 지원 17년(1280) 쿠빌라이 대칸 당시의 유관도(劉貫道) 작품 Mongolian Steppes에서의 원세조출렵도(元世祖出獵圖)가 살아남아 있는가 하면 너무나 뜻밖에도 그의 제국대장공주 Khudulugh Kelmish와 어린 외손자 Ijil-buqa(뒷날 충선왕)의 당시, 상존 사상 유일본 어린시절 인물화가 근래에 한국에서 확인돼 우리를 놀라게 하고 있다. 이질-부카(충선왕)는 바로 개성 왕씨 고려 왕족을 몽골황족(Mongol royal family : Borjigin)으로 다시 거듭나게 한 핵심인물이다.

　팍스 몽골리카 하의 대원제국 태조라 할 쿠빌라이 대칸은 팍스 아메리카나 누리에도, 강정동(江汀洞) 해양기지 법화사 사지(寺址) 옛 쿠빌라이 대칸 몽골해 중궁궐터에 그 민속신앙화한 아이콘 돌하르방 환영으로 현지 중생의 심중에 아직 끊임없이 환생하고 있는지도 모른다.

[『한국시베리아연구』제20권 2호,

대전 : 배재대학교 한국시베리아연구센터, 2016. 11, pp.137~167]

Chaatang 朝鮮이 유목몽골의 뿌리
순록유목에서 기마 양유목으로

1. 서론

'기마유목(騎馬遊牧)'이라는 용어가 보여주듯이 산업화 이후의 유목사 연구는 대체로, 유목생산의 점진적 발전사보다는 그 과정의 산물이라 할 유목무력으로 수행한 정복전쟁과 정복지 경영에 초점을 맞추어 수행되어오는 경향이 있었던 것 같다. 양차 세계대전을 치를 수밖에 없었던 제국주의적 시대조류에서 비롯된 것으로 보인다. '기(騎)오토바이유목'이 그러하듯이 기마유목도 실은 유목의 주체인 「유목가축 양(羊)」이 빠져버린 어설픈 개념의 용어라고 할 수 있다. 물론 '기마사술(騎馬射術)'이라는 용어개념은 또 다른 차원에서 생겨난 것이다. 애초에는 양유목을 위해 말을 타야했고 지극히 척박한 양유목생산생 태 속에서 양유목을 하다 보니 철기와 결합된 당시로서는 최첨단 기마사술을 결과적으로 양유목민이 보유하게 됐다. 이런 본질적 적응적 진화과정이 소외 되면서 유목문화 연구의 접근 시각이 크게 왜곡된 것으로 여겨진다.

유목지대 연구는 당연히 관계 문헌연구나 고고학적 발굴결과와 함께 유목생 산이라는 특수한 목축생산양식을 택할 수밖에 없었던 생산현지의 생태조건을 고려하면서 자료정보를 수집 발굴하고 분석해 체계적으로 해독해내는 작업이, 그 특성상 필수적으로 수반되어야 한다. 유목생태와 유목목초, 그리고 유목가축과 유목민의 적응적 진화과정에 대한 고찰이 구체적으로 수행되지 않는 유목사 연구는 그 유목본질에서 이탈되기 쉬운 까닭이다. 유목지대 사료를 농경사의 시각으로만 읽는다든가 유목유적 발굴보고서가 그렇게 쓰인다는 것은 명백히 유목사연구의 근본을 뒤트는 어떤 심각한 오류를 범하고 있는 것이라 하겠다. 당연히 양자의 비교분석과 분별화라는 접근이 있었어야 한다. 예컨대 눈강(嫩江) 상류의 순록 목초 선(蘚 : Niokq)과 양자강(揚子江) 지대의 그것이나 몽골스텝의 羊 유목목초와 한반도의 그것이 그렇게 구체적이고 체계적으로 연구 됐어야 했다. 몽골스텝의 유목양초지(遊牧羊草地)는 당연히 농경지대 가축이 뜯는 꼴밭과 분별돼야 하기 때문이다.

1990년 북방개방 이후 북유라시아 유목지대 현지답사를 해오면서 나는 대체로 2대류의 유목이 존재해온 것을 알게 됐다. [騎馴鹿] '순록유목'(Reindeer-riding, reindeer herding nomadism)과 騎馬 '양유목'(Horse-riding, sheep herding nomadism)이라는 2대 유목생산양식이다. 유목가축이 크게 2대류로 나뉘고 유목생태도 그러하며, 유목민도 그 생산조건들의 변화 발전에 따라 그렇게 분별되고 있다는 것이다. 물론 그 비중은 압도적으로 전자가 후자보다 더 길고도 넓지만, 시대와 생태조건의 변화에 따라 서로 달라지고 있기는 했다.

기마 양유목이 본격적으로 유라시아 유목생산의 주류로 대두되는 것은, 잘 알려진 대로 기원전 10세기 전후에 유목생산이 철기와 결합돼 흑해 북부의 거대 기마 양목초지대 스텝으로 이란계 스키타이인이 먼저 대거 등장하면서부터이다.

그런데 스키타이라는 용어의 유래처가 소욘(鮮)과 함께 같은 순록유목사의 소산이라는 점에 특히 주목할 필요가 있다[1]. 이에 대해 지금부터 25000~15000

---

1) 주채혁, 「朝鮮·鮮卑의 鮮(Soyon)族 起源考-原조선겨레 '소욘'족에 관하여-」, 『순록유목제국론』, 백산자료원, 2008, 159~192쪽. 2001년 8월 중순 투바 현지답사 중에 만난 투바대 사학과의 엔. 베. 아바에프 교수는 원래 소욘(Соян : 사얀)이 사가이온(Сагаион)이었는데 13세기경에 모음과 모음 사이에 있는 '게(г)'가 탈락하는 바람에 소욘(Соян : 사얀=鮮)이 되었다고도 했다. 그렇다면 사가이온(Сагаион)은 다구르말 어미(암)

년간 시베리아 몽골고원이 후기빙하기에 들어 동토지대 툰드라이었을 무렵에 식량자원으로 얻을 수 있는 것이 주로 순록이었는데, 그 후 해빙기를 맞아 식량생산단계로 접어들면서 공활한 북극권을 비롯한 이 지역에 순록유목시대가 비롯된 것으로 추정되고 있다. 이런 유구하고 광대한 순록유목영역의 시원유목 태반이라 할 순록유목이 그간 거의 소외된 것은, 이 지대 유목사연구가 주로 양차대전의 와중에 휘말려드는 과정이거나 그 소용돌이 속에 휘말린 가운데 이루어졌기 때문으로 보인다.

특히 근대유목사학을 일차적으로 우리 한국인에게 거의 직접 씨뿌려준 것은 일본제국 연구진이었고, 그것도 그들 용어로 하면 일·청, 일·러와 일·미전쟁으로 치닫는 중이어서 이런 당장에 발등에 떨어진 불들에 정신을 못 차리는 바람에 당시 동북아시아 근대학문 수준의 최첨단 주자였던 일본유목사학계도 미처 이에 눈을 돌릴 겨를이 거의 없었던 것으로 보인다. 나는 아주 우연한 계기에 너무나도 뜻밖에, 그런 엄청난 허점을 짚어보게 되어 나름대로 수습해본 자료를 추스르면서 어설픈 대로 그에 대한 문제제기를 시도해보게 됐다. 지금의 내 발표는 연구방향을 손가락질해보는 차원이지, 아직 어떤 결론을 도출할 단계는 전혀 아님을 잘 알지만, 인류사상 최대의 유목사 정보들의 쓰나미를 어차피 겪어내야 하는 파천황(破天荒)의 정보화시대인 지금의 우리이기에 그간 1990년 북방사회주의권 개방 이래 사반세기여에 걸쳐 북유라시아 유목현장을 틈만 나면 정신없이 헤매본 끄적임에 불과한 보고서지만 서둘러 이에 기록해 두려한다. 무엇보다도 놀라운 속도로 생멸(生滅)하고 있는 요즈음 유목사 정보들의 쓰나미 때문이기도 하다. 당연히 기존연구의 섭렵을 토대로 새로운 연구가 개시돼야겠지만, 그러기에는 너무나 무서운 격변기여서 육안으로 보는 우주와 천체망원경으로 관찰하는 우주가 판이할 수도 있다는 전제하에서 문제를 찾고 풀어나가야 되리라는 생각이 무엇보다도 앞선다.

사슴-수간(Sugan)'과 상관이 있을 가능성을 보여 주는 것이라 하겠다. 어미(암)사슴은 순록치기에게 일용할 음식을 제공한다. 따라서 본고에서의 "Chaatang조선"이란 순록유목민제국을 주로 지칭하고, "몽골"이란 철기와 결합된 기마 양유목민제국을 주로 지칭하는 것으로 인류학적인 포괄적인 '몽골로이드'와는 분별해 쓰고 있다.

2. 본론

1) 시원유목태반, 툰드라~수림툰드라의 순록유목

지금으로부터 25000년 전부터 15000년간 몽골고원은 빙하기로 동토(Tundra) 지대여서 이곳에서 사람을 먹여 살릴 식량자원은 순록에서 찾을 수밖에 없었 다. 이런 '순록시대'라 할 장대한 생태 생업사 배경이 있었음을 각별히 주목하지 않으면 안 된다. 이와 같은 장구하고 거대한 순록시대의 토대 위에 그 후 '순록유목의 창세기'가 중동부 시베리아 북극해 권에서 쓰였음을 전제로 하고 서야 동북아 유목제국의 시원사적 거대토대를 복원할 수 있게 마련이다. 순록유목과 관련한 유물로는 바위그림과 이를 확인케 하는 종족명이나 국명들 이 남아 있을 정도다. 가령 특정 유적발굴 결과로 순록유목사 관련 유물이 출토됐다고 해도 우리 유적 발굴자가 유목가축 순록과 사냥감인 사슴을 분별해 보고서를 쓸 정도로 순록유목사가 연구된 수준은 아직 아닌 것 같다. 실은 13세기 초의 통일몽골의 수도 델리운 볼닥[헨티 아이막 다달 솜 언저리로 추정] 지대에는 유목의 특성 때문인지 유적이나 유물이 거의 보이지 않는다. 어쨌거나 거대하고 장구한 한랭 고원 저습지대 순록유목태반사를 거세시킨 「몽골국사」는 칭기스칸 몽골세계제국의 영광에도 불구하고 사안(史眼)으로 들여다보면 뿌리가 뽑힌 거목처럼 초췌하기 이를 데 없다. 한랭 고원 건조지대 스텝의 기마 양유목(騎馬羊遊牧) 기원의 칭기스칸 '몽골 기마 양유목제국사'가 압도적으로 부각되면서 그 거대하고 장구한 뿌리인 북방 몽골로이드의 '순록유 목태반제국사'가 「몽골국사」에서 거세되고 만 것이었다. 진실로 몽골국사 복원사상의 가장 치명적인 비극이라고 하겠다.

한편 조선겨레 태반사를 복원하는 본질적인 문제를 두고 우리는 크게 2가지 토대를 거꾸로 이해하고 있다고 본다. 그러니까 중·일의 우리 조선태반사 왜곡에 앞서 우리 자신이 조선겨레 시원역사의 기틀을 크게 뒤집어보는 착각을 하고 있다는 것이다. 양자의 상호작용이 합작한 측면도 있지만, 그건 후래적인 부차적 요소이고 그 원죄는 본래 우리 자신에게 있다고 보는 것이다. 물론

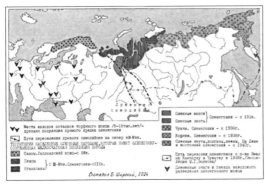

순록의 길과 유라시아(Reindeer route and Eurasia)

B G Holt et al.이 Science 2013 : 74-78에 발표한 Genetic realms and regions of the world에 실린 생명체 유전자 지도. 한국과 중·일은 명백히 차별화 된다[이홍규교수 검색].

이는 크게 보면 그럴만한 우리역사 생태발전사 배경이 빚어낸 결과일 수도 있다 하겠다.

수의 다소를 논하기에 앞서 유목 주도 농경 통합이라는 기본틀이 전제되는 생태 환경에서 우리 조선민족이 애초에 비롯됐음이 거의 틀림없는데도, 이를 뒤집어 농경 주도 유목 통합식의 발전공식에 틀어 맞춰 주로 당시의 역사를 복원하고 있다는 점이 그 하나다.[2]

2) 기원후 특정시기 동북아시아 제국 주류 구축에 관한 박한제 교수의 "호한(胡漢)체제"론을, 특히 창업위주의 시각에서 유목민 (Pastoral nomad)인 호(胡) 주도 농경민인 한(漢)통합이라는 유목제국(Pastoral nomadic empire)의 기본틀을 규정하는 간결하고 명료한 개념화로 지금 내 딴에는 개괄적으로 파악해보려 하고 있다. 비록 오랜 기간에 걸쳐 계기적으로 이루어져오는 순록유목민의 기마 양유목민으로의 발전과정의 일단이라는 점을 꼬집어 지적한 것은 아니지만, 선비족의 선비제국 북위(北魏)의 창업과정과 창업설화를 고증해 복원하며 분석해보는 과정에서 이 점을 암시하고는 있음을 내 나름대로 감지케 된다. 박한제, 『중국 중세 호한체제연구』, 일조각, 1988 참조. 재레드 다이아몬드(김진준 역), 『총, 균, 쇠』(문학사상사, 1998)에서는 "아프리카나 아메리카 대륙이 남북축으로 돼 있는데 대해 유라시아 대륙은 동서축으로 돼 있어서 等溫帶를 이루기 때문에 사람과 기술의 이전이 용이해 유라시아 대륙인이 다른 대륙을 지배하는 주체로 발전했다"고 지적했다. 나는 이에 다시 "특히 주로 툰드라·타이가·스텝으로 된 북유라시아는 거대한 騎馴鹿 순록·騎馬 양유목권을 이뤄 유목적 기동력과 타격력을 한껏 구사해 인류사상 최초로 팍스 몽골리카라는 세계경영체제를 창출해낼만큼 역사발전을 크게 가속화할 수 있게 했다"고 첨언한다. 이런 생태조건의 역사적 발전과정에서 주로 유목 주도의 농경 통합이라는 유목제국형 국가가 창업돼 발전하는 것은 매우 자연스러운 현상일 수 있었으리라 본다.

그리고 창업주도 주류의 수렵-
유목사적 발전과정으로 보아 당
연히   순록치기-Chaatang朝鮮에
서 기마 양유목 몽골이 적응적
진화를 해나와 기마 양유목몽골
의 뿌리가 Chaatang조선임에도
불구하고, 거꾸로 Chaatang조선
의 뿌리가 기마 양유목몽골로 보
통 크게 오인하고 있다는 것이
다른 하나다. 시원유목태반사라

훌룬부이르盟 민족종교국 마니 국장[에벵키족. 1999년 10월
당시 50대 초반; 베이징 중앙민족학원대학 졸업] 쿠마河
언저리에서 저자와 함께 蘚 채취 중. 2004년경 미국 관계학
회에서 마니 국장이 이 사실을 보고한 소식을 유원수 박사가
전언했다. 이름 '마니'는 에벵키어로 태양이란 뜻이다.

할 유구하고 거대한 순록유목제국사[3]라는 뿌리가 소외된 북유라시아 유목사
연구 접근시각의 시대적 자기한계 때문으로 보인다. 그래서 여기서는 Chaatang
조선이 철기의 본격적인 유목사 개입과 함께 비로소 스텝에서 열리는, 기마
양유목몽골의 뿌리일 수밖에 없음을 나름대로 간단하게 논증해보기로 하겠다.

나는 일찍이 소산(小山)인 "蘚에서 나는 蘚(Lichen)"을 다구르말로 니오끄
(Niokq : 이끼)라 하는데 동토지대-툰드라나 겨울이 매우 긴 동토 타이가지역의
순록의 주식인 '이끼'가 바로 그것임을 지적했다. 이 선(蘚 : Lichen)[4]은 지역에
따라 다소 차이가 있지만 대개 한 번 뜯어먹으면 3~5년이 지나야 다시 자라므로
순록은 먹이를 찾아 새로운 蘚으로 늘 이동할 수밖에 없어 순록치기들은 '유목방
법'을 택한다는 점도 언급했다.[5] 내용을 간추리면 이러하다.

나는 이미 「朝鮮·鮮卑의 '鮮'과 순록유목민」이라는 논문을 통해 「朝鮮」이

3) 주채혁, 『순록유목제국론』, 백산자료원, 2008 출간시에 봉우사상연구소 정재승 소장
    이 책 제목명으로 命名했다.

4) 이에 대해 苔(Moss : 이끼)는 朝鮮半島에도 있는 綠色 이끼다. 다구르어로는 Niolmn인데,
    지금 우리 땅엔 있지도 않아 뵈는 Niokq(蘚)만 '이끼'라는 말로 살아남았다. 1999년
    말 후진 다구르 마을 현지에서 김주언 교수와 어렵사리 국제통화한 기억이 새롭다.

5) 주채혁, 「朝鮮·鮮卑의 '鮮'과 馴鹿遊牧民-몽골유목 起源과 관련하여」, 『동방학지』 110,
    연세대학교 국학연구원, 2000.12 ; 주채혁, 「朝鮮·鮮卑의 鮮(Soyon)族 起源考-原朝鮮겨
    레 '소욘'族에 관하여」, 『백산학보』 63, 백산학회, 2002.8. ; 주채혁, 「鮮'의 高麗와 '小山'의
    馴鹿 연구」, 『백산학보』 67, 백산학회, 2003.

614

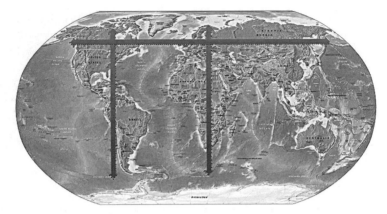

팍스 몽골리카의 창출과 북유라시아의 특이한 생태환경

아침햇살과 상관이 없이, '鮮을 향해 가는'이라는 뜻을 갖는 이름으로 「Chaatang
: 순록 유목민」을 가리키는 것임을 밝힌 적이 있다. '사슴(Bog=鹿 : Deer)'이
「식량채집」 단계에만 주로 관련되었던 것과는 달리 '차아복(Chaabog=馴鹿 :
Reindeer)'은 중·신석기시대 이래로 식량생산단계와 주로 밀접하게 관련돼
있었다는 사실을 지적하면서, 「朝」가 순록유목민을 가리키는 몽골말 차탕
(Chaatang)의 몽골어 Chaad의 '차아(Chaa)'나 축치族말 차오추(Chaochu : 朝人)
의 '차오(Chao)'에서 온 것이기 때문에, 압록강만 넘으면 누구나 朝鮮의 「朝」를
'아침 朝'자 자오(Zhao) 1성으로 읽지 않고 '찾을 朝'자 차오(Chao) 2성으로
읽는다는 점을 그 한 증거로 들었다. 예나 지금이나 한결같이 그렇다는 것[6]이
다. 애초에 한인(漢人) 사가(史家)가 한자(漢字)로 그렇게 썼으니 당연히 그렇게
읽고 해석해주어야 한다. Chaochu가 '순록을 가진 자'라는 말이다.[7]

여기서 '朝'는 순록방목민 '鮮'에 대해, 순록유목민을 주로 지칭하는 것으로

[6) 중국에서는 「적어도 魏晉時期 이후에 이것을 'Chao'로 발음하였을 가능성이 크다」고
한다(주채혁, 「고조선고구려, 韓語名인가 漢語名인가—그 순록유목태반 起源과 관련하
여」, 『중국문학』 제58집, 한국중국학회, 2008.12, 149~168쪽. 이 논문 심사위원들의
도움말).
7) SBS-TV『몽골리안 루트를 가다』(1995)를 직접 현지 답사해 촬영한 洪淳澈 제작자의
개인적인 전화 조사보고(2000년 11월 7일 저녁)에 의한 것이다. '蚩尤'가 바로 이
Chaochu(朝人)에서 유래한 이름일 수도 있다고 본다.]

Soyon(鮮 : Sopka)-小山 史料. 周 文王時(BC1100년경)의 기록「度其鮮原」의 주석 : 고비 알타이로 이어지는 황토스텝 陝西省 岐山 관계 기록. 鮮卑族은 1세기 초에 사서에 첫 등장.

보인다.

아울러 '鮮'은 '곱다'는 뜻도 있지만, 여기서는 『시경·대아』 「문왕지십」 황의(皇矣)의 「度其"鮮"原 居岐之陽 …」이라 한 시를, 「小山을 大山과 구별하여 "鮮"」[8]이라고 주소(注疏)한 점에 주목했다.

그리고 "鮮原이란 小山이 있는 平原"일 수 있다는 사실에 착안하여, 이것이 곧 小山이라 할 동토 타이가(Taiga)와 초원이라 할 스텝(Steppe) 및 동토지대 툰드라(Tundra)로 주로 구성된 시베리아(Siberia) 벌판으로 이어지는 한랭 고원 건조지대의 지형을 가리킬 수 있다는 문제를 제기 했다. 기산(岐山)이 섬서성(陝西省)의 황토고원에 자리 잡고 있고 그 황토고원은 그대로 고비알타이 산맥 쪽으로 이어지는 스텝-사막-타이가의 연장선상에 있기 때문이다.

실은 「鮮原」의 '鮮'은 '鮮明하다' 할 때의 '고울 鮮'자 시엔(Xian) 1성이 아니라, 선비와 조선의 역사적인 본고장이라 할 훌룬부이르 몽골스텝과 吉林省 일대에

───────────

8) 『欽定四庫全書』, 「毛詩注疏」 卷23.

서는 각각 '이끼 蘚'字 蘚
(Niokq : 이끼=Lichen)과
같이 시엔(Xian) 3성으로
읽히고 있다. '작은 동산 鮮'
자라고 해야 한다. 역시 한
랭고원 건조지대인 스텝-
타이가-툰드라를 주로 내
포하고 있는 러시아의 슬
라브인들은 '鮮' 곧 '小山'을
'Sopka(Сопка)'라고 하고,
'大山'을 'Gora(Гора : 현지
발음은 '가라')'라고 해, 각
각 구별해 불렀다. '大山'만
있고 '小山'인 선은 거의 없

Chaatang의 기마양유목화생산 혁명의 상징물로 추정되는 울아프 고분 는 한반도와는 달리 '鮮'이
출토 스키타이유물 황금마두순록뿔탈[엘미타쥬 미술관 소장] 아주 많은 스키토·시베리

안의 땅 현지이어서다. 여기서 '鮮'은 순록유목민 '朝'에 대해, 순록방목민을
주로 지칭하는 것으로 본다.

대체로 유목생산력 발전사 상에서 보면 순록유목 '朝'보다 순록방목 '鮮'이
선진성을 갖는 유목양식이라고 파악할 수 있을 것이다. 그러니까 「朝鮮」이
한문 이름이 아니라 시베리아 원주민의 말 곧 상고대 토박이 조선겨레말
이름이라는 점을 증명해본 셈이다.[9]

1949년에 마오쩌둥이 집권해, 산동성의 한족들이 대거 만주로 진입하기

9) 2000년 6월 25일, 이 지역 답사과정에서 만난 黑龍江省 사회과학원 역사 연구소 연구관
(60대 중반으로 정년퇴직) Borjigin(波), Shoboo(沙布 : '새'라는 뜻)는 예니세이 강과
레나 강 일대에 蘚苔가 집중적으로 아주 많이 생산된다는 귀중한 정보를 주어서
필자가 「蘚苔之路」를 추론하는 데 결정적인 도움을 주었다. 그는 칭기스칸 嫡系家譜를
지녀 오고 있다는, 필자가 아는 한 유일한 Borjigin씨이기도 하다. 그는 당시 나의
Chaatang朝鮮論을 듣고는 몹시 놀라워했다.

야쿠치아 한디가 압기다 수림툰드라 지역 순록의 주식 蘚(Niokq)이 자라는 鮮(Sopka:小山)

이전에 지린(吉林) 일대에 살던 원주민들은 조선족을 「朝族」이라고 부르고 조선어를 「朝語」라고만 말했으며, 싱안링지대에서는 조선족을 「鮮族」이라 부르고 조선어를 「鮮語」라고만 했다고 한다. 후자의 경우에는 지금도 여전히 그러하다. 다싱안링 대선비산의 원조가 있다는 투바에는 거대한 타이가인 동·서 사얀(Sayan:鮮)산[10]이 있는데, 역시 이 '鮮山'지대 원주민들도 조선족을 Soyon(鮮)족이라고 부르며 우랄알타이지역 원주민들은 아예 소얀(鮮)족이나 그 문화가 흑해나 카스피해 쪽에서 왔다고 대수롭지 않게 증언하고 있다. 심지어 스키타이사 전공 헤르테크 여교수는 스키타이나 소욘(鮮)이 모두 순록

---

10) 丁謙, 浙江圖書館叢書 第1集, 『後漢書烏桓鮮卑傳 地理攷證—仁和丁謙益甫之學』(淸) 7쪽에 「大鮮卑山, 在俄屬伊爾古斯克省北, 通姑斯河南 今外蒙古以北之地 西人皆稱爲悉比利亞, 悉比 卽鮮卑轉 以其地皆鮮卑人種所分布故也 西儒談人種學者 以悉比利亞及東三省人爲通姑斯種 通姑斯河卽大鮮卑山所在 一以河爲標識 一以山爲標識 中西所攷 若合符節 然則鮮卑之名 源出 大鮮卑山 而非由後來之更改 彰彰明矣 惟拓跋氏爲彼種貴族 世爲君長 其南遷也 亦較後 此傳鮮 卑 不過彼種中散姓 分徙甚早」라고 했다. Scytho-Siberian이란 결국 이란계 鮮族과 북방 몽골로이드계 鮮族을 連稱하는 命名으로 白紅鮮族~黃紅鮮族을 지칭한다고 하겠다. 鮮族 중에 하필 拓跋[언덕을 뜻함] 鮮(비)族이 지배층-貴族이 됐다는 것은, 그들이 언덕(拓跋)=Steppe에 먼저 진출해 황금빛 '순록치기의 기마 양치기화 유목생산 혁명'을 이뤘다는, 곧 당시의 최첨단 騎馬射術을 확보했다는 사실을 입증해준다.

유목민에게 주식 젖을 주는 어미(암)순록 수간(Sugan=Caгaʜoʜ)에서 유래한 이름이라고 서슴지 않고 지적한다.[11]

시기가 분명치는 않지만 언제부턴가 바이칼 호 서북쪽이 높아지고 동남쪽이 낮아져오게 되면서, 북극해 쪽으로 흐르던 예니세이 강과 레나 강 중 레나 강의 흐름이 막히게 되었다. 지금은 건천(乾川)이 된 레나(大水) 강 최상류 바이칼 호 입구 까축(急流) 강 흔적이 이를 입증해 준다. 짐작컨대 이에 따라 레나 강 유역의 조족(朝族) 중심 순록유목문화[12]보다 압도적으로 예니세이 강 유역의 선족(鮮族) 중심 순록방목문화가 몽골과 만주 지역에 크게 영향을 미치게 됐던 것 같다. 그 연속선 상에서 서아시아지대의 철기와 결합되어 일약 기마 양치기로 도약한 순록유목민의 극적인 적응적 진화는 스키타이~소욘족의 일대 동류라는 주류를 이루게 되면서, 몽골·만주 일대의 동북아시아에 본격적인 고대 유목제국들을 창업하기 시작케 했던 것 같다.

2) 스텝의 기마 양유목

기원전 10세기경에 아나톨리아 반도에서 철기로 재무장한 순록치기 소욘족 (鮮族)-Scythia가 바로 이 흑해 북녘 공활한 스텝[13]으로 일약 기마 양치기가 돼 황금빛을 번쩍이며 대거 휘몰아쳐 들어오는 유목사상의 일대 변혁이 일어났다. 붉은 색이 감도는 순록의 목초(蘚)지대 한랭 고원 저습지대(Sopka : 鮮)의 붉은 색(Улаан гэрэл) 해(Burqan : 紅太陽)[14]와는 달리, 기마 양치기들의

---

11) 주채혁, 「朝鮮·鮮卑의 鮮(Soyon)族 起源考－原조선겨레 '소욘'족에 관하여」, 『순록유목 제국론』, 백산자료원, 2008, 159~192쪽. 2001년 8월 중순에 투바대 사학과에서 생전 처음으로 스키타이史를 전공하는 헤르테크(Hertek Liubov' Kendenovna) 여교수를 만나 담론을 벌였다. 그 후 러시아 현대문학 연구로 박사가 된 당시의 러시아 현지 어학 연수생 金泰玉(25세) 선생－김민수 교수가 소개－과 동행하던 길이었다.

12) 이런 현상은 지금도 계속되고 있다. 그래서 바이칼 호 서북부 레나 강 상류의 장대한 쉬시킨스키 암각화 상고시대 부분은, 그 이전의 레나 강 일대 순록유목문화의 극치를 보여주는 것일지도 모른다고 나는 본다.

13) 이 지대도 다싱안링 북부 呼嫩일대처럼 鮮(Sopka)과 原(Steppe)이 接點을 이루는지도 모른다.

14) 「不咸=紅柳」(?)는, 모태회귀 상징과 연관될 가능성이 있어 보인다. 하느님을 지칭하기

삶터 한랭 고원건조지대(Steppe : 原)에서는 태양이 순황금색(Altan gerel)
으로 상징된다. 그래서 나는 울야프고분 출토 스키타이 유물 황금마두순록뿔탈
[엘미타쥬 미술관 소장]을 Chaatang의 기마양유목화생산 혁명의 상징물로
추정해보고 있다.

여기서 스키타이나 소욘(鮮)과 사하(Saxa)가 모두 시베리아(Siberia : 鮮卑利
亞)[15] 원주민의 언어로 순록유목민의 주식 젖을 주는 어미(암)순록(Sugan : Сагаион)에서 비롯된 점이 사실인 만큼, 북유라시아 시원순록유목의 서전(西傳)이
서아시아~중앙아시아의 철기문화와 융합돼 다시 동전(東傳)된 것일 수 있다고
여겨진다.

언제부턴가 바이칼 호
서북부가 높아지고 동남
부가 낮아지는 지각변동
이 계속돼오면서 15000년
전 최후의 빙하기쯤에 북
극해의 빙하가 녹은 물이

바이칼 호의 물개(Nerpa, Phoca Pusa sibirica)

아랄 해, 카스피 해와 소치의 소재지대인 흑해 일대를 거쳐 지중해 쪽으로
흘러들어 물길이 서로 이어졌을 수 있다. 그래서 소치동계올림픽 뒤풀이
자락에서 이홍규 교수가 검색해준 '지중해와 바이칼 호는 물길로 연결' 제하에
독일의 박물학자 훔볼트가 "카스피 해와 바이칼 호의 물개(Nerpa, Phoca Pusa
sibirica; 세계 유일의 담수 물개)는 거의 같다"고 지적한 결론은 자못 의미심장하
다 하겠다.[16] 물론 철기시대에 들어서 생산성이 순록유목보다 10여배나 더

도 한다.

15) 丁謙, 浙江圖書館叢書 第1集, 『後漢書烏桓鮮卑傳 地理攷證—仁和丁謙益甫之學』(淸) 7쪽에
「大鮮卑山 … 今外蒙古以北之地 西人皆稱爲悉比利亞, 悉比卽鮮卑轉 以其地皆鮮卑人種所分
布故也」라 했다.

16) httpp://abordonseng.wordpress.com/2012/08/22/the-lake-baikal-seal-an-evolutive-
biogeographic-mystery. 이홍규 검색자. 서울의대 명예교수. 시기가 분명치는 않지만
언제부턴가 바이칼 호 서북쪽이 높아지고 동남쪽이 낮아져오게 되면서, 북극해 쪽으로
흐르던 예니세이 강과 레나 강 중 레나 강의 흐름이 막히게 되었다. 그 지각변동시기가
후기빙하기말 해빙기에 들어서이면 어느 단계까지는 바이칼 호의 물이 아랄 해~카스피

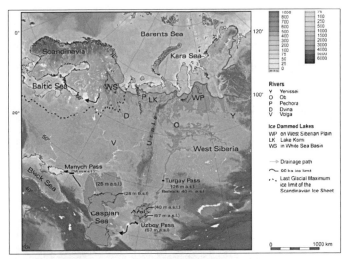

최후의 빙하기 해빙과 바이칼 호와 지중해 물길 형성 추정도

빙하의 구조와 바이칼 호 물개 진화의 신비
http://abordonseng.wordpress.com/
2012/08/22/the-lake-baikal-seal-
an-evolutive-biogeographic-mystery

높은 스텝의 기마 양유목으로 발전해 양유목초지 스텝으로 진출하는 데는, 중앙아시아나 서아시아가 북극해권을 내포하는 동북아시아보다 대체로 더 빨랐다. 서남아시아 아나톨리아 지방에서는 기원전 3000년경부터 철을 생산했고 15세기 무렵에는 철생산을 독점한 히타이트 제국이 출현하기에 이르렀다. 순록유목의 기마 양유목화로 후자가 유라시아 유목권의 본격적인 주류로 들어서는 일대 황금빛 유목생산 혁명17)은, 철기사용과 더불어서만 가능했기 때문이다.

철생산의 발상지는 서남아시아 아나톨리아

해-흑해의 물길을 따라 지중해로 흘러들었을 수 있었으리라 추정된다.

17) 유명한 Altai산맥명을 金閼智의 Alt(閼智=金)와 연결시켜 해석해보는 건 바람직하지만, 가을철의 황금색 자작나무 잎이나 러시아의 최고 황금생산지에만 밀착시켜 보려는 경향은 초역사적인 경박성을 그대로 드러내는 듯하다. 당연히 순록치기 Chaatang 소욘(鮮 : Scythia)족의 흑해 동북 거대스텝 등장 곧 순록치기의 세계유목사적인 일대 황금빛 기마 양유목생산 혁명을 고려해야 할 터이다.

지방 쪽으로 그곳에서 기원전 3000년경부터 철기를 만들어 사용한 이후에 15세기 무렵에 건설된 히타이트 제국에서는 철을 본격적으로 생산케 됐는데, 그들은 이런 독점적인 철생산역량으로 철제무기로 무장한 대군단을 총동원해 일약 공전의 대제국을 구축했다.

이런 철기의 보급과정에서, 기원전 8-3세기에 걸쳐 기마 양유목 거대 목초지 흑해와 카스피 해 연안 대스텝에서 크게 활약한 이란계의 기마 양치기 스키타이~소얀(鮮)족도 등장하게 됐다.[18]

소얀족은 바로 Chaatang朝鮮의 선족계다. 동북아시아에서는 기원전 5세기부터 철을 생산하기 시작했는데, 비유목지대 한반도생태사 전개에 접맥되는 현지적응단계를 거친 것으로 보이는 스키타이인 적석목곽분유형의 왕릉[19]이 기원후 4-5세기 무렵에 소욘족(鮮族)의 나라 신라(新羅)에 대거 이입되고 있다는 사실이 특히 주목된다.

3) 몽골과 고구려의 창업기지 훌룬부이르 몽골스텝-嫩江 鮮原지대

여기서 '鮮'이란 순록의 주식 선이 나는 순록유목 목초지이고 '原'은 초원으로, 초원은 당연히 농경지대 가축이 뜯는 꼴밭과 분별돼야 하는 양의 유목목초가 자라는 스텝을 일컫는다. 눈강과 훌룬부이르 선원(鮮原 : Honun Sopka & Steppe)에서 순록유목초지와 기마 양유목목초지가 서로 교차하고 있는 터이다. 그래서 생태변화와 유목생산력의 비약적인 발전을 통해 순록유목이 기마

---

18) 순록~양유목민이 갖는 태반사상의 공통점은, 그 발전과정에서 "말과 활"이나 "함선과 함포"의 조직된 소수의 기동성 및 타격력으로 최후의 한 지배집단만 이긴자로 살아남는 무한 경쟁이 강요된 터에 "스텝과 해양"이라는 개방공간의 속도전과 정보전에서 승리해온 세계제국사의 주체라는 점이다. 상대적으로 『협역다수』인 농경민족과는 달리 '조직'된 「광역소수」의 '기동성'이 각각 자기시대의 첨단무력이라 할 각종의 타격력을 조직 동원해 승리해낸 "유목세계제국성"을 공유하고 있는 셈이다.

19) Chaatang朝鮮은 본래 크게 '朝族'系와 '鮮族'系로 대별된다. 麻立干시대를 연 주인공들의 왕릉이라 하겠는데, 베. 수미야바타르, 『몽골·한국 겨레의 기원, 언어 관계문제』, 울란바토르 : 몽골과학원 어문학연구소, 1975[몽골글에서는 麻立干을 Mergen으로 풀고 있다. 몽골어 메르겐(Мэргэн)은 名弓手 또는 예언가의 뜻으로 Soyon(鮮)族 활겨레의 영도자를 일컫는 호칭이다.

622

기원전 10세기경 철기로 재무장한 Chaatang Soyon(鮮)족-Scythia의 황금
빛 기마 양치기화 유목생산 혁명 발원지

양유목으로 변혁되는 유목사 상의 일대 황금빛 기마 양유목생산 혁명이 여기서 일어난 것이다.

이들이 스키타이 제철기술과 결합되어 무서운 궁사전력집단을 이루는가 하면, 스텝에 진출해 기마사술이라는 가공할 당시의 최첨단 유목무력을 확보했다. 이렇게 해서 훌룬부이르 몽골스텝(原 : Steppe)이라는 드넓은 기마 양유목지대와 눈강소프카(鮮 : Sopka)라는 거대한 순록유목(鮮 : Sopka)지대를 통합해 역사적인 순록·기마 양유목[鮮原]제국 태반지대를 모두 지배하면서, 이와 더불어 거대하고 비옥한 곡창지대 만주평야의 생산력이 점차 직·간접적으로 주요 배경토대로 작용하게 되자 치열하게 사회 분화가 일어나 고대 동북아시아 유목제국이 창업되게 됐다는 사실은 관계학계에서 이미 공인된 터이다. 대체로 순록치기 태반겨레 선족(鮮族)인 고리·부여·숙신·흉노·고구려·백제·가야·신라·돌궐이나 선비든 그래서 모든 동북아시아 고대유목제국을 낳은 자궁이 훌룬부이르 몽골스텝-눈강소프카 곧 이른바 호눈선원(呼嫩鮮原)이라는 사실은 의심할 여지가 없다는 것이다. 고리(槁離)-맥고려(貊高麗 : 몽골)-고구려도 물론 예외일 수가 없다. 이런 역사배경을 가지고 생겨나 전승돼온 코리족 족조 탄생설화이고 동명(東明 : Tumen)성왕 전설의 역사적 실체라 하겠다.

돌이켜보면, 순록유목의 기마 양유목화 발전과정은 흑해~아랄해 선진 순록치기들이 기원전 10세기경에 철기를 수용해 수림툰드라-타이가에서 스텝지대로 진출한 이래로 광범위한 북유라시아 각지에서 다·샤오·와이 싱안링지대에 이르기까지 순록치기들의 양치기화가 근 20~30세기에 거쳐 계기적으로 이루어져왔던 것으로 보인다. 선비족 유목의 적응적 진화도 그 한 거대 부분이라 하겠다. 가셴둥(嘎仙洞 : 『위서(魏書)』의 탁발선비 선조석실 석각축문(443년)

所在處, 米文平 1982년 발견[20])이 몽골의 한 기원지이므로, 몽골 또한 순록치기 선(鮮 : Soyon)족의 기마 양치기 몽골(貊槁離 : Mongol)족으로의 도약 사례라 할 수 있을 터이다.[21]

가셴둥의 주인공인 환난 중의 오룬춘(Orunchun)인들을 구원한 청년영웅 '가셴'의 출신종족명이 Orn(다구르어 : Olen, 오룬춘어)인데 현지 오룬춘인들의 증언에 따르면 바로 그 뜻이 Ornbog을 유목하는 순록-Orn이라고 하기도 하고-물론 Chaatang이 Chaabog을 치는 순록치기라는 점을 고려해 재검증해야 할 여지가 있다[22]-, 무엇보다도 그 소재지가 선비인이 피난한 대선비산이며 그 鮮卑의 鮮이 순록의 주식 蘚이 자라는 鮮이고 '선'은 Chaatang의 일용할 양식인 젖을 주는 어미(암)순록 Sugan(다구르어)에서 유래한 小山(鮮 : Sopka, 노어)의 명명임을 고려할 필요가 있다.

결정적으로는 1982년 8월 10일에 米文平이 발견 해독한 탁발선비 선조석실 석각축문 속에 몽골어 '可寒(Хаан)'과 '可敦(Хатан)'이 확인되면서 선비족 조상의 제단이 차려져온 이 동굴이 몽골겨레의 기원 성소로 신화사(新華社) 통신의 보도라인을 타고 전 세계에 알려졌음은 주지하는 터이다. 실은 이때 이미 몽골족의 선조가 '鮮卑族-鮮(Soyon)族[23]임이 온 세상에 선포된 것이라고 하겠다.

---

20) 米文平, 『鮮卑石室探訪記』, 山東 : 直隷出版社, 1997 참조.

21) 그래서 신라 麻立干시대가 그 한 정점을 이루기는 하지만, 동북아시아제국인 고구려→ 백제→ 가야→ 신라→ 금→ 원→ 청으로 발전해갈수록 제왕들의 치레거리에 점점 더 풍부하게 황금빛이 드러나는 경향을 보이기도 하는 측면이 엿보이는지 모른다.

22) 2005년 가을 어느 모임에서 테. 아. 오치르 교수(몽골과학원 역사연구소장 역임)는 '오랑캐'가 본래는 코량카이로, 거란이 '칼을 가진 자'이듯이 '활을 가진 자'란 뜻이라고 일러주었다. 그 후 2007년 7월 9일~8월 1일에 걸쳐 24일간 다녀온 경향신문 60주년 기념 북방탐사 '칸 코리안 로드' 노정[재단법인대순진리회 후원] 중에 어느 날인가 답사보고서 초고를 쓰면서 시미즈 기요시(淸水紀佳) 교수(아프리카언어학자; 비엔나 대학 교수 역임, 高句麗語 현지 연구 中)는 "tigi ŋ →tîin으로, igi ŋ →yeyîn으로 바뀌는 경우에 모음과 모음 사이에 있는 'g'가 탈락되는 현상을 발견할 수 있다. Qorunchun에서 'q'가 탈락돼 Orunchun이 된 Orunchun語가 Owongku語보다 음운발전사에서 앞서 있음을 보여주어 Orunchun의 선진성을 방증하고 있다. Orunchun-Qorunchun은 많은 시대 차이에도 불구하고 槁離-Qori와 직관될 가능성이 있다"고 일러주었다. '오룬춘'이 [순록이 아니고 실은 코룬춘으로 持弓者의 뜻을 갖고, 그대로 'Korean(弓裔?)'을 지칭하는 명칭일 수 있다는 말이다.

23) 주채혁, 『순록유목제국론』, 백산자료원, 2008, 224~225쪽에서는, 騎馬服을 입은 鮮族의

발표 데스크에 앉아 메모한 자료를 들고 발언하는 필자(58세)의 왼쪽 첫 번째에 앉은 이가 成玉華 훌룬부이르TV 문화부 여기자[滿洲族]이고 두 번째 좌정한 이가 米文平 선생(73세), 2000년 8월 8일 오후 2시에 훌룬부이르 시청(現) 강당에서 「가셴둥에 관한 한·중 특별담론회」(당국 주최)를 가졌지만, 당시에 그이들에게는 鮮卑의 "鮮"이나 Orunchun 에 대한 순록유목적 접근 시도가 전무했다.

그러니까 총괄적으로 다시 정리해보면 이러하다고 하겠다. 기원전 10세기경 철기를 수용한 Soyon(鮮)-Scythia가 황금빛 기마 유목화생산 혁명을 일으켜 흑해북안 대스텝에 총진격하는 유라시아유목사 상의 일대 혁명사를 썼다. 이어서 기원전 5세기경에는 호눈선원(呼嫩鮮原)에서 황금빛 벨트를 띤 Soyon-鮮 (卑)족 기마사술 구사군단이 선도하는 같은 초대형 유목생산 혁명을 수행해 발전시켜내오다가, 마침내 13세기에 들면서 인류사를 진감케 하는 팍스 몽골리 카를 탄생시켰다. 물론 그 배경에는 곡창지대 만주평야의 거대하고 비옥한

'황금색 챔피언 벨트'를 상기시킨다며 근래에 서양인들을 한국말 목띠(領帶)가 아닌 「necktie」와 같이 넥타이족으로 상징적 호칭을 써왔듯이, 순수한 선비족 말인 「鮮 (Soyon)＋卑(bus)」="鮮族의 腰帶(waistband; belt)"="鮮卑」로 써온 것으로 고증해내고 있다. 서기 1세기경에 순록치기로서 철기와 결합해 황금빛 기마 양유목화생산 혁명을 이룩한 기마유목군병들이 허리에 황금빛 허리띠를 매고 중원의 농경 도포문화사회에 들이닥친 충격으로 '鮮卑'라는 새 복합명칭이 생겨났음을 암시해준다는 것이다. 본 논문의 주1)에서 보듯이, 다싱안링 大鮮卑山의 원조는 투바의 사얀(鮮)산이고 鮮卑의 본래의 명칭은 투바에서는 소욘(鮮)이라고만 썼던 것을 알 수 있다. 스키타이-소욘족이 선진 철기문화를 수용한 기마 양유목민으로 흑해북방 대스텝을 통해 동진해온 터에, 丁謙이 본문 주10)에서 지적했듯이 그 본래의 명칭이 「鮮卑」가 아닌 '鮮'(Soyon)임은 자명하다 하겠다.

생산력이 직·간접적으로
주요토대로 작용해왔었
던 듯하다. Goolikhan(東
明王)의 다물도(多勿都 :
Ergune)가 바로 이 훌룬부
이르 몽골스텝, 여기에 자
리 잡고 있다.

물론, 2000년 전후 우리
가 이 지역에 현지조사캠
프를 치고 현재의 훌룬부
이르 시청 강당에서 함께
토론회를 열 당시에 이이
들은 선비족이 본래 선족
이고 '선'이 순록의 주식

기원전 5세기경 철기로 재무장한 Chaatang Soyon(鮮)족의 황금빛 기마
양치기화 유목생산 혁명 발원지 훌룬부이르 몽골스텝. 에르구네(多勿都
추정); 동명루트 비정도, 阿里嶺 소재지.

선(薛)이 나는 선(鮮)이라는 사실에 대한 인식이 전무한 터였다. 이이들도
근래에 산동성 쪽에서 이주해온 이주민의 후예들일 뿐이어서인지도 모르겠다.
우리 탐사팀도 다음 해인 2001년 8월 대선비산의 원조라는 동·서Sayan(鮮의
러시아식 발음)산맥 중의 투바(Tuva : 拓跋=언덕, 몽골어)에 들어 투바대학의
Scythia史 전공자 교수 헤르테크(Hertek Liubov' Kendenovna) 외 투바사 전공자들
과의 담론과정에서 비로소 이를 터득한 터이어서다.[24]

실로, 'Soyon(鮮)[25]→ Buir(夫餘)[26]→ Elbenkü(狛)[27]高麗-Mongol'로 유목이 발전해
나온 게 명백하다면, 유목몽골의 뿌리는 Chaatang조선일 수밖에 없다. 더군다나

---

24) 주채혁, 「朝鮮·鮮卑의 鮮(Soyon)族 起源考-原조선겨레 '소욘'족에 관하여」, 『순록유목제
    국론』, 백산자료원, 2008, 159~192쪽.
25) 朝鮮의 '鮮'은 薛이 나는 小山 : Sopka다.
26) Buir=夫餘는 훌룬부이르 몽골스텝 현지에서 암수달보다 모피가 좋아 모피시장에서
    그 가격경쟁력이 더 뛰어난 숫수달을 지칭한다.
27) 狛=山獺 : 너구리, 고산지대의 수달류; 몽골스텝에는 乾獺이나 투獺로 표기되는 '타르박'
    이 있다.

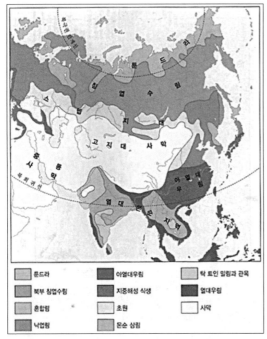

조선의 태반 순록유목은 스텝의 기마 양유목에 비해 역사적 시간이나 공간적 넓이로 보아 5~10여배 이상 오래고 드넓다는 걸 '조선겨레'인 우리는 중국인이나 일본인과도 달리 뚜렷이 자각해내며 "순록치기"-Chaatang朝鮮 태반사를 버젓이 복원해내가야 하겠다.28)

진실로 Chaatang조선의 뿌리가 기마 양유목몽골이 아니고, 거꾸로 기마 양유목Mongol의 뿌리가 Chaatang朝鮮이다. 순록치기-Chaatang이 기마 양치기-Honichin의 오랜 시원조상이기 때문이다. 그래서 몽골의 기원지 에르구네(多勿) 스텝이, Goolikhan(東明王)석상이 서있는 鮮(Sopka)과 原(Steppe) 양자의 접점 훌룬부이르 몽골스텝에 자리 잡게 마련이라고 하겠다.

---

28) 미국에 연구차 체류 중이던 당시 40대 초반의 고고학자 D. Tseveendorji 교수(현재 고고학연구소장)가 1993년 정초에 몽골국과학원 신년하례식에 참가하러 잠시 귀국해 함께 얘기를 나눌 적에 그는 서슴지 않고, 칭기스칸 몽골 이전의 몽골사는 고구려사(Gooli史)에 접목된다고 본다는 그의 견해를 토로했다. 그와 접맥되는 부여-조선사와 직관될 수 있음을 이미 예견하고 있었던 셈이다. 그는 놀랍게도 몽·한수교 이전부터 이미 손보기 교수님을 잘 알고 있었다. 두 해 뒤에 그와 함께 홍산 문화권 서북단 다리강가 고올리 돌각담 무덤을 발굴(손보기 단장 주관, 대륙연구소 장덕진 회장 후원)하면서, 몽골 기원지 에르구네 스텝이 순록치기의 생태권 수림툰드라에서 기마 양유목 생태권 몽골스텝으로 나아가는 길목에 자리 잡고 있음에 이미 새삼 주목해보기도 했다.

3. 결론

1990년 북방개방 이후 북유라시아 유목지대 현지답사를 해오면서 필자는
대체로 2대류의 유목이 존재해온 것을 알게 됐다. 騎馴鹿 '순록유목(Reindeer-
riding, reindeer herding nomadism)'과 騎馬 '양유목(Horse-riding, sheep herding
nomadism : 騎馬 '羊'遊牧)'이라는 2대 유목생산양식이다. 이처럼 유목가축이
크게 2대류로 나뉘고 유목생태도 한랭고원 저습지대 수림툰드라~툰드라의
응달 소프카-「鮮」과 한랭 고원 건조지대 스텝-「原」으로 차별화되며, 유목민도
그 생산조건들의 변화 발전에 따라 그렇게 분별되고 있다는 것이다. 물론
그 비중은 압도적으로 전자가 후자보다 더 길고도 넓지만, 시대와 생태조건의
변화에 따라 서로 달라지고 있기는 했다.

기원전 10세기경에 아나톨리아 반도에서 철기로 재무장한 순록치기 소욘족
(鮮族)-Scythia가 바로 이 흑해 북녘 공활한 스텝으로 일약 기마 양치기가 돼
황금빛을 번쩍이며 대거 휘몰아쳐 들어오는 유목사상의 일대 변혁이 일어났다.
붉은 색이 감도는 순록의 목초(鮮)지대 한랭고원 저습지대(Sopka : 鮮)의 붉은
색(Olaan gerel) 해(Burqan : 紅太陽)와는 달리, 양치기들의 삶터 한랭고원 건조
지대(Steppe : 原)에서는 태양이 순황금색(Altan gerel)으로 상징된다. 그래서
나는 울야프고분 출토 스키타이 유물 황금마두순록뿔탈[엘미타쥬 미술관
소장]을 Chaatang의 기마 양유목화생산 혁명의 상징물로 추정해보고 있다.

여기서 스키타이나 소욘(鮮)과 사하(Saxa)가 모두 시베리아(Siberia : 鮮卑利
亞) 원주민의 언어로 순록유목민의 주식 젖을 주는 어미(암)순록(Sugan : Caган
oн)에서 비롯된 점이 사실인 만큼, 후기빙하기 이후 북유라시아 시원순록유목
의 西傳이 서아시아~중앙아시아의 철기문화와 융합돼 다시 東傳된 것일 수
있다고 여겨진다.

언제부턴가 바이칼 호 서북부가 높아지고 동남부가 낮아지는 지각변동이
계속돼오면서 15000년 전 최후의 빙하기쯤에 북극해의 빙하가 녹은 물이
아랄 해, 카스피 해와 소치의 소재지대인 흑해 일대를 거쳐 지중해 쪽으로
흘러들어 물길이 서로 이어졌을 수 있다. 그래서 '지중해와 바이칼 호는 물길로

연결' 제하에 독일의 박물학자 훔볼트가 "카스피 해와 바이칼 호의 물개(Nerpa, Phoca Pusa sibirica : 세계 유일의 담수 물개)는 거의 같다"고 지적한 결론은 자못 의미심장하다 하겠다.

물론 철기시대에 들어서 생산성이 순록유목보다 10여 배나 더 높은 스텝의 기마 양유목으로 발전해 기마 양유목초지 스텝으로 진출하는 데는, 중앙아시아나 서아시아가 북극해권을 내포하는 동북아시아보다 대체로 더 빨랐다. 서남아시아 아나톨리아 고원 쪽에서는 기원전 3000년경부터 철생산을 시작했고 기원전 15세기에는 철생산을 독점한 히타이트 거대제국이 출현하기까지 했다. 순록유목의 기마 양유목화로 후자가 유라시아 유목권의 본격적인 주류로 들어서는 유목생산의 일대 혁명은, 철기사용과 더불어서만 가능했기 때문이다.

이런 철기의 보급과정에서, 기원전 8~3세기에 걸쳐 기마 양유목 거대 목초지 흑해와 카스피 해 연안 대스텝에서 크게 활약한 이란계의 기마 양치기 스키타이~소얀(鮮)족도 등장하게 되면서 거대 수림툰드라 동·서 사얀산맥 중에도 스키타이~소얀족이 일대의 둥지를 틀게 됐고, 이들이 주축을 이루면서 이어서 조선계 선족(朝鮮系 鮮族)을 이뤘던 것으로 보인다.

나는 이미 「朝鮮·鮮卑의 '鮮'과 순록유목민」이라는 논문을 통해 「朝鮮」이 순록유목민 (Chaatang)―朝鮮人의 '朝'와 순록의 주식 선이 나는 순록유목 목초밭 '鮮'을 함축한 명명이라는 견해를 내어놓은 적이 있지만, 1949년에 마오쩌둥이 집권해, 산동성의 한족(漢族)들이 대거 만주로 진입하기 이전에 지린(吉林)일대에 살던 원주민들은 조선족을 「朝族」이라고 부르고 조선어를 「朝語」라고만 말했으며, 싱안링지대에서는 조선족을 「鮮族」이라 부르고 조선어를 「鮮語」라고만 했다고 한다. 후자의 경우에는 지금도 여전히 그러하다. 다싱안링 대선비 산의 원조가 있다는 투바에는 거대한 타이가인 동·서 사얀(Sayan 鮮)산이 있는데, 이지대 원주민도 역시 조선족을 Soyon(鮮)족이라고 부르며 우랄알타이 지역 원주민들은 아예 소얀(鮮)족이나 그 문화가 흑해나 카스피해 쪽에서 왔다고 대수롭지 않게 증언하고 있다. 심지어 스키타이사 전공 헤르테크 여교수는 스키타이나 소욘(鮮)이 모두 순록유목민에게 주식 젖을 주는 어미(암)

순록 수간(Sugan=Саганон)에서 유래한 이름이라고 논증한다.

시기가 분명치는 않지만 언제부턴가 바이칼 호 서북쪽이 높아지고 동남쪽이 낮아져오게 되면서, 북극해 쪽으로 흐르던 예니세이 강과 레나 강 중 레나 강의 흐름이 막히게 되었다. 짐작컨댄 이에 따라 레나 강 유역의 조족(朝族) 중심 순록유목문화보다 압도적으로 예니세이 강 유역의 선족(鮮族) 중심 순록 방목문화가 몽골과 만주 지역에 크게 영향을 미치게 됐던 것 같다. 그 연속선 상에서 서아시아지대의 철기와 결합되어 일약 기마 양치기로 도약한 순록유목 민의 극적인 적응적 진화는 스키타이~소욘족의 일대 동류라는 주류를 이루게 되면서, 몽골-만주 일대의 동북아시아에 본격적인 고대 유목제국들을 창업하 기 시작케 했던 것 같다. 순록유목민이라 할 조족은 생산력 발전차원에서 보면 순록방목민이라 할 선족에게 뒤질 수 있겠지만, 어느 단계까지는 유목무 장력 확보는 더 뛰어났을 수 있었으리라 추정된다.

그 핵심이 되는 거대 자궁은 훌룬부이르 몽골스텝~눈강소프카(鮮 : Sopka) 임은 세계 몽골학계에 잘 알려져 있다. 여기서 '鮮'이란 순록의 주식 '蘚'이 나는 유목목초지이고 '原'은 초원으로, 초원은 당연히 농경지대 가축이 뜯는 꼴밭과 분별돼야 하는 양의 유목목초가 자라는 스텝을 일컫는다. 눈강과 훌룬부이르 선원에서 순록목초지와 양유목목초지가 서로 교차하고 있는 터이 다. 그래서 생태변화와 유목생산력의 비약적인 발전을 통해 순록유목이 기마 양유목으로 변혁되는 유목사 상 일대 황금빛 기마 양유목생산 혁명이 여기서 일어난 것이다.

이들이 스키타이 제철기술과 결합되어 무서운 궁사전력집단을 이루는가 하면, 스텝에 진출해 기마사술이라는 가공할 당시의 최첨단 유목무력을 확보했 다. 이렇게 해서 훌룬부이르 몽골스텝이라는 드넓은 Steppe(原) 기마 양유목지 대와 눈강소프카(鮮 : Sopka)라는 거대한 Sopka(鮮) 순록유목지대를 통합해 이 역사적인 순록·양鮮原유목제국 태반지대를 모두 지배하면서, 이와 더불어 거대하고 비옥한 곡창지대 만주평야의 생산력이 점차 직·간접적으로 주요 배경토대로 작용하게 되자 치열하게 사회분화가 일어나 고대 동북아시아 유목제국이 창업되게 됐다. 그래서 모든 동북아시아 고대유목제국을 낳은 자궁이 훌룬부이르 몽골스텝-눈강소프카 곧 이른바 호눈선원이라는 사실은 의심할 여지가 없다는 것이다. 고리-맥고려(몽골)-고구려도 물론 예외일 수가 없다. 이런 역사배경을 가지고 생겨나 전승돼온 몽골-고구려의 코리족 족조 탄생설화이고 동명(Tumen)성왕 전설의 역사적 실체라 하겠다.

돌이켜보면 순록유목의 기마 양유목화 발전과정은, 흑해~아랄해 선진 순록치기들이 기원전 10세기경에 철기를 수용해 수림툰드라-타이가(鮮)에서 스텝(原)지대로 진출한 이래로 광범위한 북유라시아 각지에서 다·샤오·와이 싱안링지대에 이르기까지 20~30세기에 거쳐 계기적으로 이루어져왔던 것으로 보인다. 선비족 유목의 적응적 진화도 그 한 거대 부분이라 하겠다. 가셴둥(嘎仙洞)을 몽골의 한 기원지로 본다면, 몽골 또한 순록치기 선(鮮 : Soyon)족의 기마 양치기 몽골(貊槁離 : Mongol)족으로의 도약 사례라 할 수 있을 터이다.

결정적으로는 이는 1982년 8월 10일에 米文平이 발견 해독한 이 가셴둥 탁발선비 선조석실 석각축문 속에 든 몽골어 可寒(Хаан)과 可敦(Хатан)이 확인되면서 선비족 조상의 제단이 차려져온 이 동굴이 몽골겨레의 起源 성소로 新華社 통신의 보도라인을 타고 전 세계에 알려진 사실이 그 분기점이 됐다고 본다. 실은 이때 이미 몽골족의 선조가 鮮卑族-鮮(Soyon)族임이 온 세상에 선포된 것이다.

순록~기마 양유목민이나 바이킹이 갖는 태반사 상의 공통점은, 이들이 모두 그 발전과정에서 "순록·말과 활"이나 "함선과 함포"의 조직된 소수의 기동성 및 타격력으로 최후의 한 지배집단만 이긴 자로 살아남는 무한경쟁이 강요된 터에 툰드라 "스텝과 해양"이라는 개방공간의 속도전과 정보전에서 승리해온 세계제국사의 주체라는 것이다. 상대적으로『협역다수』인 농경민족과는 달리 '조직'된 「광역소수」의 '기동성'이 각각 자기시대의 최첨단무력이라 할 각종의 타격력을 조직 동원해 승리해낸 "세계유목제국성"을 공유하고 있는 셈이다.

이런 유목사적 특성 때문에, 해양세계제국을 지향하는 산업혁명 이후의 제국주의전쟁 와중에서 정작 그 주체인 유목목초-유목가축-그런 때문에 이러저러하게 늘 움직여야 살아낼 수 있는 구체적인 유목민이라는 생산주체가 소외된 "騎馬[?]遊牧"이라는 기이한 용어가 판을 치게 됐고 그 영향은 지금 우리의 연구자들에게도 깊이 투영돼오고 있는 것으로 보인다. 그래서 유목사가 유목생산력발전사 차원의 논리적 인과관계 맥락을 천착해보지 않은 채 피상적으로 끊임없는 유목무력 상호 혼전의 역사로만 주로 다뤄지다 보니 '순록치기의 양치기화'라는, 흑해 북·동쪽 거대스텝에서 일어난 기원전 10세기 전후의 일대 황금빛 기마 양유목생산 혁명도 그 내용에서 거의 소외돼온 터라 하겠다.

또 한 가지 문제는 유라시아 전통제국은 특히 창업시각에서 보면 그 주류가 본질적으로 유목 주도 농경통합형 유목제국(Pastoral nomadic empire)-호한(胡漢)~호한체제(胡韓體制) 곧 유목 호(胡) 주도 농경 한(漢)~한(韓) 통합구조일 수밖에 없다는 점이다. 재레드 다이아몬드는 "아프리카나 아메리카 대륙이 남·북축으로 돼 있는데 대해 유라시아 대륙은 동·서축으로 돼 있어서 등온대(等溫帶)를 이루기 때문에 사람과 기술의 이전이 용이해 유라시아 대륙인이 다른 대륙을 지배하는 주체로 발전했다"고 지적했다. 나는 이에 다시 "특히 주로 유목목초지대 툰드라·타이가·스텝으로 형성된 북유라시아는 거대한 [騎馴鹿] 순록·騎馬 양유목권을 이뤄서, 유목적 기동력과 타격력을 한껏 구사해 인류사상 최초로 팍스 몽골리카라는 세계경영체제를 창출해낼만큼 역사발전을 크게 가속화할 수 있었다"고 첨언한다. 이런 생태조건의 역사적 발전과정에서 주로 유목 주도의 농경 통합이라는 유목제국형 제국이 창업돼 발전하는 것은 매우 자연스러운 현상일 수 있었으리라 본다.

그러니까 총괄적으로 다시 정리해보면 이러하다고 하겠다. 기원전 10세기경 철기를 수용한 Soyon(鮮)-Scythia가 황금빛 기마 양유목화생산 혁명을 일으켜 흑해북안 대스텝에 총진격하는 유라시아유목사 상의 일대 혁명사를 썼다. 이어서 기원전 5세기경에는 다싱안링 북부 호눈선원(呼嫩鮮原)에서 황금빛 벨트를 띤 Soyon-선(卑)족 기마사술 구사군단이 선도하는 같은 유형의 초대형 유목생산 혁명을 수행해 발전시켜오다가, 마침내 13세기에 들면서 인류사를 진감케 하는 팍스 몽골리카를 탄생시켰다. Goolikhan(東明王)의 다물(Ergune)도가 바로 이 훌룬부이르 몽골스텝, 여기에 자리 잡고 있다.

　이상의 모든 사실로 미루어 볼 때 진실로 Chaatang조선의 뿌리가 기마 양유목몽골이 아니고, 거꾸로 '기마 양유목Mongol'의 뿌리가 'Chaatang朝鮮'이다. 순록치기-Chaatang이, 유목의 철기 수용 이후에야 유목의 주류로 등장한 기마 양치기-Honichin의 오랜 시원조상이기 때문이다. 그래서 몽골-Gooli의 기원지 에르구네(多勿) 스텝이, Goolikhan(東明王)석상이 서있는 鮮(Sopka)과 原(Steppe) 양자의 접점 훌룬부이르 몽골스텝 숑크(紅) 타반(五) 톨로고이(頭)에 자리 잡게 마련이다.

(『한국시베리아연구』제18권 2호,

대전 : 배재대학교 한국시베리아센터, 2014. 10, pp.153~189)

참고문헌

1. 문헌사료

『고구려 고분벽화 무용총 무용도』.

『고구려 고분벽화 무용총 수렵도』.

『고구려 고분벽화 안악 제3호무덤 동수묘의 육고도』.

『고려사』「공민왕 세가」.

『고려미인도』, 73cm × 39.5cm : 최순우 전 국립박물관장이 생전에 진품으로 단정. 1993년에
　　　　희귀한 본 작품에 관한 전문가들 감정소견서의『한국미술』「도록」등재, 최 전관장
　　　　이 직접 승낙.[위 작품은 현재 정명호 전 동국대 교수 所藏 중].

『고려사』

「廣開土大王碑文」

괴테,『파우스트』.

『구약성서』.

단테,『신곡』.

屠寄,『蒙兀兒史記』(1934년 간행).

라시드 앗 딘,『연대기의 집성(Jami al-Tawarikh)』(『集史』).

『몽골비사』274절.

『몽골원류』.

『蒙語類解』下 卷32, 走獸.

『百度事典』.

『法華寺址 발굴조사보고서』, 명지대박물관, 1983.

『사고전서』.

『산해경』「대황북경」17.

『삼국사기』.

『삼국유사』「왕력」제1「기이」제2「고구려」.

『삼국지 위서』「동이전 고구려」.

『세종어제 훈민정음』

『송년특집 다큐멘터리 유목민의 땅 몽골을 가다』제1~2부, SBS TV 홍성주 제작자 취재
　　　　보도, 1992.

『신약성서』.

『說文解字』.

『알탄톱치』.

姚燧 『牧菴集』 卷3, 「高麗藩王詩序」.

『원고려기사』.

『元史』 卷208, 「列傳第95 外夷1」.

『元世祖出獵圖』(쿠빌라이 대칸 수렵도)[고비사막 쪽 몽골스텝] 타이베이 고궁박물관 소장품
　　　182.9×104.1cm[至元 1 년 대원제국 劉貫道의 작품].

『魏書』 卷1 「序紀」 제1 聖武皇帝 詰汾.

『魏書』(「세조」조, 443년).

李陌, 『太白逸史』, 「神市本紀」.

佚名撰, 『史料四編 大元馬政記』, 廣文書局, 1972.

丁謙, 浙江圖書館叢書 第1集, 『後漢書 烏桓鮮卑傳 地理攷證－仁和丁謙益甫之學』(淸).

정약용, 『我邦疆域考』 「薉貊」.

『중국역대제후상』.

『제왕운기』.

『조선왕조실록』.

『주역』.

『중종실록』 권71, 26년 신묘 6월조.

『체벨사전』.

『태조실록』(최병헌 영역본), 하버드대 출판부, 2014.

『한서』 卷68, 「藿光 金日磾(제)」전.

「합천영암사지 서귀부」(통일신라시대).

『互動事典』.

『混一疆理歷代國都之圖』.

「황금마두순록뿔탈」(올야프 고분 출토 스키타이유물, 엘미타쥬 미술관 소장).

『欽定四庫全書』, 「毛詩注疏」 卷23.

『흠정만주원류고』.

2. 저서

姜 戎, 『늑대토템(狼圖騰)』(번역본), 김영사, 2008.

김덕중, 『태왕의 꿈, 광개토태왕석비정해본』, 덕산서원, 2014.

김성일·김영우 등, 『한민족의 기원대탐사-셈족의 루트를 찾아서』, 창조사학회, 1999.

金源會, 『한국性史』, 북랩, 2015.

김효신(서문 김형효), 『상고연구자료집』, 서울 : 도서출판 새남, 1992.

南周成 역주, 『欽定滿洲原流考 上·下』, 서울 : 글모아, 2010.

단재신채호선생기념사업회, 『개정판단재신채호전집』, 서울 : 형설출판사, 1977.

米文平, 『鮮卑石室探訪記』, 중국 山東 : 直隸출판사, 1997.

민영규, 『예루살렘 입성기』, 연세대학교 출판부, 1976.

박치정, 『和寧國王 이성계』, 도서출판 삼화, 2015.

보르지기다이 에르데니 바타르, 『팍스 몽골리카와 고려』, 혜안, 2009.

박창범, 『하늘에 아로새긴 우리의 역사』, 서울 : 김영사, 2002.

박치정, 『고구려 아리랑』, 도서출판 더씬, 2012.

박한제, 『중국 중세 호한체제연구』, 서울 : 일조각, 1988.

裵文仲, 『科學通報』, 1956.

裵文仲, 『科學紀錄』, 1957.

베. 수미야바타르, 『몽골·한국 겨레의 기원, 언어 관계문제』, 울란바토르 : 몽골과학원
    어문학연구소, 1975, 1977.

베. 야. 블라디미르초프 저, 주채혁 역, 『몽골사회제도사』, 대한교과서주식회사, 1990.

謝光輝 主編, 『常用漢字圖解』, 北京大學校出版社, 1997.

傅斯年, 정재서 역주, 『이하동서설』, 우리역사연구재단, 2011.

스기야마 마사아키(杉山正明), 이진복 옮김, 『유목민이 본 세계사 – 민족과 국경을 넘어』,
    학민사, 1999.

憂志賢·傅萬金 편저, 『簡明赫哲語·漢語 대조독본』(허저문고총서), 헤이룽장성 민족연구소,
    1987.

유원수 역주, 『몽골비사』, 혜안, 1994.

윤은숙, 『몽골제국의 만주 지배사』, 소나무, 2010.

이경일 편저, 『다시 보는 저우언라이』, 우석출판사, 2004.

이노우에 야스시(井上靖) 지음, 구혜영 옮김, 『소설 칭기스칸-몽골의 푸른 늑대 칭기즈칸』,
    노블마인, 2005.

이홍규, 『한국인의 기원』, 우리역사연구재단, 2010.

잔즈브도르쥔 롬보, 『몽골조선인민공화국 관계 60년』(한글판), 평양, 2007.

張久和, 『原蒙古人的歷史 : 室韋達怛研究』, 北京 : 高等敎育出版社, 1998.

재레드 다이아몬드, 김진준 역, 『총, 균, 쇠』, 서울 : 문학사상사, 1998.

제. 바트투르(현대몽골연구원 역주본), 『20세기 한국몽골관계사』, 울란바토르 : KM미디어,
    2011.

周貞銀, 『BOKA, 늑대의 왕국』, 운주사, 2009.

주채혁 옮겨엮음, 『몽고 민담』, 정음사, 1984.

周采赫, 『元朝官人層研究』, 서울 : 정음사, 1986.

주채혁 『순록치기가 본 조선·고구려·몽골』, 혜안, 2007.

周采赫, 『순록유목제국론-고조선·고구려·몽골제국의 기원』, 서울 : 백산자료원, 2008.

주채혁, 『몽·려전쟁기의 살리타이와 홍복원』, 혜안, 2009.

周采赫, 『몽·려활겨레문화론』, 서울 : 혜안, 2011.

최남선 지음, 정재승·이주현 역주, 『불함문화론』, 우리국학총서1 우리역사연구재단, 2008.

피터 C. 퍼듀, 공원국 옮김, 『중국의 서진』, 도서출판 길, 2012.

한·몽학술조사연구협회/몽골과학아카데미, 『한·몽공동학술조사』, 1992①, 1993②.

韓儒林 主編, 『元朝史』, 北京 : 人民出版社, 1986.

헤. 페를레의 현지유적 조사보고서, 『몽골인민공화국 고중세 성읍지 약사』, 울란바토르, 1961.

3. 논문

김경주, 「考古資料로 살펴 본 元과 濟州」, 『제37회 한몽국제학술대회 발표논문집』, 한국몽골학회, 2016.

金日宇, 「고려후기 제주 법화사의 중창과 그 위상」, 『한국사연구』 제119호, 한국사연구회. 2002.

노형석, 「조선은 아침의 나라가 아닌 순록 키우는 북방유목민?」, 『한겨레신문』 2001.2.22.

몽골·일본인력개발센터 '할힝골전투70주년국제학술회의(자료), 울란바토르 : 몽골국립대학교 몽골·일본인력개발센터, 2009.7.2~5,

박원길, 「永樂帝와 제주도」, 『제주도연구』, 제주학회, 2013.

손보기·주채혁, 「한국의 몽골학 연구」 외 현장조사보고서 8편, 『한몽공동학술연구』 1~4집, 서울 : 몽골과학아카데미/한·몽공동학술조사연구협회, 1992~1995.

SBS-TV, 「몽골리안 루트를 가다」, 1995.

「여운형의 기행문」, 『월간중앙』 3~7호, 1936.

윤은숙, 「이성계는 몽골군벌이었다」, 『조선일보』 2006.9.5.

이민화, 「열린 한국, 유라시안 네트워크」, 『전자신문』 2015.5.20.

李丙燾, 「江西 古墳壁畵의 研究」, 『동방학지』 1, 연세대학교 동방학연구소, 1943.

이용범, 「기황후의 책립과 원대의 자정원」, 『歷史學報』 17·18합집, 1962.

이팔찬, 『이조복식도감』, 조선문화예술총동맹출판사, 1962의 처용탈 그림.

정명호, 「한국 고대 금속용접공예기술에 대한 고찰」, 『실학사상연구』 12, 무악실학회, 1999.

「조선 '아침의 나라'가 아닌 순록 키우는 북방유목민」, 『한겨레신문』 2001.2.22.

周采赫, 「거북신앙과 처용가」, 『월간문화재』 제3권 4호, 월간문화재사, 1972.6.

주채혁, 「거북신앙과 그 분포」, 『한국민속학』 6집, 민속학회, 1973.

周采赫, 「關于蒙古與韓國人的弓族(Qalqa obog)分族考」, 『多元共存和邊緣的選擇圖們江學術論壇 2009』, 延邊大學 亞洲研究中心, 2009年 10月 18日.

주채혁, 「鮮'의 高麗와 '小山'의 馴鹿 연구」, 『백산학보』 67, 백산학회, 2003.

주채혁, 「1990년 북방개방과 몽골-한국의 문명교류사 연구-한국몽골학회를 중심으로」, 한국문명교류연구소·한국돈황학회·고려대학교 IDP SEOUL, 『공동학술심포지엄

한국에서의 문명교류 연구의 회고와 전망』, 서울 : 고려대학교 민족문화연구원, 2011.12.17.

주채혁, 「고조선고구려, 韓語名인가 漢語名인가-그 순록유목태반 起源과 관련하여」, 『중국문학』 제58집, 한국중국학회, 2008.

주채혁, 「돌하르방은 石弓王, 쿠빌라이 대칸의 탐라도 환생석-스키타이 기마 양유목혁명을 중심으로」, 『한국시베리아연구』 제20권 2호, 대전 : 배재대학교 한국시베리아연구센타, 2016.11.

주채혁, 「東明(Tumen) 루트 : 몽·한 "활겨레"(Qalqa obog,弓族) 分族考」, 『몽골학』 34, 서울 : 한국몽골학회, 2013.2.

주채혁, 「『몽골비사』 연구와 두 민족의 起源문제」, 『제1회 "몽골비사"에 관한 한·몽 심포지엄』[주제발표], 서울·울란바토르 : 한국몽골비사학회/몽골과학아카데미, 1991.8.

주채혁, 「몽골은 고구려의 외손민족, 동명성왕 石像도 있다」, 『월간조선』 1998.5.

주채혁, 「몽고는 몽골로 쓰는 게 정확」, 『조선일보』 1990.4.16.

주채혁, 「소치2014에서 평창2018 동계올림픽까지-조선·몽골의 유목DNA試探記」, 평창 알펜시아 리조트 컨벤션센터 그랜드 볼룸 포레스트 홀의 관계 학술회의 주제발표, 2014.10.23.

주채혁, 「순록치기의 紅山文化 鑑賞法-유적, 유물과 문헌사료를 읽는 시각과 시력」, 『한국시베리아연구』 6, 대전 : 배재대학교 한국시베리아연구센타, 2003.

주채혁, 「元 萬卷堂의 魯齋之學 몽골官學化 주도와 元朝 朱子學의 擡頭」, 『몽·려활겨레문화론』, 혜안, 2011.

주채혁, 「朝鮮·鮮卑의 '鮮'과 馴鹿遊牧民-몽골유목 起源과 관련하여」, 『동방학지』 110, 연세대학교 국학연구원, 2000.12.

주채혁, 「朝鮮·鮮卑의 鮮(Soyon)族 起源考-原朝鮮겨레 '소욘'族에 관하여」, 『백산학보』 63, 백산학회, 2002.8.

주채혁, 「朝鮮의 순록유목 起源史 연구 試論」, 『한국시베리아학보』 4, 대전 : 한국시베리아학회, 2002.

주채혁, 「조선의 뿌리는 소얀族?」 『문화일보』 2001.11.30.

주채혁, 「札剌亦兒台(Jalairtai)와 〈몽골秘史〉 成書年代」, 『몽골研究』 제1호, 서울 : 한국몽골학회, 1999.

周采赫, 「코리족(弓族)유목태반 起源史 연구-한국몽골학회의 창립과 몽·한수교」, 『한국시베리아연구』 제18권 1호, 대전 : 배재대학교 한국시베리아연구센타, 2014.

주채혁, 「耽羅 '南元'政府의 성립배경과 그 의미」, 『몽·려활겨레문화론』, 혜안, 2011.

주채혁, 「耽羅都 돌하르방의 명칭과 개념정의, 존재시기, 기능과 형태 및 계통에 관한 논고」 : 「몽골 다리강가 스텝지대의 훈촐로와 제주도 돌하르방(弓王)」, 『몽·려활겨레문화론』, 혜안, 2011.

주채혁, 「한민족 북방기원 연구와 유라시아 고원지대 게놈 분석」, 『한국시베리아연구』

6, 대전 : 배재대학교 한국시베리아연구센타, 2003.8.

주채혁, 「Chaatang朝鮮이 유목몽골의 뿌리-순록유목에서 양유목으로」, 『한국시베리아연구』 18권 2호, 대전 : 배재대학교 한국시베리아연구센타, 2014.

주채혁, 「玄武神主信仰 연구」, 『몽·려활겨레 문화론』, 혜안 2011.

최재천, 「자연과 문화 145」, 『조선일보』.

최희수, 「조선신화와 만주신화의 비교연구-주몽신화를 중심으로」, 『한민족』 제4집, 한민족학회, 1993.

韓儒林, 「"원사강요" 결어」, 『원사논총』 1, 北京 : 中華書局, 1982.

후지시마 가이지로(藤島亥治郞), 「돌하르방 유적 현지답사보고서」, 『제주도여행기』, 1925.

B. G. Holt et al., "Map of the terrestrial zoogeographic realm", "Genetic realms and regions of the world", 『Science』 2013, pp.74~78.

chuchaehyok.com

http://abordonseng.wordpress.com/2012/08/22/the-lake-baikal-seal- an-evolutive-biogeographic-mystery

http://blog.naver.com/qorian66/ 110181911005

http://blog.daum.net/shanghaicrab/16152953-文裁縫 2009.11.19

지은이 | **주채혁**

스케치_ 강정주

고향은 천안 아우내장터쪽 동면 동산리 모산, 주원의 (周元義) 중흥조께서 조선조 작은 개국공신으로 당시의 상주(尙州 : 뒷날의 보은) 땅에 봉읍을 받아 살다가 충북 오성을 거쳐 이곳에 옮겨 살아왔습니다. 유관순 열사가 천동초등학교 부모님 세대 선배지요. 1942년 늦봄에 시골마을 촌장 할아버지가 시묘살이를 하신 후진 시묘막골 동학마을 외딴집 아들 낳는 터에서 태어나서, 파랑새가요를 자장가로 들으며 자랐답니다. 1960년대부터 연세대 사학과에서 역사를 전공으로 배웠습니다.

세종대와 강원대 사학교수를 역임했습니다. 풋내기시절의 4.19세대로, 대전고 3.8민주의거 50주년 기념 작은 모임에서 "1980년 대학자율화운동과정 중에 평교수협의회를 만들어 최초로 대학직선총장을 선출한 훈장노조(?)의 시원그룹에 속하는 사람으로, 이는 전교조에 앞서기 10년"이라고 사회자가 저자를 좌중에 소개해 놀랐지요. 당시에 대학생 배지 떼기 운동을 학생지도 차원에서 주도한 건 사실이고 한국 직선총장 1호 메이킹의 현장에 동참했던 것도 사실[민주화운동관련자증서 제7724호 : 평교협 대변인 역임]이지만, 그 때문에 1980년대 7년 해직살이를 겪는 동안 그 후 줄곧 아주 다른 길로 들어섰습니다.

하지 않아도 될 친구인 패장 이릉을 변호하다가 처형이나 궁형 중의 택일을 강요받고 궁형을 택해 사가의 길을 걸은 한 맺힌 선비 사마천처럼, 저자도 그렇게 작은 유목몽골사가의 길을 걸었습니다. 근대학문을 해본 적이 없는 가친께서 1990년 초에 저자의 어쭙잖은 이 길을 열어주려고 굳이 돌아가시면서까지, 유명(遺命)으로 닦아준 길이기도 해서지요. 49제를 건을 쓰고 서북변 홍산문명권 동몽골 다리강가 스텝 고올리 돌각담 유적에서 거세찬 바람과 함께 맞았습니다.

잡초인생 저자에겐 그대로 그 길 가르기가 천명이어서 고희가 된 이 순간까지 유구한 그 순록·양 유목목초 길 위에서만 숨을 고르고 있답니다. 활의 씨알(弓裔)들이 한결같이 바라보고 걸어오는 부르칸(不咸)-홍류(紅柳)동산 종산(宗山) 회귓길을, 유목태반 기원 모태회귀 갈망으로만 한사코 모천회귀하고야 마는 연어인양 걷고 또 걷는다고나 할까요. 고향의 고향이 셀렝게 강변 유목목촌 쯤 되는 양 또다시 정들게 될 만큼.

『여원전쟁기 살리타이와 홍복원』(석사논문)으로 시발하여 『원조관인층 연구』(박사논문)을 쓰고 고구려 고분벽화 북벽의 현무(玄武)신주가 조상신주임을 밝혀보는 '거북신앙과 처용가' 연구서 『몽·려 활겨레문화론』 등의 논저가 있고, 북방 유목몽골리안의 유목제국(Pastoral nomadic empire)의 역사연구를 나름으로 천착해내보는 본서 『차탕조선-유목몽골 뿌리를 캐다』의 출간에 이르게 됐지요.

강원대 사학과 교수로 20년 봉직 후 명예퇴임, 초대 한국몽골학회장을 역임했고 지금은 국제몽골연구협회(IAMS) 한국대표로 재임 중입니다.